BÍBLIA APÓCRIFA

Dados Internacionais de Catalogação na Publicação (CIP)
(Câmara Brasileira do Livro, SP, Brasil)

Bíblia Apócrifa : Segundo Testamento / Frei Jacir de Freitas Faria (coordenação e comentários). – Petrópolis, RJ : Vozes, 2025.

ISBN 978-85-326-6915-5

1ª reimpressão, 2025.

1. Apócrifos (Novo Testamento) – Comentários 2. Bíblia I. Faria, Frei Jacir de Freitas.

24-223704   CDD-229

Índices para catálogo sistemático:

1. Livros apócrifos : Bíblia   229

Eliane de Freitas Leite – Bibliotecária – CRB 8/8415

BÍBLIA APÓCRIFA

SEGUNDO TESTAMENTO

Frei Jacir de Freitas Faria
Coordenação e comentários

Petrópolis

© 2025, Editora Vozes Ltda.
Rua Frei Luís, 100
25689-900 Petrópolis, RJ
www.vozes.com.br
Brasil

Todos os direitos reservados. Nenhuma parte desta obra poderá ser reproduzida ou transmitida por qualquer forma e/ou quaisquer meios (eletrônico ou mecânico, incluindo fotocópia e gravação) ou arquivada em qualquer sistema ou banco de dados sem permissão escrita da editora.

CONSELHO EDITORIAL

Diretor
Volney J. Berkenbrock

Editores
Aline dos Santos Carneiro
Edrian Josué Pasini
Marilac Loraine Oleniki
Welder Lancieri Marchini

Conselheiros
Elói Dionísio Piva
Francisco Morás
Teobaldo Heidemann
Thiago Alexandre Hayakawa

Secretário executivo
Leonardo A.R.T. dos Santos

PRODUÇÃO EDITORIAL

Ana Catharina Miranda
Eric Parrot
Jailson Scota
Marcelo Telles
Mirela de Oliveira
Natália França
Priscilla A.F. Alves
Rafael de Oliveira
Samuel Rezende
Verônica M. Guedes

_____

Editoração: Anoar Jarbas Provenzi
Diagramação: Editora Vozes
Revisão gráfica: Nilton Braz da Rocha/
  Fernando Sergio Olivetti da Rocha
Capa: Anna Ferreira

ISBN 978-85-326-6915-5

Este livro foi composto e impresso
pela Editora Vozes Ltda.

LIVROS E TRADUTORES

Francisco Morás (**Evangelhos gnósticos:** *Diálogo do Salvador*; **Apocalipses:** *Primeiro Apocalipse de Tiago*).

Gentil Avelino Titton (**Evangelho do nascimento e da infância de Jesus:** *Evangelho árabe da infância de Jesus*; **Evangelhos sobre Maria:** *Livro de São João, o teólogo, sobre a passagem da Mãe de Deus, Livro de São João, arcebispo de Tessalônica, Trânsito da Bem-aventurada Virgem Maria de José de Arimateia*; **Evangelhos gnósticos:** *Livro de Tomé o Atleta*; **Cartas:** *Carta de Pedro a Filipe*).

Jacir de Freitas Faria (**Evangelho do nascimento e da infância de Jesus:** *Evangelho do Pseudo-Mateus da infância, Evangelho armênio da infância de Jesus, Livro da infância do Salvador*; **Evangelhos da paixão, morte e ressurreição de Jesus:** *A sentença de Pilatos contra Jesus*; **Evangelhos gnósticos:** *Evangelho de Maria Madalena, Evangelho de Judas Iscariotes, Evangelho de Filipe*; **Atos dos Apóstolos:** *Memórias apostólicas de Abdias, Atos de Pedro de acordo com memórias apostólicas de Abdias, Atos de Pedro, A Filha de Pedro, Atos de Paulo de acordo com memórias apostólicas de Abdias, Atos de Paulo, Atos de Tecla, Atos de André de acordo com memórias apostólicas de Abdias, Atos de Tiago Maior de acordo com memórias apostólicas de Abdias, Atos de João de acordo com memórias apostólicas de Abdias, Atos de Mateus de acordo com memórias apostólicas de Abdias, Atos de Bartolomeu de acordo com memórias apostólicas de Abdias, Atos de Filipe de acordo com memórias apostólicas de Abdias, Atos de Tomé de acordo com memórias apostólicas de Abdias, Atos de Tiago, o irmão do Senhor, de acordo com memórias apostólicas de Abdias, Atos do irmão Tiago, Judas Tadeu e Simão de acordo com memórias apostólicas de Abdias*; **Cartas:** *Carta dos Coríntios a Paulo II, Carta de Paulo aos Coríntios, Cartas de Paulo a Sêneca, Cartas de Sêneca a Paulo*; **Apocalipses:** *Apocalipse de Pedro, Apocalipse de Paulo, Apocalipse de Tomé*).

Lincoln Ramos (**Evangelho do nascimento e da infância de Jesus:** *Evangelho da infância do Pseudo-Tomé*; **Evangelhos sobre Maria:** *Protoevangelho de Tiago (Natividade de Maria), Trânsito de Maria do Pseudo-Melitão de Sardes, Livro do Descanso*; **História de José:** *História de José, o carpinteiro*; **Evangelhos da paixão, morte e ressurreição de Jesus:** *Evangelho de Nicodemos (Atos de Pilatos), Declaração de José de Arimateia, Descida de Cristo aos Infernos, Evangelho de Pedro*; **Evangelhos gnósticos:** *Evangelho de Tomé*; **História de Pilatos:** *Relatório (Anáfora) de Pilatos a César Augusto, Tradição (Parádose) sobre Pilatos, Cartas de Pilatos a Tibério, Carta de Tibério a Pilatos, Carta de Pilatos a Herodes Antipas, Carta de Herodes Antipas a Pilatos, A morte de Pilatos, Vingança do Salvador*).

SUMÁRIO

Abreviaturas e siglas 11

Apresentação 13

Introdução 15

Evangelhos do nascimento e infância de Jesus, 51

Evangelho da infância de Jesus segundo Pseudo-Tomé 53

Evangelho da infância de Jesus segundo Pseudo-Mateus 65

Evangelho árabe da infância de Jesus 76

Evangelho armênio da infância 105

Livro da infância do Salvador 113

Evangelhos sobre Maria, 119

Protoevangelho segundo Tiago ou natividade de Maria 121

Trânsito de Maria de Pseudo-Melitão de Sardes 138

Livro do descanso 148

Livro de São João Evangelista, o Teólogo, sobre a dormição
da Santa Mãe de Deus 206

Livro de João, arcebispo de Tessalônica 220

Trânsito da Bem-aventurada Virgem Maria segundo
Pseudo-José de Arimateia 240

Evangelho sobre São José, 249

História de José, o carpinteiro 251

Evangelhos da paixão, morte e ressurreição de Jesus, 269

A sentença de Pilatos contra Jesus 271

Evangelho segundo Nicodemos (Atos de Pilatos) 272

Declaração de José de Arimateia 296

Descida de Cristo aos infernos 305

Evangelho segundo Pedro. 314

Evangelhos gnósticos, 321

Evangelho segundo Maria Madalena 323

Evangelho segundo Tomé. 329

O Evangelho segundo Judas Iscariotes. 348

Livro de Tomé o Atleta 358

Evangelho segundo Filipe. 367

Diálogo do Salvador 394

História de Pilatos, 407

Relatório (anáfora) de Pilatos a César Augusto. 409

Tradição (parádosis) sobre Pilatos 414

Carta de Pilatos a Tibério 418

Carta de Tibério César Augusto a Pilatos 420

Carta de Pilatos a Herodes Antipas. 424

Carta de Herodes Antipas a Pilatos. 427

Morte de Pilatos. 430

Vingança do Salvador 435

Atos dos Apóstolos, 447

Memórias apostólicas segundo Abdias 449

Atos de Pedro. 466

A filha de Pedro. 474

Atos de Paulo de acordo com as memórias apostólicas
segundo Abdias 478

Atos de Paulo 486

Atos de Tecla 502

Atos de André de acordo com as memórias apostólicas segundo Abdias. . 515

Atos de Tiago Maior de acordo com as memórias apostólicas
segundo Abdias 552

Atos de João de acordo com as memórias apostólicas segundo Abdias . . .560

Atos de Mateus de acordo com as memórias apostólicas segundo Abdias.590

Atos de Bartolomeu de acordo com as memórias apostólicas
segundo Abdias 607

Atos de Filipe de acordo com as memórias apostólicas segundo Abdias . .618

Atos de Tomé de acordo com as memórias apostólicas segundo Abdias . .622

Atos dos irmãos Tiago, Judas Tadeu e Simão de acordo com as
memórias apostólicas segundo Abdias 654

Cartas, 679

Carta dos coríntios a Paulo 681

III Carta de Paulo aos Coríntios. 683

Carta de Paulo aos Laodicenses 686

Carta de Pedro a Filipe. 688

Cartas de Sêneca, tutor e conselheiro do Imperador Nero, ao Apóstolo
Paulo, e de Paulo a Sêneca 693

Apocalipses, 701

Apocalipse de Pedro 703

Primeiro Apocalipse de Tiago 711

Apocalipse de Paulo 721

Apocalipse de Tomé 758

Considerações sobre os outros apócrifos do Segundo Testamento, 763

Evangelho segundo os ebionitas 765

Evangelho secreto segundo Marcos 765

Evangelho desconhecido ou Papiro de Egerton 765

Evangelho segundo Bartolomeu ou Perguntas de Bartolomeu 765

Evangelho segundo Gamaliel 766

Livro da ressurreição de Cristo, por Bartolomeu, o Apóstolo 766

Evangelho latino da infância de Jesus 767

Evangelho apócrifo segundo a Virgem Maria 767

Evangelho segundo os hebreus 768

Evangelho segundo Matias 769

Evangelho segundo os egípcios 769

Evangelho da Verdade 769

Pistis Sophia 770

Sabedoria de Jesus 770

Atos de Pedro e dos apóstolos 771

Querigma (orientações de fé) de Pedro 771

Atos de André 772

Atos de André e Matias 772

Atos de João 772

Atos de Tomé 772

I Clemente 773

Epístola de Barnabé 773

Carta de Tiago 773

Carta dos Apóstolos 774

Carta aos laodicenses 774

III Epístola de Paulo aos Coríntios 774

Cartas de Abgar a Cristo e de Cristo a Abgar 775

Carta de Clemente a Tiago 775

Pseudoepístola a Tito 775

A filha do hortelão 775

Reconhecimentos 776

Carta de Pseudo-Tito 776

Carta de Pedro a Tiago 776

Carta de Clemente de Roma a Tiago 777

Apocalipse copta de Pedro 777

Apocalipse de Tiago 778

Oráculos sibilinos 778

Fragmentos de textos coptas 778

Referências 781

ABREVIATURAS E SIGLAS

a.E.C.   antes da Era Comum (a.C.)

E.C.   Era Comum (d.C.)

LXX   Setenta

PT   Primeiro Testamento

ST   Segundo Testamento

APRESENTAÇÃO

Pode parecer pretensioso ou ousado intitular uma obra de *Bíblia Apócrifa*. Na verdade, o que propomos é oferecer a você a possibilidade de ter contato com os textos de origem que remontam a judaísmos e cristianismos perdidos, pertencentes a essas duas grandes religiões muito afins. São livros que retratam pensamentos diferenciados dos que se tornaram hegemônicos, canônicos, isto é, escolhidos pela tradição como inspirados por Deus.

Nesta *Bíblia Apócrifa*, você tem em mãos os mais importantes livros do Segundo Testamento. São traduções e comentários feitos de forma acessível ao estudo e ao contato com nossa fé de origem.

Para compreender o processo histórico e o alcance da literatura extrabíblica é preciso perguntar o que é a Bíblia Canônica, qual foi o caminho percorrido por judeus e cristãos para definir os critérios e selecionar seus livros sagrados. Só assim poderemos estabelecer a diferença entre canônicos e apócrifos.

Não é possível compreender o pensamento desses cristianismos de origem sem conhecer a história e o contexto nos quais eles surgiram. Portanto, em um primeiro momento, apresentamos uma Introdução Geral ao processo de seleção da Bíblia Canônica, isto é, os livros que passaram pelo crivo dos critérios propostos por judeus e cristãos, o que resultou na exclusão e composição posterior de outros livros, os quais vieram a ser denominados de apócrifos, extrabíblicos ou escritos falsos. Na sequência, você terá a oportunidade de ter contato com o conteúdo dos livros apócrifos do

Segundo Testamento a partir de uma divisão que considera o conteúdo e gênero literário deles.

A tradução apresentada baseia-se em textos originários em suas diversas traduções para as línguas modernas. Nosso objetivo foi apresentar uma tradução acessível àqueles que têm interesse nessa literatura, quer acadêmicos quer não. Procuramos evitar notas de rodapé, a fim de que a leitura seja fluente. Entre parênteses, encontram-se explicações ao texto. No início de cada livro apócrifo há um comentário com as principais informações para sua compreensão no contexto histórico e no literário. Os títulos dados a cada narrativa não fazem parte do original, mas querem simplesmente facilitar a leitura.

Esperamos que esta obra seja útil para o diálogo com esses pensamentos de origem. Boa leitura e meditação no túnel do tempo de nossa fé aberrante, complementar e alternativa!

Prof.-Dr. Frei Jacir de Freitas Faria, OFM
Divinópolis (MG), Festa da Mãe de Deus de 2025

INTRODUÇÃO

BÍBLIA CANÔNICA

Bíblia é um substantivo de origem grega (βιβλία). Na verdade Bíblia é o plural do singular βιβλίον ("livro"). Por isso, nos referirmos à Bíblia como um conjunto de livros sagrados ou uma biblioteca. Os setenta e três livros da Bíblia católica, os sessenta e seis da protestante e os trinta e nove da hebraica (judaica) formam a biblioteca dos livros inspirados, isto é, os que foram considerados canônicos, os quais são a base para compreender a revelação de Deus na história do judaísmo e do cristianismo. A Bíblia está dividida em Antigo e Novo testamentos. Optamos pela terminologia Primeiro e Segundo Testamento por uma questão de diálogo inter-religioso e de respeito a nossos irmãos da Primeira Aliança, os judeus.

A escolha dos livros

A primeira lista de livros inspirados, chamada de "cânone" – substantivo de origem grega que significa "régua da medida" –, surgiu entre os judeus já no século III a.E.C. e foi consolidada entre os cristãos no século III da E.C.[1], quando Agostinho de Hipona (354-430 E.C.) identificou na tradição uma lista de livros que foram traduzidos do hebraico para o grego por setenta e dois rabinos de Alexandria, no Egito. Foi ele quem deu a essa obra o nome de Setenta (LXX) ou Septuaginta. Na verdade, a aplicação do substantivo "cânone" para os livros da Bíblia Hebraica é posterior, pois o termo vem do grego e do ambiente cristão do século IV[2].

---

1. Usamos as terminologias antes da Era Comum (a.E.C.), que equivale a antes de Cristo (a.C.), e Era Comum (E.C.), que equivale a depois de Cristo (d.C.) por respeito ao diálogo inter-religioso, em especial com os judeus.

2. BARRERA, Julio Trebolle. *A Bíblia Judaica e a Bíblia Cristã*: introdução à história da Bíblia. 2. ed. Petrópolis: Vozes, 1999. p. 175.

A LXX foi elaborada a pedido do rei do Egito, Ptolomeu II Filadelfo (287-247 a.E.C.), seguindo orientação do bibliotecário Demétrio de Faleros, com o objetivo de agradar os judeus ao colocar um exemplar dos livros sagrados deles na biblioteca da próspera cidade grega, Alexandria. Desse modo, a comunidade de judeus que viviam fora de Israel, na chamada diáspora, pôde ter acesso aos livros da tradição judaica.

Aristeia, um membro da corte de Ptolomeu II Filadelfo, escreveu, no século II a.E.C., a um tal de Filócrates contando como fora realizada a tradução do hebraico para o grego. Trata-se da *Carta de Aristeia a Filócrate*. Setenta e dois judeus, seis de cada tribo, enviados pelos rabinos de Jerusalém a Alexandria, em setenta e duas salas diferentes traduziram da mesma forma os textos hebraicos para o grego. Entre os estudiosos há um consenso de que Carta de Aristeia é falsa, visto que o processo de tradução levou mais de três séculos para ser finalizado.

A LXX, conhecida também como *Cânone Alexandrino*, contém os seguintes livros: Gênesis, Êxodo, Levítico, Números, Deuteronômio, Josué, Juízes, Rute, 1 Samuel (1 Reis), 2 Samuel (2 Reis), 1 Reis (3 Reis), 2 Reis (4 Reis), 1 Crônicas (1 Paralipômenos), 2 Crônicas (2 Paralipômenos), 1 Esdras, 2 Esdras (Esdras e Neemias), Ester, Judite, Tobias, 1 Macabeus, 2 Macabeus, 3 Macabeus, 4 Macabeus, Salmos, Odes, Provérbios, Eclesiastes, Cântico dos Cânticos, Jó, Sabedoria, Eclesiástico (Sirácida), Salmos de Salomão, Oseias, Amós, Miqueias, Joel, Abdias, Jonas, Naum, Habacuc, Sofonias, Ageu, Zacarias, Malaquias, Isaías, Jeremias, Lamentações, Baruc, Epístola de Jeremias, Ezequiel, Suzana, Daniel e Bel e o Dragão.

Observe que no Cânone Alexandrino se encontram Odes, Salmos de Salomão, Suzana, Bel e o Dragão, 1 e 3 Esdras, 3 e 4 Macabeus, os quais foram considerados apócrifos. Os Paralipômenos ou Crônicas foram considerados suplementos aos livros dos Reis. Eram, originalmente, cinquenta e seis livros, mas depois alguns foram incluídos em outros livros, resultando em uma lista de cinquenta e dois livros.

Judeus de língua grega, cristãos da primeira fase do cristianismo e os padres da Igreja aceitavam a LXX como inspirada. Nesse sentido, Fílon de Alexandria escreveu: "Aqueles que leem os dois textos, tanto o hebraico quanto a tradução [...], não chamam simplesmente de tradutores, mas de hierofantes (sacerdotes) e profetas, esses homens que puderam seguir com expressões transparentes o pensamento tão puro de Moisés" (*De Vita Mosis*, 2,37)[3].

Já os judeus tradicionais, ou seja, o judaísmo rabínico, deixaram de aceitar a LXX como inspirada, não somente porque alguns dos livros dela foram escritos e traduzidos em uma língua não inspirada (o grego), mas também porque os cristãos estavam usando muito a Setenta na evangelização, o que poderia levar o cristianismo a influenciar a tradição judaica. A opção feita por eles, então, foi manter os livros escritos em hebraico.

Atualmente, há um consenso entre os pesquisadores de que a LXX, por causa de suas inúmeras contribuições, é um cânone que deve ser considerado inspirado. Alguns dos textos que foram considerados apócrifos estão inseridos, no cânone católico, em outros livros. É o caso de Suzana, que está em Dn 13, e de Bel e o Dragão, que está em Dn 14.

Na verdade, o cânone judaico, chamado de Palestino ou Curto surgiu, por volta do ano 95 E.C., logo depois da guerra judaica contra os romanos (67-70 E.C.), quando um famoso rabino de nome Akiba conseguiu se estabelecer com os seus seguidores no sul da Palestina, na cidade de Jâmnia (*Yabné*). Nesse local, uma assembleia de rabinos da corrente religiosa judaica que sobrevivera à destruição romana, os fariseus, refez a lista longa da LXX, mantendo trinta e nove livros. Na ocasião, os rabinos também decidiram sobre a inspiração dos livros de Ezequiel, Provérbios, Eclesiastes, Cântico dos Cânticos e Ester. Jâmnia foi importante para estabelecer a lista dos livros inspirados, ainda que essa questão já estivesse posta com o Cânone Alexandrino. Na verdade, a definição do cânone judaico foi sendo firmada pós-Jâmnia, no período tanaítico, isto é, dos sábios rabinos do ano 10 ao 220 da Era Comum.

Surgiu, desse modo, a Bíblia Hebraica, chamada de TaNaK. O T vem de Torá e se refere aos livros de Gênesis, Êxodo, Levítico, Números e Deuteronômio. Já N vem de *Nebiîm* e se refere aos profetas, divididos em anteriores

---

3. PRIOTTO, Michelangelo. *Introdução geral às Escrituras*: introdução aos estudos bíblicos. Petrópolis: Vozes, 2019. p. 95.

(livros históricos para os cristãos) e posteriores (os profetas); O K vem de *ketubîm* e se refere aos Escritos (Sapienciais para os cristãos e outros históricos como Esdras e Neemias). Essa lista corresponde ao que chamamos de Primeiro Testamento dos protestantes e evangélicos.

Entre os cristãos, a definição da lista dos livros inspirados foi motivo de muitas discussões teológicas e apologéticas, sobretudo nos quatro primeiros séculos do cristianismo. O ponto-final dessa discussão, ainda que ao longo de muitos séculos havia consenso de quais seriam os livros inspirados, veio somente com o Concílio de Trento (1546-1563), motivado pela retirada da Bíblia, por Martinho Lutero, dos deuterocanônicos (Tobias, Judite, Sabedoria, Eclesiástico, Baruc, 1 e 2 Macabeus), os quais haviam recebido o aval de autoridades do cristianismo, como Atanásio de Alexandria (295-373 E.C.) e Agostinho de Hipona (354-430 E.C.). Na verdade, o Concílio de Hipona (393 E.C.), o de Cartago III (397-419 E.C.) e o de Trullo (692 E.C.) aceitaram os deuterocanônicos, mas deixaram ainda dúvidas em relação a eles. No concílio realizado em Florença (1441) foi definida a inspiração desses livros. Decisão confirmada em Trento, motivada pela discussão com os reformadores, o que resultou no fato de a Bíblia protestante ou evangélica conter somente 66 livros, 39 do Primeiro Testamento e 27 do Segundo.

Marcião de Sinope (83-160 E.C.), um influente teólogo do cristianismo primitivo, elaborou um cânone, por volta do ano 150 E.C., contendo o Evangelho segundo Lucas e dez cartas paulinas. Marcião foi declarado herege pela Igreja por causa de sua dupla visão de Deus, o malvado do Primeiro Testamento e o misericordioso e Pai do Segundo. Os seus adeptos foram chamados de marcionitas. Marcião comungava com o pensamento dos gnósticos docetas, os quais acreditavam que a presença de Jesus na cruz havia sido somente aparente, que Deus colocara outro no seu lugar na hora da morte.

A propósito da lista de Marcião, outros livros foram sendo escritos sobre Jesus e seus seguidores. O século segundo do cristianismo produziu grande parte da literatura apócrifa do Segundo Testamento.

Uma nova lista de livros inspirados foi apresentada na Igreja ainda no século segundo. Ela ficou conhecida como Cânone Muratoriano. Esse cânone levou esse nome em homenagem ao seu descobridor, Ludovico Antonio Muratori, no século XVIII.

O autor desconhecido desse cânone considerou como inspirados os livros de Marcos, Mateus, Lucas, João, Atos dos Apóstolos, Apocalipse, 1 e 2 João, Judas, Sabedoria, 1 Pedro, as cartas paulinas e pastorais, e ainda menciona os apócrifos Apocalipse de Pedro e Sabedoria de Salomão.

No início do século III, no ano de 202 E.C., Santo Irineu de Lyon apresentou uma lista de livros canônicos composta com Marcos, Mateus, Lucas, João, Atos dos Apóstolos, as cartas paulinas e pastorais, Apocalipse, 1 Pedro e 1 João.

Depois de Santo Irineu, outros padres da Igreja apresentaram suas opiniões sobre os livros inspirados. Orígenes, morto em 253 E.C., sugere que se deveriam reconhecer como Escritura os evangelhos segundo Marcos, Mateus, Lucas e João, as treze cartas paulinas, o Apocalipse, as três cartas de João e a de Hebreus. Ele também sugere as duas cartas de Pedro, ainda que manifeste dúvidas sobre elas; tece considerações sobre Atos, Tiago, Judas, Barnabé, Pastor de Hermas, Atos de Paulo, Didaqué e 1 Clemente. A opinião de Orígenes foi recolhida por Eusébio de Cesareia (*História eclesiástica* VI.25,1-14).

Já Hipólito de Roma, morto em 236 E.C., concorda com Orígenes, mas não aceita como inspirada a carta aos Hebreus. Nessa época, havia dúvidas também quanto à inspiração do Apocalipse e do Evangelho segundo João.

Eusébio de Cesareia, morto em maio de 339 E.C., qualificou os diversos livros em três classes:

> Os reconhecidos ou aceitos, os discutidos e os heréticos. Entre os aceitos como Escritura, coloca os quatro evangelhos, Atos, as cartas paulinas (com Hebreus provavelmente), 1 João, 1 Pedro e, com reservas, o Apocalipse. Entre os discutidos encontramos Tiago, Judas, 2 Pedro, 2 e 3 João, Atos de Paulo, Pastor de Hermas, Apocalipse de Pedro, Barnabé, Didaqué, o Apocalipse, "se prevalece essa opinião", e, segundo alguns querem, Evangelho segundo os hebreus[4].

---

4. ARTOLA, Antonio M.; SANCHEZ CARO, José Manuel. *A Bíblia e a Palavra de Deus*: introdução ao estudo da Bíblia. 2. ed. São Paulo: Ave-Maria, 2005. v. 2, p. 91.

No século IV, Atanásio de Alexandria propôs um cânone com os atuais vinte e sete livros do Segundo Testamento. O Concílio de Hipona (393 E.C.), na África, aprovou a sua lista, que foi confirmada nos concílios de Cartago, em 397 e 418 E.C. Antes, no Sínodo de Roma (382 E.C.), o Papa Dâmaso I já havia promulgado o primeiro documento romano com uma lista completa dos livros inspirados, conforme indicação de Atanásio de Alexandria.

Ainda que Atanásio seja considerado o pai do cânone cristão, a Igreja só conseguiu um maior consenso sobre uma lista de livros inspirados no século VI. A confirmação definitiva ocorreu no Concílio de Florença (1441) e foi reafirmada e referendada no Concílio de Trento (1545-1563). Até chegar a essa clareza, muitas controvérsias e disputas teológicas com correntes divergentes de pensamento, como os gnósticos, permearam a vida da Igreja. E é a partir disso que podemos falar dos outros inúmeros livros que ficaram do cânone judaico e do cristão.

Critérios utilizados por judeus e cristãos

A elaboração de um cânone para judeus e cristãos seguiu cominhos diversos, mas alguns critérios de seleção são comuns aos dois grupos. No judaísmo não se pode falar de um cânone propriamente dito, pois essa questão surgiu bem mais tarde, já em ambiente cristão.

A fé foi um elemento aglutinador para judeus e cristãos. Fé em Deus (Javé), que libertou o povo do Egito e com ele fez uma aliança eterna. Fé na paixão, morte e ressurreição de Jesus.

Escrevendo de forma independente e sem uma preocupação com a definição posterior de que tal livro seria considerado inspirado e autorizado pelas autoridades religiosas para a sua leitura nas comunidades, os seus autores se preocuparam mais com a tradição de fé que os sustentava e menos com a formação de um cânone. Judeus e cristãos tiveram como base a importância de Moisés como profeta e legislador. Se ele escrevera ou não determinado livro era outra questão. Para os cristãos, por sua vez, foi fundamental a origem apostólica de um escrito.

Para os cristãos, a presença do Espírito de Deus Criador, a *ruah* do Primeiro Testamento e o Espírito Santo do Segundo Testamento, que continuou a ação de Jesus no mundo, unindo Deus, Cristo e a comunidade de fé, resultou na lista dos livros inspirados.

Falar de literatura extracanônica ou apócrifa só tem sentido a partir dos canônicos. O que levou cristãos e judeus a produzirem outros livros? Seria para contrapor, complementar ou delimitar o poder de condução da fé? Seria simplesmente o desejo de produzir uma leitura aberrante, complementar ou alternativa ao texto canônico? Para compreender tal impasse, faz-se necessário recordar o processo histórico que propiciou o surgimento dos extracanônicos.

Anteriormente e durante a formação do judaísmo, a inspiração era concebida como comunicação com os deuses. No judaísmo, a inspiração, conforme afirma Priotto, ganha novos contornos: "No Antigo Testamento, a inspiração não se fundamenta no simples pressuposto da comunicação com os deuses, mas na fé em um Deus que fala e que, por isso, entra em comunicação com os homens, e isso através do seu Espírito (*ruah*)"[5]. Os judeus veem a ação desse Espírito com o Gênesis e perpassando toda a história do Primeiro Testamento.

No cristianismo, foi somente no Concílio de Florença (1442) que a Igreja Católica declarou pela primeira vez a inspiração de todos os livros: "A Santa Igreja Romana confessa que um só e idêntico Deus é autor do Antigo e do Novo Testamento, isto é, da Lei, dos Profetas e do Evangelho, porque os santos de um e do outro Testamento falaram sob inspiração do mesmo Espírito" (EB, 47).

Somente cinco séculos depois é que a Igreja acrescenta outra afirmação de fé, a de que a Bíblia é Palavra de Deus na palavra humana. A *Dei Verbum* 11 afirma: "Na redação dos livros sagrados, Deus escolheu homens, dos quais se serviu fazendo-os usar suas próprias faculdades e capacidades, a fim de que, agindo ele próprio neles e por eles, escrevessem, como verdadeiros autores, tudo e só aquilo que ele próprio quisesse" (CONSTITUIÇÃO DOGMÁTICA, 1965).

---

5. PRIOTTO, Michelangelo. *Introdução geral às Escrituras*: introdução aos estudos bíblicos. Petrópolis: Vozes, 2019. p. 66.

Na história do protestantismo, a autoridade da Bíblia vem de Deus, que a revelou diretamente aos seres humanos. Cristo é o centro e sua chave de interpretação. A Bíblia interpreta a si mesma por meio da analogia da Escritura.

Todos esses modos de entender a Bíblia como Palavra de Deus nos livros que foram selecionados por judeus e cristãos só foram possíveis por causa dos critérios estabelecidos por eles ao longo dos séculos. Apresentamos, a seguir, seis critérios utilizados por judeus para a seleção da Bíblia Hebraica e outros seis estabelecidos pelos cristãos na seleção dos livros do Primeiro e Segundo Testamento.

Seis critérios judaicos

Os judeus estabeleceram os seguintes critérios para os livros da Bíblia Hebraica:

1) *Estar de acordo com a identidade, o modo de ser e de viver a fé judaica na vida e no culto no Templo e nas sinagogas.* Esse critério foi importante, pois estabeleceu que um livro, para ser inspirado, deveria ser de uso comum no Templo de Jerusalém e, após a destruição deste último, nas sinagogas. Em relação à ortodoxia judaica, um livro que, por exemplo, negasse a fé na vinda do Messias, bem como não considerasse a Torá, a Lei de Moisés, como a Carta Magna do povo, não poderia ser considerado inspirado.

2) *Não ser escrito em grego.* Quando a escola de rabinos fariseus se reuniu em Jâmnia, entre os anos 95 e 105 E.C., para definir os livros que seriam aceitos no cânone judaico, um dos critérios foi o da língua na qual ele fora escrito. Para eles, era consenso que o grego não poderia ser considerado como língua sagrada, pois estava ligado aos idólatras e opressores. Os livros da LXX que haviam sido traduzidos para o grego não foram considerados problemáticos, mas os que haviam sido escritos depois, sim. É o caso dos deuterocanônicos Tobias, Judite, Sabedoria, Eclesiástico, Baruc e 1 e 2 Macabeus, bem como partes de Ester e Daniel. O Livro de Daniel, ainda que seja um livro recente, século II a.E.C., logrou entrar no cânone judaico pelo fato de o nome do seu autor fazer referência a um profeta de nome Daniel, que viveu no período persa.

22

3) *Ter sido escrito no período que vai de Moisés a Esdras*. Esse critério que estabelece o período de composição do livro, além de demonstrar a sua antiguidade, justifica-se pelo fato de Moisés ser considerado o marco do profetismo em Israel e de Esdras ser o fim da cadeia sucessória de profetas. Sendo assim, os livros escritos nessa época são mosaicos e proféticos. A tradição conservou a possibilidade de Moisés e Esdras terem sido autores de livros do Primeiro Testamento. A Moisés, que liderou o povo na saída do Egito e o acompanhou na peregrinação no deserto (1250-1200 a.E.C.), foi atribuída a redação dos primeiros cinco livros do Primeiro Testamento (Gn, Ex, Lv, Nm e Dt), hipótese não mais sustentada na pesquisa atual. Sobre Esdras, que esteve no Exílio da Babilônia (587-536 a.E.C.), liderou o retorno dos exilados para Canaã e foi considerado um dos fundadores do judaísmo, a tradição sustenta que ele, no exílio, ditava para os escribas o texto dos livros que haviam sido perdidos na destruição de Jerusalém, em 587 a.E.C. (IV Esd 14,18). No pós-exílio, foram escritos muitos livros da Bíblia, alguns deles em oposição a Esdras, como Rute. Atualmente, "é consenso entre os estudiosos que Esdras não teria feito uma lista de livros inspirados, mas simplesmente teria influenciado na sua escolha"[6].

4) *Ter sido catalogado na lista de Flávio Josefo*. Os judeus fariseus de Jâmnia consideravam importante a informação dada por um de seus conterrâneos, Flávio Josefo, sobre a tradição de alguns livros inspirados. Fariseu, escritor e historiador, Flávio Josefo viveu entre os anos 37 e 107 E.C. e elaborou uma lista de vinte e dois livros que considerava divinos para o seu povo. Assim ele escreveu em sua obra *Contra Apionem* I,8,38-41:

> Não existe entre nós uma afinidade de livros discutidos e contraditórios, mas apenas vinte e dois que abraçam a história de todos os tempos e que são justamente considerados divinos. Em primeiro lugar, os cinco livros de Moisés, que contêm as leis e a tradição desde a criação do mundo até sua própria morte, durante um período de três mil anos aproximadamente. Da morte de Moisés até Artaxerxes, sucessor de Xerxes no trono persa, os profetas que vieram depois de Moisés contaram a história de seu tempo em treze livros. Os quatro últimos contêm hinos a Deus e preceitos morais para os homens.

---

6. FARIA, Jacir de Freitas. *Apócrifos aberrantes, complementares e cristianismos alternativos – poder e heresias*: introdução crítica e histórica à Bíblia Apócrifa do Segundo Testamento. 2. ed. Petrópolis: Vozes, 2009. p. 24.

Os livros elencados por Flávio Josefo foram: Gn, Ex, Lv, Nm, Dt, Js, Jz-Rt, 1 e 2Sm, 1 e 2Rs, Is, Jr, Lm, Ez, Jó, Est, Dn, Esd-Ne, 1 e 2Cr, Sl, Pr, Ct, Ecl.

5) *Manchar as mãos ao ser manuseado*. Esse critério pode soar estranho, mas ele foi estabelecido em Jâmnia quando os fariseus colocaram em xeque a inspiração dos livros de Eclesiastes e de Cântico dos Cânticos[7]. O que significa manchar a mão? A expressão teria dois significados. Primeiro, o livro deveria manchar as mãos, caso contrário não seria considerado inspirado. Segundo, o manuseio de um livro sagrado não exige purificação das mãos. Os judeus tinham e têm o costume ritual de purificar as mãos depois de ter utilizado os livros sagrados e antes de realizar qualquer atividade profana[8]. Os judeus lavam as mãos antes das refeições. Os católicos purificam o cálice depois da Eucaristia com o sentido de fazer com que o utensílio volte ao seu estado profano.

6) *Não ter origem no pensamento de grupos de oposição ao pensamento dominante*. No judaísmo, o grupo que teve primazia na condução da religião foi o dos fariseus. Livros provenientes de pensamentos que não se coadunavam com a visão farisaica não foram considerados inspirados. Trata-se, por exemplo, dos livros de Macabeus. 2Mc 12,44 trata do perdão dos pecados depois da morte, opinião não aceita pelos fariseus. Livros também de cunho apocalíptico que contradiziam a visão judaica não foram aceitos, assim como deuterocanônicos utilizados pelos cristãos. O Livro de Ester teve dificuldade de ser aceito como inspirado pelo fato de ele concordar com o casamento da judia Ester com um estrangeiro. Da mesma forma, o judaísmo teve dificuldades de aceitar o Eclesiastes, pois este teria passagens de cunho não condizente com o pensamento judaico. Em síntese, esse critério ideológico não foi predominante na escolha de um livro. Foi preponderante, no entanto, o seu uso pela tradição judaica.

---

7. ARTOLA, Antonio M.; SANCHEZ CARO, José Manuel. *A Bíblia e a Palavra de Deus*: introdução ao Estudo da Bíblia. 2. ed. São Paulo: Ave-Maria, 2005. v. 2, p. 80.

8. BARRERA, Julio Trebolle. *A Bíblia Judaica e a Bíblia Cristã*: introdução à história da Bíblia. 2. ed. Petrópolis: Vozes, 1999. p. 175-176.

Seis critérios cristãos

Os cristãos aceitaram alguns critérios para os livros do Primeiro Testamento e acrescentaram outros para o Segundo Testamento, a saber:

1) *Ter um caráter ortodoxo ao professar a fé na ressurreição de Jesus.* Entre os valores que uniam os judeus seguidores de Jesus da primeira hora do cristianismo, estava a fé na ressurreição dele. A fé em Jesus ressuscitado mantinha a identidade dos cristãos e a fé da Igreja. Um livro com esse teor estava de acordo com a ortodoxia, a tradição e a doutrina recebida dos primeiros cristãos. Portanto, esse critério foi fundamental na escolha de um livro. Nesse sentido, um escrito apócrifo de origem gnóstica, datado entre 200 e 210 E.C. e intitulado Evangelho segundo Filipe, não foi aceito como inspirado, entre outros motivos, porque escrevera o seguinte sobre a ressurreição de Jesus: "Os que dizem que o Senhor primeiro morreu e depois ressuscitou enganam-se, pois primeiro ressuscitou e depois morreu. Se alguém não consegue primeiro a ressurreição, não morrerá; tão verdade quanto Deus vive, este [morrerá].

O Evangelho segundo Filipe fazia parte da corrente gnóstica, a qual defendia que a salvação vem pelo conhecimento da nossa origem divina.

2) *Ter sido escrito por um apóstolo ou pela tradição apostólica.* Esse foi um critério de fundamental importância para os escritos do Segundo Testamento, pois ele seria capaz de garantir a ortodoxia e a catolicidade (universalidade) da Igreja, sua antiguidade e concordância com a Escritura recebida, o que resultaria na edificação da Igreja[9].

3) *Ser usado liturgicamente por muitas Igrejas apostólicas.* O uso litúrgico de um livro em várias Igrejas apostólicas foi um dos critérios que mais ajudaram a Igreja, por volta dos séculos III e IV, a ter clareza em relação aos livros inspirados. A utilização de um livro por várias comunidades conferia-lhe a pertença a uma tradição de fé universal, isto é, a catolicidade. Na escolha entre o Evangelho segundo Mateus, usado e reconhecido como inspirado por várias comunidades, e o Evangelho segundo Maria Madale-

---

9. ARTOLA, Antonio M.; SANCHEZ CARO, José Manuel. *A Bíblia e a Palavra de Deus*: introdução ao Estudo da Bíblia. 2. ed. São Paulo: Ave-Maria, 2005. v. 2, p. 105.

na, usado em poucas, esse critério ajudou as autoridades eclesiásticas a não terem dúvida em relação à inspiração do primeiro e à rejeição do evangelho gnóstico de Maria Madalena. Ainda hoje, comunidades cristãs da Igreja Copta do Egito utilizam o Evangelho segundo Maria Madalena nas celebrações. Serapião, que foi bispo em Antioquia (191-211 E.C.), aconselhou o uso do Evangelho segundo Pedro pela comunidade de Rosso, mas depois o proibiu, por julgar que nele havia indícios de docetismo, corrente gnóstica que acreditava que o corpo de Jesus era somente uma aparência.

4) *Ter sido inspirado pelo Espírito Santo.* A inspiração divina na composição de um livro bíblico chegou a ser entendida como sendo um anjo de Deus soprando as palavras para o escritor. Hoje, isso não é mais aceito. A ação do Espírito passa pela ação de Deus na vida da comunidade de fé, o que resulta na composição de um livro. O mesmo Espírito de Deus Criador, a *ruah* do Livro do Gênesis (Gn 2,7), continuou agindo nos profetas, permaneceu com os discípulos depois da morte de Jesus, o que possibilitou a Escritura ser divinamente inspirada (2Tm 3,14-17; 2Pd 1,16-21). Um livro considerado inspirado é aquele capaz de revelar no seu escrito a tradição oral sobre Jesus e a presença do mesmo Espírito que atuou nele para revelar o Pai, Deus.

5) *Ter sido catalogado na lista de Flávio Josefo.* Os cristãos mantiveram como regra para um livro ser considerado inspirado a lista apresentada pelo historiador Flávio Josefo.

6) *Não ter origem e aceitação entre os grupos de oposição ao cristianismo apostólico.* Dentre os vários cristianismos de origem, o que predominou foi o apostólico. O grupo de cristãos gnósticos rejeitavam a ideia da hierarquização do cristianismo. Um exemplo de um livro rejeitado foi o Apocalipse de Pedro, pelo fato de ele se opor claramente ao cristianismo apostólico, quando afirma que "existem também outros, que não dos nossos, que se chamam a si mesmos de bispos e também de diáconos, como se tivessem recebido essa autoridade de Deus. Eles são julgados por ocuparem os primeiros lugares na assembleia. Essa gente, eles são canais vazios[10]. Na verdade, esse critério mais ideológico não é tão predominante quanto o do uso nas comunidades.

---

10. FARIA, Jacir de Freitas. *O outro Pedro e a outra Madalena segundo os apócrifos*: uma leitura de gênero. 4. ed. Petrópolis: Vozes, 2010. p. 186.

BÍBLIA APÓCRIFA

No processo de seleção dos livros da Bíblia Canônica, muitos livros não foram contemplados. No entanto, ela cita alguns desses livros, como, por exemplo, Jd 1,14-15 menciona o apócrifo I Henoc.

Os quase duzentos livros que ficaram fora da Bíblia Canônica são chamados de apócrifos. Eles têm a sua importância própria para a compreensão da fé judaica e cristã. O substantivo "apócrifo", do grego *apókryphos*, significa "escondido, oculto, secreto". No mundo antigo, esse termo já havia sido utilizado por Pitágoras (570 a.E.C.), atestado em um fragmento para referir-se a um iniciado no "mistério". Xenofonte (430 a.E.C.) afirma: "Isso não me parece nada apócrifo". Já Aristóteles (384-322 a.E.C.) fala de um fenômeno não apócrifo.

A tradução da Bíblia do hebraico para o grego, a LXX, usa o termo "apócrifo" com o sentido de "escondido". Foi entre os cristãos que o termo ficou conhecido para designar os livros que eram usados de forma escondida pelos cristãos, e por isso serem chamados também de heréticos, isto é, não de acordo com os ensinamentos da Igreja sobre Jesus.

Conforme considerações explicitadas acima, entre os protestantes o substantivo "apócrifo" é utilizado para referir-se aos sete livros que foram retirados da Bíblia católica pelo monge agostiniano e professor de Teologia Martinho Lutero (1483-1546), a saber: Tobias, Judite, Sabedoria, Eclesiástico, Baruc e 1 e 2 Macabeus.

Esses sete livros foram chamados pelos católicos de deuterocanônicos, isto é, os da segunda lista, seguindo a orientação dos primeiros cristãos, que os aceitavam na sua lista de inspirados. O fato de esses livros terem sido escritos em grego foi um dos motivos que levaram os judeus a não os reconhecerem como inspirados, visto que um dos critérios para o reconhecimento de livro inspirado era que fosse escrito em hebraico.

Na verdade, com o destaque dado aos apócrifos depois do sucesso cinematográfico do filme *O Código Da Vinci* (2006), de Dan Brown, o substantivo "apócrifo" ganhou domínio público, passando a referir-se aos que não entraram na Bíblia Canônica, sobretudo o Evangelho segundo Maria Madalena.

Enquanto as questões sobre a canonicidade de um livro, sua utilização, relação entre a história de Israel com Deus, bem como a revelação de Jesus como Messias, muitos outros livros foram sendo compostos e utilizados pelas comunidades. Ainda que judeus e cristãos tenham estabelecido critérios para a seleção dos livros, isso não foi suficiente para impedir o uso e a divulgação da literatura apócrifa.

Ao longo de mais de mil anos (do século III a.E.C. ao século XI E.C.), muitos livros considerados apócrifos foram escritos. A maioria dos pesquisadores situam os apócrifos do Primeiro Testamento no período histórico que vai do ano 300 a.E.C. ao ano 200 E.C., o que, muitas vezes, não corresponde à realidade, visto que alguns livros são anteriores ou posteriores a esse período. Já os apócrifos do Segundo Testamento têm o seu auge na produção literária do século II E.C., estendendo-se até o século XII E.C.

Assim como ocorre com a literatura canônica, muitos desses textos foram atribuídos a personagens de grande relevância no judaísmo antigo. Muitos escritos são anônimos, mas atribuir a autoria de um livro a personagens famosos não era questão de mentira, mas de conferir relevância e autoridade ao livro. Por exemplo, atribuir muitos salmos a Davi, ainda que ele tenha sido autor somente de alguns, é sinal de que o salmo é importante, assim como atribuir apocalipses a Baruc e Henoc, e livros sapienciais a Salomão.

A lista dos livros apócrifos é grande. São cinquenta e dois livros ligados ao Primeiro Testamento e cento e vinte e oito ao Segundo Testamento, totalizando cento e oitenta, computados tanto livros quanto fragmentos.

Entre os notáveis padres da Igreja, tanto no Ocidente como no Oriente, houve posicionamentos contra e a favor dos apócrifos. São Jerônimo, doutor, tradutor e padroeiro dos estudiosos da Bíblia, tendo cunhado a célebre frase: "Ignorar as Escrituras é ignorar a Cristo"[11], defendeu que pouco se podia usufruir da literatura apócrifa. Para ele, essa literatura era um delírio, embora ele tenha reconhecido o valor do Evangelho aos Hebreus[12]. Santo

---

11. JERÔNIMO. *Prólogo ao comentário sobre o Livro do Profeta Isaías 1.2*: CCL 73,1-3.

12. GIANOTTO, Claudio. *I Vangeli apocrifi*. Milão: San Paolo, 2010. v. 1, p. 35.

Agostinho, por outro lado, reconheceu certo valor nos apócrifos. Foi no Oriente, porém, que os apócrifos tiveram mais influência entre o povo e os padres da Igreja, como Orígenes, Clemente e Epifânio.

Muitos apócrifos são utilizados ainda hoje em algumas Igrejas. Por exemplo, na Igreja da Etiópia é lida a Oração de Manassés; entre os gregos ortodoxos, III Esdras; na Igreja Armênia, IV Esdras, História de José e Asenet e Testamento dos Doze Patriarcas; na Igreja Ortodoxa da Geórgia, IV Macabeus; na Igreja Copta do Egito, o Evangelho segundo Maria Madalena; na Igreja Siríaca, os Salmos 151, 152 e 153, o Apocalipse de Baruc e a Carta de Baruc.

Classificação dos apócrifos do Primeiro Testamento por gêneros literários

Gênero literário é o recurso que uma cultura dispõe para expor o seu modo de pensar e agir, o qual é expresso na literatura de forma romântica, ficcional, policial etc.

A literatura apócrifa ou extracanônica, tanto a do Primeiro quanto a do Segundo Testamento, pode também ser classificada a partir dos gêneros literários, mas também por temas.

Os apócrifos do Primeiro Testamento, em relação aos gêneros literários, podem ser assim divididos[13]:

Narrativos/comentários

Livro dos Jubileus (Pequeno Gênesis); I Livro de Adão e Eva (Conflito de Adão e Eva com Satanás); II Livro de Adão e Eva; Livro de Noé; Escada de Jacó; Livro de José e Asenet; IV Livro de Baruc (Paralipômenos de Jeremias); III Esdras; V Macabeus; Ascensão de Isaías; Vida dos Profetas; Carta de Aristeu.

Os narrativos relatam ou comentam, de forma midráxica, histórias e livros sobre personagens bíblicos, dentre eles: Adão, Eva, Noé, José, Esdras e os profetas, bem como a história da criação do mundo. As narrativas

---

13. MACHO, Alejandro Diez. *Apócrifos del Antiguo Testamento*: v. 1: introducción general. Madri: Cristiandad, 1984. p. 44.

acrescentam, à história desses ilustres personagens, dados de fé e biográficos como, por exemplo, o casamento de José do Egito com Asenet, o que seria uma propaganda de cunho proselitista para converter pagãos (gregos) para o judaísmo da diáspora.

Testamentos

Testamento de Adão; Testamento de Abraão; Testamento de Isaac; Testamento de Jacó; Testamento dos Doze Patriarcas; Testamento de Moisés (Assunção de Moisés); Testamento de Salomão; Testamento de Jó.

Os testamentos são exortações de cunho moral feitas por grandes personagens da história judaica, por exemplo, os patriarcas e o Rei Salomão, os quais, avistando a morte, falam de acontecimentos de suas vidas pregressas, falam da misericórdia, do amor fraterno, bem como revelam algo, fazem profecias sobre o fim dos tempos ou da comunidade. Podemos encontrar também reflexões sobre temáticas como a origem do mal, o dualismo entre corpo e alma, os anjos etc. Muitos testamentos entram na categoria dos "discursos de adeus", como o Testamento de Jó e o Testamento dos Doze Patriarcas.

Sapienciais

Vida de Adão e Eva (versão grega); Vida de Adão e Eva (versão latina); III Macabeus; IV Macabeus; Livro Arameu de Aicar.

Os apócrifos sapienciais situam na história de Israel a presença de justos perseguidos pelos opressores, que aderiram à lei (*Torá*) do Senhor fazendo penitência, rezando e demonstrando a fé. Eles foram recompensados, em vida, por Deus por meio de seus anjos e receberão a imortalidade na hora da morte. O justo não morre, mas viverá como os patriarcas, que o acolherão no pós-morte. Deus persegue os injustos e os castiga, mas confere a imortalidade aos mártires e justos.

Salmos e orações

Sl 151; Sl 152-155; Salmos de Salomão; Ode; Odes de Salomão; Oração de José; Oração de Manassés.

As orações são hinos ou salmos atribuídos a Manassés, Ezequias, Davi e Salomão em diversas situações da história. Alguns deles já estão presentes no texto canônico. O conteúdo dessas orações versa sobre a relação entre justos e injustos, a salvação para os que conhecem o Senhor, mas também são orações judaicas piedosas que revelam a misericórdia do Senhor.

Apocalipses

Apocalipse de Abraão; Apocalipse de Adão; Apocalipse siríaco de Baruc (II Baruc); Apocalipse grego de Baruc (III Baruc); Apocalipse de Elias; Apocalipse de Daniel; Apocalipse de Elias (I Elias); Apocalipse de Elias (II Elias ou Livro de Elias); Apocalipse de Esdras; Apocalipse de Sadrach; Visão de Esdras; Apocalipse de Sofonias; Apocalipse de Ezequiel; I Henoc (Livro de Henoc – Henoc – Segredos de Henoc); II Henoc (Livro eslavo); III Henoc (Apocalipse hebraico de Henoc); Oráculos Sibilinos (Pseudo-Sibilinos); Livro IV de Esdras; Apocalipse de Moisés (Vida de Adão e Eva – versão grega); Apocalipse de Esdras (II Esdras para os protestantes e IV Esdras para os católicos).

Os apocalipses narram visões, revelações de viagens de personagens aos céus ou aos infernos, onde se encontram com anjos, com Deus, com as almas dos mortos e até com o anticristo. O objetivo dessas revelações e visões é mostrar que a justiça de Deus vai salvar a história humana que está em crise. A partir de um fim catastrófico do mundo, determinado por Deus, um novo tempo de salvação paradisíaca há de chegar para os israelitas justos sobreviventes e pela ressurreição para os demais. Deus inaugurará uma história única, a terrestre e a celeste, sem as estruturas sociais e políticas.

Essa classificação, como tantas outras, esbarra no fato de que mais de um tipo de gênero literário podem estar presentes em um único escrito. Por exemplo, o gênero apocalíptico pode estar em pequena escala em um texto narrativo. Nos testamentos, podemos encontrar profecias escatológicas de gênero apocalíptico.

Em relação ao conteúdo, os apócrifos do Primeiro Testamento tratam de questões judaicas como a predestinação, o destino dos pagãos, a salvação, o juízo de Deus em relação ao ser humano etc. Alguns deles receberam influências e releituras cristãs de temáticas judaicas.

Classificação dos apócrifos do Segundo Testamento por conteúdo

Os apócrifos podem também ser classificados, conforme seu conteúdo em relação aos canônicos, em três categorias:

Aberrantes

Trata-se dos livros que exageram nas narrativas sobre Jesus e seus seguidores. Neles são descritos fatos que a tradição de fé julgou equivocada, isto é, sem fundo de verdade histórica e historiográfica. Essas narrativas são consideradas fantasias, pois exageram ao descrever ou inventar fatos. Nesse sentido, os evangelhos da infância estão permeados de aberrações. Neles, por exemplo, o menino Jesus não suporta ser desafiado por outras crianças. Um professor que chamou a atenção dele recebeu a sentença de morte. É evidente que isso não aconteceu, mas a narrativa tem a função de demonstrar o poder do menino Jesus, assim como era o do adulto. Exemplos de aberrantes: Evangelho árabe da infância de Jesus; Atos dos Apóstolos apócrifo; Vingança do Salvador; A morte de Pilatos; Evangelho secreto segundo Marcos; Evangelho segundo o Pseudo-Tomé.

Complementares

Os apócrifos complementares, compostos da maioria dos livros, fazem parte do rol da literatura apócrifa que complementa os textos canônicos. Eles oferecem informações adicionais aos canônicos sem incorrer em exageros. É o caso, por exemplo, dos apócrifos marianos, quer narrativos, quer biográficos, quer assuncionistas. A fé católica mariana é herdeira desses evangelhos, os quais influenciaram a arte, como as imagens de Maria morta, dormida, e rodeada dos apóstolos. Exemplos de complementares são: Livro do Descanso; Livro de São João, o teólogo, sobre a passagem da Mãe de Deus; Trânsito de Maria do Pseudo-Melitão de Sardes; Livro sobre a Natividade de Maria; História de José, o carpinteiro; Trânsito da Bem-aventurada Virgem Maria de José de Arimateia.

Alternativos

Os apócrifos alternativos são assim chamados justamente por se oporem ao cristianismo que se tornou hegemônico. Eles surgiram entre os cristãos gnósticos, os quais defendiam que a salvação vem pelo conhecimento de nossa origem divina, que as mulheres podiam exercer o poder de liderança na Igreja e de ensinar e administrar sacramentos. A figura de Maria Madalena está associada a esse grupo, que a considerava não a prostituta, mas sim a amada de Jesus. Para os gnósticos, Cristo se encarnou em Jesus de Nazaré e dele deveria se libertar para voltar à sua origem, ao Pleroma. O que salva é o conhecimento dessa realidade, e não a morte e ressurreição de Jesus. Exemplos de apócrifos alternativos: Evangelho segundo Maria Madalena; Evangelho segundo Tomé; Evangelho segundo Filipe; Evangelho segundo Judas Iscariotes[14].

Classificação dos apócrifos do Segundo Testamento por gêneros literários

Os apócrifos do Segundo Testamento podem ser classificados, segundo os gêneros literários, da seguinte forma:

Evangelhos do nascimento e da infância de Jesus

Evangelho da infância segundo o Pseudo-Tomé; Evangelho da infância segundo o Pseudo-Mateus; Livro da infância do Salvador; Evangelho armênio da infância de Jesus; Evangelho árabe da infância de Jesus; Evangelho latino da infância de Jesus.

Os apócrifos da infância contam a história de um menino travesso, poderoso e malvado, gnóstico, sábio, capaz de realizar milagres, farol de luz para a sua família. Eles se espalharam entre os cristãos para complementar o cristianismo hegemônico, no que tange à divindade e à humanidade de Jesus. A questão não era polemizar, mas sim clarear essa fase da vida de Jesus que ficou

---

14. A classificação dos apócrifos em aberrantes, complementares e alternativos encontra-se em nosso livro: FARIA, Jacir de Freitas. *Apócrifos aberrantes, complementares e cristianismos alternativos – poder e heresias*: introdução crítica à Bíblia Apócrifa do Segundo Testamento. 2. ed. Petrópolis: Vozes, 2009. p. 49-51.

na penumbra, sanando curiosidades dos cristãos. Atente-se ao fato de que a maioria desses relatos é de um período do cristianismo no qual muitas questões sobre Jesus já se tinham transformado em dogmas de fé, como a Trindade.

Os apócrifos da infância devem ser compreendidos no âmbito do imaginário da fé. Muitas dessas histórias de ternura e travessuras são aberrantes, mas não deixaram de reforçar a teologia que se tornou oficial, hegemônica, a vencedora dentre tantos outros modos de conceber e interpretar o evento Jesus Cristo. Aos ouvidos modernos, elas soam escandalosas. Os ouvidos modernos estão acostumados com histórias que delinearam um Jesus divino e tão distante de todos nós, que não conseguimos ver um Jesus menino igual às crianças normais, nas travessuras e molequices. O Jesus histórico e da fé não é diminuído com os apócrifos da infância. A questão de maior relevância para a não aceitação dos apócrifos da infância é o fato de que a divindade de Jesus não se coaduna com os sentimentos humanos, sobretudo os negativos[15].

Evangelhos sobre Maria

Protoevangelho segundo Tiago (Natividade de Maria); Livro do Descanso; Livro de São João, o teólogo, sobre a passagem da Mãe de Deus; Trânsito de Maria de Pseudo-Melitão de Sardes; Livro de São João, arcebispo de Tessalônica; Trânsito da Bem-aventurada Virgem Maria de José de Arimateia.

Os evangelhos apócrifos marianos fazem parte da literatura complementar aos canônicos no que se refere ao papel de Maria, embora alguns elementos isolados pareçam aberrantes, extravagantes e até mesmo alternativos. Compreender Maria só tem sentido se for em relação a Jesus, seu Filho que se fez carne no corpo dela. Esses evangelhos narram a história de Maria desde o seu nascimento até a sua assunção aos céus.

História de José, o carpinteiro

A tradição quis apresentar um relato sobre a vida de São José, dada sua importância, na história da salvação, como pai adotivo de Jesus e esposo de

---

15. FARIA, Jacir de Freitas. *Infância apócrifa do menino Jesus*: histórias de ternura e de travessuras. 2. reimp. Petrópolis: Vozes, 2022. p. 147-148.

Maria. Ele permaneceu no imaginário religioso como homem bom, justo temente a Deus. Educou o menino Jesus e amou Maria, a mãe do Salvador, que o gerou por obra do Espírito Santo.

Evangelhos da paixão, morte e ressurreição de Jesus

Evangelho segundo Gamaliel; Evangelho segundo Nicodemos (Atos de Pilatos); Descida de Cristo aos infernos; Declaração de José de Arimateia; Evangelho segundo Pedro; Evangelho segundo Bartolomeu; A sentença de Pilatos contra Jesus.

Trata-se de textos que complementam a narrativa da paixão canônica. O relato, por exemplo, da descida de Cristo aos infernos passou a fazer parte do credo de fé dos cristãos.

História de Pilatos

Vingança do Salvador; A cura de Tibério; Tradição (parádosis) sobre Pilatos; Relatório (anáfora) de Pilatos a César Augusto; Carta de Pilatos a Herodes Antipas; Carta de Herodes Antipas a Pilatos; Cartas de Pilatos a Tibério; Carta de Tibério a Pilatos; A morte de Pilatos.

A tradição sobre Pilatos produziu uma vasta literatura sobre essa emblemática personagem que entrou na profissão de fé dos cristãos.

Evangelhos gnósticos

Evangelho segundo Maria Madalena; Evangelho segundo Tomé; Evangelho segundo Filipe; Evangelho segundo Judas Iscariotes; Apócrifo de Tiago; *Pistis Sophia* (Fé na sabedoria); Evangelho segundo Bardesane; Evangelho segundo Apelle; Evangelho segundo Basílides; Evangelho copta segundo os egípcios; Evangelho grego segundo os egípcios; Evangelho segundo Eva; Evangelho segundo Matias; Evangelho da perfeição; Evangelho dos quatro reinos celestiais; Evangelho do Salvador; Evangelho da Verdade; Revelação secreta de João; Diálogo do Salvador; Sabedoria de Jesus Cristo; Livro de Tomé o Atleta.

Tendo Set, filho de Adão, como ancestral e modelo, cada gnóstico procurava viver na contemplação e no ascetismo, negando a matéria, o corpo, que aprisiona a alma, a qual deve ser libertada. Jesus era exemplo perfeito de gnóstico. As mulheres eram mestras e sacerdotisas em alguns grupos gnósticos, os quais consideravam, sob influência das filosofias da época, que a matéria criada era feminina.

Alguns grupos gnósticos, porém, foram hostis à mulher. Membros desse segundo grupo chegaram a colocar na boca de Pedro um pedido para que Jesus expulsasse a mulher Madalena do meio deles, pois ela não seria digna da vida (*Evangelho segundo Tomé*, 114).

Os docetas, os fibionitas e os encratitas, grupos originários dos gnósticos, ensinavam, respectivamente, que a encarnação de Jesus era só aparente e que a abstinência sexual, a virgindade, era um caminho seguro de salvação. O sofrimento de Jesus na cruz não poderia, segundo os gnósticos, salvar aqueles que aderissem à Igreja de Cristo. Por esse e outros motivos, a Igreja lutou ferrenhamente contra os gnósticos, relegando-os à heresia. Com isso, o que era bom e ruim do gnosticismo foi condenado ao ostracismo.

Evangelhos judeu-cristãos

Evangelho segundo os ebionitas ou dos Doze Apóstolos; Evangelho segundo os nazarenos; Evangelho segundo os judeus.

Trata-se de evangelhos da primeira metade do século II, os quais têm relação com os sinóticos, sobretudo com Mateus. Há neles traços de gnosticismo. De João Batista é dito que era vegetariano. No batismo de Jesus, afirma-se que Ele é o Espírito, e onde está o Espírito de Deus ali está a liberdade. Maria é apresentada como sendo a força que desceu do céu. O Espírito Santo é apresentado como mãe que pegou Jesus por um de seus cabelos e o transportou para o Monte Tabor. Jesus refere-se ao Espírito como "minha Mãe, o Espírito". Vários fatos da vida de Jesus são narrados por esses escritos.

Evangelhos e fragmentos de evangelhos perdidos

Pregação de Pedro (Querigma de Pedro); Evangelho segundo André; Evangelho segundo Cerinto; Evangelho segundo os Doze; Evangelho segundo Mani; Evangelho segundo Marcião (Evangelho do Senhor); Evangelho secreto de Marcos; Evangelho segundo os Setenta; Evangelho segundo os adversários da Lei e dos Profetas; Evangelho vivo; Evangelho segundo Tadeu; Papiro *Oxyrhynchus* 840; Evangelho de Ossirinco; Papiro *Oxyrhynchus* 1224 (Evangelho de Ossirinco); Papiro de Egerton 2; Papiro de Fayyum; Papiro de Berlim; Papiro Evangelho Esposa de Jesus; Perguntas de Maria; Memórias dos Apóstolos.

Atos dos Apóstolos

Memórias apostólicas segundo Abdias; Atos de Paulo; Atos de Tecla; Atos de Pedro; Atos de Pedro e André; Atos de Pedro e dos Doze; Atos de Pedro e Paulo; Querigma de Pedro; Atos de André; Atos de Matias; Atos de André e Matias; Atos de Barnabé; Atos de Bartolomeu; Atos de Filipe; Atos de Tiago irmão do Senhor; Atos de Tiago Maior; Atos de Marcos; Atos de Mateus; Atos de Tiago, o irmão do Senhor, Judas Tadeu e Simão; Atos de Tadeu; Atos de Timóteo; Atos de Tito; Atos de Tomé; Atos de João; Atos de Xântipe e Polixena.

Os atos apócrifos dos apóstolos são importantes para complementar as informações sobre as atividades missionárias de todos os apóstolos, depois da morte e ressurreição de Jesus. O Atos dos Apóstolos canônico registra quase que exclusivamente as ações de Paulo e Pedro.

Cartas

Carta aos alexandrinos; Carta dos apóstolos; Carta de Barnabé; Carta dos coríntios a Paulo; Carta de Inácio; Carta de Paulo aos laodicenses; Cartas de Paulo a Sêneca; Cartas de Sêneca a Paulo; III Carta aos coríntios; Carta de Pedro a Filipe; Carta de Pedro a Tiago Menor; Carta de Pseudo--Tito; Carta de Jesus a Abgar; Carta de Abgar a Cristo; Carta de Públio Lêntulo; Carta de Inácio; Carta de Clemente a Tiago.

As cartas apócrifas são ensinamentos apostólicos. Algumas delas provêm do ambiente cristão gnóstico, tendo como objetivo defender o primado e a liderança de Pedro entre os apóstolos. Alguns apóstolos assinam uma carta endereçada às igrejas do Oriente e Ocidente, falando sobre a vida de Jesus

Cristo, seus milagres, sua paixão, sua ressurreição corporal, o fim do mundo, a Parusia etc. Trata-se de uma polêmica contra os gnósticos Simão e Cirino, considerados falsos apóstolos. Paulo e Sêneca trocam várias cartas.

Apocalipses

Primeiro Apocalipse de Tiago; Segundo Apocalipse de Tiago; Apocalipse da Virgem; Apocalipse de Pedro; Apocalipse copta de Pedro; Apocalipse de Paulo; Apocalipse de Tomé; Apocalipse de Estêvão; Oráculos Sibilinos (cristão).

Apocalipses apócrifos são revelações, de cunho gnóstico, aos apóstolos. Eles também defendem a liderança apostólica e gnóstica de Pedro. Também a Tiago irmão do Senhor o Senhor faz revelações de cunho gnóstico e judaico-cristão. Tiago sofrerá no retorno de sua alma para o Pleroma, Deus. Ele tem medo, mas Jesus o conforta.

Resistência e influência dos apócrifos do Segundo Testamento

Os evangelhos apócrifos e quase toda a literatura apócrifa do Segundo Testamento exerceram fascínio e curiosidade dos cristãos, desde a sua origem, com a visão alternativa dos grupos opositores ao cristianismo apostólico, que aos poucos foi se tornando hegemônico, entre os séculos I ao IV. Contudo, esse fascínio ocorreu sobretudo nos séculos posteriores, com o cristianismo popular devocional, o qual bebeu da vasta fonte apócrifa complementar aos textos canônicos. A influência dos apócrifos do Segundo Testamento foi, e continua sendo, objeto de estudo de muitos pesquisadores, os quais procuram entender os motivos da rejeição e da aceitação desses escritos ao longo da história do cristianismo.

A importância dos apócrifos na história dependeu de condicionamentos históricos na vida da Igreja e do modo como ela entendeu a literatura apócrifa. A categorização dos apócrifos como não confiáveis para a Igreja já ocorreu nos primeiros séculos do cristianismo. Eusébio de Cesareia, nascido em 263 E.C., fez uma classificação de livros segundo o critério de canônicos, inspirados, contestados e adulterados, em contraposição aos chamados heréticos, apócrifos.

Santo Agostinho (354-430 E.C.) usou o termo "apócrifo" para certos escritos. Mais tarde, algumas dezenas de apócrifos, tidos como falsos, foram proibidos de serem lidos e foram enviados para a fogueira por meio do Decreto Gelasiano, publicado entre 412 e 523 E.C., e atribuído ao Papa Gelásio, morto em 496 E.C., no qual são listadas sessenta obras apócrifas do Novo Testamento[16]. Essa lista ficou ainda maior no decorrer dos séculos, quando outros livros foram escritos ou descobertos, totalizando, como vimos acima, cento e oitenta livros. A datação desses livros, na sua grande maioria, vai do século II a.E.C. ao século VII E.C.

No Ocidente houve rejeição aos apócrifos no século IV, o que não impediu que muitos deles fossem conservados e redescobertos nos séculos XIX e XX. Luigi Moraldi, estudioso dos apócrifos, a propósito dessas descobertas recentes, afirma:

> Depois da redescoberta da literatura apócrifa, alguns estudiosos apresentaram a hipótese segundo a qual uma parte da literatura apócrifa do Novo Testamento seria superior aos livros canônicos, e os evangelhos apócrifos mais antigos seriam os inspiradores dos evangelhos canônicos. Uma reação, talvez excessivamente violenta, contra essa posição teve, ao menos em parte, o efeito de desprezar toda a literatura apócrifa. Hoje se verifica a volta a uma posição equilibrada[17].

Não há como negar a relação intrínseca entre a literatura apócrifa do Segundo Testamento e a canônica. Não por menos, já no nascimento dela, os autores de textos apócrifos também intitulavam os seus escritos como evangelhos, atos, cartas, apocalipses etc., o que, de certa forma, demonstra uma relação de dependência da literatura canônica. Também não há como negar que, na origem das disputas teológicas e ideológicas na defesa de pontos de vista sobre a divindade de Jesus, salvação, sofrimento, ressurreição, martírio, virgindade, trindade, conhecimento que salva etc. estão entre as motivações que culminam na rejeição de muitos apócrifos pelo cristianismo hegemônico. A Igreja preferiu, com razão, seguir o testemunho dos

---

16. Confira a lista gelasiana em: MORALDI, Luigi. *Evangelhos Apócrifos*. São Paulo: Paulus, 1999. p. 21-24.

17. MORALDI, Luigi. *Evangelhos Apócrifos*. São Paulo: Paulus, 1999. p. 30-31.

evangelhos segundo as comunidades de Marcos, Mateus, Lucas e João sobre a encarnação e ressurreição de Jesus.

Dentre os movimentos de resistência ao cristianismo hegemônico, destacaram-se os gnósticos e suas ramificações: gnósticos docetas, encratitas, fibionitas, cainitas, e também os ebionitas, marcionitas, donatistas, arianos e tantos outros que se perderam. Ário, Nestório, Marcião, Pelágio, Valentino, Donato são exemplos de cristãos que estiveram à frente desses grupos.

O cristianismo da Idade Média e Moderna foi fortemente influenciado pelos apócrifos marianos[18], fato este que deixou em aberto uma questão: Como Maria poderia ser glorificada ou ressuscitada sem ter passado pela morte, como ocorreu com o seu Filho e ocorre com todos os humanos? Maria não venceu a morte. Suspeitamos, porém, que essa não era a preocupação primeira dos apócrifos marianos, mas um problema que surgiu quando da espontaneidade se passou a uma sistematização da expressão da fé.

Há um longo percurso entre a oralidade e a escrita de uma tradição. Não foi diferente a escrita presente nos textos apócrifos. O imaginário popular garantiu a sua experiência de fé na literatura apócrifa, de modo que ela não se perdesse: "O povo iletrado, de modo especial, conservou essa fé 'inspirada' por outros caminhos, construindo um saber histórico que é passado de geração em geração, na oralidade e na vivência de fé de seus valores"[19].

As tradições orais e escritas, sejam elas apócrifas ou canônicas, estão permeadas de interações recíprocas. Foi assim com a devoção a Nossa Senhora da Boa Morte e com tantos outros aspectos da fé mariana católica. As muitas expressões de fé dos apócrifos complementares acabaram se tornando quase inspiradas na tradição oral.

---

18. Para entender a influência dos apócrifos marianos e sua relação com o medo da morte e do inferno, bem como sua relação com as irmandades negras de Nossa Senhora da Boa Morte no período do Brasil Colônia, veja nosso livro: FARIA, Jacir de Freitas. *O medo do inferno e a arte de bem morrer*: da devoção apócrifa à Dormição de Maria às irmandades de Nossa Senhora da Boa Morte. Petrópolis: Vozes, 2019.

19. FARIA, Jacir de Freitas. *Apócrifos aberrantes, complementares e cristianismos alternativos – poder e heresias*: introdução crítica à Bíblia Apócrifa do Segundo Testamento. 2. ed. Petrópolis: Vozes, 2009. p. 39.

O estudo dos apócrifos marianos revela as formas atuais de vivência da fé mariana católica. Sobre Maria pouco se escreveu na Bíblia. As comunidades sentiram-se impelidas a ampliar essas informações de modo devocional e piedoso.

No Brasil, o catolicismo português trouxe a devoção a Nossa Senhora da Boa Morte, associada à devoção da Dormição de Maria, a qual foi assimilada pela Irmandade da Boa Morte de Cachoeira como forma de resistência de um povo negro escravo, alguns já alforriados, a qual, não desrespeitando a fé católica, conservou a sua própria fé e a relacionou com a sua fé de origem.

O objetivo central dos evangelhos apócrifos é apresentar a figura de Jesus a partir de pontos de vista diferentes daqueles que tratam os evangelhos canônicos, de modo livre, chegando a ser uma visão alternativa às afirmações históricas e teológicas dos canônicos.

E mesmo os livros da literatura apócrifa do Segundo Testamento que não apresentaram pensamentos diferenciados sobre Jesus contribuíram para a discussão e sedimentação do cristianismo hegemônico, apresentando complementos às narrativas canônicas, o que não nos pode levar a afirmar que a fé da Igreja é, necessariamente, apócrifa. Ela simplesmente traz elementos oriundos dessa fé, desses cristianismos apócrifos perdidos. Os apócrifos do Segundo Testamento complementam os canônicos, não no sentido histórico, mas sim no historiográfico.

Outra questão não menos importante na pesquisa sobre os apócrifos tem sido elucidar as dificuldades na compreensão e importância dessa literatura, o que tem possibilitado superar os entraves históricos do rótulo: "Os apócrifos são todos fantasias e falsas teologias". Se antes os apócrifos eram de interesse somente para as igrejas do Ocidente e do Oriente, hoje o grande público conhece ou já ouviu falar dos apócrifos. Com a projeção do filme *O Código Da Vinci*, na década de 2000, os apócrifos ganharam a mídia internacional.

Na leitura dos apócrifos, um dos grandes empecilhos refere-se ao fato de as comunidades terem preconceitos em relação a eles. O substantivo "apócrifo" tornou-se sinônimo de mentiroso. O grande público e a maioria dos cristãos não conhecem o conteúdo desses textos pelo fato de a Igreja ter ensinado que eles fazem parte da literatura que se opôs ao cristianismo que se tornou hegemônico, tendo sido escritos após os textos canônicos[20]. Tudo isso levou os cristãos a olharem com preconceito os apócrifos, sustentando a premissa de que são falsos, heréticos, fantasiosos e, portanto, não são critérios para a fundamentação do Jesus histórico[21].

A diversidade de pensamentos, até mesmo contraditórios, dos apócrifos é testemunha de que essa literatura tem incoerências e aspectos lendários do cristianismo[22].

Os apócrifos refletem uma tensão entre o núcleo central da fé cristã e sua dimensão histórica. Orígenes de Alexandria afirmou no século III: "A Igreja tem quatro evangelhos, mas os hereges têm muitos"[23].

Os apócrifos gnósticos possuem dualismo antropológico[24]: o bem e mal estão sempre em oposição; o corpo é visto negativamente; a natureza humana não tem a dignidade necessária para estar unida ao Filho de Deus; o Segundo Testamento é melhor do que o Primeiro Testamento, pois revela um Deus misericordioso em oposição ao Deus vingativo do Primeiro Testamento, opinião defendida por Marcião, na segunda metade do século II, quando propôs o seu cânone.

Eles podem induzir o leitor a pensar que o cristianismo institucionalizado não contém os princípios básicos da fé, fato que não é real, pois os próprios autores e comunidades do século II tinham consciência da distância que os

---

20. EHRMAN, Bart D. *Evangelhos perdidos*: as batalhas pela escritura e os cristianismos que não chegamos a conhecer. Rio de Janeiro: Record, 2008. p. 21-22.

21. Irineu, bispo de Lion, morto em 200, escreveu a esse respeito, afirmando que os gnósticos insinuavam uma quantidade indescritível de escritos apócrifos e espúrios, forjados por eles próprios. Texto citado por PEREGO, Giacomo; MAZZA, Giuseppe. *ABC dos evangelhos apócrifos*. Lisboa: Paulus, 2008. p. 5.

22. TRAGÁN, Pius-Ramon (org.). *Los evangelios apócrifos*: origen – carácter – valor. Estella: Verbo Divino, 2008. p. 306.

23. ORÍGENES. *Homilia sobre o Evangelho de Lucas*. São Paulo: Paulus, 2016 cf. fragmento 5-6.

24. PEREGO, Giacomo; MAZZA, Giuseppe. *ABC dos evangelhos apócrifos*. Lisboa: Paulus, 2008. p. 12.

separava da comunidade apostólica. No entanto, não há como não considerar que os cristãos gnósticos sempre foram um perigo para a ortodoxia.

Decorre das dificuldades acima apresentadas que os apócrifos merecem ser lidos a partir da diversidade de pensamentos que eles encerram. A abundância dos apócrifos nos primeiros séculos do cristianismo evidencia que as formas de pensar em relação a Jesus e seus seguidores eram tantas quantos os testemunhos considerados inspirados. Nessa época, quando o cristianismo começa a despontar no Império Romano, a fé em Jesus ganhava adeptos em todos os cantos. Vários escritos surgem. No século IV, quando a Igreja ocidental passa a ser Católica Apostólica Romana, também um cânone passa a ser reconhecido, em Hipona. Antes, a pluralidade de pensamento cristão fazia parte da pregação dos novos cristãos. Os apócrifos são testemunhos diretos de uma ampla e rápida expansão do movimento cristão dentro do império[25].

A importância dos apócrifos do Segundo Testamento

Em relação à importância dos apócrifos do Segundo Testamento, podemos afirmar que os apócrifos:

1) São uma forma diferenciada de literatura da primeira hora do cristianismo, a qual ajudou a fixar os ensinamentos da pregação evangélica oficial.

2) Resgatam a face dos cristianismos perdidos ou excluídos, possibilitando-nos o conhecimento dessas correntes de pensamento condenadas ao ostracismo, nas quais poderiam estar traços do pensamento de Jesus que foram afastados pelo cristianismo que se tornou hegemônico.

3) Evidenciam elementos da pregação de Jesus que foram esquecidos pelo cristianismo hegemônico, alguns deles até mais próximos ou anteriores aos evangelhos canônicos, como os textos do Evangelho segundo Tomé e o Evangelho segundo Pedro.

4) Revelam a luta desenfreada pelo poder, nos primórdios do cristianismo, entre suas lideranças. Nesse sentido, os apócrifos, sobretudo os

---

25. TRAGÁN, Pius-Ramon (org.). *Los evangelios apócrifos*: origen – carácter – valor. Estella: Verbo Divino, 2008. p. 304.

gnósticos, evidenciam o papel, a liderança da mulher na era apostólica. Maria Madalena é o melhor exemplo. O evangelho dedicado a ela ressalta o seu poder de liderança apostólica. Ela não aparece como prostituta nesse evangelho, tampouco nos evangelhos canônicos. No apócrifo ela é mestra e detentora dos ensinamentos do Mestre[26].

5) Apresentam um novo perfil de Maria, diferente daquela que aparece nos canônicos, como procuraremos demonstrar ao longo de nossa pesquisa.

6) Complementam os textos canônicos, com informações sobre a vida de Jesus e de seus seguidores, demonstrando que havia outras formas de pregação e de catequese entre os cristãos, sendo que algumas delas foram compiladas nos apócrifos, outras se mantiveram na oralidade.

7) São testemunhas de visões alternativas, como as do gnosticismo, ao cristianismo que se tornou hegemônico.

8) Possibilitam ao leitor tomar conhecimento dos vários tipos de textos: aberrantes, complementares e alternativos ao cristianismo emergente.

9) Oferecem elementos da catequese não propriamente herética dos primeiros cristãos, ainda hoje presentes no imaginário popular, espelho de uma fé simples, piedosa e devocional em relação a Maria, por exemplo, mas também em relação à infância de Jesus. Isso foi resultado da influência da cultura greco-romana no cristianismo a partir dos apócrifos, tendo em mente as suas divindades femininas, como a deusa Ísis[27].

10) Desvelam o lado multiforme do cristianismo nas origens.

11) Estudados no contexto histórico, sem o preconceito de que todos são falsos, podem nos propiciar uma fé crítica e ecumênica.

12) Representam de maneira mais livre a linguagem mitológica do cristianismo, enquanto os canônicos mostram maior preocupação com a fundamentação histórica do evento Jesus.

---

26. FARIA, Jacir de Freitas. *As origens apócrifas do cristianismo*: comentário aos evangelhos de Maria Madalena e Tomé. 2. ed. São Paulo: Paulinas, 2003; FARIA, Jacir de Freitas. *O outro Pedro e a outra Madalena segundo os apócrifos*: uma leitura de gênero. 4. ed. Petrópolis: Vozes, 2010.

27. TRAGÁN, Pius-Ramon (org.). *Los evangelios apócrifos*: origen – carácter – valor. Estella: Verbo Divino, 2008. p. 312.

13) Projetam imagens de Jesus esquecidas ou evitadas pelos canônicos para não incorrerem em exageros. Não foi diferente com o imaginário popular mariano, com uma diferença singular: a devoção mariana apócrifa perpetuou-se como arquétipo e foi ensinada na catequese, atravessando séculos e continentes.

14) Continuam presentes no imaginário popular, na fé libertadora e conservadora, no ecumenismo e na ortodoxia.

15) Serviram de base para dogmas de fé na Igreja, com destaque para os de cunho mariano.

16) Favorecem uma espiritualidade para além das instituições religiosas, como a devoção a Maria.

17) São testemunhas de uma literatura popular catequética.

18) Foram utilizados pelas comunidades, as quais muito prezaram pelas informações que eles continham, apesar da oposição da Igreja oficial.

19) Foram também literatura de interesse de prelados e letrados da Idade Média e Moderna, quando esses textos foram amplamente utilizados para fortalecer a fé mariana devocional apócrifa.

20) Influenciaram a arte e a literatura cristã na Idade Média e Moderna como a *Legenda áurea*, de Jacopo de Varezze, e a *Divina Comédia*, de Dante, as pinturas nas igrejas romanas, com imagens inspiradas nos apócrifos, e tantas outras obras.

21) Evidenciam o encontro inevitável entre o evangelho e a cultura, mesmo na sua condição de escrito não canônico.

22) Por fim, são testemunhos de uma fé que nos coloca no caminho de volta à gênese do cristianismo, marcado pela diversidade e dificuldade de se dizer cristão. Os apócrifos deram respostas a questões que os canônicos não deram.

A releitura pastoral e catequética dos apócrifos é algo novo que nos desafia no estudo desses textos. A tradição popular perpetuou, na memória oral e na escrita, os ensinamentos de fé dos apócrifos. O imaginário popular quis que essa fé não se perdesse, mesmo que não tivesse sido considerada a oficial. Ele a conservou "inspirada" por outros caminhos. Foi assim com a devoção a Nossa Senhora da Boa Morte e com tantos outros aspectos da fé mariana católica.

Pesquisa e publicações sobre os apócrifos e sua história

No início do século XIX, muitos textos de apócrifos foram traduzidos para o alemão, latim, inglês etc., como a publicação alemã de 1872, em Leipzig, organizada por Tischendorf, intitulada *Evangelia Apocrypha*.

A partir do século XX, pesquisadores passaram a demonstrar um interesse maior pelos apócrifos, seja na tradução de textos descobertos em sítios arqueológicos, seja na publicação de comentários, livros e artigos sobre eles. Cabe um destaque para as obras de: HENNECKE, Edgar. *Handbuch zu den Neutestamentlichen Apokryphen*. Tübingen: Morh, 1904; SNELL, Bernard J. *The Value of the Apocrypha*. Londres: Clark, 1905; SAINTYVES, Pierre. *De la nature des Évangiles apocryphes et de leur valeur hagiographique*: RHR, 106, p. 435-457, 1932; WALTERSCHEID, Johannes. *Das Leben Jesu nach den neutestamentlichen Apokryphen*. Dusseldorf: Patmos, 1953; BAUER, Walter. *Orthodoxy and Heresy in Earliest Christianity*. Tradução para o inglês: KRAF, Robert A.; KRODEL, Gerard (org.). Filadélfia: Fortress, 1971. Destaque também para a publicação, na década de 1970, na Espanha, pela Biblioteca de Autores Cristianos (BAC), de *Los evangelios apócrifos*, versão crítica de textos gregos e latinos, de Aurelio de Santos Otero.

Na década de 1980, na Espanha, surgiram também publicações de Antonio Piñero, como *Los Apócrifos del Nuevo Testamento*, publicada em Madri pela Fundación Santa María em 1989. No Brasil, nessa década, Lincoln Ramos traduziu vários apócrifos, como: *A história do nascimento de Maria: Protoevangelho segundo Tiago*, em Petrópolis, pela editora Vozes, no ano de 1988. Foi também na década de 1980 que a publicação belga *Corpus Christianorum* abriu a série dedicada aos apócrifos: *Series Apocryphorum*. Mais de uma dezena de livros e comentários já foram publicados nela até o momento. Para os apócrifos do Primeiro Testamento, destaque para a obra em língua espanhola, escrita em quatro volumes, de MACHO, Alejandro Diez. *Apócrifos del Antiguo Testamento: introducción general*. Madri: Ediciones Cristiandad, 1984. CHARLESWORTH, James H. *The New Testament Apocrypha in Pseudepigrapha: a Guide to Publications, with Excurses on Apocalypses*. Methuen: Scarecrow Pr, 1987 (ATLA Bibliography, series 17).

Na década de 1990, na Itália, em Turim, Luigi Moraldi publicou três volumes de *Apocrifi del Nuovo Testamento*. Geerard M. publicou em 1992 *Clavis Apocryphorum Novi Testamenti* (Turnhout: Brepols). O italiano Paolo Sacchi, em 1993, publicou o segundo volume de *Apocrifi dell'Antico Testamento*. Outros pesquisadores continuaram publicando na Europa artigos e livros sobre os apócrifos. No Brasil, Caetano Minette Tillesse, em 1999, traduziu e atualizou a obra de Hedley Frederick Davis Sparks: *The Apocryphal Old Testament*. Oxford: Clarendon Press, 1984 (*Apócrifos do Antigo Testamento*) na *Revista Bíblica Brasileira*, Fortaleza: Nova Jerusalém.

A partir do século XXI, no Brasil, em 2004, a editora Vozes propiciou a publicação de nossos estudos sobre os apócrifos em uma série intitulada: *Comentários aos apócrifos*, na qual já publicamos cinco títulos, com destaque para: *Apócrifos aberrantes, complementares e cristianismos alternativos – poder e heresias: introdução crítica à Bíblia Apócrifa do Segundo Testamento*. 2. ed. Petrópolis: Vozes, 2009; e *O medo do inferno e a arte de bem morrer: da devoção apócrifa à Dormição de Maria às irmandades de Nossa Senhora da Boa Morte*. Petrópolis: Vozes, 2019. Antes, em 2003, já havíamos publicado com a Paulinas: *As origens apócrifas do cristianismo: comentário aos evangelhos de Maria Madalena e Tomé*. Em 2024, a editora Vozes propiciou a publicação da obra em questão: *Bíblia Apócrifa do Segundo Testamento: tradução e comentários dos cristianismos perdidos*. Também no Brasil, a Fonte Editorial publicou três volumes sobre os apócrifos, um em 2005 e outros dois em 2012 e 2017, intitulados *Apócrifos e pseudo-epígrafos da Bíblia*. Em língua catalã, na Espanha, em 2007, Armand Puig i Tàrrech publicou *Els Evangelis Apócrifi*, traduzido para o italiano, em 2010. Em 2008, na Espanha, Pius-Ramón Tragán editou um livro que recolheu o resultado das conferências proferidas na V Jornada Universitária de Cultura Humanista, ocorrida em Montserrat, com o tema: *Los evangelios apócrifos: origen – carácter – valor*. Em língua inglesa, publicado pela Oxford University Press e traduzido para português pela Record em 2008, destaca-se a publicação de Bart D. Ehrman: *Evangelhos perdidos: as batalhas pela escritura e os cristianismos que não chegamos a conhecer*. Ehrman conseguiu apresentar um estudo amplo sobre os cristianismos perdidos presentes nos apócrifos. Jean-Daniel Kaestli e Daniel Marguerat são os organizadores da obra: *O mistério apócrifo: introdução a uma literatura desconhecida*. São Paulo: Loyola, 2012.

A situação atual da pesquisa sobre os apócrifos do Segundo Testamento aponta-nos para o desafio de estudá-los de forma crítica, situando o escrito no seu contexto histórico, no seu ambiente vital situacional (*Sitz im Leben*) e no seu contexto teológico de forma crítica, ecumênica, pastoral e catequética. É o que afirma Tragán, falando sobre a importância da história na pesquisa dos apócrifos:

> O estudo dos evangelhos apócrifos e das origens do cristianismo demonstra a importância da pesquisa histórica para estabelecer e compreender a tradição da fé evangélica [...]. Os escritos apócrifos são sinais de que é urgente um estudo do passado e, portanto, uma investigação crítica sobre os textos menos conhecidos que falam das origens do cristianismo, bem como as consequências que deles decorrem. O valor e a necessidade da história se impõem como princípios irrenunciáveis, visto que são preâmbulos sólidos da fé [...]. O não considerar a investigação histórica pode conduzir a um forte subjetivismo, ou melhor dito, um psicologismo que hoje em dia, uma época que vive o presente sem pensar no passado nem no futuro, pode ter certo atrativo[28].

O interesse maior da pesquisa atual tem sido pelos apócrifos cristãos, pois eles nos ajudam a compreender o cristianismo de origem.

CONCLUSÃO

A descoberta dos livros apócrifos é um mundo novo que se abre para muitos judeus e cristãos. Adentrar nessa literatura não é fácil. Os apócrifos do Primeiro Testamento procuraram discutir questões judaicas como a predestinação, o destino dos pagãos, a salvação e o juízo de Deus em relação ao ser humano. Os apócrifos cristãos, por sua vez, procuram preencher lacunas sobre a vida de Jesus e seus seguidores, de forma complementar,

---

28. TRAGÁN, Pius-Ramon (org.). *Los evangelios apócrifos*: origen – carácter – valor. Estella: Verbo Divino, 2008. p. 312.

aberrante ou alternativa em relação aos canônicos, ainda que tenham recebido influências de cristianismos gnósticos.

A relação entre apócrifos e evangelhos canônicos impõe-nos um exercício acadêmico de busca de compreensão dessa literatura para elucidar sua dimensão histórica, seus limites e seus valores para a compreensão do cristianismo primitivo, bem como seus desdobramentos históricos no âmbito da fé.

Evangelhos do nascimento e infância de Jesus

Os apócrifos da infância contam a história de um menino travesso, poderoso e malvado, gnóstico, sábio, capaz de realizar milagres, farol de luz para a sua família. Eles se espalharam entre os cristãos para complementar o cristianismo hegemônico, no que tange à divindade e à humanidade de Jesus. A questão não era polemizar, mas sim clarear essa fase da vida de Jesus que ficou na penumbra, sanando curiosidades dos cristãos. Atente-se ao fato de que a maioria desses relatos é de um período do cristianismo no qual muitas questões sobre Jesus já tinham se transformado em dogmas de fé, como a Trindade.

EVANGELHO DA INFÂNCIA DE JESUS SEGUNDO PSEUDO-TOMÉ

O Evangelho da infância segundo Pseudo-Tomé ou Narrações de Tomé, filósofo israelita, sobre a infância do Senhor narra a infância de Jesus, dos 5 aos 12 anos. Jesus é um menino travesso, cheio de poderes, milagreiro, malvado, arrogante e vingativo. Todos tinham medo dele, pois podia matar e ressuscitar. Jesus é matriculado em uma escola, mas não precisa estudar, pois sabe mais do que seu mestre. O livro, que trata também da preexistência de Jesus, teve forte influência do gnosticismo.

O autor desse apócrifo provavelmente era um cristão helenista, de língua grega, que o compôs por volta do ano 170 e o atribui a Tomé para valorizar a obra. A tradução que apresentamos tem como referência a publicação de Lincoln Ramos, História de José o carpinteiro. *Petrópolis: Vozes, 1990. O texto de origem é o grego, traduzido por Aurelio Santos Otero,* Los evangelios apócrifos. *Madri: BAC, 1979.*

PRÓLOGO

Eu, Tomé Israelita, julguei necessário transmitir a todos os irmãos procedentes do paganismo os conhecimentos da infância de nosso Senhor Jesus Cristo e de todas as maravilhas que realizou, desde seu nascimento em nossa terra.

JESUS E OS PASSARINHOS FEITOS DE BARRO

Aos 5 anos de idade, o menino Jesus estava brincando em uma correnteza de água, depois da chuva. Recolhia a água em pequenas poças e a tornava límpida em um instante, dominando-a só com a sua palavra.

Formou uma pasta com o barro e modelou com ela doze passarinhos. Fez isso em um sábado; e havia outras crianças brincando com ele. Vendo o que Jesus fizera em dia de sábado, certo judeu saiu correndo e contou tudo a seu pai, José: "Olha! Teu filho está na correnteza. Ele apanhou massa de barro e fez doze passarinhos. Ele profanou o sábado". José dirigiu-se ao lugar e, ao vê-lo, o repreendeu, dizendo: "Por que fazes, no sábado, o que não é permitido fazer?"

Jesus bateu as mãos, voltou-se para os passarinhos e disse-lhes: "Ide!" Abrindo as asas, os passarinhos voaram, gorjeando. Ao presenciar isso, os judeus ficaram admirados e foram contar a seus chefes o que tinham visto Jesus fazer.

O MENINO JESUS FAZ UM MENINO FICAR SECO PELO FATO DE ELE TER DESMANCHADO A ÁGUA QUE ELE TINHA REPRESADO DE UMA ENXURRADA

Encontrava-se ali perto o filho de Anás, o escriba. Com uma vara de vime, fez sair as águas que Jesus represara. Vendo aquilo, Jesus indignou-se e disse-lhe: "Malvado, ímpio, insensato! Por acaso te faziam mal as poças e a água? Agora ficarás seco como uma árvore e não produzirás nem folhas, nem raiz, nem frutos". No mesmo instante, o menino ficou completamente seco.

Jesus retirou-se para a casa de José. Os pais do menino que ficara seco o tomaram e, chorando por causa de sua tenra idade, o levaram a José, a quem censuraram asperamente pelo fato de seu filho fazer tais coisas. Depois, solicitado por todos, Jesus curou o menino, deixando um membro um pouco inerte, como sinal para eles.

O MENINO JESUS PUNE DE MORTE O MENINO QUE ATIROU PEDRAS NELE

Certa vez, o menino Jesus caminhava no meio de um povoado, quando um menino, que vinha correndo, esbarrou nele pelas costas [um menino atirou uma pedra contra ele e machucou o seu ombro]. Irritado, Jesus lhe disse: "Não continuarás teu caminho". Imediatamente o menino caiu morto.

Algumas pessoas que presenciaram aquilo disseram: "Donde saiu este menino? Todas as suas palavras se transformam em realidade".

Os pais do morto acercaram-se de José e o censuravam, dizendo: "Desde que tens um filho assim, não podes viver conosco no povoado, a não ser que o ensines a abençoar e não a amaldiçoar. Ele causa a morte de nossos filhos".

O MENINO JESUS PUNE COM CEGUEIRA SEUS ACUSADORES E RECEBE UM PUXÃO DE ORELHA DE JOSÉ

José chamou o menino à parte e o admoestou, dizendo: "Por que fazes essas coisas? Por causa disso, nos odeiam e nos perseguem". Jesus respondeu a José: "Sei que essas palavras não vêm de ti. Por tua causa me calarei. Os outros, porém, receberão seu castigo". Na mesma hora seus acusadores ficaram cegos.

Os que presenciaram aquilo assustaram-se e encheram-se de medo. A respeito dele diziam que todas as palavras que ele pronunciava, fossem elas boas ou más, se convertiam em realidade e em prodígio.

Vendo o que Jesus fizera, José o agarrou pela orelha e a torceu com força. O menino se aborreceu e disse-lhe: "A ti basta procurar sem encontrar [a ti basta me ver e não me tocar]. Procedes com pouca sabedoria. Não sabes que sou teu? Não me maltrates".

O MENINO JESUS E O SEU PRIMEIRO
PROFESSOR, ZAQUEU

Próximo dali estava um professor chamado Zaqueu. Quando ouviu Jesus falar essas coisas a seu pai, encheu-se de admiração. Estranhou que, sendo ainda menino, falasse de tal modo.

Passados alguns dias, procurou José e disse-lhe: "Tens um filho perspicaz e inteligente. Deves confiá-lo a mim para que aprenda as letras. Além das letras, eu lhe transmitirei toda a sabedoria. Ensinarei a saudar todos os idosos, a respeitá-los como mais velhos e como pais e a amar os seus iguais".

O MENINO JESUS DISCURSA PARA ZAQUEU

Mas José irritou-se por causa do menino e disse ao professor: "Quem será capaz de ensinar uma pequena cruz a este menino? Pensas que, acaso, o podes fazer? Ele é mais humilde e dócil do que todos".

Ouvindo essas palavras proferidas por seu pai, o menino Jesus começou a rir e disse a Zaqueu: "Mestre, tudo o que meu pai acaba de dizer-te é pura verdade. Eu sou aqui o Senhor; e vós sois estrangeiros. Só a mim foi dado o poder. Eu existia antes, existo agora e estou convosco. Não sabeis quem eu sou. Eu sei donde viestes, quem sois, quando nascestes e quantos anos durará vossa vida. Na verdade, te digo, ó mestre: eu existia quando nasceste e existia antes que nascesses. Se queres ser mestre perfeito, ouve-me e te ensinarei a sabedoria que ninguém concebe, a não ser eu e aquele que me enviou para instruir-vos. Eu sou, na realidade, teu professor, embora tu sejas chamado de meu mestre. Conheço a tua idade; sei exatamente quanto durará a tua vida. Quando vires a cruz que meu pai mencionou, então acreditarás que tudo o que eu disse é verdade. Eu sou aqui o Senhor. Vós sois estrangeiros (não podeis viver conosco). Eu sou sempre o mesmo".

Os judeus que estavam ali presentes e o escutavam encheram-se de admiração e gritaram: "Ó prodígio raro e inaudito! Este menino não tem 5 anos e pronuncia palavras que jamais ouvimos de algum pontífice ou escriba ou fariseu!"

Respondeu Jesus: "Ficais admirados, mas não acreditais naquilo que vos disse. Eu sei, no entanto, exatamente quando vós e vossos pais nascestes. Anuncio-vos ainda uma coisa inaudita: sei tão bem quando o mundo foi criado, como o sabe aquele que me enviou".

Ouvindo-o falar assim, os judeus tiveram medo e não lhe puderam responder. Então o menino, aproximando-se, brincava e saltava. Rindo deles, dizia: "Eu sei que vós sois pouco capazes de maravilhar-vos e sois curtos de inteligência. A mim foi tributada a glória, para minha consolação, apesar de menino".

ZAQUEU BATE NA CABEÇA DO MENINO JESUS
E TEM DE OUVIR OUTRO DISCURSO

O professor disse a José, pai de Jesus: "Vamos! Traze-me à escola esse menino, e eu lhe ensinarei as letras". José tomou Jesus pela mão e o conduziu à escola. O professor começou a instruí-lo com palavras persuasivas. Escreveu o alfabeto. Depois insistia cuidadosamente, repetindo muitas vezes o que escrevera. Mas o menino permaneceu calado e não lhe deu ouvidos por muito tempo.

O professor irritou-se e bateu em sua cabeça. O menino respondeu: "Não procedeste bem. Por acaso, não sou eu que devo instruir-te (corrigir-te) em vez de ser instruído (corrigido) por ti. Eu conheço as letras que ensinas. Muitos te julgarão, pois estas letras são para mim bronze que soa ou címbalo que tine: não emitem voz audível nem dão a glória da sabedoria ou a força da alma ou da mente". O menino calou-se por um pouco. Depois repetiu as letras com muito talento. Expôs-lhe todas as letras com grande precisão e clareza, desde o Alfa até o Ômega.

Jesus, no entanto, olhou fixamente para o mestre Zaqueu e disse-lhe: "Como te atreves a explicar aos outros o Beta, se tu mesmo ignoras a natureza do Alfa? Hipócrita! Se o sabes, explica primeiro o Alfa, e assim acreditaremos em ti quando falares do Beta".

A seguir, começou a interrogar o mestre acerca da primeira letra, mas este não soube responder. Disse, então, a Zaqueu na presença de todos: "Escuta, mestre, a constituição da primeira letra e vê como tem linhas e traços médios aos quais se unem traços transversais, conjuntos, elevados, divergentes. Três linhas formam o modelo do Alfa: homogêneas, equilibradas, proporcionadas".

"NÃO POSSO SUPORTAR A AGUDEZA DE SEU OLHAR E NEM CHEGO A ENTENDER SUAS EXPLANAÇÕES"

Quando o mestre Zaqueu ouviu essas e aquelas alegorias acerca da primeira letra, ficou surpreendido diante da resposta e da erudição que manifestava. Disse aos presentes: "Ai de mim! Não sei o que fazer. Eu mesmo procurei confusão para mim ao trazer para cá esse menino. Toma-o, pois, eu te rogo, irmão José. Não posso suportar a agudeza de seu olhar nem chego a entender suas explanações. Esse menino não nasceu na terra; pode até dominar o próprio fogo. Talvez tenha nascido antes da criação do mundo. Não sei que ventre o pôde ter trazido nem que seios o nutriram. Ai de mim, amigo! Sinto-me aturdido. Não posso acompanhar o voo de sua inteligência. Enganei-me. Infeliz de mim! Queria ter um aluno e encontrei-me com um mestre. Amigos, reconheço minha confusão. Velho como estou, fui vencido por um menino. É como cair esmagado (ser humilhado) e morrer por causa desse menino, pois, neste momento, sou incapaz de olhá-lo de frente. O que vou explicar a respeito do que me disse sobre as linhas da primeira letra? Não o sei, amigos, pois ignoro a origem e o destino dessa criatura. Por isso, te rogo, irmão José, que o leves para casa. Ele é um ser extraordinário: ou um deus ou um anjo ou não sei o que dizer".

O MENINO JESUS RI E REAFIRMA SEU PODER

Enquanto os judeus davam conselhos a Zaqueu, o menino se pôs a rir alto e disse: "Frutifiquem agora tuas coisas e abram-se os olhos dos cegos de coração. Vim de cima para amaldiçoá-los e chamá-los depois para o alto, pois essa é a ordem daquele que me enviou em vosso benefício".

Quando o menino acabou de falar, todos os que tinham caído debaixo de sua maldição sentiram-se imediatamente curados. Desde então ninguém se atrevia a irritá-lo, para que não o amaldiçoasse e ficasse cego.

O MENINO JESUS RESSUSCITA UM MENINO QUE CAIU DE UM TERRAÇO

Dias depois, estava Jesus brincando no terraço de uma casa. Um dos meninos que estavam com ele caiu do alto e morreu. Vendo isso, os outros meninos foram embora e Jesus ficou sozinho. Vieram os pais do morto, culparam o menino Jesus e o maltrataram. (Jesus lhes disse: "Não fui eu que o empurrei").

Jesus deu um salto lá de cima e caiu junto ao cadáver e pôs-se a gritar em alta voz: "Zenão – era esse o nome do menino –, levanta-te e responde-me: fui eu que te atirei lá de cima?" O morto levantou-se no mesmo instante e disse: "Não, senhor. Tu não me atiraste, mas me ressuscitaste".

Os que viram ficaram maravilhados. Os pais do menino glorificaram a Deus por aquele maravilhoso feito e adoraram Jesus.

O MENINO JESUS CURA UM LENHADOR FERIDO PELO SEU MACHADO

Poucos dias depois, estava um jovem cortando lenha nos arredores. Escapou de suas mãos o machado e cortou a planta de seu pé. O coitado ia morrendo por causa da hemorragia. Formou-se grande alvoroço e reuniu-se muita gente. Também Jesus se dirigiu para lá. Forçou passagem entre a multidão e chegou até o ferido. Apertou com a mão o pé dilacerado do jovem, e este ficou curado no mesmo instante. Disse, então, ao jovem: "Levanta-te agora, continua a cortar lenha e lembra-te de mim".

Quando a multidão se deu conta do que ocorrera, adorou o menino, dizendo: Verdadeiramente, o Espírito de Deus habita nesse menino.

AOS 6 ANOS, JESUS CARREGA ÁGUA NO MANTO

Quando tinha 6 anos, sua mãe entregou-lhe um jarro para que fosse enchê-lo de água e o trouxesse para casa. Mas Jesus esbarrou em outras pessoas no caminho e o jarro se quebrou. Ele, então, estendeu o manto com que estava coberto, encheu-o de água e o levou à sua mãe. Vendo essa maravilha, a mãe se pôs a beijar Jesus e conservava em seu coração todas as ações misteriosas que o via realizar.

AOS 8 ANOS, O MENINO JESUS MULTIPLICA A COLHEITA

Certa vez, na época da semeadura, o menino Jesus foi com seu pai para semear trigo em seu campo. Enquanto José espalhava a semente, também Jesus semeou um grão de trigo. Depois da ceifa e da joeira, a colheita foi de cem coros (trezentos e oitenta litros). Chamou, então, para junto de si todos os pobres dentre o povo e repartiu com eles os grãos. José levou para casa o restante. Jesus tinha 8 anos quando realizou esse milagre.

O MENINO JESUS ESTICA A VARA DE UMA CAMA

Seu pai era carpinteiro. Ele fabricava, naquela época, arados e jugos. Certa vez, o encarregaram de fazer uma cama (poucos usavam cama) para uma pessoa rica (rei de Jerusalém). Aconteceu, porém, que uma das varas era mais curta do que a outra. José não sabia o que fazer.

Disse-lhe o menino Jesus: "Põe no chão as duas peças e iguala-as de um lado". Assim o fez José. Jesus postou-se do outro lado, pegou a vara mais curta e a esticou até ficar tão comprida quanto a primeira. José encheu-se de admiração ao ver o prodígio. Beijou e abraçou o menino, dizendo: "Feliz de mim, porque Deus me deu este menino".

O MENINO JESUS AMALDIÇOA SEU
SEGUNDO PROFESSOR

Vendo José que a inteligência do menino amadurecia com a idade, intentou de novo evitar que ficasse analfabeto. Levou-o, por isso, a outro mestre e o pôs à sua disposição. O mestre disse a José: "Eu lhe ensinarei primeiro as letras gregas e, em seguida, as hebraicas". O mestre conhecia a capacidade do menino e o temia. Depois de escrever para ele as letras do alfabeto, procurava exercitá-lo por longo tempo, sem que ele lhe respondesse.

Disse-lhe Jesus: "Se és mestre e conheces bem as letras, dize-me, primeiro, qual é a força do Alfa e depois te direi qual é a do Beta". O mestre, irritado, bateu-lhe na cabeça. Quando sentiu a dor, o menino o amaldiçoou; e ele, no mesmo instante, desmaiou (morreu?) e caiu de bruços ao chão. O menino voltou para a casa de José. José encheu-se de pesar e disse à mãe dele que não o deixaria sair de casa, porque caíam mortos todos os que o contrariavam.

O TERCEIRO PROFESSOR RECONHECE A SABEDORIA
DO MENINO JESUS

Passado algum tempo, outro professor, amigo íntimo de José, disse-lhe: "Traze-me o menino à escola. Talvez com brandura eu possa ensinar-lhe as letras". Respondeu-lhe José: "Irmão, se te atreves, leva-o contigo". Ele o levou com muito temor e preocupação, mas o menino foi contente.

O menino Jesus entrou com desembaraço na sala e encontrou um livro sobre a estante de leitura. Apanhou-o e, sem parar para ler o que estava escrito, tomou a palavra e começou a falar impelido pelo Espírito Santo. Ele ensinou os preceitos da lei aos circunstantes que o ouviam.

Grande multidão, que se reunira, o ouvia cheia de admiração pela sublimidade de sua doutrina e pelo acerto de suas palavras, embora fosse um menino que falasse.

Tendo notícia do fato, José encheu-se de receio e correu à escola, supondo que também aquele mestre tivesse acabado mal. Disse-lhe o mestre: "Irmão, sabes que recebi esse menino como qualquer aluno, mas ele está cheio de graça e de sabedoria. Só me resta pedir-te que o leves para tua casa".

Ouvindo aquilo, o menino sorriu-lhe e disse: "Graças a ti, que falaste corretamente e deste um testemunho justo, será curado aquele mestre que anteriormente foi punido". Na mesma hora, o outro mestre sentiu-se bem. José tomou o menino e foi para casa.

O MENINO JESUS CURA SEU IRMÃO DE CRIAÇÃO, TIAGO, DE UMA PICADA DE COBRA

Em outra ocasião, José mandou seu filho Tiago ajuntar lenha e trazê-la para casa. O menino Jesus foi com ele. Enquanto Tiago recolhia os galhos, ele foi picado na mão por uma víbora. Tiago caiu por terra e estava para morrer. Jesus aproximou-se dele e soprou-lhe a ferida. Imediatamente desapareceu a dor. O réptil arrebentou-se, e Tiago, no mesmo instante, recobrou a saúde.

O MENINO JESUS RESSUSCITA UM MENINO

Um menino doente, que morava perto da casa de José, veio a falecer. Sua mãe, inconsolável, chorava sua perda. Quando Jesus ouviu falar do sofrimento dela e do tumulto que se formara, dirigiu-se apressadamente para lá. Encontrando o menino já morto, tocou-lhe no peito e disse-lhe: "Digo-te, ó menino, que não permaneças morto, mas que te conserves vivo e fiques com tua mãe". Na mesma hora, ele abriu os olhos e sorriu. Jesus disse à mulher: "Toma-o, dá-lhe leite e lembra-te de mim".

Vendo isso, os circunstantes encheram-se de admiração e exclamaram: "Na verdade, esse menino ou é um Deus ou um anjo de Deus, pois tudo o que sai de sua boca se realiza imediatamente". Saindo dali, Jesus foi brincar com os outros meninos.

O MENINO JESUS RESSUSCITA UM HOMEM

Algum tempo depois, surgiu grande tumulto em uma casa que estava sendo construída. Jesus levantou-se e dirigiu-se para o local. Viu um homem morto, estendido no chão. Tomou-o pela mão e disse-lhe: "Homem, eu te digo: levanta-te e retoma o teu trabalho". O que estivera morto levantou-se de imediato e o adorou.

A multidão que havia presenciado o fato encheu-se de admiração e dizia: "Esse menino é do céu, pois livrou muitas almas da morte e ainda livrará mais durante sua vida".

AOS 12 ANOS, O MENINO JESUS DISCUTE COM OS DOUTORES DA LEI

Quando estava com 12 anos, seus pais foram, como de costume, a Jerusalém para assistir às festividades da Páscoa. Participavam de uma caravana. Terminadas as festas, puseram-se de volta para casa. Na hora de partir, o menino Jesus retornou a Jerusalém. Seus pais pensavam que estivesse na comitiva.

Depois do primeiro dia de caminhada, começaram a procurá-lo entre seus parentes. Como não o encontrassem, sentiram-se muito aflitos e voltaram a Jerusalém à sua procura.

Finalmente, no terceiro dia, o encontraram no Templo, sentado no meio dos doutores, escutando-os e fazendo-lhes perguntas. Todos estavam presos a suas palavras e se admiravam de que, sendo menino, deixara mudos os anciãos e mestres do povo. Explanava os pontos principais da Lei e dos ensinamentos dos profetas.

Maria, sua mãe, aproximou-se dele e disse-lhe: "Meu filho, por que procedeste assim conosco? Vê com que preocupação estamos à tua procura". Respondeu Jesus: "Por que me procuráveis? Não sabíeis, por acaso, que devo ocupar-me das coisas que se referem a meu Pai?"

MARIA É ELOGIADA

Perguntaram os escribas e os fariseus a Maria: "És, porventura, a mãe desse menino?" Ela respondeu: "Sim". Eles prosseguiram: "Feliz és tu entre as mulheres, já que o Senhor se dignou abençoar o fruto de teu ventre. Glória, virtude e sabedoria iguais às dele não vimos jamais nem de coisa semelhante ouvimos falar".

Jesus levantou-se e acompanhou sua mãe. E era obediente a seus pais. Sua mãe, por sua vez, guardava todos esses fatos em seu coração. Entretanto, Jesus ia crescendo em idade, sabedoria e graça. A ele seja tributado louvor por todos os séculos dos séculos. Amém.

EVANGELHO DA INFÂNCIA DE JESUS SEGUNDO PSEUDO-MATEUS

Este apócrifo, datado de 350, conta o nascimento de Maria e a infância de Jesus. A tradição o atribuiu ao Evangelista Mateus, que o teria escrito em hebraico; depois, São Jerônimo o traduziu para o latim.

A tradição diz que São Jerônimo teria traduzido um livrinho que Mateus teria escrito, mas que não quis juntá-lo ao seu evangelho. O texto foi atribuído também a Tiago Menor. Todas essas indicações de autoria são hipotéticas; por isso o título posterior atribuído a este manuscrito de Pseudo-Mateus, isto é, "o falso Mateus". A nossa tradução tem como referência Armand Puig i Tàrrech, I Vangeli apocrifi (Milão: San Paolo, 2010).

O Evangelho de Pseudo-Mateus teve forte influência na literatura e na arte da Idade Média. A sua versão latina é situada entre os anos 600 e 620. Os pais de Maria são Joaquim e Ana, os quais sofrem a proibição de Joaquim fazer uma oferta no Templo, pelo fato de não ter dado filho a Israel. Ana clama a Deus e ela concebe uma filha, na qual colocou o nome de Maria. Vivendo como consagrada no Templo, ela faz voto de castidade, dá à luz virgem e assim permanece. José é escolhido para levar Maria para a sua casa, de modo que pudesse contrair matrimônio com ela. Na sua ausência, por motivo de trabalho, Maria engravida por obra do Espírito Santo.

JOSÉ ENCONTRA MARIA

Enquanto aconteciam essas coisas, José estava na cidade costeira de Cafarnaum fazendo o seu trabalho de carpinteiro. Depois de nove meses de trabalho, ele voltou para casa, e encontrou Maria grávida. Angustiado e trêmulo, ele clamou a Deus dizendo: "Senhor Deus, aceita meu espírito, porque é melhor que eu morra do que viva".

Maria era acompanhada pelas virgens, as quais disseram: "Que dizes, senhor José? Sabemos que nenhum homem a tocou; sabemos que sua inocência e virgindade permaneceram imaculada, pois ela tem sido guardada por Deus. Ela está sempre conosco na oração. Um anjo do Senhor fala com ela e lhe oferece alimento diariamente. Como é possível haver pecado nela? Pois, se tu queres que te expressemos nossas suspeitas, essa gravidez foi causada por ninguém mais que o anjo de Deus".

José respondeu: "Estais tentando fazer com que eu acredite que um anjo do Senhor a engravidou? Será possível que alguém vestido de anjo do Senhor a tenha enganado?"

O PLANO DE JOSÉ

Depois de dizer isso, José chorou e disse: "Como devo me apresentar no Templo de Deus? Como poderei olhar os sacerdotes de Deus? Que farei?" Tendo dito isso, José planejou ocultá-la e, em seguida, repudiá-la.

Seu plano era levantar-se à noite e fugir, para viver escondido. Eis que, naquela mesma noite, um anjo do Senhor lhe apareceu em um sonho e disse: "José, filho de Davi, não tenhas medo de aceitar Maria como tua esposa, porque aquele que está em seu ventre é do Espírito Santo. Ela terá um filho que será chamado Jesus. Ele salvará seu povo de seus pecados".

Quando José acordou de seu sono, deu graças a seu Deus e contou sua visão a Maria e às virgens que estavam com ela. E, depois de ser confortado por Maria, ele disse: "Eu pequei porque suspeitei de ti".

JOSÉ E MARIA SÃO LEVADOS AOS SACERDOTES PARA SEREM TESTADOS

Aconteceu que, depois disso, espalhou-se a voz de que Maria estava grávida. Vieram, então, os emissários do Templo, tomaram José e o levaram ao sumo sacerdote, que, junto com os sacerdotes, se pôs a repreendê-lo, dizendo: "Por que tu tiveste relação, por engano, com uma virgem a quem os anjos de Deus alimentaram como uma pomba no Templo, ela que nunca desejou ver homem algum, que tinha excelente instrução na Lei de Deus? Se tu não a tivesses violado, hoje estaria virgem".

Diante deles, José fez um juramento de que ele jamais a tocaria. Abiatar, o sumo sacerdote, lhe disse: "Sendo Deus minha testemunha, eu te farei beber a água da prova do Senhor, e imediatamente ele demonstrará teu pecado".

Toda a multidão de Israel se reuniu, tantos que era impossível contá-los, e Maria foi conduzida ao Templo do Senhor. Sacerdotes, parentes e seus pais, chorando, disseram a Maria: "Confessa teu pecado aos sacerdotes, tu és uma pomba no Templo de Deus e que recebe alimento da mão de um anjo".

José também foi chamado ao altar, e lhe deram a água da prova do Senhor. Essa água, quando um homem que cometeu pecado a bebe e dá sete voltas ao redor do altar, Deus faz o seu pecado aparecer no seu rosto. José, de forma serena, bebeu e deu voltas ao redor do altar; nenhum sinal de pecado foi revelado nele. Então todos os sacerdotes e ministros e o povo o santificaram, dizendo: "Abençoado és tu, porque nenhuma culpa foi descoberta em ti".

Depois, chamaram Maria e lhe disseram: "Agora que desculpa podes ter? Ou que sinal ele manifestará em ti além do que tua gravidez revela em teu ventre? Só exigiremos de ti que – porque José é inocente com respeito a ti – confesses quem é que te enganou. É melhor que tua confissão te traia do que a ira de Deus dê um sinal em teu rosto e te exponha em meio ao povo".

Maria, firme e decidida, disse: "Se existir em mim qualquer impureza, pecado ou falta de pudor, que o Senhor me exponha à vista de todo o povo, para que eu possa ser um exemplo para a correção de todos". Com fé, Maria foi até o altar de Deus, bebeu a água da prova, deu sete voltas ao redor do altar, e nenhuma falta foi encontrada nela.

MARIA DECLARA SUA INOCÊNCIA

E, enquanto todo o povo se maravilhava e dizia entre si que ela estava grávida e mesmo assim nenhum sinal de culpa aparecera em seu rosto, eles começaram a ficar agitados e a murmurar entre si como as multidões fazem. Alguns a proclamavam santa; outros, por má-fé, a acusavam. Então Maria, vendo que alguns ainda duvidavam que ele fosse sem culpa, falou em alta voz: "Como Deus vive, Senhor dos Exércitos, em cuja presença estou, eu nunca conheci, nunca tive relação com um homem; eu nem mesmo considerei conhecer um homem, porque desde a minha infância, por toda a minha vida, eu tive esta convicção. Este é o voto que fiz ao meu Deus: o de permanecer pura por amor por aquele que me criou. Espero poder viver assim, sem nenhuma mancha, somente por ele, somente pelo seu amor, enquanto eu viver".

Então todos a abraçaram, pedindo que os perdoasse por suas maléficas suspeitas. E todo o povo e os sacerdotes e todas as virgens, com exultação e louvor, a conduziram até sua casa, bradando e dizendo: "Abençoado o nome do Senhor, que revelou tua santidade para todas as multidões de Israel".

VIAGEM PARA BELÉM

Um certo tempo depois, César Augusto decretou um edito ordenando que cada um se alistasse na sua cidade natal. Esse recenciamento foi feito por Quirino, governador da Síria. José e Maria, então, deveriam ir para Belém, pois ele era originário de lá, e Maria era também da tribo de Judá e da casa do povo de Davi.

Enquanto estavam a caminho para Belém, Maria disse a José: "Vejo dois povos diante de mim, um que chora e outro que se alegra. José lhe respondeu: "Fique sentada, segure bem no burrinho e não diga palavras inúteis.

Naquele instante, apareceu um menino vestido com uma roupa esplendida. Ele disse a José: "Por que você disse que eram palavras inúteis aquilo que disse Maria referente aos dois povos? Ela viu chorar o povo judeu, porque estão longe de seu Deus, e viu alegrar-se o povo dos pagãos, porque se aproximaram do Senhor, segundo a promessa a nossos pais, Abrão, Isaac e Jacó. Porque é chegado o tempo, no qual a descendência de Abraão será motivo de bênção para todas as nações".

E, dizendo isso, o anjo fez o burrinho parar, pois havia chegado a hora do parto, e Maria descer do animal.

NASCIMENTO DE JESUS

O anjo fez com que Maria entrasse em uma gruta subterrânea e escura, onde nunca havia entrado a luz, porque o clarão do dia não podia chegar até lá. Assim que Maria entrou, toda a gruta começou a resplandecer, como se o sol estivesse dentro dela. Ela ficou completamente iluminada. A luz divina iluminava a gruta como se fosse o meio-dia. Durante todo o tempo que Maria esteve lá dentro não faltou luz dia e noite. Ela deu à luz a um menino. Os anjos a rodeavam, enquanto ele nascia. Quando ele nasceu, eles o adoraram dizendo: "Glória a Deus no alto dos céus e paz na terra aos homens que ele ama".

NASCIMENTO DE JESUS E ADORAÇÃO DOS ANIMAIS

Três dias depois do nascimento do Senhor, Maria saiu da gruta. Ela foi até o estábulo e colocou a criança em uma manjedoura, e um boi e um burrico o adoraram. Então aquilo que foi dito através do Profeta Isaías se cumpriu: "O boi conhece seu proprietário e o burrico a manjedoura de seu senhor" (Is 1,3). O menino Jesus foi colocado no meio dos animais, que o adoravam sem cessar. Assim, aquilo que foi falado através do Profeta Habacuc se cumpriu: "Tu serás conhecido entre os dois animais" (Hab 3,2). José e Maria permaneceram ali com a criança durante três dias.

CIRCUNCISÃO DO MENINO JESUS E
APRESENTAÇÃO NO TEMPLO

No sexto dia, eles entraram em Belém, onde permaneceram no dia seguinte. Passados oito dias, circuncidaram o menino e lhe colocaram o nome de Jesus. Esse era o nome que o anjo havia dito para Maria, no momento da concepção. Quando se completaram os dias da purificação de

Maria, como ordenava a lei de Moisés, José levou o menino ao Templo do Senhor. Visto que o menino já havia sido circuncidado, oferecem por ele um casal de pombas e duas pombinhas.

Havia no Templo um homem de Deus, perfeito e justo, que se chamava Simeão. Ele tinha 102 anos. O Senhor lhe havia revelado, em uma visão, de que ele não morreria sem primeiro ter visto na carne o Messias, o Filho de Deus. Vendo o menino, ele exclamou em alta voz: "Deus visitou o seu povo e o Senhor já cumpriu sua promessa!"

Em seguida, adorou o menino e o tomou no colo; o adorou novamente e beijava seus pés, dizendo: "Agora, Senhor, deixa que seu servo parta em paz, como havia prometido. Os meus olhos viram o Salvador, que preparastes para apresentá-lo a todo o povo: luz que se revela às nações, glória de Israel, seu povo".

Havia ainda no Templo uma profetisa, Ana, filha de Fanuel, da tribo de Aser. Ela era viúva, após viver sete anos com o seu marido. Ela tinha 84 anos e não saía do Templo com suas orações e jejuns. Ela também se aproximou do menino, o adorava dizendo que ele era a salvação de Israel.

ADORAÇÃO DOS SÁBIOS (REIS)

Dois anos depois, chegaram a Jerusalém sábios que vieram o Oriente. Eles traziam presentes. Eles perguntavam, repetidas vezes, aos judeus onde havia nascido o rei? Nós vimos a sua estrela e viemos adorá-lo.

Chegou aos ouvidos do Rei Herodes esse desejo dos sábios. O rei ficou apavorado e mandou chamar os escribas, os fariseus e doutores do povo para perguntar-lhes onde nasceria o Messias, segundo as profecias.

Os sábios responderam que seria em Belém de Judá, como está escrito no profeta: "E tu, Belém, terra de Judá, porque de ti nascerá um príncipe que apascentará Israel, o meu povo".

Então, Herodes chamou os sábios, perguntou-lhes sobre o momento exato da aparição da estrela que os conduziu a Belém, dizendo: "Ide e informai-vos com exatidão sobre esse menino. Quando o encontrares, avisem-me, de modo que eu também possa ir adorá-lo".

Quando caminhavam, apareceu para eles a estrela. Ela os guiou até o local onde estava o menino. Eles ficaram muito alegres vendo a estrela. Entraram na casa e encontraram o menino Jesus sentado no colo de sua mãe. Eles abriram seus baús e deram belos presentes a Maria e José.

Ao menino Jesus, cada um deles ofereceu uma moeda de ouro. Depois, um ofereceu ouro; outro, incenso; e o último, mirra. Eles pensavam voltar a Herodes, mas um anjo do Senhor lhes apareceu em sonho e lhes disse para irem.

Eles, então, alegres, adoraram o menino e voltaram para seus países, por outro caminho.

MORTE DOS INOCENTES

Quando o rei se viu enganado pelos sábios, encheu-se de fúria e enviou seus soldados para as estradas com a ordem de prendê-los e matá-los. Como não foi possível lograr tal objetivo, ordenou que todos os meninos com menos de 2 anos fossem mortos, segundo o cálculo que ele havia feito, tendo ouvido os sábios.

MARIA, JOSÉ E O MENINO JESUS FOGEM PARA O EGITO

Um dia antes que acontecesse tudo isso, José foi avisado em sonho, por um anjo do Senhor, que lhe disse: "Toma Maria e o menino e fujam para o Egito, pelo caminho do deserto. José tomou o caminho segundo a indicação do anjo.

Eles chegaram perto de uma gruta e desejaram repousar. Maria desceu do burrinho e sentou-se, tendo o menino Jesus ao colo.

Havia três rapazes viajando com José e uma menina com Maria. E eis que, de repente, muitos dragões saíram da caverna.

Quando os rapazes viram dragões na frente deles, gritaram com grande medo. Então Jesus desceu do colo de sua mãe e ficou de pé diante dos dragões. Eles, porém, o adoraram, e, enquanto adoravam, recuaram. Então aquilo que foi dito por meio do Profeta Davi se cumpriu: "Da terra louvai o Senhor, vós dragões e todas as criaturas do abismo" (Mc 1,13).

Então o menino Jesus caminhou diante deles e lhes ordenou que não machucassem ninguém, mas Maria e José estavam com muito medo de que o menino pudesse ser machucado por eles. O menino Jesus lhes disse: "Não tenhais medo nem vos preocupeis, ainda que seja uma criança, eu sempre fui um homem perfeito e assim sou agora. É necessário que todos os animais selvagens da floresta sejam mansos diante de mim".

ANIMAIS SELVAGENS VIAJAM JUNTO E ADORAM O MENINO JESUS

Leões e leopardos o adoravam e os acompanhavam no deserto. Para onde quer que José e Maria fossem, eles os precediam; mostrando o caminho e inclinando suas cabeças, eles adoravam Jesus. Maria, quando viu pela primeira vez os leões e outros tipos de animais selvagens ao seu redor, ficou muito amedrontada.

Com o semblante alegre, o menino Jesus olhou para trás e disse para ela: "Não tenha medo, Mãe, eles não vieram correndo para cá para machucar-te, mas para te homenagear". Quando ele disse isso, tirou o medo do coração dela.

Os leões viajavam com eles e com os bois, os burricos e os animais que carregavam suas bagagens, e eles não machucaram nenhum deles. Eram mansos entre as ovelhas e cordeiros que eles trouxeram consigo da Judeia. Eles viajavam entre os lobos e não ficavam amedrontados. Não houve dano de um contra o outro. Então aquilo que foi dito pelo profeta se cumpriu: "Lobos serão apascentados com os cordeiros, o leão e o boi comerão juntos" (Is 65,25). Havia dois bois e a carroça, na qual eles carregavam suas bagagens, que os leões guiavam em sua jornada.

MARIA SENTE FOME NO DESERTO

Depois de três dias em viagem no deserto, Maria estava cansada pelo calor excessivo do sol no deserto e, vendo uma palmeira, disse a José: "Desejo descansar um pouco debaixo de sua sombra". José rapidamente a conduziu até a palmeira e a ajudou a descer do animal. Enquanto Maria estava sentada, ela olhou para o topo da palmeira e a viu cheia de frutos.

Ela disse a José: "Desejo, se possível, comer alguns frutos dessa palmeira". José lhe disse: "Estou assombrado com o que tu dizes, quando vês como é alta essa palmeira ainda pensas em comer o fruto dela. Penso mais na água, que já nos falta nos sacos de água; agora não temos nada com que nos refrescar nem aos animais".

O MENINO JESUS ORDENA, E A PALMEIRA SE CURVA DIANTE DE MARIA E OFERECE ÁGUA PARA TODOS

Então o menino Jesus, que estava descansando com um sorriso no rosto no colo de sua mãe, disse à palmeira: "Curva-te, árvore, e alimenta minha mãe com teus frutos". E imediatamente, à sua voz, a palmeira curvou sua copa aos pés de Maria, e eles colheram os frutos dela, com os quais todos se alimentaram.

Depois que eles colheram todos os seus frutos, ela continuou curvada, esperando para se erguer ao comando daquele que lhe havia ordenado se curvar. Então Jesus lhe disse: "Ergue-te, palmeira, e sê forte e companheira de minhas árvores que estão no paraíso de meu Pai. Abre um curso de água que está escondido na terra sob tuas raízes e, dele, deixa correr águas para satisfazer-nos".

E a palmeira se ergueu imediatamente, e fontes de água, muito clara e fria e doce, começaram a jorrar através das raízes. Quando eles viram as fontes de água, se regozijaram com grande júbilo, e eles e os animais de carga ficaram todos satisfeitos e deram graças a Deus.

A PALMEIRA LEVADA AO PARAÍSO

Eles saíram dali, no dia seguinte. Ao iniciar a viagem, Jesus se voltou para a palmeira e disse: "Eu te dou o privilégio, palmeira, de que um de teus galhos seja carregado por meus anjos e plantado no paraíso de meu pai. Eu te concedo esta bênção: todos que vencerem uma luta, ouvirão dizer que conquistou a palma da vitória".

Quando o menino Jesus disse isso, eis que um anjo do Senhor apareceu e ficou acima da palmeira. Ele pegou um de seus galhos e voou para o céu com o galho na mão. Quando eles viram isso, caíram com suas faces por terra e ficaram como mortos.

Jesus disse para eles: "Por que o medo se apossou de vossos corações? Não sabeis que essa palmeira, que eu mandei levar para o paraíso, estará pronta para todos os santos no lugar das delícias, assim como ela estava pronta para vós neste lugar deserto?" Eles ficaram cheios de alegria e se levantaram.

O MENINO JESUS ENCURTA O CAMINHO DE CHEGADA AO EGITO

Enquanto eles continuavam a viajar, José disse-lhe: "Senhor, o calor excessivo está nos cozinhando; se for de teu agrado, deixa que caminhemos pelo mar, para que possamos viajar, descansando nas cidades ribeirinhas". Jesus lhe disse: "Não tenhas medo, José, eu encurtarei tua viagem, para que aquilo que tu atravessarias no espaço de trinta dias terminarás em um dia". Enquanto isso estava sendo dito, eis que eles começaram a ver as montanhas e as cidades do Egito.

CHEGADA AO EGITO

Cheios de júbilo e alegres, eles chegaram à região de Hermópolis e entraram em uma das cidades egípcias chamada Sotinen. Como não conheciam ninguém a quem pudessem pedir hospitalidade, foram para o Templo que era chamado o "Capitólio do Egito". Haviam sido colocados nesse Templo trezentos e sessenta e cinco ídolos, aos quais, em dias determinados, era dada honra divina em cerimônias sacrílegas.

E aconteceu que, quando a Santa Maria, com seu filho, entrou no Templo, todos os ídolos foram jogados ao chão, ficando todos esmagados, convulsos e com suas faces despedaçadas. Assim eles revelaram abertamente que não eram nada. Então aquilo que foi dito pelo Profeta Isaías se cumpriu: "Eis que o Senhor virá em uma nuvem ligeira e entrará no Egito, e todos os ídolos feitos pelos egípcios serão removidos de sua presença" (Is 19,1).

O GOVERNADOR DA CIDADE VAI AO TEMPLO

Foi dito ao governador da cidade, Afrodósio, o que tinha acontecido. Ele, então, foi ao Templo com seu exército inteiro. Quando os sacerdotes do Templo viram que Afrodósio se precipitava para o Templo com seu exército inteiro, eles imaginaram que estavam vendo a vingança sobre os culpados pela derrubada dos deuses.

Ele entrou no Templo e, quando viu que todos os ídolos estavam prostrados com as faces sobre a terra, foi até Maria e adorou a criança que ela carregava em seu seio, e, enquanto ele o adorava, disse a seu exército inteiro e a seus amigos: "Se ele não fosse o Deus de nossos deuses, nossos deuses certamente não teriam caído diante dele sobre suas faces nem jazeriam prostrados em sua presença. Eles, assim, confessam silenciosamente que ele é seu Senhor. Se nós todos não fizermos por prudência aquilo que vemos os nossos deuses fazerem, possivelmente incorreremos em sua indignação e todos seremos destruídos, assim como aconteceu com o faraó, rei dos egípcios, que não acreditou em tais maravilhas e foi afogado no mar com seu exército inteiro".

Então todas as pessoas daquela cidade acreditaram no Senhor Deus por meio de Jesus Cristo. Depois de pouco tempo, o anjo disse a José: "Volta para a terra de Judá. Aqueles que atentavam contra a vida do menino estão mortos".

EVANGELHO ÁRABE DA INFÂNCIA DE JESUS

Datado do início do século VI, este evangelho é a leitura que o mundo árabe fez de Maria. Além das peripécias e milagres do menino Jesus no Egito, a narrativa apresenta outros elementos da vida de Maria, sobretudo o seu papel de mediadora. Jesus afirma ser o Filho de Deus e o Verbo concebido conforme o anúncio do Anjo Gabriel. Madalena é identificada com a pecadora. Maria é chamada de virgem.

Há vários manuscritos em várias versões do Evangelho árabe da infância com acréscimos de relatos do imaginário árabe sobre a infância do menino Jesus. A tradução apresentada segue o texto da versão latina de Tischendorg e a francesa de Peeters, publicada por Aurelio de Santos Otero, Los evangelios apócrifos. *Madri: BAC, 1991, p. 309-338.*

PRÓLOGO

Em nome do Pai e do Filho e do Espírito Santo, um só Deus.

Com o auxílio e o favor da Divindade Suprema, começamos a escrever o livro dos milagres de Jesus Cristo, Amo, Senhor e Salvador nosso, que traz como título "Evangelho da infância", na paz do Senhor. Amém!

PALAVRAS DE JESUS NO BERÇO

Encontramos o que segue no livro do pontífice Josefo, sacerdote que viveu nos tempos de Cristo e que alguns identificam com Caifás. Nele se conta que Jesus falou quando se encontrava precisamente reclinado no berço e que disse à sua Mãe: "Eu sou Jesus, o filho de Deus, o Verbo, que tu deste à luz de acordo com o anúncio do Anjo Gabriel. Meu Pai me enviou para a salvação do mundo".

VIAGEM A BELÉM

No ano 309 da era de Alexandre, Augusto decretou que cada um fosse recensear-se em seu lugar de origem. Então José se levantou e, tomando Maria, sua esposa, saiu de Jerusalém e veio a Belém com a intenção de recensear-se com sua família na cidade natal.

E, chegando a uma gruta, Maria disse a José: "Chega o momento de dar à luz e não me é possível prosseguir o caminho até a cidade; entremos, se achares conveniente, nessa gruta". Isso ocorria ao pôr do sol. José apressou-se em procurar uma mulher que a assistisse. E, ocupado nisso, viu uma anciã de raça judia, oriunda de Jerusalém, a quem disse: "Bendita sejas; apressa-te e entra nessa gruta onde se encontra uma donzela prestes a dar à luz".

A PARTEIRA DE JERUSALÉM

Ora, o sol já se pusera quando a anciã chegou à gruta em companhia de José. Ambos entraram. E eis que o recinto estava iluminado com uma luz mais bela do que o resplendor de lâmpadas e tochas, e mais refulgente do que a luz do sol. Um menino envolto em fraldas e reclinado em uma manjedoura estava mamando o leite de sua mãe, Maria.

Os dois ficaram admirados com essa luz, a anciã perguntou a Maria: "És, porventura, a mãe do recém-nascido?" Ao responder Maria afirmativamente, ela lhe disse: "Pois não és como as demais filhas de Eva". Ao que Maria replicou: "Assim como meu filho não tem igual entre os meninos, da mesma forma sua mãe não tem semelhante entre as mulheres". Disse então a anciã: "Aqui vim, minha senhora, em busca de alguma recompensa, pois já faz muito tempo que me encontro acometida de paralisia". Então Maria lhe disse: "Põe tuas mãos sobre o menino". E, quando o fez, a mulher ficou curada. Então partiu, dizendo: "De agora em diante serei a escrava e criada desse menino por todos os dias de minha vida".

ADORAÇÃO DOS PASTORES

Naquele momento chegaram alguns pastores, que acenderam o fogo e se entregaram a êxtases de alegria. Simultaneamente apareceram exércitos celestiais, que louvavam e glorificavam a Deus. Os pastores se puseram a imitá-los. E assim aquela gruta parecia o templo de um mundo sublime, já que línguas do céu e da terra glorificavam e exaltavam a Deus pelo nascimento de Cristo, nosso Senhor.

E, ao ver a anciã judia esses milagres tão manifestos, expressou seu agradecimento a Deus da seguinte maneira: "Graças te dou, Senhor, Deus de Israel, porque meus olhos viram o nascimento do Salvador do mundo".

O PREPÚCIO DO MENINO JESUS É CONSERVADO EM UM FRASCO DE PERFUME E DERRAMADO POR MADALENA NOS PÉS DE JESUS

E, ao chegar o tempo da circuncisão, ou seja, o oitavo dia, o menino precisou submeter-se a essa prescrição da Lei. A cerimônia ocorreu na mesma gruta. E aconteceu que a anciã judia tomou a porçãozinha de pele circuncidada (outros dizem que foi o cordão umbilical) e a introduziu em uma redomazinha de bálsamo envelhecido de nardo. Ela tinha um filho perfumista e a entregou a ele, fazendo encarecidamente esta recomendação: "Toma muito cuidado de não vender a ninguém esta redoma de unguento de nardo, mesmo que te ofereçam por ela até trezentos denários". E esta é aquela redoma que Maria, a pecadora, comprou e derramou sobre a cabeça e os pés de nosso Senhor Jesus Cristo, enxugando-os com seus próprios cabelos.

Ao cabo de dez dias, levaram o menino a Jerusalém; e, ao cumprir-se a quarentena depois de seu nascimento, o apresentaram no Templo para oferecê-lo a Deus. E fizeram por ele sacrifícios, de acordo com o que está prescrito na Lei mosaica: "Todo varão primogênito será consagrado a Deus" (Ex 13,2).

APRESENTAÇÃO DO MENINO JESUS NO TEMPLO

E quando sua mãe, a Virgem Maria, o levava, com alegria, em seus braços, o ancião Simeão o viu resplandecente como uma coluna de luz. Os anjos estavam ao seu redor louvando-o, como costuma estar a guarda de honra na presença de seu rei. Então Simeão aproximou-se pressurosamente de Maria e, estendendo suas mãos diante dela, se dirigiu a Cristo nestes termos: "Agora, ó meu Senhor, podes despedir teu servo em paz, de acordo com tua promessa. Pois meus olhos viram a prova de tua clemência, que preparaste para a salvação de todos os povos; luz para todos os gentios e glória para teu povo Israel".

Também interveio naquela cerimônia a Profetisa Ana, que se aproximou dando graças a Deus e felicitando Maria.

ADORAÇÃO DOS MAGOS

E aconteceu que, tendo nascido o Senhor Jesus em Belém de Judá durante o reinado de Herodes, vieram a Jerusalém uns magos, de acordo com a predição de Zaradust (Zoroastro). E traziam como presentes ouro, incenso e mirra. E o adoraram e ofereceram seus dons. Então Maria tomou uma daquelas fraldas e a entregou em troca. Eles se sentiram muito honrados em aceitá-la de suas mãos. E na mesma hora apareceu-lhes um anjo que tinha a mesma forma daquela estrela que lhes havia servido de guia pelo caminho. E, seguindo o rastro da luz dela, partiram dali até chegar à sua pátria.

OS MAGOS VOLTAM PARA A SUA TERRA COM UMA FRALDA DO MENINO

E saíram ao seu encontro os reis e os príncipes, perguntando-lhes o que haviam visto ou feito, como haviam efetuado a ida e a volta e o que haviam trazido consigo. Eles lhes mostraram a fralda que Maria lhes havia dado, pela qual celebraram uma festa e, de acordo com seu costume, acenderam o fogo e a adoraram.

Depois lançaram a fralda sobre a fogueira, e imediatamente ela foi tomada e envolvida pelo fogo. Mas, quando este se extinguiu, tomaram a fralda no mesmo estado em que estava antes de lançá-la, como se o fogo não a tivesse tocado. Por isso começaram a beijá-la e colocá-la sobre suas cabeças dizendo: "Esta sim é uma verdade sem sombra de dúvida. Certamente é prodigioso o fogo que não pôde devorá-la ou destruí-la". Por isso, tomaram aquela prenda e com grandes honras a depositaram entre seus tesouros.

HERODES PERSEGUE OS INOCENTES

Herodes, ao dar-se conta de que havia sido enganado pelos magos, já que não haviam retornado para visitá-lo, chamou os sacerdotes e sábios, dizendo-lhes: "Indicai-me onde deve nascer o Cristo". E, tendo-lhe respondido eles que seria em Belém da Judeia, começou a tramar a morte de Jesus Cristo.

Então apareceu a José em sonhos um anjo do Senhor dizendo-lhe: "Levanta-te, toma o menino e sua mãe e dirige-te a caminho do Egito". Levantou-se então ao canto do galo e partiu.

FUGA PARA O EGITO E DIVINDADES EGÍPCIAS

E, enquanto estava pensando sobre qual caminho a seguir na viagem, surpreendeu-o a alvorada, quando já havia percorrido um bom trecho do caminho. Nisto estavam se aproximando de uma grande cidade onde se encontrava um ídolo ao qual todos os outros ídolos e divindades egípcias ofereciam dádivas e votos. A serviço desse ídolo havia um sacerdote que se encarregava de transmitir aos habitantes do Egito e de suas regiões tudo quanto Satanás falava por sua boca. Esse sacerdote tinha um filho de 3 anos, possuído por vários demônios, o qual conversava e dizia muitas coisas. E, ao apoderarem-se dele os espíritos infernais, rasgava suas vestes, ficando nu, e se lançava contra as pessoas, atirando pedras.

Havia na localidade um albergue dedicado àquele ídolo. E, quando José e Maria pararam ali com a intenção de hospedar-se, os habitantes se encheram de medo e todos os homens ilustres e sacerdotes idólatras se congregaram junto ao ídolo maior e lhe disseram: "A que se deve essa agitação e tremor que acabam de ocorrer em nossa terra?" Respondeu-lhes o ídolo: "Chegou aqui um deus disfarçado que é o Deus verdadeiro, já que só a ele e a nenhum outro se devem tributar honras divinas.

Na verdade, ele é o Filho de Deus. Esta terra, ao pressenti-lo, se pôs a tremer e, à sua chegada, estremeceu e se perturbou. Nós também nos sentimos sobressaltados de pavor diante da grandeza de seu poder". E no mesmo instante o ídolo desabou, e, à sua queda, todos os habitantes do Egito e de outras regiões vieram.

CURA DO MENINO ENDEMONINHADO

O filho do sacerdote, ao sentir-se atacado por sua enfermidade habitual, entrou no albergue e encontrou ali José e Maria, dos quais todos os demais haviam fugido. A Senhora Santa Maria acabava de lavar as fraldas de nosso Senhor Jesus Cristo e as havia estendido sobre umas tábuas. Chegou, pois, o menino endemoninhado e, tomando uma dessas fraldas, a pôs sobre a cabeça. Então os demônios começaram a sair de sua boca, fugindo em forma de corvos e de serpentes, à ordem de Jesus, e o menino ficou curado. E ele começou a louvar a Deus e a dar graças ao Senhor, que o havia curado.

Ao vê-lo já curado, seu pai lhe disse: "Meu filho, o que te aconteceu? Como é que te curaste?" O filho respondeu: "Quando os demônios me lançaram por terra, dirigi-me ao albergue e ali encontrei uma augusta senhora com um menino, cujas fraldas, recém-lavadas, ela havia estendido sobre umas tábuas. Tomei uma destas e, ao pô-la na cabeça, os demônios me deixaram e fugiram". Seu pai se encheu de alegria e lhe disse: "Meu filho, pode muito bem ser que esse menino seja o filho do Deus vivo, criador dos céus e da terra, porque, quando veio a nós, o ídolo se desfez e caíram todos os demais deuses, perecendo todos pela força de sua majestade".

TEMORES DA SAGRADA FAMÍLIA

E nisso se cumpriu aquela profecia que diz: "Do Egito chamei meu filho". Mas José e Maria, ouvindo que aquele ídolo havia desabado transformando-se em cacos, se encheram de temor e de espanto e exclamaram: "Quando estávamos na terra de Israel, Herodes tencionou matar Jesus; e por isso acabou com todos os meninos de Belém e de seus arredores. Não há dúvida de que agora, ao inteirarem-se os egípcios de que esse ídolo foi aniquilado, nos queimarão vivos".

OS BANDIDOS

E, saindo dali, chegaram a um lugar infestado de ladrões. Os bandidos haviam atacado uns viajantes, despojando-os de suas vestes e bagagens e amarrando-os com fortes ataduras. Os malfeitores ouviram então um ruído muito grande, como se um rei magnífico tivesse saído de sua cidade com todo o seu exército e cavaleiros ao som de tambores; por isso ficaram consternados e abandonaram todos os que haviam capturado.

Então os cativos se desataram uns aos outros e, recolhendo suas bagagens, foram embora. Mas, vendo aproximar-se José e Maria, perguntaram-lhes: "Onde está esse rei cuja vinda estrepitosa e magnífica fez com que os bandidos nos deixassem livres, de maneira que pudéssemos fugir?" José lhes respondeu: "ele virá atrás de nós".

A ENDEMONINHADA

Depois chegaram a outra cidade, onde se encontrava uma mulher endemoninhada, que, tendo saído uma noite para buscar água, se viu acometida pelo maldito e rebelde Satanás. Não era capaz de suportar suas vestes e não havia maneira de fazê-la permanecer em casa. Sempre que tentavam amarrá-la com cadeias ou com cordas, rompia as ataduras e fugia nua para lugares selvagens. Situava-se nas encruzilhadas dos caminhos e entre os sepulcros, atacando as pessoas com pedras e causando a seus familiares males sem conta.

Ao vê-la, Maria se compadeceu dela, e por isso Satanás a deixou no mesmo instante e fugiu em forma de um jovem, dizendo: "Ai de mim, Maria, por culpa tua e de teu Filho!" Dessa maneira, aquela mulher se viu livre de seu flagelo. Já dona de si, sentiu vergonha de sua nudez e voltou para casa evitando o encontro com as pessoas. E, depois de arrumar-se, contou a seu pai e aos seus o acontecimento tal como sucedera. Estes, pertencentes à classe dos mais nobres da cidade, deram hospitalidade a José e Maria com todas as honras.

A NOIVA MUDA VOLTA A FALAR

No dia seguinte, bem providos de víveres, separaram-se deles. Ao anoitecer chegaram a outra cidade, onde estavam sendo celebradas umas bodas. Mas a noiva, por virtude do maldito Satanás e por arte de feiticeiros, havia perdido o uso da palavra e não podia falar.

E, quando viu Maria, que entrava na cidade levando seu filho, nosso Senhor Jesus Cristo, a pobre infeliz dirigiu a ela seu olhar. Depois estendeu as mãos para Cristo, tomou-o em seus braços, apertou-o contra o coração e o beijou. E, balançando seu corpinho de um lado para o outro, inclinou-se sobre ele. No mesmo instante desatou-se o nó de sua língua e abriram-se seus ouvidos. Então glorificou e deu graças a Deus por ter-lhe sido devolvida a saúde. E os habitantes daquela cidade se encheram de regozijo e pensaram que Deus, com seus anjos, havia baixado até eles.

OUTRA ENDEMONINHADA

Permaneceram ali três dias consecutivos, sendo honrados e acolhidos esplendidamente pelos esposos. E, providos de víveres, partiram dali e chegaram a outra cidade, onde, como de costume, decidiram pernoitar. Havia na localidade uma mulher de muito boa fama, que, tendo saído uma noite para lavar-se no rio, foi surpreendida pelo maldito Satanás. Este precipitou-se sobre ela e enroscou-se ao redor de seu corpo: depois, sempre que se aproximava a noite, a submetia a terríveis torturas.

Essa mulher, ao ver Maria, Nossa Senhora, com o menino, que levava reclinado em seu colo, lhe disse: "Senhora, entrega-me esse menino para eu segurá-lo e beijá-lo". Maria o entregou então à mulher. Quando esta o aproximou de si, viu-se livre de Satanás, que a abandonou fugindo, e desde então nunca mais apareceu à mulher. Por isso todos os presentes louvaram o Deus Supremo e essa mulher tratou muito bem os viajantes.

UMA LEPROSA

No dia seguinte esta mulher tomou água perfumada para lavar o Senhor Jesus. Depois de fazê-lo, tomou parte daquela água e a enviou a uma jovem que vivia ali, cujo corpo estava branco por causa da lepra. Quando a água foi derramada sobre ela, a jovem ficou imediatamente limpa de sua lepra. E seus conterrâneos disseram: "Não há dúvida de que José, Maria e o Menino são deuses, e não homens". E, quando os viajantes já preparavam sua partida, aproximou-se esta jovem rogando-lhes que a admitissem como companheira de viagem.

A HISTÓRIA DO MENINO LEPROSO
CURADO PELO MENINO JESUS

E, recebido seu assentimento, a jovem partiu com eles. Depois chegaram a uma cidade onde se encontrava um príncipe muito ilustre, que morava em seu palácio e que além disso dispunha de aposentos destinados a acolher hóspedes. Entraram nesse compartimento. Mas a jovem foi até onde estava a esposa do príncipe e, encontrando-a chorosa e entristecida, perguntou-lhe acerca da causa de seu pranto. Ela disse: "Não te admires de meu pranto. Estou submersa em uma terrível angústia que ainda não fui capaz de manifestar a homem nenhum". Disse a jovem: "Talvez, se me revelares, encontrarei remédio para ela".

Disse então a mulher do príncipe: "Mantém em segredo o que vou te dizer. Estou casada com esse príncipe, que é rei e tem muitas cidades submetidas a seu mando. Passei vivendo muito tempo com ele sem ter filhos. Quando finalmente tive um, este nasceu leproso e ele o abominou juntamente comigo. Disse-me: 'Ou o matas, ou então envia-o a uma ama de leite que o crie longe daqui, de maneira que eu não torne a ter notícia nenhuma dele. De minha parte, já não tenho nada a ver contigo nem tornarei a olhar para ti'. Por isso encontro-me sem saber o que fazer e presa da angústia. Ai de meu filho! Ai de meu esposo!"

Replicou a jovem: "Não te disse? Encontrei o remédio para tua desgraça e agora vou te dizer qual é. Sabe que eu também fui leprosa e que fui limpa por um deus que se chama Jesus, filho de Maria". E, perguntando-lhe a mulher onde se encontrava esse Deus a quem se referia, a jovem respondeu: "Aqui mesmo, dentro de tua própria casa".

Ela disse: "E como é possível? Onde se encontra?" Respondeu a jovem: "Aqui estão José e Maria. Pois bem! O menino que trazem se chama Jesus e foi precisamente ele quem me livrou de minha enfermidade atormentadora". Disse ela: "E como foste curada da lepra? Espero que me dirás". A donzela replicou: "Claro que direi. Tomei um pouco da água com a qual sua mãe o havia lavado e a derramei sobre mim. Dessa maneira me vi livre da lepra".

Então a mulher do príncipe se levantou, os convidou a hospedarem-se em sua própria casa e preparou para José um esplêndido festim com uma abundante concorrência de cavalheiros. Na manhã seguinte tomou água perfumada para lavar o menino Jesus. Depois, tomando a mesma água, fez o mesmo com o próprio filho, que no mesmo instante ficou limpo da lepra.

Tributando então louvores e dando graças a Deus, disse: "Ditosa a mãe que te gerou, ó Jesus. Assim, com a água que banhou teu corpo, deixas limpos os homens, teus semelhantes". Finalmente cumulou de dons Maria, Nossa Senhora, e a despediu com grandes honras.

UM HOMEM ACOMETIDO DE FEITIÇARIA

E, chegando a outra cidade, decidiram passar ali a noite. Hospedaram-se, pois, na casa de um homem que recentemente havia contraído matrimônio, mas que por intrigas não podia desfrutar de sua esposa. E, tendo passado ali a noite, cessou a influência do malefício.

E, como pretendessem na manhã seguinte preparar suas coisas para prosseguir a viagem, aquele homem não os deixou partir sem antes oferecer-lhes um grande banquete.

HISTÓRIA DE UM BURRO ENFEITIÇADO POR MULHERES

No dia seguinte partiram dali e, já nos arredores de outra cidade, encontraram três mulheres que voltavam chorando do cemitério. Ao vê-las, Maria disse à donzela que os acompanhava: "Pergunta-lhes em que circunstâncias se encontram e que calamidade lhes sobreveio". Elas não quiseram responder às perguntas da donzela, mas, por sua vez, a interrogaram: "Donde vindes vós e para onde ides? Porque já está terminando o dia e cai a noite". A jovem respondeu: "Somos viajantes e procuramos um lugar para pernoitar". Elas então disseram: "Então vinde conosco e hospedai-vos em nossa casa".

Eles as seguiram e foram introduzidos em uma casa nova, elegante e ricamente mobiliada. Era a estação do inverno. A jovem penetrou no quarto onde se encontravam as donas da casa e as encontrou aflitas e chorando. Estava a seu lado um burro coberto de brocado, diante do qual haviam posto gergelim; elas o beijavam e lhe davam de comer. A jovem perguntou-lhes: "O que está acontecendo com esse burro, minhas senhoras?" E elas responderam: "Este burro que aqui vês era nosso irmão, filho da mesma mãe. Ao falecer nosso pai e ficarmos só nós com ele, pensamos em proporcionar-lhe um bom casamento, como é costume entre as pessoas. Mas umas mulheres, servindo-se de artimanhas, o enfeitiçaram sem que o soubéssemos.

E certa noite, pouco antes de amanhecer, estando fechadas todas as portas da casa, descobrimos que ele se havia transformado em burro, tal como agora o vês. Esse é para nós um motivo de tristeza muito grande, já que não temos um pai com quem consolar-nos. Não deixamos de consultar todos os magos ou doutos ou feiticeiros em todo o mundo, mas de nada adiantou. Sempre que nosso peito se sente oprimido, vamos com nossa mãe chorar junto ao sepulcro de nosso pai e depois voltamos para casa".

MARIA PEDE AO MENINO JESUS PARA QUEBRAR O ENCANTO DO BURRO

Ao ouvir essas coisas, a jovem lhes disse: "Tende ânimo e não choreis. O remédio de vosso mal o tendes muito próximo; mais ainda: convosco, em vossa própria casa. Eu, por minha vez, fui leprosa; mas, quando vi aquela mulher que carregava nos braços um menino chamado Jesus, tomei a água com que ela o lavava, derramei-a sobre mim e fiquei curada. Estou certa de que ele pode remediar também vosso mal. Por isso, levantai-vos, ide ver minha senhora Maria e revelai-lhe vosso segredo, rogando-lhe que se compadeça de vós".

Tendo as mulheres ouvido as palavras da jovem, aproximaram-se rapidamente de Nossa Senhora Maria, fizeram-na entrar em seu aposento e sentaram-se ao lado dela, dizendo entre soluços: "Ó Senhora Nossa Maria, tem compaixão de nós, porque não nos resta na família uma pessoa mais velha ou chefe, nem pai nem irmão que nos proteja. Esse burro que aqui vês é nosso irmão, que umas mulheres malvadas, mediante seus sortilégios, deixaram reduzido ao estado em que agora o encontras. Rogamos-te, pois, que te compadeças de nós". Então Maria tomou o menino, o colocou no lombo do burro, pôs-se a chorar com aquelas mulheres e disse a Jesus Cristo: "Eia, meu filho! Cura, por tua grande misericórdia, esse burro e torna-o homem racional como era antes".

Quando essa voz saiu da boca de Maria, o burro mudou de forma e se transformou em homem: um jovem sem defeito. Então ele próprio, sua mãe e suas irmãs adoraram Maria e, erguendo o menino Jesus, começaram a beijá-lo dizendo: "Ditosa tua mãe, ó Jesus, Salvador do mundo. Ditosos os olhos que gozam do encanto de tua presença".

UM CASAMENTO GRANDIOSO

Disseram finalmente as duas irmãs à sua mãe: "Já vês que nosso irmão assumiu novamente a forma humana graças ao auxílio de Jesus Cristo e à intervenção salutar dessa donzela, que foi quem nos apresentou a Jesus e a Maria. Pois bem. Já que é solteiro, o melhor que podemos fazer é dá-lo em matrimônio a esta jovem". E, depois de Maria consentir com seu pedido, prepararam umas bodas suntuosas para a jovem. E a tristeza se transformou em alegria e o pranto em cânticos festivos. E todos começaram a dar mostras da alegria que os inundava, cantando e ornando-se com trajes belíssimos. Depois recitaram uns versos que diziam: "Jesus, Filho de Davi, tu és aquele que muda a tristeza em alegria e os lamentos em gritos de júbilo".

E José e Maria permaneceram ali dez dias consecutivos. Depois se despediram com grandes honras da parte daqueles homens, que os acompanharam até a saída e voltaram chorando, particularmente a jovem.

OS DOIS LADRÕES E O MENINO JESUS

E dali chegaram a uma região deserta que, segundo se dizia, estava infestada de ladrões. Apesar disso, José e Maria decidiram atravessá-la de noite. E, durante o trajeto, viram dois ladrões posicionados no caminho e com eles muitos outros malfeitores da mesma quadrilha que estavam dormindo. Os dois primeiros se chamavam Tito e Dúmaco.

Disse Tito a Dúmaco: "Rogo-te que os deixes andar livremente, de maneira que passem despercebidos de nossos companheiros". Como Dúmaco se opusesse a isso, Tito lhe disse novamente: "Olha, podes contar com quarenta dracmas; agora toma isto como penhor". E lhe entregou o cinto que trazia à cintura. Fazia tudo isso a fim de que seu companheiro não falasse e não os delatasse.

E, vendo Maria o favor que esse ladrão lhes havia feito, dirigiu-se a ele e lhe disse: "O Senhor te protegerá com sua destra e te concederá a remissão de teus pecados". Então Jesus interveio e disse à sua mãe: "Minha mãe, daqui a trinta anos me crucificarão os judeus em Jerusalém e esses dois ladrões serão postos na cruz juntamente comigo. Tito estará à direita, e Dúmaco à esquerda. Tito me precederá no paraíso". Ela respondeu: "Deus afaste isso de ti, meu filho".

E se afastaram dali em direção à cidade dos ídolos, a qual, à sua chegada, se transformou em colinas de areia.

A SAGRADA FAMÍLIA EM MATARIEH

Daqui se dirigiram ao sicômoro que hoje em dia se chama Matarieh. Ali o Senhor fez brotar uma fonte, e Maria lavou nela a túnica de Jesus. E, do suor espalhado, produziu-se um bálsamo por toda aquela região.

A SAGRADA FAMÍLIA EM MÊNFIS

Dali desceram a Mênfis; e, depois de visitar o faraó, permaneceram três anos no Egito, onde Jesus fez muitos milagres que não estão relatados nem no Evangelho da infância nem no Evangelho completo.

RETORNO A ISRAEL

E, ao se completarem os três anos, retornou do Egito. Mas, ao chegar aos confins da Judeia, tendo ouvido dizer que, embora Herodes já estivesse morto, seu filho Arquelau o havia sucedido no trono, José teve medo de entrar. Não obstante, dirigiu-se para lá. E nisso lhe apareceu um anjo de Deus, que lhe disse: "José, vai para a cidade de Nazaré e permanece ali".

É admirável que fosse peregrinando por diversos países aquele que é dono de todos eles.

PESTE NOS OLHOS DE CRIANÇAS DE BELÉM É CURADA PELA ÁGUA DO BANHO DO MENINO JESUS

E, ao entrar depois em Belém, foram informados que a cidade estava infestada por uma peste que atacava os olhos das crianças e lhes causava a morte. Havia ali uma mulher que tinha um filho enfermo. Ao vê-lo agonizante, levou-o a Maria, que na ocasião estava dando banho em Jesus Cristo, e lhe disse: "Ó Maria, minha senhora, lança um olhar de compaixão para este meu filho que sofre dores muito agudas".

Maria ouviu e disse: "Toma a água com que acabo de banhar meu filho e lava o teu com ela". A boa mulher tomou aquela água e fez como Maria lhe havia indicado. A agitação cessou imediatamente e, após um breve sono, o menino despertou são e salvo. Sua mãe, cheia de alegria, o levou novamente até Maria e esta lhe disse: "Dá graças a Deus, porque ele devolveu a saúde a teu filho".

OUTRO MENINO AGONIZANTE É CURADO

Vivia ali outra mulher, vizinha daquela cujo filho havia sido curado. Ela tinha seu filho acometido pela mesma enfermidade, e a pobre criatura, quase sem visão, passava os dias e as noites em um contínuo lamento. Disse-lhe a mãe do menino curado anteriormente: "Por que não levas teu filho a Maria como eu levei o meu, que já estava agonizante? Este ficou bom só ao contato com a água com que Jesus havia sido banhado por sua mãe".

Ouvindo isso, a mulher partiu e ungiu seu filho com a mesma água. No mesmo instante o corpinho e os olhos do menino recuperaram a saúde. E, quando essa boa mulher foi visitar Maria para contar-lhe o ocorrido, a Virgem lhe recomendou encarecidamente que desse graças a Deus pela cura do menino e que não contasse a ninguém o que havia acontecido.

A HISTÓRIA DE UM MENINO JOGADO NO FORNO E NO POÇO

Havia na mesma cidade duas mulheres casadas com um mesmo homem. Cada uma tinha um filho, e ambos estavam atacados pela febre. Uma delas se chamava Maria, e seu filho se chamava Cléofas. Levantando-se, esta foi ver Maria, a mãe de Jesus, para oferecer-lhe um belo véu e dizer-lhe: "Ó Maria, minha senhora, aceita este véu e dá-me em troca uma só das fraldas do menino". Maria concordou, e a mãe de Cléofas partiu. Com a prenda, esta fez uma túnica e a pôs em seu filho, o qual sarou imediatamente de sua enfermidade. Mas o filho de sua rival morreu às vinte e quatro horas. Por esse motivo nasceu uma inimizade entre elas.

Era costume cada uma encarregar-se dos ofícios domésticos em semanas alternadas. Coube então o turno a Maria, a mãe de Cléofas. Ocupada com esses afazeres, acendeu certa vez o forno; e, deixando seu filho junto ao fogo, foi buscar a massa para fazer o pão. A rival, ao perceber que o menino estava sozinho, o tomou e o jogou no forno, cuja temperatura, enquanto isso, subira muito. Depois se retirou às escondidas. Quando Maria voltou, encontrou seu filho sorridente no meio das chamas e teve a impressão de que o forno havia esfriado. Deu-se conta então de que sua rival o havia lançado ali. Então o tirou imediatamente e foi correndo para onde estava Maria (a mãe de Jesus) para referir-lhe o ocorrido. Esta lhe disse: "Cala e não o contes a ninguém, porque temo por ti se divulgares o ocorrido".

Outra vez a rival saiu para buscar água no poço. Por acaso Cléofas estava junto ao parapeito na boca do poço; e, ao perceber que não havia nenhuma testemunha, ela o jogou no poço e foi embora. Alguns homens foram buscar água e encontraram o menino sentado na superfície. Desceram e o tiraram dali, surpresos e admirados diante do caso. E todos louvaram a Deus.

Então veio sua mãe, pegou-o e, chorando, o levou a Nossa Senhora, dizendo: "Ó senhora minha, eis o que minha rival fez com meu filho e como o lançou no poço. Só pode acontecer que algum dia acabe com ele". Disse-lhe Maria: "Deus te vingará dela". Posteriormente a rival precisou ir ao poço tirar água. Mas por azar seus pés se enredaram na corda, e ela caiu no fundo. É verdade que vieram alguns homens para tirá-la, mas a encontraram com a cabeça mergulhada e os ossos fraturados. Assim pereceu de maneira funesta e se cumpriu nela aquele dito: "Cavaram um poço muito fundo e caíram na cova que haviam preparado" (Sl 7,16).

O FUTURO APÓSTOLO BARTOLOMEU

Outra mulher da localidade tinha dois filhos gêmeos. Ambos foram acometidos por uma enfermidade. Um morreu e o outro se encontrava em um estado muito grave. Sua mãe tomou este e o levou a Maria, dizendo-lhe: "Ó senhora minha, socorre-me, porque, de dois filhos que eu tinha, um o sepultei há pouco e o outro está para morrer. Neste momento crítico precisarei rogar a Deus desta maneira: 'Ó Senhor, tu és misericordioso, clemente e cheio de piedade. Deste-me dois filhos; já que me tiraste um, deixa-me pelo menos o outro'".

A Virgem Maria se compadeceu ao ver a amargura de seu pranto e lhe disse: "Coloca teu filho no berço do meu e cobre-o com as vestes deste". Ela o colocou então no berço onde Cristo repousava, depois de já ter fechado os olhos e ser um cadáver. E, ao perfume que as vestes de Jesus exalavam, o menino abriu os olhos e se pôs a chamar sua mãe em alta voz. Depois pediu pão e o comeu. Então sua mãe exclamou: "Ó minha senhora, agora reconheço que a virtude de Deus habita em ti, já que teu filho devolve a saúde a seus semelhantes ao simples contato com suas vestes". Esse menino devolvido à vida é aquele que no evangelho traz o nome de Bartolomeu.

UMA MULHER LEPROSA É CURADA PELA ÁGUA DO BANHO DO MENINO JESUS

Foi testemunha dessa cena uma mulher leprosa que por ali se encontrava, a qual se dirigiu à mãe de Jesus nestes termos: "Ó minha senhora, presta-me tua ajuda". Maria respondeu-lhe: "E do que precisas: ouro, prata, ou, melhor, ver teu corpo livre da lepra?" E a mulher exclamou: "Mas quem será capaz de obter-me este último favor?" A isso replicou a Virgem Maria: "Espera um momento enquanto dou um banho no meu filho Jesus e o coloco no berço".

A mulher aguardou como lhe fora indicado. E, quando Maria terminou de arrumar o menino, dirigiu-se à mulher e lhe deu um pouco da água em que havia banhado Jesus, dizendo-lhe: "Toma esta água e derrama-a sobre teu corpo". E, ao fazer isso, ficou limpa e por isso rendeu a Deus as devidas graças e louvores.

OUTRA LEPROSA

Partiu, portanto, aquela senhora depois de ter permanecido três dias na casa de Maria. Ao chegar a uma cidade, encontrou-se com um homem ilustre que havia contraído matrimônio recentemente com a filha de outro personagem de sua categoria. Mas, pouco tempo depois de casados, observou o marido uma pintinha de lepra como uma estrela entre as sobrancelhas da esposa. E separou-se dela, dissolvendo o matrimônio. Ao vê-los submersos nesse estado de abatimento e de tristeza, a boa mulher perguntou qual era a causa de seu pranto. Mas eles responderam: "Não pretendas esquadrinhar nossa situação, porque não estamos dispostos a revelar a nenhum dos mortais a causa de nossa dor". Ela, não obstante, insistiu e rogou que a dessem a conhecer, pois talvez tivesse à sua disposição algum remédio contra o mal que os acometia.

Por fim lhe apresentaram a jovem e, ao ver os sinais de lepra que apareciam entre suas sobrancelhas, a mulher disse: "Eu mesma, tal como me vedes, estava ferida com a mesma enfermidade, quando, devido a certos assuntos que surgiram casualmente, precisei fazer uma viagem a Belém. Ao entrar na cidade, vi em uma caverna uma senhora chamada Maria com um filho chamado Jesus. Ela, ao ver-me leprosa, compadeceu-se de mim e me proporcionou um pouco da água com que acabara de banhar seu filho. Borrifei com ela meu corpo e fiquei limpa". Disseram então àquela mulher: "Não te seria possível levantar e vir conosco para indicar-nos quem é essa senhora que se chama Maria?" E, obtido seu consentimento, levantaram-se todos e se puseram a caminho, levando consigo esplêndidos presentes.

Entraram finalmente onde estava Maria e, depois de oferecer-lhe seus dons, lhe apresentaram a jovem leprosa. Ao vê-la, Maria exclamou: "Que a misericórdia do Senhor Jesus Cristo desça sobre vós". Depois lhes ofereceu um pouco daquela água que havia servido para banhar Jesus e ordenou que a derramassem sobre aquela pobrezinha. Quando o fizeram, a enferma ficou curada, e todos em coro se puseram a louvar a Deus. Depois voltaram cheios de alegria para sua cidade glorificando a Deus. E, ao ouvir que sua esposa havia sido curada, o príncipe a recebeu em sua casa, celebrou as núpcias pela segunda vez e deu graças a Deus por sua cura.

UMA JOVEM ENDEMONINHADA

Vivia ali também uma jovenzinha que era atormentada continuamente por Satanás. O maldito lhe aparecia com frequência em forma de um dragão que se dispunha a engoli-la e lhe chupava o sangue, de maneira que a pobrezinha já estava quase reduzida a um cadáver. Sempre que o maligno se aproximava, ela juntava as mãos sobre a cabeça e dizia em alta voz: "Infeliz de mim! Porque não há ninguém capaz de libertar-me deste dragão". Seus pais e todos os que estavam ao seu redor, ou simplesmente a viam, se condoíam com sua desgraça. Muitas pessoas a rodeavam e se lamentavam entre soluços ao vê-la chorar e dizer: "Ó irmãos e amigos meus! Não há ninguém que possa libertar-me deste criminoso?"

Certo dia ouviu-a a esposa do nobre, aquela que havia sido curada da lepra. Subiu ao terraço de seu palácio, donde a viu chorando com as mãos na cabeça, assim como as pessoas que a rodeavam. Perguntou então ao marido da endemoninhada se sua sogra ainda vivia, ao que ele respondeu que ainda viviam seus sogros. Então ela lhe disse: "Manda vir aqui a mãe de tua esposa".

E, quando a teve a seu lado, perguntou-lhe: "Essa pobrezinha é filha tua?" "É sim", disse a mulher toda triste e chorosa. Respondeu então a filha do nobre: "Guarda o segredo que vou confiar-te. Comunico-te que eu também fui leprosa, mas há pouco Maria, a mãe de Jesus, devolveu-me a saúde. Se queres ver tua filha sadia, leva-a a Belém, procura essa senhora e espera confiantemente que tua filha será curada. De minha parte, estou certa de que voltarás a mim cheia de alegria, vendo tua filha gozando de perfeita saúde". A mulher, ao ouvir as palavras daquela dama, tomou imediatamente sua filha, pôs-se a caminho para o lugar designado e, ao chegar à presença de Maria, lhe manifestou o estado de sua filha. Quando Maria ouviu suas palavras, deu-lhe um pouco daquela água com que havia lavado o corpo de Jesus e mandou que a derramasse sobre sua filha. Depois lhe deu uma das fraldas que Jesus usava, dizendo-lhe: "Toma esta prenda e mostra-a ao inimigo sempre que o vires". E a despediu com uma saudação.

OUTRA POSSESSA É CURADA PELA FRALDA

Partiram dali em direção à sua cidade. E, chegado o momento em que a jovem costumava ficar submetida à ação diabólica, apareceu-lhe o maldito em forma de um dragão terrível, a cuja vista a jovem se encheu de medo. Sua mãe lhe disse: "Não temas, filha! Quando ele se aproximar de ti, mostra-lhe a prenda com que nos presenteou a Senhora Maria e vejamos o que acontece".

Aproximou-se então Satanás sob a forma daquele maldito dragão, e a jovem se pôs a tremer dos pés à cabeça. Mas imediatamente tomou a fralda, a pôs sobre a cabeça e cobriu com ela os olhos. Então começaram a sair da prenda brasas e chamas que eram lançadas contra o dragão. Oh! Que grande milagre ocorreu quando o maligno dirigiu seu olhar para aquela fralda, da qual cintilava fogo que vinha dar sobre sua cabeça! Exclamou então em voz alta: "O que tenho a ver contigo, Jesus, filho de Maria? Para onde fugirei de ti?" E, consternado, afastou-se da jovem e não voltou a aparecer-lhe. Esta por fim gozou de paz e rendeu graças e louvores a Deus. E todos os que presenciaram o milagre a acompanharam em sua oração.

O MENINO JUDAS ISCARIOTES TENTA MORDER O MENINO JESUS

Vivia ali mesmo outra mulher cujo filho era atormentado por Satanás. Seu nome era Judas. Sempre que a pobre criatura era acometida pelo demônio, punha-se a morder todos os que se aproximavam. E, se não encontrava ninguém a seu alcance, mordia suas próprias mãos e membros. Quando, portanto, a fama da Virgem Maria e de seu filho Jesus chegou até a mãe do desgraçado, esta se levantou e levou Judas à presença de Nossa Senhora.

Entretanto, Tiago e José haviam levado o menino Jesus para fora de casa para brincar com outros meninos. E, estando todos sentados, aproximou-se Judas, o endemoninhado, e se pôs à direita de Jesus. Então foi atacado por Satanás, como de costume, e quis morder Jesus, mas não conseguiu. No entanto, lhe causou dano no lado direito e Jesus começou a chorar. Mas de repente Satanás saiu do endemoninhado sob a forma de um cão raivoso. E esse menino era Judas Iscariotes, aquele que mais tarde haveria de entregá-lo aos judeus. É de notar que o lado em que Judas o machucou foi o mesmo que os judeus trespassaram com uma lança.

O MENINO JESUS FAZ AVES DE BARRO E AS FAZ VOAR

O menino Jesus completou 7 anos e estava um dia entretido brincando com os garotos da mesma idade. Todos se divertiam fazendo com barro bonequinhos de asnos, bois, pássaros e outros animais. Cada qual fazia alarde de suas habilidades e aplaudia seu trabalho. Então Jesus disse aos outros:

"Vou mandar meus bonequinhos correrem". Admirados, os outros lhe perguntaram se ele porventura era filho do Criador.

Então Jesus mandou os bonequinhos porem-se em movimento, e eles começaram a pular. Depois, a um gesto seu, pararam novamente. Havia feito também bonecos de pássaros e aves, que, ao ouvirem a voz dele, começaram a voar; mas, quando os mandava ficar quietos, eles paravam. E sempre que lhes dava algo para comer ou beber, eles comiam ou bebiam. Ao irem embora, os garotos contaram tudo isso em casa, e seus pais lhes disseram: "Tende cuidado, filhos, e não trateis com ele. Fuji e não brinqueis jamais em sua companhia, porque é um feiticeiro".

O MILAGRE DO MENINO JESUS NA TINTURARIA

Certo dia aconteceu que, quando estava brincando com os garotos, Jesus passou diante da tenda de um tintureiro chamado Salém, que tinha ali depositados muitos panos para tingir.

Jesus entrou na oficina e se entreteve pegando todos os panos que havia ali e colocando-os em um recipiente cheio de azul índigo. Quando Salém chegou e percebeu o estrago, pôs-se a gritar desaforadamente e a repreender Jesus, dizendo: "O que fizeste, filho de Maria? Tu me desonraste diante dos vizinhos, porque cada um desejava uma cor a seu gosto, e tu puseste tudo a perder". Jesus respondeu: "Todas as cores que quiseres mudar, eu me comprometo a mudá-las". E, em seguida, começou a retirar os panos do recipiente, cada um tingido com a cor que o tintureiro queria, até estarem todas as cores retiradas. Os judeus, ao ver o portento, louvaram a Deus.

O MENINO JESUS ESTICA MADEIRAS
NA CARPINTARIA DE JOSÉ

Sempre que saía para a cidade, José costumava levar Jesus consigo. Convém saber que, devido ao ofício que tinha, as pessoas lhe encomendavam portas, baldes para a ordenha do leite, catres e arcas. Onde quer que fosse, Jesus sempre o acompanhava.

E acontecia que, quando José precisava alongar ou cortar alguma tábua (seja de um côvado, seja de um palmo) ou torná-la mais larga ou mais estreita, Jesus não fazia mais do que estender sua mão para o objeto, e este se amoldava à medida, sem que José precisasse retocar nada com a mão, pois não era extraordinariamente hábil na arte da carpintaria.

UMA ENCOMENDA PARA O REI, UM TRONO, É ESTICADO PELO MENINO JESUS

Certo dia, o rei de Jerusalém o chamou para dizer-lhe: "José, quero que me faças um trono que corresponda à medida do lugar onde costumo sentar-me". José obedeceu e permaneceu dois anos no palácio a partir do dia em que pôs mãos à obra até o dia em que a deu por terminada. E, já estando prestes a trasladá-lo para seu lugar, deu-se conta de que faltavam dois palmos para a medida proposta. Ao ver isso, o rei se aborreceu com José; e este, presa de um grande temor, passou a noite sem jantar nem provar nenhum bocado.

Perguntando-lhe Jesus a causa de seu temor, José respondeu: "Perdi o trabalho de dois anos inteiros". Disse-lhe Jesus: "Não tenhas medo nem te deixes dominar pelo abatimento. Segura um lado do trono, e eu segurarei o outro para ajustá-lo". José pôs em prática o que Jesus lhe havia dito; e aconteceu que, ao puxar cada um de seu lado, o trono ficou ajustado e proporcional às medidas do lugar. Os circunstantes que presenciaram esse prodígio se encheram de assombro e louvaram a Deus.

A madeira do trono procedia daquelas árvores tão apreciadas nos tempos de Salomão, filho de Davi, por sua variedade e por suas múltiplas aplicações.

O MENINO JESUS TRANSFORMA GAROTOS EM CABRITOS

Num outro dia, Jesus saiu para a rua e, vendo uns garotos reunidos para brincar, quis segui-los. Mas os garotos se esconderam dele. Então perguntou a algumas mulheres que estavam à porta de uma casa para onde eles haviam ido. Elas responderam que não estavam ali.

Ao que Jesus replicou: "Quem são, então, esses que vedes no forno?" As mulheres disseram que se tratava de uns cabritos de 3 anos. Então Jesus exclamou: "Vinde aqui, cabritos, em torno do vosso pastor". Bastou pronunciar essas palavras, e os garotos saíram em forma de cabritos e se puseram a saltitar ao seu redor. Vendo isso, as mulheres se encheram de admiração e de temor e se lançaram aos pés de Jesus dizendo: "Ó Jesus, Senhor nosso, filho de Maria, tu és na verdade o pastor de Israel; tem compaixão das servas que estão diante de ti e que nunca o duvidaram, pois tu, ó Senhor, vieste para curar e não para perder".

E, tendo Jesus respondido que os filhos de Israel eram como os etíopes entre os demais povos, as mulheres replicaram: "Tu, Senhor, sabes todas as coisas e nada te é oculto. Rogamos-te, apelando à tua piedade, que devolvas esses garotos, teus servos, a seu estado primitivo". Disse então o Senhor Jesus: "Vamos brincar, garotos!" E, à vista das mulheres, os cabritos se transformaram imediatamente em garotos.

O MENINO JESUS SE VESTE COMO REI
DIANTE DE MENINOS

E, no mês de Adar, Jesus reuniu os garotos ao seu redor, como um rei. Estes puseram no chão suas vestes e ele se sentou sobre elas. Depois teceram uma grinalda, cingiram com ela suas têmporas e formaram fileiras de cada lado dele como fidalgos na presença de seu rei. A todos os que transitavam por aquele caminho, obrigavam a interromper o percurso dizendo: "Antes de prosseguir tua viagem, presta vassalagem e adora o Rei".

SIMÃO CANANEU É CURADO PELO MENINO
JESUS DE UMA MORDIDA DE SERPENTE

E, enquanto estavam assim entretidos, aproximaram-se daquele lugar uns homens que traziam consigo um menino. Este havia ido com seus companheiros ao monte em busca de lenha; e, ao enxergar um ninho de perdiz, estendeu a mão para apanhar os ovos. Mas com tanto azar que, no mesmo instante, saiu do ninho uma serpente e o picou. Gritou então pedindo auxílio, e seus companheiros correram para junto dele, encontrando-o já estendido por terra como morto. Chegaram depois seus pais e o levantaram para carregá-lo.

E chegaram ao lugar onde Jesus estava sentado à maneira de rei, rodeado pelos outros garotos que lhe serviam de ministros. Estes saíram ao encontro do cortejo e disseram aos portadores: "Eia! Vinde prestar homenagem ao vosso Rei". Eles se negaram por causa da aflição em que estavam mergulhados, mas os garotos os arrastaram à força, muito a seu contragosto.

Quando, por fim, estavam em sua presença, Jesus perguntou sobre o motivo de carregar assim o rapaz. E, ao saber que uma serpente o havia mordido, disse aos seus: "Vamos e matemo-la". Os pais do ferido lhe suplicaram que lhes permitisse prosseguir, já que seu filho se encontrava em agonia; mas os garotos os encararam dizendo: "Não ouvistes o que disse o Rei: 'Vamos e matemos a serpente'? Por acaso vos negais a aceder à sua vontade?" E assim, muito a contragosto, deram marcha a ré carregando a liteira.

E, chegando ao lugar do ninho, Jesus perguntou aos rapazes: "É aqui que estava a serpente?" Eles responderam afirmativamente. E de imediato, ao ouvir a voz de Jesus, o réptil saiu com toda a submissão. Então Jesus lhe disse: "Vai e suga todo o veneno que inoculaste nesse menino". A serpente foi se arrastando até ele e sugou todo o veneno. Depois disso, Jesus fulminou uma maldição sobre ela e no mesmo instante ela morreu. O menino se pôs a chorar depois de ser curado; mas Jesus lhe disse: "Não chores, pois um dia hás de ser meu discípulo". Este é precisamente Simão Cananeu, de quem se faz menção no evangelho.

O MENINO JESUS CURA TIAGO DE UMA PICADA DE SERPENTE

Num outro dia, José enviou seu filho Tiago para recolher lenha. Jesus se ofereceu para acompanhá-lo. E, chegando ao bosque, Tiago começou seu trabalho; mas foi mordido na mão por uma víbora maligna e se pôs a gritar chorando. Ao dar-se conta do que lhe ocorrera, Jesus correu para junto dele e soprou no lugar onde havia sido mordido pela víbora. Feito isso, ele ficou imediatamente curado.

UM MENINO CAI DO TERRAÇO

Num outro dia, Jesus se encontrava brincando com outros meninos em cima de um terraço. Um deles caiu do alto e morreu instantaneamente. Os outros fugiram, e Jesus ficou sozinho no terraço. Chegaram então os pais do morto e lhe disseram: "Empurraste nosso filho dali de cima". Jesus o negou. Mas eles se puseram a gritar dizendo: "Nosso filho morreu, e foi ele que o matou". Jesus respondeu: "Não me calunieis; e, se não quereis acreditar em mim, vamos perguntar ao menino para que esclareça as coisas". Então Jesus desceu, aproximou-se do morto e lhe disse em alta voz: "Zenão, quem foi que te atirou para baixo?" E o morto respondeu e disse: "Não foste Tu, Senhor, mas o Terror". Jesus recomendou aos circunstantes que prestassem atenção às suas palavras, e todos louvaram a Deus por esse milagre.

O CÂNTARO DESPEDAÇADO

Certa vez Maria mandou Jesus buscar água na fonte. Mas na volta, quando trazia o cântaro cheio, este recebeu um grande golpe e se partiu.

Então Jesus estendeu seu lenço, recolheu nele a água e a levou até sua mãe. Esta ficou cheia de admiração e conservava oculto em seu coração tudo o que se apresentava a seus olhos.

O MENINO QUE FICOU SECO POR OBRA DO MENINO JESUS

Certa vez, Jesus estava brincando com outros meninos na beira de um córrego. Todos se entretinham formando pequenas poças. O Senhor havia feito doze passarinhos de barro e os havia posto ao redor da poça, três de cada lado. E era o dia de sábado.

Aproximou-se o filho de Hanã e, vendo-os nesse entretenimento, aborreceu-se muito. E indignado disse: "Não tendes vergonha de pôr-vos a fazer bonequinhos de barro no dia de sábado?" E em um instante desmanchou as poças. Então Jesus deu umas palmadas em seus pássaros e estes começaram a voar cantando.

Ao vê-los, o filho de Hanã se aproximou também da poça de Jesus e a pisoteou, deixando escapar a água estancada. Disse-lhe então Jesus: "Assim como esta água se dissipou, se dissipará também tua vida". E no mesmo instante aquele rapaz ficou seco.

UMA MORTE REPENTINA

Em outra ocasião já era noite, e Jesus voltava para casa em companhia de José. De repente apareceu um rapaz que vinha correndo em direção contrária e deu em Jesus um golpe tão forte que o derrubou. Então lhe disse o Senhor: "Assim como me derrubaste, da mesma maneira tu cairás para nunca mais te levantares". E no mesmo instante o rapaz caiu no chão e expirou.

O PROFESSOR ELOGIA A SABEDORIA DO MENINO JESUS

Havia em Jerusalém um tal de Zaqueu, que se dedicava a ensinar às crianças. Um dia disse a José: "Por que não me trazes Jesus para que aprenda as letras?" José consentiu e foi dizê-lo a Maria, e o levaram à casa do mestre. Este, logo que o viu, perguntou-lhe sobre o alfabeto e mandou que pronunciasse Aleph. Depois de ele dizer Aleph, o mestre ordenou que pronunciasse Beth. Estão Jesus replicou: "Primeiro dize-me tu o que significa a letra Aleph, e então pronunciarei para ti a letra Beth".

Ao ver que o mestre o ameaçava com o chicote, Jesus expôs o significado das letras Aleph e Beth. E também quais figuras de letras eram retas, quais eram oblíquas, quais eram espiraladas, quais eram pontuadas e quais não; e por que uma letra vinha antes da outra. E muitas coisas do mesmo estilo que o mestre não havia ouvido nem lido na vida.

Finalmente Jesus disse ao mestre: "Presta-me atenção enquanto vou te explicando". E começou a recitar claramente Aleph, Beth, Ghimel, Daleth até Thau. O mestre, cheio de admiração, exclamou: "Penso que este menino nasceu antes de Noé".

Depois se dirigiu a José nestes termos: "Trouxeste-me este menino para que eu o instruísse, e resulta que ele é mais douto do que todos os mestres". E disse finalmente a Maria: "Teu filho não tem nenhuma necessidade de instrução".

O MENINO JESUS MATA O
PROFESSOR QUE O CASTIGOU

Levaram-no depois a um mestre mais instruído, que, ao vê-lo, o mandou pronunciar Aleph. Depois que o fez, lhe disse: "Dize agora Beth". Ao que Jesus replicou: "Dize-me primeiro o significado da letra Aleph, e depois pronunciarei a letra Beth". Então o mestre levantou a mão para castigá-lo com um açoite, mas a mão ficou seca e ele morreu no mesmo instante.

O MENINO JESUS NO TEMPLO DE JERUSALÉM

Ao completar 12 anos, levaram-no a Jerusalém para a festa. Terminada esta, seus pais retornaram. Mas ele permaneceu entre os doutores e eruditos de Israel, aos quais fazia perguntas relativas às suas respectivas especialidades, respondendo por sua vez às perguntas que lhe eram propostas.

E entre outras coisas lhes perguntou: "De quem o Messias é filho". Responderam-lhe: "De Davi". Disse-lhes: "E como, então, este o chama de seu Senhor, dizendo: 'Disse o Senhor a meu Senhor: senta-te à minha direita até que eu ponha teus inimigos sob teus pés'?" (Mt 22,42-46).

Disse-lhe novamente o mais eminente entre os doutores: "Lês livros?" "Sim, leio – disse Jesus –, e tudo o que neles se encontra". E imediatamente se pôs a explicar-lhes os livros da Lei (Torá), os preceitos, os estatutos e os mistérios contidos nos profetas, coisas que a inteligência de nenhuma criatura alcança. Disse, pois, aquele doutor: "Eu, de minha parte, devo confessar que até agora nunca tive ocasião de aprender nem ouvir tais coisas. Quem pensais que será este menino?"

O MENINO JESUS E O ASTRÔNOMO

Encontrava-se ali um filósofo versado em astronomia, que perguntou a Jesus se havia estudado essa ciência. A resposta de Jesus consistiu em fazer uma exposição do número de esferas e corpos que há no firmamento, de sua natureza e propriedades, de sua contraposição, de seu aspecto triangular, quadrangular e hexagonal, de sua trajetória de ida e volta, de suas posições em minutos e segundos e de muitas outras coisas que a razão não alcança.

JESUS E O ESTUDO

Havia também entre os circunstantes um filósofo muito eminente nas ciências naturais, que perguntou a Jesus se porventura havia estudado medicina.

Em resposta, ele lhe explicou a física, a metafísica, a hiperfísica e a hipofísica; as forças do corpo, seus humores e os efeitos de ambos; os efeitos do calor e da secura, do frio e da umidade e de tudo o que deles provém; a atuação da alma no corpo, seu sentido e seus efeitos; em que consiste a faculdade de falar, de indignar-se, de desejar; a articulação e a desarticulação; e, finalmente, muitas outras coisas que o entendimento de nenhuma criatura alcança.

Então o filósofo se levantou e se prostrou diante dele, dizendo: "Senhor, doravante serei teu discípulo e teu servo".

MARIA É ELOGIADA PELOS DOUTORES DO TEMPLO POR CAUSA DA SABEDORIA DO MENINO JESUS

Enquanto falavam entre si essas coisas e outras do gênero, apresentou-se ali Maria, que estava três dias consecutivos procurando Jesus em companhia de José. Ao vê-lo finalmente, sentado ali entre os doutores, às vezes perguntando e outras vezes respondendo, lhe disse: "Meu filho, por que agiste assim conosco? Eis que teu pai e eu viemos à tua procura com grande fadiga". Mas ele respondeu: "Por que me procuráveis? Não sabeis que me convém estar na casa de meu Pai?" Mas eles não compreenderam suas palavras. Então os doutores perguntaram a Maria se aquele era seu próprio filho. E, tendo ela concordado, disseram-lhe: "Bem-aventurada és tu, Maria, porque deste à luz um menino como este".

E regressou com eles a Nazaré, agradando-lhes em todas as coisas. E sua mãe, por sua vez, conservava tudo isso em seu coração. Enquanto isso, Jesus ia crescendo em idade, em sabedoria e em graça diante de Deus e diante dos homens.

O MENINO JESUS TEM VIDA OCULTA ATÉ OS 30 ANOS

Desde então começou a ocultar os milagres e a dedicar-se ao estudo da Lei, até completar 30 anos. Foi então que o Pai o deu a conhecer publicamente às margens do Jordão com esta voz descida do céu: "Este é meu filho amado, em quem repouso", estando presente o Espírito Santo em forma de pomba branca.

GLORIFICAÇÃO A JESUS

Este é aquele a quem adoramos suplicantes, aquele que nos deu o ser e a vida, aquele que nos tirou do seio de nossa mãe, aquele que assumiu um corpo humano por nós e nos redimiu para dar-nos o abraço eterno de sua misericórdia e manifestar-nos sua clemência mediante a liberalidade, a beneficência, a generosidade e a benevolência. A ele pertence a glória, a beneficência, o poder e o império, agora e sempre pelos séculos sempiternos. Amém.

Aqui termina o evangelho íntegro da infância com o auxílio do Deus Supremo e de acordo com o que encontramos no original.

EVANGELHO ARMÊNIO DA INFÂNCIA

A datação deste evangelho, isto é, sua tradução do siríaco para o armênio, feita pelos nestorianos da Síria, é, provavelmente, do século VI.

O Evangelho armênio da infância traz pormenores da concepção de Maria. É dito que ela concebeu do Espírito Santo pela orelha. Maria é considerada a nova Eva, a nova mãe da humanidade. É Eva mesma quem dá a notícia a Salomé do nascimento de Jesus sem Maria deixar de ser virgem.

Há também relatos do nascimento de Jesus, da visita dos magos, da reação de Herodes com a presença dos magos, assim como de algumas travessuras do menino Jesus.

O evangelho termina com dois diálogos, um de Maria com o menino Jesus, e outro do menino Jesus com dois soldados sobre quem é Deus (Pai) e sua origem divina e humana. O livro é composto de vinte e oito longos capítulos. Nossa tradução, no entanto, tendo como referência o texto de Aurelio de Santos Otero, Los evangelios apócrifos. Madri: BAC, 1975, p. 359-365, apresenta as narrativas mais significativas para a compreensão do imaginário religioso da época sobre Maria e a infância de Jesus.

A ANUNCIAÇÃO DO ANJO A MARIA

O Anjo Gabriel aparece a Maria. Ela conversa com ele, manifestando sua inquietação a respeito do anúncio recebido do anjo. Para terminar, o anjo disse a Maria: "Ó Santa e Bem-aventurada Virgem! Escuta esta palavra e guarda bem em tua alma o que vou te dizer. Isso não é uma obra de homem. O acontecimento que te foi falado não será realizado por ele. É Deus que o realizará em ti. Ele tem em suas mãos o poder suficiente para libertar-te de todas as angústias que estás passando".

Maria respondeu: "Se é assim como estás falando, e se o Senhor que vir sobre a sua serva e escrava, faça-se em mim segundo tua palavra". E o anjo se retirou da presença dela.

MARIA CONCEBE PELA ORELHA

Quando a Virgem terminou de pronunciar, humildemente, essas palavras, o Verbo de Deus penetrou nela pela orelha. A natureza íntima de seu corpo, com todos os seus sentidos, foi santificada e purificada como o ouro no crisol. Maria, então, se converteu em um Templo santo, imaculado, e morada do Verbo Divino.

Maria concebeu, perante a embaixada do anjo portador da boa-nova para ela, no dia 15 do mês de Nisan, do calendário judaico, que corresponde ao dia 6 de abril, quarta-feira, às três horas.

Assim que a Virgem recebeu o anúncio de sua concepção pelo Espírito Santo, vieram os coros angélicos entoando cânticos e louvores. Essa visão a encheu de temor (reverência) e de alegria. Em seguida, com o rosto voltado para a terra, ela começou a louvar a Deus, dizendo: "Ó Senhor de minha alma e de meu corpo. Tu tens o poder de realizar todos os desejos que inspiram o teu amor criador e dispões livremente de tudo, conforme o teu consentimento. Digna-te agora ser condescendente com as súplicas de tua escrava. Escuta-me e livra a minha alma, já que és o meu Deus e o meu Salvador, e que teu nome, ó Senhor, tem sido invocado diretamente sobre mim. Até o dia de hoje eu tenho me mantido santa e pura por teu amor.

Ó Senhor, conserva a minha virgindade firme e intacta, sem permitir em mim o desejo carnal. Faça-se conforme a tua vontade".

MARIA É A NOVA EVA

Quando José e Eva, nossa primeira mãe, viram aquilo, eles se prostraram com a face por terra e, dando graças a Deus em voz alta, o glorificaram, dizendo: "Bendito seja o Senhor, Deus de nossos pais, Deus de Israel, que realizou, hoje, com sua serva, a redenção do ser humano; que me reabilitou de novo, me reergueu de minha queda e me devolveu a minha dignidade. Agora, minha alma se sente gloriosa, cheia de esperança em Deus, meu Salvador".

E, tendo dito isso, nossa primeira mãe, Eva, viu que uma nuvenzinha se elevava ao céu partindo da gruta. No outro lado, aparecia uma luz cintilante que pairava sobre o lugar onde os animais comiam, a manjedoura, do estábulo. Nesse momento, o menino Jesus tomou o peito de sua mãe para mamar, voltando, em seguida, para o seu lugar, e assentou-se. Diante desse ocorrido, José e nossa mãe Eva glorificaram a Deus e ficaram maravilhados diante do que acabara de acontecer naquele lugar. Eles disseram: "Em verdade, ninguém jamais ouviu ou viu coisa semelhante com seus próprios olhos, um prodígio parecido com esse que acabou de se realizar".

E nossa mãe Eva entrou na gruta, tomou o menino em seus braços, o acariciou e o abraçou com ternura, bendizendo a Deus, porque o menino era muito bonito, tinha um semblante fascinante, resplandecente, e traços expressivos.

Em seguida, ela o envolveu em panos e o colocou na manjedoura dos bois e saiu da gruta. Na sequência, surgiu uma mulher chamada Salomé, que acabava de chegar da cidade de Jerusalém. Eva, nossa primeira mãe, se apresentou e lhe disse: "Eu te dou uma boa notícia: uma terna jovem acaba de trazer ao mundo um filho sem nunca ter conhecido, sem ter relação, com um homem".

OS MAGOS CHEGAM NO MOMENTO
DO NASCIMENTO DE JESUS

Um anjo do Senhor se apressou para ir ao país dos persas para avisar aos reis magos e ordenar-lhes que fossem adorar o recém-nascido. Os magos, tendo por guia uma estrela, caminharam por nove meses, chegando ao lugar de destino justamente no momento em que Maria se tornava mãe.

Por causa de seu poder e vitórias nas guerras, o reino dos persas dominava sobre todos os reis do Oriente. Os reis magos eram três: Melquior, o primeiro, que dominava sobre todos os persas; depois Baltazar, que reinava sobre os indianos; e o terceiro, Gaspar, que reinava no país dos árabes. Tendo se reunido conforme ordenara Deus, eles chegaram no instante em que a Virgem se tornava mãe. Eles haviam apressado a marcha e chegado ao local no momento preciso do nascimento de Jesus.

OS MAGOS E HERODES

Quando os magos chegaram de forma solene a Jerusalém, Herodes, nervoso diante da situação, os chamou ao seu palácio para que lhe dissessem quais os propósitos da viagem. Queriam adorar o recém-nascido, disseram eles.

Herodes então queria saber mais e perguntou: "Quem vos contou o que dizeis e como chegastes a sabê-lo?" Responderam os magos: "Nossos antepassados legaram-nos um testemunho escrito sobre isso, que foi guardado e selado sob o maior segredo. E durante longos anos pais e filhos, de geração em geração, mantiveram viva essa expectativa, até que finalmente essa palavra veio a cumprir-se em nossos dias, como nos foi revelado por Deus em uma visão que tivemos de um anjo. Essa é a causa de nos encontrarmos neste lugar, que nos foi indicado pelo Senhor".

Herodes perguntou novamente: "Qual a procedência desse testemunho que somente vós conheceis?" Os magos responderam: "Nosso testemunho não procede de homem algum. É um desígnio divino referente a uma promessa feita por Deus em favor dos filhos dos homens e que foi conservado entre nós até o dia de hoje".

Disse Herodes: "Onde está esse livro que somente vosso povo possui?" E os magos responderam: "Nenhuma nação, além da nossa, tem notícia direta ou indireta dele. Somente nós possuímos o testemunho escrito. Porque, como sabes, depois que Adão foi expulso do paraíso e depois que Caim matou Abel, o Senhor deu a nosso primeiro pai um filho de consolação chamado Set, e a ele entregou aquela carta, escrita, assinada e selada por suas próprias mãos. Set recebeu-a de seu pai e a transmitiu a seus filhos. Estes, por sua vez, transmitiram-na aos seus, e assim se passou de geração em geração. Todos, até Noé, receberam a ordem de conservá-la com todo o cuidado. Esse patriarca entregou-a a seu filho Sem, e os filhos deste a transmitiram aos seus descendentes, que, por sua vez, a entregaram a Abraão. Este a deu a Melquisedec, rei de Salém e sacerdote do Altíssimo, por meio do qual chegou ao poder do nosso povo nos tempos de Ciro, rei da Pérsia. Nossos pais a depositaram com todas as honras em um salão especial, e assim chegou até nós, que, graças a esse misterioso escrito, de antemão tomamos conhecimento do novo monarca, filho de Israel".

O REI MELQUIOR E O LIVRO DO TESTAMENTO OFERTADO AO MENINO JESUS

E o Rei Melquior pegou o livro do Testamento que conservava em sua casa como um precioso legado dos seus antepassados, segundo o que já dissemos, e presenteou-o ao menino, dizendo-lhe: "Aqui tens a carta selada e firmada por tua própria mão que achaste por bem entregar aos nossos superiores para que a guardassem. Toma, pois, este documento que tu mesmo escreveste. Abre-o e lê-o, pois está em teu nome".

E o documento, dirigido a Adão, estava assim encabeçado: "No ano seis mil, no sexto dia da semana, no mesmo dia em que te criei, e à hora sexta, enviarei meu Filho Unigênito, o Verbo Divino, que se revestirá da carne da tua descendência e virá a ser filho do homem. Ele te devolverá a dignidade original através dos terríveis tormentos da sua paixão na cruz. E então tu, ó Adão, unido a mim com alma pura e corpo imortal, serás deificado e poderás, como eu, discernir o bem e o mal".

O MENINO JESUS BRINCA DE QUEBRAR CÂNTAROS

O menino Jesus costumava levar jovens até a borda do poço que fornecia água para toda a cidade. E, tirando os cântaros de suas mãos, batia-os uns contra os outros ou contra as pedras e jogava-os depois no fundo do poço. E com isso aqueles jovens não ousavam entrar em casa com medo dos seus pais. Jesus então compadecia-se vendo-os chorar e lhes dizia: "Não choreis mais, que eu devolverei vossos cântaros". Depois dava ordens aos caudais das águas, e estes arremessavam de volta os cântaros intactos para a superfície. Cada um pegava o seu e voltava ao seu lar contando a todo mundo os milagres de Jesus.

O MENINO JESUS BRINCA DE INCLINAR ÁRVORES

Certa vez o menino Jesus levou meninos consigo e pediu que eles se assentassem à sombra de uma gigantesca árvore. Então ele deu ordens para que a árvore inclinasse seus ramos e subiu e ficou em cima da árvore. Mandou depois que ela se endireitasse, e ele elevou-se, dominando assim toda aquela paisagem.

O menino Jesus manteve-se ali uma hora, até que os outros jovens começaram a gritar, dizendo-lhe: "Manda que a árvore se incline para que possamos subir contigo". O menino Jesus assim fez e lhes disse: "Vinde depressa junto comigo". E subiram ao seu lado cheios de gozo. Pouco depois Jesus mandou que a árvore inclinasse de novo seus ramos. E, depois que todos haviam descido, a árvore recuperou sua posição original.

MARIA, A EDUCADORA, DIALOGA COM O MENINO JESUS SOBRE AS ATITUDES DELE

Maria disse ao menino Jesus: "Meu Filho, como ainda não és mais do que um menino e não uma pessoa mais velha, temo que te aconteça alguma desgraça". O menino Jesus respondeu: "Teus temores, minha mãe, não são de todo razoáveis, pois eu sei muito bem tudo o que deve me acontecer". Maria disse: "Não te magoes pelo que acabo de dizer-te, mas estou rodeada de fantasmas e não sei o que fazer".

O menino Jesus perguntou para sua mãe: "E que pensas fazer comigo?" Maria respondeu: "É isto o que me preocupa: nós temos nos empenhado ao máximo para que aprendas durante a tua infância todos os ofícios, e até agora não fizeste nada nesse sentido nem te interessaste por nada. E agora que já estás mais crescidinho, que preferes fazer e como queres passar a tua vida?"

Ao ouvir essas palavras, o menino Jesus indignou-se em seu íntimo e disse à sua mãe: "Falaste sem pensar. Será que não entendes os sinais e prodígios que faço diante de ti, para que possas ver com teus próprios olhos? Ainda não me acreditas depois de tanto tempo que estou vivendo contigo? Observa meus milagres, considera tudo o que tenho feito e tem paciência durante algum tempo, até que vejas realizadas todas as minhas obras, pois a minha hora ainda não chegou. Enquanto isso, mantém-te fiel a mim". E dizendo isso, Jesus saiu apressadamente de casa.

O MENINO JESUS DIALOGA COM UM SOLDADO SOBRE DEUS E SUA GERAÇÃO DIVINA E HUMANA

O menino Jesus, desejoso de mostrar-se ao mundo, encontra dois soldados rindo. Vendo-o sentado tranquilamente junto a um poço, um deles lhe disse: "Menino, de onde vens? Para onde vais? Como te chamas?" Jesus respondeu: "Se eu te disser, não serás capaz de compreender-me". O soldado perguntou-lhe novamente: "Teu pai e tua mãe ainda vivem?" Jesus respondeu: "Efetivamente, meu Pai vive e é imortal".

O soldado respondeu: "Como? Imortal?" E Jesus disse: "Sim, imortal desde o princípio, e a morte não tem poder sobre ele". Então o soldado disse: "Quem é esse que viverá sempre e além dele, já que a morte não tem poder algum, já que tu dizes que teu Pai garante a imortalidade?" O menino Jesus respondeu: "Não serias capaz de conhecê-lo nem de ter uma ideia aproximada dele". O soldado disse: "Quem pode vê-lo?" Jesus respondeu: "Ninguém". O soldado perguntou: "Onde está teu Pai?" Jesus respondeu: "No céu, acima da terra".

O soldado disse: "E, tu, como poderás ir até junto dele?" Jesus respondeu: "Já estive ali e ainda agora estou em sua companhia". O soldado respondeu: "Não sou capaz de compreender o que dizes". Jesus disse: "É por isso que é indizível e inexplicável". O soldado perguntou: "Então quem pode entendê-lo?" O menino Jesus respondeu: "Se me pedires, te explicarei". Então o soldado disse: "Dize-me, Senhor, eu te peço". O menino Jesus contou como foi a sua geração eterna, no seio do Pai, e a temporal, no seio de Maria. Os soldados ficaram satisfeitos com a sua explicação. O menino Jesus se despediu deles e seguiu seu caminho.

LIVRO DA INFÂNCIA DO SALVADOR

Este evangelho é uma composição tardia, possivelmente do século XIII. Trata-se de uma narrativa legendária sobre a infância de Jesus. A versão latina pertence à Biblioteca Nacional de Paris.

A nossa tradução tem como referência a publicação de Aurelio de Santos Otero, Los evangelios apócrifos. Madri: BAC, 1975, p. 366-372.

A HISTÓRIA DO MENINO PRESO POR CAUSA DO MENINO JESUS

Aconteceu, em uma determinada época, que muitos meninos seguiam Jesus para divertirem-se em sua companhia. No entanto, havia um pai de família que, irado ao ver que seu filho acompanhava Jesus, para que não o seguisse mais, prendeu-o em uma torre bem guarnecida, sem buraco nem entrada alguma além da porta e de uma janelinha estreitíssima, que apenas deixava passar um pouquinho de luz. A porta estava bem escondida e trancada.

E aconteceu com aquele pai de família, que um dia Jesus se aproximou dali com seus companheiros para brincar. Ao ouvi-los, o menino encarcerado pôs-se a gritar junto à janela da seguinte maneira: "Jesus, queridíssimo companheiro, ao ouvir tua voz minha alma se alegrou e senti-me aliviado. Por que me deixas aqui encarcerado?" Jesus foi até ele e lhe disse: "Estende-me uma mão ou um dedo pelo buraco". E, tendo feito isso, Jesus pegou a mão daquele menino e o tirou através daquela janelinha. E o menino foi embora com Jesus.

Jesus disse-lhe: "Reconhece o poder de Deus e na tua velhice conta o que Deus te fez na tua infância". Ao tomar conhecimento do que havia acontecido, o pai de família primeiro dirigiu-se até a porta. E, ao encontrá-la ainda fechada, gritou e disse que era um fantasma. É que os seus olhos estavam fechados para não reconhecer o poder divino.

A IRA DO PAI DO MENINO PRESO E O SALTO DO MENINO JESUS NA MONTANHA

Aquele pai de família, que era o mais velho dentre os juízes da sinagoga e dos fariseus, dos escribas e dos doutores, foi até José para queixar-se de Jesus, que havia feito novas maravilhas entre o povo, de maneira que já era venerado como Deus.

Irado, ele disse a José: "Vê, nossos jovens, dentre os quais está meu filho, estão seguindo Jesus até o campo de Sicar". E, cheio de raiva, pegou um pau com intenção de bater no menino Jesus e seguiu-o até um monte em cujo sopé estendia-se uma plantação de favas. Jesus, porém, escapou da sua ira dando um pulo do cume da montanha até um ponto distante, como a flecha de um arco. E os outros meninos, querendo dar o mesmo salto, caíram no precipício, fraturando pernas, braços e pescoço. E por esse motivo levantou-se um enorme protesto diante de Maria e José; Jesus, porém, curou a todos e deixou-os mais sadios ainda do que antes. Ao ver isso, então, o chefe da sinagoga, que era o pai do menino preso, e todos os outros presentes, adoraram por sua vez a Deus Adonai. E o lugar onde Jesus deu o salto chama-se até hoje o "Salto do Senhor".

JOSÉ SEMEIA TRIGO COM O MENINO JESUS E TEM UMA FARTA COLHEITA

E aconteceu que, sendo época da semeadura, José saiu para semear o trigo. E Jesus seguiu-o. Depois José começou sua faina e espalhou as sementes até o limite da propriedade. Depois José veio ceifar no tempo da colheita. O menino Jesus veio com ele recolher as espigas que havia semeado, e sua colheita foi de cem alqueires de riquíssimo trigo, quantidade que nem três ou quatro campos juntos produziam.

E José disse: "Chamai os pobres, órfãos e viúvas e reparti com eles o trigo da minha colheita". E assim se fez. Mas, ao distribuí-lo, sobreveio um extraordinário e inesperado aumento. Os pobres que foram com ele supridos abençoaram o Senhor de todo o coração, dizendo que o Senhor Deus de Israel havia visitado o seu povo.

O MENINO JESUS TRANSFORMA SEMENTES DE GRÃO-DE-BICO EM DURAS PEDRAS

Aconteceu que, em um dia de semeadura, o menino Jesus ia atravessando a Ásia e viu um lavrador que semeava certa espécie de legume chamado grão-de-bico em uma propriedade próxima ao túmulo de Raquel, entre Jerusalém e Belém.

Jesus perguntou ao lavrador o que ele estava semeando. Mas ele, com raiva e zombando do fato de que um jovem daquela idade lhe fazia tal pergunta, respondeu: "Pedras". E Jesus, por sua vez, lhe disse: "Tens razão, porque efetivamente são pedras".

E todos aqueles grãos-de-bico transformaram-se em duríssimas pedras, que ainda conservam a forma de grãos-de-bico, a cor, bem como o pequeno olho na cabeça. E dessa maneira, todos aqueles grãos, tanto os já semeados quanto aqueles que iriam ser semeados, transformaram-se em pedras. E até hoje, procurando-as com cuidado, pode-se encontrar as tais pedras nesse campo.

O MENINO JESUS TRANSFORMA SEU BASTÃO EM UMA ÁRVORE PARA SERVIR DE SOMBRA PARA A SUA MÃE

Na manhã de um dia qualquer, quando o orvalho ainda suavizava o calor do sol, José e Maria vinham subindo do lado de Tiro e Sídon em direção a Nazaré. E, à medida que o sol ia subindo, Maria sentia-se cada vez mais sufocada, até que se sentou no chão muito cansada. Maria disse a José: "Continua subindo esta temperatura que me afoga. O que vamos fazer? Não vejo por aqui nenhuma sombra onde eu possa proteger-me". E, levantando suas mãos aos céus, rezou dizendo: "Ó Virtude do Altíssimo, segundo aquela doce palavra que ouvi uma vez e que vinha de ti, protege-me com tua sombra; que minha alma viva e me seja dado o teu refrigério".

E o menino Jesus, ao ouvir essas palavras, alegrou-se e fincou no solo um pau seco que levava na mão para servir-lhe de bastão, dizendo com voz imperiosa: "Proporciona neste momento uma sombra agradável para a minha mãe". E no mesmo instante aquela vara converteu-se em uma árvore copada e frondosa, que lhes ofereceu um doce refrigério para seu descanso.

O MENINO JESUS SENTA-SE SOBRE UM RAIO DE SOL

Era um dia de inverno, mas fazia um sol esplêndido, e um raio de sol estendeu-se e veio, pela janela, bater na parede da casa de José. E por ali estavam os jovens da vizinhança, companheiros de Jesus, correndo pela casa.

O menino Jesus subiu sobre o raio de sol e, colocando suas vestes em cima dele, sentou-se como se estivesse acomodado sobre uma firmíssima viga. Ao ver isso, seus companheiros pensaram que seriam capazes de fazer o mesmo. E, tentando imitar Jesus, subiram para sentar-se com Jesus, mas despencavam gritando: "Estamos despedaçados, quebrados".

Jesus, porém, atendendo aos pedidos de Maria e de José, pôs-se a curar as lesões de todos os feridos soprando levemente no lugar machucado, dizendo: "O Espírito assopra onde quer e devolve a saúde a quem lhe apraz". E todos foram embora curados. E contaram todas essas coisas a seus pais, sendo o fato conhecido em Jerusalém e nos mais remotos confins de Judá. E a fama do menino Jesus espalhou-se por todas as províncias.

E vieram para render-lhe graças e serem, por sua vez, abençoados por ele. E lhe disseram: "Bem-aventurado o ventre que te carregou e os seios que te amamentaram". E José e Maria deram graças a Deus por todas as coisas que haviam visto e ouvido.

O MENINO JESUS QUEBRA E CONSERTA
CÂNTAROS CHEIOS DE ÁGUA

Certa feita, Maria disse ao seu filho: "Veja, filho, vai à fonte de Gabriel, tira água e traze-a neste cântaro". Como o menino Jesus era submisso às ordens da mãe, ele foi. E os meninos da sua idade seguiam-no para vê-lo, levando cada um o seu cântaro. E, já de volta, Jesus jogou com força o seu cântaro contra uma rocha que havia no caminho, sem que se rompesse ou produzisse muito barulho. Ao ver isso, os demais fizeram a mesma coisa com os seus, quebrando cada um o seu cântaro e derramando a água que haviam ido buscar na fonte.

Um tumulto, então, sucedeu. Depois de muitas reclamações, o menino Jesus recolheu os fragmentos dos cântaros, recompôs os vasilhames e devolveu-os a cada um cheios de água. E elevou seus olhos ao céu, dizendo: "Pai, desta mesma maneira hão de ser consertados os homens que confusos pereceram". Ficaram todos admirados diante daquele feito e daquelas palavras e o louvaram dizendo: "Bendito o que vem em nome do Senhor. Amém".

Evangelhos sobre Maria

Os apócrifos marianos, escritos, predominantemente, entre os séculos III e VII, possuem belíssimas narrativas literárias sobre Maria. Com forte influência sobre o cristianismo dos séculos V e VI, eles contribuíram para a formação de uma devoção a Maria que perdura até nossos dias.

Dentre os apócrifos marianos, destacam-se os livros que contam a sua morte, dormição e trânsito, o que nos impõe a questão: Maria teria morrido, dormido ou entrado no sono da morte? Trânsito ou Dormição? Esses apócrifos do chamado *Transitus Mariae* foram reelaborados até o século IX. Festas litúrgicas marianas devocionais, como a da celebração da morte de Maria, progrediram e se firmaram já antes do século VII na Europa.

Os apócrifos marianos tiveram papel importante na vida da Igreja medieval e moderna. A morte assolava o Ocidente e com ela o pessimismo de viver, o medo da morte e do fogo do inferno, bem como do purgatório, norteava as vidas das pessoas. Retomar a imagem de Maria como a Mãe de Deus (*Theotókos*) e associá-la com uma mulher que, mais do que morrer, dormiu, fazendo a passagem direta para o céu com o auxílio de seu Filho, que voltaria ou estava prestes a voltar como grande juiz, resultou em outra imagem de Maria: a de Nossa Senhora da Boa Morte, aquela que seria capaz de livrar o cristão do fogo do inferno, ser sua advogada, estar presente no momento derradeiro da vida do fiel em momento de juízo particular, antecedido pela arte de morrer (*Ars moriendi*). A história apócrifa de Maria foi recriada com um cunho piedoso, devocional. Maria foi se tornando mais poderosa do que o seu Filho, que tardava em voltar, após a virada do milênio.

PROTOEVANGELHO SEGUNDO TIAGO OU NATIVIDADE DE MARIA

Como indica o título deste evangelho, a sua autoria é atribuída ao Apóstolo Tiago, com certeza o Menor, que fora o primeiro bispo de Jerusalém, também conhecido como o "Irmão do Senhor" ou filho de Zebedeu. Possivelmente é uma obra entre 150 e 200. Foi escrita em Alexandria por um judeu-cristão, que a compôs em grego. Na sua origem, este apócrifo era chamado de Natividade de Maria. Na Idade Média, o francês Guilherme Postel, em 1581, o intitulou de Protoevangelho. Pensava-se que ele seria uma introdução ao Evangelho segundo Marcos.

Este apócrifo ressalta o papel de Maria como mãe de Jesus e virgem. Maria é a nova Eva. A história de seus pais estéreis, seu nascimento, sua consagração no Templo, seu casamento com o ancião José e sua virgindade perpétua são descritas de forma poética para defender a virgindade de Maria.

Um dos motivos da rejeição deste evangelho foi o fato de ele apresentar São José como viúvo e pai de vários filhos. Muitos desses relatos foram incorporados, posteriormente, à doutrina teológica da Igreja grega e latina. A celebração na liturgia de São Joaquim e Sant'Ana tem, por exemplo, base neste evangelho.

A tradução que apresentamos tem como referência a publicação de Lincoln Ramos, História do nascimento de Maria: Protoevangelho de Tiago. *Petrópolis: Vozes, 1989. O texto de origem é o grego, traduzido por Émile Strycker.*

PRÓLOGO

De acordo com as crônicas das doze tribos, Joaquim era muito rico e levava em dobro suas ofertas ao Senhor. Dizia a si mesmo: "O excedente de minha oferta será destinado a todo o povo, e a parte devida como expiação será para que o Senhor Deus me seja propício".

JOAQUIM NÃO RECEBE PERMISSÃO PARA FAZER SUA OFERTA

Chegou o grande dia do Senhor (uma das grandes festas judaicas), e os filhos de Israel apresentavam suas oferendas. Rúben postou-se diante de Joaquim e disse: "Não te é lícito ser o primeiro a apresentar tuas ofertas, porque não tens descendência em Israel".

Joaquim ficou profundamente triste. Foi consultar o livro das doze tribos do povo, dizendo a si mesmo: "Vou examinar o registro das doze tribos de Israel, para ver se sou eu o único que não deixou descendência em Israel".

Pesquisou e reconheceu que todos os justos deixaram descendentes em Israel. Lembrou-se também do patriarca Abraão, pois, no final de sua vida, o Senhor Deus lhe dera um filho: Isaac. E Joaquim sentiu-se muito triste. Não voltou para junto de sua mulher, mas retirou-se para o deserto. Ali fincou sua tenda e jejuou quarenta dias e quarenta noites, dizendo a si mesmo: "Não descerei daqui, nem para comer nem para beber, enquanto o Senhor, meu Deus, não me visitar (conceder misericórdia). A oração me servirá de comida e de bebida".

ANA, SUA ESPOSA, FICA ENTRISTECIDA

Enquanto isso, Ana, sua mulher, se lastimava em dupla lamentação e gemia em dupla queixa: "Chorarei minha viuvez. Chorarei minha esterilidade". Aproximou-se, porém, o grande dia do Senhor, e Judite, sua serva, lhe disse: "Até quando humilharás tua alma? Chegou o grande dia do Senhor e não te é permitido mostrar tristeza. Toma, pois, este lenço para a cabeça, que me foi dado pela sua dona e que eu não posso usar, porque sou tua serva e ele traz o selo real".

Disse-lhe Ana: "Afasta-te de mim. Eu não confeccionei esse lenço real. Foi o Senhor Deus que me humilhou profundamente. Talvez tenha sido algum malfeitor que tenha te dado esse objeto e queres associar-me à tua falta". Judite, a serva, replicou: "Que mal haveria de desejar-lhe por não teres escutado o meu conselho? O Senhor Deus fechou o teu seio para não dares fruto em Israel".

Ana sentiu-se extremamente aflita. Despojou-se de suas vestes de luto, lavou a cabeça, a ungiu e tomou suas vestes de bodas. Pela nona hora (três horas da tarde), desceu a seu jardim para passear. Viu um loureiro e sentou-se à sua sombra. Depois de descansar, invocou o Soberano Senhor, dizendo: "Ó Deus de meus pais, abençoa-me e ouve minha oração, como abençoaste nossa mãe Sara, dando-lhe o filho Isaac".

APÓS A TRISTEZA, O LAMENTO DE ANA

Levantando os olhos ao céu, viu Ana um ninho de passarinhos no loureiro. Ana começou logo a lamentar-se, dizendo a si mesma: "Ai de mim! Quem me gerou e que ventre me concebeu? Nasci maldita aos olhos dos filhos de Israel. Fui coberta de injúrias. Zombaram de mim e expulsaram-me do Templo do Senhor, meu Deus. Ai de mim! A quem posso ser comparada? Não posso ser comparada às aves do céu, porque também as aves do céu são fecundas diante de ti, Senhor. Ai de mim! A quem posso ser comparada? Não posso ser comparada aos animais desprovidos de razão, porque até os animais desprovidos de razão são fecundos diante de ti, Senhor. Ai de mim! A quem posso ser comparada? Não posso ser comparada aos animais selvagens da terra, porque também os animais selvagens da terra são fecundos diante de ti, Senhor. Ai de mim! A quem posso ser comparada? Não posso ser comparada a estas águas, porque estas águas são ora tranquilas ora agitadas e seus peixes te bendizem, Senhor. Ai de mim! A quem posso ser comparada? Não posso ser comparada a esta terra, porque também a terra produz seus frutos no tempo próprio e te bendiz, Senhor".

AS ORAÇÕES DE ANA E JOAQUIM SÃO ATENDIDAS

E eis que apareceu um anjo do Senhor, dizendo: "Ana, Ana, o Senhor Deus ouviu a tua oração. Conceberás e darás à luz e, em toda a terra, se falará de tua descendência". Ana respondeu: "Tão certo como vive o Senhor Deus, se nascer um fruto de meu seio, seja menino seja menina, eu o levarei como oferenda (para ser consagrado) ao Senhor, meu Deus, e ele o servirá todos os dias de sua vida".

Vieram, então, dois mensageiros e disseram-lhe: "Eis que Joaquim, teu marido, está de volta com seus rebanhos". De fato, um anjo do Senhor tinha descido a Joaquim e lhe dissera: "Joaquim, Joaquim, o Senhor Deus ouviu tua oração. Desce daqui, pois tua esposa, Ana, concebeu (conceberá) em seu seio".

Joaquim, sem demora, iniciou a descida e chamou os pastores, dizendo-lhes: "Trazei-me aqui dez cordeiros sem mancha e sem defeito; os dez cordeiros serão para o Senhor Deus. Trazei-me também doze bezerros tenros; os doze bezerros serão para os sacerdotes e para os anciãos. Também cem cabritos; os cem cabritos serão para todo o povo". Joaquim chegou com seus rebanhos. Ana estava junto à porta (da cidade) e viu Joaquim chegar com seus rebanhos.

Ao vê-lo chegar, Ana correu e se lançou a seu pescoço, dizendo: "Agora sei que o Senhor Deus me abençoou largamente. A viúva não é mais viúva e eis que eu, a estéril, concebi em meu seio". E, no primeiro dia (após sua chegada), Joaquim descansou em sua casa.

JOAQUIM VAI AO TEMPLO E SUAS OFERTAS SÃO ACEITAS

No dia seguinte, levando suas ofertas, dizia a si mesmo: "Se o Senhor Deus me for favorável, ele me permitirá ver a insígnia (lâmina de ouro) do sacerdote". Enquanto apresentava suas ofertas, Joaquim olhava fixamente a insígnia do sacerdote, até que este subiu ao altar do Senhor. E não viu em si nenhuma falta. Disse Joaquim: "Agora sei que o Senhor Deus me é propício e me perdoou todos os meus pecados". Ele desceu justificado do Templo do Senhor e foi para sua casa.

NASCIMENTO DE MARIA

Completaram-se para Ana os meses de gestação. No nono mês deu à luz. Ela perguntou à parteira: "A quem dei à luz?" A parteira respondeu: "Uma filha!" Ana exclamou: "Hoje minha alma foi enaltecida". E deitou a criança.

Quando se completaram os dias prescritos pela lei, Ana fez as purificações pelo parto, deu o peito à criança e a chamou de Maria.

OS PRIMEIROS MESES DE MARIA

Dia a dia, tornava-se mais robusta a criança. Quando completou seis meses, sua mãe a colocou no chão para ver se permanecia em pé. Deu sete passos e voltou ao colo de sua mãe. Sua mãe a tomou nos braços, dizendo: "Tão certo como vive o Senhor, meu Deus, não andarás por esta terra, até que eu te conduza ao Templo do Senhor". E preparou-lhe um santuário em seu quarto e não permitia que nada de profano e de impuro lhe tocasse o corpo. E chamou as donzelas judias sem mácula para entreter-se com ela.

O PRIMEIRO ANIVERSÁRIO DE MARIA É CELEBRADO

Quando a menina completou um ano, Joaquim preparou uma grande festa e convidou os chefes dos sacerdotes, os sacerdotes, os escribas, o conselho dos anciãos e todo o povo de Israel.

Joaquim apresentou a menina aos sacerdotes. Estes a abençoaram, dizendo: "Ó Deus de nossos pais, abençoa esta criança e dá-lhe um nome glorioso e eterno por todas as gerações". Todo o povo respondeu: "Assim aconteça! Amém!"

Os sacerdotes apresentaram-na aos chefes dos sacerdotes, que a abençoaram, dizendo: "Ó Deus Altíssimo, lança teu olhar sobre esta menina e concede-lhe a suprema bênção, além da qual não haja outra". Sua mãe levou a criança ao santuário do quarto e lhe deu o seio.

E Ana elevou um cântico ao Senhor, dizendo: "Entoarei um cântico sagrado ao Senhor, meu Deus, porque me visitou e afastou de mim a afronta de meus inimigos. O Senhor, meu Deus, concedeu-me um fruto santo, que é único e múltiplo a seus olhos. Quem anunciará aos filhos de Rúben que Ana está amamentando? Ouvi, ouvi, vós, as doze tribos de Israel, que Ana está amamentando".

Colocou a criança para repousar no quarto onde se achava o santuário, saiu e pôs-se a servi-los. Quando terminou a refeição, desceram cheios de alegria e glorificaram ao Deus de Israel.

MARIA É CONSAGRADA A DEUS NO TEMPLO

Sucediam-se os meses para a criança. A menina atingiu os 2 anos, e Joaquim disse: "Vamos levá-la ao Templo do Senhor, para cumprir a promessa que fizemos, a fim de evitar que o Soberano Senhor nos puna ou que nossa oferta seja rejeitada".

Ana respondeu: "Esperemos o terceiro ano, para que ela não sinta falta de seu pai e de sua mãe". Disse Joaquim: "Esperaremos". Quando a menina chegou aos 3 anos, disse Joaquim: "Convidemos as filhas dos judeus que são puras para que tomem suas lamparinas e as conservem acesas para acompanhá-la. Desse modo, a menina não voltará atrás e seu coração não será preso por nenhuma coisa fora do Templo do Senhor". E assim o fizeram, até chegarem ao Templo do Senhor.

O sacerdote a recebeu e, depois de beijá-la, abençoou-a, dizendo: "O Senhor exaltou teu nome por todas as gerações. Em ti, nos últimos dias (na vinda do Messias), o Senhor mostrará a salvação aos filhos de Israel". E o sacerdote a fez sentar-se no terceiro degrau do altar, e o Senhor fazia descer sobre ela a sua graça. Ela dançou com os pés e foi amada por toda a casa de Israel.

O DIA EM QUE MARIA COMPLETOU 12 ANOS

E seus pais retornaram cheios de admiração, louvando e glorificando a Deus, Soberano Senhor, porque a menina não tinha voltado para junto deles.

Maria permaneceu no Templo do Senhor, vivendo como uma pomba, e recebia seu alimento das mãos de um anjo. Quando completou 12 anos, reuniu-se uma assembleia de sacerdotes. Diziam: "Eis que Maria acaba de atingir a idade de 12 anos, no Templo do Senhor. Que faremos com ela para que não manche o santuário do Senhor, nosso Deus?"

Disseram ao sumo sacerdote: "Tu presides ao altar do Senhor; entra para rezar por ela, e nós faremos o que o Senhor Deus te indicar". O sumo sacerdote revestiu-se do manto de doze campainhas, entrou no Santo dos Santos e rezou por ela. Eis que apareceu um anjo do Senhor e disse: "Zacarias, Zacarias, sai e convoca os viúvos dentre o povo, devendo cada um trazer uma vara. Aquele a quem o Senhor mostrar um sinal, deste ela será a mulher". Os mensageiros percorreram todo o território da Judeia. Ressoou a trombeta do Senhor, e todos foram ao Templo.

José é escolhido para acolher Maria como esposa

José deixou o seu machado e saiu também para unir-se a eles. Reunidos todos em grupo, dirigiram-se ao sacerdote levando suas varas. O sacerdote recebeu deles as varas, entrou no Templo e rezou. Terminada a oração, recolheu de novo as varas, saiu e entregou uma a cada um.

Nelas não havia nenhum sinal. José recebeu a última vara. E eis que uma pomba saiu da vara e pousou sobre a cabeça de José. Disse o sacerdote: "José, José, coube a ti receber a virgem do Senhor para tomá-la sob tua guarda".

José recusou, dizendo: "Tenho filhos e sou velho, ao passo que ela é jovem. Receio tornar-me objeto de zombaria para os filhos de Israel". Disse o sacerdote: "José, conserva o temor do Senhor, teu Deus, e lembra-te de tudo o que Deus fez a Datã, Abirã e Coré; como a terra se abriu, e foram todos tragados por causa de sua rebelião. Obedece, agora, José, para que não aconteça o mesmo em tua casa".

José, atemorizado, tomou-a sob sua guarda e disse-lhe: "Maria, eu te recebi do Templo do Senhor. Deixo-te, agora, em minha casa, pois vou continuar minhas construções. Voltarei a ti. O Senhor te guardará".

MARIA É ESCOLHIDA PARA CONFECCIONAR O VÉU DO TEMPLO

Houve uma reunião dos sacerdotes e deliberaram: "Façamos um véu para o Templo do Senhor". Disse o sacerdote: "Chamai-me as virgens sem mancha da tribo de Davi".

Partiram os mensageiros, procuraram e encontraram sete. O sacerdote lembrou-se da jovem Maria, por ser ela da tribo de Davi e sem mancha diante de Deus. Os emissários saíram e a trouxeram. Depois que as introduziram no Templo do Senhor, disse o sacerdote: "Tirai-me a sorte para saber quem tecerá o ouro, o amianto, o linho, a seda, o jacinto, o escarlate e a púrpura genuína".

Couberam a Maria a púrpura genuína e o escarlate. Apanhou-os e foi para sua casa. Naquela ocasião, Zacarias ficou mudo. Foi substituído por Samuel, até que recuperou a voz. Maria tomou o escarlate e começou a fiar.

O ANJO ANUNCIA A MARIA QUE ELA CONCEBERÁ

Apanhou Maria um cântaro e saiu para tirar água. E eis que uma voz lhe disse: "Alegra-te, cheia de graça; o Senhor está contigo; bendita és tu entre as mulheres". Maria olhava à direita e à esquerda, para ver donde vinha a voz. Trêmula, entrou em sua casa, deixou o cântaro, tomou a púrpura, sentou-se no banco e continuou a tecer a púrpura.

E eis que um anjo se apresentou diante dela e disse: "Não tenhas medo, Maria, porque encontraste graça diante do Soberano Senhor de todas as coisas. Tu conceberás por sua palavra".

Ouvindo isso, Maria hesitou em si mesma e perguntou: "Eu conceberei do Senhor Deus vivo e darei à luz como todas as mulheres?" O anjo, ao lado dela, respondeu: "Não será assim, Maria, porque o poder de Deus te cobrirá com sua sombra. Por isso, o santo que nascerá de ti será chamado Filho do Altíssimo. Tu lhe darás o nome de Jesus, porque ele salvará seu povo de seus pecados".

Disse Maria: "Eis que a serva do Senhor está diante dele. Faça-se em mim segundo a sua palavra".

MARIA VISITA ISABEL, SUA PARENTA

Concluiu seu trabalho com a púrpura e o escarlate e os levou ao sacerdote. Ao recebê-los, o sacerdote abençoou-a e exclamou: "Maria, o Senhor Deus exaltou o teu nome e serás bendita entre todas as gerações da terra".

Cheia de contentamento, Maria dirigiu-se à casa de sua parenta Isabel e bateu à porta. Ouvindo bater, Isabel deixou o escarlate (seu trabalho), correu, abriu-lhe a porta e a bendisse, dizendo: "Donde me vem a felicidade de ser visitada pela mãe de meu Senhor? O que está em meu seio saltou dentro de mim para bendizer-te".

Maria esquecera-se dos mistérios de que lhe falara o Anjo Gabriel. Elevou os olhos ao céu e disse: "Quem sou eu, Senhor, para que todas as mulheres da terra me proclamem bem-aventurada?" E permaneceu três meses junto de Isabel. Dia a dia seu seio se avolumava. Cheia de temor, Maria voltou para sua casa e se ocultava dos filhos de Israel. Tinha 16 anos quando nela se realizaram esses mistérios.

JOSÉ ENCONTRA MARIA GRÁVIDA E SUA REAÇÃO É DE DÚVIDA, ANGÚSTIA E CULPA

Maria estava no sexto mês de gravidez. José voltou de seus trabalhos de construção, entrou em casa e a encontrou grávida. Considerando-se culpado por não ter cuidado devidamente de Maria, ele atirou-se ao chão sobre um saco grosseiro, feito de pelo de cabra, e chorou amargamente, dizendo: "Com que semblante olharei para o Senhor Deus? Que oração devo fazer por ela? De súplica por misericórdia ou castigo? Do Templo do Senhor Deus eu a recebi virgem e não soube guardá-la. Quem foi que me iludiu? Quem praticou esta iniquidade em minha casa? Quem seduziu a virgem entregue a meus cuidados e a maculou? Será que se repetiu comigo a história de Adão? Assim como na hora em que Adão estava rezando, veio a serpente e, encontrando Eva sozinha, a seduziu e maculou; o mesmo aconteceu também comigo".

José levantou-se do saco grosseiro, chamou-a e disse-lhe: "Tu, predileta de Deus, por que fizeste isso? Esqueceste o Senhor, teu Deus? Por que aviltaste tua alma, tu que cresceste no Santo dos Santos (Templo) e recebias alimento das mãos de um anjo?"

Ela, porém, chorou amargamente, dizendo: "Eu sou pura e não perdi a virgindade" (não conheço – sexualmente – nenhum homem). E José perguntou-lhe: "Donde provém, então, o que nasceu em teu seio?" Ela respondeu: "Tão certo como vive o Senhor, meu Deus, não sei como me aconteceu isso".

O ANJO DO SENHOR APARECE
A JOSÉ E O TRANQUILIZA

José sentiu-se muito atemorizado e afastou-se de Maria, pensando que atitude devia tomar em relação a ela. E José disse intimamente: "Se eu ocultar sua falta, me colocarei em oposição à Lei do Senhor (que exigia apedrejamento para as adúlteras). Se, pelo contrário, eu a denunciar aos filhos de Israel, temo que seja de um anjo (filho de Deus fruto da relação entre anjos e mulheres, conforme a tradição antiga) o que está em seu ventre e assim me tornarei culpado de entregar um sangue inocente para ser punido de morte. Como então proceder? Vou repudiá-la ocultamente".

Nisso a noite o surpreendeu. E eis que um anjo do Senhor lhe apareceu em sonho, dizendo: "Não temas por essa jovem (não temas recebê-la em tua casa), pois o que ela traz em seu seio é fruto do Espírito Santo. Dará à luz um filho (a ti) e lhe porás o nome de Jesus, porque ele salvará seu povo de seus pecados".

Despertado do sono, José levantou-se e glorificou ao Deus de Israel, que lhe tinha concedido a sua graça. E conservou a jovem sob sua guarda.

MARIA E JOSÉ SÃO INVESTIGADOS
E LEVADOS AO TRIBUNAL

Veio à sua casa o escriba Anás e perguntou-lhe: "José, por que não compareceste à nossa reunião (sinagoga)?" Respondeu-lhe: "Porque estava cansado da viagem e repousei no primeiro dia".

Voltou-se Anás e viu Maria, que estava grávida. Saiu correndo para a casa do sacerdote e disse-lhe: "Eis que José, que goza de tua confiança, violou gravemente a lei". O sumo sacerdote perguntou: "Que aconteceu?" Ele respondeu: "A virgem que José recebeu do Templo do Senhor, ele a maculou. Consumou, sem o consentimento das autoridades, o casamento com ela e não o comunicou aos filhos de Israel".

Disse-lhe o sumo sacerdote: "José fez isso?" Anás disse: "Envia teus servidores, e encontrarás a virgem grávida". Foram os servidores e a encontraram tal como Anás tinha dito. Levaram-na ao santuário (juntamente com José), e eles compareceram diante do tribunal.

Perguntou-lhe o sumo sacerdote: "Maria, por que fizeste isso? Por que aviltaste tua alma? Esqueceste o Senhor, teu Deus, tu, que foste criada no Santo dos Santos (Templo), que recebeste alimento das mãos dos anjos, que ouviste seus cânticos e dançaste diante deles? Por que fizeste isso?"

Ela chorou amargamente, dizendo: "Tão certo como vive o Senhor Deus, eu sou pura diante dele e não perdi a virgindade". Dirigindo-se a José, perguntou-lhe o sumo sacerdote: "José, por que fizeste isso?" Respondeu José: "Tão certo como vive o Senhor, meu Deus, como vive seu Cristo e a testemunha de sua verdade, eu sou puro em relação a ela".

O sumo sacerdote disse: "Não profiras falso testemunho, mas dize a verdade. Consumaste furtivamente teu casamento e não o comunicaste aos filhos de Israel. Não inclinaste tua cabeça sob a mão poderosa (mão de Deus), para que fosse abençoada a tua descendência". José guardou silêncio.

MARIA TEM SUA INOCÊNCIA COMPROVADA

Prosseguiu o sumo sacerdote: "Devolve a virgem que recebeste do Templo do Senhor". José pôs-se a chorar. Acrescentou, porém, o sumo sacerdote: "Eu vos farei beber a água da prova do Senhor (para comprovar o adultério – Nm 5,11-31), e vossa falta aparecerá a vossos próprios olhos".

Tomando da água, o sumo sacerdote fez José bebê-la e o mandou ao deserto. E ele voltou com perfeita saúde. Fez também a jovem beber a água e a mandou ao deserto. E ela desceu com perfeita saúde. Todo o povo encheu-se de admiração, vendo que a falta deles não aparecera.

Disse o sumo sacerdote: "Se o Senhor Deus não fez aparecer a vossa falta, tampouco posso eu condenar-vos". E os despediu. José tomou Maria e foi para sua casa, transbordante de alegria e glorificando ao Deus de Israel.

JOSÉ E MARIA VÃO A BELÉM PARA O RECENSEAMENTO

Veio uma ordem do Imperador Augusto (e Herodes) para que se fizesse o censo de todos os que habitavam em Belém da Judeia.

Disse José: "Quanto a mim, farei inscrever meus filhos (do primeiro casamento). Mas, em relação a esta jovem, que devo fazer? Como farei a sua inscrição? Como minha mulher? Não ouso fazê-lo. Como minha filha, então? Os filhos de Israel sabem que ela não é minha filha. Este é o dia do Senhor. Ele fará como for de sua vontade".

Arreou seu animal de sela (jumento) e fez Maria assentar-se sobre ele. Seu filho conduzia o animal, e Samuel acompanhava. Quando estavam a três milhas (quase cinco quilômetros), José voltou-se para Maria e a viu abatida. Ele dizia consigo mesmo: "Talvez o estado de gravidez a faça sofrer". De novo José se voltou para ela e a viu sorridente. Perguntou-lhe: "Que te está acontecendo, Maria, que vejo teu rosto ora sorridente ora triste?" Respondeu-lhe: "José, é porque diante de meus olhos vejo dois povos: um que chora e se lamenta; e outro que ri e se alegra".

Quando chegaram ao meio do caminho, Maria lhe disse: "José, desce-me do animal, porque o fruto de minhas entranhas me faz pressão para sair". Ele a fez descer ali e disse-lhe: "Onde poderei levar-te para resguardar o teu pudor? O lugar é deserto".

JOSÉ SAI À PROCURA DE UMA PARTEIRA E TEM UMA VISÃO

José encontrou ali uma gruta e conduziu-a para lá. Deixou-a aos cuidados de seus filhos e saiu em busca de uma parteira judia na região de Belém.

Eu, José, comecei a andar e não andava. Elevei os olhos para a abóbada celeste e vi que estava imóvel. Olhei para o ar e vi que o ar estava parado de assombro e que os pássaros do céu não se moviam. Dirigi meu olhar para a terra e vi uma vasilha no chão e trabalhadores em atitude de tomar a refeição; e suas mãos estavam na vasilha. Os que pareciam mastigar na realidade não mastigavam; e os que pareciam estar apanhando a comida não a tiravam da vasilha; os que pareciam introduzir a comida na boca não o faziam. Todos tinham o rosto voltado para o alto. Vi carneiros que eram conduzidos, e os carneiros permaneciam imóveis. O pastor levantava a sua mão para tangê-los, mas sua mão ficou parada no ar. Dirigi os olhos para a correnteza do rio e vi cabritinhos. Suas bocas tocavam a água, mas não bebiam. E subitamente todas as coisas voltaram ao seu curso normal.

O NASCIMENTO DE JESUS E
A PROFISSÃO DE FÉ DA PARTEIRA

Depois disso, vi uma mulher que descia da montanha. Perguntou-me: "Ó homem, aonde vais?" Respondi: "Estou procurando uma parteira judia". Disse-me, em resposta: "És de Israel?" "Sim", disse-lhe. "E quem é – perguntou ela – a que vai dar à luz na gruta?" E eu lhe disse: "É a que está desposada (noivada) comigo".

Perguntou-me: "Não é tua mulher?" Respondi-lhe: "É Maria, aquela que foi criada no Templo do Senhor. Eu a recebi como minha mulher, mas ela não é minha mulher. Ela concebeu do Espírito Santo". Perguntou a parteira: "É isso verdade?" Respondeu-lhe José: "Vem e vê".

E ela o acompanhou. Pararam no lugar da gruta. Uma nuvem escura cobria a gruta. Disse a parteira: "Minha alma foi hoje engrandecida, porque hoje meus olhos viram coisas maravilhosas, pois nasceu a salvação para Israel".

Naquele instante a nuvem começou a afastar-se da gruta. Na gruta apareceu uma luz tão forte que os olhos não podiam suportá-la. Pouco depois a luz começou a afastar-se, e apareceu um recém-nascido, que foi sugar o peito de Maria, sua mãe.

A parteira soltou um grito, dizendo: "Como é grande para mim este dia, porque vi esta nova maravilha". A parteira saiu da gruta, e Salomé veio a seu encontro. Disse-lhe a parteira: "Salomé, Salomé, tenho uma inaudita maravilha (nascimento virginal) para contar-te: uma virgem deu à luz, coisa que não é compatível com sua natureza". Respondeu Salomé: "Tão certo como vive o Senhor, meu Deus, se eu não introduzir meu dedo e não examinar sua natureza, não acreditarei que a virgem deu à luz".

O TESTE DA VIRGINDADE DE MARIA

A parteira entrou e disse: "Prepara-te, Maria, porque há entre nós não pequena dúvida a teu respeito". Ouvindo isso, Maria preparou-se. E Salomé colocou o dedo em sua natureza (e viu que era virgem). Salomé soltou um grito: "Ai de mim! Pela minha maldade e pela minha incredulidade. Tentei o Deus vivo. Eis que minha mão atingida pelo fogo se desprende de mim".

E Salomé dobrou os joelhos diante do Soberano Senhor, dizendo: "Ó Deus de meus pais, lembra-te de mim, pois sou descendente de Abraão, de Isaac e de Jacó. Não faças de mim um motivo de punição para Israel, mas restitui-me (deixe-me continuar servindo) aos pobres. Sabes, Soberano Senhor, que em teu nome eu realizava curas e que de ti recebia meu salário".

Eis que apareceu um anjo do Senhor, dizendo-lhe: "Salomé, Salomé, o Soberano Senhor de todas as coisas ouviu tua prece. Aproxima do menino a tua mão, toma-o em teus braços, e ele será tua salvação (haverá salvação para ti) e tua alegria".

Cheia de júbilo, Salomé aproximou-se do menino e tomou-o em seus braços, dizendo: "Eu o adorarei, porque ele nasceu para ser o rei de Israel". No mesmo instante, Salomé foi curada e saiu justificada da gruta.

Ouviu, então, uma voz que dizia: "Salomé, Salomé, não divulgues as maravilhas que viste, enquanto o menino não chegar a Jerusalém".

A VINDA DOS MAGOS AO ENCONTRO DO RECÉM-NASCIDO

E eis que José se dispôs a partir para a Judeia (Jerusalém). Surgiu, então, grande tumulto em Belém da Judeia, pois chegaram uns magos (reis, astrólogos e estudiosos das ciências ocultas), indagando: "Onde está o rei dos judeus que acaba de nascer? Vimos sua estrela no Oriente e viemos adorá-lo".

Ouvindo isso, Herodes perturbou-se. Mandou emissários aos magos e convocou também os chefes dos sacerdotes. Interrogou-os no pretório (tribunal romano), dizendo-lhes: "O que está escrito a respeito do Cristo (Messias)? Onde ele deve nascer?" Respondem-lhe: "Em Belém da Judeia, pois assim está escrito".

Ele os despediu. E interrogou os magos, dizendo-lhes: "Que sinal vistes em relação ao rei que acaba de nascer?" Responderam-lhe os magos: "Vimos uma estrela de tamanho extraordinário, que brilhava entre as outras estrelas.

De tal modo as superava em brilho, que as estrelas desapareciam. Reconhecemos, desse modo, que um rei tinha nascido para Israel e viemos adorá-lo".

Disse-lhes Herodes: "Ide procurá-lo e, se o encontrardes, vinde comunicar-me para que também eu vá adorá-lo". E os magos partiram. E eis que a estrela que tinham visto no Oriente os guiava, até que entraram na gruta e ela (a estrela) parou sobre a cabeça do menino. E, quando os magos viram o menino, que ali estava com sua mãe, Maria, tiraram de seu cofre as ofertas de ouro, incenso e mirra.

Avisados pelo anjo para que não entrassem na Judeia (não voltassem por Jerusalém), voltaram a seu país por outro caminho.

HERODES MANDA MATAR INOCENTES; MARIA E ISABEL PROTEGEM OS MENINOS JESUS E JOÃO BATISTA

Vendo Herodes o Grande, que tinha sido enganado pelos magos, enfureceu-se e mandou seus sicários com a ordem de matar todas as crianças de 2 anos para baixo (que havia em Belém). Quando Maria teve notícia de que as crianças estavam sendo massacradas, encheu-se de medo. Tomou o menino, envolveu-o em faixas e o colocou em uma manjedoura de bois.

Do mesmo modo, Isabel, quando soube que João Batista estava sendo procurado, tomou-o e subiu a montanha, procurando em volta um lugar para ocultá-lo; e não encontrava esconderijo. Soltando um gemido, disse Isabel: "Montanha de Deus, recebe-me em teu seio: a mãe com seu filho".

Isabel já não podia subir mais, por causa do medo que a prostrava. Naquele momento, abriu-se a montanha e a recebeu. A montanha era uma luz transparente para ela, pois estava com eles um anjo do Senhor para protegê-los.

ZACARIAS, PAI DE JOÃO BATISTA, É ASSASSINADO A MANDO DE HERODES

Herodes continuava a procurar João. Mandou emissários a Zacarias no santuário, para dizer-lhe: "Onde escondeste teu filho?" Respondeu, dizendo-lhes: "Eu desempenho a função de ministro de Deus e estou constantemente em seu Templo. Como posso saber onde está meu filho?"

Voltaram os emissários e lhe transmitiram tudo aquilo. Herodes encolerizou-se e disse: "Será que é o filho dele que vai reinar em Israel?" Mandou, de novo, os emissários para dizer-lhe: "Conta-me a verdade. Onde está teu filho? Sabes que o teu sangue está ao alcance de minha mão?"

Os emissários foram e o disseram a Zacarias. Este respondeu: "Eu sou um mártir de Deus. Podes ter meu sangue; meu espírito, porém, o Soberano Senhor o receberá, porque é um sangue inocente que derramas no vestíbulo do Templo do Senhor".

Pela madrugada, Zacarias foi assassinado, e os filhos de Israel não ficaram sabendo que fora morto.

SIMÃO SUBSTITUI ZACARIAS

Na hora da saudação, reuniram-se os sacerdotes, mas Zacarias não veio a seu encontro, como de costume, para abençoá-los. E os sacerdotes ficaram lá esperando Zacarias para saudá-lo no momento da oração e para glorificar ao Deus Altíssimo.

Com a sua demora, todos se sentiram atemorizados. Um deles animou-se e entrou no santuário. Viu sangue coagulado junto ao altar e ouviu uma voz que dizia: "Zacarias foi assassinado, e seu sangue não desaparecerá até que venha o vingador" (Tito, general romano). Ao ouvir aquelas palavras, encheu-se de pavor e saiu para contar aos sacerdotes o que tinha visto e ouvido.

Tomaram-se de coragem, entraram e viram o que tinha acontecido. As junturas (forro do teto e suas conexões de madeira) do Templo gemeram, e eles rasgaram suas vestes de alto a baixo. Não lhe encontraram o cadáver, mas encontraram seu sangue endurecido como pedra. Atemorizados, saíram e anunciaram que Zacarias tinha sido assassinado. A notícia chegou a todas as tribos do povo, que choraram e guardaram luto por ele três dias e três noites.

Depois dos três dias, os sacerdotes se reuniram para decidir a quem escolheriam para o lugar de Zacarias. A sorte recaiu sobre Simeão, que era aquele que tinha sido informado pelo Espírito Santo de que não veria a morte enquanto não visse o Cristo em carne.

EPÍLOGO

Eu, Tiago, que escrevi esta história em Jerusalém. Decidi, ao surgir grande tumulto por ocasião da morte de Herodes, retirar-me para o deserto, até que se apaziguasse o tumulto em Jerusalém.

Glorificarei ao Soberano Senhor que me concedeu o talento para escrever esta história. A graça estará com todos aqueles que temem o Senhor. Amém. Paz para o que escreveu e para o que lê.

TRÂNSITO DE MARIA DE PSEUDO-MELITÃO DE SARDES

Escrito no final do século IV, este livro trata especificamente da morte, ressurreição e assunção de Maria em corpo e alma aos céus. Melitão apresenta Maria em trânsito, isto é, em passagem, em um cortejo fúnebre, sendo levada de corpo e alma para os céus por Jesus.

O original está em latim e foi atribuído a Melitão, bispo de Sardes, na Lídia, no século II, ele que foi, possivelmente, um discípulo do Apóstolo João. Este apócrifo se tornou a referência mariana para o Ocidente cristão.

A nossa tradução tem como referência a Recensão B1, publicada por Lincoln Ramos, Morte e assunção de Maria *(5. ed. Petrópolis: Vozes, 2002, p. 27-41).*

Autor de livros com temas sobre a Páscoa, o batismo, a criação, a alma e o corpo, a encarnação, Melitão travou disputas teológicas com Marcião, importante pensador, tido como herético pela Igreja, por apresentar ideias diferentes do pensamento hegemônico. Este apócrifo é chamado de Pseudo-Melitão, pois foi atribuída a ele, de modo que a narrativa obtivesse autoridade eclesial.

SAUDAÇÃO

Melitão, servo de Cristo, bispo da Igreja de Sardes, saúda os irmãos no Senhor que estão em Laodiceia.

Lembro-me de vos ter escrito a respeito de certo Lêucio, que conviveu com os apóstolos junto conosco, mas afastou-se temerariamente do caminho da justiça e introduziu muitas coisas estranhas em seus escritos sobre os feitos dos apóstolos. Disse muitas coisas estranhas a propósito dos milagres realizados por eles e falseou suas doutrinas, afirmando que tinham ensinado coisas diferentes, fazendo passar como apostólicos seus argumentos iníquos.

Não se limitou a isso, mas corrompeu de tal modo a narração do Trânsito da Virgem Maria, Mãe de Deus, que não está permitido lê-lo na Igreja e não é lícito sequer escutá-lo. Por esse motivo, vos escrevemos, com toda a simplicidade, o que escutamos do Apóstolo João, como vós me pedistes.

Nós o fazemos sem dar crédito aos ensinamentos estranhos dos hereges, mas somente dando crédito ao Pai no Filho, ao Filho no Pai, à Trindade de pessoas em uma substância divina indivisa; sem dar crédito às duas naturezas humanas, uma criada boa e outra má, dando, porém, crédito a somente uma natureza humana criada boa por Deus, corrompida pelo pecado e pela sedução da serpente; e restaurada pela graça de Cristo.

JESUS ENTREGA SUA MÃE, PARA SER CUIDADA, AO EVANGELISTA JOÃO

Quando estava crucificado, o Senhor viu junto à cruz a Virgem e João Evangelista, a quem amava mais do que aos outros apóstolos, porque se conservara virgem. Ele entregou a Santa Mãe Maria a seus cuidados, dizendo-lhe: "Eis aí tua mãe". E a ela disse: "Eis o teu filho". Desde aquele momento, ela ficou aos seus cuidados durante o resto de seus dias.

Quando os apóstolos se dispersaram pelo mundo para pregar, conforme lhes fora indicado por sorte, ela ficou na casa de seus pais, no Monte das Oliveiras.

A MORTE DE MARIA É ANUNCIADA POR UM ANJO

Dois anos depois de Cristo ter vencido a morte e subido ao céu, Maria começou a chorar no refúgio de seu quarto. Apresentou-se diante dela um anjo de vestes refulgentes e a saudou, dizendo: "Salve, bendita do Senhor. Recebe a saudação daquele que mandou a salvação a Jacó, por intermédio dos profetas. Olha este ramo de palmeira. Eu o trouxe do paraíso do Senhor, para que te fosse entregue. Tu o farás levar à frente de teu féretro, quando, daqui a três dias, fores elevada do corpo. Teu Filho te espera, acompanhado dos coros angélicos".

MARIA DESEJA A PRESENÇA DOS APÓSTOLOS NO DIA DA SUA MORTE

Disse Maria ao anjo: "Peço-te que se reúnam junto de mim todos os apóstolos do Senhor Jesus Cristo". Respondeu-lhe o anjo: "Pelo poder de meu Senhor Jesus Cristo, virão todos a ti hoje mesmo". Disse-lhe Maria: "Peço-te que me abençoes, para que, quando sair do corpo, minha alma não encontre nenhuma potência infernal nem veja o príncipe das trevas".

Respondeu o anjo: "Nenhum mal te causarão as potências infernais, pois teu Senhor te deu sua bênção eterna. Quanto, porém, a não ver o príncipe das trevas, não te posso conceder, mas somente Aquele que levaste em teu seio. É ele que tem o poder sobre todos, pelos séculos dos séculos".

Dizendo isso, retirou-se o anjo com grande resplendor. A palma, no entanto, ficou resplandecente de grande luz.

MARIA REZA, NO MONTE DAS OLIVEIRAS

Maria, então, revestiu-se com suas melhores vestes. Tomou consigo a palma que tinha recebido da mão do anjo e saiu para rezar no Monte das Oliveiras. Ela, então, elevou sua prece a Deus: "Senhor, não teria sido digna de receber-te se não tivesses tido misericórdia de mim. De minha parte, guardei o tesouro que me entregaste. Peço-te, portanto, ó Rei da Glória, que o poder da Geena não me cause danos. Se tremem diante de ti os céus e os anjos, quanto mais o homem feito de barro, em que não há nada de bom, além daquilo que recebe de tua generosidade. Tu, Senhor, és o Deus eterno". Depois de dizer isso, voltou ao seu aposento.

MARIA ACOLHE JOÃO EM SUA CASA, LHE MOSTRA A SUA MORTALHA, E MOSTRA-SE APREENSIVA COM OS JUDEUS

No domingo, na terceira hora (por volta das nove da manhã), quando São João pregava em Éfeso, houve subitamente um grande terremoto. Uma nuvem o levantou, o tirou dos olhos de todos e o colocou diante da porta da casa onde estava Maria. Bateu à porta e entrou imediatamente.

Ao vê-lo, Maria se alegrou e disse-lhe: "João, meu filho, recorda-te, eu te peço, das palavras com que meu Senhor Jesus Cristo me entregou a ti. Daqui a três dias, abandonarei o corpo. Ouvi os judeus dizer: Esperemos o momento em que venha a morrer aquela que trouxe aquele redentor e queimaremos o seu corpo".

Em seguida, levou João para dentro de casa e mostrou-lhe o vestido com que deveriam sepultá-la e, também, a palma luminosa recebida do anjo, pedindo-lhe que a fizesse levar diante do féretro, quando se dirigissem ao sepulcro.

OS APÓSTOLOS CHEGAM, EM UMA NUVEM, À CASA DE MARIA

Respondeu São João: "Como poderei eu sozinho preparar-te o enterro, se não vierem os outros irmãos também apóstolos para prestar honras a teu corpo?"

No mesmo instante, pelo poder de Deus, todos os apóstolos foram levados em uma nuvem, desde os lugares em que pregavam, e deixados diante da porta da casa em que habitava Maria. Saudaram-se uns aos outros e se maravilharam, dizendo: "Por que motivo nos reuniu aqui o Senhor?"

MARIA RECEBE OS APÓSTOLOS EM SUA CASA

Cheios de alegria, terminaram juntos sua oração. Quando disseram: "Amém", uniu-se a eles João, que lhes explicou tudo. Entraram em casa, viram Maria e a saudaram, dizendo: "Que te abençoe o Senhor, que fez o céu e a terra". Respondeu Maria: "A paz esteja convosco, queridos irmãos. Como chegastes até aqui?"

Cada um lhe contou como tinha sido levantado em uma nuvem pelo Espírito do Senhor e como tinha sido ali colocado. Disse-lhes ela: "Deus não me privou de vossa presença. Eu vou percorrer o caminho dos seres humanos, e o Senhor vos trouxe aqui para me consolardes nas tribulações que me aguardam. Peço-vos, portanto, que permaneçamos juntos em vigília sem interrupção, até o momento em que o Senhor vier e eu for tirada do corpo". Sentaram-se em torno dela, confortando-a, e passaram três dias louvando a Deus.

JESUS VAI AO ENCONTRO DE MARIA NO DIA DE SUA MORTE

No terceiro dia ficaram adormecidos, até a terceira hora, todos os que se encontravam na casa, exceto os apóstolos e três virgens que ali estavam.

De repente, veio o Senhor Jesus Cristo com uma grande multidão de anjos. Um grande resplendor cobriu a casa, enquanto os anjos entoavam hinos e cantavam ao Senhor. Disse o Salvador: "Vem, pérola preciosíssima; entra no recinto da vida eterna".

Maria prostrou-se em terra, adorou a Deus e disse: "Bendito seja teu nome glorioso, Senhor, meu Deus, que te dignaste escolher tua serva e confiar-lhe o profundo mistério. Lembra-te de mim, Rei da Glória. Sabes que te amei de todo o coração e guardei o tesouro que me confiaste. Recebe-me como tua serva e livra-me do poder das trevas, para que eu não sofra nenhum encontro com Satanás nem veja os espíritos tétricos que me rodeiam".

Respondeu-lhe o Salvador: "Quando, enviado pelo Pai para a salvação do mundo, estava eu suspenso na cruz, veio a mim o príncipe das trevas. Não podendo encontrar em mim nenhum sinal das suas obras, afastou-se vencido e humilhado. Quando o vires, tu o verás por força da lei do gênero humano, cuja saída é a morte. Não poderá, no entanto, causar-te nenhum dano, porque estou contigo para ajudar-te. Vem tranquila, pois o exército celeste te espera para introduzir-te no paraíso".

Enquanto o Senhor dizia isso, Maria levantou-se do chão, deitou-se na cama e, dando graças a Deus, entregou o espírito.

Os apóstolos viram que sua alma era tão cândida que nenhuma língua humana podia descrevê-la dignamente. Irradiava tal claridade, que superava a brancura da neve, da prata e de todos os metais.

O CORPO DE MARIA É PREPARADO PARA O SEPULTAMENTO

Disse, então, o Senhor: "Levanta-te, Pedro; toma o corpo de Maria e leva-o à direita da cidade, do lado do Oriente. Ali encontrarás um sepulcro novo em que o depositarás. Espera ali até que eu volte".

Depois de dizer isso, entregou a alma de Maria a Miguel, o guardião do paraíso e príncipe do povo judeu. Gabriel o acompanhava. Naquele instante, o Salvador foi acolhido no céu, juntamente com os anjos.

As três virgens, que estavam presentes e permaneciam em vigília, tomaram o corpo da Virgem e o lavaram conforme o costume seguido nos funerais. Ao despojá-lo de suas vestes, o corpo santo resplandeceu com tal claridade que se podia manifestar-lhe respeito, sem poder, contudo, ver sua beleza, por causa do brilho extraordinário. Só o resplendor do Senhor o excedia.

Enquanto lavavam o corpo puríssimo, nenhum odor desagradável se sentia; nada havia nele de repugnante. Quando acabaram de amortalhá-lo, aquela luz se obscureceu aos poucos. O corpo de Maria era semelhante a uma flor de lírio e exalava perfume tão suave que não se pode encontrar outro igual.

O CORPO E MARIA É LEVADO PARA UM SEPULCRO

Os apóstolos colocaram no esquife o corpo santo e perguntaram uns aos outros: "Quem levará esta palma diante do féretro?" João disse a Pedro: "Tu, que nos precedes no apostolado, deves levar esta palma à frente do cortejo".

Mas Pedro respondeu: "Somente tu entre nós foste escolhido como virgem pelo Senhor e foste tão agraciado que reclinaste tua cabeça em seu peito.

Enquanto pendia da cruz para a nossa salvação, ele, por suas próprias palavras, a entregou a teus cuidados. És tu, portanto, que deves levar esta palma. Nós nos encarregaremos do corpo e o levaremos ao lugar do sepulcro".

Em seguida, Pedro se levantou e disse: "Tomai o corpo". E começou a cantar: "Saiu Israel do Egito. Aleluia!" Os outros apóstolos levavam com ele o corpo de Maria, e João precedia o féretro com a palma. E todos cantavam suavemente.

O CORTEJO FÚNEBRE

Aconteceu um novo milagre. Sobre o féretro apareceu uma grande nuvem, semelhante a uma nuvem baixa e escura que acompanha o resplendor da lua. Na nuvem estava o exército de anjos que cantava suavemente. Toda a terra ressoava com suavíssimo cântico.

Da cidade saiu uma multidão de cerca de quinze mil pessoas que se maravilhavam e diziam: "Que significa esse cântico tão suave?" Um dentre eles explicou: "Maria saiu do corpo, e os discípulos de Jesus cantam seus louvores".

Olharam e viram o féretro coroado de glória extraordinária e os apóstolos que cantavam em alta voz.

UM JUDEU FICA COM AS MÃOS PRESAS NO CAIXÃO

Um chefe dos sacerdotes dos judeus, cheio de ira, disse à multidão: "Vede que glória recebe o tabernáculo daquele que nos confundiu!"

Aproximando-se, tentou virar o esquife e atirar o corpo por terra. Mas, no mesmo instante, suas mãos ficaram secas desde o cotovelo e permaneceram presas ao caixão.

Os apóstolos levantaram o esquife. Uma parte daquele homem ficou pendente e a outra presa ao esquife.

Enquanto os apóstolos caminhavam salmodiando, ele se retorcia de dor. Os anjos que estavam na nuvem feriram de cegueira o povo.

Então aquele chefe gritou: "São Pedro, peço-te que não me desprezes agora que estou necessitado e sofro este horrível tormento. Lembra-te de que, quando aquela criada te reconheceu no pretório, fui eu quem falou em tua defesa".

Pedro respondeu: "Nada posso fazer por ti. Mas, se, de todo o coração, crês no poder de Jesus Cristo, a quem esta trouxe em seu seio, permanecendo virgem depois do parto, a clemência do Senhor, que salva os indignos, te dará sua salvação".

O judeu respondeu: "Por acaso não cremos? Que devemos, então, fazer? O inimigo do gênero humano cegou nossos corações e a confusão cobriu nossos rostos para não confessarmos a grandeza de Deus. Isso aconteceu sobretudo porque maldissemos contra o Cristo, dizendo: 'Caia seu sangue sobre nós e sobre nossos filhos'".

Pedro respondeu: "Essa maldição causará danos a quem permanecer infiel, mas a quem se converter não será negada a misericórdia". Disse ele: "Creio em tudo o que me dizes. Tem compaixão de mim para que eu não morra".

O JUDEU PROFESSA A FÉ E É CURADO POR PEDRO

Pedro fez, então, parar o cortejo e lhe disse: "Se crês de todo o coração no Senhor Jesus Cristo, tuas mãos se despregarão do esquife". Na mesma hora, suas mãos se desprenderam do esquife e ele começou a firmar-se em seus pés. Seus braços, porém, continuavam secos e não terminara seu suplício.

Disse-lhe Pedro: "Aproxima-te do corpo, beija o esquife e repete: 'Creio em Deus e no Filho de Deus, Jesus Cristo, que esta trouxe em seu seio; e creio em tudo o que me disse Pedro, o apóstolo de Deus'".

Aproximando-se, beijou o esquife e, no mesmo instante, cessou toda a dor, e suas mãos ficaram curadas. Ele começou a bendizer vivamente a Deus e a glorificar a Cristo com testemunhos tomados dos livros de Moisés, de tal modo que os apóstolos se admiravam e choravam de alegria, bendizendo o nome do Senhor.

A PALMA DE MARIA CURA A CEGUEIRA DE CEGOS

Disse-lhe Pedro: "Toma esta palma da mão de nosso irmão João. Quando entrares na cidade, encontrarás muita gente cega. Anuncia-lhes as grandezas de Deus. Aos que crerem no Senhor Jesus, impõe-lhes a palma sobre os olhos, e enxergarão. Os que não crerem continuarão cegos".

Fez assim e encontrou grande multidão de cegos que se lamentavam: "Ai de nós, que fomos igualados aos habitantes de Sodoma e castigados com a cegueira. Só nos resta morrer". Mas, ao ouvirem as palavras do chefe dos sacerdotes que fora curado, creram no Senhor Jesus e, quando lhes foi imposta a palma sobre os olhos, recuperaram a vista. Os que, porém, permaneceram na dureza de seu coração, estes morreram.

O chefe dos sacerdotes voltou para junto dos apóstolos e devolveu-lhes a palma, marrando-lhes tudo o que acontecera.

JESUS VEM AO ENCONTRO DOS DISCÍPULOS, NO VALE DE JOSAFÁ

Os apóstolos, levando Maria, chegaram ao lugar do Vale de Josafá, local que lhes tinha sido indicado pelo Senhor. Depositaram-na em um sepulcro novo e fecharam o túmulo. E sentaram-se à porta do sepulcro, como lhes ordenara o Senhor.

No mesmo instante, o Senhor se apresentou cheio de esplendor e rodeado de muitos anjos. Ele disse aos apóstolos: "A paz esteja convosco!" Responderam: "Venha sobre nós tua misericórdia, Senhor, conforme esperamos".

Prosseguiu o Salvador: "Antes de subir ao Pai, eu prometi a vós que me seguistes que, na época da regeneração, quando o Filho do Homem estivesse sentado no trono de sua glória, também vós vos sentaríeis em doze tronos para julgar as tribos de Israel. Por ordem de meu Pai, escolhi esta dentre todas as mulheres das tribos de Israel para nela habitar. Que quereis que lhe faça?"

Pedro e os outros apóstolos responderam: "Senhor, tu escolheste a esta tua serva para ser teu berço imaculado e a nós para servos em teu ministério. Antes dos séculos, tu sabias tudo, juntamente com o Pai que, contigo e com o Espírito Santo, é uma igual divindade e infinito poder. Se, portanto, fosse possível à graça de teu poder, a nós, teus servos, pareceria justo que ressuscitasses o corpo de tua mãe e o conduzisses contigo ao céu, do mesmo modo que tu, vencida a morte, reinas na glória".

RESSURREIÇÃO E ASSUNÇÃO DE MARIA

"Faça-se segundo vosso parecer" – respondeu o Salvador. E ordenou ao Arcanjo Miguel que trouxesse a alma de Santa Maria. O Arcanjo Miguel fez girar a pedra da porta do sepulcro. Disse o Senhor: "Sai, minha amiga! Tu, que não aceitaste a corrupção do relacionamento carnal, não sofrerás a dissolução do corpo no sepulcro".

Jesus disse aos apóstolos: "Aproximai-vos de mim". Quando se aproximaram, beijou-os e disse-lhes: "A paz esteja convosco. Do mesmo modo como estive sempre convosco, assim continuarei até o fim do mundo".

Dizendo isso, elevou-se em uma nuvem e entrou no céu. Com ele, os anjos que levavam Maria ao paraíso de Deus. Os apóstolos foram reconduzidos pelas nuvens, cada um ao lugar que lhe coubera por sorte para nele pregar. E narraram as grandezas de Deus e louvaram ao Senhor nosso, Jesus Cristo, que vive e reina com o Pai e o Espírito Santo, em perfeita unidade e única substância divina, pelos séculos dos séculos. Amém.

LIVRO DO DESCANSO

Texto conservado na versão etíope, escrito provavelmente, entre os séculos III e VI. Essa versão é considerada a mais antiga versão de texto apócrifo sobre a morte de Maria. A versão etíope provém de um original grego e tem influência do pensamento da Igreja etíope. É conhecido um fragmento siríaco, intitulado Exéquias de Maria (século IV), o qual tem semelhança com o Livro do Descanso.

O Livro do Descanso está organizado em trinta e seis capítulos, sendo vinte deles específicos sobre a morte de Maria, e outros de narrativa biográfica sobre Maria e os apóstolos. Maria morre, descansa e fica esperando a ressurreição final.

O texto que apresentamos é tradução latina do texto etíope, elaborado por Vitor Arras e reproduzido por Lincoln Ramos: Morte e assunção de Maria, p. 43-150.

PRÓLOGO

Em nome do Pai e do Filho e do Espírito Santo. Livro do Repouso de Maria, que, sobre esse assunto, foi revelado em cinco livros e em cinco céus.

JESUS, O GRANDE ANJO, ANUNCIA A MORTE DE MARIA

Quando Maria ouviu do Senhor que seu corpo repousaria, veio a ela o Grande Anjo (Jesus) e lhe disse: "Levanta-te, Maria, e recebe este livro que te é dado por Aquele que plantou o paraíso. Entrega-o aos apóstolos para que eles o abram e o leiam em tua presença. Daqui a três dias, teu corpo repousará. Mandarei para junto de ti todos os apóstolos. Eles cuidarão de teu sepultamento. Verão a tua glória e não te deixarão até que te conduzam ao lugar onde estiveste antes".

Maria lhe respondeu: "Por que trouxeste somente esse e não trouxeste um livro para cada um? Se for dado a um só, os outros murmurarão. Além disso, que devo decidir ou fazer? E qual é o teu nome, para que, se me perguntarem, eu possa responder?"

O Grande Anjo disse-lhe: "Por que me pedes o meu nome? Ouvi-lo causa extrema admiração. Quando eu vier de novo, lhe direi qual é. Tu, porém, deves revelá-lo aos apóstolos em segredo, para que não o digam aos homens. Do contrário, estes conheceriam o meu poder e a minha força. Não somente por causa deste livro, mas também por mim e por meu nome, será realizado um acontecimento grandioso. Isso se dará para que todos os habitantes de Jerusalém se manifestem. Será revelado àqueles que creem. Vai, portanto, ao Monte das Oliveiras e ouvirás o meu nome. Não o direi no meio de Jerusalém para que não pereça toda a cidade. Tu, porém, o ouvirás, pois será manifestado no monte. Agora ainda não chegou o tempo".

JESUS RECORDA COM MARIA CENAS DA INFÂNCIA

Maria foi e subiu ao Monte das Oliveiras. Ela resplandecia com a luz do anjo e levava nas mãos aquele livro. Quando chegou ao Monte das Oliveiras, o monte se alegrou juntamente com todas as suas árvores. As árvores inclinaram a cabeça e adoraram o livro que ela trazia nas mãos.

Logo que as viu, Maria comoveu-se e disse: "É Jesus". E prosseguiu: "Ó meu Senhor, és certamente o meu Senhor, pois esse fato maravilhoso se deu por tua causa. Vejo que as árvores te adoram. Afirmo, por isso, que ninguém possui tal poder, a não ser o Senhor da glória, que se revelou a mim".

Ele lhe respondeu: "Ninguém é capaz de tal prodígio, a não ser pelas mãos daquele que é poderoso. Todo aquele que lhe pertence receberá o que lhe darei e que é mais alto do que tudo na terra. Eu sou aquele que está nas árvores e no monte. Não penses que somente as árvores da terra se admiraram. Não sou eu que estou acima de todas as coisas, mas sou aquele que é superior às árvores da santa herança. Quando vi o livro que é chamado 'da herança', eu o adorei, porque o reconheci".

E prosseguiu: "Minha mãe, ainda não reconheceste o meu poder. Isso te foi revelado pela primeira vez perto da vinha, onde foste conduzida por José. E o menino chorou. Ele era digno de louvor, porque é maior do que todos. Nessa ocasião, José foi áspero para contigo, dizendo: 'Dá o seio a teu filho'. Tu assim o fizeste, quando vos dirigíeis ao Monte das Oliveiras, fugindo de Herodes".

A FOME DE JOSÉ E MARIA

Chegando junto às árvores, disseste a José: "Ó meu Senhor, estamos com fome. O que há para comermos neste deserto?" Ele irritou-se contra ti, dizendo: "Que te posso fazer? Não me tornei estranho a meus parentes por tua causa? E isso porque não guardaste a virgindade e te encontras neste estado. Não somente tu te preocupas. Também eu e meus filhos. Agora vivo contigo nesta angústia e não sei o que acontece a meus sete filhos".

Nesse momento, o anjo dirigiu-se a Maria: "Digo-te, Maria: reconhece quem sou eu e qual o meu poder". Então José te disse: "Não há nestas árvores fruto algum que possas comer. Esta palmeira é alta e não posso subir nela. Eu te disse que não há ninguém para subir; não se encontra nenhum homem neste deserto. Por tua causa, estou mergulhado em tribulações de todos os lados. Abandonei minha terra e sinto-me transtornado. Não conheci o filho que tens; sei somente que não provém de mim. Cheguei a pensar em meu coração: talvez embriagado me aproximei de ti e tornei-me perverso, tendo-me, no entanto, proposto ser o teu guarda. Ora, é claro que não fui sedutor. Faz cinco meses que te tomei sob minha guarda e esse menino tem mais de cinco meses, pois o cinges com tuas mãos. Na verdade, não foi o sêmen que o gerou, mas nasceu do Espírito Santo. Não permitirá que passes fome, mas usará de misericórdia para contigo; e nutrirá também a mim, lembrando de que também eu sou peregrino a teu lado".

A PALMEIRA SE DOBRA A PEDIDO DE JESUS

José não te disse tudo isso? O menino, que é maior do que todos, deixou o teu seio e disse a José: "Por que, meu pai, não sobes nesta palmeira e trazes o que comer para minha mãe, como foi dito a seu respeito? Eu vos nutrirei não somente a vós. Nutrirei a todos. O fruto que dela provém não passará fome um só dia".

E o menino voltou-se para a palmeira e lhe disse: "Inclina a tua copa com o teu fruto e dá alimento a minha mãe e a meu pai". E ela inclinou-se. Mas quem a inclinou? Não foi por meu poder que se manifestou e por minha vontade? E fostes saciados, tu e José. Os ramos daquela palmeira puseram-se no chão, como onda do mar. Eu sou alegria. A alegria aparece em meu corpo.

A PALMEIRA É ENVIADA AO PARAÍSO PELO MENINO JESUS

E o menino disse àquela palmeira: "Volta-te para mim, ó palmeira (a palmeira é uma grande planta de toda a terra do Egito). Ergue-te e volta para o alto, porque te humilhaste e, com esse trabalho, fizeste a minha vontade. Levanta-te, portanto, para o alto para servires de sinal a todas as árvores, pois todos os santos que se humilham serão extremamente exaltados".

Ela se levantou e ficou como antes. Então aquele que é digno a abençoou para a glória de seu nome, dizendo-lhe: "Sobre ti é invocado o santo nome de Adão, junto ao homem glorioso. E tu, palmeira, quem te expulsou do paraíso e como foste levada, por astúcia, para o Egito? Como foste semeada no deserto para que te cortem com o machado? Como encontraste este lugar, ó palmeira, e te tornaste imagem para toda a terra? Porventura não aconteceu isso por tua causa? Quando o diabo se afastou, depois de ter seduzido Adão, tu te iraste contra ele e o expulsaste do paraíso para a terra de Mastinpanes. Levanta-te e dá-me daquelas sementes que estão no paraíso e na terra, e que servem de alimento. Saíste de um bom lugar e foste semeada na terra. Mas não tenhais receio, ó árvore. Pois, assim como meu Pai me enviou para a salvação dos homens, para os reconduzir, assim também me falou dos frutos, para que os comam os meus amigos, que me recebem em minha imagem. Também tu, ó palmeira, move-te e desce para o teu primeiro lugar. Então a palmeira se elevou diante de nós e desceu para o seu paraíso. E quem a levou, ó Maria? Exaltei não só as árvores, mas também os homens que se humilham diante do Senhor. Sou eu que os levo e conduzo ao lugar da justiça. No dia em que saíres do teu corpo, eu mesmo virei ao lugar onde teu corpo descansar. Virei no quarto dia, deixando transcorrer um dia. Nosso Salvador ressuscitou no terceiro dia; tu ressuscitarás no quarto dia. Eu virei a todos os que guardam as palavras do Salvador; e estes, voltando ao paraíso do descanso, aí permanecerão com um corpo novo, incorruptível, pois, enquanto viviam na terra, eles se guardaram, e lá permanecerão até o dia da ressurreição. Virão com os anjos à terra. Estes os farão vir cada um com seu próprio corpo".

JESUS DIZ A MARIA COMO SERÁ O DIA DA SUA MORTE

Maria disse a Jesus: "Ó Senhor, com que sinal te apresentarás a eles? Qual é o sinal daqueles que os farão vir? Oferecerão um sacrifício de excelente odor e assim te apresentarás a eles? Ou, ao passar para te encontrares com os justos, estes invocarão o teu nome e assim te apresentarás a eles? Se é assim, também eu o farei e assim virás e me tomarás?"

Jesus lhe respondeu: "Por que pensas isso, ó minha mãe? Quando for enviado a ti não virei só, mas com todas as milícias dos anjos. Virão e cantarão em tua presença. Fui enviado a ti para dizer-te isso e para que o comuniques em segredo aos apóstolos. Isso não foi comunicado àqueles que o perguntavam a Jesus Salvador".

Ela lhe perguntou: "Que farás até que nosso corpo descanse? Não queremos deixá-lo sobre a terra, pois foi criado antes de nós. Assim como é necessário habitarmos nesta nossa figura, assim queremos que nosso corpo esteja conosco naquele lugar".

Durante sua vida pública, o bom Cristo lhes dissera: "É grande o que pedis. Para onde vou agora, vós não podeis ir, mas irei e rogarei a meu Pai e prepararei para vossos corpos um lugar, onde também permanecerá o teu corpo. Fiquem assim sabendo o que farei até o dia em que te trouxer a oração que recebi de meu Pai. E quando vier te direi: hoje é o dia de tua saída de teu corpo, e acontecerá ao nascer do sol. E, tudo o que te disse, transmite-o aos apóstolos. Depois que teu corpo for deposto, virei também a eles (os apóstolos) no quarto dia".

Maria, então, lhe perguntou: "Aqueles mesmos que vão, como deixarão aqui o corpo? Eles mesmos salvam os outros e não podem subir sem a oração?"

Jesus respondeu-lhe: "Sairão de seu corpo e dormirão quatro dias. Depois, virei e os acordarei, e não serão deixados depois do quarto dia. Pois eu, como irmão, não quero sentir esse odor. Por isso, esperei até o quarto dia. Do contrário, viria a eles no terceiro dia".

A IMPORTÂNCIA DA ORAÇÃO

"Ó Maria, ficarás sabendo donde veio a oração e qual o seu poder. Deves guardá-la para sempre. Ainda que o homem venha a ganhar o mundo inteiro, permanecem muitas víboras (demônios) perto dele. Qual será, então, o seu proveito? Virei também a eles. Também os apóstolos, quando morrerem, serão levados no quarto dia. E, se é sábio e mais rico do que todos, e muitas víboras estão a seu redor, porventura não dará todos os seus bens para salvar o corpo? É assim Maria. É impossível passar por todas as víboras, enquanto não passar este mundo. A causa disso é o ódio de Satanás contra todos.

Quem compreende essas coisas em toda a sua extensão dará todas as suas riquezas para salvar seu corpo. Como esta pedra verde que cai do céu e aparece ao nascer do sol, assim é a oração, ó Maria: tem a natureza de sua origem e tem valor para toda criatura sujeita à morte. Ela (a oração), que ressuscita os mortos, dará a ressurreição a todos, e eles verão o decreto de Deus.

FELICIDADE E QUEDA DE ADÃO

Existiu desde o princípio e antes dos anjos e dos arcanjos, acima da criação das potestades, até que se assentou e foi afastado de sua posição. E pareceu que não mais se levantaria. O Senhor, porém, conhece o que está na alma. Deu-lhe o repouso e tranquilizou o seu coração para que o implorasse. O Pai de Adão disse isso e se levantou. Adão foi guardado por seu Pai, por seu Filho e pelo Espírito Santo até hoje. Não deu a conhecer isso aos sábios e não o escreveu nas escrituras, para que os escribas não o vejam; e não o ouçam os estultos entre as crianças. Deixei que ficasse oculto nos querubins. Ninguém o pode ver senão o Pai, o Filho e o Espírito Santo até hoje. Somente neles seja conhecida a sabedoria em toda a sua realidade. E a enviou para que a guardes e seja conhecida pelos apóstolos; e a ocultem nos querubins e assim seja conhecida só por aqueles que leem tudo nos querubins. Há hoje alguns que o leem em todo o seu coração e alma e inteligência, e que se gloriam diante dos homens, dizendo: "Somos do Senhor". A lembrança dele os impele, enquanto procuram a salvação de suas doenças. Deus não ouve a sua petição, porque não está neles a vontade do Senhor. Não o podem invocar em seu favor e em favor dos outros. E, quando clamaram em alta voz, não os ouviu.

A SÚPLICA DOS APÓSTOLOS

Ó Maria, certamente te lembras daquele ladrão que foi apanhado junto aos apóstolos. Súplice, implorava e com a cabeça em terra adorava, prostrado aos pés deles, dizendo: "Suplicai a vosso mestre que abençoe a nós, judeus, para que sejamos reconciliados e sejamos curados de nossos males". Os apóstolos foram e suplicaram a Jesus que os abençoasse como pediam. Ele o enviou com os apóstolos e disse: "Não são assim os pastores de Israel? Pedem a cura de suas ovelhas para serem louvados diante dos homens, mas eles mesmos não querem ser curados, porque estão no erro até hoje. A vós, porém, eu ensinei e acreditais".

Disseram os apóstolos: "Senhor, eis que suplicam, adoram e se penitenciam. Por que não os escutas?" Respondeu-lhes Jesus: "Quereis que os escute? Eles são maus, e vós os conheceis".

JESUS CONTA A PARÁBOLA DAS ÁRVORES PARA OS APÓSTOLOS

Quis, então, Jesus mostrar aos apóstolos que não os ouvia porque eram maus. Levou-os para o alto de um monte e fez que sentissem fome.

Eles vieram e suplicaram a Jesus, dizendo: "Temos fome. O que comeremos neste deserto?"

Jesus fez que surgissem árvores diante deles que produzissem frutos. E produziram frutos diante deles. Disse-lhes: "Ide àquelas árvores à vossa frente. Têm muitas copas belas de se ver e muitos ramos. Comei de seus frutos".

Os apóstolos se dirigiram às árvores que estavam diante deles, mas nelas não encontraram frutos. Voltaram a Jesus e disseram-lhe: "Ó nosso mestre, tu nos enviaste àquelas árvores que estão diante de nós e nelas não encontramos frutos. Suas copas são viçosas e belos os seus ramos, mas não há nenhum fruto".

Disse-lhes Jesus: "Certamente não os vistes, porque estas árvores são altas. Ide novamente. Agora as árvores já se inclinaram. Encontrareis frutos. Apanhai-os e comei".

Eles foram, encontraram as árvores, mas não encontraram frutos. Voltaram a Jesus muito tristes e disseram-lhe: "Que ilusão é essa? Primeiro nos disseste: 'Encontrareis árvores altas, cheias de frutos'. E não encontramos. Por que esse tipo de gracejo? Explica-nos o que é isso".

Disse-lhes Jesus: "Ide e sentai-vos debaixo delas. Vereis o que é. Enquanto estavam eretas, não vistes. Quando se dobraram, também não vistes".

Os apóstolos foram e sentaram-se debaixo das árvores. Saíram vermes com mau odor. Levantaram-se os apóstolos e lhe disseram: "Ó nosso mestre, por acaso queres tentar-nos?" Mas ele os fizera voltar àquelas árvores para que não mais voltassem ali.

JESUS EXPLICA A PARÁBOLA AOS APÓSTOLOS

Respondeu-lhes o Salvador, dizendo-lhes: "Não vos tento de modo algum, mas quero que compreendais perfeitamente. Olhai agora e vede que plantas são estas". Os apóstolos observaram e viram que as plantas se tinham transformado em homens que oravam e, ajoelhados, adoravam.

Disseram a Jesus: "Senhor, vimos homens vestidos de branco, rezando e adorando ajoelhados. Diante deles estava uma mesa com pães. Depois da oração, levantaram-se para comer, mas não encontraram nenhum pão na mesa. Ninguém os tinha tirado. Só a Geena os devorou".

"A vós, ó meus filhos bons e unidos, eu explicarei. Aquela é a mesa da eternidade e também aquele pão. Não reconheceis que é a ele que procurais? Quando estavam de pé e rezavam, e quando penitentes adoravam de joelhos, vós não os vistes? Estão de pé enquanto não produzem frutos de penitência para o Senhor. Não davam frutos porque amavam o século e todos os bens. Quando se lembraram dos bens do Senhor e os suplicaram, então o Senhor lhes falava naquela mesa. Quando voltaram para o século, o Senhor se afastou deles".

JESUS CONTA A MARIA A MORTE DOS PRIMOGÊNITOS

Agora, ó Maria, dá o sinal aos apóstolos para que expliquem seu mistério aos que creem. Escuta aquele a quem isso for concedido. Serão conhecidos meu nome e meu poder. Quero mostrar-lhes, ó Maria, o poder que me foi concedido pelo Senhor, o Pai, quando me mandou a este mundo, para a perdição dos pecadores e para abençoar os justos.

Eu sou o terceiro que forma a divindade. Eu sou seu Filho, e não há nenhum maior do que eu. Fui eu que destruí os primogênitos de todo o Egito por causa de sua grande maldade, por causa do grande clamor dos hebreus e por causa do sangue que foi derramado entre eles.

Interroga os povos da terra, ó Maria, e te explicarão por que destruí todos os primogênitos do Egito. Interroga aqueles que dizem: não vemos ninguém que nos conheça como nos devem conhecer.

Interroga, portanto, aqueles que estimam seus tesouros e neles confiam. E eles te dirão por que destruí todos os primogênitos do Egito, como se comessem lentilhas em abundância com seus filhos. E sempre pecavam e, por isso, o castigo era frequentemente aplicado a seus filhos.

E eles disseram: "Mas nós existimos. Entre nós esse mistério ligou-se ao mistério de Adão e sobre nós trazem a perdição". Essas coisas eu te digo, ó Maria, para que fiques informada sobre elas.

A HISTÓRIA DE ELEAZAR E RAQUEL

Escuta, pois, e eu te explicarei por que destruí os primogênitos do Egito. Quando os filhos de Israel se encontravam no Egito sob o jugo do faraó e eram açoitados por aqueles que os subjugavam, um dos filhos de Israel, chamado Eleazar, adoeceu e não pôde prestar o seu serviço.

Veio o superintendente dos operários e lhe perguntou: "Por que não saíste para executar o trabalho? Já se passaram duas horas e não o iniciaste ainda".

Eleazar, prostrado pela doença, não respondeu. O chefe procurou o rei e lhe comunicou: "Viva o rei para sempre. Um dos filhos dos hebreus não pôde realizar seu trabalho, afirmando estar doente. Ordena o que devemos fazer. Tu o perdoas ou não devemos perdoá-lo?"

Ouvindo aquilo, o rei faraó rangeu os dentes e exclamou: "Tirarei do vosso corpo o vosso hálito e a vossa alma, se permitirdes agora que os filhos de Israel descansem. Fazei-os produzir os tijolos. Trazei a mulher dele para que trabalhe em seu lugar. Se não fizerdes assim, os outros, que presenciarem o fato, abandonarão os tijolos e ficarão ociosos, interrompendo o trabalho. Se, porém, virem a mulher dele sair para fabricar tijolos, terão medo e trabalharão, sem interromper a tarefa que lhes impus, e não se lembrarão de seu deus. Agora, chefes dos operários, ide para o meu trabalho. Ao entardecer, eu mesmo irei e contarei o número dos tijolos dos chefes dos operários. Se não encontrar o número exato, só ficarão os tijolos".

Quando os chefes dos operários ouviram aquelas palavras do rei faraó, dirigiram-se transtornados à casa de Eleazar, que estava enfermo. Tomaram sua esposa, que se chamava Raquel, e a levaram para fora, com o propósito de conduzi-la ao trabalho dos tijolos. Exigiram que fizesse o trabalho do marido e a açoitaram.

Ameaçaram-na de morte se não fizesse os tijolos. Como estava grávida, sentiu-se triste e encheu-se de pudor. Não queria sair de casa, e não queria permitir que nenhum egípcio a visse, para não ser molestada se saísse para o trabalho.

A MORTE DOS FILHOS DE RAQUEL

Mas, depois que saiu para junto dos operários e executou o seu trabalho, ela sentiu-se muito mal e sentou-se um pouco para descansar. Aproximaram-se os chefes dos operários e a flagelaram, dizendo: "Levanta-te. Fabrica os tijolos. Por que deixaste passar o dia?"

Ela respondeu: "Eu vos suplico: tende piedade de mim, meus senhores. Permiti que eu descanse um pouco, pois meus rins se comprimem".

Mas eles a flagelaram, dizendo: "Não podemos ter piedade de ti, porque hoje virá o faraó para examinar o trabalho dos tijolos executado pelos hebreus. O rei ordenou que não vos ajudássemos, do contrário teríamos de fabricar os tijolos em vosso lugar. Não podemos deixar-te descansar".

Chegou a hora da vinda do faraó, e eles continuavam a pressioná-la. Ela se levantou, tomou a argila em suas mãos e começou a trabalhar. Extenuada, por causa dos muitos golpes que recebera, cheia de espanto, deixou cair o fruto que trazia no seio.

RAQUEL SUPLICA A DEUS

Presenciando o fato, os operários ficaram atemorizados e se afastaram. Um deles, aproximando-se, viu dois meninos. Rompeu em pranto, enquanto ela dizia: "Ó meu Senhor, tu nos retribuíste conforme os nossos pecados, pois pecamos desde o início. Agora, Senhor, olha e vê a nossa dor. Lembra-te do pacto que estabeleceste com nossos pais Abraão, Isaac e Jacó, dizendo: 'Eu vos abençoarei e a vossos descendentes'. Embora tenhamos pecado, não prolongues para sempre a tua ira contra nós. Junto de quem permanecerei, senão junto de ti, ó Senhor? A quem hei de clamar? Somente a ti, Senhor. É imensa a minha dor. Este é o meu primeiro fruto. Eu o perdi por me faltarem as forças diante da intensidade da dor. Não sei o que fazer. Volta, ó Senhor, o teu olhar para os meus filhos, porque são teus".

A SÚPLICA DE RAQUEL É ATENDIDA

Quando Raquel pronunciou aquelas palavras, Abraão, Isaac e Jacó se apresentaram diante do bom Senhor. Eles o adoraram e suplicaram: "Tem, ó Pai, piedade dos nossos descendentes, dá-lhes o perdão e lembra-te do pacto que fizeste conosco e com a nossa descendência".

Dito isso, eu (Jesus Cristo) fui enviado a ela para lhe dizer: "Raquel, Raquel, o Senhor ouviu o teu pranto. Assim como viste a morte de teus filhos, farei que vejas a morte dos primogênitos do Egito. Como fizeram cair os teus filhos, assim farei cair os filhos deles. Você verá os primogênitos dos egípcios cair do ventre de suas mães. Agora, Raquel, levanta-te e realiza o teu trabalho (de mulher livre da escravidão). Tuas companheiras sairão da casa das escravas. O Senhor me enviou para vingar o vosso sangue. Por isso, matei todos os primogênitos do reino do faraó e os primogênitos dos magos (adivinhos do faraó). Eu os matei, à meia-noite, diante das portas, com o poder que me foi dado pelo Senhor".

A MORTE DOS PRIMOGÊNITOS

Satanás declarou, então, guerra e disse-me: "Queres que eu ajude o povo do Egito?" A partir daquele momento, fazia soar a voz da sua trombeta, anunciando por meio dela o que convinha ser conhecido. Dizia: "Porque te revestes do poder que te foi dado e te vingarás daqueles que praticam o mal, será conhecida a maldade que neles existe".

Voltou-se para mim, e vi que me atacava. Enquanto anunciava essas coisas com sua trombeta, afastou-se dos primogênitos deles. Seguindo-o, vi que entrava nas casas e dava as orientações em que era perito. Dizia: "Não sou primogênito, mas digo isso para que sejas salvo. Espero que sigas a orientação. Não há ninguém como o Senhor".

E colocou um sinal nos primogênitos para que ficassem com o faraó somente aqueles que não eram primogênitos. E imprimiu um sinal na mão direita dos primogênitos para que não fossem reconhecidos e se salvassem.

Muitos deles puderam exclamar: "Não temos primogênitos". Os anjos não o acreditaram e mandaram que estendessem as mãos, que eram examinadas, quando queriam sair. Reconheciam o sinal que os levaria à morte.

Miguel (Arcanjo) fez soar a trombeta, e muitos foram apanhados. Eu, depois, os prendi.

O FARAÓ ESCONDE OS OSSOS DE JOSÉ

Agora, Maria, verás o meu poder, pois sou eu (Jesus – Grande Anjo) o autor desse sinal (a punição dos egípcios) sobre a terra. Eu é que fui a Sodoma antes de sua destruição e salvei Ló e fiz perecer sua mulher. Também fiz que fossem encontrados os ossos de José escondidos pelo faraó.

Naquela época, quando morreu José, subiu ao trono outro rei, que não conhecera José, e começou a afligir os filhos de Israel. Eles quiseram fugir do faraó.

Sendo informado de que queriam fugir dele, o faraó chamou os magos e disse-lhes: "Sei que sois sábios. Dizei-me o que devo fazer com aquele povo. Ouvi dizer que murmuraram dizendo: 'Fujamos dele'".

Os magos disseram ao faraó: "Se não queres que este povo venha a fugir, faze o que vamos dizer: toma os ossos de José e coloca-os em um lugar desconhecido, sob o teu poder, para que não os encontrem. Eles não fugirão deixando aqui os ossos. Fomos informados de que, quando estava para morrer, José os fez jurar que levariam consigo os seus ossos. Não poderão fugir sem os levarem. Assim permanecerão no Egito, sob o teu poder".

Levantou-se, então, o faraó, rei do Egito, e, cheio de cólera, preparou argamassa (pó) no meio do rio do Egito. Tomou os ossos de José e os colocou em uma arca de pedra. Fechou-a firmemente com piche e escreveu em uma placa seu nome: "Estes são os ossos de José". Prendeu-a na arca e mandou que a enterrassem no meio da argamassa. Afligiu o povo de Israel, acrescentando mais essa angústia.

MOISÉS LIBERTA O SEU POVO

Depois disso, o bom Senhor teve misericórdia deles, ouviu-lhes o pranto e decidiu tirá-los da terra do Egito. Ele, que é o Deus de Abraão, o Deus de Isaac, o Deus de Jacó, o Deus dos vivos e o Deus dos mortos, para o qual vivem todos os justos, mandou Moisés para lhes falar. Veio Moisés e falou assim aos filhos de Israel: "Vamos, eu vos tirarei daqui". Responderam-lhe: "Vamos primeiro recolher os ossos daquele que foi nosso irmão. Ele pediu a nossos pais que transportassem seus ossos com os filhos de Israel".

Foram com Moisés ao lugar onde estavam os ossos de José e não os encontraram. Não sabiam que o faraó se apoderara deles ocultamente. Não tendo encontrado, rasgaram suas vestes e choraram junto com Moisés.

Elevaram os olhos ao Senhor e disseram-lhe: "Senhor, Deus de nossos pais, por que rejeitaste a nós, teu povo? Volta-te para nós e salva-nos. Envia-nos o teu bom anjo para nos ajudar e confirma a tua misericórdia. Que não nos tornemos como a terra de Kerseson, pelo fato de não termos provado da água e depois de muitos dias o rio nos cobriu. Agora, afasta de nós a tua ira, ó Senhor, e desça sobre nós a tua plena misericórdia. Do contrário, não seremos purificados de todos os nossos pecados. Ocultaste os ossos de José, nosso irmão, para que reconheçamos os nossos males. Agora, volta-te para nós e tem piedade de nós".

OS OSSOS DE JOSÉ SÃO ENCONTRADOS

Enquanto o povo chorava com Moisés, eu, o anjo, movido por aquelas palavras, vim subitamente. Falei assim a Moisés: "Moisés, Moisés, o Senhor ouviu o vosso pranto. Levantai-vos e ide. Tu, com a vara que tens na mão, bate na água, e aparecerá um tesouro escondido".

Ó Maria, quando Moisés bateu na água, apareceu a arca que estava ali submersa. Moisés a trouxe à margem do rio profundo. Abrindo-a, encontrou a placa onde estava escrito: "estes são os ossos de José".

Tomou-a e trouxe para a terra, antes de levar para os filhos de Israel. Eis, ó Maria, que te mostrei o meu poder. Para que não te entristeças, acabo de contar o que realizei anteriormente.

O ANJO REVELA O SEU NOME E DÁ O
LIVRO DA HERANÇA PARA MARIA

Ouve, portanto, o meu nome: "Misericordioso". E ordenou que o dissesse também aos apóstolos, e acrescentou: "Eles virão para junto de ti, conforme te disse; também eles irão contigo. Toma, portanto, este livro". Aquele anjo transformou-se em luz e subiu ao céu.

MARIA, AO DESCER DO MONTE, FAZ UMA PRECE

Maria voltou para sua casa. A casa tremeu por causa da glória daquele livro que trazia nas mãos. Dirigiu-se ao interior, à parte mais escondida, e ali colocou o livro, envolvendo-o com um pano. Tomando a veste de bênção, revestiu-se dela, dizendo: "Bendigo o bendito, que criou os seres vivos. Bendigo o que mostrou um sinal vindo do céu sobre a terra, quando nos criou e habitou em mim. Bendigo o teu nascimento que brilha e não aparece. Bendigo-te porque, do céu, vieste a mim aqui na terra. Bendigo os que te louvam sem cessar. Bendigo-te porque me escolheste no céu e protegeste meu corpo na terra. Bendigo os que te louvam sem cessar. Bendigo-te porque me proporcionaste a vestimenta, da qual me disseste: 'Por este sinal, te distinguirei de teus parentes'".

Escuta a prece de Maria, tua serva, que clama por ti. Ouve a minha voz e envia sobre mim os teus bens. Nenhum poder venha sobre mim, naquele dia em que minha alma sair de meu corpo. Cumpre em meu favor o que prometeste, quando eu perguntava: "Como devo proceder diante do poder que passará sobre minha alma?"

Respondeste: "Não chores, Maria, minha mãe. Não virão a ti os anjos, os arcanjos, os querubins, os serafins, nem nenhum outro poder, mas eu mesmo descerei sobre tua alma".

Agora está próximo o caminho da descida. Bendigo a ti e aos teus três servos que serão enviados a ti, para que te sirvam no caminho. Bendigo-te, ó luz do mundo em que habitas. Bendigo toda planta de tua mão; ela permanece para sempre. Santo, Santo, Santo és Tu, que habitas no alto. Escuta a minha prece por todos os séculos. Amém.

MARIA CONVOCA OS PARENTES PARA A SUA CASA

Terminada a prece, Maria saiu e disse a uma serva da casa: "Vai e chama os meus parentes e aqueles que me conhecem. Dize-lhes: 'Maria vos chama'". A criada foi chamá-los.

Quando chegaram, Maria pediu-lhes: "Meus pais e meus irmãos, ajudai-me. Amanhã sairei do meu corpo e irei para o descanso eterno. Levantai-vos e fazei-me um grande favor. Não vos peço nem ouro nem prata; são coisas vãs e impuras. Só uma coisa vos peço: fazer-me esta noite um grande favor. Cada um tome uma lâmpada e não a deixe apagar até o terceiro dia. Antes de deixar este mundo, vos direi todo o amor que vos dedico".

Todos fizeram o que lhes pediu. A notícia foi transmitida a todos os parentes de Maria e àqueles que a conheciam. Voltando-se, Maria viu todos em pé. Levantou o rosto e disse-lhes com voz suave: "Pais e irmãos meus, ajudemo-nos uns aos outros e permaneçamos vigilantes com as lâmpadas acesas. Não sei, meus irmãos, a hora em que virá a voz para me chamar; não sei quando devo partir nem conheço a seta que está em sua mão (para tirar minha vida). Também a mim, meus irmãos, deram a conhecer quando devo ir. Aquele que arma ciladas a todos os que saem (o demônio) nada pode contra os justos. Quer dominar aqueles que não creem. Com os justos nada pode, porque sobre eles nenhum poder lhe foi dado. Afasta-se deles cheios de confusão.

A PARÁBOLA DOS DOIS ANJOS

Dois anjos, um da justiça e outro do pecado, se aproximam do homem (o filho dos homens), por ocasião da morte. Quando a morte força a alma a sair, vêm os dois anjos. Tocam-lhe o corpo. Se encontram obras boas e justas, alegra-se o anjo da justiça, porque não foi encontrado nenhum pecado. Chama os anjos seus companheiros. Os anjos vêm para junto daquela alma e cantam diante dela até o lugar de todos os justos. Mas o anjo do pecado chora, porque não encontrou nela sua porção.

Se, pelo contrário, encontra nela obras más, ele se alegra e traz consigo sete outros anjos. Tomam aquela alma e a levam. O anjo da justiça chora amargamente. Agora, portanto, pais e irmãos meus, que não se encontre qualquer coisa má em nenhum de vós".

MARIA SENTE MEDO

Ao ouvir essas palavras de Maria, disseram-lhe as mulheres: "Irmã nossa, que te tornaste mãe do mundo inteiro, nós todas devemos temer, mas por que temes tu, que és mãe de nosso Senhor? Ai de nós! Para onde fugiremos quando chegar a nossa vez? A esperança é para todos nós motivo de paciência. Se nós, pecadores, somos humilhados, que faremos e para onde fugiremos? Se o pastor teme o lobo, para onde fugirão as ovelhas?"

E puseram-se a chorar todos os que ali estavam. Disse-lhes Maria: "Aquietai-vos, meus irmãos, e não choreis; mas louvai aquele que neste momento está entre vós. Suplico-vos que não vos deixeis abater, porque o Senhor é a alegria da virgem. Cantai, em vez de chorar, para que o canto esteja sobre todos os céus do Senhor e, em vez de pranto, haja bênção. Eu também temo, porque houve um dia em que não acreditei no meu Senhor. Quando eu e José e dois filhos seus fugimos, veio-me um momento de espanto. Ouvi a voz de um menino que, atrás de mim, me dizia: 'Não chores e não grites. Vedes e não vedes; ouvis e não ouvis'. Ouvindo isso, voltei-me para trás para ver quem me dirigira aquelas palavras. Ele foi arrebatado e não soube para onde se afastara. Disse, então, a José: 'Saiamos deste lugar, porque eu vi um menino que é eterno'. Nesse momento, ele me apareceu e reconheci que era meu filho. Ele disse-me: Maria, minha mãe, esse pecado te foi imputado porque provaste o amargo como doce".

Depois Maria chamou seus parentes e disse-lhes: "Levantai-vos e orai". Terminada a oração, sentaram-se e começaram a falar entre si da grandeza de Cristo, que realizara milagres.

CHEGADA DO APÓSTOLO JOÃO

Ao amanhecer, chegou o Apóstolo João. Bateu à porta de Maria. Uma virgem veio abrir. Ele entrou. Quando o viu, Maria sentiu-se comovida e chorou. Não pôde conter as lágrimas nem permanecer em silêncio. Disse em voz alta: "Pai João, recorda-te do que te disse o nosso mestre a meu respeito, no dia em que nos deixou". Eu lhe perguntei: "Para onde vais, a quem me confias e para onde devo ir?"

E ele, na tua presença e para ouvires, me respondeu: "João te guardará". Portanto, João, não te esqueças do que te ordenou a meu respeito e lembra-

-te de que te amou mais do que os outros. Lembra-te de quando te reclinaste sobre seu peito. Lembra-te de tudo isso. Ele falou e não viu ninguém a não ser a mim e a ti. A ti, porque és virgem e assim te pretendes conservar.

João começou a ficar triste, porque ela ia partir. Eu lhe disse: "Se alguma coisa nos vai acontecer, dize-me, ó João, e não me abandones". Dizendo isso, Maria chorou em voz baixa.

João não pôde conter-se. Comoveu-se em sua alma e não entendia o que ela falava. Não lhe dissera que estava para sair do corpo. Exclamou em alta voz: "Maria, nossa irmã, tu te tornaste mãe dos doze. Procurei cuidar de ti. Deixei alguém para te servir e te proporcionar o sustento. Pois não querias transgredir o mandado de nosso Senhor, que nos ordenara: 'Ide por todo o mundo, até que desapareça o pecado'.

Dize-me, agora, o que aflige tua alma. Ela lhe disse: "Ó meu pai João, presta-me um favor: guarda o meu corpo, depõe-me no sepulcro e dá-me proteção juntamente com os teus irmãos apóstolos".

Ouvi os sumos sacerdotes dizer: "Se encontrarmos o seu corpo, o atiraremos ao fogo, porque nasceu dela aquele sedutor". Quando ouviu aquelas palavras "sairei do meu corpo", João prostrou-se com o rosto em terra e chorou, dizendo: "Senhor, quem somos nós e que mal praticamos, para nos fazeres ver esta aflição? Ainda não nos esquecemos da primeira e nos sobrevém outra aflição. E por que não saio eu de meu corpo, para que providencies a minha sepultura?"

MARIA ENTREGA O LIVRO A JOÃO E FALA DO SEU FUNERAL

Quando Maria ouviu João dizer aquilo entre lágrimas, suplicou-lhe instantemente: "Ó meu pai João, contém um pouco as tuas lágrimas, pois devo entregar-te o que está em minha casa e que me foi dado pelos anjos". João levantou-se e enxugou as lágrimas.

Disse-lhe Maria: "Vem comigo. Dize ao povo que cante salmos, até que termines a leitura". Enquanto cantavam salmos, João entrou em casa e ela lhe disse: "Eis a oração que me foi dada pelo anjo, para que tu a entregues aos apóstolos. Apanhou uma pequena caixa em que estava o livro e disse-lhe: Meu pai João, toma este livro em que está o mistério. Nosso mestre, com a idade de 5 anos, nos explicou toda a criação e incluiu a vós, os doze, neste livro".

E ela lhe mostrou tudo o que se referia a seus funerais e o que era necessário para lhe preparar o corpo. Disse-lhe depois: "Meu pai João, mostrei-te tudo o que possuo. Sei que não tenho nesta grande casa senão minhas vestes fúnebres e duas túnicas. Quando eu sair do corpo, se aparecerem aqui dois pobres, tu darás uma túnica a cada um deles".

Levou-o, depois, ao lugar onde estava o livro que lhe fora dado pelo anjo e que devia ser entregue aos apóstolos. Disse-lhe: "Ó meu pai João, levanta-te e toma este livro, para que o leveis à frente de meu féretro. Para isso me foi dado".

João respondeu, dizendo: "Minha irmã Maria, não posso recebê-lo, se os apóstolos não vierem. Não estando presentes, podem murmurar quando chegarem. Há entre eles um que é maior do que eu, constituído mestre sobre nós. É bom que venham".

OS OUTROS APÓSTOLOS CHEGAM, NAS NUVENS, À CASA DE MARIA E SE PREPARAM PARA REZAR

Depois disso, entraram os dois juntos. Quando saíram, houve um grande tremor, que abalou todos os que estavam em casa. Depois daquele tremor, os apóstolos desceram das nuvens à casa de Maria. Os doze estavam sentados na nuvem, dois a dois. Primeiro Pedro e seu colega Paulo. Também este veio na nuvem, porque fora incluído no número dos apóstolos. Tinha fé em Cristo, do mesmo modo que eles. Também os outros apóstolos vieram na nuvem. As demais pessoas os olhavam e admiravam-se de que tivessem vindo juntos.

Disse Pedro: "Irmãos nossos, rezemos ao Senhor. Ele nos fez encontrar com nossos irmãos, que, com alegria na alma, combateram conosco. Realizou-se, na verdade, o que foi dito pela voz do profeta: 'É bom e agradável quando os irmãos se encontram juntos'".

Paulo disse a Pedro: "Encontraste um dito apropriado. Eu sou, de fato, uma alegria acrescentada aos irmãos na fé". Pedro continuou: "Rezemos".

Todos os apóstolos juntos elevaram a voz e disseram: "Vinde, rezemos, para sabermos por que Deus nos reuniu". Enquanto os apóstolos se cumprimentavam uns aos outros, segundo a sua dignidade, Pedro disse a Paulo: "Vamos! Reza diante de nós, porque hoje nossa alma está cheia de alegria, na nossa fé em Cristo". Disse-lhe Paulo: "Perdoa-me. Eu sou uma planta nova e não sou digno de pisar o pó dos vossos pés. Como posso preceder-vos na oração? Tu és uma coluna de luz, e todos os nossos irmãos aqui presentes são melhores do que eu. Portanto, ó pai nosso, reza por nós, pobres, para que a alegria de Cristo esteja conosco".

Os apóstolos alegraram-se com sua humildade e disseram a Pedro: "Reza diante de nós. Estivemos sempre contigo. Fomos mandados de acordo com a missão de cada um. Devemos observar a glória da oração que nosso mestre nos ensinou. Dissemos em nosso coração: 'Onde está o bispo Pedro, nosso pai? A ele é devida a honra de rezar a oração. E quem ousará rezar aqui?'".

PEDRO REZA COM OS IRMÃOS

E Pedro rezou dizendo: "Deus nosso, Pai nosso, Senhor nosso, Jesus Cristo, fui glorificado, como é glorificado o meu ministério. Estou entre meus irmãos desde a juventude e realizo o trabalho para o qual fui escolhido. Todos nós formamos um só grupo. Cada um glorifica o lugar dos outros. Este é o mandamento que recebemos de nosso mestre: que nos amemos uns aos outros. Abençoai-me, porque isso vos é agradável".

Pedro estendeu as mãos e disse: "Suplico-te, ó dominador de todo o mundo, que te assentas no carro dos querubins, que habitas nas alturas e conheces o que está aqui embaixo, que moras na luz e descansas eternamente no mistério oculto que manifestaste da cruz. É o que fazemos, quando elevamos nossas mãos à semelhança da tua cruz para que, mediante a tua imagem, tenhamos repouso, e todos recebam o descanso, e Tu o dês a quem deve sofrer. Tu abrandas o que é árduo; Tu manifestaste o tesouro escondido;

foste Tu que nos concedeste o teu Messias. Qual dos deuses é semelhante a ti? Teu poder não se afaste de nós. Quem é misericordioso como Tu, como teu Pai, como Tu, que salvaste do mal os que nele creem? Tua vontade venceu o mal; e o desejo de tua fé afugentou o erro. Nenhuma beleza é mais bela do que a tua beleza. Tua humildade fez cair os soberbos. És o que vive e quebraste a morte. És o descanso e afastaste as trevas. Só Tu és a glória que está junto ao Pai, glória de misericórdia, enviado pelo Espírito Santo, do Pai, do Filho e do Espírito Santo, desde agora e pelos séculos. Amém!"

JOÃO FALA PARA OS OUTROS DISCÍPULOS SOBRE O QUE IRÁ ACONTECER COM MARIA

Depois de dizer "amém", saudaram-se mutuamente. Após todos se terem saudado, enquanto André e Pedro estavam juntos, João apresentou-se no meio deles e disse: "Abençoai-me todos vós". Todos o saudaram, segundo a dignidade de cada um.

Terminada a saudação, Pedro perguntou: "André e João, diletos do Senhor, como chegastes aqui? Há quantos dias estás aqui, João?" Respondeu-lhe João: "Ouvi o que me aconteceu. Enquanto estáveis na região de Nerdo (Sardes?), estive ensinando a vinte e oito pessoas que creram no nosso Salvador e me retiveram ali. Às quinze horas fui elevado diante deles. Desceu uma nuvem no lugar onde estávamos reunidos, me arrebatou diante de todos os que estavam comigo e me trouxe para cá. Bati na porta, e uma jovem abriu. Encontrei muitas pessoas perto de Maria, nossa irmã. Ela me disse que sairia do corpo. E não pude ficar no meio daquelas pessoas que estavam perto dela. Fui acometido de forte pranto. Agora, meus irmãos, se voltardes amanhã, não deveis chorar, para que não haja tumulto. Se chorardes, haverá grande tumulto. Assim nos ensinou o nosso mestre. É esse o aviso recebido quando nos reclinamos em seu peito durante a ceia. Se vierem pessoas para junto dela e nos virem chorando, nos afrontarão em seus corações, dizendo que nós tememos a morte. Vamos consolá-la com palavras afetuosas".

MARIA É CONFORTADA PELOS APÓSTOLOS

Os apóstolos começaram a entrar na casa de Maria e disseram todos: "Maria, nossa irmã e também mãe daqueles que foram salvos, a alegria esteja contigo". Disse-lhes Maria: "Como vos reunistes aqui e quem vos falou a meu respeito, comunicando que devo sair do meu corpo? E como vos encontrastes todos juntos? Vejo que estais tristes".

Explicaram-lhe: "Ninguém abandonou a cidade onde se encontrava". E contaram-lhe como vieram, como a nuvem os tinha arrebatado e trazido até ali. E todos a bendisseram, desde Pedro até Paulo, dizendo: "Abençoe-te o Senhor, que pode salvar a todos".

Maria alegrou-se em seu Espírito e disse: "Bendigo aquele que distribui toda a bênção. Bendigo o grande querubim de luz (Jesus Cristo), que habitou em meu ventre. Bendigo toda obra de tuas mãos, que obedece a todas as tuas ordens. Bendigo o amor com que me amaste. Bendigo a palavra de vida que fizeste sair de meu seio e que nos foi dada na verdade. Creio que acontecerá tudo o que me disseste, pois me afirmaste que mandarias para junto de mim todos os apóstolos, na hora de deixar o corpo. E eis que se reuniram e estou no meio deles, como a videira que frutifica na época própria, como no tempo em que estávamos contigo. Também como a videira entre teus anjos, enquanto submetes teus inimigos a todas as tuas obras. Bendigo-te com toda a bênção. Acontecerá o que me disseste. Disseste-me que me verias com os teus apóstolos, quando chegasse para mim o momento de deixar o corpo".

Dizendo isso, Maria chamou Pedro e todos os apóstolos. Levou-os para o interior da casa e mostrou-lhes o que era necessário para seus funerais e para o seu sepultamento. Saíram, em seguida, e sentaram-se no meio de todos os que tinham acendido as lâmpadas, para não deixá-las apagar, conforme Maria lhes determinara.

EM VIGÍLIA NOTURNA, MARIA ESPERA A MORTE

Quando se pôs o sol, no segundo dia e, portanto, no início do terceiro, no qual Maria devia deixar o corpo, Pedro disse a todos os apóstolos: "Meus irmãos, quem possui uma palavra apropriada (de conforto) às crianças fale durante a noite toda, até que surja o sol".

Disseram os apóstolos: "Quem é mais sábio do que tu? Todos nós somos pequenos diante de ti". Então Pedro começou a falar-lhes: "Vós todos, meus irmãos, que vos encontrais aqui neste momento junto a esta nossa mãe, Maria, que ama os homens, vós que acendestes as lâmpadas visíveis com o fogo da terra, vós agistes corretamente. Quero também que cada homem tome a lâmpada espiritual, a lâmpada daquele que vestiu a criatura humana com três focos luminosos: a nossa alma, o nosso corpo e o nosso espírito, que brilham, todos os três, com o verdadeiro fogo. Disso eu me glorio e não me sinto confundido, esperando que entreis para as núpcias (felicidade no céu). Entrareis e repousareis com o esposo. Assim a luz de nossa irmã Maria encheu o mundo e não se extinguirá até o fim dos dias. Aqueles que quiserem salvar-se receberão dela a confiança. Tomando a forma da luz, receberão também o seu descanso e a sua bênção. Vós, porém, irmãos nossos, não julgueis que essa morte seja a morte. Não é morte, mas vida para sempre. Também a morte bendiz o justo diante do Senhor. Esta é a sua glória. A outra morte (a condenação) não pode angustiá-los. Vós não o acreditais, mas isso é claro para mim e para os apóstolos que estão comigo. Se conhecêsseis a primeira morte, eu vos falaria da segunda. Falando desta, temo não ter quem me escute. Mas Deus Pai, cujo Espírito está agora no meio de nós, ele exige que cumpramos o nosso ministério. Além disso, convém que ouçamos aquilo que não é ouvido por aqueles que não são dignos e não querem ouvir".

Pedro levantou as mãos e perguntou: "Donde vem a primeira morte?" Enquanto falava assim, uma grande luz brilhou na casa, no meio de todos, a ponto de obscurecer a luz das suas lâmpadas. Uma voz se fez ouvir: "Pedro, não digas a ninguém, porque não estais sozinhos. Fala com palavras que possam ser compreendidas. O médico trata o doente conforme a doença que o aflige, e a mulher que alimenta trata o menino de acordo com a sua tenra idade".

Pedro elevou a voz e disse: "Bendigo o bendito, bendigo a ti, que salvaste a nossa alma, tendo piedade de nós. Tu nos guiaste com segurança, para que não soframos no abismo perverso. Bendigo a pregação daquela pessoa (língua), pela qual conhecemos a fé". Voltando-se para eles, prosseguiu: "Ó homens, nossos irmãos, nós não podemos dizer a vós o que queremos, sem que pratiqueis as obras de todo bem. Enquanto isso, guardamos entre nós o que devemos transmitir-vos".

PEDRO FAZ UM DISCURSO PARA AS VIRGENS

Dito isso, levantaram-se, uma a uma, vinte e uma virgens e prostraram-se aos pés de Pedro, dizendo: "Nós te suplicamos, ó nosso pai: faze com que alcancemos a grandeza de Cristo e dos que são conhecidos por ele".

Pedro as fez levantar e disse: "Ouvi-me, nossa alegria e glória de nossa honra. Não julgueis que a voz desta pregação se manifesta por vossa causa. Não é assim. Refere-se aos que não estão convosco, que não são dignos do mistério. E vós sois dignos, assim como todos aqueles que guardaram a imagem de sua infância. A vossa glória não é deste mundo. Ouvi, portanto, e ficai cientes do que vos diz o vosso mestre: O Reino dos Céus é semelhante a uma virgem. Não disse: é semelhante aos dias. Os dias passam. Não o assemelhou aos ricos, porque também as riquezas passam, mas a virgindade permanece. Sabei que ela é gloriosa; por isso foi com exatidão comparada ao Reino dos Céus. Também por isso não vos enchereis de solicitude, quando chegar a hora de partir. Não direis: 'Concede-nos tempo para cuidar de nossos filhos e de nossas riquezas; das nossas construções e dos nossos trabalhos. Não há quem o possa fazer por nós'. Não tenhais cuidado senão da vossa virgindade. E assim, quando vier o enviado, sereis encontrados preparados, providos de tudo. A virgindade que conservais é coisa leve. Vede, irmãos, que não há nada mais agradável do que a virgindade. Tende perseverança e vos revelarei o que me foi revelado. Prestai atenção e vereis que não há nada mais leve do que o nome da virgindade e nada há mais pesado para o homem do que o gozo neste mundo".

A PARÁBOLA DOS DOIS SERVOS

Havia em uma cidade um homem rico, possuidor de muitos bens. Seus servos revoltaram-se contra ele. Como não obedeceram à sua voz, o senhor se irritou e os relegou para uma região longínqua, por muito tempo. Só mais tarde os chamou. Dentre os que se revoltaram e tinham, por isso, sido relegados, um deles construiu para si uma casa, plantou uma vinha, fez um forno e adquiriu muitas riquezas.

Outro servo tinha procurado ouro e o tinha guardado. Chamou um ourives e mandou fazer um colar de ouro. Disse ao ourives: "Sou escravo; tenho um senhor, um filho e esta coroa que vais fazer". O ourives o ouviu e entregou-se diligentemente ao trabalho. Completou-se o tempo do exílio.

O senhor enviou um mensageiro com esta intimação: "Ai de mim e ai de ti! Se não os trouxeres dentro de sete dias, tu me prestarás contas". O mensageiro partiu apressadamente. Chegou à cidade e começou a procurá-los, dia e noite. Quando os encontrou, disse-lhes: "Vosso senhor me enviou a vós".

Disse ao que adquirira a casa e a vinha e outras riquezas: "Vamos, ó servo". Ele respondeu: "Vamos. Mas espera-me um pouco até que eu venda tudo o que adquiri". Mas o que fora procurá-lo replicou-lhe: "Não posso! Espera e tem paciência contigo. Foi-me fixado o prazo de sete dias".

O servo, então, chorou e disse: "Ai de mim, que devo deixar tudo aqui. Ai de mim, que não me encontro preparado".

Disse-lhe o superintendente: "Servo mau, é evidente a tua ganância. O teu senhor podia mandar-te buscar quando quisesse. Por que plantaste uma vinha e não estás preparado quando vim chamar-te?"

O servo chorou e exclamou: "Ai de mim! Pensei que ia permanecer para sempre nesta terra longínqua. Se tivesse conhecido o desejo de meu senhor, não teria adquirido tantas riquezas neste país".

O mensageiro o conduziu de volta, sem que pudesse levar nenhuma coisa consigo. Enquanto o primeiro servo era levado, o outro servo teve conhecimento da vinda do emissário. Levantou-se, pôs a coroa na cabeça e foi para o caminho por onde devia passar o mensageiro que o procurava com extrema diligência.

O mensageiro chegou e disse-lhe: "Teu senhor me enviou. Vamos, portanto, com alegria. Nada possuis e o que tens é muito leve". "Não tenho aqui – respondeu – senão esta coroa de ouro. Mandei fazê-la, esperando constantemente, suplicando por misericórdia e desejando que meu senhor me mandasse um emissário para tirar-me desta terra longínqua. Há quem me odeie e poderia tirar-me a coroa. Escuta a minha súplica e vamos".

Os dois servos partiram com o mensageiro. Quando o senhor os viu, disse àquele que tinha adquirido propriedades: "Onde está o que adquiriste e no qual trabalhaste tanto tempo naquela terra longínqua, onde estavas provisoriamente?"

Respondeu-lhe o servo: "Meu senhor, tu me enviaste um soldado sem misericórdia. Supliquei que tivesse paciência comigo até que eu vendesse meus bens e assim, sem ser humilhado, teria o valor em minhas mãos".

Disse-lhe o senhor: "Servo mau, só decidiste vender quando te mandei um emissário. Por que não o pensaste, enquanto estavas naquele país longínquo, onde não te preocupaste com os meus interesses?"

Encheu-se de cólera contra ele, mandou que lhe amarrassem as mãos e os pés e o relegassem para outra região. Chamou depois aquele que trazia a coroa e disse-lhe: "Servo bom e fiel, desejaste a liberdade. Adquiriste uma coroa que só é usada pelas pessoas livres. Ousaste cobrir-te com ela, antes que teu senhor te desse a carta de alforria. O servo não pode ser livre senão pela vontade de seu senhor. Como, porém, desejaste a liberdade, ela te será concedida". Deu-lhe a liberdade e o pôs à frente de muitos dos seus bens.

PEDRO ENALTECE MARIA

E Pedro, voltando-se para aqueles irmãos que estavam com Maria, assim lhes falou: "Escutai, irmãos nossos, o que vos acontecerá. Esta (a Virgem Maria) é, acima de todas as criaturas, a virgem dedicada ao esposo verdadeiro, ao Senhor. Vós sois a geração de homens com a qual o Senhor antes se tinha irritado. Ele vos tinha posto no mundo como em cárcere e como despojos aqui na terra para aqueles a quem foi concedido o poder contra nós (o demônio), por causa do mal praticado. Virão os últimos dias, e sereis levados para o lugar onde se encontram nossos primeiros pais Abraão, Isaac e Jacó, e lá, na consumação dos séculos, estará cada um de nós. A nós não será mais enviado o duro anjo da morte. Quando este atinge a alma dos pecadores, os numerosos pecados os afligem e os angustiam profundamente".

Então ela suplicou a Deus, dizendo: "Tem paciência comigo por algum tempo, até que eu repare os meus pecados, que estão disseminados em meu corpo". A morte, porém, não o concede. E, como aquele que está cheio de pecados, nada havendo nele de justo, será conduzido ao Vale do Tormento. Se, no entanto, possui obras de justiça, alegrar-se-á, dizendo: "Nada me acontecerá. Não tenho senão a minha virgindade". E suplicará: "Não me deixes nesta terra, porque há aqui quem me odeie e poderão tirar-me o nome da minha virgindade".

A alma saiu, então, de seu corpo; e a conduziram ao esposo, ao som dos salmos, até o lugar onde se encontra o Pai. E, quando a viu, o Pai se alegrou e a fez sentar-se com as outras almas. Agora, portanto, meus irmãos, tende certeza de que não permaneceremos neste mundo.

O DIA EM QUE MARIA MORREU

Pedro continuou a falar durante a noite, até surgir o sol. E o povo permanecia lá. Maria levantou-se, saiu de casa e rezou a sua oração. Depois de rezar, voltou para dentro e deitou-se. Completou a sua missão. Pedro sentou-se à sua cabeceira, e João, aos pés. Os outros apóstolos rodearam o leito.

Naquele momento, houve um terremoto e espalhou-se um odor suave como o odor do paraíso. E o sono apoderou-se de todos os que estavam junto de Maria, exceto as virgens. O Senhor permitiu que não dormissem, para que fossem testemunhas da preparação de Maria para a sepultura e para a sua glória.

O Senhor nosso, Jesus Cristo, veio em uma nuvem com incontável número de anjos e entrou lá onde se encontrava Maria. Jesus e Miguel cantavam com os anjos. Pararam, primeiro, fora do aposento de Maria. Quando o Salvador entrou onde estava Maria, todos se saudaram.

Também Maria os saudou, proferindo com seus lábios esta bênção: "Bendigo aquele que me falou e não me iludiu. Disse-me também que não permitiria que os anjos descessem sobre minha alma. Ele mesmo viria a mim. Senhor, como disseste, assim aconteceu. Quem sou eu, assim pobre, para receber tal glória?"

Dizendo isso, completou o que lhe cabia fazer, sem afastar do Senhor a sua face. Este tomou a sua alma e a entregou a Miguel. Foi envolvida em um lençol, cujo esplendor é impossível ocultar.

E vós, apóstolos, vistes o espírito de Maria quando era entregue nas mãos de Miguel. Sua forma perfeita e santa, tanto para uma mulher como para um homem, exceto a diferença natural, era semelhante a todos os corpos, com a candura (pureza) de sete côvados.

Pedro alegrou-se e interrogou a nosso Senhor, dizendo: "Quem entre nós tem uma vestimenta pura como a de Maria?" Respondeu-lhe: "Ó Pedro, a todos os eleitos que aqui estão é concedida uma alma semelhante. Ela saiu do lugar santo (do corpo sem ficar maculada). Os pecadores, pelo contrário, quando saem do corpo, não são assim. Não são cândidos. São encontrados diferentes de quando vieram para cá. Não amaram a oração. Amaram outras obras; sua alma se obscureceu por causa dos muitos pecados. Se alguém se conservou como nos primeiros dias, será, ao sair do corpo, encontrado cândido como Maria. Disto vos dei um sinal (da pureza de Maria)".

O SEPULTAMENTO DE MARIA

Em seguida, o Salvador disse a Pedro: "Tirai o corpo de Maria. Apressai--vos em atravessar a cidade e saí à esquerda. Encontrarás um sepulcro novo. Deposita ali o seu corpo e guarda-o como vos determinei". Depois de dizer isso, o corpo gritou no meio do esplendor: "Lembra-te de mim, ó rei da glória, porque sou tua imagem. Lembra-te de mim, porque guardei o grande tesouro que me foi confiado".

Jesus disse ao corpo: "Não te abandonarei, Margarida Nova do meu tesouro. Não, não te deixarei, Santuário Fechado de Deus. Não, não abandonarei o verdadeiro penhor. Não, não te deixarei, porque me trouxeste e me guardaste. Não, não deixarei o tesouro selado, até o momento em que o procurarei".

Ao dizer isso, houve um grande fragor. Pedro, os outros apóstolos e as três virgens prepararam o corpo de Maria e o colocaram no leito. Os que estavam dormindo acordaram. Pedro trouxe o livro e disse a João: "Tu és virgem. A ti convém cantar os salmos diante deste leito, até que o venhamos buscar".

Replicou-lhe João: "Tu és nosso pai e bispo. A ti compete tomar o livro, até chegarmos ao lugar". Disse Pedro: "Se algum de nós se sentir entristecido, prendamos o livro ao leito de Maria".

Os apóstolos se puseram em movimento, levando o esquife de Maria. Pedro cantou: "Quando Israel saiu do Egito, aleluia".

DURANTE O ENTERRO, ALGUNS QUEREM DERRUBAR O CORPO DE MARIA

O Senhor e os anjos caminhavam ao lado do esquife, cantando sem serem vistos. Muitas pessoas ouviam a voz e muitos acorriam de suas casas em toda a Jerusalém. Os sumos sacerdotes ouviram o grande rumor da multidão e a voz daqueles que cantavam e não eram vistos.

Ouviam a voz de muitos. Inúmeras pessoas saíam e comoviam-se com a voz que ouviam e diziam entre si: "Que tumulto é este?" Um deles explicou: "Maria saiu do corpo, e os apóstolos cantam a seu lado".

Satanás entrou no coração deles, e disseram: "Vamos matar os apóstolos e queimar o corpo daquela que trouxe aquele sedutor". Eles saíram com espadas e lanças para os matarem. Mas os anjos que estavam nas nuvens mataram muitos deles, fazendo-os bater com a cabeça nas paredes. Não viam os que andavam na rua e, assim, não puderam sair e narrar o que acontecera.

Os sobreviventes aproximaram-se dos apóstolos e viram o esquife coberto de flores e os apóstolos que cantavam e diziam: "Chegou ao cúmulo a nossa grande ira. Vede a multidão que enche as ruas. Que glória ela recebe!"

Furiosos, eles lançaram-se sobre o esquife para derrubá-lo e apoderar-se do livro que ali se encontrava. Pretendiam atirá-lo em uma fossa. As mãos de um deles, no entanto, ficaram presas ao esquife, separadas dos braços. Assim ficaram, e ele viu que estavam suspensas no leito e o resto dos braços presos no corpo.

A SÚPLICA DO HOMEM PRESO AO ESQUIFE

E aquele homem caiu em pranto diante dos apóstolos e suplicava, dizendo: "Não me castigueis com tão grande tormento. Ó Pedro, lembra-te de meu pai. Ele era porteiro e te ajudou (na hora da tua negação). Faço esse pedido porque és discípulo daquele homem que ensinou o perdão. Visto que eu, agora, te suplico e rogo, não me castigueis".

Disse-lhe Pedro: "Curar-te não depende de mim, nem de algum outro dos apóstolos. Se, no entanto, agora crês que o Cristo, a quem prendestes e matastes, é o Filho de Deus, e reconheces que se insurgiram contra ele e o abandonaram os que não têm lei, então é possível curar-te".

O homem respondeu: "Porventura não creio? Certamente eu creio. Sabemos que é o Filho do Senhor. Mas como proceder diante da soberba deles (dos chefes do povo) que nos ofusca os olhos? Nossos pais nos diziam: 'Filhos nossos, eis que o Senhor nos escolheu de todas as tribos, para que sejamos poderosos diante de todos os povos e para que possamos trabalhar em outras terras. É necessário para isso que organizeis o povo, para receberdes dele os dízimos, as primícias e todo primogênito que vier à luz. Sede, porém, atentos, meus filhos, para que o santuário não se encha de riquezas. Daquilo que tendes dai ao pobre, ao órfão e às viúvas dentre o povo; e livrai as almas cegas'. Mas nós não demos ouvido aos preceitos de nossos pais. Por nossa atitude, o santuário esteve na abundância. Os primogênitos de todas as ovelhas, dos bois e de todos os outros animais, nós os pusemos à disposição dos que vendem e dos que compram. Veio o Filho do Senhor e expulsou-nos todos daquele lugar. Aos que vendiam pombas disse: 'Tirai isso daqui; não façais da casa de meu Pai casa de comércio. Vós a corrompeis, por estardes acostumados ao mal'. Tentando persuadir os nossos corações, nos levantamos contra ele e o matamos, embora sabendo que é Filho do Senhor. Ele, porém, não recorda o nosso mal e a nossa ignorância; e nos perdoa. Vieram os que são amados pelo Senhor, para que sejamos salvos".

PEDRO EXIGE A CONFISSÃO DE FÉ, E O CULPADO É CURADO

Pedro mandou que depusessem o esquife e disse ao sumo sacerdote: "Agora acreditas de todo o teu coração? Vai, então, e beija o corpo de Maria, dizendo que crês nela e no fruto que dela saiu".

O sumo sacerdote dos judeus bendisse a Maria, em sua língua (aramaico) e, por três horas, não permitiu que ninguém se aproximasse, enquanto dava testemunho com muitas citações dos livros de Moisés. Mostrou que elas se realizaram no Senhor, que nasceu na glória.

Quando os apóstolos ouviram as grandezas que ele dissera de Maria, reconheceram que jamais tinham ouvido coisa semelhante. Pedro, ainda, ordenou-lhe: "Vai e toca com as tuas mãos o esquife".

Ele o tocou, dizendo: "Em nome de Jesus, filho de Maria, filho da pomba, que foi crucificado, as minhas mãos tocam com reverência o teu esquife". Naquele momento foi curado e ficou perfeito como antes.

Disse-lhe Pedro: "Toma uma folha deste livro e vai à cidade. Encontrarás homens cegos: não enxergam e não conseguem encontrar o caminho. Conta-lhes o que te fez o Senhor. Põe a folha sobre os olhos daqueles que creem, e eles enxergarão. Os que não creem continuarão cegos". Ele fez como Pedro lhe ordenara. Encontrou entre o povo muitos que choravam e diziam: "Ai de nós! Nós nos tornamos como Sodoma. Ai de nós! Eles desobedeceram. Ele os matou, naquela hora, e depois mandou fogo do céu e os queimou. Ai de nós! Chegou para nós o tempo da vinda do fogo".

Então aquele homem tomou a folha do livro e falou-lhes da fé. Os olhos dos que creram abriram-se. Pelo contrário, os olhos daqueles que não creram não se abriram; permaneceram na sua cegueira. Sem demora, os apóstolos depositaram Maria no sepulcro.

JUNTO AO TÚMULO DE MARIA, PEDRO E PAULO DIALOGAM SOBRE O MISTÉRIO

Depois de depositarem Maria no sepulcro, ficaram todos esperando que o Senhor viesse para tomar o seu corpo. Ela jazia no túmulo, e os apóstolos permaneciam junto à porta do sepulcro, conforme a ordem que receberam do Senhor.

Paulo disse a Pedro: "Pai nosso, sabes que sou planta nova (cristão recém-convertido) e que minha fé em Cristo é nova. Não me encontrei com o nosso mestre, para que ele me explicasse o grande e glorioso mistério. Eu ouvi, porém, dizer que o revelou a vós no Monte das Oliveiras. Suplico, portanto, que o deis a conhecer a mim também".

Pedro respondeu a Paulo: "Paulo, meu irmão, nós muito nos alegramos por teres recebido a fé em Cristo, mas não podemos revelar-te aquele mistério. Tememos que talvez te enchas de espanto ao ouvi-lo. Tem paciência. Permaneceremos aqui por três dias, e nosso Senhor virá com seus anjos para tomar o corpo de Maria. Se ele der ordem, nós te exporemos o mistério com alegria".

Estavam, assim, discorrendo entre si, quando dois homens, vindos de Jerusalém, passaram por Cedron, em direção a uma vinha. Paulo disse aos dois: "Se ninguém me responder, vamos para lá, meus irmãos, e plantarei uma vinha".

Aos apóstolos, Paulo disse: "Se não me revelais a palavra do nosso Salvador, ireis e ouviremos as palavras daqueles dois homens e, assim, não poderei dizer-vos que aqueles dois homens zombam de nós, ó pai nosso".

Pedro disse a Paulo: "Encontramos a explicação enquanto estavas falando, ó Paulo, tesouro da sabedoria. Assim estarás de acordo conosco".

Quando reconheceu que Pedro se abria, humilhando-se a si mesmo, Paulo disse: "Perdoa-me, ó Pedro, nosso pai. Não encontramos a sabedoria por nós. É um dom superior à criatura. Agora, permite-me falar".

Todos os apóstolos responderam a uma só voz e disseram-lhe: "Fala, ó Paulo, nosso irmão dileto". Paulo disse: "São os demônios que zombam de nós. Prestai-me ouvidos e ouvireis de mim o que ainda tenho a dizer".

PARÁBOLA DE SALOMÃO E UM DEMÔNIO

Disse-lhe o filho: "Dá-me os bens de minha mãe". Compareceram juntos diante do tribunal de Salomão. Enquanto este julgava, apresentou-se no meio deles um demônio, que se pôs a rir em gargalhadas. Salomão levantou-se do tribunal, tomou o demônio pela mão e o levou à parte para o castigar por causa da risada.

Perguntou-lhe Salomão: "Por que ousaste rir, diante do tribunal, em minha presença, enquanto eu julgava os que me procuram?" Respondeu-lhe o demônio: "Queres saber por que ri desse homem que está litigando com o filho por causa do dinheiro? Não passarão dois dias, e seu filho morrerá".

Replicou-lhe Salomão: "Como sabes, ó espírito imundo, as coisas que acontecem no céu?" Respondeu-lhe o demônio: "Nós somos anjos condenados. O Senhor se irritou contra nós e nos colocou nas nuvens. Subimos, mas não atingimos o céu. Batemos à porta e enxergamos o lugar dos que lá estão. Há guardas junto à porta para não entrarmos no alto. Mas ouvimos os mensageiros de Deus, quando recebem ordens do Grande Poder para ir em busca de uma alma. Os mensageiros chegam junto à porta e dizem aos porteiros: 'Abri-nos a porta, porque vamos em busca de uma alma'. Nós vamos à frente deles e nos dirigimos à casa indicada. Ouvimos atentamente o que dizem e rimos muito porque sabemos o que lhes vai acontecer".

O Rei Salomão compreendeu que aquilo era verdade, despediu o homem e o filho, dizendo-lhes que voltassem dali a sete dias para receberem a sentença. Voltaram juntos para casa e, ao chegarem lá, o filho foi acometido de súbita enfermidade. Começou a chorar, sentou-se junto ao pai e disse-lhe: "Vou morrer; e me entristeceste, porque me fizeste subir ao tribunal do Rei Salomão, para ser julgado, embora eu seja um jovem. Não te lembraste das boas palavras de minha mãe, que te disse em particular, quando estava para sair do corpo: 'Não trates mal o meu filho dileto'. E agora, pai, me trataste mal, a ponto de me levares à morte".

Seu pai se pôs a chorar, dizendo: "Dar-te-ei tudo, ó filho, enquanto és jovem. Também Abraão deu a Levi um sinal para que seu pai conhecesse o Senhor". Ele disse ao pai: "Meu pai, eu te suplico: se encontrei graça diante de ti, traze-me um pouco de dinheiro e entrega-o àqueles que tiram a minha alma. Talvez assim me deixem ficar".

O pai foi e trouxe metade do seu dinheiro e o pôs diante do filho. Depois gritou em alta voz: "Suplico a vós que quereis tirar a alma de meu filho: tomai todo este dinheiro e deixai-me sua alma".

O filho sentiu-se muito comovido e disse ao pai: "Meu pai, não desistem de abalar a minha alma. Talvez seja pouco o dinheiro. Traze, portanto, o que seja suficiente para eles. O que trouxeste me causa muita agitação". Levantou-se o pai e trouxe tudo o que possuía. Tomou, além disso, um empréstimo e pôs tudo diante de seu filho amado.

De novo, chorando, disse: "Suplico a vós que abalais a alma de meu filho que tomeis para vós este dinheiro, mas deixai-me o meu filho". O filho sentiu-se profundamente abalado e começou a morrer. Voltou-se para o pai e disse-lhe: "Vi que nem o ouro nem a prata são suficientes para fazer expiação, mas somente um coração reto diante do Senhor. Levanta-te, portanto, ó pai, toma este dinheiro e distribui-o aos pobres e aos órfãos. Constrói casas para os peregrinos, sem exigir que paguem o débito, e assim encontraremos descanso para nossa alma".

Ditas essas palavras, morreu. O pai fez conforme o filho lhe determinara. Passaram-se oito dias. Não voltou ao Rei Salomão dentro do prazo de sete dias que lhe fora marcado. Passou também o nono dia, e não foi.

Salomão enviou um mensageiro para dizer-lhes: "Por que não viestes para que eu profira a vossa sentença, como vos disse?" O pai respondeu: "Senhor, sabes que o tempo fixado para mim era de sete dias, mas meu filho morreu. Por causa dele e para não o contristar, dei todo o meu dinheiro, como ele me sugerira".

Salomão reconheceu ser verdade o que lhe fora dito, isto é, que os demônios conhecem o futuro. Como não sabemos o que nos acontecerá, consideramos que somos objeto de zombaria.

PAULO E OS APÓSTOLOS PREGAM

Os apóstolos acreditaram no que lhes fora dito por Paulo. Persuadiram-no a falar por cinco dias, mas sem o forçar a revelar-lhes o mistério. Todos os apóstolos se voltaram para Paulo e lhe disseram: "Paulo, nosso irmão, fala-nos com palavras brandas. Deus te mandou a nós para que nos alegrasses durante estes três dias".

Paulo respondeu: "Pedro, se não queres revelar-me a grandeza de Cristo, nosso salvador, dá-me a conhecer a mensagem que ides divulgar quando partirdes para a pregação, de modo que também eu ensine a vossa doutrina".

Respondeu-lhe Pedro: "Meu irmão Paulo, é boa essa palavra que pronunciaste. Escuta, portanto, o que queres saber da doutrina que ensinaremos. Quando vou pregar, digo: 'Quem não jejua todos os dias não verá o Senhor'". Declarou-lhe Paulo: "Pedro, nosso pai, que é isso que disseste? Quando as pessoas nos ouvirem, se insurgirão contra nós e nos matarão, porque prestam culto aos deuses e não creem no Senhor, nem mesmo jejuando".

Paulo voltou-se para João e disse-lhe: "Ó João, nosso pai, também tu, expõe a doutrina que ensinarás, para que também nós a ensinemos". João respondeu: "Quando vou ensinar, digo: quem não for continente até o dia de seu descanso não verá o Senhor". Em resposta, disse-lhe Paulo: "Que palavra é essa? Não acreditarão nessa palavra. São pessoas que prestam culto às árvores e às pedras. Ouvindo-nos dizer isso, nos lapidarão".

Paulo voltou-se, então, para André e lhe pediu: "Ó André, nosso pai, expõe-me também o teu parecer, para que Pedro compreenda e acredite, ele que é o grande bispo. E também o creia João, que é virgem". Eles pronunciaram palavras pesadas.

Respondeu-lhe André: "Quando vou pregar, ensino: quem não deixar pai, mãe, irmãos, filhos e todas as suas riquezas e não seguir o Senhor não o pode ver". Paulo disse a André: "O que disseram Pedro e João é mais suportável do que o teu ensinamento, ó André. Em um momento, separaste todos da terra. Que são essas palavras que pronuncias? É impossível em nossos dias impor, como em outros tempos, essas coisas. É como impor carga excessiva sobre um asno".

Pedro, então, perguntou: "Ó Paulo, dileto de nossa alma, ensina-nos como queres que preguemos". Disse-lhes Paulo: "Que pensais a meu respeito? Eis o que vos aconselho fazer. Examinemos cuidadosamente o que é possível impor ao povo, de acordo com as normas de vida que estamos acostumados a seguir. Digamos-lhes: 'Que cada homem permaneça com sua mulher para evitar a fornicação; cada mulher permaneça com seu marido até a morte'. Estabeleçamos para eles um jejum; mas não jejuarão no sábado. Não os deixemos na incerteza acerca do jejum, para que não duvidem e se afastem. Se jejuarem hoje e pouco se abaterem, conservem o propósito, dizendo: 'Amanhã jejuaremos de novo'. Se chegar o tempo de se alimentarem e não tomarem a refeição, deem aos pobres, dizendo: 'Para que guardar, se vamos prosseguir o jejum?'. E meditem no Senhor, em seu coração. Além disso, devemos dizer-lhes: 'Quem não pode, jejue por duas horas; o fraco jejue até as três horas e o perfeito jejue até a tarde. Se os experimentarmos um pouco até as espáduas, vindo a saber quanto podem suportar, ofereçamos-lhes, então, leite espiritual (ensinamentos) e falemos--lhes palavras gloriosas'".

Os apóstolos não concordaram com as palavras de Paulo e murmuraram.

O DIA EM QUE MARIA FOI ASSUNTA AOS CÉUS

Paulo estava sentado junto à porta e lhes falava. Veio do céu o Senhor Jesus, juntamente com Miguel. Sentou-se no meio dos apóstolos, que contestavam as palavras de Paulo.

O Senhor lhes disse: "Ave, Pedro, bispo, e João, que és virgem. Vós sois a minha herança. Ave, Paulo, que aconselhas coisas boas. Afirmo, em verdade, que os vossos pareceres, tanto o de Pedro como o de João e o de André, não são seguros, mas sim o de Paulo. Agora, todas aquelas coisas se tornarão claras e seguras. Vi o mundo inteiro na rede, e Paulo os encontrará nas redes. Agora, nos últimos dias (tempo entre a primeira e segunda vinda de Jesus), serão claras e seguras todas as vossas palavras".

Nesse momento, nosso Senhor voltou-se para Paulo e disse-lhe: "Não te entristeças, porque os apóstolos não te revelaram o mistério da glória. A quem ensinarei e a quem foi revelada a doutrina que ensinarei no céu?"

Então nosso Senhor fez um sinal a Miguel. Miguel falou com a voz dos anjos fiéis, e estes desceram em três nuvens. O número deles sobre a nuvem devia ser de dez mil anjos, diante do Salvador. E nosso Senhor ordenou que levassem para as nuvens o corpo de Maria. Depois que o corpo foi levado, nosso Senhor ordenou aos apóstolos que fossem para junto dele. Subiram à nuvem e cantavam com voz angélica. O Senhor deu ordem à nuvem para que se voltasse para o lado do Oriente, na direção do paraíso.

Quando chegaram todos ao paraíso, depuseram o corpo de Maria junto à árvore da vida. Tomaram sua alma e a colocaram sobre seu corpo. Em seguida, nosso Senhor mandou os anjos de volta a seu lugar.

OS APÓSTOLOS VISITAM A MORADA DOS MORTOS

Os apóstolos disseram ao Salvador: "Senhor, quando estávamos contigo, nós te suplicávamos que nos mostrasses o lugar dos tormentos". Ele respondeu: "Quereis isso? Tende hoje paciência. Quando eu deixar o corpo, vos farei subir e vos farei ver os tormentos".

Enquanto assim conversavam, o Senhor deu às nuvens um sinal com os olhos. Estas arrebataram os apóstolos, Maria e Miguel com o Senhor, levou-os para o lado do Ocidente e ali os deixou. O Senhor falou com os anjos poderosos. Tremeu a terra, e abriu-se a Geena. E o Senhor permitiu aos apóstolos ver o que tinham desejado.

Viram as pessoas entre os tormentos. Quando os atormentados reconheceram Miguel, cresceu seu lamento, e exclamaram: "Miguel, nosso anjo, Miguel, nosso rei, Miguel, nosso arcanjo, que todos os dias adoras em nosso lugar, por acaso agora te esquecerás de nós para sempre? Por que não suplicas por nós?"

Os apóstolos e Maria caíram abalados pela dolorosa situação daqueles que se achavam entre os tormentos. Caíram com o rosto em terra. O Senhor os levantou, dizendo: "Levantai-vos, meus apóstolos, meus discípulos. Digo-vos que isso não podeis suportar. Se não podeis suportar essa visão, como poderíeis suportar, se vos introduzisse nos lugares interiores, onde ninguém é conhecido? Que vos aconteceria, então?"

A SÚPLICA DOS ANJOS

E Miguel disse aos que estavam nos tormentos e no pranto: "Vivo é o Senhor; vivo é Aquele que é digno; vivo é Aquele que julgará os vivos e os mortos; vivo é Aquele que julgará esses tormentos. Doze são as horas do dia e doze as horas da noite. Essas horas correspondem a salmos. Quando se completa cada um desses salmos, eu me prostro e adoro o bom Senhor, suplicando por todas as criaturas e por todos os seres humanos".

Também os anjos das águas suplicavam: "Tem piedade deles, ó Pai, para que se multipliquem os frutos da água em benefício dos filhos dos homens. Eles são a tua imagem e semelhança. Por isso, eu te suplico que ouças a mim que sou teu anjo, para que tenhas piedade das águas e elas se multipliquem".

Também os anjos dos ventos adoraram e disseram: "Também nós te suplicamos, bom Senhor, pelos filhos dos homens, para que soprem os ventos e se multiplique tua piedade sobre eles, em favor dos frutos das árvores e da carne que germina".

Do mesmo modo, os anjos das nuvens adoraram, dizendo: "Suplicamos-te, bom Senhor, que não abandones os filhos dos homens, para que as nuvens os cubram e não deixem de mostrar-se a eles. A tua bondade nos força a servi-los".

Muitos outros anjos também se apressaram em interceder pelos filhos dos homens. Miguel, preposto a todas as almas, disse: "Muitas vezes, também eu me prostro, suplicando a cada hora por todas as almas. Mas o vosso esforço tornou-se inútil, porque não guardastes os preceitos que vos foram impostos". O próprio Miguel se aproximou e viu o desespero de que estavam possuídos. Caiu diante do Senhor Jesus e disse: "Suplico-te, Senhor: dá aos filhos dos homens descanso de tal tormento". Jesus fez Miguel levantar-se e disse: "Miguel, meu eleito, cessa o teu pranto. Por acaso tu os amas mais do que aquele que os criou? Tens mais piedade deles do que aquele que lhes deu o sopro da vida? Antes que tu, Miguel, rogasses por eles, não poupei o meu sangue, mas o dei por eles. Ó Miguel, há quem permaneça no tormento, abandonando a alegria de Jerusalém? Fui concebido por causa deles. Para lhes dar descanso, supliquei a meu Pai. Tu, Miguel, suplicaste a meu Pai só por pouco tempo, mas meu sangue não cessa, dia e noite, de suplicar ao Pai por eles. Quando meu Pai quer ter piedade deles, livrando-os dos tormentos, eles se retiram para a direita. Vi os que estavam nas profundezas manchados de sangue e minha misericórdia se afastou deles".

Diante do intenso pranto e das numerosas súplicas, também os querubins se comoveram e batiam as suas mãos entre si, por causa da minha súplica a meu Pai em favor das almas que estão atormentadas. O Pai, voltando-se para mim, disse: "Quero a misericórdia, e grande é a minha misericórdia, mas o que determina a medida (perdão) é o teu sangue. Agora, portanto, Miguel, levanta-te e mostremos aos apóstolos o que se passa".

MARIA E OS APÓSTOLOS PERGUNTAM
PELA SITUAÇÃO DOS MORTOS

Miguel levantou-se, e o Senhor disse: "Ó apóstolos, levantai-vos e vede o que se passa". Viram, então, um homem em cuja mão estava uma palma de fogo. Ardia, mas ele não podia lamentar-se.

Maria e os apóstolos exclamaram: "Quem é o homem que tem o tormento em sua mão?" Miguel explicou que se trata de um leitor da comunidade que profere palavras dignas de louvor, mas não as põe em prática. Por isso, está em grande tormento.

Depois viram outro homem, vindo de longe. Tinha na mão o grande tormento de fogo, mas não permitiam que falasse. Meninos de tenra idade, com muitos outros, lhe mordiam os lados. Os apóstolos perguntaram: "Quem é aquele de que não se tem misericórdia, enquanto o fogo arde em sua mão, e eles o conduzem e mordem?"

O Salvador respondeu: "Este é aquele que disse: 'Eu sou diácono', mas recebeu o sangue venerável e não o guardou como convém. Quem o morde são aqueles que passam para serem vistos, que fazem o que não lhes convém. São aqueles que o diácono devia instruir, punir e afastar do Templo, porque eram indignos, mas não o fez".

Foi visto outro que estava preso aos tormentos. Dois seres tenebrosos o guardavam. Batiam-lhe no rosto com pedras redondas como um hobet. Não tinham piedade, e ele não se voltava. Batiam-lhe à direita e à esquerda. Maria, então, perguntou: "Senhor, quem é esse que sofre tormento maior do que os outros e não têm piedade dele? Por que o ferem com pedras redondas como hobet e seus ossos não caem por terra?"

Respondeu-lhe Jesus: "Todo ele se entregou ao pecado. Por isso, dois seres tenebrosos o ferem no rosto com pedras. Por que não se torna pó? Ele conheceu a paixão do homem carnal. Se a ela se entregou, a pedra será para ele um flagelo temível, sem que o destrua. Maria, depois que souberes quem é, então te direi por que sua forma não se desfaz. Aquele é um sacerdote a quem foram confiados os pobres, os indigentes, os aflitos. Comia as refeições comemorativas e as primícias. Mas não ele só. Dava a quem não se devia dar. Por isso lhe batem no rosto. Queres saber por que seu rosto não se desfaz? Não foi fiel ao ofício que lhe foi confiado. Sua alma não morre. Permanecerá no tormento, sem morrer, sem se dissolver".

OS TORMENADOS PEDEM A INTERCESSÃO DOS APÓSTOLOS

A seguir, Jesus lhes indicou o caminho para retornarem do lugar do tormento. O Salvador olhou para Miguel e se afastou deles, deixando que Maria e os apóstolos pudessem conhecer os atormentados. Estes clamaram e disseram: "Maria, te suplicamos, ó Maria, luz e mãe das luzes, Maria, vida e mãe dos apóstolos, ó Maria, lâmpada de ouro, que trazes toda lâmpada verdadeira, Maria, Senhora nossa e mãe de nosso Senhor, Maria, nossa rainha, suplica a teu filho que nos permita ter um pouco de descanso".

Outros ainda, os que conheciam os apóstolos, pois eles os tinham constituído como sacerdotes em diversas regiões, disseram: "Pedro, André e João, que vos tornastes apóstolos, intercedei por nós". Os apóstolos responderam para eles: "Onde pusestes a nossa doutrina, que vos ensinamos? Não vos lembrais dos dias em que Cristo, Deus e Senhor de todas as coisas, vos apareceu e vos constituiu em vossos ofícios? Nós tememos todos os seus preceitos". Eles ficaram muito confusos e não puderam responder aos apóstolos.

Então o Salvador se ergueu e veio ao lugar dos tormentos e disse-lhes: "Onde pusestes aquilo que vos ensinaram? Não ouvistes tudo o que disseram? Em vez de atender, cuspistes sobre eles, sem lhes dar ouvidos. Não teria eu podido com apenas um sinal dos olhos fazer cair o céu e a terra sobre os pecadores que pecaram contra mim? Mas não o fiz, para vos mostrar minha disposição, para que soubésseis vós e eles como devíeis proceder. Vós, porém, não fizestes isso, mas vos tornastes igualmente culpados, vos cobristes de ignomínia, sofrestes e ficastes oprimidos. Por isso, deveis arrepender-vos. E que alegria vos posso proporcionar? Contudo, por causa das lágrimas de Miguel, por causa de meus santos apóstolos e por causa de Maria, minha mãe, que vos vieram visitar, eu vos concederei por três dias o descanso de domingo (três horas de descanso no domingo)".

OS APÓSTOLOS VISITAM O PARAÍSO

O Salvador fez, então, aos anjos do poder, um sinal com os olhos, e a terra se abriu. Aconteceu que, como por acaso, os apóstolos chegaram ao paraíso e sentaram-se junto à árvore da vida. Ali estavam a alma de Abraão, a alma de Isaac e a alma de Jacó e de muitos outros. Quando ressurgiu dos mortos, o Salvador os tinha levado para lá e ali os tinha posto como pessoas vivas. Estava lá Davi, tocando a lira. Isabel estava junto com eles. Mas era outro o lugar das mulheres. Lá estavam os magos que vieram ver o Senhor, e os meninos mortos (inocentes) por causa do Salvador.

Foram vistas também coisas grandes e maravilhosas. Todas as almas dos homens bons saídas dos corpos. Todos eles, tendo deixado os corpos, repousavam no seio de Abraão, de Isaac e de Jacó. Assim como também Henoc e a árvore da oliveira (da vida), da qual Henoc tirara um pequeno ramo e o tinha dado à pomba, para que o levasse a Noé, na arca. Nos dias do dilúvio, Noé mandou a pomba ao paraíso para interrogar o bisavô de seu pai. O Senhor teve compaixão da terra e olhou para ela. A pomba foi interrogar Henoc. Achou que era dura a sua palavra e voltou a Noé, sem nada levar. Noé a enviou novamente. Interrogou de novo Henoc e ficou ciente de que o Senhor tivera piedade da terra.

Henoc cortou um ramo de oliveira e deu-lhe, dizendo: "Leva este sinal a Noé e dize-lhe: 'Este é o sinal, o ramo de oliveira. É este o mesmo que vemos em todas as árvores!'"

JESUS, PAULO E O DIABO

Disse-lhes o Senhor: "Não vos maravilheis com isso. Se vos preparardes, encontrareis, na terra da herança, coisas melhores do que essas. Digo-vos de novo: 'Permanecei com Maria e com todos os que estão aqui, até que eu faça Paulo subir e lhe mostre todas as coisas, conforme lhe prometi'".

O Senhor, então, subiu a uma nuvem e chamou Paulo para ficar a seu lado. Fê-lo subir na nuvem com ele.

O diabo, no alto, gritou: "Jesus, filho do Senhor, que vieste ao mundo, pregaste diante de Jerusalém e deste ordem aos apóstolos para que pregassem em toda a terra, como podes fazer subir contigo, para contemplar tuas maravilhas, este que se chama Paulo, antes de ele ter combatido comigo e de me ter vencido? Aos doze, com justiça, mostraste todas as coisas. Eles o merecem: lutaram comigo e me venceram. Este, porém, não lutou comigo e não me venceu. Como podes fazê-lo subir? Que ele venha, portanto. Lute primeiro comigo e, se me vencer, leva-o e mostra-lhe todas as coisas".

JESUS ENVIA PEDRO E PAULO EM MISSÃO

O Senhor nosso disse, então, a Paulo: "Meu irmão Paulo, prepara-te para a luta, de modo que nada se encontre superior a ti". Paulo respondeu: "Não o conheço, mas sei que combaterei com ele". Disse-lhe, então, nosso Senhor: "Mandarei Pedro contigo, e ele te ensinará como lutar".

Nosso Senhor desceu ao paraíso, onde se encontravam os apóstolos, e disse a Pedro: "Vai com Paulo e ensina-o a lutar com o inimigo que quer lutar com ele".

Pedro perguntou: "Senhor, onde lutaremos de novo com ele? Sobre um monte ou no meio do povo?" Respondeu o Senhor: "No meio do povo, para que assim vejam a sua derrota e a sua humilhação. Onde a nuvem vos deixar, aí combatei com ele".

PEDRO E PAULO NO PALÁCIO DO REI EM ROMA

A nuvem os tomou e os deixou no meio do palácio do rei de Roma. Os eunucos do rei de Roma estavam ali sentados. Em torno do rei se encontravam suas concubinas e o chefe da sua casa. Ao vê-los, o soberano se perturbou. Correu ao encontro deles com os eunucos, levando o cetro na mão. Estendeu o báculo sobre eles, para que os eunucos não os ferissem ou levantassem as mãos contra eles.

Disse-lhes o rei: "Quem sois vós? Donde viestes? Como entrastes furtivamente neste meu palácio, neste lugar que ninguém jamais viu? Nem mesmo o meu filho entra aqui, sem antes pedir consentimento. Vós, porém, entrastes sem autorização. Quem falou convosco? Respondei-me agora tudo o que vos perguntei".

Pedro voltou-se para Paulo e disse: "Paulo, tu falas ou eu devo falar?" Respondeu Paulo: "Fala tu, Pedro, meu pai". E Pedro falou: "Queres saber quem somos nós e de onde viemos. Pois bem: eu sou aquele que jurou (negou); o outro é Paulo, de Tarso, na Cilícia. Se queres saber quem somos, escuta e te falaremos daquele que nasceu (morreu) por nós. Nós somos daquele que não foi apanhado em mentira, que veio do meio da morada celeste, por nosso amor. Somos de Jesus, filho do Senhor, que reina para sempre, que não vacila, que subverterá todos os reinos e pode salvar aqueles que o escutam e a ele se submetem".

Perguntou-lhes o rei: "Como posso saber se é verdadeira a vossa palavra ou se não é?" Respondeu-lhe Pedro: "Porventura tu mesmo não ouviste falar das maravilhas que ele operou em Israel? Fez os paralíticos andar e deu vista aos cegos; fez os surdos ouvir e os mudos falar; expulsou os demônios e purificou os leprosos. Transformou a água em vinho. Abençoou cinco pães, nos entregou, e nós os demos ao povo. Cinco mil homens os comeram e ficaram saciados; e recolhemos doze cestos com os pedaços que sobraram. Nossos olhos viram esse prodígio e nossas mãos os distribuíram. E realizou outras maravilhas; até os ventos ele aplacou. Além disso, certamente ouviste falar de outras coisas portentosas".

O REI PEDE A CURA PARA A SUA FILHA CEGA

Declarou-lhes o rei: "É extremamente grandioso o que acabo de ouvir. Mas vos pedirei uma comprovação de que isso é verdadeiro. Tenho uma filha. Uma ave arrancou-lhe o olho direito. Chamei todos os médicos do meu reino, e não puderam curá-la, porque se arruinou a pupila do olho". Disse-lhe Pedro: "Manda chamá-la e faze-a vir à minha presença".

O rei mandou quatro criadas, que a conduziram até lá. A mãe veio junto com ela. Quando Pedro observou a pupila do olho, reconheceu, em seu espírito, que a ave lhe tinha arrancado o olho por causa de algum pecado. Pedro disse ao rei: "Conta-me o pecado que cometeste e pelo qual a ave arrancou o olho de tua filha".

O rei se envergonhou de lhe contar, porque a mãe dela estava presente. E disse a Pedro: "Se a podes curar, cura-a; se não podes curá-la, por que devo escutar tuas palavras? Fiz vir muitos médicos para minha filha; cumpri muitas prescrições, mas não puderam curá-la. De nenhum deles ouvi tais palavras".

Pedro replicou-lhe: "Eis por que não puderam curá-la: não te pediram que lhes declarasses o pecado. A nossa arte de curar nos foi dada pelo príncipe dos médicos. Foi isso que nos ensinou o nosso Salvador. Como não queres confessar o teu pecado, eu o direi". Nem assim o rei o quis revelar. Pedro disse, então, a Paulo: "Levanta tuas mãos para rezar".

Pedro continuou: "Senhor, reuniste todas as criaturas e permitiste que se espalhassem sobre a terra. Com teu poder criaste a terra e tudo o que nela existe. Chamaste o que não é como aquilo que é; e tudo foi feito a teu mandado. Nós permanecemos em tua mão. Penetras o oculto. Nada é impossível diante de Jesus, nosso mistério. Escuta-nos, pois clamamos a ti; e saiba este rei que não há ninguém mais forte do que os teus servos".

A AVE CONFESSA O QUE OCORREU

Quando ainda rezavam, veio aquela ave que arrancara o olho da filha do rei e a tornara cega. Chegou ao meio do palácio, acompanhada de outra ave, e gritou: "Que há, ó Pedro e Paulo, servos do bom Senhor? Ouvi de mim as coisas verdadeiras que direi aos apóstolos". Com temor a ave prosseguiu: "Escutai-me, servos do Senhor. Fui enviada para falar-vos toda a verdade sobre o que me interrogais. Estamos aqui por vossa causa. Escutai-me, e explicarei por que fiz mal aos olhos dessa filha do rei. Escutai-me, se tendes ouvidos". Chegou o dia do aniversário natalício desse rei. Terminara o festim, e tudo se realizara segundo o costume e a determinação do rei de Roma. Havia ali uma jovem ainda virgem. O rei depôs o manto real e levantou-se depois do festim. Viu aquela jovem que era virgem. Segurou-a e tentou corromper a sua virgindade. A jovem gritou e não permitiu que o rei desatasse a sua cinta. O rei encheu-se de ira e mandou que a conduzissem a um determinado lugar e ali permanecesse até morrer de sede e de fome. Ordenou aos homens que moravam naquele lugar que não lhe dessem coisa alguma. Se alguém lhe desse pão e água, teria a cabeça cortada pela espada. Transcorridos três dias sem tomar nenhum alimento, a pupila de seus olhos começou a enfraquecer por causa da fome. Essa filha do rei, que agora vedes cega, subiu ao telhado levando pão puro, com intenção de atirá-lo onde estava a jovem, dizendo: 'É bom que meu pai não me descubra aqui no telhado e não morramos as duas'. Vi que morria de fome. Quando ela ia dar-lhe a comida, enchi-me de grande cólera. Voando em redor dela, arranquei-lhe o olho. Quando me voltei para me afastar, uma luz atingiu o meu rosto e cegou-me. Fiquei caída entre os ramos até hoje, quando, por vossa oração, me foi concedido vir até aqui".

Disse-lhe Pedro: "Declaro-te, na verdade, que é justo ficares cega. Afligiste a quem tinha fome de pão e impediste a quem queria fazer um benefício. Talvez tu sejas uma daquelas de que falou nosso Senhor. Saiu o semeador a semear. Uma parte caiu na estrada. Vieram as aves do céu e a devoraram. É justo que tu morras". Em seguida, a ave caiu morta aos pés de Pedro.

A FILHA DO REI É CURADA

Pedro voltou-se para o Rei Paragmos, que estava preso ao tormento de quem não enxerga (espiritualmente), e disse: "Não quiseste confessar o teu pecado, mas aquela ave o confessou. Não confessaste e não tinhas intenção de confessar. Vai e espera a tua retribuição. Fui mandado a ti pelo Senhor".

Voltando-se, depois, para a pupila do olho da jovem, pôs as mãos sobre os olhos dela e disse: "Em nome de nosso Senhor Jesus Cristo, volta a enxergar". A filha exclamou e com ela todas as outras pessoas: "Ninguém seja surdo. Não há cura a não ser em nome de Cristo, filho do Senhor. A mim convém que o oculto, aparecendo, me gratifique com a luz".

Disse-lhe Pedro: "Tu, pupila do olho, se te encontrássemos morta, nós te levantaríamos para encontrar misericórdia em teu favor, ao nos retirarmos". O rei e os que estavam com ele caíram aos pés dos apóstolos, exclamando: "Nós vos suplicamos, concedei-nos a graça de nos tornarmos iguais a vós".

Pedro mandou que trouxessem água e os aspergiu. Ordenou-lhes que guardassem os preceitos que lhes dera. Disse-lhes: "Permanecei fiéis ao que vos determinei, até que eu volte dentro de oito dias. O Senhor nosso nos apareceu e me disse que ficasse dez dias com os moradores de Filipos. Permanecei firmes na fé; nós iremos a Filipos". Dizendo isso, afastaram-se deles.

PEDRO E PAULO EM FILIPOS

Enquanto caminhavam pela estrada, Paulo perguntou a Pedro: "Onde está aquele que gritava debaixo do céu, dizendo: 'Manda Paulo para que eu lute com ele?'" Pedro respondeu a Paulo: "Tu te entristeces, ó Paulo. Por que não veio a nós? É possível que o Senhor permita que nenhum de nós o veja até o fim do século. Mas conserva-te vigilante. Ele, de fato, está sempre pronto a voltar à luta".

Seguiram e chegaram à região de Filipos. Pregaram a palavra do Senhor. O Senhor abriu subitamente uma grande porta (abriu possibilidade de pregação) na cidade. Ali realizaram grandes prodígios. Deram vista aos cegos, levantaram os paralíticos, abriram os ouvidos aos surdos e purificaram os leprosos. Toda a cidade acreditou.

AS CILADAS DE SATANÁS

Enquanto os apóstolos se encontravam retirados na cidade de Filipos, Satanás se pôs a lamentar e armar ciladas. Via muitos acreditar e não encontrava modo de lutar contra Paulo. Revestiu-se da aparência de um chefe do país dos negros (Etiópia). Tomou consigo quatro demônios e os fez semelhantes a quatro soldados. Dirigiu-se com eles para a região de Roma e entraram no palácio do rei.

Satanás disse ao porteiro: "Dize ao rei que está aqui que o rei de Endon (na Índia) quer encontrar-se com ele". Quando Paragmos ouviu que era o rei de Endon, apressou-se a ir a seu encontro. Ao vê-lo, o rei de Endon caiu-lhe aos pés, chorando. Paragmos o levantou, dizendo: "Levanta-te e dize-me quem és tu". Eu sou –respondeu-lhe – o rei de Endon e de todas as partes da Etiópia. Há duas pessoas que entraram no meu reino. Um é Pedro e o outro, Paulo. Exercem a magia. Instruíram os meus soldados a respeito de seu deus. Eles dizem que Jesus é o rei da luz; ele destruirá todos os reinos. Todos os meus soldados acreditaram neles, deixando-me só com estes quatro. E, como ouvi dizer que tinham vindo ao teu reino e à tua terra, vim também eu para dizer-te o que aconteceu. Agora, portanto, enquanto estão contigo, tomemos a iniciativa e os matemos. Se não fizeres isso, exercerão a magia e também teus soldados te abandonarão e ficarás sozinho. Quando te puseres a caminho, não haverá nenhum soldado contigo".

Ao ouvir essas coisas, o rei de Roma mostrou uma flecha em sua aljava e disse ao rei de Endon: "Eu a afiei e preparei para os magos. Far-te-ei voltar aqui dentro de três dias e, junto comigo, estarás frente a frente com eles. Agora, não te apresses. Sei onde estão. Ouvi-os dizer: 'Vamos a Filipos para ensinar lá'. Mandarei pessoas para prendê-los e depois matá-los".

Paragmos chamou dez mil e duzentos cavaleiros e ordenou-lhes: "Ide à região de Filipos, prendei os dois magos, Pedro e Paulo, e conduzi-os à minha presença. Eu os matarei". Os cavaleiros saíram sem demora e cercaram todas as muralhas da cidade. Quando os habitantes de Filipos ouviram o tropel dos cavalos, saíram apressadamente para fora da cidade. Os maiorais e os chefes perguntaram: "Que falta cometemos contra o rei e que fizemos para que cerque a cidade com grande aparato de guerra?"

Os soldados lhes responderam: "Não tenhais medo. Vós vivereis. O rei não nos mandou por vossa causa nem para destruirmos a vossa cidade, mas nos enviou por causa dos dois magos Pedro e Paulo". Os habitantes reuniram-se em conselho à parte e disseram entre si: "Aí de nós! Que devemos fazer? Não queremos entregar aqueles dois homens, que praticaram o bem em nossa cidade. Se os entregarmos, erraremos e cometeremos um delito. Iremos e diremos que os magos não estão aqui".

Foram estar com os soldados e disseram-lhes: "Os magos não estão em nossa cidade". Os soldados lhes responderam: "Se não nos entregardes os dois magos, nós vos amarraremos e vos levaremos ao rei". Voltaram novamente os homens daquela cidade e confabularam entre si: "Que devemos fazer? Vamos estar com os dois apóstolos na cidade e dizer-lhes que Paragmos mandou buscá-los".

Enquanto se dirigiam de volta à cidade, veio a seu encontro um velho que fora cego e tinha sido curado por Pedro e Paulo. Perguntou-lhes: "Ó cidadãos, por que vos reunistes assim?" Responderam-lhe: "Porque fomos intimados pelo rei a entregar-lhe Pedro e Paulo. Vamos procurá-los e lhes perguntaremos o que devemos fazer".

Disse-lhes o velho: "Vinde e segui-me. Vamos à presença dos soldados. Rezaremos ao Senhor, para que tenha piedade de nós e mude o coração dos soldados. Se recusarem, nós nos levantaremos contra eles. Ainda que tenhamos de morrer, não entregaremos os apóstolos que realizaram grandes prodígios. E ainda vos digo: se o rei atirar esses dois homens ao fogo, poderão invocar a seu Senhor e ele os salvará. Mas tende paciência. Eles decidirão se devemos ou não lutar por eles".

Então a cidade inteira seguiu aquele velho. Voltaram-se para o Oriente e suplicaram ao Senhor que mudasse a disposição dos soldados, e eles se afastassem.

A VITÓRIA DE PAULO

Pedro e Paulo saíram da cidade. Ninguém os viu. Puseram-se à frente do povo e rezaram para que os soldados tivessem fé. Enquanto rezavam, os cavalos dos soldados se voltaram para o Oriente, onde Pedro e Paulo faziam a oração. Levantaram as orelhas e relincharam brandamente, como quem chora.

Os soldados cansaram-se de fustigar as cabeças dos cavalos, mas não conseguiam fazê-los voltar, pois rezavam de joelhos com o povo. Os dez mil e duzentos cavalos adoravam com os joelhos dobrados.

Quando os homens se levantavam, também os cavalos se levantavam. Quando algum dos soldados queria fazer voltar o seu cavalo, este não obedecia.

Um dos cavalos, de porte avantajado, que se chamava Legião, elevou a voz como se fosse um homem e declarou: "Ó estultos, agora o vosso coração compreenderá. Falo aos dez mil e duzentos soldados de Paragmos, rei de Roma, que vos mandou aqui para prender Pedro e Paulo, dois soldados de Cristo. Vós os acusais de magos. Eles não são homens que se dedicam à magia. Vieram para destruir os magos e todas as obras do diabo. Não vedes e não compreendeis o que aconteceu? Se enxergásseis com vossos olhos, veríeis Pedro e Paulo em vosso meio, com seu rei Jesus, montados em cavalos brancos e rezando por vós. Não vistes o prodígio que ele realizou por vossa causa? Os animais que estão a nosso redor viram Pedro e Paulo, ora de joelhos, ora em pé, adorar o grande rei, em vosso benefício. Nem eles nem vós pudestes voltar-vos para que não adorássemos de joelhos com eles, enquanto procediam de acordo com os apóstolos. Estes apóstolos estão no vosso meio e escrevem vossos nomes no livro da vida. Eles vêm como sinal do seu rei Jesus, para que vos torneis seus soldados. Prepararam o caminho para que subais ao seu reino".

Enquanto o cavalo proferia aquelas palavras, Jesus subiu ao céu com uma grande luz e disse a todos os que o escutavam: "Não descuideis da minha nova planta (os novos cristãos)". Os homens e os animais tinham todos levantado os olhos e viram o Salvador subir ao céu. Ao vê-lo, de novo clamaram em alta voz os dez mil e duzentos soldados, dizendo: "Nós vos suplicamos, ó Pedro e Paulo, soldados do vosso rei, revelai-nos também os feitos que ele realizou para que cheguemos ao que é bom".

Pedro e Paulo se manifestaram, então, aos soldados, e estes lhes pediram que pudessem tornar-se soldados como eles. Pedro e Paulo responderam: "Ninguém pode tornar-se soldado do nosso rei com tais cavalos, com escudo, espada e flecha. O nosso cavalo é o espírito; e quem nos conduz para onde tivermos de ir o faz por meio do seu espírito. Nosso escudo é a oração; e nossa flecha é a sua palavra poderosa. Nossa espada de dois gumes é a fé com as obras. Mas vós, homens do mundo, como podereis tornar-vos soldados de Jesus, se não deixardes primeiro essas coisas?"

Os soldados responderam: "Deixaremos estas coisas e seremos vossos soldados". Disse-lhes Pedro: "Não é assim como pensais. Vamos ao rei e lhe entreguemos as armas, os cavalos e tudo o que lhe pertence. Nós também iremos à cidade e lá vos faremos nossos discípulos. Mas, desde agora, antes de irdes, eu vos digo que nada vos acontecerá. Assim acreditareis mais firmemente, porque vos informamos com antecedência. Se não lhe restituirdes as armas, ele se encherá de ira contra vós e vos mandará atirar no cárcere. Não se perturbe o vosso coração. Vosso rei é poderoso e vos salvará, porque a glória de Jesus está convosco".

Eles montaram em seus cavalos, partiram e chegaram à presença do Rei Paragmos. Quando o rei os viu, perguntou-lhes: "Onde estão os dois magos Pedro e Paulo? Eu vos mandei por causa deles". Os soldados responderam: "Que coisa lhes fizeste, em recompensa da luz que restituíram à tua filha? Tu os desprezaste e não lhes fizeste nenhum bem. Eles não querem de ti nenhum bem que perece. Possuem Jesus, seu rei, cujo trono está muito acima deles. Nós também esperamos tornar-nos soldados de Pedro e de Paulo".

Depois de dizerem isso, tiraram as suas couraças e atiraram-nas à frente do rei, exclamando: "Toma isto, que é teu. Encontramos um rei melhor do que tu". O rei, ao ouvir aquelas palavras, irritou-se profundamente, rasgou sua veste purpúrea e disse: "Ai de mim! Que farei? O rei de Endon me disse a verdade, quando afirmou: 'Encantaram os meus soldados'. Não mentiu. Agora conheço os meus dez mil e duzentos soldados. Se quiser, posso matar-vos, porque entre vós não estão os meus soldados mais fortes". O rei, então, mandou atirá-los no cárcere. Em seguida, vinte mil e quatrocentos soldados de infantaria foram convocados para se dirigirem à região de Filipos, a fim de destruir a cidade até os fundamentos. Deviam trazer os dois magos para o rei fazer deles o que quisesse. Os soldados reuniram-se para a marcha, e ele preparou as armas para a guerra.

Pedro conheceu, em seu espírito, que viriam para destruir a cidade. Disse, então, a Paulo: "Meu irmão Paulo, vamos encontrar-nos com o Rei Paragmos. Se não formos, mandará destruir a cidade por nossa causa". Paulo respondeu: "Vamos, Pedro, meu pai". Ao saírem da cidade, ambos rezaram e subiram a uma nuvem que descera sobre eles e para eles. Esta os ouvia como o servo ouve o seu senhor. O Salvador lhes submeteu todas as criaturas. A nuvem os transportou e os deixou no meio do palácio real, diante do rei e diante de todos os que estavam na corte.

Pedro, então, disse ao rei: "Paragmos, acalme-se a tua ira. Não destruas a cidade por nossa causa. Eis que estamos diante de ti". O rei mandou que os soldados se retirassem e perguntou aos dois: "Pedro e Paulo, sois vós os dois magos?" Eles responderam: "Somos nós; mas não somos magos. Pelo contrário, viemos para destruir os magos e o pecado que torna dura a sua alma".

Eu, porém – replicou o rei –, farei cair sobre vós o vosso pecado. O rei mandou fazer dois capacetes de ferro, com cravos. Fê-los encher de veneno viscoso e aquecer ao fogo. Ordenou que os colocassem, um na cabeça de Pedro, outro na cabeça de Paulo, e os suspendessem de cabeça para baixo.

Ele disse a Pedro: "Príncipe dos magos, que o vosso príncipe e rei vos ajude; que venha e vos tire de minha mão". Paulo sofreu muito. Era o último dos apóstolos a sofrer aquele flagelo. Paulo disse a Pedro: "Ó meu pai Pedro, clama ao nosso rei para que venha e nos salve".

Respondeu-lhe Pedro: "Sei que sofres. Tem paciência, um pouco, meu irmão Paulo, e a glória do Senhor se revelará. É bom ter paciência, porque nosso Senhor está em nosso meio para nos ajudar".

Voltando-se para o rei, disse-lhe Pedro: "Paragmos, rei de Roma, rei que será destruído. Nós nos encontramos neste sofrimento. Clamamos a nosso rei; ele virá e nos salvará. Mas, se fosse um de teus soldados que se visse afligido no combate e gritasse, pedindo-te ajuda, poderias acaso salvá-lo?"

Dito isso, Pedro, suspenso com a cabeça para baixo, rezou dizendo: "Senhor, com a palavra de tua boca levantaste o céu e a terra. Ergueste os montes com tua ordem; e deixaste no abismo o que pratica o mal. Tu, que fizeste sozinho estas coisas: a árvore que está no paraíso e o paraíso na árvore; que estás com o Pai e o Pai está contigo, luz da luz, cisterna para os rios da vida, sabedoria em ti escondida, escuta o teu servo e vem mostrar a tua glória".

PEDRO E PAULO SÃO LIBERTOS E O REI, PUNIDO

Quando Pedro silenciou depois de dizer essas palavras, os apóstolos foram libertados e o próprio Rei Paragmos foi suspenso em uma nuvem, de cabeça para baixo. O mesmo aconteceu aos maiorais da casa do rei e a todos os que estavam junto dele. Foram também suspensos. Ninguém via quem os suspendera nem quem os sustentava.

O Rei Paragmos chorou e exclamou: "Pedro, meu senhor, intercede por mim e salva-me deste grande tormento. A partir de agora, não serei infiel. O rei de Andon não encontrará descanso e seu reino desaparecerá, porque, com más palavras, encheu meu coração de maldade contra vós. Suplico- -vos que me façais descer, e vos servirei como escravo".

Respondeu-lhe Pedro: "O Senhor, meu soberano, tem a vida em suas mãos. Não descerás dessa cruz, ó Paragmos, rei de Roma, a não ser que antes mandes emissários ao cárcere e faças vir os dez mil e duzentos que encarceraste, dando ordem para que ninguém os soltasse. Foste tu que os encerraste no cárcere, e ninguém tem poder para soltá-los".

O rei voltou-se para sua filha e lhe relatou tudo isso, dizendo: "Ai de mim, ai de mim, minha filha! Vai, sem demora, e tira-os de lá, como determinaram os apóstolos. Não demores, para que eu não morra nesta cruz e na minha infidelidade. Eu sei, minha filha, que muitos morreram suspensos neste tormento".

Disse-lhe Pedro: "Ainda que permanecesses aqui suspenso por dez anos, não morrerias, porque estás suspenso por ordem do Senhor".

Há pessoas, da geração humana, que ficaram assim nesse tormento sobre a terra; não pereceram, porque dependem do Senhor da vida e da morte.

A filha abriu o cárcere e os conduziu para fora, conforme lhe fora ordenado. Somente ela ficara sem ser suspensa.

Quando chegaram os prisioneiros libertados, disse o rei: "Ó Pedro, eles estão soltos; permite agora que eu desça".

Respondeu-lhe Pedro: "O Senhor, meu soberano, é o senhor da vida. Do mesmo modo como condenaste os apóstolos, toma agora a caneta e a tinta e escreve, declarando que não há outro Deus e Senhor, a não ser Jesus, rei do mundo inteiro. Dirás também: 'Eu estou em um trono impuro (manchado por crimes)'. E mandarás que leiam isso no meio da cidade".

O rei mandou que lhe levassem tinta, caneta e pergaminho. Suspenso de cabeça para baixo, escreveu: "Não há outro Deus e senhor, a não ser Jesus, rei do mundo inteiro. Eu sou um rei que me assento em um trono de madeira, coberto de ouro e de prata, mas impuro. Jesus é o rei do mundo inteiro; julgará o corpo, a alma e o espírito".

Levaram o escrito para o meio da cidade. Terminada a leitura, os apóstolos o fizeram descer. Ele e os que com ele se encontravam correram e se lançaram aos pés dos apóstolos, dizendo: "Não vos irriteis contra nós, por causa do mal que praticamos e por causa da cólera com que nos iramos contra vós. Perdoai, perdoai a nossa loucura, que nos atingiu até agora". O rei continuou a aplacá-los e os levou para o edifício da nova torre.

Os dez mil e duzentos soldados foram batizados. Receberam prescrições tiradas das palavras da Lei. Os principais entre eles foram ordenados sacerdotes.

Os apóstolos partiram e dirigiram-se à região de Filipos para visitar as novas plantas (os cristãos convertidos) que ali estavam. Eles as tinham deixado em grande preocupação. Disseram ao rei e a seus acompanhantes: "Compreendestes que não há outro rei, senão Jesus. Permanecei em sua Lei e, quando chegardes ao grande dia do tormento (julgamento) e chamardes por ele, ele vos salvará. Vamos, agora, a Filipos visitar nossos irmãos de lá. Talvez, nos próximos dias, se Deus o permitir, voltaremos para visitar-vos". E assim partiram, dando-lhes a saudação de paz.

NOVA TENTATIVA DO DEMÔNIO

Mas o diabo saiu de novo com eles e os seguiu, tomando a aparência de um príncipe etíope. E pôs-se a clamar, dizendo: "Pedro e Paulo, meus pais, parai a fim de que eu vos fale. Fui mandado a vós".

Os apóstolos se voltaram; e o diabo, sob forma de homem, se apresentou diante deles. Assentou-se e disse: "Meus senhores, permiti que eu descanse um pouco, e vos transmitirei a mensagem que me deram. Onde podemos encontrar aquele que chamam de Paragmos? Quem de novo seduziu seu coração contra vós? Ele afirma novamente que sois magos. Mas vós não sois magos. Vinde comigo, por dez dias, para que se manifestem as vossas obras. Não repareis, ó apóstolos do Senhor, em minha nudez. Pelo fato de me verdes nu, não digais: 'Este homem não tem pudor'. Não sou um homem sem pudor, mas tenho vergonha de dizer-vos tudo isso. Mas que hei de fazer? Quando partistes, seu coração se obstinou e disse-me: 'Sei que teu pé é ligeiro. Se correres como um cavalo, tu os alcançarás'. Chamou-me e disse-me: 'Se não seguires aqueles dois homens e não os trouxeres a mim, eu te castigarei".

Saí triste e vos segui triste. Digo-vos: 'A veste é pesada'. Deixei a couraça e tirei as minhas vestes. Disse em meu coração: 'Para mim é melhor assim do que morrer nas mãos de Paragmos'. É por isso que me vedes nu. Se me quereis fazer bem, vinde comigo, para que não me matem por vossa causa".

Pedro compreendeu, em seu espírito, que era o diabo. Traçou um sinal na terra, ficou em cima dele e disse: "É vivo o Senhor, meu soberano, Jesus Cristo, que te amaldiçoou em tuas obras, restringiu os teus limites e tornou-te objeto de zombaria. Não passarás além do que está marcado, se primeiro não manifestares quem és".

Então o diabo lançou-se sobre Paulo, tentando traspassá-lo. Paulo teve medo, correu e abraçou-se com Pedro. Disse-lhe Pedro: "Não temas, meu irmão Paulo, porque estou contigo para combater. Tu agarras um de seus chifres e eu agarro o outro. A glória do Senhor se manifestará, e a cruz revelará sua força".

Quando Pedro e Paulo o agarraram para o segurar e o rasgar em duas partes, ele lhes suplicou: "Eu vos rogo, por Jesus vosso rei; vos rogo pela direita do Pai, que é o Filho; vos rogo pelo orvalho do céu e por toda a extensão da terra com seus frutos; vos rogo por aquele que vos deu a coroa na terra da herança, não me destruais antes que cheguem os meus dias. Abri-me um caminho para sair deste sinal e não vos combaterei mais. Confio em vós".

Depois pôs o dedo mínimo de sua mão sobre o maior (para evidenciar quem ele era), dizendo: "Eis que vos manifestei o meu sinal; não tenho poder sobre vós. Deixai-me".

Permitiram-lhe, então, que saísse daquele sinal. Depois, Pedro e Paulo se dirigiram à cidade de Filipos.

Aquele diabo, no entanto, voltou e chamou Pedro, dizendo: "Ó Pedro e Paulo, dois sedutores, olhai para mim. Julgais, porventura, que tenho medo de combater convosco? Jurei a Tetrakos (guarda do Tártaro – Inferno), o anjo do tormento que está comigo, que não deixarei de combater convosco e com vossos semelhantes até o fim dos tempos".

Disse-lhe Pedro: "Antes, vieste a nós e foste confundido. Agora voltas a nós, mas o Senhor te fez cair a nossos pés. Vai, portanto, também agora, em nome de Cristo". Quando o diabo se afastou, eles, por sua vez, entraram em Filipos e visitaram as novas plantas.

PEDRO E PAULO SÃO LIBERTADOS

O Senhor falou com Pedro e Paulo: "Ao raiar do dia, saí pela porta da cidade". Os apóstolos abençoaram a todos, desde os menores até os maiores. Quando clareou o dia, levantaram-se rapidamente e partiram. Eis que alguns cavalos, semelhantes ao fogo, saíram do Oriente, ligados a um carro de fogo. Tomaram Pedro e Paulo e subiram em uma nuvem.

O povo ficou olhando e exclamava: "Nós vos bendizemos e bendizemos o lugar para onde ides". De cima da nuvem de fogo, Pedro lhes falou: "Vós, de vossa parte, se observardes os preceitos que vos demos e permanecerdes puros, quando sairdes de vosso corpo, sairão também águias luminosas, vos tomarão em suas asas e vos farão subir como em um carro de fogo". Ao dizer isso, desapareceram no alto e o povo não os viu mais. Voltaram todos à cidade louvando e cantando hinos ao Glorioso.

OS APÓSTOLOS VISITAM O SÉTIMO CÉU

E nós, os apóstolos, nos dirigimos ao paraíso, para nos encontrarmos com os outros apóstolos, nossos companheiros. Nós os saudamos e contamos tudo o que nos acontecera. Depois, nosso Senhor nos levou a um rio branco (local de purificação que ficava no terceiro céu). Lavou-nos juntamente com Maria e nos conduziu ao sétimo céu, onde está o Senhor Deus. Quisemos entrar para o saudar, mas tivemos medo, porque é inteiramente fogo.

Vimos, em frente, dois serafins, cada um com seis asas. Com duas cobriam os rostos e com duas voavam. Não cobriam o rosto do Senhor, porque é inteiramente perfeito. Não podiam olhar a face do Senhor, porque é inteiramente fogo.

Duas outras asas dos serafins, diversas daquelas com que voavam, cobriam-lhes as faces. Com duas sustentavam os pés do Senhor para que não deixassem marcas nos altos e na terra. Quando seus pés tocarem a terra, terá chegado o fim dos tempos. Ainda um pouco, e tocarão a terra, porque do período de doze dias chegou quase ao duodécimo (período).

Nosso Salvador apressou-se, querendo que nos mostrassem tudo. Depois de ver todas aquelas coisas, deveríamos sair e pregar, ensinando que o Senhor é o início da ciência.

Nós, porém, não pudemos chegar junto do Pai. Ele falou com outro serafim, de quatro asas, o qual apareceu perto de nós, vindo da parte do Salvador, e nos disse: "É isso que convém aos justos no dia de seu reino. Ele vos cobrirá com suas asas e vos reunirá junto de si".

Quisemos adorá-lo e abraçá-lo, mas não nos permitiu, dizendo: "Agora é difícil". Mas permanecei aqui e beijai minhas mãos. Quem beijou meu corpo não morre. Contudo, Maria, porque saíra do corpo, o beijou. Depois vimos nosso Senhor Jesus Cristo e Maria sentada à direita do Senhor. Maria via todos os sinais (as chagas) que estavam em seu lado e em suas mãos, os sinais que recebera naqueles dias em que estivemos com ele.

Pedro voltou-se para nosso Senhor, dizendo: "Isto é maravilhoso. O corpo e o espírito são semelhantes (por causa da conservação dos sinais das chagas)". Pedro lhe perguntou: "Ainda não sarou a ferida provocada pela lança? E o golpe da espada, não pudeste curá-lo? Não terei descanso, enquanto não nos explicares e não o tornares claro".

Ele nos respondeu: "Os sinais permanecerão até o dia do juízo, como testemunho contra os filhos de Israel a respeito da missão do Filho. Se alguém quiser negar estes sinais, não o poderá fazer, porque estão visíveis. Ele quis, na verdade, mandar o Filho para todos os tempos. Se pessoas de uma cidade se levantarem contra ele, quiserem feri-lo e rasgar sua veste purpúrea, o Filho a apresentará a seu Pai e o Pai a guardará. Naqueles dias, quando o rei quiser distribuir benefícios a todas as cidades, então determinará que nada seja dado àquela cidade".

Os habitantes dela perguntarão: "Por que não recebemos nenhum benefício?" Ele responderá: "Porque vos revoltastes contra meu Filho". Negarão, dizendo: "Não nos revoltamos contra ele e não o conhecemos". Então o Pai mandará trazer a sua veste purpúrea. E o Filho mostrará a seu Pai o sinal da rebeldia deles (o mal que fizeram). Isso acontecerá aos filhos de Israel".

MARIA NO TERCEIRO CÉU

Depois de pronunciar essas palavras, o Senhor nosso voltou-se para um serafim de duas asas e fez-lhe um sinal. O serafim deixou duas palavras que ninguém pode compreender. Veio numerosa multidão de anjos com um trono puro e adornado. Sua glória era indescritível. Miríades de anjos o circundavam, cada um em seu trono. Disseram-nos: "Ide à terra e anunciai tudo o que vistes".

Trouxeram outro trono para Maria. Estavam em redor dela dez mil anjos e três virgens. Ela sentou-se e foi para o paraíso. Pararam no terceiro céu (onde se encontra o paraíso) e cantavam.

Miguel nos fez descer para que ficássemos na terra. Vimos outras coisas maravilhosas, porque vimos o poder que dá origem a todas as coisas. Vimos o sol e a sua luz, as águias que o cercavam e o conduziam. A sua luz aparece no meio daquelas águias. Por isso, perguntamos a Miguel: "Por que a luz do sol aqui é diferente daquela que aparece na terra?" Explicou-nos: "Esta luz é superior a toda criatura. Quando houve o primeiro pecado, quando o sangue foi derramado sobre a terra, foi-lhe tirada a sétima parte da luz do sol. Por esse motivo, ficam aqui as águias em torno da luz, na parte que lhes ocupar". Vimos também as potências das estrelas.

Depois de contemplar essas grandes maravilhas, viemos com Miguel ao Monte das Oliveiras, por ordem do Senhor nosso, a quem sejam tributados o louvor e a força por todos os séculos. Amém!

LIVRO DE SÃO JOÃO EVANGELISTA, O TEÓLOGO, SOBRE A DORMIÇÃO DA SANTA MÃE DE DEUS

Este apócrifo, escrito em grego no século V, em Jerusalém, é atribuído a João, aquele que recebeu de Jesus o encargo de cuidar de sua mãe (Jo 19,25-27). João é apóstolo de Jesus e evangelista. Portanto, o seu testemunho é verdadeiro. O livro trata do fim da vida de Maria.

A tradução apresentada segue a edição crítica de TISCHENDORF, C. Von (org.). Evangelia Apocrypha. Leipzig: Hermann Mendelssohn, 1876, p. 95-112, conforme Aurelio Santos Otero, Los evangelios apócrifos, p. 580-606.

Ter sido escrito em Jerusalém é significativo. Ali, assim como em Belém, os peregrinos enfermos iam buscar cura. Maria teria vivido em Belém, mas visitava todos os dias o túmulo de Jesus em Jerusalém. Segundo a narrativa, bastava ao enfermo tocar a parte externa da parede da casa de Maria para ser curado. Eles faziam o gesto de tocar e gritavam: "Santa Maria, mãe de Cristo, nosso Deus, tem piedade de nós!" Muitos milagres ocorreram desse modo, embora o papel principal de Maria descrito não tenha sido de cura, mas de intercessão.

O Livro de São João, o Teólogo, foi o apócrifo assuncionista completo mais popular entre os cristãos do Oriente. Ainda hoje ele é usado na liturgia bizantina da dormição de Maria, no dia 15 de agosto. Sobressai no livro o uso de incenso, próprio da liturgia bizantina, por Maria nos seus momentos de oração. No Ocidente, na Idade Média, esse apócrifo teve bastante difusão entre o povo, a partir da popularidade da Legenda Áurea, coletânea hagiográfica sobre a vida de santos, escrita entre 1253 e 1270 por Jacopo de Varazze. Os sacerdotes usavam a Legenda Áurea em seus sermões para pregar sobre a dormição e assunção de Maria.

João narra, além de outros detalhes sobre a morte de Maria, que a sua glorificação ocorreu em um dia de domingo. Maria não encontra empecilhos para chegar ao paraíso. A narrativa da morte é construída da seguinte forma: Maria morre; Jesus vem, acolhe e leva a sua alma à "casa do tesouro", a morada celeste; o seu corpo permanece incorruptível por três dias no túmulo; depois, é levado para o paraíso, onde é venerado pelos que lá estão.

Suspeitamos que o culto a Maria como intercessora, mediadora da humanidade junto a Jesus, tão largamente difundido entre os cristãos, sobretudo na Idade Média, deve muito ao Livro de São João, o Teólogo. Aliás, esse é o papel mais importante de Maria decorrente desse apócrifo, que apresenta de modo claro sua dormição, o diálogo com Jesus que confirma sua condição de intercessora e mediadora junto aos que lhe pedem misericórdia, e o trânsito para o paraíso.

MARIA FREQUENTAVA O TÚMULO DE JESUS

Quando a santíssima e gloriosa Mãe de Deus e sempre Virgem Maria se dirigia, segundo seu costume, ao sepulcro do Senhor para queimar aromas e dobrava seus santos joelhos, costumava suplicar a Cristo, filho seu e Deus nosso, que se dignasse vir até ela.

Mas, ao observarem os judeus a assiduidade com que ela se aproximava do sagrado túmulo, dirigiram-se aos príncipes dos sacerdotes para dizer-lhes: "Maria vem todos os dias ao sepulcro".

Estes chamaram os guardas que haviam sido postos ali com o objetivo de impedir que alguém se aproximasse para orar junto ao sagrado monumento, e eles começaram a averiguar se era verdade o que se dizia a respeito dela. Os guardas responderam que não haviam notado nada semelhante, porque, de fato, Deus não lhes permitia perceber sua presença.

O ANJO GABRIEL APARECE A MARIA E ANUNCIA A SUA MORTE

Certo dia – que era sexta-feira –, a Santa Virgem Maria foi, como de costume, ao sepulcro. E, enquanto estava em oração, aconteceu que os céus se abriram e desceu até ela o Arcanjo Gabriel, que lhe disse: "Salve, ó mãe de Cristo nosso Deus; tua oração, depois de atravessar os céus, chegou até a presença de teu Filho e foi ouvida. Por isso, abandonarás o mundo daqui a pouco e partirás, de acordo com teu pedido, para as mansões celestiais, ao lado de teu Filho, para viver a vida autêntica e perene".

E, tendo ouvido isso dos lábios do santo arcanjo, retornou à cidade santa de Belém, junto com as três donzelas que a atendiam. Então, depois de ter repousado um pouco, ergueu-se e disse a elas: "Trazei-me um incensário, porque vou pôr-me em oração". E elas o trouxeram, conforme lhes fora mandado.

MARIA REZA PEDINDO A PRESENÇA DOS APÓSTOLOS

Em seguida, pôs-se a orar da seguinte maneira: "Senhor meu, Jesus Cristo, que por tua extrema bondade julgaste conveniente ser gerado por mim, ouve minha voz e envia-me teu Apóstolo João, para que sua vista me proporcione as primícias da felicidade. Envia-me também os teus apóstolos restantes, os que já voaram para ti, e os que ainda se encontram nesta vida, de qualquer lugar onde estejam, a fim de que, ao vê-los de novo, possa eu bendizer teu nome, sempre louvável. Sinto-me animada porque atendes tua serva em todas as coisas".

JOÃO CHEGA À CASA DE MARIA

E, enquanto ela estava em oração, apresentei-me eu, João, que o Espírito Santo arrebatou e trouxe de Éfeso em uma nuvem, deixando-me depois no lugar onde jazia a mãe de meu Senhor. Entrei, portanto, até onde ela se encontrava e louvei seu Filho; depois disse: "Salve, ó mãe de meu Senhor, que geraste Cristo nosso Deus! Alegra-te, porque sairás deste mundo com muita glória".

E a Santa Mãe de Deus louvou a Deus porque eu, João, havia chegado até junto dela, lembrando-se daquela voz do Senhor que disse: "Eis aqui tua mãe e eis aqui teu filho" (Jo 19,26). Nisso, vieram as três jovens e se prostraram diante dela.

Então dirigiu-se a mim a Santa Mãe de Deus, dizendo-me: "Põe-te em oração e acende incenso". Eu orei desta maneira: "Ó Senhor Jesus Cristo, que realizaste tantas maravilhas! Realiza alguma também neste momento, à vista daquela que te gerou; saia tua mãe desta vida e sejam abatidos os que te crucificaram e os que não acreditaram em ti".

Depois que dei por terminada minha oração, disse-me a Santa Virgem Maria: "Traze-me o incensário". E, tomando-o ela, exclamou: "Glória a ti, Deus e Senhor meu, porque cumpriu-se em mim tudo aquilo que prometeste antes de subir aos céus: que, quando eu fosse sair deste mundo, virias tu ao meu encontro cheio de glória e rodeado de uma multidão de anjos".

MARIA TEM MEDO DE SEU CORPO SER QUEIMADO PELOS JUDEUS

Então eu, João, lhe disse por minha vez: "Já está para vir Jesus Cristo, Senhor e Deus nosso; e tu vais vê-lo, conforme te prometeu". Ao que respondeu a Santa Mãe de Deus: "Os judeus juraram queimar meu corpo quando eu morrer". Eu respondi: "Teu santo e precioso corpo não verá a corrupção". Ela então replicou: "Anda, toma o incensário, acende incenso e põe-te em oração". E veio uma voz do céu dizendo o amém.

JOÃO É COMUNICADO PELO ESPÍRITO SOBRE A VINDA DOS APÓSTOLOS

Eu, por minha vez, ouvi essa voz e o Espírito Santo me disse: "João, ouviste essa voz que foi emitida no céu depois de terminada a oração?" Eu lhe respondi: "Ouvi, sim". Então o Espírito Santo acrescentou: "Essa voz que ouviste é sinal da chegada iminente de teus irmãos os apóstolos e das santas hierarquias, pois hoje vão comparecer aqui".

Eu, João, pus-me então a orar. E o Espírito Santo disse aos apóstolos: "Vinde todos sobre as asas das nuvens, a partir dos últimos confins da terra, e reuni-vos na santa cidade de Belém para assistir à mãe de nosso Senhor Jesus Cristo, que está em comoção: Pedro vindo de Roma, Paulo de Tibéria, Tomé do centro das Índias, Tiago de Jerusalém".

OS APÓSTOLOS MORTOS SÃO RESSUSCITADOS PARA IREM AO ENCONTRO DE MARIA

André, irmão de Pedro, e Filipe, Lucas e Simão Cananeu, juntamente com Tadeu, que já haviam morrido, foram despertados de seus sepulcros pelo Espírito Santo. Este se dirigiu a eles e lhes disse: "Não creiais que já chegou a hora da ressurreição. O motivo para surgir de vossos túmulos neste momento é que precisais ir dar mostras de reverente cortesia à mãe de vosso Salvador e Senhor Jesus Cristo, tributando-lhe uma homenagem maravilhosa, pois chegou a hora de sua saída deste mundo e de sua partida para os céus".

Também Marcos, ainda vivo, chegou de Alexandria juntamente com os outros, vindos, como foi dito, de todos os países. Pedro, arrebatado por uma nuvem, esteve entre o céu e a terra sustentado pelo Espírito Santo, enquanto os outros apóstolos eram por sua vez arrebatados também sobre as nuvens para encontrar-se juntamente com Pedro. E assim, como fica dito, foram chegando todos ao mesmo tempo por obra do Espírito Santo.

OS APÓSTOLOS CONFORTAM MARIA E FALAM DE SUAS AÇÕES EVANGELIZADORAS

Depois entramos no lugar onde estava a mãe de nosso Deus e, prostrados em atitude de adoração, lhe dissemos: "Não tenhas medo nem aflição. O Senhor Deus, que deste à luz, te tirará deste mundo gloriosamente". E ela, regozijando-se em Deus, seu Salvador, se ergueu no leito e disse aos apóstolos: "Agora, sim, creio que já vem do céu nosso Deus e Mestre, a quem irei contemplar, e que sairei desta vida da mesma forma que vos vi apresentar-vos aqui. Quero, agora, que me digais como viestes a saber de minha partida e apresentar-vos a mim e de que países e latitudes viestes, já que vos apressastes tanto em visitar-me. Embora devêsseis saber que meu Filho, nosso Senhor Jesus Cristo e Deus universal, não quis esconder isso de mim, pois estou firmemente persuadida, inclusive no momento presente, de que ele é o Filho do Altíssimo".

Então Pedro dirigiu-se aos apóstolos nestes termos: "Cada um de nós, de acordo com o que nos anunciou e ordenou o Espírito Santo, forneça informação à mãe de nosso Senhor".

Eu, João, por minha vez, respondi e disse: "Encontrava-me em Éfeso e, enquanto me aproximava do santo altar para celebrar os ofícios, o Espírito Santo me disse: 'Chegou à mãe de teu Senhor a hora de partir; põe-te, portanto, a caminho de Belém para ir despedir-te dela'. E nisso uma nuvem luminosa me arrebatou e me colocou junto à porta da casa onde tu jazes".

Pedro respondeu: "Também eu, quando me encontrava em Roma, ouvi uma voz vinda do Espírito Santo, a qual me disse: 'A mãe de teu Senhor, tendo já chegado sua hora, está prestes a partir; põe-te, portanto, a caminho de Belém para despedir-te dela'. E eis que uma nuvem luminosa me arrebatou, e pude ver também os demais apóstolos que vinham em minha direção sobre as nuvens e percebi uma voz que dizia: 'Ide todos a Belém'".

Paulo, por sua vez, respondeu e disse: "Também eu, enquanto me encontrava em uma cidade a pouca distância de Roma, chamada terra dos Tibérios, ouvi o Espírito Santo que me dizia: 'A mãe de teu Senhor está prestes a abandonar este mundo e a empreender, mediante a morte, sua caminhada para os céus; põe-te, portanto, tu também, a caminho de Belém para despedir-te dela'. E nisso uma nuvem luminosa me arrebatou e me pôs no mesmo lugar em que vós estais".

Tomé, por sua vez, respondeu e disse: "Também eu me encontrava percorrendo o país dos indianos, e a pregação ia se consolidando com a graça de Cristo, a tal ponto que o filho da irmã do rei, de nome Lavdan, estava prestes a ser selado com o batismo por mim no palácio, quando de repente o Espírito Santo me disse: 'Tu, Tomé, apresenta-te também em Belém para despedir-te da mãe de teu Senhor, porque está prestes a efetuar seu trânsito para os céus'. E nisso uma nuvem luminosa me arrebatou e me trouxe à vossa presença".

Marcos, por sua vez, respondeu e disse: "Eu me encontrava na cidade de Alexandria celebrando o ofício da terça e, enquanto orava, o Espírito Santo me arrebatou e me trouxe à vossa presença".

Tiago respondeu e disse: "Enquanto me encontrava em Jerusalém, o Espírito Santo me intimou esta ordem: 'Vai a Belém, porque a mãe de teu Senhor está prestes a partir'. E uma nuvem luminosa me arrebatou e me colocou em vossas presenças".

Mateus, por sua vez, respondeu e disse: "Eu louvei e continuo louvando a Deus, porque, estando cheio de perturbação ao encontrar-me em um barco e ver o mar agitado pelas ondas, de repente veio uma nuvem luminosa e cobriu de sombra a fúria do temporal, estabelecendo a calma; depois me tomou e me colocou junto a vós".

Responderam, por sua vez, os que haviam partido antes e narraram de que maneira se haviam apresentado. Bartolomeu disse: "Eu me encontrava na Tebaida pregando a palavra, e eis que o Espírito Santo se dirigiu a mim nestes termos: 'A mãe de teu Senhor está prestes a partir; põe-te, portanto, a caminho de Belém para despedir-te dela'. E eis que uma nuvem luminosa me arrebatou e me trouxe até vós".

Tudo isso disseram os apóstolos à Santa Mãe de Deus, de que maneira haviam efetuado a viagem.

MARIA ABENÇOA OS APÓSTOLOS

E, depois, Maria estendeu suas mãos para o céu e orou, dizendo: "Adoro, exalto e glorifico teu aplaudidíssimo nome, porque puseste teus olhos na humildade de tua escrava e fizeste em mim grandes coisas, tu que és poderoso. E eis que todas as gerações me chamarão bem-aventurada (Lc 1,48)".

E, quando terminou sua oração, disse aos apóstolos: "Acendei incenso e ponde-vos em oração". E, enquanto oravam, ocorreu um trovão no céu e fez-se ouvir uma voz terrível, como o fragor dos carros. E nisso apareceu um imenso exército de anjos e de potestades e ouviu-se uma voz como a do Filho do Homem. Ao mesmo tempo, os serafins circundaram a casa onde jazia a Santa e Imaculada Virgem e Mãe de Deus. De maneira que todos os que estavam em Belém viram todas essas maravilhas e foram a Jerusalém anunciando todos os portentos que haviam ocorrido.

A PRESENÇA DE MARIA E OS MILAGRES

E aconteceu que, depois de ouvir-se aquela voz, apareceu de repente o sol e também a lua ao redor da casa. E um grupo de primogênitos dos santos se apresentou na casa onde jazia a Mãe do Senhor para honra e glória dela. E vi também que ocorreram muitos milagres: cegos que voltavam a enxergar, surdos que ouviam, coxos que andavam, leprosos que ficavam limpos e possessos de espíritos imundos que eram curados. E todo aquele que se sentia acometido por alguma enfermidade ou doença tocava do lado de fora o muro da casa onde ela jazia e gritava: "Santa Maria, mãe de Cristo, nosso Deus, tem compaixão do nós". E imediatamente se sentiam curados.

E grandes multidões procedentes de diversos países, que se encontravam em Jerusalém por motivo de oração, ouviram falar dos portentos que aconteciam em Belém por mediação da Mãe do Senhor e compareceram àquele lugar suplicando a cura de diversas enfermidades, coisa que obtiveram. E, naquele dia, ocorreu uma alegria inenarrável, enquanto a multidão dos curados e dos espectadores louvavam Cristo nosso Deus e sua mãe. E Jerusalém inteira, retornando de Belém, festejava cantando salmos e hinos espirituais.

SACERDOTES E JUDEUS PERSEGUEM MARIA E OS APÓSTOLOS EM BELÉM

Os sacerdotes dos judeus, por sua vez, e todo o povo, estavam em um êxtase de admiração pelo ocorrido. Mas, dominados por uma violentíssima paixão e depois de terem-se reunido em conselho levados por seu néscio raciocínio, decidiram ir contra a Santa Mãe de Deus e contra os santos apóstolos que se encontravam em Belém.

Mas, tendo-se a turba dos judeus posto a caminho de Belém e estando à distância de uma milha (1600 metros), aconteceu que lhes apareceu uma visão terrível e ficaram com os pés como que atados e se dirigiram a seus concidadãos e relataram aos príncipes dos sacerdotes por inteiro a terrível visão.

Mas aqueles, mais ainda ressentidos pela ira, dirigiram-se à presença do governador gritando e dizendo: "A nação judaica veio abaixo por causa dessa mulher; expulsa-a de Belém e da comarca de Jerusalém".

Mas o governador, surpreendido pelos milagres, replicou: "Eu, de minha parte, não a expulsarei nem de Jerusalém nem de nenhum outro lugar". Mas os judeus insistiam, vociferando e conjurando-o pela incolumidade de César Tibério que lançasse os apóstolos para fora de Belém, dizendo: "E, se não fizeres isso, informaremos o imperador". Então ele se viu constrangido a enviar um comandante de mil soldados (quiliarca) a Belém contra os apóstolos.

MARIA E OS APÓSTOLOS SÃO TRANSPORTADOS EM UMA NUVEM PARA JERUSALÉM

Mas o Espírito Santo disse então aos apóstolos e à Mãe do Senhor: "Eis que o governador enviou um chefe contra vós por causa dos judeus que se amotinaram. Saí, portanto, de Belém e não temais, porque vou trasladar-vos em uma nuvem para Jerusalém, e a força do Pai, do Filho e do Espírito Santo está convosco".

Levantaram-se, portanto, imediatamente os apóstolos e saíram da casa levando a liteira de sua Senhora, a Mãe de Deus, e dirigindo seus passos a Jerusalém. Mas imediatamente, de acordo com o que havia dito o Espírito Santo, foram arrebatados por uma nuvem e se encontraram em Jerusalém na casa da Senhora. Uma vez ali, nos levantamos e estivemos cantando hinos durante cinco dias ininterruptamente.

E, quando o comandante chegou a Belém, ao não encontrar ali nem a Mãe do Senhor nem os apóstolos, deteve os belemitas, dizendo-lhes: "Não fostes vós que viestes contar ao governador e aos sacerdotes todos os milagres e portentos que acabam de ocorrer e lhe dissestes que os apóstolos vieram de todos os países? Portanto, onde estão? Agora ponde-vos imediatamente a caminho de Jerusalém para apresentar-vos perante o governador". É de notar que o comandante não estava informado da retirada dos apóstolos e da Mãe do Senhor para Jerusalém. O comandante prendeu, portanto, os belemitas e apresentou-se ao governador para dizer-lhe que não encontrara ninguém.

MARIA EM JERUSALÉM

Cinco dias depois, chegou ao conhecimento do governador, dos sacerdotes e de toda a cidade que a Mãe do Senhor, em companhia dos apóstolos, se encontrava em sua própria casa de Jerusalém, por causa dos portentos e maravilhas que ali ocorriam. E uma multidão de homens, mulheres e virgens se reuniram gritando: "Santa Virgem, Mãe de Cristo nosso Deus, não te esqueças do gênero humano".

Diante desses acontecimentos, tanto o povo judeu como os sacerdotes deixaram-se levar ainda mais pela paixão e, tomando lenha e fogo, marcharam contra a casa onde estava a Mãe do Senhor em companhia dos apóstolos, com a intenção de incendiá-la. O governador contemplava de longe o espetáculo. Mas, no mesmo instante em que o povo judeu chegava à porta da casa, eis que saiu subitamente do interior uma labareda por obra de um anjo e abrasou um grande número de judeus. Com isso, a cidade inteira ficou sobressaltada de temor e louvavam o Deus que foi gerado por ela.

OS JUDEUS FICAM DIVIDIDOS EM RELAÇÃO A MARIA

E, quando o governador viu o ocorrido, dirigiu-se a todo o povo, dizendo em alta voz: "Em verdade aquele que nasceu da Virgem, que vós maquinastes perseguir, é filho de Deus, porque esses sinais são próprios do verdadeiro Deus". Assim, portanto, ocorreu uma cisão entre os judeus, e muitos acreditaram no nome de nosso Senhor Jesus Cristo por causa dos prodígios realizados.

OS APÓSTOLOS RECEBEM O
ANÚNCIO DA VINDA DE JESUS

E, depois de operadas essas maravilhas por mediação da Mãe de Deus e sempre Virgem Maria, Mãe do Senhor, enquanto nós, os apóstolos, nos encontrávamos com ela em Jerusalém, o Espírito Santo nos disse: "Já sabeis que em um domingo ocorreu a anunciação do Arcanjo Gabriel à Virgem Maria, e que em um domingo nasceu o Salvador em Belém, e que em um domingo saíram os filhos de Jerusalém com palmas a seu encontro, dizendo: 'Hosana nas alturas! Bendito o que vem em nome do Senhor' (Mt 21,9; Mc 11,9), e que em um domingo há de vir a julgar os vivos e os mortos, e que em um domingo finalmente há de descer dos céus para honrar e glorificar com sua presença a partida da Santa e Gloriosa Virgem que o deu à luz".

Nesse mesmo domingo disse a Mãe do Senhor aos apóstolos: "Acendei incenso, porque Cristo já está vindo com um exército de anjos". E no mesmo instante Cristo se apresentou sentado em um trono de querubins. E, enquanto todos nós estávamos em oração, apareceram multidões incontáveis de anjos, e o Senhor estava cheio de majestade acima dos querubins. E eis que se irradiou um eflúvio resplandecente sobre a Santa Virgem por virtude da presença de seu Filho unigênito, e todas as potestades celestiais caíram por terra e o adoraram.

JESUS FALA COM MARIA

O Senhor se dirigiu, então, à sua mãe e lhe disse: "Maria". Ela respondeu: "Aqui me tens, Senhor". Ele lhe disse: "Não te aflijas; antes alegre-se e exulte teu coração, pois encontraste graça para poder contemplar a glória que me foi dada por meu Pai". A Santa Mãe de Deus ergueu, então, os olhos e viu nele uma glória tal que é inefável para a boca do homem e incompreensível.

O Senhor permaneceu a seu lado e continuou dizendo: "Eis que desde este momento teu venerado corpo vai ser trasladado para o paraíso, enquanto tua santa alma vai estar nos céus, entre os tesouros de meu Pai, coroada por um resplendor extraordinário, no qual há paz e alegria própria de santos anjos e mais ainda".

A Mãe do Senhor respondeu e lhe disse: "Impõe sobre mim, Senhor, tua destra e bendize-me". O Senhor estendeu sua santa destra e a bendisse. Ela a apertou e a cumulou de beijos enquanto dizia: "Adoro esta destra que criou o céu e a terra. E rogo a teu nome sempre bendito, ó Cristo Deus, Rei dos Séculos, Unigênito do Pai: recebe tua serva, tu que te dignaste encarnar-te por meio de mim, a pobrezinha, para salvar o gênero humano de acordo com teus inefáveis desígnios. Outorga tua ajuda a todo aquele que invocar ou rogar ou simplesmente mencionar o nome de tua serva".

MARIA ABENÇOA O MUNDO

Enquanto dizia isso, os apóstolos aproximaram-se dela, adorando-a, e lhe disseram: "Deixa, ó Mãe do Senhor, uma bênção para o mundo, visto que vais abandoná-lo. Pois já o bendisseste e o ressuscitaste, perdido como estava, ao engendrares a luz do mundo". E a Mãe do Senhor, tendo-se posto em oração, fez esta súplica: "Ó Deus, que por tua muita bondade enviaste teu Filho unigênito para que habitasse em meu humilde corpo e te dignaste ser engendrado de mim, a pobrezinha, tem compaixão do mundo e de toda alma que invocar teu nome".

E orou novamente desta maneira: "Ó Senhor, Rei dos Céus, Filho do Deus vivo, recebe todo homem que invocar teu nome para que teu nascimento seja glorificado". Depois se pôs a orar novamente, dizendo: "Ó Senhor Jesus Cristo, que tudo podes no céu e na terra, esta é a súplica que dirijo a teu santo nome: santifica em todo tempo o lugar em que se celebrar a memória de meu nome e dá glória aos que te louvam por mim, recebendo destes toda oferenda, toda súplica e toda oração".

JESUS TECE ELOGIOS À SUA MÃE

Depois de ter orado dessa maneira, o Senhor disse à sua própria mãe: "Alegre-se e regozije-se teu coração, porque toda classe de graças e de dons foram dados por meu Pai celestial, por mim e pelo Espírito Santo. Toda alma que invocar teu nome ver-se-á livre da confusão e encontrará misericórdia, consolo, ajuda e sustento neste século e no futuro diante de meu Pai celestial".

O DIA EM QUE MARIA DORMIU/MORREU

Voltou-se então o Senhor e disse a Pedro: "Chegou a hora de iniciar a salmodia". E, entoando Pedro a salmodia, todas as potências celestiais responderam o aleluia. Então um resplendor mais forte do que a luz enalteceu o rosto da Mãe do Senhor e ela se levantou e foi bendizendo com sua própria mão cada um dos apóstolos. E todos deram glória a Deus. E o Senhor, depois de estender suas mãos puras, recebeu sua alma santa e imaculada.

E, no momento de sua alma imaculada sair, o lugar se viu inundado de perfume e de uma luz inefável. E eis que se ouviu uma voz do céu que dizia: "Ditosa tu entre as mulheres". Então Pedro, da mesma forma que eu, João, e Paulo e Tomé, abraçamos a toda pressa seus santos pés para sermos santificados. E os doze apóstolos, depois de depositarem seu santo corpo no ataúde, o levaram.

UM JUDEU ATACA O CORPO DE MARIA E FICA PENDURADO NO FÉRETRO

E eis que, durante a caminhada, certo judeu chamado Jefonias, robusto de corpo, atirou-se impetuosamente contra o féretro que os apóstolos carregavam. Mas imediatamente um anjo do Senhor, com força invisível, servindo-se de uma espada de fogo, separou as duas mãos de seus respectivos ombros e as deixou penduradas no ar uma de cada lado do féretro.

JEFONIAS PROFESSA A FÉ EM JESUS COMO FILHO DE MARIA, MÃE DE DEUS

Ao operar-se esse milagre, todo o povo dos judeus que o havia visto exclamou em alta voz: "Realmente é Deus o filho que deste à luz, ó Mãe de Deus e sempre Virgem Maria!" E o próprio Jefonias, intimado por Pedro a declarar as maravilhas do Senhor, se levantou atrás do féretro e se pôs a gritar: "Santa Maria, tu que engendraste Cristo Deus, tem compaixão de mim". Pedro então dirigiu-se a ele e lhe disse: "Em nome de seu Filho, juntem-se as mãos que foram separadas de ti". E, imediatamente, as mãos que estavam penduradas do féretro onde jazia a Senhora se separaram e se uniram novamente a Jefonias. E com isso ele próprio acreditou e louvou a Cristo Deus, que foi gerado por ela.

O CORPO DE MARIA É COLOCADO EM UM SEPULCRO NOVO, NO GETSÊMANI

Operado o milagre, os apóstolos levaram o féretro e depositaram seu santo e venerado corpo no Getsêmani, em um sepulcro novo. E eis que se desprendia daquele santo sepulcro de Nossa Senhora, a Mãe de Deus, um perfume delicioso. E por três dias consecutivos ouviram-se vozes de anjos invisíveis que louvavam seu Filho, Cristo nosso Deus. Mas, quando se completou o terceiro dia, deixaram de ouvir-se as vozes, e com isso todos se deram conta de que seu venerável e imaculado corpo havia sido trasladado para o paraíso.

OS APÓSTOLOS RELATAM O QUE VIRAM DURANTE O TRASLADO DO CORPO

Verificado o traslado deste, vimos de repente Isabel, a mãe de São João Batista, e Ana, a mãe de Nossa Senhora, e Abraão, Isaac, Jacó e Davi, que cantavam o aleluia. E vimos também todos os coros dos santos que adoravam a venerável relíquia da Mãe do Senhor. Apresentou-se a nós também um lugar radiante de luz, com cujo resplendor nada se compara. E o lugar onde ocorrera o traslado de seu santo e venerável corpo para o paraíso estava saturado de perfume. E fez-se ouvir a melodia dos que cantavam hinos a seu Filho, e era tão doce que somente às virgens é dado ouvir; e era tal que nunca chegava a produzir fastio.

Nós, portanto, os apóstolos, depois de contemplar subitamente o augusto traslado de seu santo corpo, nos pusemos a louvar a Deus por ter-nos dado a conhecer suas maravilhas no trânsito da mãe de nosso Senhor Jesus Cristo, por cujas orações e intercessão sejamos dignos de poder viver sob seu abrigo, amparo e proteção neste século e no futuro, louvando em todo lugar e tempo seu Filho unigênito, juntamente com o Pai e o Espírito Santo, pelos séculos dos séculos. Amém.

LIVRO DE JOÃO, ARCEBISPO DE TESSALÔNICA

A datação deste livro é do ano 610. Ele está organizado em forma de homilia e tem como objetivo levar os moradores de Tessalônica, diocese do arcebispo São João, a celebrarem a Festa da Dormição de Maria, sem os exageros propostos em outros livros. Para ele, a cidade de Tessalônica não podia ficar fora dessa tão grande festividade celebrada na Igreja, a partir do decreto de 580, do Imperador Maurício, no dia 15 de agosto.

O Livro de João, arcebispo de Tessalônica, exerceu muita influência na devoção mariana nos séculos subsequentes, sobretudo na Idade Média, quando era lido nas igrejas e mosteiros. Da mesma forma, o imaginário presente neste apócrifo influenciou a arte oriental e ocidental.

A tradução apresentada tem como referência Aurelio Santos Otero, *Los evangelios apócrifos*, p. 611-645.

PRÓLOGO

Dormição de Nossa Senhora, Mãe de Deus e sempre Virgem Maria, escrita por João, arcebispo de Tessalônica.

À admirável, gloriosíssima e verdadeiramente grande Senhora do Mundo; à Mãe sempre Virgem de Jesus Cristo, Deus e Salvador nosso; àquela que é realmente Mãe de Deus, lhe são devidas perpetuamente homenagens de louvor, honra e glória de toda criatura que vive debaixo do céu pelo benefício que a criação inteira recebeu por seu intermédio na economia do advento carnal do unigênito Filho e Verbo de Deus Pai.

JUSTIFICATIVA

Depois que o Verbo Divino, que dela assumiu realmente carne e se humanou por nós, consumou voluntariamente sua paixão corporal, ressuscitou dentre os mortos e subiu aos céus, essa virgem permaneceu em companhia dos santos apóstolos, passando um lapso de tempo não pequeno nos arredores da Judeia e de Jerusalém e habitando, conforme diz a Sagrada Escritura (Jo 19,27), quase sempre na casa do apóstolo virgem e amado do Senhor.

Essa mesma virgem gloriosíssima e Mãe de Deus, passado algum tempo desde que os apóstolos empreenderam a pregação do evangelho por todo o mundo sob o impulso do Espírito Santo, abandonou a terra de morte natural.

Pois bem, houve quem consignasse por escrito as maravilhas que ocorreram por aquele tempo em relação a ela, e quase toda a terra celebra com toda a solenidade a memória anual de seu repouso, excetuados uns poucos lugares, entre os quais se encontra o que circunda esta metrópole dos tessalonicenses, protegida por Deus.

O que faremos, portanto? Condenaremos a negligência ou a indolência dos que nos precederam? Longe de nós dizer isso ou simplesmente pensá-lo, já que foram eles os únicos a legar à sua pátria, sancionado por leis, esse privilégio excepcional; refiro-me ao costume de celebrar a memória, não só dos santos locais, mas também a daqueles que, em sua maior parte, lutaram por Cristo sobre a terra, tornando-nos, assim, familiares a Deus espiritualmente com base em sagradas reuniões e orações.

A INFLUÊNCIA DOS HEREGES

Não foram, portanto, negligentes ou indolentes. Mas aconteceu que, embora seja verdade que as testemunhas da morte de Maria tenham descrito fielmente tudo quanto a ela se refere, vieram depois, no entanto, uns hereges nocivos que disseminaram sua cizânia e deturparam os escritos. Essa é a razão por que nossos pais se mantiveram afastados deles, por considerá-los em desacordo com a Igreja Católica. Por isso a festa caíra no esquecimento entre eles.

Não estranheis ao ouvir que os hereges corromperam tais escritos, já que foram surpreendidos fazendo coisas semelhantes em diferentes ocasiões com as cartas do divino Apóstolo e também com os santos evangelhos. Mas não vamos desprezar os escritos verdadeiros por causa da astúcia daqueles, abominável para Deus; mas, depois de extirpar a mescla daninha da semente, recolheremos e comemoraremos com proveito das almas e agrado de Deus o que efetivamente ocorreu para glória de Deus em relação a seus santos.

Pois assim fizeram, conforme averiguamos, tanto os que ultimamente nos precederam como os santos pais que viveram antes deles: estes, no tocante às chamadas viagens dos santos apóstolos Pedro, Paulo, André e João; aqueles, no que concerne à maior parte dos escritos sobre os mártires, portadores de Cristo. Porque é necessário, por assim dizer, limpar, conforme o que está escrito, as pedras do caminho, para que não tropece o rebanho que Deus reuniu.

A IMPORTÂNCIA DE TESSALÔNICA, A AMADA DE CRISTO, CELEBRAR A FESTA DA DORMIÇÃO

Nós, portanto, já que, em proveito desta metrópole amada de Cristo e para que não seja privada de nenhum bem, é totalmente necessário honrar sinceramente Maria, sempre Virgem e Mãe de Deus, particularmente com a alegre celebração de seu venerado repouso; nós, digo, contribuímos justamente, com não pequena diligência, para a excitação e edificação das almas, a fim de expor aos vossos ouvidos, amigos de Deus, não tudo o que indiscriminadamente encontramos escrito em diversos livros a seu respeito, mas somente aquelas coisas que realmente aconteceram, que como tais são recordadas e vêm sendo referendadas até agora pelo testemunho dos lugares. Recolhemos, portanto, tudo isso com temor de Deus e amor à verdade, não fazendo caso de apreciações pessoais, cuja inserção se deve à perfídia dos que falsificaram essas coisas.

Ouvindo, portanto, com uma compunção proveitosa para a alma, as maravilhas tremendas, magníficas e verdadeiramente dignas da Mãe de Deus, que ocorreram efetivamente por ocasião de sua admirável dormição, ofereceremos, depois de Deus, a Maria, a Imaculada Senhora e Mãe de Deus, o agradecimento e a honra que lhe são devidos, mostrando-nos nós mesmos dignos de suas dádivas por nossas boas obras. E vós, depois de receber este pequeno testemunho de nosso amor e de dar vosso beneplácito à diligência com que vos exortamos pelo presente escrito a coisas melhores, correspondei com vosso amor, como irmãos e filhos queridos no Senhor, solicitando-nos a ajuda de Deus por meio de uma oração contínua; porque sua é a glória, a honra e o poder pelos séculos dos séculos. Amém.

COMO FOI A DORMIÇÃO/ASSUNÇÃO DE MARIA

Quando Maria, a Santa Mãe de Deus, ia desprender-se do corpo, veio até ela o anjo e lhe disse: "Maria, levanta-te e toma esta palma que me foi dada por aquele que plantou o paraíso; entrega-a aos apóstolos para que a levem entre hinos diante de ti, pois dentro de três dias vais abandonar o corpo. Eis que vou enviar todos os apóstolos para junto de ti; eles se ocupa-rão com teus funerais e contemplarão tua glória até que por fim te levem ao lugar que te está reservado".

E Maria respondeu ao anjo dizendo-lhe: "Por que trouxeste somente essa palma e não uma para cada qual, para que, ao dá-la a um, não murmurem os demais? E o que queres que eu faça ou qual é teu nome para que eu o diga se me perguntarem?" Respondeu-lhe o anjo: "Por que indagas meu nome? Pois causa admiração só ouvi-lo. Não titubeies no tocante à palma, porque muitos serão curados por meio dela e servirá de prova para todos os habitantes de Jerusalém. Por conseguinte, ao que dá crédito, se lhe manifesta; ao que não crê, se lhe oculta. Põe-te, portanto, a caminho da montanha".

Então Maria partiu e subiu o Monte das Oliveiras, enquanto ia brilhando diante dela a luz do anjo e segurava em suas mãos a palma. E, quando chegou ao monte, este se alegrou juntamente com todas as plantas que ali havia, a tal ponto que estas inclinavam suas cabeças e a adoravam. Ao ver isso, Maria se perturbou, pensando que estava ali Jesus, e disse: "És tu, porventura, o Senhor, pois por ti se operou tal maravilha, já que essas plantas te adoraram? Porque digo que ninguém pode fazer um portento semelhante, senão o Senhor da glória, aquele que se deu a si mesmo a mim".

Então o anjo lhe disse: "Ninguém pode fazer prodígios a não ser por sua mão, porque ele comunica virtude a cada um dos seres. Eu sou aquele que toma as almas dos que se humilham a si mesmos diante de Deus e as traslado para o lugar dos justos no mesmo dia em que saem do corpo. E, quanto ao que te diz respeito, se chegas a abandonar o corpo, eu mesmo em pessoa virei buscar-te".

Maria então lhe disse: "Meu Senhor, em que figura vens aos eleitos? Dize-me, pois, o que és; dize-me para que eu aja como convém quando vieres buscar-me". Ele lhe respondeu: "O que tens, senhora? Com efeito, quando o Senhor me enviar para buscar-te, não virei sozinho, mas comparecerão também todos os exércitos angélicos e irão cantando diante de ti". E, dizendo isso, o anjo se transformou em luz e subiu ao céu.

Maria, por sua vez, voltou para sua casa. E imediatamente o edifício se comoveu pela glória da palma que estava em sua mão. E, depois de cessar a comoção, entrou em seu quarto secreto e colocou a palma sobre um tecido de linho finíssimo. Então se pôs a rezar ao Senhor, dizendo: "Ouve, Senhor, a oração de tua mãe, Maria, que clama a ti, e envia sobre mim tua benevolência, e que nenhum gênio maligno venha à minha presença no momento em que sairei do corpo, mas cumpre de preferência o que disseste quando chorei em tua presença, dizendo: 'O que farei para fugir das potestades que vierem sobre minha alma?' E me fizeste a seguinte promessa: 'Não chores; não são anjos, nem arcanjos, nem querubins, nem nenhuma outra potestade que hão de vir buscar-te, mas eu em pessoa virei recolher tua alma. Agora, portanto, chegou a dor da parturiente'". E se pôs a orar dizendo: "Bendigo a luz eterna em que habitas. Bendigo toda plantação de tuas mãos, que permanece pelos séculos. Santo, que habitas entre os santos, ouve a voz de minha oração".

E, dizendo isso, saiu e disse à donzela de sua casa: "Escuta, vai chamar meus parentes e os que me conhecem, dizendo-lhes: 'Maria vos chama'". A donzela partiu e avisou a todos em conformidade com o que lhe havia sido mandado. E, depois que eles entraram, Maria lhes disse: "Pais e irmãos meus, vinde em meu socorro, porque vou sair do corpo para meu descanso eterno. Levantai-vos, portanto, e fazei-me um grande favor. Não vos peço ouro nem prata, já que todas essas coisas são vãs e corruptíveis; só vos peço a caridade de permanecerdes comigo estas duas noites e que cada um de vós tome uma lâmpada, sem deixá-la apagar-se durante três dias consecutivos. Eu, de minha parte, vos bendirei antes de morrer".

E fizeram tal como ela lhes havia indicado. E a notícia foi transmitida a todos os conhecidos de Maria e a seus parentes, e por isso todos eles se reuniram a seu lado. Maria voltou-se e, vendo todos os presentes, elevou sua voz dizendo: "Pais e irmãos meus, ajudemo-los mutuamente e vigilemos depois de acender as lâmpadas, pois não sabemos a que hora virá o ladrão (Mt 24,43). Foi-me dado conhecer, irmãos meus, o momento em que vou partir; eu o soube e fui informada sem que o medo me invadisse, pois é um fenômeno universal. O único que temo é o tentador, aquele que faz guerra a todos; só que não pode prevalecer contra os justos e contra os fiéis; mas se apodera dos infiéis, dos pecadores e dos que fazem sua vontade, operando neles o que lhe agrada. Mas dos justos não se apodera, porque esse anjo mau não tem nada neles; mas, envergonhado, foge deles. É preciso saber que são dois os anjos que vêm buscar o homem: um é o da justiça e o outro é o da maldade. Ambos entram em companhia da morte. Esta, a princípio, molesta a alma, depois vêm esses dois anjos e apalpam seu corpo. E, se este fez obras de justiça, o anjo bom se alegra com isso, porque o anjo mau não tem nada nele. Então vêm mais anjos sobre a alma, cantando hinos diante dela até o lugar onde estão todos os justos. Enquanto isso, o anjo mau se aflige, porque não tem parte nele. Mas, se acontece que alguém praticou a iniquidade, alegra-se também aquele anjo mau e toma consigo outros espíritos malignos e se apoderam todos da alma, arrancando-a. Enquanto isso, o anjo bom se aflige em extremo. Agora, portanto, pais e irmãos meus, ajudemo-nos mutuamente para que nada de mau se encontre dentro de nós".

Depois que Maria falou assim, disseram-lhe as mulheres: "Ó irmã nossa, que chegaste a ser Mãe de Deus e senhora de todo o mundo, por mais que todos tenhamos medo, o que tens tu a temer, sendo a Mãe do Senhor? Porque, ai de nós, para onde haveremos de fugir, se tu dizes essas coisas? Tu és nossa esperança. O que vamos fazer, pois, ou para onde vamos fugir nós, os mais insignificantes? Se o pastor tem medo do lobo, para onde fugirão as ovelhas?"

Choravam, pois, todos os circunstantes, e Maria lhes disse: "Calai, irmãos meus, e não choreis; louvai antes aquela que no momento presente se encontra no meio de vós. Rogo-vos para que neste lugar não choreis a Virgem do Senhor, mas que, em vez de lamentar-vos, entoeis salmos para que o louvor se propague a todas as gerações da terra e a todo homem de Deus. Entoai salmos em lugar de lamentos, para que, em lugar de pranto, se converta em bênção para vós".

A PRESENÇA DE JOÃO COMO GUARDIÃO DE MARIA, A PEDIDO DE JESUS

Dizendo isso, Maria chamou todos quantos se encontravam junto a ela e lhes disse: "Levantai-vos e orai". E, depois de orar, sentaram-se dialogando entre si sobre as maravilhas de Deus e os portentos que havia operado. E, enquanto se encontravam assim conversando, eis que se apresentou João, o apóstolo, batendo à porta de Maria. Depois abriu e entrou. Mas Maria, ao vê-lo, sentiu perturbação em seu espírito e soluçou e chorou, até que depois se pôs a gritar dizendo em alta voz: "João, meu filho, não esqueças a recomendação que te fez teu Mestre a meu respeito quando estive chorando junto à cruz e lhe disse: 'Tu te vais, meu Filho, e a quem me confias? Com quem habitarei?' E ele me disse enquanto tu estavas presente e o ouvias: 'João é quem te há de guardar'. Agora, portanto, filho, não te esqueças das recomendações que te foram feitas por minha causa e lembra-te de que ele fez de ti objeto de um amor especial entre todos os apóstolos. Recorda que foste o único que pudeste reclinar-te sobre seu peito. Recorda que só a ti confiou seu segredo quando estavas reclinado sobre seu peito, segredo que ninguém conheceu a não ser tu e eu, já que tu és o virgem e o eleito. Quanto a mim, não quis contristar-me, porque cheguei a tornar-me sua morada. E assim eu lhe disse: 'Dá-me a conhecer o que disseste a João'. E ele te deu ordens, e tu me comunicaste. Agora, portanto, João, meu filho, não me abandones".

Enquanto dizia isso, Maria chorava suavemente. Mas João não pôde resistir sem que seu espírito se perturbasse. E não entendeu o que era que ela estava lhe dizendo, porque não se deu conta de que ela ia sair do corpo. Então lhe disse: "Maria, Mãe do Senhor, o que queres que te faça? Já deixei meu diácono a teu serviço para que te ofereça os alimentos. Não queiras que eu infrinja o mandado que o Senhor me deu ao dizer-me: 'Percorre o mundo até que o pecado seja destruído'. Manifesta-me agora, portanto, a dor de tua alma. Falta-te alguma coisa?" E Maria lhe disse: "João, meu filho, não preciso de coisa nenhuma deste mundo; mas, já que depois de amanhã saio deste corpo, rogo-te que uses de caridade comigo e ponhas meu corpo em lugar seguro, depositando-o sozinho em um sepulcro. E monta guarda em companhia de teus irmãos, os apóstolos, por causa dos pontífices. Porque com meus próprios ouvidos os ouvi dizer: 'Se encontrarmos seu corpo, o entregaremos às chamas, pois dela nasceu aquele sedutor'".

O ENCONTRO DE MARIA COM JOÃO

Quando João a ouviu dizer que ela ia sair do corpo, caiu de joelhos e disse entre soluços: "Ó Senhor, quem somos nós para nos mostrares essas tribulações? Com efeito, ainda não tínhamos esquecido as primeiras, e eis que precisamos sofrer outra. Por que não saio eu também do corpo, para que tu me protejas, ó Maria?"

Quando Maria ouviu João chorar e dizer essas coisas, rogou aos presentes que se calassem (pois estavam também eles chorando) e agarrou João dizendo-lhe: "Meu filho, sê magnânimo juntamente comigo, deixando de chorar". Então João se levantou e enxugou as lágrimas. Depois Maria lhe disse: "Vem comigo e roga às pessoas que cantem hinos enquanto eu estiver falando contigo". E, enquanto eles salmodiavam, introduziu João em seu próprio quarto e lhe mostrou sua mortalha e todas as alfaias de seu futuro cadáver, dizendo: "João, meu filho, vês que nada possuo sobre a terra, exceto minha mortalha e duas túnicas. Eis que estão aqui duas viúvas; quando eu morrer, portanto, dá uma destas a cada uma". Depois o levou ao lugar onde estava a palma que lhe fora dada pelo anjo e lhe disse: "João, meu filho, toma esta palma para levá-la à frente de meu féretro, pois isso me foi ordenado". Ele replicou: "Não posso tomá-la sem o consentimento de meus irmãos no apostolado, estando eles ausentes, para que, quando vierem, não haja murmurações e queixas entre nós, já que há um que está constituído como o maior acima de todos. Mas, se nos reunirmos, haverá concórdia".

A CHEGADA DOS APÓSTOLOS

E, no mesmo instante em que saíram do quarto, ouviu-se um grande trovão, de maneira que todos os presentes foram tomados de perturbação. E, quando cessou o ruído do trovão, os apóstolos foram aterrissando junto à porta de Maria sobre as asas das nuvens. Vinham em número de onze, cada um voando sobre uma nuvem: Pedro foi o primeiro e Paulo o segundo; este viajava também sobre uma nuvem e havia sido acrescentado ao número dos apóstolos, pois o princípio da fé o devia a Cristo. Depois desses se reuniram também os outros apóstolos às portas de Maria cavalgando sobre nuvens. Saudaram-se mutuamente e se olharam uns aos outros, pasmados ao ver como haviam chegado a encontrar-se no mesmo lugar. E disse Pedro: "Irmãos, oremos a Deus, que nos reuniu, sobretudo por encontrar-se entre nós o irmão Paulo". Depois que Pedro disse essas palavras, levantaram-se todos em atitude de oração e elevaram sua voz, dizendo: "Roguemos para que nos seja dado conhecer por que Deus nos congregou". Então cada um fez reverência ao outro para que orasse.

A HUMILDADE DE PAULO

Pedro disse, portanto, a Paulo: "Paulo, meu irmão, levanta-te e ora antes de mim, porque me invade uma alegria inenarrável por teres chegado à fé de Cristo". Paulo lhe disse: "Dispensa-me, pai meu, pois não sou mais do que um novo na fé e não sou digno de seguir as pegadas de vossos pés; como, portanto, vou pôr-me a orar antes de ti? Tu és, com efeito, a coluna luminosa, e todos os irmãos presentes são melhores do que eu. Tu, portanto, ó pai, roga por mim e por todos para que a graça do Senhor permaneça em nós".

Então se alegraram os apóstolos por causa da humildade de Paulo e disseram: "Pai Pedro, tu foste constituído nosso chefe; ora tu primeiro". Pedro, então, se pôs em oração, dizendo: "Deus nosso pai e o Senhor Jesus Cristo vos glorificarão da mesma maneira como é glorificado meu ministério, porque sou servo e mínimo entre os irmãos. Da mesma maneira que eu fui eleito, também vós o fostes, e é idêntico o chamado que foi feito a todos nós. Por conseguinte, todo aquele que glorifica o próximo está glorificando Jesus, não um homem. Porque este é o mandado do Mestre: que nos amemos mutuamente".

Depois Pedro estendeu as mãos e deu graças da seguinte maneira: "Senhor onipotente, que estás assentado sobre os querubins (2Rs 19,15) nas alturas e olhas as coisas humildes (Sl 113,6), que habitas uma luz inacessível (1Tm 6,16), Tu resolves as coisas difíceis (Dn 5,12), Tu descobres tesouros escondidos (Is 43,3), Tu semeaste em nós tua bondade. Pois quem é misericordioso como Tu entre os deuses? E não retiraste tua misericórdia de nós (2Mc 6,16), pois livras dos males todos os que esperam em ti; Tu que vives e que venceste a morte, desde agora e pelos séculos dos séculos. Amém". E saudou novamente a todos.

A VIGÍLIA NA CASA DE MARIA

E imediatamente apareceu João no meio deles, dizendo: "Bendizei-me todos também a mim". E cada um o foi saudando de acordo com sua ordem. E, depois da saudação, Pedro lhe disse: "João, amado do Senhor, como vieste aqui e de quantos dias dispões?" João respondeu: "Encontrando-me na cidade de Sardes explicando a doutrina até a hora nona, aconteceu que desceu uma nuvem sobre o lugar onde estávamos reunidos e me arrebatou na presença de todos os que estavam comigo, trazendo-me até aqui. Bati à porta e, quando me abriram, encontrei toda uma multidão rodeando nossa mãe, Maria, que me disse: 'Vou sair do corpo'. Não pude aguentar no meio dos que estavam ao seu redor, e o pranto me venceu. Agora, portanto, irmãos, se entrardes ao amanhecer aonde ela está, não choreis nem vos perturbeis, para que, vendo-vos chorar os que estão ao seu redor, não duvidem acerca da ressureição e digam: 'Também eles tiveram medo da morte'. Animemo-nos, pelo contrário, a nós mesmos com as palavras do bom Mestre".

Os apóstolos entraram, portanto, de manhã na casa de Maria e disseram a uma só voz: "Bem-aventurada Maria, a mãe de todos os que se salvam, a graça está contigo". Maria, por sua vez, lhes disse: "Como entrastes aqui ou quem foi que vos anunciou que estou prestes a sair do corpo? E como viestes reunir-vos neste lugar? Pois vos vejo juntos e me alegro". E cada qual lhe foi dizendo o país donde fora trasladado e como, arrebatados pelas nuvens, haviam chegado a reunir-se ali. Então todos a glorificaram dizendo: "Bendiga-te o Senhor, que salva a todos". Maria regozijou-se em espírito e disse: "Bendigo a ti, de quem todos receberam as bênçãos; bendigo a morada de tua glória; bendigo a ti, doador da luz, que quiseste ser hóspede em meu seio; bendigo todas as obras de tuas mãos, as quais te obedecem com toda a reverência; bendigo a ti, que nos bendisseste; bendigo as palavras de vida que saem de tua boca e que nos foram dadas em verdade. Acredito que tudo quanto disseste se realiza em mim; pois disseste: 'Enviar-te-ei todos os apóstolos quando estiveres prestes a sair do corpo', e ei-los aqui reunidos, estando eu no meio deles como uma videira frutífera, como quando estava em tua companhia. Bendigo-te com toda bênção; cumpram-se em mim também as demais coisas que disseste, pois me fizeste uma promessa: 'Hás de ver-me quando saíres do corpo'".

Dizendo isso, chamou Pedro e todos os apóstolos e os introduziu em seu quarto, onde lhes mostrou sua mortalha. Depois saiu e sentou-se no meio deles, enquanto ardiam as lâmpadas. Porque não as haviam deixado apagar-se, como Maria lhes havia ordenado.

Quando, portanto, o sol se pôs (era o segundo dia), já prestes ela a sair do corpo, Pedro disse a todos os apóstolos: "Irmãos, quem tiver palavra de edificação, que a diga e instrua o povo durante toda a noite". Disseram-lhe os apóstolos: "E quem de nós vem antes de ti? Alegrar-nos-emos extraordinariamente se nos for dado ouvir tuas instruções".

Então Pedro começou a dizer: "Meus irmãos e todos quantos viestes a este lugar nesta hora em que nossa mãe, Maria, vai partir, os que acendestes estas lâmpadas visíveis com fogo terreno fizestes muito bem; mas eu gostaria também que cada um tivesse sua lâmpada imaterial no século que não tem fim. Refiro-me à lâmpada do homem interior, que consta de três pavios, a saber: nosso corpo, nossa alma e nosso espírito. Porque, se brilharem essas três coisas com o verdadeiro fogo pelo qual lutais, não vos envergonhareis quando entrardes nas bodas para descansar com o Esposo. É isso que acontece agora com nossa mãe, Maria; porque a luz de sua lâmpada encheu a terra e não se apagará até a consumação dos séculos, para que todos os que querem salvar-se tomem ânimo por ela. Porque não deveis pensar que é morte autêntica a de Maria. Não é morte, mas vida eterna, porque 'a morte dos justos é louvada por Deus' (Sl 116,15). Porque essa é a verdadeira glória e a segunda morte não poderá causar-lhes incômodo algum".

E, enquanto Pedro estava ainda falando, brilhou uma grande luz dentro da casa no meio de todos, de maneira que suas lâmpadas empalideceram. E fez-se ouvir uma voz que dizia: "Pedro, fala-lhes sabiamente as coisas que puderem suportar. Pois o médico mais competente aplica o remédio de acordo com as doenças dos pacientes e a ama de leite dá abrigo proporcional à idade da criança". Então Pedro levantou a voz e disse: "Nós te bendizemos a ti, ó Cristo, que és o leme de nossas almas".

A PRESENÇA DAS VIRGENS E A PREGAÇÃO DE PEDRO

E depois, dirigindo-se às virgens que ali se encontravam, disse: "Ouvi qual é vosso privilégio, vossa glória e vossa honra. Porque são ditosos todos os que guardam o hábito de sua pureza. Ouvi e aprendei o que disse nosso Mestre a esse respeito: 'O Reino dos Céus é semelhante a umas virgens' (Mt 25,1). Não disse: 'É semelhante a muito tempo', pois o tempo passa, mas o nome da virgindade não passará. Não o assemelhou a um rico, porque as riquezas vão diminuindo, enquanto a virgindade permanece inalterável. Assim, portanto, creio que havereis de ser gloriosas. Porque não tendes preocupação nenhuma, por isso assemelhou a vós o Reino dos Céus. Porque, quando chegar vossa hora de morrer, não direis: 'Ai de nós! Para onde partimos, deixando nossos pobres filhos ou nossas grandes riquezas ou nossos campos semeados ou nossas grandes propriedades?'. Porque nada disso vos inquieta. Não tendes preocupação alguma senão a da vossa virgindade. E, quando vos for enviada a morte, estareis preparadas, sem falta de coisa alguma. E, para que vos deis conta de que não há coisa melhor do que a virtude e de que nada é mais molesto do que as coisas mundanas, escutai também o seguinte: havia em uma cidade um homem rico em toda categoria de bens. Tinha também muitos criados. E aconteceu que dois destes cometeram uma falta contra ele, não obedecendo às suas palavras. Indignou-se, então, o senhor e os confinou por algum tempo em um lugar distante com a intenção de chamá-los novamente. Um desses servos desterrados construiu para si uma casa, plantou uma vinha, fez um forno e adquiriu muitas outras posses. Mas o outro ia depositando em ouro tudo o que ganhava com seu trabalho. Depois chamou o ourives e lhe deu o esboço de uma coroa, dizendo-lhe: 'Eu sou um servo pertencente a um senhor e ao filho dele; crava, pois, a imagem destes na coroa de ouro'. O ourives executou sua obra de arte e disse ao servo: 'Levanta-te e põe a coroa sobre tua cabeça'. Mas o servo replicou: 'Toma teu salário, porque já disponho de ocasião especial para trazer essa coroa'. O ourives entendeu o sentido dessas palavras do servo e foi para sua casa. E com isso chegou o prazo prefixado do desterro. Então o senhor enviou certo emissário rigoroso, dizendo-lhe: 'Se no prazo de sete dias não me apresentas os servos, tua vida correrá perigo'. O emissário partiu com grande diligência. E, ao chegar àquele país, encontrou os servos (que estavam) de noite como de dia. E, detendo o que havia adquirido a casa, a vinha e demais bens, lhe disse: 'Vamo-nos, porque teu senhor me enviou para buscar-te'. Este aparentemente respondeu: 'Sim, vamo-nos'; mas depois acrescentou: 'Tem paciência comigo até eu vender todos os bens que adquiri aqui'. O emissário replicou: 'Não posso ter paciência, porque disponho de sete dias de prazo fixo e, por medo de sua ameaça, não posso demorar'. Então o servo se pôs a chorar, dizendo: 'Ai de mim, porque me pegaram desprevenido'. E o emissário lhe disse: 'Ó servo péssimo, ignoravas tua condição de escravo e desterrado e não te davas conta de que o senhor podia exigir tua volta no momento que lhe aprouvesse? Por que te entretiveste plantando vinhas das quais nada podes levar contigo e te deixaste pegar desprevenido? Devias ter-te preparado antes de minha chegada'. Então disse o servo entre lágrimas: 'Ai de mim, pois pensava estar confinado para sempre, acreditando que o senhor não iria exigir minha volta, e por isso adquiri todos estes bens neste país'. O empregado o obrigou a partir sem poder levar nada consigo. Quando o outro servo ouviu que haviam enviado alguém para buscá-los, levantou-se, tomou sua coroa e, dirigindo-se ao caminho por onde devia passar o emissário, se pôs a esperá-lo. E, quando chegou, dirigiu-lhe estas palavras: 'Meu senhor te enviou, sem dúvida, para buscar-me; vamo-nos, portanto, alegres os dois juntos, porque não tenho nenhum empecilho que me detenha, já que minha bagagem é leve. Não disponho efetivamente de nenhuma outra coisa senão esta coroa de ouro. Eu a construí estando diariamente à espera e desejando que o senhor me fosse propício e mandasse buscar-me para suspender meu desterro, para que alguns não me invejem e me arrebatem a coroa. Por conseguinte, agora vi cumprido meu desejo; vamo-nos, portanto, e ponhamo-nos a caminho'.

Então os servos puseram-se a caminho com o empregado. E, quando foram vistos pelo senhor, disse este ao que nada tinha: 'Onde está o fruto do teu trabalho durante o tempo que durou teu confinamento?' O servo respondeu: 'Senhor, enviaste para buscar-me um soldado cruel, a quem roguei que me permitisse vender meus bens e tomar em minhas mãos seu produto, mas ele me respondeu que não era lícito'. Disse-lhe então seu senhor: 'Ó servo iníquo, tu te lembraste de fazer a venda precisamente no momento em que mandei buscar-te? Por que não refletiste com cuidado em teu confinamento nem te deste conta de que aqueles bens não representavam nada para ti?' E, irritando-se, mandou que lhe atassem os pés e as mãos e que fosse enviado a outras paragens mais inóspitas. Depois chamou o que havia trazido a coroa e lhe disse: 'Muito bem, servo bom e fiel; a coroa que fizeste foi um testemunho do desejo de tua liberdade, porque a coroa é própria dos homens livres. Por outro lado, não te atreveste a trazê-la sem permissão de teu senhor. Por isso, como desejaste a liberdade, recebe-a de minhas mãos'. Com isto o servo fica livre e é posto à frente de muitas coisas".

PEDRO PREGA ÀS MULTIDÕES

Depois de dizer essas palavras às virgens que rodeavam Maria, Pedro se voltou para a multidão e disse: "Ouçamos também, irmãos, o que acontecerá a nós. Porque, na verdade, nós somos as virgens do verdadeiro Esposo, do Filho de Deus e Pai de toda a criação; ou seja, somos a humanidade contra a qual Deus se irou desde o princípio, lançando Adão a este mundo. Por conseguinte, vivemos aqui como desterrados, submetidos à sua indignação; mas não nos é lícito permanecer para sempre, porque a cada um chegará seu dia e será transferido para o lugar onde estão nossos pais e progenitores, onde estão Abraão, Isaac e Jacó. Porque, ao sobrevir o fim de cada qual, lhe é enviado um forte emissário, ou seja, a morte. E, quando esta vem buscar a alma do pecador enfermo, que acumulou sobre si muitos pecados e iniquidades, e lhe causa muitos incômodos, então ele lhe suplica dizendo: 'Tem paciência comigo apenas por esta vez, até que acabe de redimir os pecados que semeei em meu corpo'. Mas a morte não lhe presta atenção; porque, como vai dar trégua, tendo já expirado seu prazo? Portanto, não possuindo nada de bom, é deportada para o lugar do tormento. Mas o que faz boas obras se alegra, dizendo: 'Nada me detém, porque neste momento não tenho coisa alguma para levar, a não ser o nome da virgindade'. Por isso lhe faz esta súplica: 'Não me deixes na terra, para não acontecer que alguns me invejem e arrebatem o nome de minha virgindade'. Então a alma sai do corpo e é trasladada entre hinos para a presença do Esposo imortal que a deposita em um lugar de descanso. Portanto, lutai agora, irmãos, sabendo que não vamos permanecer aqui eternamente".

A ORAÇÃO DE MARIA E A PRESENÇA
DO SENHOR E DE ANJOS

Enquanto Pedro estava entretido dizendo essas coisas para confortar a multidão, surgiu a aurora e saiu o sol. Então Maria se levantou, saiu, elevou as mãos e orou ao Senhor. Terminada a oração, entrou novamente e se deitou no leito. Pedro sentou-se à sua cabeceira e João a seus pés, enquanto os outros apóstolos rodeavam a cama. E na hora terça (nove horas da manhã) ressoou no céu um grande trovão e exalou-se um perfume de fragrância tão suave que todos os circunstantes foram dominados pelo sono, exceto apenas os apóstolos e três virgens que o Senhor mandara velar para que dessem testemunho dos funerais de Maria e de sua glória. E eis que de repente se apresentou o Senhor sobre as nuvens com uma multidão inumerável de anjos. E Jesus em pessoa, acompanhado de Miguel, entrou no quarto onde estava Maria, enquanto os anjos e os que lá fora rodeavam a casa cantavam hinos. E, ao entrar, o Salvador encontrou os apóstolos em torno de Maria e saudou a todos. Depois saudou sua mãe. Maria, então, abriu a boca e deu graças com estas palavras: "Bendigo-te porque não me desdenhaste no tocante à tua promessa. Porque me disseste reiteradamente que não encarregarias os anjos de vir buscar minha alma, mas virias tu em pessoa buscá-la. E tudo se cumpriu em mim, Senhor, conforme tua palavra. Quem sou eu, pobrezinha, para ter-me tornado digna de tão grande glória?"

O CORPO DE MARIA É ENTREGUE
AO ARCANJO MIGUEL

E, ao dizer essas palavras, cumpriu sua obrigação, enquanto seu corpo sorria para o Senhor. Mas ele tomou sua alma e a depositou nas mãos de Miguel, não sem antes envolvê-la em uma espécie de véus, cujo resplendor é impossível de descrever.

Mas nós, os apóstolos, vimos que a alma de Maria, ao ser entregue nas mãos de Miguel, estava integrada por todos os membros do homem, exceto a diferença sexual, não havendo nela senão a semelhança de todo corpo humano e uma brancura que superava sete vezes a do sol. Pedro, por sua

235

vez, transbordante de alegria, perguntou ao Senhor, dizendo: "Quem de nós tem uma alma tão branca como a de Maria?"

O Senhor respondeu: "Ó Pedro, as almas de todos os que nascem neste mundo são semelhantes; mas ao sair do corpo não se encontram tão radiantes, porque em umas condições foram enviadas e em outras muito diferentes foram encontradas assim, por terem amado as trevas de muitos pecados. Mas, se alguém se proteger a si mesmo das iniquidades tenebrosas deste mundo, sua alma, ao sair do corpo, goza de uma brancura semelhante". Depois o Salvador disse novamente a Pedro: "Põe em lugar seguro com muita diligência o corpo de Maria, minha morada. Sai pelo lado direito da cidade e encontrarás um sepulcro novo; deposita nele o corpo e esperai ali, como vos foi mandado".

Quando o Salvador disse isso, o corpo da Santa Mãe de Deus começou a gritar, dizendo na presença de todos: "Lembra-te de mim, Rei da Glória; lembra-te de mim, porque sou obra de tuas mãos; lembra-te de mim, porque guardei o tesouro que me foi dado em depósito". Então Jesus respondeu ao corpo: "Não te deixarei, tesouro de minha margarida; não te deixarei a ti, que foste considerado fiel guardião do depósito que te havia sido confiado; longe de mim abandonar a ti, que foste a arca que governaste teu governador; longe de mim abandonar a ti, tesouro selado, até seres buscado". E, ao dizer isso, o Salvador desapareceu.

O CORPO DE MARIA É PREPARADO E LEVADO PARA O SEPULCRO COM UMA PALMA À FRENTE

Pedro, em companhia dos demais apóstolos e das três virgens, amortalharam o cadáver de Maria e o puseram sobre o féretro. Depois se levantaram os que haviam sido vencidos pelo sono. Pedro então tomou a palma e disse a João: "Tu és o virgem; és tu, portanto, quem deve ir cantando hinos diante do féretro com a palma nas mãos". Mas João replicou: "Tu és nosso pai e bispo; sendo assim, portanto, tu deves presidir o cortejo enquanto carregamos o féretro para o lugar fixado". Então Pedro disse: "A fim de que ninguém de nós se aflija, coroemos o féretro com a palma".

SACERDOTES INVESTEM CONTRA O CORPO DE MARIA

Levantaram-se, portanto, os apóstolos e carregaram o féretro de Maria. Pedro, enquanto isso, entoou: "Israel saiu do Egito (Sl 114,1). Aleluia". O Senhor e os anjos, por sua vez, circulavam sobre as nuvens e cantavam hinos e louvores sem ser vistos. Só se ouvia a voz dos anjos. O rumor daquela numerosa multidão se estendeu pela Jerusalém inteira. Quando, portanto, os sacerdotes ouviram o tumulto e a voz dos que cantavam, estremeceram e exclamaram: "A que se deve este tumulto?"

Alguém lhes disse que Maria acabava de sair do corpo e que os apóstolos estavam ao redor dela cantando hinos. No mesmo instante Satanás penetrou em seu interior e, enfurecendo-se, disseram: "Vinde, saiamos, matemos os apóstolos e consumemos pelo fogo o corpo que trouxe em seu seio aquele embusteiro". Levantaram-se, portanto, e saíram armados de espadas e outros meios de defesa com a intenção de matá-los. Mas imediatamente os anjos que andavam sobre as nuvens os feriram de cegueira. Estes, não sabendo para onde se dirigiam, batiam com a cabeça contra os muros, exceto unicamente um pontífice dentre eles, que havia saído para ver o que ocorria. Quando, portanto, este se aproximou do cortejo e viu o féretro coroado e os apóstolos que cantavam hinos, disse cheio de ira: "Eis aqui a morada daquele que despojou nossa nação. Vede de que glória terrível ela goza". E, dito isso, precipitou-se furiosamente sobre o féretro. Agarrou-o por onde estava a palma com intenção de destruí-lo; depois o arrastou e quis jogá-lo no chão. Mas repentinamente suas mãos ficaram coladas ao féretro e pendentes dele ao se desprenderem violentamente do tronco pelos cotovelos.

Então aquele homem se pôs a chorar à vista de todos os apóstolos, dirigindo-lhes esta súplica: "Não me deixeis abandonado, submerso como estou em uma necessidade tão grande". Pedro então lhe disse: "A virtude necessária para ajudar-te não é minha nem de ninguém destes. Mas, se crês que Jesus, contra o qual vos reunistes e que prendestes e matastes, é o Filho de Deus, ver-te-ás livre efetivamente desse castigo exemplar".

Ao que o homem replicou: "Por acaso não sabíamos que era Filho de Deus? Mas o que iríamos fazer tendo nossos olhos obscurecidos pela avareza? Porque nossos pais, já prestes a morrer, nos chamaram para dizer-nos: 'Filhos, eis que Deus vos escolheu dentre todas as tribos para que estejais energicamente à frente deste povo e não trabalheis com matéria desta terra. Eis vossa incumbência: edificar o povo e receber de todos em recompensa dízimos e primícias juntamente com todo primogênito que rompe a matriz. Mas cuidado, filhos, para que por vosso intermédio o povo não nade na abundância e depois, rebelando-vos, comercieis em proveito vosso e provoqueis a ira de Deus. Dai de preferência o supérfluo aos pobres, órfãos e viúvas de vosso povo, e não desprezeis uma alma atormentada'. No entanto, nós não prestamos ouvidos às tradições de nossos pais; mas, vendo que a terra superabundava extraordinariamente, transformamos os primogênitos das ovelhas, dos bois e de todos os animais em um negócio de vendedores e compradores. Então veio o Filho de Deus e expulsou todos, e igualmente os cambistas, dizendo: 'Tirai estas coisas daqui e não façais da casa de meu Pai uma casa de comércio' (Jo 2,16). Mas nós, pondo nossos olhos nos depravados costumes suprimidos por ele, maquinamos maldades dentro de nós, nos reunimos contra ele e o matamos, embora reconhecendo realmente que era Filho de Deus. Mas agora não leveis em consideração nossa maldade, mas antes perdoai-me. Pois isso me ocorreu por ser amado de Deus e para que eu viva".

Então Pedro mandou pôr no chão o féretro e disse ao pontífice: "Se crês agora de todo o coração, vai e beija ternamente o corpo de Maria, dizendo: 'Creio em ti e no Deus que geraste'". Então o pontífice se pôs a bendizer Maria em hebraico por três horas e não permitiu que ninguém a tocasse, aduzindo testemunhos dos santos livros de Moisés e dos demais profetas, já que dela está escrito: "Virá a ser Templo do Deus glorioso, de modo que os ouvintes ficaram admirados ao ouvir essas tradições, que nunca haviam ouvido".

Pedro então lhe disse: "Vai e junta tuas mãos uma com a outra". Ele fez um gesto de juntá-las, dizendo: "Em nome de nosso Senhor Jesus Cristo, filho de Maria, Mãe de Deus, juntem-se minhas mãos uma à outra". E imediatamente ficaram como estavam no início, sem nenhum defeito. E Pedro insistiu: "Levanta-te agora e toma um raminho da palma e entra na cidade. Ali encontrarás uma multidão que carece de visão e não encontra caminho por onde sair; conta-lhes o que te ocorreu e impõe o raminho sobre os olhos daquele que crer, e imediatamente ele recuperará a visão".

O pontífice partiu conforme o mandado de Pedro e encontrou muitos cegos – aqueles que o anjo havia ferido de cegueira –, os quais diziam entre lamentos: "Ai de nós, porque nos sobreveio o mesmo que ocorreu em Sodoma" (Porque em primeiro lugar Deus os havia ferido de cegueira e depois trouxe fogo do céu que os abrasou). Ai de nós, porque, além de ficarmos mutilados, vem também o fogo". Então o homem que havia tomado o raminho falou-lhes acerca da fé. E quem acreditou voltou a enxergar; mas quem não acreditou não recuperou a visão e continuou cego.

DEPOIS DE TRÊS DIAS, O CORPO DE MARIA JÁ NÃO ESTÁ MAIS NO SEPULCRO

E, carregando os apóstolos o precioso corpo da gloriosíssima Mãe de Deus, Senhora Nossa e sempre Virgem Maria, depositaram-no em um sepulcro novo no lugar que o Salvador lhes havia indicado. E permaneceram unanimemente junto a ele por três dias para protegê-lo. Mas, quando fomos abrir a sepultura com a intenção de venerar o precioso tabernáculo daquela que é digna de todo louvor, encontramos apenas os panos de linho, pois havia sido trasladado para a eterna propriedade por Cristo Deus, que dela assumiu carne. Este mesmo Jesus Cristo, Senhor nosso, que glorificou Maria, Mãe sua Imaculada e Mãe de Deus, dará glória aos que a glorifiquem, libertará de todo perigo os que celebram com súplicas anualmente sua memória e encherá de bens suas casas, como fez com a de Onesíforo. Além disso, estes receberão a remissão de seus pecados aqui e no século futuro. Pois ele a escolheu para ser seu trono querubínico na terra e seu céu terrenal e, ao mesmo tempo, para ser esperança, refúgio e sustento de nossa raça; de maneira que, celebrando misticamente a festa de sua gloriosa Dormição, encontremos misericórdia e favor no século presente e no futuro, pela graça e benignidade de nosso Senhor Jesus Cristo, ao qual seja dada a glória e o louvor juntamente com seu Pai, que não tem princípio, e o santíssimo Espírito vivificador, agora e sempre e pelos séculos dos séculos. Amém.

TRÂNSITO DA BEM-AVENTURADA VIRGEM MARIA SEGUNDO PSEUDO-JOSÉ DE ARIMATEIA

Atribuído erroneamente a José de Arimateia, este apócrifo relata a morte e assunção de Maria. Os códices usados para o texto que temos são dos séculos XIII e XIV. O texto que apresentamos é tradução de OTERO, Aurelio dos Santos. Los evangelios apócrifos. Madrid: BAC, 1991, p. 647-659. Trata-se de um livro apócrifo bem recente. Na narrativa, Maria chama a atenção de João por tê-la abandonado, apesar de Jesus ter lhe pedido para cuidar dela.

O texto conta também a assunção de Maria. Tem destaque a figura de Tomé, que não presenciou a morte de Maria, chegando somente no momento da assunção, vista por ele no Monte das Oliveiras. No sepulcro, ele, depois, desafia os companheiros apóstolos, dizendo que Maria não estava no sepulcro. Mais uma vez, sua incredulidade é testada. Este apócrifo contribuiu sobremaneira para o incremento, na Idade Média, na devoção a Maria, mãe e intercessora junto a Jesus em favor da humanidade.

PRÓLOGO

Entre as muitas coisas que a mãe indagou de seu filho durante o tempo que precedeu a paixão do Senhor, encontram-se as referentes a seu trânsito, sobre o qual começou a perguntar-lhe nestes termos: "Ó caríssimo filho! Rogo à tua Santidade que, quando chegar o momento em que minha alma tiver de sair do corpo, me informes com três dias de antecedência; e então tu, querido filho, encarrega-te dela em companhia de teus anjos".

JESUS NÃO ABANDONA SUA MÃE

Ele, por sua vez, acolheu a súplica de sua mãe querida e lhe disse: "Ó morada e Templo do Deus vivo, ó mãe bendita, ó rainha de todos os santos e bendita entre todas as mulheres. Antes de me trazeres em teu seio eu te protegi continuamente e te fiz alimentar com meu manjar angélico, como sabes. Como te abandonarei depois de me teres gerado e alimentado, depois de me teres carregado na fuga para o Egito e teres sofrido por mim muitas angústias? Não duvides, portanto, que meus anjos sempre te protegeram e continuarão te protegendo até o momento de teu trânsito. Mas, depois que eu tiver sofrido pelos homens conforme o que está escrito e depois que tiver ressuscitado ao terceiro dia e subido ao céu ao cabo dos quarenta dias, quando me vires chegar ao teu encontro em companhia dos anjos e dos arcanjos, dos santos, das virgens e de meus discípulos, não duvides então que chegou o momento em que tua alma vai ser separada do corpo e trasladada por mim para o céu, onde nunca haverá de experimentar a mínima tribulação ou angústia".

Então ela se viu inundada de alegria e de glória, beijou os joelhos de seu filho e bendisse o Criador do céu e da terra, que lhe deu tal dom por meio de Jesus Cristo, seu filho.

MARIA RECEBE A VISITA DO ANJO

Durante o segundo ano a partir da ascensão de nosso Senhor Jesus Cristo, a beatíssima Virgem Maria costumava entregar-se assídua e constantemente à oração de noite e de dia. Mas, na antevéspera de sua morte, recebeu a visita de um anjo do Senhor, que a saudou dizendo: "Deus te salve, Maria; és cheia de graça; o Senhor está contigo". Ela, por sua vez, respondeu: "Graças sejam dadas a Deus". Ele tomou novamente a palavra para dizer-lhe: "Recebe esta palma que te foi prometida pelo Senhor". Ela, então, transbordante de alegria e de gratidão para com Deus, tomou das mãos do anjo a palma que lhe havia sido enviada. E o anjo do Senhor lhe disse: "Daqui a três dias ocorrerá tua assunção". Ao que ela replicou: "Graças sejam dadas a Deus".

A PRESENÇA DE JOSÉ DE ARIMATEIA E A DE JOÃO

Então chamou José da cidade de Arimateia e os outros discípulos do Senhor. E, quando estes estavam reunidos, assim como seus conhecidos e parentes próximos, anunciou a todos os presentes seu trânsito iminente. Depois a Bem-aventurada Virgem Maria banhou-se e vestiu-se como uma rainha e pôs-se à espera da chegada de seu Filho, em conformidade com a promessa deste. E rogou a todos os seus parentes que a protegessem e lhe proporcionassem algum conforto. Tinha a seu lado três virgens: Séfora, Abígea e Zael. Mas os discípulos de nosso Senhor Jesus Cristo já estavam dispersos pelo mundo inteiro para evangelizar o povo de Deus.

Naquele momento (era então a hora terça), enquanto a Rainha Santa Maria estava em seu quarto, ocorreram grandes trovões, chuva, relâmpagos, tribulação e terremotos. O apóstolo e evangelista João foi subitamente trasladado de Éfeso; entrou no quarto da Bem-aventurada Vigem Maria e a saudou com estas palavras: "Deus te salve, Maria; és cheia de graça; o Senhor está contigo". Ela, por sua vez, respondeu: "Graças sejam dadas a Deus". E, levantando-se, beijou São João. Depois Maria lhe disse: "Ó filho caríssimo, por que me abandonaste durante tanto tempo e não atendeste o encargo que recebeste de teu Mestre acerca de minha proteção, como te ordenou quando estava pendente da cruz?" Então, caindo de joelhos, ele se pôs a pedir-lhe perdão. E a Bem-aventurada Virgem Maria o bendisse e o beijou novamente.

E, quando se dispunha a perguntar-lhe donde vinha ou por que se havia apresentado em Jerusalém, eis que de repente foram levados em uma nuvem até a porta do quarto onde estava a Bem-aventurada Virgem Maria todos os discípulos do Senhor, exceto Tomé, chamado o Dídimo. Pararam, portanto, e depois entraram e veneraram a rainha, saudando-a com as seguintes palavras: "Deus te salve, Maria; és cheia de graça; o Senhor está contigo". Ela então se levantou solícita e, inclinando-se, os foi beijando e deu graças a Deus.

OS DISCÍPULOS CHEGAM PELAS NUVENS

Eis os nomes dos discípulos do Senhor que foram levados para lá em uma nuvem: João Evangelista e seu irmão Tiago, Pedro e Paulo, André, Filipe, Lucas, Barnabé, Bartolomeu e Mateus, Matias cognominado o Justo, Simão Cananeu, Judas e seu irmão Nicodemos e Maximiano e muitos outros, que não é possível contar.

Então a Bem-aventurada Virgem Maria disse a seus irmãos: "Para que viestes todos a Jerusalém?" Pedro respondeu da seguinte maneira: "Nós é que deveríamos perguntar a ti e, no entanto, tu nos interrogas? Quanto a mim, estou certo de que ninguém de nós sabe por que nos apresentamos aqui hoje com tanta velocidade. Eu estava em Antioquia e agora me encontro aqui". E todos foram indicando o lugar onde estavam naquele dia. Ao ouvir essas coisas, todos ficaram surpresos por estar ali presentes.

Disse-lhes a Bem-aventurada Virgem Maria: "Antes de meu filho sofrer a paixão, roguei-lhe que tanto ele quanto vós assistísseis à minha morte, graça que me foi outorgada. Sabei, portanto, que amanhã ocorrerá meu trânsito. Vigiai e orai comigo para que, quando o Senhor vier buscar minha alma, vos encontre em vigília". Então todos prometeram permanecer vigilantes. E passaram a noite inteira em vigília e em adoração, entoando salmos e cantando hinos, acompanhados de grandes luminárias.

CRISTO CHEGA, EM UM DIA DE DOMINGO,
PARA BUSCAR A ALMA DE MARIA

Chegado o domingo, à hora terça (nove horas da manhã), Cristo desceu acompanhado de uma multidão de anjos, da mesma forma como havia descido o Espírito Santo sobre os apóstolos em uma nuvem, e recebeu a alma de sua dileta mãe. E, enquanto os anjos entoavam aquela passagem do Cântico dos Cânticos em que se diz: "Como o lírio entre os espinhos, assim é minha amada entre as filhas" (Ct 2,2-3), sobreveio tal resplendor e um perfume tão suave que todos os circunstantes caíram com o rosto por terra (da mesma maneira que caíram os apóstolos quando Cristo se transfigurara em sua presença no Monte Tabor), e durante uma hora e meia nenhum foi capaz de levantar-se.

Mas, ao mesmo tempo em que o resplendor começou a dissipar-se, começou a assunção ao céu da alma da Bem-aventurada Virgem Maria entre salmodias, hinos e os ecos do Cântico dos Cânticos. E, quando a nuvem começou a elevar-se, a terra inteira estremeceu e em um instante todos os habitantes de Jerusalém puderam tomar conhecimento claramente da morte de Santa Maria.

HABITANTES DE JERUSALÉM TRAMAM ATEAR FOGO NO CORPO DE MARIA

Mas, no mesmo instante, Satanás entrou neles, e puseram-se a pensar o que fariam com o corpo de Maria. E assim muniram-se de armas para atear fogo ao cadáver e matar os apóstolos, porque pensavam que ela [Maria] havia sido a causa da dispersão de Israel, que acontecera por causa de seus próprios pecados e pela confabulação dos gentios. Mas foram atacados de cegueira e chegaram a bater com suas cabeças contra os muros e entre si.

Então os apóstolos, atônitos por tão grande claridade, levantaram-se ao ritmo da salmodia, e começou o traslado do santo cadáver do Monte Sião para o Vale de Josafá. Mas, ao chegar à metade do caminho, eis que certo judeu de nome Rúben foi ao encontro deles, pretendendo jogar ao chão o féretro junto com o cadáver da Bem-aventurada Virgem Maria. Mas, de repente, suas mãos ficaram secas até o cotovelo e, de bom grado ou forçadamente, precisou descer até o Vale de Josafá chorando e soluçando ao ver que suas mãos haviam ficado rígidas e grudadas ao féretro e não conseguia aproximá-las novamente de si.

E começou a rogar aos apóstolos que, por suas orações, ele obtivesse a saúde e se tornasse cristão. Eles então dobraram os joelhos e rogaram ao Senhor que o soltasse. Naquele mesmo instante ele conseguiu, com efeito, a cura e se pôs a dar graças a Deus e a beijar os pés da Rainha e de todos os santos e apóstolos. Imediatamente foi batizado naquele lugar e começou a pregar o nome de nosso Senhor Jesus Cristo.

O CORPO DE MARIA É DEPOSITADO NO SEPULCRO COM GRANDES HONRAS

Depois os apóstolos depositaram o cadáver no sepulcro com grandes honras e começaram a chorar e a cantar por excesso de amor e de doçura. De repente se viram circundados por uma luz celestial e caíram prostrados por terra, enquanto o santo cadáver era levado ao céu pelas mãos dos anjos.

TOMÉ RECEBE O CÍNGULO DE MARIA NO MONTE DAS OLIVEIRAS

Então o ditosíssimo Tomé sentiu-se repentinamente transportado ao Monte das Oliveiras e, ao ver como o bem-aventurado corpo se dirigia ao céu, começou a gritar, dizendo: "Ó Mãe Santa, Mãe Bendita, Mãe Imaculada! Se encontrei graça aos teus olhos, já que me é dado contemplar-te, digna-te alegrar teu servo por tua misericórdia, já que estás a caminho do céu". E no mesmo instante foi lançado do alto ao bem-aventurado Tomé o cinto com que os apóstolos haviam cingido o corpo santíssimo de Maria. Ao recebê-lo em mãos, o beijou e, dando graças a Deus, retornou ao Vale de Josafá.

E encontrou todos os apóstolos e uma grande multidão batendo no peito, pois estavam surpresos com o resplendor que haviam visto. E, depois que se entrevistaram e se deram o ósculo da paz entre si, o bem-aventurado Pedro se dirigiu a ele nestes termos: "Na verdade sempre foste teimoso e incrédulo, e talvez por tua incredulidade o Senhor não se dignou conceder-te a graça de assistir conosco ao enterro da mãe do Salvador". Ele respondeu batendo no peito: "Eu sei e estou firmemente convencido disso; sempre fui um homem perverso e incrédulo; peço perdão, portanto, a vós todos por minha contumácia e minha incredulidade". E todos se puseram a orar por ele.

Então disse o bem-aventurado Tomé: "Onde pusestes seu corpo?" Eles apontaram para o sepulcro com o dedo. Mas ele replicou: "Não está ali esse corpo que é chamado santíssimo". A isso o bem-aventurado Pedro respondeu: "Já outra vez te negaste a dar-nos crédito acerca da ressurreição do nosso Mestre e Senhor, a não ser que te fosse dado tocar e apalpar com teus dedos. Como irás crer agora que o santo cadáver se encontrava ali?" Ele, por sua vez, insistia, dizendo: "Não está aqui". Então, como que encolerizados, se aproximaram do sepulcro, que fora recém-escavado na rocha, e afastaram a lápide; mas não encontraram o cadáver, de modo que ficaram sem saber o que dizer ao sentir-se vencidos pelas palavras de Tomé.

Depois o bem-aventurado Tomé começou a contar-lhes como se encontrava celebrando a missa na Índia. Estava ainda revestido com os ornamentos sacerdotais quando, ignorando a Palavra de Deus, se viu transportado ao Monte das Oliveiras e teve a oportunidade de ver o corpo da Bem-aventurada Virgem Maria que subia ao céu; e rogou-lhe que lhe concedesse uma bênção. Ela ouviu a súplica e lhe lançou o cinto com que estava cingida. Então mostrou a todos o cinto.

Ao verem o cíngulo que eles mesmos haviam colocado, os apóstolos glorificaram a Deus e pediram perdão ao bem-aventurado Tomé, movidos pela bênção que lhe havia sido dada pela Bem-aventurada Virgem Maria e por ter visto o corpo santíssimo subir aos céus. Então o bem-aventurado Tomé os bendisse, dizendo: "Eis como é bom e agradável os irmãos viverem unidos entre si".

OS APÓSTOLOS SÃO LEVADOS DE VOLTA PARA A MISSÃO

E a mesma nuvem que os havia trazido ali levou cada um de volta para seu respectivo lugar, de maneira análoga ao que ocorrera com Filipe quando batizou o eunuco, como se lê nos Atos dos Apóstolos, e com o profeta Habacuc, quando levou comida a Daniel, que se encontrava no lago dos leões, e imediatamente retornou à Judeia. Da mesma forma também os apóstolos foram devolvidos rapidamente ao lugar onde se encontravam antes para evangelizar o povo de Deus.

E não há nada de estranho no fato de que opere tais maravilhas quem entrou e saiu de uma virgem deixando selado seu seio, quem entrou a portas fechadas no lugar onde estavam os apóstolos, quem fez ou surdos ouvirem, quem ressuscitou os mortos, quem limpou os leprosos, quem devolveu a vista aos cegos e, enfim, fez muitos outros milagres. Não há razão alguma para duvidar dessa crença.

PALAVRAS FINAIS DE JOSÉ DE ARIMATEIA

Eu sou José. Fui eu que depositei o corpo do Senhor em meu sepulcro e o vi ressuscitado; que sempre guardei seu Templo sacratíssimo, a Bem-aventurada sempre Virgem Maria, antes e depois da ascensão do Senhor; que escrevi, finalmente, no papel e em meu coração as palavras que saíram da boca de Deus e a maneira como chegaram a realizar-se os acontecimentos acima consignados. E dei a conhecer a todos, judeus e gentios, o que meus olhos viram e meus ouvidos ouviram, e não deixarei de pregá-lo enquanto viver.

Roguemos incessantemente àquela cuja assunção é hoje venerada e honrada pelo mundo inteiro para que se lembre de nós perante seu piedosíssimo Filho no céu, ao qual se devem louvor e glória pelos séculos dos séculos sem fim. Amém.

EVANGELHO SOBRE SÃO JOSÉ

A figura de José que decorre deste escrito é a de um trabalhador, um educador, um bom pai que corrige, chama a atenção do menino Jesus, o qual, diferentemente dos evangelhos canônicos, teve infância como as outras crianças do seu tempo. José assume o papel da paternidade terrena, refletindo a sua relação com Deus-Pai.

HISTÓRIA DE JOSÉ, O CARPINTEIRO

De autor desconhecido, a História de José, o carpinteiro pode ser datada, provavelmente, do ano 380. O local da redação do original grego seria o Egito, tendo sido depois traduzido para o copta, língua do antigo Egito. Há versões em árabe e latim.

A vida de José, o pai adotivo de Jesus, é contada por Jesus para os apóstolos, o que desenvolveu, na religiosidade popular, um imaginário sobre a vida de São José. A História de José, o carpinteiro, é um relato historiográfico e não pode ser classificado como histórico.

As comunidades cristãs, entre o século III e o V, passaram a exigir da Igreja uma palavra sobre a importância de Maria no cristianismo. Em Éfeso, no ano de 431, a Igreja declarou que Maria é a "Mãe de Deus", a Theotókos. Nesse contexto, a figura de São José foi também sendo repassada. Vários apócrifos surgiram sobre Maria, assim como este dedicado a José. Nesse sentido, o livro trata da história de José, narrada por Jesus, de forma carinhosa, aos apóstolos, no Monte das Oliveiras. José é apresentado como esposo carinhoso de Maria e pai terreno de Jesus. Era carpinteiro. Nasceu em Nazaré e morreu idoso. Teve medo da morte e foi amparado por Maria e Jesus. A sua alma, ao sair do corpo, foi custodiada pelos anjos. A visão do banquete dos dois mil anos, o milenarismo, aparece neste apócrifo.

Maria também aparece neste apócrifo. Ela é a "Nossa Senhora" e "Senhora, Mãe de nossa Salvação", que é o Senhor Jesus Cristo. Vários relatos de sua vida são narrados também na História de José, o carpinteiro, tais como: vida de consagrada no Templo, casamento com José, viagem para Belém, fuga para o Egito, aflição diante da morte de José, sua morte e assunção. Esses relatos complementam os evangelhos apócrifos marianos.

Um dos objetivos deste apócrifo foi dar uma resposta ao grupo de cristãos que não acreditava na virgindade de Maria, ao frisar que José era um idoso, e, portanto, não teve relação marital com Maria, respeitando a sua condição de virgem. Um dos grandes méritos deste evangelho foi dar a José uma esposa, e a Maria um marido, e ao menino Jesus um pai.

O texto que apresentamos é o do copta bohaítico, traduzido por Aurelio Santos Otero, recolhido por Lincoln Ramos, História de José, o carpinteiro. Petrópolis: Vozes, 1990.

PRÓLOGO

Assim deixou esta vida mortal nosso pai, José, o carpinteiro, pai de Cristo segundo a carne; ele estava com 111 anos de idade. Quando nosso Salvador narrou toda a vida de José aos apóstolos reunidos no Monte das Oliveiras, estes foram escrevendo todas as palavras que ele proferira, as quais foram guardadas na biblioteca de Jerusalém, deixando também registrado o dia em que o santo ancião se separou do corpo. Foi no dia 26 de Epep (20 de julho), na paz do Senhor. Amém.

JESUS DIRIGE A PALAVRA AOS APÓSTOLOS NO MONTE DAS OLIVEIRAS

Estava, um dia, nosso bom Salvador no Monte das Oliveiras, com os apóstolos a seu redor. Dirigiu-se a eles, dizendo-lhes estas palavras: "Meus queridos irmãos, vós, filhos de meu bom Pai, que vos escolheu dentre o mundo inteiro! Bem sabeis o que tantas vezes vos repeti: é necessário que eu seja crucificado, passe pela provação da morte e ressuscite dentre os mortos; que vos comunique a mensagem do evangelho para que vós, de vossa parte, o anuncieis ao mundo inteiro; que eu faça descer sobre vós uma força do alto, a qual vos encha do Espírito Santo; e que vós, finalmente, pregueis a todos os povos, dizendo: 'Fazei penitência'. De fato, vale mais para o homem um copo d'água na vida futura do que todas as riquezas deste mundo. E vale mais dar um só passo na casa de meu Pai do que todas as riquezas deste mundo. E ainda: vale mais uma hora de regozijo para os justos do que mil anos para os pecadores, durante os quais hão de chorar e lamentar-se, sem que alguém lhes dê atenção ou enxugue suas lágrimas. Portanto, meus distintos membros, quando vos chegar a hora de sair pelo mundo, pregai a todos, dizendo que meu Pai lhes pedirá contas com balança justa e medida exata e os julgará até de uma palavra inútil que pronunciem. Assim como ninguém pode escapar da mão da morte, do mesmo modo ninguém poderá livrar-se de seus próprios atos, sejam bons sejam maus. Além disso, vos disse muitas vezes e repito agora que nenhum forte poderá salvar-se por sua própria força e nenhum rico pela abundância de suas riquezas. E, agora, escutai. Vou contar-vos a vida de meu pai, José, o bendito ancião carpinteiro".

JOSÉ, PAI, SEGUNDO A CARNE, DE JESUS, ERA VIÚVO

"Havia um homem chamado José, oriundo de Belém, cidade da Judeia e terra natal do Rei Davi. Era grande conhecedor não só da sabedoria como também do ofício de carpinteiro. Este homem, José, se uniu em santo matrimônio a uma mulher que lhe deu filhos e filhas: quatro homens e duas mulheres. Chamavam-se: Judas, Joseto, Tiago e Simão; e as filhas, Lísia e Lídia. Faleceu a esposa de José, conforme está determinado que aconteça a todo ser humano; e deixou seu filho Tiago ainda em tenra idade. José era homem justo e louvava a Deus em todos os seus atos. Costumava afastar-se frequentemente de sua casa, com seus dois filhos, para exercer sua profissão de carpinteiro, pois vivia do trabalho de suas mãos, conforme está previsto na Lei de Moisés. Este varão justo de que estou falando é José, meu pai segundo a carne, com quem se uniu, em casamento, a minha mãe, Maria."

MINHA MÃE, MARIA, VIVEU NO TEMPLO COMO CONSAGRADA

"Enquanto meu pai, José, permanecia em sua viuvez, minha mãe, de sua parte, dotada de belas qualidades e bendita entre as mulheres, vivia no Templo, servindo a Deus em toda a santidade. Ela viveu seus três primeiros anos na casa de seus pais e os outros nove na casa do Senhor. Quando completou 12 anos, vendo os sacerdotes que a santa donzela levava uma vida santa e cheia do temor de Deus, deliberaram entre si, dizendo: "Procuremos um homem de bem e façamos com ele um acordo de casamento, até que chegue o momento de seu matrimônio. Do contrário, por descuido nosso, pode acontecer que ela venha de modo inesperado ao Templo no período de sua purificação, o que nos incorrerá em grave culpa".

CASAMENTO DE MEUS PAIS

Convocaram para isso a tribo de Judá e escolheram doze homens, em conformidade com o número das doze tribos. A sorte recaiu sobre o bom velho José, meu pai segundo a carne. Disseram, então, os sacerdotes a minha mãe, a Virgem: "Vai com José e sê-lhe submissa até que chegue a hora de celebrar o teu casamento". Assim, José levou Maria, minha mãe, para sua casa. Ela encontrou o pequeno Tiago na dolorosa condição de órfão e começou a dedicar-lhe afeição e cuidados. É esse o motivo pelo qual foi chamada Maria (mãe) de Tiago. Depois que José a conduziu para sua casa, dirigiu-se ao lugar onde estava exercendo seu ofício de carpinteiro. Minha mãe, Maria, viveu dois anos na casa de José, até que chegou o dia do casamento[29].

A MINHA ENCARNAÇÃO

Quando Maria completou 14 anos de idade, eu, Jesus, vossa vida, vim habitar nela por minha própria vontade. Quando estava grávida de três meses, o piedoso José voltou de suas ocupações. Ao encontrar minha mãe grávida, abalado e cheio de espanto, pensou em abandoná-la secretamente. Sentiu-se tão desgostoso que não quis comer nem beber naquele dia.

O ANJO GABRIEL APARECE EM SONHO A JOSÉ

Eis que, no entanto, durante a noite, por ordem de meu Pai, Gabriel, o arcanjo da alegria, apareceu, em visão, a José e lhe disse: "José, filho de Davi, não tenhas medo de conservar contigo Maria, tua esposa. Fica ciente de que aquele que foi concebido em seu seio é fruto do Espírito Santo. Ela dará à luz um filho a quem porás o nome de Jesus. Ele apascentará os povos com cajado de ferro". Em seguida, o anjo desapareceu. José despertou do sono e, cumprindo a determinação do anjo, conservou Maria consigo.

A IDA A BELÉM PARA O CENSO

Naquela ocasião, saiu um edito do Imperador Augusto ordenando que todas as pessoas fossem recensear-se, cada um no lugar de sua origem. Também o bom ancião se pôs a caminho e levou Maria, minha mãe virginal, à sua cidade de Belém. E, como já se aproximava o dia do parto, apresentou seu nome ao escrivão na seguinte forma: "Sou José, filho de Davi; Maria, minha esposa; e meu filho Jesus; sou da tribo de Judá". E Maria,

---

29. O casamento judaico era realizado em três fases: namoro, noivado e núpcias. Veja os detalhes de cada fase em nosso livro: FARIA, Jacir de Freitas. *História de Maria, mãe e apóstola de seu filho, nos evangelhos apócrifos*. 3. ed. Petrópolis: Vozes, 2007. p. 41-43.

minha mãe, me deu à luz, ao voltar de Belém, junto ao túmulo de Raquel, a esposa do patriarca Jacó e mãe de José e de Benjamim.

FUGIMOS PARA O EGITO

Satanás apresentou uma sugestão a Herodes o Grande, pai de Arquelau, aquele Herodes que mandou decapitar o meu querido parente João. Desse modo, ele procurou encontrar-me para tirar-me a vida, pensando que meu reino fosse deste mundo. Meu pai, em uma visão, revelou isso a José, que fugiu imediatamente, levando consigo a mim e minha mãe, em cujos braços eu ia reclinado. Também Salomé (a que esteve no calvário?) nos acompanhava. Descemos ao Egito e ali permanecemos um ano, até que o corpo de Herodes se tornou pasto dos vermes; morreu, como justo castigo pelo sangue dos meninos inocentes que ele derramara.

DE VOLTA PARA A GALILEIA

Quando morreu o ímpio Herodes, voltamos a Israel e fomos viver em uma cidade da Galileia, de nome Nazaré. Meu pai, José, o ancião bendito, continuou exercendo a profissão de carpinteiro e, assim, com o trabalho de suas mãos, pudemos manter-nos. Jamais se poderá dizer que comeu seu pão sem trabalhar. Conformava-se, desse modo, ao que prescreve a Lei de Moisés.

O SÁBIO E IDOSO JOSÉ

Embora já tivesse vivido tanto tempo, seu corpo não sofria de enfermidades, sua vista não se enfraquecera; não havia um só dente cariado em sua boca. Nunca lhe faltaram a prudência e a sabedoria. Conservou são o juízo, ainda que fosse um venerável ancião de 111 anos.

SEMPRE OBEDECI E FUI CARINHOSO
COM MEU PAI E MINHA MÃE

Seus dois filhos mais velhos, Joseto e Simão, contraíram matrimônio e foram viver em suas casas. Casaram-se, do mesmo modo, suas duas filhas, como é natural entre os homens. José ficou só com Tiago, seu filho menor. Eu, de minha parte, desde que minha mãe me trouxe a este mundo, estive sempre submisso a ela, como um menino. Procedi dentro do que é natural entre os homens, exceto o pecado. Chamava Maria de 'minha mãe' e José de 'meu pai'. Obedecia-lhes em tudo o que me ordenavam, sem me permitir jamais replicar-lhes uma palavra. Pelo contrário, dedicava-lhes sempre grande carinho.

A MORTE DE MEU PAI, JOSÉ

Chegou, finalmente, para meu pai, José, a hora de deixar este mundo, o que é destino comum dos mortais. Quando seu corpo se debilitou, veio um anjo e anunciou-lhe: "Tua morte se dará este ano". Seu espírito encheu-se de apreensão. Dirigiu-se a Jerusalém, penetrou no Templo do Senhor, prostrou-se diante do altar e rezou:

PRECE DE SÚPLICA DE MEU PAI, JOSÉ

"Ó Deus, Pai de toda a misericórdia e Deus de toda a carne, Senhor de minha alma, de meu corpo e de meu espírito! Desde que se completaram os dias de vida que me deste neste mundo, rogo-te, Senhor Deus, que envies o Arcanjo Miguel para estar a meu lado até que minha infeliz alma saia do corpo sem dor e sem perturbação. A morte é para todos causa de dor e de perturbação, quer se trate de um homem, de um animal doméstico ou selvagem, ou mesmo de um verme ou de um pássaro. É doloroso para toda criatura que vive debaixo do céu e em que habita um sopro de espírito ter de passar pelo transe de ver sua alma separada do corpo. Agora, pois, meu Senhor, permite que teu anjo esteja ao lado de minha alma e de meu corpo, para que a separação se complete sem dor. Não permitas que aquele anjo (da guarda) que me foi dado no dia em que saí de tuas mãos me acompanhe com rosto sombrio, ao longo do caminho que começo a percorrer de volta a ti, mas que antes se mostre amável e pacífico. Não permitas que aqueles cujo rosto é diferente (demônios) criem obstáculos na minha viagem para junto de ti. Não consintas que minha alma seja retida pelo porteiro implacável (cão de três cabeças, guardião do inferno) e não me confundas no pavoroso tribunal. Não permitas que se voltem furiosas contra mim as ondas do rio de fogo em que serão purificadas todas as almas, antes de verem a glória de teu rosto. Ó Deus, que julgas a todos na verdade e na justiça, suplico que tua misericórdia me sirva agora de consolo, pois tu és a fonte de todos os bens e a ti é devida toda a glória por toda a eternidade. Amém!"

A DOENÇA DE MEU PAI, JOSÉ

Ao voltar a Nazaré, sua residência habitual, viu-se acometido pela enfermidade que o levaria à sepultura. A doença manifestou-se muito mais grave do que em qualquer outra ocasião de sua vida, desde o nascimento. Eis aqui, em resumo, a vida de meu querido pai, José. Ao chegar aos 40 anos, contraiu matrimônio e viveu casado por outros quarenta e nove anos. Depois que morreu sua esposa, permaneceu viúvo por um ano. Em seguida, minha mãe passou dois anos em sua casa. Ela lhe foi confiada pelos sacerdotes, que lhe disseram: "Guarda-a até o momento em que se celebre vosso matrimônio". No início do terceiro ano de sua permanência ali – tinha na ocasião 15 anos de idade –, trouxe-me ao mundo de modo misterioso (numa gruta impossível de descrever) que ninguém em toda a criação pôde conhecer, a não ser eu, meu Pai e o Espírito Santo, que formamos uma unidade.

A DOENÇA DEBILITA PROGRESSIVAMENTE JOSÉ

A vida de meu pai, José, o ancião bendito, durou cento e onze anos, conforme determinara meu bom Pai. O dia em que se separou do corpo corresponde ao 26 do mês de Epep (20 de julho). O ouro purificado, isto é, o corpo de José, começou a descolorir-se; e a prata, isto é, a sua inteligência e a sua razão, sofreram alterações. Perdeu a vontade de comer e de beber, e sentiu vacilar a habilidade no desempenho de seu ofício.

Aconteceu, então, que ao amanhecer do dia 26 de Epep, estando ainda deitado, foi acometido de grande perturbação. Lançou um forte gemido, bateu as mãos e, extremamente agitado, começou a gritar.

LAMENTAÇÕES DE JOSÉ NO LEITO DE MORTE

"Ai infeliz de mim! Ai do dia em que minha mãe me trouxe ao mundo! Ai do seio materno em que recebi o germe da vida! Ai dos peitos que me

amamentaram! Ai do colo em que descansei! Ai das mãos que me susten-
taram até o dia em que me tornei maior e comecei a pecar! Ai de minha
língua e de meus lábios, que proferiram injúrias, mentiras, detrações e ca-
lúnias! Ai de meus olhos, que viram o escândalo! Ai de meus ouvidos, que
escutaram com prazer conversas fúteis! Ai de minhas mãos, que tiraram
coisas que não lhes pertenciam! Ai de meu estômago e de meu ventre, que
cobiçaram o que não era seu! Quando se lhes apresentava alguma coisa,
devoraram-na com maior avidez do que o faria uma chama ardente! Ai de
meus pés, que prestaram mau serviço a meu corpo, levando-o por maus
caminhos! Ai de meu corpo todo, que reduziu minha alma a um deserto,
afastando-a de Deus, que a criou! Que devo fazer agora? Não encontro nenhuma saída. Como são verdadeiramente dignos de compaixão os homens
pecadores! Essa é a angústia que se apoderou de meu pai Jacó em sua agonia; e a mesma angústia atinge hoje a mim, infeliz criatura. Mas Jesus Deus
é meu advogado e realiza em mim a divina vontade".

CONSOLEI MEU PAI, ELE ME DIRIGIU
PALAVRAS DE AFETO

Quando ele proferiu essas palavras, entrei no quarto em que se encontrava. Vendo-o assim agitado na alma e no corpo, disse-lhe: "Salve, José,
meu querido pai, ancião bondoso e bendito!" Ele, ainda angustiado de
medo mortal, me respondeu: "Salve, mil vezes, querido filho!"

Ao ouvir sua voz, minha alma recobrou a sua tranquilidade. Ele ainda me
disse: "Jesus, meu Senhor; Jesus, meu verdadeiro rei, meu salvador bondoso
e misericordioso; Jesus, meu libertador; Jesus, meu guia; Jesus, meu protetor;
Jesus, em cuja bondade tudo se encontra; Jesus, cujo nome é doce e poderoso
na boca de todos; Jesus, olho que vê e ouvido que ouve verdadeiramente,
escuta-me, neste momento, a mim, teu servidor, quando elevo meus rogos
e derramo minhas lágrimas diante de ti. Verdadeiramente, tu és Deus. Tu és
o Senhor, conforme, muitas vezes, me repetiu o anjo, sobretudo naquele dia
em que observei os sinais de gravidez da Virgem sem mancha e resolvi abandoná-la. Quando estava dominado por esse pensamento, apareceu-me em
sonho um anjo e disse-me: 'José, filho de Davi, não tenhas dúvida em receber

Maria como esposa, pois aquele que dará à luz é fruto do Espírito Santo. Não conserves nenhuma suspeita em relação à sua gravidez. Ela trará ao mundo um filho, e tu lhe darás o nome de Jesus'. Tu és Jesus Cristo, salvador de minha alma, de meu corpo e de meu espírito. Não condenes a mim, teu servo e obra de tuas mãos. Eu não sabia e não conhecia o mistério de teu maravilhoso nascimento. Jamais tinha ouvido dizer que alguma mulher pudesse conceber sem o concurso de um homem e que uma virgem pudesse dar à luz sem romper o selo de sua virgindade. Ó Senhor meu, se eu não tivesse conhecido a lei, a verdade deste mistério, não teria acreditado em ti nem em teu santo nascimento, e não teria prestado honra a Maria, a Virgem, que te trouxe ao mundo. Lembro-me daquele dia em que morreu um menino mordido por uma serpente. Seus familiares voltaram-se contra ti, querendo entregar-te ao tribunal de Herodes Antipas. Mas a tua misericórdia o alcançou e o devolveste à vida, dissipando-se, assim, a calúnia que te acusava de causador de sua morte. Houve, por isso, grande alegria na casa do defunto. Então eu te agarrei pela orelha e te disse: 'Sê prudente, meu filho'. E tu me dirigiste esta reclamação: 'Se não fosses meu pai segundo a carne, eu te faria compreender o que acabas de me fazer'. Se, pois, ó meu Senhor e meu Deus, é este o motivo pelo qual me vais julgar e permitiste que se abatessem sobre mim estes terríveis pressentimentos, rogo-te que não me coloques diante de teu tribunal para contender contigo. Eu sou teu servo e filho de tua escrava. Se quebrares meus grilhões, eu te oferecerei um sacrifício santo, que não será outro senão a confissão de tua glória divina, isto é, que és Jesus Cristo, verdadeiro filho de Deus e, ao mesmo tempo, verdadeiro Filho do Homem".

EU E MINHA MÃE CHORAMOS A MORTE DE MEU PAI

Quando meu pai pronunciou essas palavras não pude conter as lágrimas e comecei a chorar, vendo que a morte se aproximava dele a cada momento e principalmente ouvindo as palavras cheias de dor que saíam de sua boca. Naquele momento, meus queridos irmãos, veio-me ao pensamento a morte de cruz que eu tinha de sofrer pela vida de todos os homens.

Então Maria, minha querida mãe, cujo nome é suave para todos os que me amam, levantou-se e, com o coração mergulhado em amargura, me disse: "Ai de mim, filho querido. Está morrendo o bondoso e bendito ancião José, teu amado e bendito pai de criação!"

Respondi-lhe: "Ó minha querida mãe, quem entre os homens poderá livrar-se da necessidade de enfrentar a morte? Ela é a soberana de toda a humanidade, ó mãe bendita. Também tu morrerás, como todos os outros homens. Mas nem a tua morte nem a de meu pai, José, pode ser propriamente chamada de morte; é antes vida eterna, sem fim. Também eu passarei por esse momento, por causa da carne mortal de que estou revestido. Agora, mãe querida, levanta-te e entra onde se encontra o bendito ancião José, para que possas ver o lugar que o espera no alto".

A AGONIA FINAL DE JOSÉ JUNTO AOS FILHOS E A MARIA

Quando minha querida mãe me viu tocar em seu corpo, ela, por sua vez, tocou-lhe os pés e notou que o alento (a febre) já tinha abandonado seus pés, juntamente com o calor. Ela me falou com simplicidade: "Obrigado, querido filho. Desde o momento em que puseste tua mão sobre seu corpo, a febre o abandonou. Vê que seus pés e suas pernas estão frios como o gelo".

Então eu chamei seus filhos e filhas e disse-lhes: "Falai agora com vosso pai. Está no momento de fazê-lo, antes que sua boca deixe de falar e seu corpo se torne rígido". Eles falaram com ele, mas a sua vida estava minada por aquela fraqueza mortal que causaria sua saída do mundo.

Levantou-se, então, Lísia, filha de José, e disse a seus irmãos: "Juro, queridos irmãos, que essa é a mesma enfermidade que afligiu nossa mãe, a quem até agora não tornamos a ver. O mesmo acontece com nosso pai, José, de tal modo que não mais tornaremos a vê-lo por toda a eternidade".

Os filhos de José prorromperam em lágrimas. Maria, minha mãe, e eu nos unimos a seu pranto, pois, de fato, já chegara a hora da morte dele.

VI A MORTE CHEGAR E A AMEACEI

Olhei para o sul e vi a morte, que se dirigia para nossa casa. Vinha acompanhada de Amenti (região oculta, segundo crença egípcia, onde as almas se encontravam depois da morte para serem julgadas pelo deus Osíris), que é o seu assessor, e do diabo, seguido de imensa multidão de comparsas, formando uma corte, vestidos de fogo, cujas bocas vomitavam fumo e enxofre.

Alongando o olhar, meu pai, José, encontrou-se com aquele cortejo que o olhava de rosto colérico e raivoso, o mesmo rosto com que eles costumam olhar todas as almas que saem do corpo, principalmente aquelas que são pecadoras e que eles consideram como sua propriedade. À vista desse espetáculo, os olhos do bondoso ancião se ofuscaram cheios de lágrimas. Foi esse o momento em que meu pai exalou sua alma com um grande suspiro, enquanto procurava encontrar um lugar onde esconder-se e salvar-se.

Quando percebi o suspiro de meu pai, provocado pela visão daquelas potências até então desconhecidas para ele, levantei-me rapidamente e repreendi o diabo e todo o seu cortejo. Eles se puseram em fuga, envergonhados e confusos. Nenhum entre os presentes, nem mesmo minha própria mãe, Maria, notou a presença daqueles terríveis esquadrões que vão à caça de almas humanas.

Quando a morte se inteirou de que eu havia ameaçado e lançado fora as potestades infernais para que não pudessem estender suas armadilhas, encheu-se de pavor. Ergui-me apressadamente e dirigi esta oração a meu Pai, o Deus de toda a misericórdia:

A ORAÇÃO DE JESUS EM FAVOR DE JOSÉ

"Meu Pai misericordioso, Pai da verdade, olho que vê e ouvido que ouve, escuta-me. Sou teu filho querido; peço-te por meu pai, José, obra de tuas mãos. Envia-me um grande coro de anjos juntamente com Miguel (aquele que como Deus combate os demônios), o administrador dos bens, e com Gabriel, o bom mensageiro da luz, para que acompanhem a alma de meu pai, José, até que atravesse as sete camadas que ficam entre o céu e a terra, isto é, os éons (camadas, tempo, vida, eternidade, idade, geração) tenebrosos. E assim não será forçada a percorrer esses caminhos infernais, terríveis para o viajante por estarem infestados de gênios malignos que os assaltam e por ter de atravessar esse lugar espantoso, onde corre um rio de fogo semelhante às ondas do mar. Sê também misericordioso com a alma de meu pai, José, quando for repousar em tuas mãos, pois esse é o momento em que mais necessita de tua misericórdia".

Eu vos digo, veneráveis irmãos e apóstolos benditos, que todo homem que chega a discernir entre o bem e o mal e, apesar disso, consome seu tempo seguindo o fascínio de seus olhos, precisará da misericórdia de meu bom Pai, quando chegar a hora de sua morte e tiver de caminhar para comparecer diante do terrível tribunal e fazer sua própria defesa. Mas voltemos à narração do desenlace de meu pai, José, o ancião bendito.

O ÚLTIMO SUSPIRO DE JOSÉ

Meu pai exalou seu espírito, e eu o beijei. Os anjos tomaram sua alma e a envolveram em lençóis de seda. Eu estava sentado junto dele, e nenhum dos circunstantes notou que ele já havia expirado. Pus sua alma nas mãos de Miguel e de Gabriel para que lhe servissem de defesa contra os gênios que espreitam no caminho. Os anjos começaram a entoar cânticos de louvor diante dela, até que, finalmente, chegou aos braços de meu Pai.

LUTO NA CASA DE JOSÉ

Eu, então, me atirei sobre o corpo de meu pai, José, que ali estava, parecendo leve e vazio. Fechei seus olhos (para afastar o mal dele), cerrei sua boca e levantei-me para contemplá-lo. Disse depois à Virgem: "Ó Maria, minha mãe, onde estão os trabalhos de artesanato que ele fez desde sua infância até agora? Todos eles acabaram neste momento, como se ele nunca tivesse sequer vindo a este mundo".

Quando seus filhos e filhas me ouviram dizer isso a Maria, minha mãe virginal, me perguntaram em copioso pranto: "Então nosso pai morreu, sem que nós o percebêssemos?"

Disse-lhes: "Sim, na verdade está morto; mas sua morte não é morte, e sim vida eterna. Grandes coisas, porém, aguardam nosso querido pai, José. Desde o momento em que sua alma saiu do corpo, desapareceu para ele toda espécie de dor. Pôs-se a caminho do reino eterno, deixou atrás de si o peso da carne, com todo este mundo de dor e de preocupações, e foi para o lugar de repouso que meu Pai conserva nesses céus que nunca serão destruídos".

Quando eu disse a meus irmãos: "Vosso pai, José, o ancião bendito, morreu", eles se levantaram, rasgaram suas vestes (em sinal de luto) e choraram por longo tempo.

LUTO EM NAZARÉ

Quando os habitantes de Nazaré e de toda a Galileia tiveram notícia do triste acontecimento, acorreram em massa ao lugar onde nos encontrávamos. De acordo com a lei dos judeus, passaram o dia inteiro manifestando sinais de luto, até chegar a hora nona (três horas da tarde). Nessa hora, despedi a todos, derramei água sobre o corpo de meu pai, José, ungi-o com bálsamo, conforme o costume, e dirigi a meu amado Pai, que está no céu, uma oração celestial, que eu tinha escrito com meus próprios dedos antes de encarnar-me nas entranhas da Virgem Maria. Ao dizer "Amém", veio uma multidão de anjos. Ordenei a dois deles que estendessem um manto para nele depositar o corpo de meu pai, José, e amortalhá-lo.

ABENÇOEI MEU PAI

Coloquei minhas mãos sobre seu corpo e disse: "Que o odor fétido da morte não se apodere de ti. Teus ouvidos não sofram corrupção. Não emane podridão de teu corpo. Que a terra não destrua tua mortalha nem tua carne, mas permaneçam intactas e aderentes a teu corpo até o dia do convite dos mil anos (quando Jesus voltaria). Não envelheçam, ó querido pai, esses cabelos que tantas vezes acariciei com minhas mãos. E que a felicidade esteja contigo. Aquele que tiver o cuidado de levar uma oferenda a teu santuário no dia de tua comemoração, isto é, 26 de Epep, eu o abençoarei com riqueza de dons celestes. Do mesmo modo, a todo aquele que em teu nome der pão a um pobre, não permitirei que ele seja angustiado pela necessidade de qualquer bem deste mundo durante todos os dias de sua vida.

Eu te concederei que possas convidar para o banquete dos mil anos a todos aqueles que, no dia de tua comemoração, entregarem um copo de vinho na mão de um forasteiro, de uma viúva ou de um órfão. Darei a salvação, enquanto viverem neste mundo, a todos os que se dedicarem a escrever o livro de tua saída deste mundo e a conservar todas as palavras que hoje saíram de minha boca. E, quando abandonarem este mundo, farei que desapareça o livro em que estão escritos seus pecados e que não sofram tormento algum, a não ser a morte, que é inevitável, e o rio de fogo (morte) que está diante de meu Pai, para purificar todas as almas. No caso de um pobre que nada possa fazer do que foi dito, mas der o nome de José a um de seus filhos em tua honra, farei com que naquela casa não entre a fome nem a peste, pois, na verdade, teu nome ali habita".

JOSÉ É LEVADO AO TÚMULO; JESUS CHORA

Apresentaram-se na casa onde jazia o cadáver os anciãos da cidade acompanhados dos coveiros, com o propósito de realizar o sepultamento à maneira judaica. Encontraram o cadáver já preparado (pelos anjos) para o sepultamento. A mortalha se apegara firmemente a seu corpo como se tivesse sido presa com grampos de ferro; e, quando removeram o cadáver, não acharam abertura. Em seguida, conduziram o cadáver até o túmulo. Chegaram ao sepulcro (Nazaré ou Jerusalém) e se dispunham a abrir sua entrada para colocá-lo junto aos restos de seus pais. Veio-me, então, à mente a recordação do dia em que me levara ao Egito e das grandes tribulações que suportara por mim. Não me contive e lancei-me sobre seu corpo e chorei longamente, dizendo: "Ó morte, de quantas lágrimas e gemidos és a causadora. Mas esse poder te foi dado por Aquele que tem sob seu domínio o universo inteiro. Por isso, tal censura não se dirige tanto à morte quanto contra Adão e Eva. A morte nada faz sem ordem de meu Pai. Alguns viveram até 900 anos (idade é sinal de sabedoria); e outros ainda mais tempo (Gn 5,1-32). E nenhum deles disse: 'Eu vi a morte' ou: 'Vinha de tempos em tempos atormentar-me'. Ela traz a dor uma só vez e, ainda assim, é meu Pai que a envia.

Quando vem em busca do homem, sabe que tal decisão provém do céu. Se a sentença vem carregada de cólera, também a morte se mostra colérica ao cumprir sua incumbência, tomando a alma do homem e entregando-a a seu Senhor. À morte não foi atribuído o poder de lançar o homem no inferno nem de introduzi-lo no reino celestial.

A morte cumpre o mandado de Deus. Adão, pelo contrário, por não se submeter à vontade divina, cometeu uma transgressão. Provocou a irritação de meu Pai contra si, por ter preferido dar ouvidos a sua mulher, em vez de obedecer ao mandado divino. Desse modo, todo ser vivo ficou implacavelmente condenado à morte. Se Adão não tivesse sido desobediente, meu Pai não o teria castigado com esse terrível açoite (a morte).

E o que impede que eu agora peça a meu Pai de mandar um grande carro luminoso, que leve a José, sem passar pelas agruras da morte, e o transporte ao lugar de repouso na mesma carne que trouxe ao mundo e que viva ali junto aos anjos incorpóreos? A transgressão de Adão foi a causa desses grandes males que atingiram a humanidade juntamente com o mal irremediável da morte. E, porque eu mesmo carrego também essa carne concebida na dor, devo suportar com ela a provação da morte para que possa apiedar-me das criaturas por mim formadas".

O ENTERRO DE JOSÉ

Enquanto eu dizia isso abraçado ao corpo de meu pai e chorava sobre ele, abriram a entrada do sepulcro e depositaram o cadáver junto ao de seu pai Jacó. Sua vida foi de cento e onze anos. Ao fim de tanto tempo, não tivera um só dente estragado, e sua vista não se enfraquecera. Toda a sua aparência era semelhante à de uma criança. Nunca sofrera nenhuma indisposição física. Trabalhara continuamente em seu ofício de carpinteiro até o dia em que lhe sobreveio a enfermidade que o levaria à sepultura.

OS APÓSTOLOS QUESTIONAM JESUS

Quando nós, os apóstolos, ouvimos tais palavras dos lábios de nosso Salvador, nós nos levantamos cheios de alegria e logo nos curvamos diante de suas mãos e de seus pés, exclamando transbordantes de júbilo: "Nós te damos graças, Senhor e Salvador nosso, por te haveres dignado de dirigir-nos essas palavras saídas de teus lábios. Estamos admirados a teu respeito, ó bom Salvador. Não compreendemos como concedeste a imortalidade a Henoc e Elias, os quais estão, na realidade, desfrutando dos bens na mesma carne com que nasceram, sem terem sido vítimas da corrupção – ao passo que não a concedeste ao bendito José, o carpinteiro, a quem distinguiste com a grande honra de chamá-lo de pai e de obedecer-lhe em todas as coisas. Além disso, a nós mesmos determinaste: 'Quando fordes revestidos de minha força e receberdes a voz de meu Pai, isto é, o Espírito Paráclito, e fordes enviados a pregar o evangelho, pregai também a respeito de meu querido pai, José'; e 'gravai estas palavras de vida no testamento de sua partida deste mundo'; e mais: 'leiam as palavras deste testamento nos dias solenes e festivos'; e ainda: 'quem não tiver aprendido a ler corretamente não deve ler este testamento nos dias festivos'; e finalmente: 'Quem suprimir ou acrescentar alguma coisa a estas palavras de maneira a desmentir-me, será réu de minha vingança'. Estamos admirados, repetimos, de que, tendo-o chamado de pai segundo a carne, desde o dia em que nasceste em Belém, não lhe tenhas concedido a imortalidade, para viver eternamente".

RESPOSTA DE JESUS

Nosso Salvador respondeu, dizendo-lhes: "A sentença pronunciada por meu Pai contra Adão não perderá sua força, pois ele não foi obediente a suas ordens. Quando meu Pai destina alguém a ser justo, este se torna imediatamente seu escolhido. Se um homem ofende a Deus por amar as obras do demônio, porventura ignora que virá um dia a cair em suas mãos, caso continue impenitente, ainda que lhe sejam concedidos largos anos de vida? Se, pelo contrário, alguém vive muito tempo praticando sempre boas obras, são justamente essas boas obras que lhe concedem a longevidade. Quando Deus vê que alguém segue o caminho da perdição, costuma conceder-lhe um curto espaço de vida e o faz desaparecer na metade de seus dias. Além disso, devem cumprir-se com exatidão as profecias emanadas de meu Pai sobre a humanidade e tudo deve acontecer em conformidade com elas. Vós me apresentastes o caso de Henoc e de Elias. Dizeis: 'Eles continuam vivendo e conservam a carne que trouxeram a este mundo. Por que, pois, em relação a teu pai, não lhe permitiste conservar seu corpo?' Eu vos respondo: 'Ainda que tivesse vivido dez mil anos, estaria sempre sujeito à mesma necessidade de morrer'. Asseguro-vos, ainda, que sempre que Henoc e Elias pensam na morte, desejam tê-la já sofrido e ver-se, assim, livres da necessidade que lhes está imposta, pois hão de morrer em um dia de perturbação, de medo, de gritos, de perdição e de aflição. Ficai cientes de que o anticristo (ao vir no fim dos tempos) há de matar esses dois homens e derramar seu sangue na terra como a água de um vaso, pelo fato de ter sido por eles acusado publicamente de culpa".

EPÍLOGO

Nós respondemos, dizendo: "Senhor nosso e nosso Deus, quem são esses dois homens de quem acabas de dizer que o filho da perdição os matará por um vaso de água?" Jesus, nosso Salvador e nossa vida, respondeu: "Henoc e Elias".

Ouvindo essas palavras da boca de nosso Salvador, nosso coração se encheu de prazer e de alegria. Por isso lhe tributamos louvores e graças, como nosso Senhor, nosso Deus e nosso Salvador, Jesus Cristo. Por ele damos toda a glória e toda a honra ao Pai, juntamente com ele e com o Espírito Santo vivificador, agora, em todo o tempo e por toda a eternidade. Amém!

Evangelhos da paixão, morte e ressurreição de Jesus

Os evangelhos da paixão constituem uma tentativa de alargar as informações dos evangelhos canônicos sobre a paixão, morte e ressurreição de Jesus. Várias personagens emblemáticas da narrativa canônica são retomadas, como Pilatos, Nicodemos e José de Arimateia.

Ainda que tratem da memória de Jesus ressuscitado, optamos por apresentar os evangelhos de Maria Madalena e Tomé junto com os evangelhos gnósticos, visto que eles fazem parte de uma narrativa diferenciada da presença de Jesus.

A SENTENÇA DE PILATOS CONTRA JESUS

Escrito em hebraico, esse apócrifo, encontrado em 1820, na cidade de Aquila, no reino de Nápoles, no interior de uma pedra e dentro de duas pequenas caixas, uma de ferro e outra de marfim dentro dela, traz a cópia da sentença dada por Pôncio Pilatos, governador da Judeia, no ano XVIII de Tibério César, imperador de Roma e de todo o mundo. O texto publicado por SCHNEEMELCHER, Wilhelm, New Testament Apocrypha, Gospel and Related Writings.

Pilatos é chamado também de monarca invencível na Olimpíada de CXXI (ano 121). Ele decreta que Jesus Cristo, Filho de Deus e da Virgem Maria, deveria morrer na cruz, no meio de dois ladrões e homicidas, no dia 25 de março. Ele ainda sentencia que Jesus deveria ser pregado com cravos como se usa com os réus, pois ele reuniu em torno de si muitos homens ricos e pobres, causou tumultos por toda a Judeia, fazendo-se Filho de Deus e Rei de Jerusalém, ameaçando trazer a ruína para a cidade e seu Sagrado Templo, negando o tributo a César, e tendo ainda tido o atrevimento de entrar com palmas, em triunfo, e com parte da plebe, na cidade de Jerusalém e no Sagrado Templo.

Pilatos delega o seu primeiro centurião Quinto Cornélio que levasse Jesus Cristo amarrado pela cidade, saindo da Porta Sagrada até o monte público da Justiça chamado Calvário. Durante o percurso, Jesus Cristo, vestido de púrpura, deveria ser açoitado e coroado com alguns espinhos, carregar a própria cruz nos ombros para que fosse exemplo para todos os malfeitores. Ao ser pregado na cruz, Pilatos ordenou que fosse colocado um título em três idiomas: hebraico, grego e latim: IESUS NAZARENUS REX IUDAEORUM (Jesus Nazareno Rei dos Judeus – INRI).

EVANGELHO SEGUNDO NICODEMOS (ATOS DE PILATOS)

Atos de Pilatos é o nome mais antigo do Evangelho segundo Nicodemos. Conforme testemunho de São Justino, podemos falar de um escrito antigo com o nome de Atos de Pôncio Pilatos, escrito por volta do ano 150. No século V, este apócrifo teve muita influência no cristianismo. O nome Evangelho segundo Nicodemos é tardio, por volta do século X.

Este apócrifo narra, de forma apologética, a vida de Cristo depois de sua prisão, a saber: julgamento, condenação, morte, sepultamento, ressurreição e ascensão. O sinédrio discute exaustivamente sobre a ressurreição de Jesus. Pilatos e judeus testemunham em favor da inocência e da divindade de Jesus. Pilatos é inocentado de seu ato de permitir a crucifixão de Jesus.

A língua original é o grego, ainda que o prólogo fale de hebraico com o objetivo de dar antiguidade ao texto. O seu autor é um judeu convertido ao judaísmo de nome Ananias. O primeiro prólogo consiste na tradução do texto hebraico para o grego e o segundo, da redação primitiva atribuída a Nicodemos.

O texto que apresentamos tem como referência Lincoln Ramos, A paixão de Jesus nos escritos secretos: Evangelho de Nicodemos (Atos de Pilatos) – Descida de Cristo aos infernos – Declaração de José de Arimateia. Petrópolis: Vozes, 1991. A tradução baseia-se no texto grego publicado por Tischendorf e reproduzido por Santos Otero.

PRÓLOGO I

Eu, Ananias, oficial da guarda, membro da classe dos pretores, versado em leis, cheguei ao conhecimento de nosso Senhor Jesus Cristo por meio de suas divinas escrituras. Uni-me a ele pela fé e fui admitido ao santo batismo.

Procurei as memórias referentes a nosso Senhor Jesus Cristo redigidas naquela época e deixadas pelos judeus sob os cuidados de Pôncio Pilatos. Encontrei-as escritas em hebraico. Com a proteção divina, traduzi-as ao grego para conhecimento de todos os que invocam o nome de nosso Senhor Jesus Cristo.

Isso se deu durante o reinado de Flávio Teodósio (Teodósio II), nosso soberano, no ano 17, e sexto (ano 424-425) de Flávio Valentino (Valentiniano III), na nona indicação (período de quinze em quinze anos contados a partir de 313).

Portanto, todos quantos lerdes este escrito e o transcreverdes para outros livros, lembrai-vos de mim e rogai por mim para que o Senhor tenha piedade de mim e me perdoe os pecados que cometi contra ele.

Paz aos leitores, aos ouvintes e a seus servidores. Amém!

PRÓLOGO II

Foi no ano décimo quinto ano do governo de Tibério César (14 a 37 E.C.), imperador dos romanos; no ano décimo nono do governo de Herodes, rei da Galileia; no oitavo dia das calendas (primeiro dia de cada mês do calendário romano) de abril, correspondente ao dia 25 de março; durante o consulado de Rufo e de Rubelião; no quarto ano da olimpíada, 202, sendo na ocasião sumo sacerdote dos judeus José Caifás.

Tudo o que Nicodemos narrou sobre o tormento da cruz e a paixão do Senhor, ele o transmitiu aos chefes dos sacerdotes e aos outros judeus, depois de ele mesmo o ter redigido em hebraico.

JESUS É ACUSADO DIANTE DE PILATOS

Reuniram-se em conselho os chefes dos sacerdotes e os escribas, Anás e Caifás, Semes, Dotaim, Gamaliel, Judas, Levi, Neftali, Alexandre, Jairo e todos os outros judeus. Apresentaram-se diante de Pilatos e acusaram a Jesus de muitas ações reprováveis. Diziam: "Sabemos que este é filho de José, o carpinteiro, e que nasceu de Maria. Denomina-se filho de Deus e rei, profana o sábado e quer abolir a Lei de nossos pais".

Perguntou-lhes Pilatos: "Que é que ele faz e o que pretende abolir?" Responderam-lhe os judeus: "Temos uma lei que proíbe curar qualquer pessoa aos sábados. Este homem, no entanto, servindo-se de artifícios perversos, curou, em dia de sábado, coxos, entrevados, cegos, paralíticos, surdos e endemoninhados".

Pilatos indagou: "Com que espécie de artifícios perversos?" Disseram: "É feiticeiro. Pelo poder de Beelzebu, príncipe dos demônios, expulsa os demônios, e todos a ele se submetem". Respondeu-lhes Pilatos: "Isso não é expulsar os demônios pelo poder de um espírito imundo, mas pelo poder do deus Esculápio" (deus da medicina)".

JESUS É APRESENTADO DIANTE DO TRIBUNAL

Os judeus disseram, então, a Pilatos: "Pedimos à tua majestade que seja ele apresentado diante de teu tribunal, para ser ouvido". Pilatos os chamou e perguntou-lhes: "Dizei-me: Como posso eu, que sou apenas governador, ouvir um rei?" Responderam: "Mesmo assim se denomina".

Pilatos chamou o mensageiro e disse-lhe: "Seja Jesus trazido à minha presença com toda a deferência (de rei)". O mensageiro saiu e, ao reconhecer Jesus, prostrou-se diante dele. Pegou o manto que levava na mão, estendeu-o no chão e disse-lhe: "Senhor, passa por cima e entra. O governador te chama".

Quando os judeus viram o que o mensageiro tinha feito, bradaram a Pilatos, dizendo: "Por que lhe mandaste um mensageiro, em vez de um simples criado, para fazê-lo entrar? Vê o que aconteceu. Logo que o mensageiro o encontrou, prostrou-se diante dele e estendeu seu manto no chão, fazendo-o passar por cima como se fosse um rei".

Pilatos chamou o mensageiro e perguntou-lhe: "Por que fizeste isso? Por que estendeste teu manto no chão e fizeste Jesus passar por cima dele?"

O mensageiro explicou: "Senhor governador, quando me enviaste a Jerusalém, junto com Alexandre, vi Jesus sentado sobre um jumento. Os meninos dos judeus o acompanhavam aclamando com ramos nas mãos, enquanto outros estendiam suas vestes no chão, dizendo: 'Salva-nos, Tu que estás nas alturas! Bendito o que vem em nome do Senhor'".

OS ESTANDARTES ROMANOS ADORAM JESUS

Quando Jesus entrou, os porta-bandeiras que seguravam os estandartes se inclinaram e o adoraram. Os judeus que viram a posição dos estandartes, o modo como se tinham inclinado e adorado Jesus, começaram a protestar contra os porta-bandeiras.

Pilatos, porém, lhes disse: "Não vos causa admiração ver como as efígies dos estandartes se inclinaram e adoraram Jesus?" Os judeus responderam a Pilatos: "Nós vimos como os porta-bandeiras inclinaram os estandartes para adorar Jesus".

O governador chamou os porta-bandeiras e disse-lhes: "Por que procedestes assim?" Eles responderam a Pilatos: "Nós somos gregos e servidores das divindades. Como, pois, iríamos adorá-lo? Podes ter certeza de que, enquanto segurávamos os estandartes, estes se inclinaram por si mesmos e o adoraram".

OS PORTA-BANDEIRAS SÃO INOCENTADOS

Disse, então, Pilatos aos chefes das sinagogas e aos anciãos do povo: "Escolhei vós mesmos alguns homens corpulentos e vigorosos. Segurarão os estandartes para vermos se eles se inclinam por si mesmos". Os anciãos dos judeus escolheram doze homens corpulentos e vigorosos e os obrigaram a segurar os estandartes em grupos de seis, junto ao tribunal do governador. E Pilatos disse ao mensageiro: "Leva-o para fora do pretório e introduze-o de novo, do modo que julgares conveniente".

Jesus saiu do pretório acompanhado pelo mensageiro. Pilatos chamou os que antes seguravam os estandartes e disse-lhes: "Jurei pela vida de César que, se os estandartes não se inclinarem à entrada de Jesus, eu vos cortarei as cabeças".

E o governador deu ordem para que Jesus entrasse de novo. O mensageiro repetiu seu procedimento anterior e pediu com insistência a Jesus que passasse por cima de seu manto. Jesus caminhou sobre o manto e penetrou no recinto. No momento em que ele entrou, os estandartes se inclinaram de novo e adoraram Jesus.

CLÁUDIA PRÓCULA, A MULHER DE PILATOS, ROGA POR JESUS

Vendo isso, Pilatos encheu-se de temor e se dispôs a deixar o tribunal (para não sentenciar Jesus). Enquanto pensava em levantar-se, sua mulher (Cláudia Prócula) mandou-lhe uma mensagem, dizendo: "Nada haja entre ti e esse homem justo, pois, durante a noite, sofri muito por causa dele".

Pilatos chamou todos os judeus e lhes perguntou: "Sabeis que minha mulher é piedosa e que vos favorece no intento de conservardes os costumes judaicos?" Responderam: "Sim, nós o sabemos". Disse-lhes, então, Pilatos: "Pois bem, minha mulher mandou dizer-me: 'Nada haja entre ti e esse homem justo (que não sejas culpado de sua morte), pois, durante a noite, sofri muito por causa dele'".

Os judeus responderam a Pilatos: "Não te dissemos que é um feiticeiro? Com certeza, mandou um sonho ilusório à tua mulher".

JESUS É ACUSADO DE TER NASCIDO DE CONCUBINATO

Pilatos chamou a Jesus e disse-lhe: "Como pode ser isso? Dão testemunho contra ti, e não dizes nada?" Respondeu Jesus: "Se não tivessem poder para isso, nada diriam. Cada um é dono de sua boca, para dizer coisas boas e más. Eles verão (vão reconhecer depois)".

Os anciãos judeus responderam a Jesus, dizendo: "Que é que nós veremos? Primeiramente, nasceste de concubinato. Segundo, teu nascimento em Belém ocasionou uma mortandade de meninos. Terceiro, teu pai, José, e tua mãe, Maria, fugiram para o Egito porque não encontraram apoio da parte do povo".

Mas alguns dos que estavam ali presentes e eram judeus piedosos disseram: "Nós não estamos de acordo com a afirmação de que ele tenha nascido de concubinato. Sabemos que José se casou com Maria e, portanto, que ele não foi gerado fora do matrimônio. Estamos dizendo a verdade, pois estivemos presentes ao casamento de José e de Maria".

Disse, então, Pilatos aos judeus que afirmavam ter ele nascido fora do matrimônio: "Não é verdade o que dizeis, pois realizou-se o matrimônio, como afirmam vossos próprios compatriotas". Anás e Caifás disseram a Pilatos: "Todos nós, em peso, estamos afirmando a uma só voz, e não dão crédito à nossa afirmativa de que ele nasceu fora do matrimônio. Estes são prosélitos (estrangeiros) e discípulos dele".

Pilatos chamou Anás e Caifás e lhes perguntou: "Que significa a palavra 'prosélitos'?" Responderam: "Os que nasceram de pais gregos e agora se fizeram judeu". A isso retrucaram os que afirmavam não ter Jesus nascido fora do matrimônio: "Nós não nascemos prosélitos. Somos filhos de judeus e dizemos a verdade, pois estivemos presentes aos esponsais de José e de Maria".

Os que assim falaram eram Lázaro, Astério, Antônio, Tiago, Amnés, Zerás, Samuel, Isaac, Fineias, Crispo, Agripa e Judas. Pilatos chamou esses doze homens que afirmavam não ter Jesus nascido de concubinato e disse-lhes: "Conjuro-vos pela vida de César, dizei-me: estais falando a verdade, quando afirmais que ele não nasceu de concubinato?" Responderam: "Temos uma lei que proíbe jurar, porque é pecado. Deixa que estes jurem, pela vida de César, que não é verdade o que acabamos de dizer e que somos réus de morte". Perguntou, então, Pilatos a Anás e Caifás: "Nada respondeis a isso?"

Anás e Caifás replicaram a Pilatos: "Dás crédito a esses doze que afirmam o nascimento legítimo de Jesus, ao passo que todos nós, em massa, estamos dizendo a uma voz que ele é filho de concubinato, que é mago e que se denomina Filho de Deus".

Mandou, então, Pilatos que saísse toda a multidão, exceto os doze que negavam o nascimento ilegal, e ordenou que Jesus ficasse separado. Pilatos perguntou-lhes depois: "Por que motivo querem condená-lo à morte?" Responderam a Pilatos: "Enchem-se de zelo porque cura no sábado". Disse Pilatos: "Querem matá-lo por causa de uma boa obra?"

PILATOS INTERROGA JESUS

Extremamente irritado, Pilatos saiu do pretório e disse-lhes: "Tomo o Sol (o Sol era divindade, chamada de Apolo) como testemunha de que não encontro nenhuma culpa neste homem".

Os judeus, em resposta, disseram ao governador: "Se não fosse malfeitor, não o teríamos apresentado ao teu tribunal". Disse Pilatos: "Tomai-o vós mesmos e julgai-o segundo a vossa lei". Os judeus responderam a Pilatos: "Não temos permissão de condenar ninguém à morte". Disse Pilatos: "A vós Deus vos proibiu matar. E a mim?"

Pilatos entrou de novo no pretório, chamou Jesus separadamente e perguntou-lhe: "És tu o rei dos judeus?" Jesus respondeu a Pilatos: "Dizes isto de ti mesmo ou foram outros que te disseram a meu respeito?" Replicou Pilatos a Jesus: "Porventura sou eu também judeu? O teu povo e os chefes dos sacerdotes te entregaram a mim. Que fizeste?"

Respondeu Jesus: "Meu reino não é deste mundo. Se meu reino fosse deste mundo, certamente meus servidores teriam lutado para que eu não fosse entregue aos judeus. Mas meu reino agora não é daqui".

Disse-lhe Pilatos: "Então tu és rei?" Respondeu-lhe Jesus: "Tu dizes que eu sou rei. Nasci e vim ao mundo, para que todo aquele que é da verdade ouça a minha voz". Perguntou-lhe Pilatos: "Que é a verdade?" A verdade vem do céu, respondeu-lhe Jesus. Pilatos prosseguiu: "Não há verdade sobre a terra?" Respondeu Jesus a Pilatos: "Estás vendo como aqueles que dizem a verdade são julgados pelos que exercem o poder sobre a terra".

OS JUDEUS PRESSIONAM PILATOS
PARA CONDENAR JESUS

Deixando Jesus no interior do pretório, saiu Pilatos para onde estavam os judeus e disse-lhes: "Não encontro nele nenhum motivo de condenação". Replicaram-lhe os judeus: "Ele disse: 'Eu sou capaz de destruir este Templo e reedificá-lo em três dias'".

"Que Templo?", perguntou Pilatos. Dizem-lhe os judeus: "Aquele Templo que Salomão edificou em quarenta e seis anos. Este diz que pode destruí-lo e reedificá-lo em três dias". Disse-lhes Pilatos: "Sou inocente do sangue desse homem justo; vós vereis". Disseram os judeus: "Seu sangue caia sobre nós e sobre nossos filhos".

Pilatos chamou os anciãos, os sacerdotes e os levitas e disse-lhes em particular: "Não procedais assim. Nenhuma de vossas acusações o faz réu de morte, pois vossas acusações se referem a curas e profanação do sábado". Responderam a Pilatos os anciãos, os sacerdotes e os levitas: "Se alguém blasfema contra César, é digno de morte ou não?" "É digno de morte", respondeu Pilatos. Disseram, então, os judeus a Pilatos: "Se alguém que blasfema contra César é digno de morte, como não é digno de morte este que blasfemou contra Deus?"

O governador mandou que os judeus saíssem do pretório. Chamou Jesus e perguntou-lhe: "Que vou fazer contigo?" Respondeu Jesus a Pilatos: "Faze como te foi dado". "E como me foi dado?", perguntou Pilatos. Respondeu Jesus: "Moisés e os profetas falaram a respeito de minha morte e de minha ressurreição".

Os judeus ali presentes e os que ouviram disseram a Pilatos: "Para que hás de continuar ouvindo essa blasfêmia?" Respondeu Pilatos aos judeus: "Se essas palavras são blasfemas, prendei-o vós mesmos por causa da blasfêmia, levai-o à vossa sinagoga e julgai-o segundo a vossa lei".

Replicaram os judeus a Pilatos: "Está escrito em nossa lei: 'Se um homem peca contra outro homem, merece receber quarenta açoites menos um; mas o que blasfema contra Deus, deve ser lapidado' (apedrejado) Dt 25,3; lv 24,13)".

Disse-lhes Pilatos: "Tomai-o vós e castigai-o do modo que quiserdes". Os judeus replicaram a Pilatos: "Nós, de nossa parte, queremos que seja crucificado". Disse-lhes Pilatos: "Não merece ser crucificado".

Lançou o governador um olhar sobre as multidões dos judeus aglomerados ao redor. Vendo que muitos choravam, exclamou: "Não é a multidão toda que quer que ele morra". Disseram os anciãos dos judeus: "Para isto viemos todos em peso: para que ele morra". Perguntou Pilatos aos judeus: "E por que deve morrer?" Responderam os judeus: "Porque chamou a si mesmo de filho de Deus e rei".

NICODEMOS DEFENDE JESUS DIANTE DE PILATOS E DOS JUDEUS

Um judeu, chamado Nicodemos, colocou-se diante do governador e disse: "Rogo-te, atencioso como és, que me permitas dizer algumas palavras". "Fala", disse-lhe Pilatos. Nicodemos prosseguiu: "Falei nestes termos aos anciãos, aos sacerdotes e aos levitas e a toda a multidão de Israel reunida na sinagoga: que pretendeis fazer com esse homem? Ele realiza muitos milagres e prodígios, como nenhum outro jamais fez ou será capaz de fazer. Deixai-o em paz e não intenteis nenhum mal contra ele. Se seus prodígios são de origem divina, permanecerão firmes; se têm origem humana, desaparecerão. Também Moisés, quando foi enviado por Deus ao Egito, realizou, por ordem divina, muitos prodígios na presença do faraó, rei do Egito. Havia também ali alguns homens a serviço do faraó – Janes e Jambres (mágicos e feiticeiros que se opuseram a Moisés – Ex 7,1-12; 2Tm) –, que, por sua vez, realizaram não poucos prodígios, semelhantes aos de Moisés, de modo que os habitantes do Egito consideravam Janes e Jambres verdadeiros deuses. Como, no entanto, seus prodígios não provinham de Deus, pereceram eles e os que neles acreditavam. Agora, portanto, deixai livre esse homem, pois não merece a morte".

Disseram os judeus a Nicodemos: "Tu te fizeste discípulo dele e, por isso, falas em seu favor". Respondeu-lhes Nicodemos: "Será que também o governador se fez seu discípulo e, por isso, fala em sua defesa? Não o colocou César nessa dignidade? (César não nomearia um discípulo de Cristo em seu nome)".

Os judeus encheram-se de raiva e rangiam os dentes contra Nicodemos. Disse-lhes Pilatos: "Por que rangeis os dentes contra ele ao ouvir a verdade?" Os judeus disseram a Nicodemos: "Sejam tuas a sua verdade e a sua parte (no reino prometido por ele)". Respondeu Nicodemos: "Amém! Amém! Seja para mim como dissestes".

UM PARALÍTICO TESTEMUNHA A FAVOR DE JESUS

Um dos judeus tomou-se de coragem, adiantou-se e pediu a palavra ao governador. Pilatos lhe disse: "Se queres dizer alguma coisa, podes fazê-lo". Assim falou o judeu: "Estive trinta e oito anos preso ao leito e cheio de dores. Quando veio Jesus, foram curados por ele muitos que estavam endemoninhados e abatidos por diversas enfermidades. Alguns jovens se compadeceram de mim e, carregando-me com o leito e tudo, me levaram à presença dele. Ao ver-me, Jesus se compadeceu de mim e disse-me: 'Toma teu leito e anda'. Eu tomei o meu leito e comecei a andar".

Os judeus disseram a Pilatos: "Pergunta-lhe em que dia foi curado". Disse o que tinha sido curado: "Era um sábado". Disseram, então, os judeus: "Já não te havíamos dito que curava e expulsava os demônios aos sábados?"

OUTROS TESTEMUNHOS A FAVOR DE JESUS

Outro judeu adiantou-se, dizendo: "Eu era cego de nascimento. Ouvia vozes, mas não via ninguém. Quando percebi que Jesus passava, exclamei aos gritos: 'Filho de Davi, tem piedade de mim'. Ele se compadeceu de mim. Impôs suas mãos sobre meus olhos e imediatamente comecei a enxergar". Ainda outro judeu adiantou-se e disse: "Vivia encurvado e ele me endireitou com sua palavra". E outro declarou: "Eu contraíra a lepra e ele me curou com uma palavra".

A HEMORROÍSSA DEFENDE JESUS

Certa mulher, chamada Berenice (Verônica), começou a gritar de longe, dizendo: "Eu sofria de fluxo de sangue. Toquei a orla de seu manto e cessou a hemorragia, que durara doze anos seguidos". Os judeus disseram: "Há uma lei que proíbe apresentar uma mulher como testemunha".

O POVO TESTEMUNHA QUE ELE É UM PROFETA

E alguns outros, formando verdadeira multidão de homens e de mulheres, gritavam, dizendo: "Este homem é profeta; os demônios se submetem a ele". Disse, então, Pilatos aos que lhe afirmavam que Jesus submetia a si os demônios: "Por que também vossos mestres não se submeteram a ele?" Responderam a Pilatos: "Não sabemos. Outros afirmaram que ressuscitara do sepulcro a Lázaro, falecido quatro dias antes".

Amedrontado, o governador disse a toda a multidão dos judeus: "Por que quereis derramar sangue inocente?"

PILATOS DECLARA QUE NÃO VÊ CULPA EM JESUS E FICA INDECISO SOBRE QUAL DECISÃO TOMAR

Pilatos chamou Nicodemos e os doze homens que afirmavam o nascimento legítimo de Jesus e lhes disse: "Está surgindo um distúrbio entre o povo. Que devo fazer?" Disseram-lhe: "Nós não sabemos. Eles verão (decidirão)".

Pilatos convocou de novo toda a multidão dos judeus e disse-lhes: "Sabeis que tenho o costume de libertar um preso, por ocasião da Festa dos Ázimos. Encontra-se encarcerado e condenado um assassino chamado Barrabás. E tenho também esse Jesus, que está em vossa presença, contra o qual não encontro nenhuma culpa. Qual deles quereis que vos solte?" "Barrabás", gritaram eles.

Disse-lhes Pilatos: "Que farei de Jesus, chamado Cristo?" Responderam os judeus: "Seja crucificado!" Alguns dentre os judeus disseram: "Se libertares este homem, não és amigo de César, porque ele chamou a si mesmo filho de Deus e rei. Assim, preferes que seja este o rei e não César".

PILATOS FICA IRRITADO COM OS JUDEUS

Cheio de cólera, disse Pilatos aos judeus: "Vossa raça é sempre revoltosa e vos opondes a vossos benfeitores". Perguntaram os judeus: "A quais benfeitores?" Respondeu Pilatos: "Vosso Deus vos tirou da cruel escravidão do Egito; vos conservou salvos através do mar e através da terra; vos alimentou no deserto, dando-vos maná e codornizes; vos saciou com água tirada de uma rocha; e vos deu uma lei. Depois de todas essas coisas, irritastes o vosso Deus, seguistes um bezerro fundido, enfureceram o vosso Deus; e Ele se dispunha a exterminar-vos. Moisés, porém, intercedeu por vós, e não fostes entregues à morte. E agora me denunciais como se eu odiasse o imperador".

Pilatos levantou-se do tribunal e dispunha-se a sair. Os judeus começaram, então, a gritar, dizendo: "Reconhecemos a César como rei e não a Jesus. Os magos vieram oferecer-lhe, como a seu rei, dons trazidos do Oriente. Quando Herodes ouviu dos magos que nascera um rei, intentou matá-lo. Tendo conhecimento disso, seu pai, José, o tomou juntamente com sua mãe e fugiram para o Egito. Herodes, de sua parte, exterminou os filhos dos judeus, que tinham nascido em Belém".

PILATOS LAVA AS MÃOS E SENTENCIA JESUS

Quando ouviu essas palavras, Pilatos teve medo. Impôs silêncio às multidões, pois estavam gritando, e perguntou-lhes: "Então este é aquele a quem Herodes procurava?" Responderam os judeus: "Sim, é este". Pilatos mandou trazer água e lavou as mãos de frente para o sol, dizendo: "Vereis que sou inocente do sangue deste justo". Os judeus voltaram a gritar: "Seu sangue caia sobre nós e sobre nossos filhos".

Pilatos mandou, então, que fosse afastado o véu do tribunal onde estava sentado e disse a Jesus: "Teu povo desmente que sejas seu rei. Por isso, decretei que primeiramente sejas flagelado, de acordo com o antigo costume dos reis piedosos, e que depois sejas suspenso na cruz, no horto onde foste aprisionado. Dimas e Gestas (também chamados de Tito e Dúmaco, no Evangelho Árabe da Infância), ambos malfeitores, serão crucificados juntamente contigo".

A EXECUÇÃO DA SENTENÇA

Jesus saiu do pretório acompanhado dos dois malfeitores. Chegando ao lugar determinado, o despojaram de suas vestes, cingiram-no com uma faixa e lhe puseram ao redor da cabeça uma coroa de espinhos. Aos dois malfeitores suspenderam do mesmo modo. (Proferida a sentença de morte, os judeus maltrataram cruelmente Jesus, açoitando-o, cuspindo-lhe no rosto e obrigando-o a levar a cruz. O Apóstolo João avisou Maria do que estava acontecendo. Esta veio acompanhada de Marta, Maria Madalena e Salomé. Ao ver o filho, Maria caiu desmaiada. Quando se reanimou, permaneceu firme junto ao filho.)

Entretanto, Jesus dizia: "Pai, perdoa-lhes, porque não sabem o que fazem". Os soldados dividiram entre si suas vestes; e todo o povo permanecia de pé, contemplando o que acontecia. Os pontífices, juntamente com os chefes, zombavam dele, dizendo: "Salvou os outros, salve-se a si mesmo. Se este é o filho de Deus, que desça da cruz". Os soldados, por sua vez, se aproximavam e zombavam dele, oferecendo-lhe vinagre com fel. Diziam: "Tu és o rei dos judeus. Salva-te a ti mesmo".

Depois de proferir a sentença, o governador mandou que, como título, se escrevesse no alto da cruz, em grego, latim e hebraico, a acusação que lhe era feita, de acordo com o que lhe disseram os judeus: "É rei dos judeus".

Um daqueles ladrões que tinham sido crucificados disse-lhe assim: "Se tu és o Cristo, salva-te a ti mesmo e a nós". Mas Dimas, em resposta, o recriminou, dizendo: "Em nada temes a Deus, tu que estás na mesma condenação? A nossa é certamente merecida, pois recebemos a justa punição de nossas obras. Este, porém, nada fez de mal". E pedia: "Lembra-te de mim, ó Senhor, no teu reino". Disse-lhe Jesus: "Em verdade, em verdade, te digo que hoje estarás comigo no paraíso".

MORTE E SEPULTAMENTO DE JESUS

Era cerca da sexta hora (meio-dia), quando o sol se escureceu e desceram-se as trevas sobre a terra até a hora nona (três horas da tarde). O véu do Templo rasgou-se ao meio. Jesus soltou um grande grito, exclamando: "Pai, *baddach efkid ruel*", o que significa (em aramaico): "Em tuas mãos encomendo o meu espírito". Dizendo isso, entregou o espírito.

Vendo o que tinha acontecido, o centurião dava glória a Deus, dizendo: "Este homem era justo". E toda a multidão que assistia àquele espetáculo, vendo o que se passava, voltava, batendo no peito. O centurião, por sua vez, comunicou ao governador o que acontecera. Este, ao ouvi-lo, muito se entristeceu, assim como a sua mulher. Ambos passaram o dia todo sem comer nem beber.

PILATOS SE IMPRESSIONA COM O OCORRIDO

Depois Pilatos mandou chamar os judeus e perguntou-lhes: "Vistes o que aconteceu?" Eles responderam: "Foi um eclipse do sol, como costuma acontecer". Disse-lhe Pilatos: "Ó impuríssimos, é assim que dizeis em tudo a verdade? Não sei que possa acontecer um eclipse do sol, a não ser na lua nova. Comestes vossa Páscoa ontem, dia 14 do mês, e dizeis que houve eclipse do sol".

Entretanto, os seus conhecidos se conservavam a distância. As mulheres que o tinham acompanhado desde a Galileia contemplavam tudo isso. Havia, porém, um homem chamado José, membro do senado, oriundo da cidade de Arimateia, que esperava o Reino de Deus. Aproximando-se de Pilatos, pediu-lhe o corpo de Jesus. Desceu da cruz o cadáver, envolveu-o em um lençol limpo e o depositou em um sepulcro, talhado na pedra, no qual ninguém tinha sido ainda enterrado.

A RESSURREIÇÃO DE JESUS

Ainda estavam sentados na sinagoga, tomados de admiração pelo que acontecera a José, quando chegaram alguns guardas. Eram daqueles aos quais os judeus, com autorização de Pilatos, tinham encarregado da guarda do sepulcro de Jesus, para evitar que seus discípulos fossem lá e se apoderassem dele.

Relataram aos chefes da sinagoga, aos sacerdotes e aos levitas o que acontecera. Disseram: "Sobreveio um terremoto, e vimos um anjo descer do céu. Retirou a pedra da entrada da gruta e sentou-se sobre ela. Brilhava como neve e como relâmpago. Nós, muito amedrontados, caímos como mortos. E ouvimos a voz do anjo que falava às mulheres postadas junto ao sepulcro: 'Não tenhais medo. Sei que procurais a Jesus que foi crucificado. Não está aqui; ressuscitou como disse. Vinde, vede o lugar onde jazia o Senhor. Ide, sem demora, e dizei a seus discípulos que ressuscitou dentre os mortos e que está na Galileia'''.

Os judeus perguntaram: "Com que mulheres falava?" "Não sabemos quem eram", responderam os membros da guarda. Disseram os judeus: "A que hora aconteceu isso?" Responderam os guardas: "À meia-noite". "E por que não as detivestes?", perguntaram os judeus. Os guardas responderam: "Ficamos como mortos de medo, sem esperança de ver a luz do dia. Como íamos lançar mão sobre elas?"

Disseram os judeus: "Viva o Senhor, que não vos damos fé". Os guardas replicaram aos judeus: "Vistes tantos prodígios realizados por aquele homem e não destes crédito. Como ireis acreditar em nós? Com razão jurastes pela vida do Senhor, porque Ele vive também. Ouvimos dizer que encarcerastes aquele que reclamou o corpo de Jesus e pusestes um selo na porta, mas ao abrir não o encontrastes. Entregai José, e nós entregaremos Jesus".

Disseram os judeus: "José retirou-se para sua cidade". Os guardas replicaram aos judeus: "Também Jesus ressuscitou, como ouvimos do anjo, e está na Galileia". Ao ouvir essas palavras, os judeus amedrontaram-se e disseram: "Que isso não venha a ser conhecido e assim todos se inclinem diante de Jesus".

Os judeus convocaram um conselho, reuniram uma quantia conveniente e deram aos soldados, dizendo: "Deveis afirmar: 'Enquanto nós dormíamos, vieram seus discípulos à noite e o levaram. Se isso chegar aos ouvidos do governador, nós lhe explicaremos satisfatoriamente e vos livraremos de qualquer responsabilidade. Eles receberam o dinheiro e falaram como lhes fora indicado".

A ASCENSÃO DE JESUS

Mas um sacerdote chamado Fineias, o mestre Adas e o levita Ageu desceram da Galileia a Jerusalém e contaram aos chefes da sinagoga, aos sacerdotes e aos levitas: "Vimos Jesus em companhia de seus discípulos sentado no Monte Mamilch (também chamado de Mambré, Malech, Amalach, Mabrech. Ele fica na Galileia). Dizia a seus discípulos: 'Ide por todo o mundo e pregai a todas as criaturas. O que crer e for batizado será salvo; o que não crer será condenado. E estes sinais acompanharão aos que acreditarem: expulsarão os demônios em meu nome; falarão línguas novas; tomarão nas mãos as serpentes, Se beberem alguma coisa capaz de lhes causar a morte, não lhes fará mal; imporão suas mãos sobre os doentes e estes ficarão curados'. E, quando ainda lhes estava falando, vimos que ele se elevava ao céu".

Disseram os anciãos, os sacerdotes e os levitas: "Glorificai e confessai ao Deus de Israel, se ouvistes e vistes o que acabais de dizer". Disseram os que tinham trazido a notícia: "Tão certo como vive o Senhor, Deus de nossos pais Abraão, Isaac e Jacó, nós ouvimos isso e o vimos elevar-se ao céu".

Perguntaram os anciãos, os sacerdotes e os levitas: "Viestes dar-nos essa notícia ou cumprir algum voto que fizestes a Deus?" Responderam eles: "Cumprir um voto feito a Deus". Os anciãos, os pontífices e os levitas lhes disseram: "Se viestes cumprir um voto a Deus, para que, então, essa tolice que contastes diante de todo o povo?"

O sacerdote Fineias, o mestre Adas e o levita Ageu responderam aos chefes da sinagoga, aos sacerdotes e aos levitas: "Se essas palavras que dissemos e de que fomos testemunhas oculares constituem pecado, aqui estamos diante de vós. Tratai-nos como vos pareça bom a vossos olhos".

Eles tomaram, então, o livro da Lei e os fizeram jurar que não contariam aquelas coisas a ninguém. Deram-lhes de comer e de beber e os levaram para fora da cidade. Forneceram-lhes dinheiro e escolheram três homens que os acompanharam até os limites da Galileia. Eles partiram em paz.

Depois que aqueles homens partiram para a Galileia, reuniram-se na sinagoga os pontífices, os chefes da sinagoga e os anciãos. E fecharam a porta. Davam mostra de grande dor e diziam: "É possível que tenha acontecido esse prodígio em Israel?"

287

Anás e Caifás disseram: "Por que vos perturbais? Por que chorais? Não sabeis que seus discípulos os compraram com grande quantidade de ouro e os instruíram a dizer que um anjo do Senhor desceu e removeu a pedra da entrada do sepulcro?" Responderam os sacerdotes e os anciãos: "Pode ser que os discípulos tenham roubado seu corpo. Mas como sua alma entrou no corpo e está vivo na Galileia?" Não podendo dar resposta a essas coisas, disseram constrangidos: "Não nos é permitido dar crédito a incircuncisos".

O SINÉDRIO PROCURA POR JESUS RESSUSCITADO

Levantou-se, então, Nicodemos, pôs-se de pé diante do conselho e disse: "Falais corretamente. Não desconheceis, ó povo do Senhor, os varões que desceram da Galileia, homens de recursos, que temem a Deus, detestam a avareza e são amigos da paz. Esses homens disseram, sob juramento, que viram Jesus no Monte Mamilch em companhia de seus discípulos. Estava ensinando aquilo que pudestes ouvir de sua boca. E eles presenciaram o momento em que foi elevado ao céu. E ninguém lhes perguntou em que forma foi elevado ao céu. Como nos ensinava Jesus, o livro das Sagradas Escrituras nos diz que, quando Elias foi arrebatado ao céu, Eliseu gritou em altos brados. Elias atirou sua capa sobre Eliseu e Eliseu atirou a capa sobre o Jordão e assim pôde atravessá-lo e chegar a Jericó".

Saíram, então, a seu encontro os filhos (discípulos) dos profetas e lhe perguntaram: "Eliseu, onde está Elias, teu senhor?" Ele respondeu que tinha sido arrebatado ao céu. Disseram a Eliseu: "Não foi, porventura, um espírito que o arrebatou e o atirou sobre alguma das montanhas? Tomemos conosco os nossos criados e vamos procurá-lo".

Convenceram Eliseu, e este os acompanhou. Procuraram-no por três dias e não o encontraram. Reconheceram que fora elevado ao céu: "Agora, escutai-me. Mandemos uma expedição por todo o território de Israel para vermos se Cristo foi arrebatado por um espírito e atirado, depois, em algum destes montes".

Essa proposta agradou a todos. Enviaram uma expedição por todos os confins de Israel em busca de Jesus e não o encontraram. Quem encontraram foi José de Arimateia, mas ninguém ousou detê-lo.

OS CHEFES ENCONTRARAM JOSÉ DE ARIMATEIA

Comunicaram aos anciãos, aos sacerdotes e aos levitas: "Percorremos todas as regiões de Israel e não encontramos Jesus. Encontramos, no entanto, José de Arimateia. Ouvindo falar de José de Arimateia, os chefes da sinagoga, os sacerdotes e os levitas encheram-se de alegria, deram glória ao Deus de Israel e puseram-se a deliberar como poderiam encontrar-se com José".

Tomaram um rolo de papel e escreveram assim a José: "A paz esteja contigo. Sabemos que pecamos contra Deus e contra ti. Rogamos ao Deus de Israel que te permita vir ao encontro de teus pais e de teus filhos. Todos nós nos enchemos de aflição quando abrimos a porta e não te encontramos. Reconhecemos, agora, que tomamos uma decisão iníqua contra ti. Mas o Senhor veio em teu auxílio e o próprio Senhor dissipou nosso intento contra ti, ó nosso honrado pai, José".

Os chefes da sinagoga, os sacerdotes e os levitas escolheram entre todo o Israel sete varões amigos de José, por ele assim reconhecidos, e lhes disseram: "Vede. Se ao receber nossa carta ele a ler, sabei que virá em vossa companhia até nós. Se não a ler, compreendei que está contrariado conosco. Nesse caso, depois de dar-lhe o ósculo da paz, voltai para junto de nós".

Abençoaram os emissários e os despediram. Os mensageiros chegaram ao lugar onde estava José, cumprimentaram-no atenciosamente e lhe disseram: "A paz esteja contigo". Ele respondeu: "Paz para vós e para todo o povo de Israel". Entregaram-lhe, então, o volume da carta. José a aceitou, leu-a, beijou-a e bendisse a Deus, dizendo: "Bendito o Senhor Deus, que livrou Israel de derramar sangue inocente. Bendito o Senhor, que enviou seu anjo e me protegeu debaixo de suas asas". Preparou-lhes depois a mesa. Comeram, beberam e pernoitaram ali.

JOSÉ DE ARIMATEIA DEPÕE NO SINÉDRIO

No dia seguinte, levantaram-se muito cedo e fizeram suas orações. José preparou sua montaria e partiu com os emissários. Chegaram à cidade santa de Jerusalém. O povo saiu, em massa, ao encontro de José, exclamando: "Entra em paz!"

Dirigindo-se a todo o povo, disse José: "A paz esteja convosco!" O povo se pôs a rezar com José. Todos o beijavam, contentes de vê-lo novamente. Nicodemos o hospedou em sua casa. Preparou em sua honra uma grande recepção para a qual convidou Anás, Caifás, os anciãos, os sacerdotes e os levitas. Alegraram-se, comendo e bebendo em companhia de José. Depois de entoarem hinos, foi cada um para sua casa. José permaneceu na casa de Nicodemos.

No dia seguinte, que era sexta-feira, os chefes da sinagoga, os sacerdotes e os levitas levantaram-se muito cedo e dirigiram-se à casa de Nicodemos. Indo ao encontro deles, disse-lhes Nicodemos: "A paz esteja convosco!" Responderam: "A paz esteja contigo, com José, com toda a tua família e com toda a família de José".

Nicodemos os introduziu em sua casa. Estava reunido todo o sinédrio. José assentou-se entre Anás e Caifás. Ninguém ousou dirigir-lhe a palavra. Perguntou, então, José: "Com que finalidade me convocastes?"

Acenaram a Nicodemos para que falasse a José. Tomando a palavra, Nicodemos disse a José: "Deves saber que os veneráveis mestres, os sacerdotes e os levitas desejam receber de ti uma informação". "Perguntai", disse José. Anás e Caifás tomaram o livro da Lei e conjuraram a José, dizendo: "Glorifica e confessa ao Deus de Israel. Acar, ao ser conjurado pelo profeta Jesus, não perjurou, mas contou-lhe tudo e não lhe ocultou uma só palavra. Também tu, portanto, não nos ocultes nenhuma palavra".

Disse José: "Não vos ocultarei uma só palavra". Disseram-lhe: "Ficamos muito contrariados quando pediste o corpo de Jesus, o envolveste em um lençol limpo e o puseste no sepulcro. Por esse motivo te encarceramos em um recinto sem janelas. Além disso, deixamos as portas seladas e fechadas com chave. Ficaram também alguns guardas vigiando o lugar onde estavas encarcerado. Quando, no primeiro dia da semana, fomos abrir, não te encontramos. Muito nos afligimos, e o espanto se difundiu sobre todo o povo de Deus, até hoje. Conta-nos, agora, o que aconteceu".

Disse José: "Vós me encarcerastes, na sexta-feira, cerca da décima hora (dezesseis horas). Ali permaneci todo o sábado. À meia-noite, estando eu de pé, em oração, a casa, onde me deixastes preso, foi elevada pelos quatro ângulos. Vi como um relâmpago de luz, diante de meus olhos. Atemorizado, caí por terra. Alguém me tomou pela mão e me levantou do lugar onde tinha caído. Senti que se derramava água sobre mim, desde a cabeça até os pés, e chegou a meu olfato uma fragrância de unguento. Aquela pessoa desconhecida enxugou-me o rosto, beijou-me e disse-me: 'Não temas, José. Abre teus olhos e vê quem te está falando'. Levantei os olhos e vi Jesus. Comecei a tremer e supus que fosse um fantasma. Pus-me a recitar os mandamentos. E ele os recitou juntamente comigo. Como não ignorais, se um fantasma se apresenta diante de alguém e ouve os mandamentos, foge imediatamente. Vendo, pois, que ele os recitava juntamente comigo, disse-lhe: 'Mestre Elias'. 'Não sou Elias', respondeu-me. 'Quem és tu, Senhor?', perguntei-lhe. Disse-me: 'Eu sou Jesus, aquele cujo corpo pediste a Pilatos. Envolveste-me em um lençol limpo, puseste-me um sudário sobre a cabeça, colocaste-me em teu sepulcro novo, em cuja entrada rolaste uma grande pedra'. Eu disse ao que me falava: 'Mostra-me o lugar onde te coloquei'. Levou-me e mostrou-me o lugar onde o colocara. Ali se encontravam estendidos o lençol e o sudário que lhe cobrira o rosto. Reconheci que era Jesus. Tomou-me, depois, pela mão e me deixou no meio de minha casa, estando fechadas as portas. Conduziu-me ao leito e disse-me: 'A paz esteja contigo'. Beijou-me, dizendo: 'Durante quarenta dias, não saias de tua casa. Daqui vou à Galileia, ao encontro de meus irmãos'".

DEPOIMENTOS SOBRE A RESSURREIÇÃO
DE JESUS E A POSIÇÃO DO SINÉDRIO

Quando os chefes da sinagoga, os sacerdotes e os levitas ouviram essas palavras da boca de José, ficaram como mortos e caíram por terra. E jejuaram até a hora nona (quinze horas). Nicodemos e José procuraram reanimar Anás, Caifás, os sacerdotes e os levitas, dizendo: "Levantai-vos, firmai-vos em vossos pés e fortalecei vossas almas, pois amanhã é o sábado do Senhor. Ergueram-se, dirigiram orações a Deus, comeram, beberam e cada um foi para sua casa".

No sábado, reuniram-se em conselho os nossos doutores, os sacerdotes e os levitas. Discutiam entre si, dizendo: "Que cólera é esta que cai sobre nós? Conhecemos seu pai e sua mãe".

Disse, então, o mestre Levi: "Conheço seus pais, sei que são tementes a Deus, não deixam de cumprir seus votos e dão os dízimos três vezes ao ano. Quando nasceu Jesus, seus pais o trouxeram a este lugar e ofereceram a Deus sacrifícios e holocaustos. Tomando-o em seus braços, o grande mestre Simeão disse: 'Agora, Senhor, podes deixar ir o teu servo em paz, segundo a tua palavra. Meus olhos viram tua salvação, que preparaste ante a face de todos os povos; luz para iluminar os gentios e glória de Israel, teu povo'".

Simeão os abençoou e disse a Maria, sua mãe: "Eu te dou boas-novas a respeito desse menino". Perguntou Maria: "Boas, meu Senhor?" "Boas", respondeu Simeão. "Eis que esse menino está posto para ruína e para ressurreição de muitos em Israel e para ser alvo de contradição. Tua alma será transpassada por uma espada. Serão revelados os pensamentos de muitos corações". Perguntaram, então, ao mestre Levi: "Como sabes isso?" Ele respondeu: "Não sabeis que aprendi de seus lábios a Lei?"

Disseram-lhe os membros do sinédrio: "Queremos ver teu pai". E mandaram chamar o pai. Quando o interrogaram, ele respondeu: "Por que não destes crédito a meu filho? O bem-aventurado e justo Simeão ensinou-lhe pessoalmente a Lei". Perguntaram os membros do conselho: "Mestre Levi, é verdade o que disseste?" "É verdade", respondeu.

Disseram entre si os chefes da sinagoga, os sacerdotes e os levitas: "Vamos! Enviemos mensageiros à Galileia ao encontro dos três varões que vieram dar-nos informações sobre a sua doutrina e a sua ascensão, para que nos digam de que maneira o viram ser elevado".

A proposta agradou a todos. Enviaram os três varões que os tinham acompanhado anteriormente até a Galileia, com a seguinte incumbência: "Dizei ao mestre Adas, ao mestre Fineias e ao mestre Ageu: 'Paz para vós e para os que estão convosco. Tendo havido uma grande investigação no sinédrio, fomos enviados a vosso encontro para vos convocar àquele lugar santo de Jerusalém'".

Puseram-se os homens a caminho da Galileia e encontraram os que procuravam. Estavam sentados e absorvidos no estudo da Lei. Deram-lhes o abraço da paz. Os varões galileus disseram aos que tinham ido à sua procura: "Paz sobre todo Israel!" Responderam os enviados: "A paz esteja convosco!" "A que viestes?", perguntaram.

Os mensageiros explicaram: "O conselho vos convoca à santa cidade de Jerusalém". Quando aqueles homens ouviram que estavam sendo chamados pelo sinédrio, oraram a Deus e sentaram-se à mesa com os mensageiros. Comeram e beberam; e, levantando-se, dirigiram-se, em paz, à cidade de Jerusalém.

No dia seguinte, reuniu-se o sinédrio na sinagoga e interrogaram-nos, dizendo: "É verdade que vistes Jesus sentado no Monte Mamilch, dando instruções a seus onze discípulos, e que presenciastes sua ascensão?" Os homens responderam-lhes deste modo: "Da maneira como o vimos ser assumido, assim falamos". Disse Anás: "Ponde-os separados uns dos outros, e vejamos se coincidem as suas declarações". E os separaram. Chamaram primeiramente Adas e lhe perguntaram: "Mestre, de que modo viste Jesus subir ao céu?" Respondeu Adas: "Ainda estava ele sentado no Monte Mamilch, dando instruções a seus discípulos, quando vimos uma nuvem que cobriu a todos com sua sombra. A mesma nuvem elevou Jesus ao céu, e os discípulos jaziam com o rosto em terra".

Em seguida, chamaram o sacerdote Fineias e também lhe perguntaram: "Como viste Jesus subindo ao céu?" Ele respondeu de maneira semelhante. Interrogaram também a Ageu. Este respondeu do mesmo modo. Disse, então, o conselho: "A Lei de Moisés contém esta norma: 'Na boca de dois ou três está firme toda palavra'" (Dt 19,15).

Acrescentou o mestre Butém: "Está escrito na Lei: 'Henoc andava com Deus; e já não existe, porque Deus o tomou consigo'". Disse o mestre Jairo: "Também ouvimos falar da morte de Moisés, mas não o vimos, pois está escrito na Lei do Senhor: 'Morreu Moisés pela palavra do Senhor, e ninguém conheceu o seu sepulcro até hoje'" (Dt 34,5).

Disse o mestre Levi: "E que significa o que declarou o mestre Simeão, ao ver Jesus: 'Eis que este está posto para a queda e ressurreição de muitos em Israel e como sinal de contradição?" Disse o mestre Isaac: "Está escrito na Lei: 'Eis que eu envio meu mensageiro à tua frente, o qual te precederá para guardar-te em todo o bom caminho, pois meu nome é invocado sobre ele'" (Ml 3,1; Ex 23,20).

Disseram, então, Anás e Caifás: "Citastes com razão que na Lei de Moisés está escrito que ninguém viu a morte de Henoc e que ninguém mencionou a morte de Moisés. De Jesus sabemos que falou a Pilatos, e nós o vimos receber bofetadas e ser cuspido no rosto; sabemos que os soldados o cingiram com uma coroa de espinhos, que foi flagelado, que recebeu sentença proferida por Pilatos; que foi crucificado no Calvário em companhia de dois ladrões; que lhe deram de beber vinagre e fel; que o soldado Longuinhos abriu-lhe o lado com uma lança; que nosso honrado pai, José, pediu seu corpo e declara que ele ressuscitou; que dizem os três mestres que o viram subir ao céu; e que finalmente o mestre Levi deu testemunho daquilo que afirmou o mestre Simeão, dizendo: 'Eis que este está posto para queda e ressurreição de muitos em Israel e para ser alvo de contradição'".

E todos os doutores disseram a todo o povo de Israel. "Se tudo isso provém do Senhor e é admirável aos nossos olhos, reconhecei com plena certeza, ó casa de Israel, que está escrito: 'Maldito todo aquele que pende de uma cruz'. E outro lugar da escritura diz: 'Deuses que não fizeram o céu e a terra perecerão'" (Dt 21,23).

Disseram os sacerdotes e os levitas entre si: "Se sua memória perdura até Sommos (também chamado Jobel), sabei que seu domínio será eterno e que suscitará para si um povo renovado".

E os chefes da sinagoga, os sacerdotes e os levitas exortaram todo o povo de Israel, dizendo: "Maldito o homem que adora alguma obra saída das mãos humanas e maldito aquele que adora as criaturas ao lado do Criador". E todo o povo respondeu: "Amém! Amém!"

HINO DE LOUVOR A DEUS

Depois todo o povo entoou um hino ao Senhor, nestes termos: "Bendito o Senhor, que proporcionou descanso ao povo de Israel, conforme tinha prometido. Não deixou de realizar uma só de todas as coisas boas que prometeu a seu servo Moisés. Esteja a nosso lado o Senhor, nosso Deus, ao lado de nossos pais. Não nos entregue à perdição, para que possamos inclinar para ele nosso coração, para que possamos seguir todos os seus caminhos, para que possamos praticar os seus preceitos e as suas ordens, que prescreveu a nossos pais. Naquele dia o Senhor será rei sobre toda a terra; será o único Senhor; será único o seu nome: Senhor nosso rei. Ele nos salvará. Não há outro semelhante a ti, ó Senhor. És grande, ó Senhor, e grande o teu nome. Cura-nos por teu poder, ó Senhor, e seremos curados. Salva-nos, Senhor, e seremos salvos, pois somos a tua parte e a tua herança. O Senhor não abandonará seu povo, pela grandeza do seu nome, pois o Senhor começou a fazer de nós o seu povo".

Depois de todos, em coro, cantarem o hino, cada um se dirigiu a sua casa, louvando a Deus, porque sua glória permanece pelos séculos dos séculos. Amém.

DECLARAÇÃO DE JOSÉ DE ARIMATEIA

A Declaração de José de Arimateia, ainda que constitua um texto à parte, é considerada um apêndice ao Evangelho segundo Nicodemos ou Atos de Pilatos. Escrito em grego, sua datação é incerta, assim como a autoria. José de Arimateia é uma atribuição patronímica, com o objetivo de dar crédito ao livro. O manuscrito disponível é do século XII. O texto que apresentamos tem como referência Lincoln Ramos, A paixão de Jesus nos escritos secretos: Evangelho de Nicodemos (Atos de Pilatos) – Descida de Cristo aos infernos – Declaração de José de Arimateia. Petrópolis: Vozes, 1991. A tradução baseia-se no texto grego publicado por Tischendorf e reproduzido por Santos Otero.

O seu conteúdo versa sobre a atuação de José de Arimateia na paixão e morte de Jesus, bem como a tradição sobre os dois ladrões que foram crucificados com Jesus, com destaque para Dimas, que foi considerado pela tradição como sendo o bom ladrão; a Igreja Católica o elevou aos altares da santidade, com o título de São Dimas. Ele era da Galileia e nasceu por volta do ano 18 a.E.C.

PRÓLOGO

Eu sou José de Arimateia (cidade da Judeia), aquele que pediu o corpo do Senhor Jesus para lhe dar sepultura. Por esse motivo me encontro agora aprisionado e oprimido pelos judeus, assassinos e opositores de Deus.

Tendo eles em seu poder a Lei, foram causas de contrariedades para o próprio Moisés. Depois de encolerizar o legislador e ter rejeitado a Deus, crucificaram o Filho de Deus. Essa realidade é evidente para os que sabiam quem era o crucificado.

AS ACUSAÇÕES CONTRA OS DOIS LADRÕES: GESTAS E DIMAS

Sete dias antes da paixão de Cristo, foram enviados de Jericó ao governador Pôncio Pilatos dois ladrões, para serem julgados. Sobre eles pesavam acusações. O primeiro, chamado Gestas, costumava atacar os viandantes. A uns matava a golpes de espada e a outros deixava desnudos. Pendurava as mulheres pelos tornozelos, de cabeça para baixo, e cortava os seus seios. Sorvia com prazer o sangue de crianças. Nunca conheceu a Deus. Não obedecia às leis. Desde o princípio de sua vida, praticava tais ações violentas.

O segundo, chamado Dimas, era galileu de origem e dono de uma hospedaria. Assaltava os ricos, mas favorecia os pobres. Embora fosse ladrão, assemelhava-se a Tobit, pois costumava sepultar os mortos. Praticava o crime de saquear grupos de judeus. Roubou os livros da Lei em Jerusalém. Deixou desnuda a filha de Caifás, que era, na ocasião, sacerdotisa do santuário. Chegou a tirar o "depósito secreto", colocado no Templo por Salomão. Eram esses os seus crimes.

A TRAIÇÃO DE JUDAS E SUA ORIGEM

Jesus foi detido na tarde do terceiro dia antes da Páscoa. Não havia festa, nem para Caifás nem para a turba dos judeus, oprimidos de angústia por causa do roubo que o ladrão praticara no santuário. Chamaram Judas Iscariotes e conversaram com ele.

Judas era sobrinho de Caifás. Não era discípulo sincero de Jesus. Fora astuciosamente induzido pela multidão dos judeus para que o seguisse. Fizera isso, não para se deixar convencer pelos portentos que Ele realizava, nem para o conhecer melhor, mas com o intento de apanhá-lo em alguma mentira e o denunciar. Para cumprir essa tarefa, eles lhe davam presentes e uma didracma de ouro por dia. E já havia dois anos que se encontrava em companhia de Jesus, como diz um dos discípulos chamado João.

Três dias antes de Jesus ser preso, Judas disse aos judeus: "Vamos! Tomemos a decisão de afirmar que não foi o ladrão quem roubou os livros da Lei, mas o próprio Jesus. Eu mesmo me encarrego de acusá-lo. Enquanto se faziam esses conluios, entrou em nossa reunião".

Nicodemos, o que tinha a seu encargo as chaves do santuário, dirigiu-se a todos, dizendo: "Não façais tal coisa, judeus". Era Nicodemos mais sincero do que todos os judeus.

A filha de Caifás, chamada Sara, disse em alto tom: "Ele falou, diante de todos, contra este lugar santo, afirmando: 'Sou capaz de destruir este Templo e reerguê-lo em três dias'".

Os judeus lhe disseram: "Todos nós estamos de acordo com as tuas palavras". Eles a consideravam como profetisa. Então eles decidiram prendê-lo. E Jesus foi preso.

JUDEUS ACUSAM JESUS DIANTE DOS SACERDOTES

No dia seguinte, na quarta-feira, os judeus levaram Jesus, às três horas da tarde, ao palácio de Caifás. Anás e Caifás perguntaram a Jesus: "Dize-nos: por que roubaste nossa Lei e puseste em dúvida as promessas de Moisés e dos profetas?" Jesus nada respondeu. Diante de toda a multidão reunida, perguntaram novamente: "Por que pretendes destruir, a qualquer momento, o santuário que Salomão construiu em quarenta e seis anos?" Também a isso Jesus nada respondeu. Há que lembrar que o santuário da sinagoga tinha sido saqueado pelo ladrão.

A MULTIDÃO DECIDE QUEIMAR A FILHA DE CAIFÁS

Ao cair da tarde da quarta-feira, a multidão havia decidido queimar a filha de Caifás porque os livros da Lei tinham sumido e porque eles não sabiam como celebrar a Páscoa. Ela, porém, lhes disse: "Esperai, filhos! Mataremos a este Jesus e encontraremos a Lei. A santa festa será celebrada com toda a solenidade".

Anás e Caifás deram, em segredo, a Judas Iscariotes uma quantia suficiente em ouro, com esta incumbência: "Dize, conforme nos comunicaste: 'Eu sei que a Lei foi roubada por Jesus'. Assim o delito recairá sobre ele e não sobre esta irrepreensível donzela".

Quando acertaram o acordo sobre esse ponto, disse-lhes Judas: "Que o povo não saiba que me destes instruções para tramar contra Jesus. Soltai-o e eu me encarregarei de convencer o povo de que as coisas se deram assim. Fazendo uso da astúcia, eles coloçaram Jesus em liberdade".

JUDAS ACUSA JESUS DE TER ROUBADO OS LIVROS DA LEI

Ao amanhecer da quinta-feira, Judas entrou no santuário e disse a todo o povo: "Que quereis me dar para que eu vos entregue aquele que fez desaparecer a Lei e roubou os Profetas?" Responderam-lhe os judeus: "Se o entregares a nós, nós te daremos trinta moedas de ouro".

O povo não estava sabendo que Judas se referia a Jesus; muitos acreditavam que ele era o filho de Deus. E Judas recebeu as trinta moedas de ouro.

Saindo, entre nove e dez horas da manhã, Judas encontrou Jesus passeando no átrio. Ao fim da tarde, Judas disse aos judeus: "Dai-me uma escolta de soldados armados de espadas e varapaus, e eu o entregarei em vossas mãos". Deram-lhe homens armados para executar a prisão.

Enquanto caminhavam, disse-lhes Judas: "Lançai mão sobre aquele que eu beijar, pois foi ele quem roubou a Lei e os Profetas". Em seguida, aproximou-se de Jesus e o beijou, dizendo: "Salve, Mestre!" Era a tarde de quinta-feira. Depois de o prenderem, entregaram-no a Caifás e aos pontífices. E Judas lhes disse: "Este é o que roubou a Lei e os Profetas".

Os judeus submeteram Jesus a injusto interrogatório, perguntando sobre o motivo pelo qual ele fizera isso. Ele nada respondeu. Nicodemos e eu, vendo a perversidade daquela trama, nos separamos deles, pois não queríamos perecer com o conselho dos ímpios.

PILATOS CONDENA JESUS PARA ESTE SER CRUCIFICADO ENTRE LADRÕES

Durante aquela noite, fizeram muitas outras coisas terríveis contra Jesus. Na madrugada de sexta-feira, foram entregá-lo ao Governador Pilatos para que o crucificasse. E todos se reuniram para isso.

Depois de interrogá-lo, o Governador Pilatos mandou que fosse crucificado entre dois ladrões. E, juntamente com Jesus, foram crucificados Gestas, à sua esquerda, e Dimas, à sua direita.

O LADRÃO GESTAS BLASFEMA CONTRA JESUS

Gestas, que estava à esquerda, começou a gritar, dizendo a Jesus: "Vê quantas coisas más fiz sobre a terra. A tal ponto que, se soubesse que tu eras rei, teria acabado contigo também. Por que te chamas Filho de Deus, se não podes socorrer-te a ti mesmo quando necessário? Como vais, então, ajudar a outro que pedir teu auxílio? Se és o Cristo, desce da cruz para que eu possa crer em ti. Não te considero como homem, mas como animal selvagem que está perecendo juntamente comigo".

E continuou a proferir muitas outras ofensas contra Jesus, blasfemando e rangendo os dentes contra ele. Aquele ladrão tinha caído preso nos laços do diabo.

A SÚPLICA DO LADRÃO DIMAS A JESUS

Mas o da direita, cujo nome era Dimas, vendo a graça divina de Jesus, assim exclamou: "Eu te conheço, ó Jesus Cristo, e sei que és Filho de Deus. Vejo-te como Cristo adorado por miríades de anjos. Perdoa-me os pecados que cometi. Não faças vir contra mim os astros, na hora de meu julgamento, ou a lua, quando fores julgar toda a terra, pois foi à noite que realizei meus maus intentos. Não movas o sol, que está agora se escurecendo por tua causa, para que não me impeça de manifestar as maldades de meu coração. Já sabes que nenhum dom te posso oferecer para a remissão de meus pecados. A morte já se lança sobre mim por causa de minhas maldades. Tu tens poder de expiá-las. Livra-me, Senhor do Universo, de teu terrível julgamento. Não concedas ao inimigo o poder de engolir-me e apossar de minha alma, como é herdeiro deste que está suspenso à tua esquerda. Estou vendo como o diabo recolhe sua alma, enquanto suas carnes desaparecem. Não ordenes tampouco que eu participe da sorte dos judeus. Estou vendo Moisés e os Profetas mergulhados em grande pranto, enquanto o diabo se ri à sua custa. Portanto, ó Senhor, antes que minha alma se separe, manda que sejam apagados os meus pecados. Lembra-te de mim, pecador, em teu reino, quando fores julgar as doze tribos, assentado em teu trono grande e alto, pois preparaste grande tormento para teu mundo, por sua própria incredulidade".

JESUS RECOMPENSA O BOM LADRÃO

Quando o ladrão acabou de pronunciar essas palavras, respondeu-lhe Jesus: "Em verdade, em verdade, te digo, ó Dimas, que hoje mesmo estarás comigo no paraíso. Mas os filhos do reino, os descendentes de Abraão, de Isaac, de Jacó e de Moisés, serão atirados às trevas exteriores. Ali haverá choro e ranger de dentes. Tu serás o único a habitar no paraíso até minha segunda vinda, quando eu vier julgar os que não confessaram meu nome. Vai agora levar esta mensagem aos querubins e às potestades, que estão brandindo a espada de fogo e guardam o paraíso, do qual Adão, a primeira criatura, foi expulso depois de ter nele vivido. Foi expulso por ter prevaricado e não ter guardado os meus mandamentos. Nenhum dos primeiros, os que vieram antes de mim, verá o paraíso, até que eu venha de novo para julgar os vivos e os mortos".

Assim declarou Jesus Cristo, o Filho de Deus, aquele que desceu das alturas do céu, que saiu inseparavelmente do seio do Pai invisível, que desceu ao mundo a fim de encarnar-se e ser crucificado para salvar Adão, a quem formou. Ele disse isso para o conhecimento dos esquadrões de arcanjos, guardiães do paraíso e ministros de seu Pai, e acrescentou: "Quero e ordeno que entre no paraíso o que está sendo crucificado comigo e receba por mim a remissão de seus pecados; e que entre no paraíso com corpo incorruptível e enfeitado, e habite ali, onde ninguém jamais pode entrar".

JESUS MORRE

Dizendo isso, Jesus entregou seu espírito. Esses acontecimentos se deram na sexta-feira, às três horas da tarde. Naquele momento, as trevas cobriam a terra inteira. Sobreveio grande terremoto e ruíram o santuário e o pináculo do Templo.

JOSÉ DE ARIMATEIA SEPULTA JESUS E É PRESO

Então eu, José, pedi o corpo de Jesus e o coloquei em um sepulcro novo, onde ninguém antes tinha sido enterrado. O cadáver do que estava à direita, o de Dimas, não pôde ser encontrado, ao passo que o da esquerda, Gestas, tinha o corpo deformado, apresentando aspecto semelhante a um dragão.

Pelo fato de ter pedido o corpo de Jesus para lhe dar sepultura, os judeus, deixando-se levar por um impulso de cólera, me aprisionaram no cárcere onde costumavam ficar os malfeitores. Isso me aconteceu na tarde do sábado em que nossa nação estava cometendo um ato de injustiça e sofrendo terríveis tribulações.

JESUS APARECE A JOSÉ DE ARIMATEIA, E ESTE É LIBERTADO DA PRISÃO

Exatamente na tarde do primeiro dia da semana (domingo), às onze horas (quinta hora), quando eu me encontrava no cárcere, veio a mim Jesus, acompanhado daquele que fora crucificado à sua direita e que ele enviara ao paraíso. Surgiu uma grande luz no recinto. Logo a casa ficou suspensa em seus quatro ângulos. O espaço interior ficou livre, e eu pude sair.

Reconheci primeiramente Jesus e, em seguida, o ladrão, que trazia uma carta para Jesus. Enquanto nos dirigíamos à Galileia, brilhou uma luz tão forte que nenhuma criatura podia suportá-la. O ladrão, Dimas, por sua vez, exalava agradável perfume procedente do paraíso.

A CARTA QUE DIMAS TRAZ DO PARAÍSO E ENTREGA A JESUS

Jesus sentou-se em seu lugar e leu a carta, que dizia: "Nós, os querubins e os serafins, que recebemos de tua divindade a ordem de guardar o jardim do paraíso, fazemos saber o que se segue, por intermédio do ladrão que foi crucificado juntamente contigo, por tua disposição. Ao ver nele o sinal dos cravos e o brilho das letras de tua divindade, o fogo de nossas asas se extinguiu, não podendo suportar o esplendoroso sinal. Surpreendidos por um grande medo, ficamos atemorizados, pois ouvimos o autor do céu, da terra e da criação inteira que baixava da altura até as partes mais baixas da terra, por causa da primeira criatura, Adão. Vendo a cruz imaculada que figurava na pessoa do ladrão e que fazia brilhar um esplendor sete vezes maior do que o sol, grande temor se apoderou de nós, e fomos envolvidos com a agitação dos que esperavam a salvação, nos infernos, a mansão dos mortos. Eles se juntaram a nós, e dissemos em altas vozes: 'Santo, Santo, Santo é o que reina nas alturas'. E as potestades também deixavam escapar este grito: 'Senhor, tu te manifestaste no céu e na terra, trazendo a alegria eterna, depois de ter salvado da morte a própria criatura'".

JOÃO PEDE A JESUS PARA VER DIMAS

Enquanto eu ia admirando tudo isso, em companhia de Jesus e do ladrão, a caminho da Galileia, Jesus se transfigurou e já não era o mesmo que conhecêramos no princípio, antes de ser crucificado. Tornou-se inteiramente luz. Os anjos o serviam continuamente e Jesus conversava com eles.

Passei três dias a seu lado, sem que algum de seus discípulos o acompanhasse, a não ser somente o ladrão. No meio da Festa dos Ázimos, antes da Páscoa, veio seu discípulo João. Não tínhamos visto o ladrão durante a festa nem sabíamos o que acontecera com ele.

João perguntou a Jesus: "Quem é aquele homem? Por que não me permitiste ser visto por ele". Jesus nada lhe respondeu. Então ele se lançou a seus pés e lhe disse: "Senhor, sei que desde o princípio me amaste. Por que não me permites ver aquele homem?" Disse-lhe Jesus: "Por que vais em busca do mistério? És de pouca inteligência? Não percebes o perfume do paraíso que inundou o lugar? Não sabes quem era? O ladrão pendurado na cruz veio a ser herdeiro do paraíso. Em verdade, em verdade te digo que o paraíso é somente dele até que chegue o grande dia".

Disse João: "Faze-me digno de vê-lo". João ainda falava, quando apareceu de repente o ladrão. Atônito, João caiu por terra. O ladrão não conservava a mesma aparência que tinha antes de encontrar-se com João. Mostrava-se como um rei extremamente majestoso, adornado com a cruz. Fez-se ouvir uma voz, emitida por grande multidão, que dizia assim: "Chegaste ao lugar do paraíso que te estava preparado. Aquele que te enviou nos incumbiu de servir-te até que venha o grande dia".

Ao ouvirmos aquelas palavras, nós dois, o ladrão e eu, nos tornamos invisíveis. Encontrei-me, então, em minha própria casa e não mais vi Jesus.

CONCLUSÃO

Tendo sido testemunha ocular desses acontecimentos, conservei-os por escrito para que todos creiam em Jesus Cristo crucificado, nosso Senhor; e, deixando de servir à Lei de Moisés, deem crédito aos prodígios e portentos operados por Ele; e crendo sejam herdeiros da vida eterna. Poderemos, assim, encontrar-nos todos no Reino dos Céus, pois a Ele se devem glória, força, louvor e majestade pelos séculos dos séculos. Amém.

DESCIDA DE CRISTO AOS INFERNOS

A descida de Cristo aos infernos é considerada a segunda parte do Evangelho segundo Nicodemos. Há estudiosos que consideram este fragmento como um livro distinto. O texto atual pode ser datado também do século V, assim como o Evangelho segundo Nicodemos (Atos de Pilatos). No entanto, o original pode ser datado do século II. O texto que apresentamos tem como referência Lincoln Ramos, A paixão de Jesus nos escritos secretos: Evangelho de Nicodemos (Atos de Pilatos) – Descida de Cristo aos infernos – Declaração de José de Arimateia. Petrópolis: Vozes, 1991. A tradução baseia-se no texto grego publicado por Tischendorf e reproduzido por Santos Otero.

O livro, composto de dezessete capítulos, conta a entrada gloriosa de Cristo nos infernos, segundo relato dos dois filhos de Simeão, aquele que tomou Jesus ao colo no dia de sua apresentação no Templo. Eles afirmam ter ressuscitado com Jesus e ter voltado à terra para contar como Jesus desceu aos infernos. Jesus vai aos infernos, que não é mesmo que o terrível inferno da Idade Média, e liberta os mortos que descansavam na mansão dos mortos (infernos). Esse testemunho de fé foi incorporado ao credo apostólico[30]. A tradição canônica, na 1Pd 3,18, relata também a descida de Cristo aos infernos, antes de sua ressurreição, ocorrida no terceiro de dia depois de sua crucifixão.

---

30. Um estudo deste apócrifo em relação a outros textos canônicos sobre os infernos e a descida de Jesus até ele encontra-se em nosso livro *O outro Pedro e a outra Madalena segundo os apócrifos* (3. ed. Petrópolis: Vozes, 2005. p. 76-101).

OS FILHOS DE SIMEÃO SÃO ENCONTRADOS

Disse José: "Por que vos admirais de que Jesus tenha ressuscitado? O admirável não é isso. Admirável é que não ressurgiu sozinho. Ele ressuscitou grande número de mortos, que foram vistos por muitos em Jerusalém. Se não conheceis os outros, conheceis pelo menos Simeão, que tomou Jesus nos braços, e seus dois filhos, que também foram ressuscitados. A estes dois nós sepultamos há pouco tempo. E agora podemos ver seus túmulos abertos e vazios. Estão vivos e moram em Arimateia".

Enviaram, então, alguns homens e estes comprovaram que os sepulcros estavam abertos e vazios. Disse José: "Vamos a Arimateia para os encontrarmos. Levantaram-se os pontífices Anás e Caifás juntamente rumo a Arimateia, onde encontraram aqueles a quem José se referira".

Rezaram e abraçaram-se mutuamente. Voltaram, depois, com eles, a Jerusalém e os levaram à sinagoga. Fecharam as portas e colocaram no meio o Antigo Testamento dos judeus. Disseram-lhes os pontífices: "Queremos que jureis pelo Deus de Israel e por Adonai (Senhor), para que assim digais a verdade sobre como haveis ressuscitado e quem vos tirou dentre os mortos".

OS FILHOS DE SIMEÃO RELATAM COMO FOI A CHEGADA DE JESUS AOS INFERNOS

Ao ouvir isso, os ressuscitados fizeram o sinal da cruz em seus rostos e disseram aos pontífices: "Dai-nos papel, tinta e caneta". Trouxeram-lhes o que pediram. Sentaram-se e escreveram nestes termos:

"Ó Senhor Jesus Cristo, ressurreição e vida do mundo! Dá-nos a graça de relatarmos a tua ressurreição e as maravilhas que realizaste nos infernos. Estávamos nós no inferno, em companhia de todos os que tinham morrido desde o princípio. À meia-noite, surgiu naquelas obscuridades alguma coisa semelhante à luz do sol. Com seu brilho fomos todos iluminados e pudemos ver-nos uns aos outros."

ABRAÃO E O PROFETA ISAÍAS RECONHECEM A PRESENÇA DE JESUS

Abraão, juntamente com os patriarcas e os profetas, encheram-se todos de alegria e disseram uns aos outros: "Esta luz provém de um grande resplendor". O Profeta Isaías, que ali se encontrava, disse por sua vez: "Esta luz procede do Pai, do Filho e do Espírito Santo. Sobre ela profetizei, quando ainda estava na terra. Escrevi: Terra de Zabulon e terra de Neftali, o povo que estava mergulhado nas trevas viu uma grande luz".

JOÃO BATISTA PREGA AOS MORTOS

Depois, adiantou-se para o meio deles outro asceta do deserto. Perguntaram-lhe os patriarcas: "Quem és tu?" Respondeu: "Eu sou João, o último dos profetas. Endireitei os caminhos do Filho de Deus e preguei ao povo a penitência para a remissão dos pecados. O Filho de Deus veio ao meu encontro. Ao vê-lo de longe, disse ao povo: Eis o cordeiro de Deus que tira o pecado do mundo. Com minha mão o batizei no Rio Jordão e vi descer sobre ele o Espírito Santo em forma de pomba. Ouvi a voz de Deus Pai dizer assim: Este é o meu filho amado, em quem me alegro.

Por este motivo, me enviou também a vós (que estais na morada dos mortos), para anunciar, oportunidade de que dispondes para fazer penitência pelo culto que rendestes aos ídolos, enquanto vivíeis anteriormente no mundo vão, e pelos pecados que cometestes. Não vos será concedida para isto outra oportunidade".

ADÃO PEDE A SEU FILHO SET QUE DIRIJA A PALAVRA AOS PATRIARCAS E PROFETAS

Quando Adão, o primeiro dos seres criados e pai de todos, ouviu as recomendações feitas por João aos que se encontravam no inferno, disse a seu filho Set: "Meu filho, quero que digas aos patriarcas do gênero humano e aos profetas a que lugar te enviei, quando caí em perigo de morte".

Set explicou-lhes: "Profetas e patriarcas, escutai! Meu pai Adão, o primeiro dos seres criados, caiu certa vez em perigo de morte e mandou-me fazer uma súplica a Deus, muito perto da porta do paraíso. Eu devia pedir que me concedesse chegar, por meio de um anjo, até a árvore da misericórdia. Dela devia tirar óleo para ungir a meu pai, que desse modo seria curado da enfermidade.

Assim o fiz. Depois de apresentar minha súplica, veio um anjo do Senhor e me disse: Que estás pedindo, Set? Para a enfermidade de teu pai vieste buscar o óleo que cura os enfermos ou a árvore que o destila? Isso não se pode encontrar agora. Vai e dize a teu pai que, depois de cinco mil e quinhentos anos a partir da criação do mundo, descerá à terra o Filho unigênito de Deus feito homem. Ele se encarregará de ungi-lo com este óleo e teu pai se levantará. Além disso, o purificará, a ele e a seus descendentes, com a água e com o Espírito Santo. Será, então, curado de qualquer enfermidade. Agora isso é impossível". Ouvindo estas palavras, os patriarcas e os profetas se alegraram extraordinariamente.

À ESPERA DE JESUS, SATANÁS E INFERNOS DIALOGAM

Enquanto todos se alegravam deste modo, veio Satanás (Opositor), o herdeiro das trevas, e disse aos Infernos: "Ó insaciável devorador de todos, ouve minhas palavras. Há certo judeu, de nome Jesus, que se chama de filho de Deus, mas é apenas um homem. Os judeus o pregaram na cruz, graças à nossa cooperação. Agora que acaba de morrer, deves ficar preparado para que possamos retê-lo aqui bem seguro. Sei que não é mais do que um homem, pois até o ouvi dizer: Minha alma está profundamente triste até a morte. Causou-me, no entanto, muitos danos no mundo, enquanto vivia entre os mortais. Onde encontrava meus sequazes, ele os perseguia. Com uma só palavra curava a todos os homens que eu deixava mutilados, cegos, coxos, leprosos ou coisas semelhantes. Até mesmo a muitos que eu já tinha preparado para a sepultura, ele os fazia reviver com uma só palavra".

Respondeu os Infernos: "É ele tão poderoso que seja capaz de realizar essas coisas com uma só palavra? E, sendo ele assim, tu te atreves a enfrentá-lo? Parece-me que a alguém semelhante a ele, ninguém poderá opor-se. E, se dizes que o ouviste exclamar, expressando seu temor perante a morte, ele o fez, sem dúvida, para rir-se e zombar de ti, para poder agarrar-te com mão poderosa. E, se o fizer, ai, ai de ti por toda a eternidade".

Satanás replicou: "Ó Infernos, devorador insaciável, tu te encheste assim de medo ao ouvir falar de nosso comum inimigo? Eu nunca o temi. Pelo contrário, levei os judeus a crucificá-lo e lhe deram de beber fel com vinagre. Prepara-te, pois, para que, quando vier, os prendas fortemente".

Os Infernos responderam: "Herdeiro das trevas, filho da perdição, caluniador, acabas de dizer-me que ele, com uma só palavra, fazia reviver a muitos dos que tinhas já preparado para a sepultura. Se ele livrou a outros do sepulcro, como e com que forças seremos nós capazes de sujeitá-lo? Há pouco, devorei um defunto chamado Lázaro. Pouco depois, um dos vivos, com uma só palavra, o arrancou, à viva força, de minhas entranhas. Penso que é esse a quem te referes. Se o recebermos aqui, tenho medo de que estejamos em perigo também em relação aos outros. Vejo que estão agitados todos os que devorei desde o princípio e sinto dores em meu ventre. Lázaro, que me foi anteriormente arrebatado, não é bom presságio. Voou para longe de mim, não como um morto, mas como uma águia, tal foi a rapidez com que a terra o arrojou de si. Assim te conjuro pelas tuas e pelas minhas artes que não o tragas aqui. Considero que ele virá a nossa mansão, porque todos os mortos pecaram. Por esse motivo, pelas trevas que possuímos, julgo que, se o trouxeres aqui, não me ficará um só dos mortos".

A CHEGADA DE JESUS CAUSA ALVOROÇO
NA MANSÃO DOS MORTOS

Enquanto Satanás e o Inferno diziam tais coisas entre si, retumbou uma voz forte como trovão, dizendo: "Levantai, ó príncipes, vossas portas; levantai-vos, ó portas eternas, e entrará o rei da glória".

Quando o Inferno ouviu aquela voz, disse a Satanás: "Sai, se és capaz, e enfrenta-o". Satanás saiu. Depois o Inferno disse a seus demônios: "Fechai bem e fortemente as portas de bronze e as trancas de ferro. Cuidai das minhas fechaduras e examinai tudo minuciosamente. Se ele entrar aqui, ai! Ele se apoderará de nós".

Ouvindo isso, todos os patriarcas começaram a zombar dele, dizendo: "Glutão insaciável, abre para que entre o rei da glória". Disse o Profeta Davi: "Não sabes, ó cego, que, quando eu ainda vivia no mundo, fiz esta profecia: Elevai, ó príncipes, as vossas portas?".

Por sua vez, Isaías disse que, prevendo isso pela virtude do Espírito Santo, escreveu: "Ressuscitarão os mortos e se levantarão os que estão nos sepulcros e se alegrarão os que vivem na terra. Onde está, ó morte, o teu aguilhão? Onde está, ó Inferno, a tua vitória?".

Veio, de novo, uma voz que dizia: "Levantai as portas". O Inferno ouviu pela segunda vez essa voz e perguntou, como se não tivesse compreendido: "Quem é este rei da glória?" Responderam os anjos do Senhor: "É o Senhor forte e poderoso, o Senhor poderoso no combate". No mesmo instante, pela força daquela voz, as portas de bronze se fizeram em pedaços e as trancas de ferro ficaram reduzidas a frangalhos. Todos os defuntos ali aprisionados se viram livres de seus laços; e nós entre eles.

Penetrou o rei da glória em forma humana, e todos os recantos escuros dos Infernos foram iluminados. Imediatamente, os Infernos se puseram a gritar: "Fomos vencidos. Ai de nós! Mas quem és tu, que tens tal poder e tal força? Quem és tu, que vens aqui sem pecado? És aquele que é pequeno na aparência, mas pode grandes coisas? És o humilde e o excelso, o servo e o senhor, o soldado e o rei, o que tem poder sobre os vivos e os mortos? Foste pregado na cruz e depositado no sepulcro, e agora ficaste livre e desfizeste nossa força. És, então, Jesus, de quem dizia o grande chefe Satanás que pela cruz e pela morte ias tornar-te dono de todo o mundo?"

Naquele momento, o rei da glória agarrou pelo alto da cabeça o grande chefe, Satanás, e o entregou aos anjos, dizendo: "Prendei com cadeias de ferro suas mãos e seus pés, seu pescoço e sua boca". Entregou-o depois nas mãos dos Infernos, recomendando: "Toma-o e conserva-o bem seguro até minha segunda vinda".

OS INFERNOS ACUSAM SATANÁS

Então, o Inferno encarregou-se de Satanás e lhe disse: "Beelzebu (príncipe dos demônios), herdeiro do fogo e do tormento, inimigo dos santos, que necessidade tinhas de promover a crucifixão do rei da glória, para que viesse aqui e nos despojasse? Olha em volta e vê que não ficou em mim nenhum morto. Tudo o que ganhaste por meio da árvore da ciência, tu o perdeste pela cruz. Toda a tua alegria se converteu em tristeza, e a pretensão de matar o rei da glória trouxe a morte para ti mesmo. Desde que te recebi com a incumbência de prender-te fortemente, vais aprender por experiência própria quantos males sou capaz de te infligir. Ó chefe dos diabos, princípio da morte, raiz do pecado, cúmulo de toda a maldade, que encontraste de mal em Jesus para buscar a sua perdição? Como tiveste coragem de praticar tão grande crime? Como te ocorreu fazer baixar a essas trevas um varão como este, por quem te viste despojado de todos os que morreram desde o princípio?"

JESUS RESSUSCITA ADÃO (SER HUMANO) POR MEIO DE SUA CRUZ

Enquanto o Inferno assim recriminava a Satanás, o Rei da Glória estendeu sua mão direita e com ela tomou e levantou o primeiro pai Adão. Voltou-se depois para os outros e disse: "Vinde comigo todos os que fostes feridos de morte pelo madeiro tocado por Adão. Eis que eu vos ressuscito a todos pelo madeiro da cruz".

Dizendo isto, levou todos para fora. E o primeiro pai Adão apareceu transbordante de alegria e exclamou: "Agradeço, ó Senhor, tua magnanimidade, por me teres tirado do mais profundo do Inferno". Do mesmo modo, todos os profetas e santos disseram: "Nós te damos graças, ó Cristo, salvador do mundo, porque tiraste nossa vida da corrupção" (porque pela vossa santa cruz remites o mundo).

Depois que eles falaram assim, o Salvador abençoou a Adão, assinalando-lhe na fronte com o sinal da cruz. Em seguida, fez o mesmo com os patriarcas, profetas, mártires e progenitores. Tomou-os todos e os tirou dos Infernos.

Enquanto caminhava, os santos Pais o seguiam, cantando e dizendo: "Bendito o que vem em nome do Senhor. Aleluia. A ele o louvor de todos os santos".

HENOC E ELIAS RECEBEM OS RESSUSCITADOS NO PARAÍSO

Dirigiu-se, em seguida, ao paraíso, segurando a mão do primeiro pai, Adão. Ao chegar, o entregou, assim como os outros justos, ao Arcanjo Miguel. Quando passaram pela porta do paraíso, vieram-lhes ao encontro dois anciãos.

Os santos pais lhes perguntaram: "Quem sois vós, que não vistes a morte nem baixastes ao inferno, mas viveis em corpo e alma no paraíso?" Um deles respondeu, dizendo: "Eu sou Henoc, o que agradou ao Senhor e a quem ele trouxe para cá (sem passar pela morte). Este é Elias, o tesbita. Ambos continuaremos vivendo até a consumação dos séculos. Seremos, então, enviados por Deus para enfrentar o anticristo, ser mortos por ele, ressuscitar depois de três dias e ser arrebatados nas nuvens ao encontro do Senhor".

O BOM LADRÃO, DIMAS, SE ENCONTRA COM ADÃO NA MORADA DE DEUS

Enquanto assim falavam, veio outro homem, de aparência humilde, levando aos ombros uma cruz. Perguntaram-lhe os santos pais: "Quem és tu, que tens aspecto de ladrão? E que cruz é esta que levas em teus ombros?" Respondeu: "Eu, como vós dizeis, era, no mundo, um ladrão (Dimas) e salteador. Por isso, os judeus me prenderam me entregaram à morte de cruz juntamente com nosso Senhor Jesus Cristo. Vendo os prodígios que se realizavam, enquanto Ele estava pregado na cruz, cri nele. Supliquei-lhe, dizendo: Senhor, quando estiveres reinando, não te esqueças de mim. Logo me respondeu: Em verdade, em verdade te digo: hoje estarás comigo no paraíso (Morada de Deus). Carregando a minha cruz, cheguei ao paraíso e encontrei o Arcanjo Miguel. Disse-lhe: Nosso Senhor, o que foi crucificado, enviou-me aqui. Leva-me à porta do Éden. Quando a espada de fogo viu o sinal da cruz, abriu-me a passagem e entrei. Disse-me depois o arcanjo: Espera um momento, pois vem também o primeiro pai da raça humana, Adão, em companhia dos justos. Também eles devem entrar. Vendo-vos os que acompanhavam Adão, agora, vim ao vosso encontro".

Quando os santos ouviram isso, exclamaram todos em alta voz: "Grande é o Senhor nosso e grande o seu poder".

OS DOIS IRMÃOS CONTAM COMO FORAM BATIZADOS, TORNANDO-SE CRISTÃOS

Tudo isso nós, os irmãos gêmeos, vimos e ouvimos. Fomos enviados juntos pelo Arcanjo Miguel e designados para pregar a ressurreição do Senhor, antes de nos dirigirmos ao Jordão e sermos batizados.

Ali chegamos e fomos batizados juntamente com outros defuntos também ressuscitados. Depois viemos a Jerusalém e celebramos a Páscoa da ressurreição. Agora, porém, na impossibilidade de permanecer aqui, vamos partir. O amor de Deus Pai, a graça de nosso Senhor Jesus Cristo e a comunhão do Espírito Santo estejam convosco.

EPÍLOGO

Depois de escrever isso e de fechar os livros, deram metade aos pontífices e a outra metade a José e a Nicodemos. No mesmo instante, desapareceram, voltando para a glória de nosso Senhor Jesus Cristo. Amém.

EVANGELHO SEGUNDO PEDRO

O Evangelho segundo Pedro, escrito possivelmente em Antioquia da Síria entre os anos 120 a 130, é a mais antiga tradição não canônica sobre a paixão de Jesus. Pedro aparece como narrador dos fatos acontecidos em torno à paixão de Jesus. Jesus ressuscitado aparece aos discípulos somente no final da semana da Páscoa. Algumas comunidades chegaram a usar o Evangelho segundo Pedro, embora Eusébio de Cesareia tenha negado essa informação. O bispo de Antioquia da Síria, Serapião, escreveu carta aos cristãos de Rosso condenando o uso do Evangelho segundo Pedro pelos cristãos, por se tratar de uma obra que aceitaria o docetismo. Parte do Evangelho segundo Pedro foi encontrada em 1887, em uma tumba de um monge, em Acmim, no Egito.

Serapião chega a permitir o uso do Evangelho segundo Pedro, mas depois se dá conta de que se trata de um texto influenciado por doutrinas heréticas de Marcião, do gnosticismo e do docetismo.

A tradução que apresentamos tem como referência o Lincoln Ramos, Fragmentos dos evangelhos apócrifos. Petrópolis: Vozes, 1989.

CONDENAÇÃO E ESCÁRNIO DE JESUS

Mas nenhum dos judeus lavou as mãos, nem Herodes, nem nenhum de seus juízes. Como não quisessem eles lavar-se, Pilatos se levantou. Mandou, então, o Rei Herodes que levassem o Senhor para fora, dizendo-lhes: "Fazei tudo o que vos ordenei que fizésseis". Encontrava-se ali José, amigo de Pilatos e do Senhor. Quando soube que o crucificariam, dirigiu-se a Pilatos e lhe pediu o corpo do Senhor para ser sepultado. Pilatos, de sua parte, o mandou a Herodes para que lhe pedisse o corpo. Disse Herodes: "Irmão Pilatos, ainda que ninguém o tivesse pedido, nós o teríamos sepultado, pois se aproxima o sábado. E está escrito na lei: 'Não se ponha o sol sobre o justiçado'".

E o entregou ao povo no dia antes dos Ázimos, a festa deles. Apoderando-se do Senhor, eles o empurravam e diziam: "Arrastemos o filho de Deus, pois finalmente caiu em nossas mãos". Vestiram-no com um manto de púrpura, fizeram-no sentar-se em uma cadeira do tribunal, dizendo: "Julga com justiça, ó rei de Israel!" Um deles trouxe uma coroa de espinhos e a colocou na cabeça do Senhor. Outros que ali se encontravam e cuspiram-lhe no rosto; outros lhe batiam nas faces, outros o fustigavam com uma vara; alguns o flagelavam, dizendo: "Esta é a honra que prestamos ao filho de Deus". Levaram para lá dois malfeitores e crucificaram o Senhor no meio deles. Mas ele se calava como se não sentisse nenhuma dor. Quando ergueram a cruz, escreveram no alto: "Este é o rei de Israel". Colocaram as vestes diante dele, dividiam-nas e lançaram sorte sobre elas. Mas um dos malfeitores o repreendeu, dizendo: "Nós sofremos assim por causa de ações más que praticamos. Este, porém, que se tornou salvador dos homens, que mal vos fez?" Indignados com ele, ordenaram que não lhe fossem quebradas as pernas e assim morresse entre os tormentos.

Era meio-dia, quando as trevas cobriram toda a Judeia. Eles se agitavam e se angustiavam, supondo que o sol já se tivesse posto, pois ele ainda estava vivo. E está escrito para eles: "Não se ponha o sol sobre um justificado". E um deles disse: "Dai-lhe de beber fel com vinagre". Fizeram uma mistura e lhe deram para beber. E cumpriram tudo, enchendo desse modo a medida de seus pecados sobre suas cabeças.

Muitos andavam com fachos e, pensando que fosse noite, retiraram-se para repousar. E o Senhor gritou, dizendo: "Minha força, minha força, tu me abandonaste!" Enquanto assim falava, foi assumido na glória. Na mesma hora o véu do Templo de Jerusalém se rasgou em duas partes.

Tiraram os pregos das mãos do Senhor e o depuseram no chão. Tremeu toda a terra, e houve grande medo. Brilhou, então, o sol, e reconheceram que era a nona hora (três horas da tarde). Alegraram-se os judeus e deram seu corpo a José para que o sepultasse. José tinha visto todo o bem que Jesus fizera. Tomando o Senhor, levou-o, envolvendo-o em um lençol e o depositou em seu próprio sepulcro, chamado jardim de José.

Os judeus, os anciãos e os sacerdotes compreenderam, então, o grande mal que tinham feito a si mesmos e começaram a lamentar-se, batendo no peito e dizendo: "Ai de nossos pecados! O juízo e o fim de Jerusalém estão agora próximos!"

Eu (Pedro) e meus amigos estávamos tristes; de ânimo abatido nos escondíamos. Estávamos sendo procurados por eles como malfeitores e como aqueles que queriam incendiar o Templo. Por causa de tudo isso, jejuávamos e nos assentávamos, lamentando-nos e chorando noite e dia, até o sábado.

Os escribas, os fariseus e os anciãos se reuniram, pois ficaram sabendo que todo o povo murmurava e se lamentava, batendo no peito e dizendo: "Se por ocasião de sua morte se realizaram sinais tão grandes, vede quanto ele era justo!" Tiveram medo e foram a Pilatos, pedindo-lhe:

"Dá-nos soldados para que seu túmulo seja vigiado por três dias. Que não aconteça que seus discípulos venham roubá-lo e o povo acredite que ele tenha ressuscitado dos mortos e nos faça mal". Pilatos deu-lhes o centurião Petrônio com soldados para vigiar o sepulcro. Com eles dirigiram-se ao túmulo os anciãos e os escribas e todos os que ali estavam com o centurião. Os soldados rolaram uma grande pedra e a colocaram na entrada do túmulo. Nela imprimiram sete selos. Depois ergueram ali uma tenda e montaram guarda.

Pela manhã, ao despontar do sábado, veio de Jerusalém e das vizinhanças uma multidão para ver o túmulo selado. Mas durante a noite que precedeu o dia do Senhor, enquanto os soldados montavam guarda, por turno, dois a dois, ressoou no céu uma voz forte e viram abrirem-se os céus e descerem de lá dois homens, com grande esplendor, e aproximar-se do túmulo. A pedra que fora colocada em frente à porta rolou de onde estava e se pôs de lado. Abriu-se o sepulcro e nele entraram os dois jovens. À vista disto, os soldados foram acordar o centurião e os anciãos, pois também estes estavam de guarda.

E, enquanto lhes contavam tudo o que tinham presenciado, viram também sair três homens do sepulcro: dois deles amparavam o terceiro e eram seguidos por uma cruz. A cabeça dos dois homens atingia o céu, enquanto a daquele que conduziam pela mão ultrapassava os céus. Ouviram do céu uma voz que dizia: "Pregaste aos que dormem?" E da cruz se ouviu a resposta: "Sim".

Eles, então, deliberaram em conjunto ir relatar essas coisas a Pilatos. Enquanto ainda conversavam, abriram-se novamente os céus. Um homem desceu e entrou no túmulo. Vendo aquilo, o centurião e os que estavam com ele apressaram-se, sendo ainda noite, a procurar Pilatos, deixando o sepulcro que tinham vigiado. Extremamente abalados, expuseram tudo o que tinham visto e disseram: "Era verdadeiramente Filho de Deus".

Pilatos respondeu: "Sou inocente do sangue do filho de Deus; fostes vós que decidistes assim". Depois todos se aproximaram, pedindo e suplicando que ordenasse ao centurião e aos soldados não contar a ninguém o que tinham visto. "Para nós, diziam, é melhor ser culpado de gravíssimo pecado diante de Deus do que cair nas mãos do povo judeu e ser lapidados". Pilatos, então, ordenou ao centurião e aos soldados que nada dissessem.

Ao amanhecer do dia do Senhor, Maria Madalena, discípula do Senhor, que, por medo dos judeus ardentes de cólera, não havia feito na sepultura do Senhor tudo quanto as mulheres costumavam fazer pelos mortos que lhes eram caros, tomou consigo as amigas e dirigiu-se ao túmulo onde tinha sido posto. Elas temiam ser vistas pelos judeus e diziam: "Se, no dia em que foi crucificado, não pudemos chorar e lamentar-nos batendo no peito, façamo-lhe pelo menos agora seu túmulo". Quem, no entanto, nos há de revolver a pedra colocada na entrada do sepulcro, a fim de que possamos entrar, sentar-nos em volta dele e cumprir o que lhe é devido? A pedra é grande e tememos que alguém nos veja. Se não o pudermos fazer, deponhamos, pelo menos, na porta o que trouxemos em sua memória. Choraremos e nos lamentaremos, batendo-nos no peito até a hora de voltarmos para casa".

Mas, quando chegaram, encontraram o sepulcro aberto. Aproximando-se, inclinaram-se e viram ali um jovem sentado no meio do sepulcro. Era belo e estava revestido de túnica de raro resplendor. Perguntou-lhes: "Por que viestes? A quem procurais? Por acaso, aquele que foi crucificado? Ressuscitou e foi-se embora. Se não o acreditais, inclinai-vos e olhai o lugar onde jazia. Não está mais. Ressuscitou, na verdade, e voltou para o lugar donde veio". As mulheres fugiram atemorizadas.

EPÍLOGO

Era o último dia dos Ázimos. Muitos deixavam a cidade e voltavam para suas casas; acabara-se a festa. Nós, porém, os doze apóstolos do Senhor, chorávamos e nos entristecíamos. Depois, cada um, angustiado por tudo o que tinha acontecido, voltou para sua casa. Eu, pelo contrário, Simão Pedro, e meu irmão André tomamos nossas redes e nos dirigimos ao mar. Conosco estava Levi, filho de Alfeu, que o Senhor...

EVANGELHOS GNÓSTICOS

Vários são os evangelhos apócrifos oriundos do gnosticismo, corrente de pensamento que influenciou o cristianismo emergente (120-240 E.C.) e se estendeu até o século VIII em várias ramificações, na Palestina, Ásia Menor, Egito, Síria, Arábia, Pérsia e Roma.

Valentino, um teólogo do século II da E.C., tornou-se notório na influência recebida dos gnósticos e divulgação do pensamento gnóstico em suas obras. No ano 381 da E.C., quando o Imperador Teodósio I reconheceu oficialmente um único ramo do cristianismo como ortodoxia católica no Império Romano[31], os gnósticos e outros tantos grupos considerados "heréticos" foram perseguidos a aniquilados.

O pensamento gnóstico não é facilmente compreendido. Como grupo, os gnósticos viviam de modo coeso e sectário, o que não lhes faltaram resistências advindas do mundo cristão. Tinham um modo próprio de se comunicar e levavam uma vida ascética. Aqueles que entravam no grupo passavam por um batismo ritual. Os gnósticos acreditavam que os seres humanos estariam divididos entre gnósticos e não gnósticos. Ser gnóstico era o mesmo que "ser capaz de alcançar o conhecimento".

---

31. LAYTON, Bentley. *As escrituras gnósticas*. São Paulo: Loyola, 2002. p. 8. Encontramos nessa obra uma análise acurada do gnosticismo e de seus escritos.

Gnósis é um substantivo grego que significa "conhecimento" de modo profundo. Segundo o mito gnóstico das origens, um "Salvador celestial foi enviado para 'despertar' a humanidade gnóstica, para dar-lhe o conhecimento (*gnósis*) de si mesma e de Deus, para libertar as almas do destino e da escravidão do corpo material, e para ensiná-las como escapar da influência dos malévolos 'governantes'. Para contrapor-se ao mau espírito desses governantes, um bom espírito foi derramado sobre os gnósticos. Conforme a maneira como reage e adquire conhecimento, a alma escapa e retorna a Deus, ou se reencarna em outro corpo; uma 'punição eterna' especial está reservada aos apóstatas da seita"[32]. Assim, os gnósticos defendiam que a salvação era adquirida por meio do conhecimento de Deus. Algumas correntes gnósticas acreditavam que Deus, na sua essência, tinha o elemento feminino e masculino. Deus era visto como "Mãe-Pai".

Os gnósticos ensinavam que cada pessoa podia atingir a salvação por intermédio da harmonia e da busca interior. Não eram necessárias as instituições e suas práticas ritualísticas para atingir a salvação. Como consequência dessa visão, a salvação tinha um caráter mais pessoal do que coletivo. Não importaria tanto a visão messiânica e revolucionária que o cristianismo defendia. E é nesse contexto de libertação espiritual que podemos compreender a negação gnóstica do corpo.

Dentre os inúmeros livros e fragmentos gnósticos, destacam-se o Evangelho segundo Maria Madalena, o segundo Tomé e o segundo Filipe, os quais apresentaremos a seguir.

---

32. LAYTON, Bentley. *As escrituras gnósticas*. São Paulo: Loyola, 2002. p. 17.

EVANGELHO SEGUNDO MARIA MADALENA

O Evangelho segundo Maria Madalena chegou até nós por meio de um manuscrito grego datado provavelmente do ano 150 da E.C., e de sua tradução para o copta saídico, língua usada no Egito no século V. Essa tradução foi encontrada em 1945, em Nag Hammadi, no Alto Egito.

O seu gênero literário é o de ditos e sentenças. A apóstola, e não prostituta, Maria Madalena conta para os apóstolos os ensinamentos que Jesus lhe havia revelado. Os apóstolos, sobretudo Pedro e André, reagem contra a mulher madalena, não aceitando a sua condição de mestra e apóstola. O evangelho termina dizendo que os discípulos, após os ensinamentos de Maria Madalena, saíram a anunciar o Evangelho segundo Maria Madalena. Isso só teria sido possível porque Levi conseguira fazer com que Pedro, André e os apóstolos compreendessem que Maria Madalena era a preferida de Jesus e sua apóstola. O Evangelho segundo Maria Madalena é uma crítica ao cristianismo hierárquico e masculinizado.

Não temos o texto completo do Evangelho segundo Maria Madalena. Faltam as páginas iniciais, as quais refletem o pensamento gnóstico sobre a matéria. Faltam também partes internas do texto. A seguir, apresentamos uma tentativa de reconstituição desse evangelho, a partir dos papiros conhecidos em grego e copta

A tradução que apresentamos tem como referência Jean-Yves Leloup, Lincol Ramos e Frederico Lorenço. O texto de origem é o copta.

O QUE É A MATÉRIA?

[…] "O que é a matéria? Ela durará sempre?" O Salvador (mestre) respondeu: "Tudo o que nasceu, tudo o que foi criado e todos os elementos da natureza estão estreitamente ligados e unidos entre si. Tudo o que é composto se decomporá. Tudo retornará às suas raízes. A matéria retornará às origens da matéria. Que aquele que tem ouvidos para ouvir ouça".

O QUE É O PECADO?

Pedro disse a Maria Madalena: "Já que tu nos explicaste tudo, te fazes o intérprete dos elementos e dos acontecimentos do mundo, explica também para nós: o que é o pecado no mundo?"

Jesus disse: "Não há pecado. Sois vós que fazeis existir o pecado quando agis conforme os hábitos de vossa natureza adúltera, quando fazeis coisas conforme o adultério. Ali está o pecado. Eis por que Deus (o Bem) veio entre vós. Ele participou dos elementos de vossa natureza a fim de conduzi-la a suas raízes (origem)". Ele continuou e disse: "Eis por que estais doentes e por que morreis. É a consequência de vossos atos: vós fazeis o que vos afasta. Quem puder, que compreenda, que as coloque em prática".

O APEGO À MATÉRIA E A HARMONIA

E o Salvador acrescentou: "O apego à matéria gera uma paixão contra a Natureza Divina. É então que nasce a perturbação em todo o corpo, desequilibrando-o. E é por isso que eu vos digo: 'Estejais em harmonia…'. Se não estiverdes harmônicos (se estiverdes desanimados), buscai inspiração na verdadeira Natureza. Que aquele que tem ouvidos para ouvir ouça".

O QUE É A PAZ DE CRISTO?

Após ter dito aquilo, o Salvador saudou-os a todos dizendo: "Paz a vós! Que minha paz seja gerada e se complete em vós! Velai para que ninguém vos engane, vos afaste do caminho, dizendo: 'Ei-lo aqui! Ei-lo lá!' Porque é em vosso interior que está o Filho do Homem. Segui-o! Aqueles que o procuram o encontram. Em marcha no caminho do anúncio do Evangelho do Reino. Não imponhais nenhuma regra, além daquela da qual eu vos ensinei. Tampouco acrescenteis leis às dadas por Deus, Aquele que vos deu a Lei, a fim de não vos tornardes escravos delas".

Tendo dito essas coisas, ele partiu. Os discípulos ficaram tristes e, chorando muito, diziam: "Como ir até os pagãos e anunciar o Evangelho do Reino do Filho do Homem? Se eles não o pouparam, como eles nos pouparão?"

O BEIJO DE MARIA MADALENA ESCLARECE O IMPASSE

Então Maria se levantou e beijou a todos os seus irmãos, dizendo: "Não fiqueis tristes, chorosos e indecisos, porque sua graça vos acompanhará e vos protegerá. Muito pelo contrário, louvemos sua grandeza, pois ele nos preparou, nos fez irmãos e plenamente humanos".

Com essas palavras, Maria fez com que seus pensamentos, seus corações, voltassem para o Bem. Desse modo, eles começaram a conversar e a entender as palavras do Salvador.

A INTERVENÇÃO DE PEDRO

Pedro disse a Maria: "Irmã, nós sabemos que o Salvador te amou diferentemente das outras mulheres (que foste muito amada por ele). Diz-nos as palavras que ele te disse, das quais tu te lembras e nós não tivemos conhecimento, não ouvimos".

A RESPOSTA DE MARIA MADALENA A PARTIR DE SUA VISÃO DO MESTRE

Maria lhes disse: "Aquilo que não vos foi dado escutar (interpretar), eu vou elucidar, tornar claro o oculto, para vós. Eu tive uma visão do Mestre e eu lhe disse: 'Senhor, hoje, eu te vejo nesta aparição'. Ele respondeu: 'Bem-

-aventurada, tu que não te perturbas à minha vista. Onde está o *nous* (a mente) aí está o tesouro'. Então eu lhe disse: 'Senhor, aquele que tem uma visão, é pela *psique* (alma) que ele vê ou com o *pneuma* (o Espírito, Sopro)?'

O Mestre me respondeu: 'Nem pela *psique* nem pelo *pneuma*, mas o *nous*, estando entre os dois, é ele que vê e é ele que [lacuna no texto]'".

A COBIÇA (DESEJO) DIALOGA COM A ALMA

A cobiça disse à alma: "Eu não te vi descer, mas agora eu te vejo subir. Por que tu mentes, já que fazes parte de mim?" A alma respondeu: 'Eu, eu te vi; tu, tu não me viste. Tu não me reconheceste. Eu estava contigo como uma vestimenta, e tu não me reconheceste'". Tendo dito isso, ela se foi toda contente.

A IGNORÂNCIA DIALOGA COM A ALMA

Depois se apresentou a ela o terceiro clima, chamado ignorância. Ela interrogou a alma, perguntando-lhe: "Aonde vais? Não estavas dominada por uma má inclinação (maldade)? Sim, tu estavas sem discernimento e tu estavas aprisionada".

A alma disse para a ignorância: "Por que me julgas, se eu não te julguei? Dominaram-me, eu não dominei; não me reconheceram, mas eu reconheci que tudo o que é composto se decomporá (vai se desfazer), tanto as terrenas quanto as que estão no céu".

A ALMA E AS SETE MANIFESTAÇÕES DA CÓLERA

Após libertar-se desse terceiro clima (potência), a alma continuou a subir e viu o quarto clima com suas sete manifestações (formas). A primeira manifestação é a treva; a segunda, cobiça; a terceira, ignorância; a quarta, inveja mortal; a quinta, dominação carnal; a sexta, sabedoria bêbada (da carne); a sétima, sabedoria raivosa.

Essas são as sete manifestações da cólera (ira), as quais perguntam à alma: "De onde tu vens, homicida (devoradora de seres humanos)? Para onde vais, vagabunda?"

A alma respondeu: "Aquele que me oprimia foi condenado à morte; aquele que me aprisionava não existe mais; minha cobiça (desejo), então, se apaziguou, e eu fui livrada de minha ignorância. Eu saí do mundo graças a outro mundo; uma representação se apagou graças a uma representação mais elevada. De agora em diante eu vou para o Repouso, onde o tempo repousa na Eternidade do tempo. Eu vou para o Silêncio".

Depois de ter dito isso, Maria se calou. Era assim que o Salvador conversava com ela. (É como se o Senhor tivesse falado somente até ali.)

ANDRÉ E PEDRO QUESTIONAM A AUTORIDADE DA FALA DE MARIA MADALENA E A PREFERÊNCIA DE JESUS POR ELA

André então tomou a palavra e dirigiu-se a seus irmãos: "O que pensais vós do que ela acaba de contar? De minha parte, eu não acredito que o Salvador tenha dito essas coisas. Esses pensamentos diferem daqueles que nós conhecemos (não condizem com o pensamento de Jesus)".

Pedro acrescentou à discussão: "Será possível que o Salvador tenha conversado assim, em segredo, com uma mulher, e não abertamente para que todos nós pudéssemos ouvir? Devemos mudar de opinião e escutarmos todos esta mulher? Será que ele verdadeiramente a escolheu e a preferiu a nós (a fez mais digna do que nós)?"

MARIA MADALENA QUESTIONA PEDRO, QUE É REPREENDIDO POR LEVI

Então Maria chorou e disse a Pedro: "Meu irmão Pedro, o que tu tens na cabeça? Crês que eu sozinha, na minha imaginação, inventei esta visão, ou que, a propósito de nosso Mestre, eu disse mentiras?"

Levi tomou a palavra e disse a Pedro: "Tu sempre foste um irascível (raivoso – tem a cólera ao teu lado). Vejo-te agora se opor (competindo) à mulher, como um adversário dela. Saiba que, se o Salvador a tornou digna, quem és tu para rejeitá-la? Seguramente, o Mestre a conhece muito bem (ele lhe dedicou afeição, desde que a viu). Por isso, ele a amou mais do que a nós. Arrependamo-nos, e nos tornemos o ser humano perfeito. Não deixemos que a divisão reine entre nós e façamos como ele nos pediu. Partamos a anunciar o evangelho sem criar outras leis, além daquelas que ele nos deixou (foi a testemunha)".

OS APÓSTOLOS SAEM PARA ANUNCIAR O EVANGELHO SEGUNDO MARIA MADALENA

Depois que Levi pronunciou essas palavras, eles se puseram a caminho para anunciar o Evangelho segundo Maria (Madalena).

EVANGELHO SEGUNDO TOMÉ

A autoria do Evangelho segundo Tomé está dita no cabeçalho do evangelho: "Palavras... escritas por Dídimo Judas Tomé". Por que o nome "Dídimo Judas Tomé"? O Evangelho segundo João, no capítulo 21, versículo 2, chama Tomé de Tomé Dídimo. Sabemos que a tradição joanina veiculou Tomé com a experiência do discípulo que não acreditou na ressurreição de Jesus e, por isso, precisou tocar no Ressuscitado para crer. Por outro lado, é notório o objetivo do Evangelho segundo Tomé ao chamá-lo com três nomes. Vejamos o significado de cada um deles.

Dídimo é um nome grego que significa "gêmeo". Judas, segundo os textos canônicos, é irmão de Tiago, que é irmão de Jesus (Gl 1,19). Na tradição da Igreja da Síria, Judas era o irmão gêmeo de Jesus. Tiago exerceu forte liderança entre os discípulos após a morte de Jesus, sendo que Pedro obteve a primazia do grupo. Tomé é um nome aramaico e significa "gêmeo". Desse modo, afirmar que esse evangelho tem a autoria de Dídimo Judas Tomé significa relacionar o autor desse evangelho a um grau de parentesco com Jesus, o que confere autoridade ao texto.

Descoberto em Nag Hammadi, no Egito, entre 1945 e 1946, o Evangelho segundo Tomé conhecido está escrito em língua copta, provavelmente uma tradução do grego ou do siríaco. A sua datação parte do ano 140. Alguns estudiosos preferem também os anos 90, outros, entre 120 e 140. As parábolas podem ser datadas, possivelmente, do ano 50[33].

A nossa tradução tem como referência a publicação de Lincoln Ramos, Fragmentos dos evangelhos apócrifos (Petrópolis: Vozes, 1989, p. 68-99).

O evangelho está composto em forma de ditos e sentenças independentes. "Jesus disse" é a expressão predominante no evangelho. Ela aparece 99

---

33. Para um comentário das parábolas do Evangelho segundo Tomé, sugerimos o nosso livro: *As origens apócrifas do cristianismo*: comentário aos evangelhos de Maria Madalena e Tomé (2. ed. São Paulo: Paulinas, 2003).

vezes. E, se Jesus não disse, ele responde a questões, caracterizadas pela expressão "Jesus respondeu", a qual aparece quinze vezes.

Parábolas e passagens canônicas são interpretadas pela comunidade à luz do pensamento gnóstico, como o da luz, do conhecimento, da união do masculino e do feminino, da pureza pueril considerada como condição básica para entrar no reino; os caminhos da busca de si mesmos; as palavras que não devem ser anunciadas aos profanos e cuja compreensão geram vida; a ascese como proposta de vida para fugir da matéria etc.

As palavras de Jesus têm como objetivo levar quem passa a conhecê-las a escapar da morte e atingir o ideal da salvação gnóstica. Já as parábolas de Jesus visam tecer uma crítica à ordem social estabelecida.

O Evangelho segundo Tomé termina com o episódio de Pedro pedindo a Jesus que expulse Madalena do meio deles, pois as mulheres não seriam dignas da Vida, do Reino de Deus. Jesus responde a Pedro dizendo que a mulher deve tornar-se homem para se salvar. Podemos interpretar que a resposta de Jesus é irônica e, por isso, valoriza o papel da mulher e do feminino na criação. Por outro lado, o mais lógico seria entender aqui um gnosticismo que considerava a mulher como a parte ruim da criação. A mulher é um homem de segunda categoria. Para se salvar, ela deveria se tornar homem.

É também neste evangelho que Jesus compara seu pai, José, com o seu Pai Celeste – o Pai da Verdade –, e Maria, sua mãe, com a Mãe Celeste – o Espírito Santo. Outro tema deste evangelho é o Reino de Deus, aqui visto não como um lugar, mas sim como uma autodescoberta.

PRÓLOGO

São estas as palavras ocultas proferidas por Jesus, o Vivente (ressuscitado, glorificado), e escritas por Dídimo Judas Tomé.

1. Ele disse: "Aquele que descobre a interpretação destas palavras não provará a morte".

2. Disse Jesus: "Aquele que procura não desista de procurar até que tenha encontrado. Quando encontrar, se sentirá transtornado. Sentindo-se transtornado, ficará maravilhado e será rei de tudo".

REINO DE DEUS

3. Disse Jesus: "Se aqueles que vos guiam vos dizem: 'Eis que o Reino de Deus está no céu', então as aves do céu vos precederão. Se vos dizem: 'Está no mar!', então os peixes do mar vos precederão. O reino, pelo contrário, está dentro de vós e fora de vós. Quando vos conhecerdes a vós mesmos, então sereis reconhecidos (por Deus) e sabereis que vós sois os filhos do Pai, que vive. Se não vos conhecerdes, então estareis na pobreza e vós sereis a pobreza".

4. Disse Jesus: "Um velho que, em seus dias de vida, não hesitar em interrogar um menino de sete dias (um inocente) a respeito do lugar da vida, esse viverá; pois muitos primeiros serão os últimos e se tornarão um só (iguais)".

5. Disse Jesus: "Procura conhecer aquilo que está à tua frente (essência da natureza humana). O que te é desconhecido te será manifestado, pois não há nada desconhecido que não seja manifestado".

O JEJUM

6. Seus discípulos o interrogaram e lhe disseram: "Queres que jejuemos? Como devemos rezar e dar esmola? E que norma devemos seguir em relação ao alimento?" Respondeu Jesus: "Não faleis mentira e não façais o que detestais, pois tudo se torna manifesto diante do céu. De fato, não há nada desconhecido que não se torne manifesto, e não há nada encoberto que não seja revelado".

7. Disse Jesus: "Feliz o leão comido pelo homem, pois o leão se tornará homem. E maldito o homem comido pelo leão; ele se tornará leão (será levado pelas paixões)".

A PARÁBOLA DOS PEIXES

8. Ele disse: "O homem é semelhante a um pescador inteligente, que lançou sua rede ao mar; e tirou-a cheia de pequenos peixes. No meio deles o pescador inteligente encontrou um peixe grande (homem autêntico) e bom. Lançou, então, ao mar todos os peixes pequenos e separou, sem dificuldade, o peixe grande. Quem tem ouvidos para ouvir ouça".

A PARÁBOLA DO SEMEADOR

9. Disse Jesus: "Eis que saiu o semeador. Encheu sua mão e lançou as sementes. Algumas caíram na estrada. Vieram os pássaros e as apanharam. Outras caíram no meio das pedras: não lançaram raízes na terra e não produziram frutos para o alto. Outras caíram entre os espinhos. Estes as sufocaram e o verme as devorou. Algumas caíram em terra boa e produziram bom fruto para o alto. Produziram sessenta e cem por um".

A AÇÃO DE JESUS

10. Disse Jesus: "Lancei fogo (para separar o que seguem Jesus) no mundo e o conservarei até que arda".

11. Disse Jesus: "Passará este céu e passará o que está acima dele. Os mortos não estão vivos e os vivos não morrerão. Nos dias em que comíeis o que está morto, vós o tornáveis vivo. Quando estiverdes na luz, que coisa fareis? No dia em que éreis um, vos tornastes dois. Mas, desde que vos tornastes dois, que fareis?"

QUEM SERÁ O MAIOR?

12. Os discípulos disseram a Jesus: "Sabemos que Tu te afastarás de nós. Quem dentre nós será o maior?" Respondeu-lhes Jesus: "De qualquer lugar onde vos reunirdes, seguireis a Tiago, o justo, pelo qual existem o céu e a terra".

PEDRO E TOMÉ COMPARAM

13. Disse Jesus a seus discípulos: "Fazei-me uma comparação e dizei-me a quem me assemelho". Respondeu-lhe Simão Pedro: "Tu és semelhante a um anjo justo". Disse-lhe Mateus: "És semelhante a um filósofo inteligente". Tomé acrescentou: "Mestre, minha boca é absolutamente incapaz de dizer a quem te assemelhas". Disse-lhe Jesus: "Não sou teu mestre, pois bebeste e te inebriaste na fonte borbulhante que eu medi?" Tomou-o à parte e disse-lhe três palavras.

TOMÉ NÃO REVELA O QUE JESUS LHE DISSE

Quando Tomé voltou para junto de seus companheiros, estes lhe perguntaram: "Que coisa te disse Jesus?" Respondeu Tomé: "Se vos dissesse uma só das palavras que me disse, apanhareis pedras para lapidar-me. Das pedras sairia fogo e vos queimaria".

AINDA SOBRE O JEJUM

14. Disse-lhes Jesus: "Se jejuardes, vos atribuireis um pecado; se rezardes, vos condenarão; se derdes esmolas, fareis mal a vossos espíritos. Se entrardes em qualquer país e percorrerdes suas regiões, naquele lugar onde vos acolherem, comei o que puserem diante de vós e curai os que estiverem enfermos entre eles. O que entra em vossa boca não vos contaminará, mas aquilo que sai de vossa boca é que vos contaminará".

REVELAÇÕES DE JESUS SOBRE O PAI E A PAZ

15. Disse Jesus: "Quando virdes aquele que não foi gerado por uma mulher, prostrai-vos diante dele e adorai-o; ele é vosso pai".

16. Disse Jesus: "Talvez os homens pensem que vim trazer paz ao mundo. Não sabem que vim trazer divisões sobre a terra, fogo, espada e guerra. Cinco estarão em uma casa: três estarão contra dois, e dois estarão contra três; o pai contra o filho, e o filho contra o pai; e estarão ali como pessoas isoladas".

17. Disse Jesus: "Eu vos darei aquilo que o olho não viu, aquilo que o ouvido não ouviu, aquilo que a mão não tocou e que jamais entrou no coração do homem".

OS DISCÍPULOS PEDEM A JESUS PARA FALAR SOBRE O FIM

18. Os discípulos pediram a Jesus: "Mostra-nos qual será o nosso fim". Respondeu Jesus: "Já descobristes o princípio, para perguntardes sobre o

fim? De fato, no lugar onde está o princípio, ali estará também o fim. Feliz aquele que estiver presente no início. Este conhecerá o fim e não provará a morte".

19. Disse Jesus: "Feliz aquele que existiu antes de vir à existência. Se vos tornardes meus discípulos e escutardes as minhas palavras, estas pedras vos servirão. Na verdade, tereis no paraíso cinco árvores (imortalidade gnóstica) que não se movem no verão, e no inverno suas folhas não caem. Quem as conhecer não provará a morte".

OS DISCÍPULOS PEDEM A JESUS PARA FALAR SOBRE O REINO DOS CÉUS

20. Os discípulos disseram a Jesus: "Mostra-nos a que se assemelha o Reino dos Céus". Respondeu-lhes: "Ele é semelhante a um grão de mostarda, que é a menor de todas as sementes, mas, quando cai em terreno cultivado, produz um grande ramo e torna-se abrigo para as aves do céu".

MARIA MADALENA PERGUNTA SOBRE A QUE SE ASSEMELHAM OS DISCÍPULOS DE JESUS

21. Maria (Madalena) perguntou a Jesus: "A quem se assemelham teus discípulos?" Ele respondeu: "São semelhantes a meninos (livre das paixões) que se entretêm em um campo que não lhes pertence. Quando chegarem os donos do campo, dirão: 'Entregai-nos o nosso campo'. Os meninos serão despojados diante dos donos; terão de abandonar e entregar-lhes o campo que lhes pertence.

Por isso eu vos digo: se o dono da casa sabe que virá o ladrão, ele vigiará antes que chegue e não permitirá que penetre na casa de seu reino para levar os seus bens. Vós deveis estar agora vigilantes diante do mundo. Cingi os vossos flancos com grande força, a fim de que os ladrões não encontrem o caminho para chegar a vós. Do contrário, eles encontrarão o fruto que esperais. Haja entre vós um homem prudente! Quando o fruto está maduro, ele vem sem demora, com sua foice na mão, e o recolhe. Quem tem ouvidos para ouvir ouça".

AS CRIANÇAS E O REINO

22. Jesus viu alguns meninos que estavam se alimentando de leite. Disse a seus discípulos: "Estes meninos que tomam o leite assemelham-se aos que entram no reino". Eles perguntaram: "Se nós formos crianças, entraremos no reino?"

Jesus respondeu-lhes: "Quando de duas coisas fizerdes uma só, quando tornardes o interno igual ao externo, o externo igual ao interno, a parte superior igual à inferior; quando fizerdes do macho e da fêmea um só ser, de tal modo que o macho não seja macho e a fêmea não seja fêmea; quando fizerdes olhos em lugar de um olho, mão em lugar de mão, pé em lugar de pé, imagem em lugar de imagem, então entrareis no reino".

23. Disse Jesus: "Eu vos escolherei um dentre mil e dois dentre dez mil; e estarão de pé, porque serão um só".

OS DISCÍPULOS PEDEM A JESUS QUE INDIQUE O LUGAR ONDE ELE ESTÁ

24. Disseram seus discípulos: "Indica-nos o lugar onde estás, pois é necessário que nós nos dirijamos para lá". Ele lhes respondeu: "Quem tem ouvidos ouça. Há luz no íntimo de um homem de luz e ela ilumina todo o mundo. Se não ilumina, são trevas".

O CISCO NO OLHO E O JEJUM

25. Disse Jesus: "Ama teu irmão como a tua alma. Guarda-o como a pupila de teu olho".

26. Disse Jesus: "Vês o cisco no olho de teu irmão, mas não vês a trave que está em teu olho. Quando tirares a trave de teu olho, então enxergarás melhor para tirar o cisco do olho de teu irmão".

27. Disse Jesus: "Se não jejuardes em relação ao mundo, não encontrareis o reino. Se do sábado não fizerdes sábado, não vereis o Pai".

ENSINAMENTOS GNÓSTICOS

28. Disse Jesus: "Estive no meio do mundo e me manifestei a eles na carne. Encontrei-os todos embriagados (incapazes de compreender); não encontrei entre eles nenhum com sede. Minha alma sentiu-se atormentada por causa dos filhos dos homens; seus corações estão cegos e não compreendem; vieram ao mundo vazios e procuram sair do mundo vazios. Continuam agora embriagados. Quando tiverem digerido todo o seu vinho, farão penitência".

29. Disse Jesus: "Se a carne foi feita para o espírito, é uma maravilha. Se o espírito foi feito para o corpo, é maravilha das maravilhas. Mas eu me admiro de que tal opulência tenha vindo morar nesta pobreza".

30. Disse Jesus: "Onde se encontram três deuses, esses são deuses. Onde estão dois ou um só, eu estou com ele".

UM PROFETA NÃO ACEITO E UMA CIDADE OCULTA

31. Disse Jesus: "Um profeta não é aceito em sua pátria. Um médico não cura aqueles que o conhecem".

32. Disse Jesus: "Uma cidade construída sobre um alto monte e fortificada não pode cair nem ficar oculta".

A LUZ, O CEGO E A VESTE

33. Disse Jesus: "Aquilo que ouvires com teu ouvido, proclama-o também, por tua vez, sobre os vossos tetos. De fato, ninguém acende uma lâmpada para colocá-la debaixo de um móvel nem a põe em lugar oculto, mas a coloca sobre um candelabro para que aqueles que entram e aqueles que saem vejam a sua luz".

34. Disse Jesus: "Se um cego guia outro cego, ambos caem no barranco".

35. Disse Jesus: "Não é possível que alguém entre na casa de um homem forte e se apodere dele pela força, se não amarrar primeiro as suas mãos; somente depois poderá saquear sua casa".

36. Disse Jesus: "Não vos preocupeis desde a manhã até a tarde e desde a tarde até a manhã com aquilo que vestireis".

O DIA EM QUE JESUS SE MANIFESTARÁ

37. Seus discípulos perguntaram: "Em que dia te manifestarás a nós e em que dia te veremos?" Respondeu Jesus: "Quando vos despojardes de vosso pudor, quando depuserdes vossas vestes e as colocardes debaixo de vossos pés, como fazem as criancinhas, e as pisardes, então vereis o Filho do Vivente e não tereis medo".

38. Disse Jesus: "Muitas vezes desejastes ouvir estas palavras que vos digo e não tivestes outro de quem ouvi-las. Dias virão em que me procurareis e não me encontrareis".

OS FARISEUS E A PRUDÊNCIA DOS DISCÍPULOS

39. Disse Jesus: "Os fariseus e os escribas se apoderaram das chaves do conhecimento e as ocultaram. Não entraram e impediram a entrada daqueles que o queriam. Vós, porém, sede prudentes como serpentes e simples como pombas".

40. Disse Jesus: "Uma videira foi plantada por outros que não meu Pai. Se não for sólida, será arrancada e morrerá".

41. Disse Jesus: "Será dado àquele que já tem alguma coisa em sua mão; e, àquele que não tem, será tirado o pouco que tem".

42. Disse Jesus: "Sede como viandantes".

43. Perguntaram-lhe seus discípulos: "Quem és Tu, que nos dizes estas coisas?" Ele respondeu: "Por meio do que vos digo não conheceis quem Eu sou. Vós vos tornastes como os judeus: eles amam a árvore e odeiam seu fruto; amam o fruto e odeiam a árvore".

A BLASFÊMIA CONTRA O ESPÍRITO

44. Disse Jesus: "Aquele que blasfema contra meu Pai será perdoado. Também será perdoado aquele que blasfema contra o Filho. Mas aquele que blasfemar contra o Espírito Santo não será perdoado, nem na terra nem no céu".

O INTÉRPRETE

45. Disse Jesus: "Não colhemos uvas dos espinheiros nem colhemos uvas dos cardos. Estes não dão fruto. Um homem bom extrai o bem de seu próprio tesouro. Um homem mau extrai os males de seu mau tesouro, que é o seu coração, e diz palavras más. É da abundância do seu coração que tira as coisas más".

A FIGURA DE JOÃO BATISTA

46. Disse Jesus: "Desde Adão até João Batista, nenhum nascido de mulher foi maior do que João Batista; por isso seus olhos não serão rompidos. Eu, porém, vos disse: todo aquele dentre vós que se tornar pequeno conhecerá o reino e será maior do que João".

O VINHO NOVO EM ODRES VELHOS

47. Disse Jesus: "Não é possível um homem montar em dois cavalos ou retesar dois arcos; e não é possível que um servo sirva a dois senhores: honrará um e desprezará o outro. Ninguém bebe vinho velho e quer imediatamente beber vinho novo. Não se põe vinho novo em odres velhos para não o estragar. Não se costura uma peça velha em vestido novo, pois, do contrário, ela se romperá".

48. Disse Jesus: "Se duas pessoas estão em paz entre si na mesma casa, dirão a um monte: 'Afasta-te!', e ele se afastará".

FELIZES OS SOLITÁRIOS

49. Disse Jesus: "Felizes vós, os solitários e os eleitos (os que encontram a união com a divindade), porque encontrareis o reino. De fato, dele viestes e para ele voltareis".

50. Disse Jesus: "Se vos perguntarem: 'Donde viestes?', respondereis: 'Viemos da luz, do lugar onde a luz se fez a si mesma; e ela surgiu e se manifestou em sua própria imagem'".

O DIA DO REPOUSO

Nós somos seus filhos e somos os escolhidos do Pai vivo. Se vos perguntarem: "Qual é o sinal de vosso Pai que está em vós?", respondereis: "É o movimento e o repouso (felicidade)".

51. Perguntaram-lhe seus discípulos: "Em que dia virá o repouso dos que estão mortos e em que dia chegará o mundo novo?" Respondeu-lhes: "O repouso que esperais já veio, mas não o reconhecestes".

52. Disseram-lhe seus discípulos: "Em Israel falaram vinte e quatro profetas e todos falaram por ti". Respondeu-lhes: "Deixastes o Vivente que está diante de vós e falais daqueles que morreram (para a Lei antiga)?"

A UTILIDADE DA CIRCUNCISÃO

53. Perguntaram-lhe seus discípulos: "A circuncisão é útil ou não?" Respondeu-lhes: "Se fosse proveitosa, o pai geraria os filhos já circuncidados desde o seio materno. A verdadeira circuncisão no espírito tornou-se útil sob todos os aspectos".

OS POBRES, O ÓDIO AO PAI E A MÃE, E O CADÁVER

54. Disse Jesus: "Felizes vós, os pobres, pois é vosso o Reino dos Céus".

55. Disse Jesus: "Aquele que não odiar (desapegar-se de) seu pai e sua mãe não poderá ser meu discípulo. E, se não odiar seus irmãos e suas irmãs e não carregar sua cruz como eu o fiz, não será digno de mim".

56. Disse Jesus: "Quem conheceu o mundo (fraqueza, miséria) encontrou um cadáver; e o mundo não é digno de quem encontrou um cadáver".

A PARÁBOLA DA SEMENTE E DO JOIO

57. Disse Jesus: "O reino do Pai é semelhante a um homem que tinha uma boa semente. À noite veio seu inimigo e semeou joio entre a boa semente. O homem não lhes permitiu que arrancassem o joio. Disse-lhes: 'Pode acontecer que, indo arrancar o joio, arranqueis com ele a boa semente. No dia da colheita o joio aparecerá; será arrancado e queimado'".

A FELICIDADE, O VIVENTE E O SAMARITANO

58. Disse Jesus: "Feliz o homem que sofreu. Ele encontrou a vida".

59. Disse Jesus: "Enquanto estais vivos, contemplai o Vivente, para que não morrais (volteis ao material) e procureis vê-lo sem o conseguir".

60. Viram um samaritano entrar na Judeia levando um cordeiro. Perguntou a seus discípulos: "Que vai ele fazer com o cordeiro?" Disse-lhes: "Enquanto estiver vivo, não o comerá, mas somente depois de matá-lo e transformá-lo em cadáver". Responderam-lhe: "Não podia fazer de outro modo". Ele acrescentou: "Também vós deveis procurar-vos um lugar de descanso, para que não vos torneis cadáveres e vos comam".

SALOMÉ DIZ A JESUS QUE ELE SUBIU NO LEITO DELA

61. Disse Jesus: "Dois repousam sobre um leito: um morrerá e outro viverá". Salomé perguntou-lhe: Quem és tu, ó homem? Subiste sobre meu leito e comeste em minha mesa". Respondeu Jesus: "Eu sou aquele que provém do Igual (Deus Pai); a mim foi dado aquilo que é de meu Pai". Disse Salomé: "Eu sou tua discípula".

E Jesus lhe disse: "Por isso eu te digo que, quando o leito está vazio, ele se encherá de luz; quando, porém, está dividido, será cheio de trevas".

62. Disse Jesus: "Eu comunico meus mistérios (segredos) àqueles que são dignos deles. Tua esquerda não deve saber o que faz a tua direita".

PARÁBOLAS

63. Disse Jesus: "Um rico possuía muitos bens. Disse: 'Quero empregar meus bens para semear, colher, plantar e encher de frutos os meus celeiros. Não terei, assim, necessidade de coisa alguma'. Isso pensava ele em seu coração. Mas, naquela noite, morreu. Quem tem ouvidos, ouça!"

64. Disse Jesus: "Um homem tinha diversos convidados. Preparado o banquete, mandou seu servo chamar os convidados. Procurou o primeiro e disse-lhe: 'Meu Senhor manda chamar-te'. Ele respondeu: 'Sou credor de

alguns comerciantes. Eles virão procurar-me esta tarde. Devo ir para fazer os acertos. Peço desculpas por faltar ao banquete'.

Procurou o segundo e disse-lhe: 'Meu Senhor manda chamar-te'. Ele respondeu: 'Comprei uma casa e isso me ocupa o dia inteiro. Não disponho de tempo livre'.

Procurou o terceiro e disse-lhe: 'Meu Senhor manda chamar-te'. Ele respondeu: 'Meu amigo vai casar-se e devo preparar-lhe um banquete. Não poderei ir. Peço escusar-me de não comparecer ao banquete'.

Procurou a outro e disse-lhe: 'Meu Senhor manda chamar-te'. Ele respondeu: "Comprei um terreno. Devo ir receber a minha parte nos rendimentos. Não poderei ir. Peço escusar-me de não comparecer ao banquete'.

O servo voltou e disse ao seu senhor: 'Aqueles que convidaste para o banquete se escusaram'. O patrão disse ao servo: 'Vai pelas estradas e traz para o banquete quantos encontrares. Os compradores e comerciantes não entrarão nas moradas de meu Pai' (eles simbolizam a felicidade)".

A PARÁBOLA DOS VINHATEIROS

65. Ele disse: "Um homem bom possuía uma vinha. Arrendou-a a lavradores para que a cultivassem e lhe dessem parte dos frutos. Mandou seu servo para que recebesse dos lavradores o fruto da vinha. Agarraram o servo e o espancaram; pouco faltou para que o matassem. O servo foi contar ao patrão. Este pensou: 'Provavelmente não o reconheceram'. E mandou outro servo. Os agricultores espancaram também o outro.

O senhor mandou então o próprio filho, pensando: 'Provavelmente respeitarão o meu filho'. Os lavradores, sabendo que era o herdeiro da vinha, agarraram-no e o mataram. Quem tem ouvidos, ouça!"

MÁXIMAS SOBRE A PEDRA ANGULAR, O CONHECER, O ÓDIO, A CASA SOBRE AREIA

66. Disse Jesus: "Mostrai-me esta pedra que os construtores rejeitaram. Esta é a pedra angular (Jesus)".

341

67. Jesus disse: "Aquele que conhece tudo mas não (conhece) a si mesmo ignora tudo".

68. Disse Jesus: "Felizes vós quando vos odiarem e vos perseguirem, e não houver lugar em que não tenhais sido perseguidos".

69. Disse Jesus: "Felizes aqueles que foram perseguidos em seus corações. Esses são os que, na verdade, conheceram o Pai. Felizes aqueles que têm fome, pois seu ventre será saciado de acordo com seu desejo".

70. Disse Jesus: "Quando produzirdes em vós mesmos aquilo que tendes (conhecimento da verdade), isso vos salvará. Se não o tendes em vós, o que não tendes em vós vos matará".

71. Disse Jesus: "Destruirei esta casa (casa construída sobre a areias), e ninguém poderá reedificá-la".

A HERANÇA, A FALTA DE OPERÁRIOS, O POÇO E A PORTA

72. Disse-lhe um homem: "Dize aos meus irmãos que dividam comigo os bens de meu pai". Ele respondeu: "Ó homem, quem me encarregou de fazer partilhas?" Voltou-se para seus discípulos e perguntou-lhes: "Sou por acaso encarregado de partilhas?"

73. Disse Jesus: "A messe é grande, mas os operários são poucos. Rogai ao Senhor que mande operários para a ceifa".

74. Ele disse: "Senhor, muitos estão perto do poço, mas nenhum no poço (fonte da sabedoria)".

75. Disse Jesus: "São muitos os que estão junto à porta, mas somente os solitários (separados da corrupção) entrarão na câmara nupcial (céu)".

A PARÁBOLA DA PÉROLA

76. Disse Jesus: "O reino de meu Pai assemelha-se a um comerciante que possui mercadorias. Encontrou uma pérola. Sendo perspicaz, o comerciante vendeu suas mercadorias e comprou para si a pérola. Também vós, procurai o tesouro que não perece, que é duradouro, que está onde não chega a traça para consumi-lo nem o verme para destruí-lo".

JESUS É A LUZ E AS ROUPAS FINAS

77. Disse Jesus: "Eu sou a luz que está acima de tudo (de todos). Eu sou o todo (ser espiritual). O todo saiu de mim e o todo volta a mim. Rachai o lenho; eu estou ali. Levantai a pedra, e ali me encontrareis".

78. Disse Jesus: "Por que saístes ao campo? Para ver um caniço agitado pelo vento? Para ver um homem vestido de roupas delicadas? Vede: são vossos reis e vossos grandes que vestem roupas delicadas. Estes não poderão conhecer a verdade".

FELIZ O VENTRE QUE NÃO GEROU

79. Do meio da multidão uma mulher lhe disse: "Feliz o ventre que te trouxe e felizes os seios que te amamentaram". Ele respondeu: "Felizes aqueles que ouviram a palavra do Pai e a guardaram integralmente. Virão dias em que direis: 'Feliz o ventre que não concebeu e felizes os seios que não amamentaram'" (apoio ao pensamento gnóstico encratita, o qual condenava o matrimônio).

80. Disse Jesus: "Quem conheceu o mundo encontrou o corpo. O mundo não é digno daquele que encontrou o corpo (sepulcro)".

VERDADE, FOGO, IMAGEM E LUZ

81. Disse Jesus: "Quem se tornou rico (encontrou a verdade) tornou-se rei. Quem tem poder deve renunciar".

82. Disse Jesus: "Quem está próximo de mim está próximo do fogo (reino da luz). Quem está longe de mim está longe do reino".

83. Disse Jesus: "As imagens (aparências) são visíveis para o homem, mas a luz que nelas se encontra é desconhecida. Essa luz será manifestada na imagem da luz do Pai, e a sua imagem não é conhecida por meio de sua luz".

84. Disse Jesus: "Vós vos alegrais no dia em que vedes aquilo que é semelhante a vós. Mas, quando virdes as vossas imagens que existiram antes de vós, que não morrem nem são manifestas, até que ponto podereis suportar?"

ADÃO, AS RAPOSAS E O CORPO

85. Disse Jesus: "Adão nasceu com grande poder e grande riqueza; contudo, ele não foi digno de vós. Se fosse digno de vós, não teria provado a morte".

86. Disse Jesus: "As raposas têm suas tocas e os pássaros têm seus ninhos, mas o Filho do Homem não tem onde reclinar a cabeça e repousar".

87. Disse Jesus: "Infeliz é o corpo que depende de outro corpo e infeliz a alma que depende de ambos".

OS ANJOS SE UNIRÃO AO CORPO

88. Disse Jesus: "Virão a vós os anjos (para se unirem ao corpo) e os profetas e vos darão o que vos pertence. Mas também vós deveis dar-lhes o que tendes em vossas mãos. Perguntai a vós mesmos em que dia virão e receberão o que é deles".

89. Disse Jesus: "Por que lavais a parte externa do copo? Não compreendeis que aquele que fez o interior é o mesmo que fez o exterior?"

MEU JUGO É LEVE! PROCURAI E ENCONTRAREIS! PÉROLAS AOS PORCOS

90. Disse Jesus: "Vinde a mim, pois meu jugo é leve, e suave o meu domínio; e encontrareis repouso (a paz no mundo da luz) para vós".

91. Disseram-lhe: "Dize-nos quem és, para que possamos crer em ti". Respondeu-lhes: "Examinais o aspecto do céu e da terra e não conhecestes Aquele que está diante de vós. Não sois capazes de examinar este tempo (tempo messiânico)".

92. Disse Jesus: "Procurai e encontrareis. O que me perguntastes naqueles dias, eu não o disse a vós. Agora, que desejo dizer-vos, vós não me perguntais".

93. Disse Jesus: "Não deis aos cães o que é santo, para que não o lancem no monturo. Não jogueis as pérolas aos porcos, para que não as destruam".

94. Disse Jesus: "Quem procura encontrará, e, àquele que bate, se abrirá".

95. Disse Jesus: "Se tendes dinheiro, não o empresteis a juros, mas dai-o àquele de quem não mais o recebereis".

A PARÁBOLA DA MULHER E O FERMENTO

96. Disse Jesus: "O reino do Pai é semelhante a uma mulher que tomou um pouco de fermento, misturou-o na massa e fez grandes pães. Quem tem ouvidos, ouça!"

97. Disse Jesus: "O reino do Pai é semelhante a uma mulher que levava uma vasilha cheia de farinha. Enquanto caminhava por uma longa estrada, rompeu-se a alça da vasilha e a farinha caiu na estrada. Ela, porém, não o sabia, pois não se dera conta do que acontecera. Chegando a casa, depôs o vaso e o encontrou vazio".

A PARÁBOLA DO HOMEM QUE QUER MATAR UMA PESSOA PODEROSA

98. Disse Jesus: "O reino do Pai é semelhante a um homem que quer matar uma pessoa poderosa. Apanhando a espada em sua casa (bainha), queria saber se sua mão estava bastante resistente. Depois matou o homem poderoso".

OS IRMÃOS DE JESUS

99. Disseram-lhe os discípulos: "Estão ali fora tua mãe e teus irmãos". Ele respondeu: "Os que estão ali presentes e fazem a vontade de meu Pai, esses são meus irmãos e minha mãe. Eles entrarão no reino de meu Pai".

O IMPOSTO A CÉSAR E O ÓDIO A PAI E MÃE

100. Mostraram a Jesus uma moeda de ouro e disseram-lhe: "Os representantes de César exigem de nós o tributo". Disse-lhes: "Dai a César o que é de César; dai a Deus o que é de Deus; e dai a mim o que é meu".

101. Disse Jesus: "Aquele que não odeia seu pai e sua mãe como eu, não poderá ser meu discípulo. E aquele que não ama seu pai e sua mãe como eu não pode tornar-se meu discípulo. De fato, minha mãe gerou-me para a morte, mas a minha verdadeira mãe me deu a Vida".

OS FARISEUS E OS LADRÕES

102. Disse Jesus: "Ai dos fariseus! São como um cão deitado junto à manjedoura dos bois. Não come nem deixa os bois comerem".

103. Disse Jesus: "Feliz o homem que sabe em que momento virão os ladrões. Ele se levantará, ficará em guarda e cingirá os rins antes que eles cheguem".

O DIA PROPÍCIO PARA O JEJUM E O FILHO DA PROSTITUTA

104. Disseram-lhe: "Vem, queremos hoje rezar e jejuar". Disse Jesus: "Que pecado cometi? Em que fui vencido? Quando o esposo sair da câmara nupcial, então jejuarão e rezarão".

105. Disse Jesus: "Quem conhece o pai e a mãe será chamado 'filho de prostituta'".

106. Disse Jesus: "Quando de dois fizerdes um (sem diferença sexual), sereis filhos do homem. Quando disserdes a um monte: 'Afasta-te', ele se afastará".

PARÁBOLA DAS OVELHAS

107. Disse Jesus: "O reino é semelhante a um pastor que tem cem ovelhas. Uma delas, a maior, se desgarrou. Ele deixou as noventa e nove e procurou-a até encontrá-la. Cansado, disse à ovelha: 'Eu te amo mais do que as noventa e nove'".

108. Disse Jesus: "Quem beber da minha boca (palavra) tornar-se-á igual a mim. Eu também me tornarei igual a ele. As coisas ocultas lhe serão reveladas".

PARÁBOLA DO TESOURO ESCONDIDO

109. Disse Jesus: "O reino é semelhante a um homem que, sem o saber, possui um tesouro oculto em seu campo. Depois de sua morte, o deixou ao filho. O filho também nada sabia. Tomou o campo e o vendeu. Quem o comprou veio e, quando arava, encontrou o tesouro; e começou a emprestar dinheiro a juros a quem o quisesse".

A RENÚNCIA AO MUNDO EM FAVOR DO VIVENTE

110. Disse Jesus: "Aquele que encontrou o mundo e tornou-se rico deve renunciar ao mundo".

111. Disse Jesus: "Os céus e a terra desaparecerão diante de vós; e aquele que vive do Vivente não verá nem a morte nem o medo, pois Jesus disse: 'O mundo não é digno daquele que encontrar a si mesmo'".

112. Disse Jesus: "Ai da carne que depende da alma! Ai da alma que depende da carne!"

113. Perguntaram-lhe os discípulos: "Em que dia virá o reino?" Respondeu: "Não virá enquanto for esperado. Não se dirá: 'Ei-lo aqui!' ou 'Ei-lo ali!', pois o reino do Pai está espalhado por toda a terra, e os homens não o veem".

PEDRO PEDE A JESUS PARA AFASTAR MARIA MADALENA DOS APÓSTOLOS

114. Disse-lhes Simão Pedro: "Maria Madalena deve afastar-se de nós, pois as mulheres não são dignas da vida". Disse Jesus: "Eis que eu a levarei a tornar-se homem (capaz de entender os ensinamentos cristãos), para que se torne um espírito vivente igual a nós, homens. Pois toda mulher que se faz homem entrará no Reino dos Céus".

O EVANGELHO SEGUNDO JUDAS ISCARIOTES

A data provável de sua composição é o ano 150. Irineu de Lyon, no ano 180, o mencionou em seu tratado Contra as heresias, *catalogando-o como pertencente a um grupo de heréticos, chamados de cainitas, originários dos gnósticos e de uma visão libertina do cristianismo. Eles tinham como mentores Caim e Judas Iscariotes. Em 1978 foi encontrado um códice com o texto copta do Evangelho segundo Judas, em El-Minya, no Médio Egito.*

Para Irineu, este evangelho é ficção. Também Santo Epifânio, bispo de Salamina, em 375 mencionou o Evangelho segundo Judas, classificando-o da mesma forma que Irineu. Há um manuscrito encontrado recentemente, datado entre o início do século III e início do século IV.

A nossa tradução tem como referência Pierre Cherix, Évangile de Judas *(https://www.coptica.ch/Cherix-EvJudas.pdf); o texto original está em copta, no Codex Tchacos.*

Jesus ressuscitado aparece aos discípulos e ri da celebração que eles realizavam. Judas é apresentado como libertador de Cristo do corpo de Jesus. Judas é o discípulo predileto que cumpre o seu papel, tornando-se modelo de salvação. A sua atitude não foi má, mas libertadora. Ele libertou Cristo de seu corpo aprisionado em Jesus de Nazaré, de modo que Cristo pudesse voltar para a Plenitude.

Judas é apresentado como confidente e amigo de Jesus. A sua traição foi um ato redentor, ao libertar Cristo do corpo de Jesus de Nazaré.

PRÓLOGO

O discurso (palavra) secreto da revelação que Jesus fez a Judas Iscariotes, durante oito dias, três dias antes de celebrar a Festa da Páscoa.

Quando Jesus surgiu na terra, ele realizou muitos sinais e grandes milagres para salvar a humanidade. Alguns seguiram o caminho da retidão e outros seguiram o caminho da transgressão. Depois, Jesus chamou os doze discípulos. Então, ele começou a falar com eles sobre os mistérios além do mundo e do que aconteceria no fim. Na maioria das vezes, não aparecia para os seus discípulos como ele mesmo, mas na forma de criança. Ele chegou primeiro do que eles na Judeia.

JESUS DIALOGA COM SEUS DISCÍPULOS

Certo dia, ele encontrou seus discípulos piedosamente reunidos em torno da mesa. Quando se dirigiu a eles, que estavam reunidos, fazendo uma oração de ação de graças pelo pão, Jesus sorriu.

Os discípulos disseram-lhe: "Mestre, por que ris sobre nossa oração de ação de graças? O que estamos fazendo não é correto?" Ele respondeu-lhes: "Não rio por causa de vós. Vós não fizestes isso por vossa própria vontade, mas para louvar vosso Deus". Eles disseram: "Mestre, tu és, na verdade, o filho de nosso Deus". Jesus, porém, disse-lhes: "Como me conheceis? Em verdade, digo-vos que não há geração humana entre vós que me conhecerá".

Quando seus discípulos ouviram isso, ficaram zangados e começaram a ficar furiosos e blasfemar contra ele nos seus corações. Quando Jesus viu a falta de compreensão, falou-lhes: "Por que essa notícia vos irrita? Vosso Deus, que está convosco, [...] provocou vossa ira em vossas almas. Deixai cada um dentre vós, que é forte o suficiente, para produzir o homem perfeito dentre os homens e conduzi-lo ante minha face". Todos disseram: "Nós temos a força". No entanto, os espíritos deles não foram capazes de prostrar diante, com exceção de Judas Iscariotes. Ele foi capaz de colocar-se à sua frente, mas não conseguiu olhar em seus olhos e baixou sua cabeça.

Então Judas lhe disse: "Eu sei quem Tu és e donde vieste. Tu vens do reino (eon – domínio) eterno (imortal) de Barbelo (Mãe divina de todos), e não sou digno de pronunciar o nome daquele (Deus) que te enviou".

JESUS FALA EM PARTICULAR COM JUDAS

Ciente de que Judas reproduzira algo sublime, Jesus falou-lhe: "Afasta--te dos outros, e eu te revelarei os mistérios desse reino. Tu tens a possibilidade de chegar a esse reino, mas passarás grande sofrimento. Outra pessoa vai te substituir, para que os doze possam voltar a ser um (ser completo) com o Deus deles".

Judas, porém, disse-lhe: "Quando tu me revelarás essas coisas? Quando irromperá o grande dia da luz sobre essa geração?" Mas, quando ele disse isso, Jesus desapareceu.

JESUS REAPARECE A SEUS DISCÍPULOS

Na manhã do dia seguinte, depois de isso acontecer, Jesus apareceu novamente diante de seus discípulos. Eles lhe disseram: "Mestre, para onde foste e o que fizeste durante tua ausência?"

Jesus, porém, respondeu-lhes: "Fui a outra geração superior e sagrada (foi para outro domínio)". Seus discípulos disseram-lhe: "Senhor, qual é essa geração grandiosa, que é superior a nós, que é mais santa do que nós e que não é deste reino?"

Ao ouvir isso, Jesus riu e falou-lhes: "Por que vós pensais em vossos corações sobre aquela geração forte e santa? Em verdade, eu vos digo que ninguém que nasce neste mundo verá aquela geração e nenhum exército de anjos das estrelas reinará sobre aquela geração e nenhum mortal poderá relacionar-se com aquela geração, pois aquela geração não procede de [...] que veio a ser [...]. Esta geração dos homens, da qual fazeis parte, é da geração da humanidade [...] poder, que [...] outras forças [...] pelas quais dominais".

Quando seus discípulos ouviram isso, cada um deles agitou-se em espírito. Não conseguiram falar sequer uma palavra. Noutro dia, Jesus apareceu-lhes. Disseram-lhe: "Mestre, te vimos, em uma visão, quando tivemos grandes sonhos […]".

A VISÃO DOS DISCÍPULOS

Os discípulos disseram: "Vimos uma grande casa e nela um grande altar, doze homens que chamaríamos sacerdotes e um nome (Jesus). Uma multidão de pessoas esperava junto àquele altar (até) que os sacerdotes […] e receberam as ofertas. Nós, contudo, continuamos esperando".

Jesus disse: "De qual espécie são essa gente?" Eles, porém, disseram: "Alguns […] duas semanas; alguns ofereciam em sacrifício seus próprios filhos; outros, suas esposas, em glória e humildade entre si; alguns dormiam com homens; outros estavam ocupados com lutas; alguns cometiam grande número de pecados e delitos contra a lei. E os homens que estavam diante do altar invocavam teu nome e, em todos os atos de sua deficiência, os sacrifícios foram conduzidos ao seu acabamento […]".

Depois que disseram isso, calaram, pois estavam muito agitados.

JESUS FAZ UMA INTERPRETAÇÃO ALEGÓRICA DA VISÃO

Jesus, porém, disse-lhes: "Por que estais agitados? Em verdade, eu vos digo, todos os sacerdotes, que estão de pé diante do altar, invocam meu nome. E ainda vos digo que sobre essa casa, pelas gerações de estrelas, para todas as gerações humanas. E eles plantaram árvores, que não produziram frutos, em meu nome, de maneira vergonhosa".

Jesus ainda lhes disse: "Aqueles que vistes receber as ofertas no altar são aqueles que vós sois. Este é o deus a quem servis, e vós sois os doze homens que vistes. Os animais trazidos para o sacrifício que vós vistes é a multidão de homens que desviastes do reto caminho diante daquele altar […] se erguerá fará uso do meu nome é usado desta maneira, e gerações de piedosos permanecerão fiéis a ele. Depois, lá estará outro homem dos fornicadores e outro dos assassinos de crianças e outro homem daqueles que dormiram com homens e aqueles que vivem abstêmios e o resto do povo impuro, transgressor das leis e dos delituosos e aqueles que dizem 'nós somos como anjos' são as estrelas que tudo levarão ao acabamento.

Às gerações da humanidade foi dito: 'Eis que Deus recebeu tua oferta das mãos de um sacerdote' – que é um servo de delitos. Mas é o Senhor, o Senhor do Universo, quem fala: 'No último dia, serão lançados na vergonha'".

Jesus disse-lhes: "Parai de oferecer [...] o que tendes [...] sobre o altar, aqueles que estão acima de vossas estrelas e de vossos anjos e já chegaram ao seu acabamento lá. Assim, deixai-os serem seduzidos diante de vós e deixai-os partirem (faltam cerca de quinze linhas). Um padeiro não pode alimentar todos os seres debaixo do céu".

Jesus disse-lhes: "Deixai de lutar contra mim. Cada qual de vós tem sua própria estrela e cada (faltam cerca de dezessete linhas) [...], mas ele deve vir para irrigar o paraíso de Deus e a geração, que permanecerá, uma vez que não maculará o curso da vida dessa geração, mas [...] até toda eternidade".

JUDAS FAZ PERGUNTAS A JESUS

Judas disse-lhe: "Mestre, que tipo de frutos esta geração apresentará?" Jesus respondeu: "As almas de todas as gerações de homens morrerão. Quando esses homens cumprirem o tempo do reino e o espírito os abandonar, seus corpos morrerão, mas suas almas viverão e serão elevadas".

Judas disse: "E o que fará o resto das gerações humanas?" Jesus respondeu: "É impossível semear sementes sobre uma rocha e colher seus frutos. Da mesma forma é impossível para as gerações maculadas [salvar] e a Sabedoria corruptível [...] a mão que criou homens mortais de modo que suas almas subam aos reinos eternos. Em verdade, eu vos digo: Nenhum principado nem anjo nem poder poderá ver o que essa geração santa verá". Depois de dito isso, Jesus retirou-se dali.

JUDAS FALA DE UMA VISÃO

Judas disse: "Mestre, agora que ouviste a todos, ouve-me também a mim, pois eu tive uma visão grandiosa". Ao ouvir isso, Jesus riu e disse-lhe: "Tu, décimo terceiro espírito, por que te esforças tanto? Fala, e eu serei paciente contigo".

Judas disse-lhe: "Na visão, eu me enxerguei sendo apedrejado pelos doze discípulos e me perseguiam sem piedade. Cheguei ao lugar onde [...] depois de ti. Eu vi uma casa [...], e meus olhos não conseguiram abranger sua grandeza. Grandes homens a cercavam, e a casa tinha um telhado de palha e no meio da casa havia uma multidão de gente [...]. Diziam: 'Mestre, leva-me com essa gente'".

Jesus respondeu, dizendo: "Judas, tua estrela te desviou do caminho". E prosseguiu: "Nenhum mortal é digno de pisar na casa que tu viste, pois esse lugar é reservado aos santos. Lá não haverá sol, nem lua, nem dia, mas os santos lá permanecerão para sempre em glória eterna com os santos anjos. Vê, eu te revelei os mistérios do reino e te informei sobre o erro das estrelas e [...] mandei [...] nos doze éons".

JUDAS PERGUNTA SOBRE O SEU DESTINO

Judas disse: "Mestre, pode ser que minha semente seja controlada pelos arcontes (governantes)?" Jesus respondeu-lhe, dizendo: "Vê, eu (faltam duas linhas), mas tu te afligirás muito, quando vires o reino e todas as suas gerações".

Quando ele ouviu isso, Judas disse-lhe: "Para que é bom que eu receba isso? Por que tu me isolaste daquela geração?" Jesus, porém, respondeu, dizendo: "Tu serás o décimo terceiro e serás amaldiçoado pelas gerações vindouras e virás para dominar sobre elas. Nos últimos dias, amaldiçoarão tua ascensão para a geração dos santos".

JESUS ENSINA COSMOLOGIA PARA JUDAS

Jesus disse: "Vem, para que eu te possa ensinar mistérios que antes ninguém nunca viu. Pois existe um reino grande, infinito, cuja extensão nenhuma geração de anjos já viu, no qual há um espírito grande e invisível, aquele nenhum olho de anjo jamais viu, nenhum pensamento do coração jamais o pôde compreender e nunca foi chamado por algum nome".

E apareceu uma nuvem brilhante, e ele falou: "Cria um anjo como meu servo". Um anjo grandioso, que irradiava a eternidade divina, saiu daquela nuvem. Através dele, surgiram mais outros quatro anjos de outra nuvem e tornaram-se servos do eterno celestial. O eterno disse: "Deixa […] surgir […], e surgiu […]". E ele criou o primeiro astro para dominá-lo.

Ele disse: "Cria anjos para servir-lhe", e apareceram inúmeros coros de anjos. Ele disse: "Cria um mundo iluminado", e foi criado. Ele criou o segundo astro para dominá-lo, juntamente com inúmeros coros de anjos, que lhe ofereceram seus serviços. Dessa maneira também criou os outros mundos iluminados. Deixou-os dominar sobre eles e criou para eles coros incontáveis de anjos para ajudá-los.

ADÃO E OS LUMINARES

Adão estava na primeira nuvem brilhante, que nenhum anjo jamais vira, entre os quais todos aqueles que são chamados 'deus'. Ele […] o […] a imagem […] e segundo a forma desse anjo, ele deixou aparecer a geração incorruptível de Set a partir das doze luminárias […] os vinte e quatro […]. fez aparecer setenta e dois astros naquela geração incorruptível, conforme a vontade do espírito. Os setenta e dois astros, por sua vez, fizeram aparecer trezentos e sessenta astros, entre a geração incorruptível, segundo a vontade do espírito, de modo que o seu número correspondia a cinco para cada.

Os doze mundos dos doze astros são seu Pai com seis céus para cada mundo, de modo que há setenta e dois céus para os setenta e dois astros e, para todos eles, cinco firmamentos para um total de trezentos e sessenta firmamentos […] foi-lhes dado o domínio e receberam um grande exército de anjos sem número, para honra e veneração e depois igualmente espíritos virgens, para honra e veneração de todos os mundos, dos céus e de seus firmamentos".

"O grande número desses imortais chama-se cosmos – isto é, corrupção – através do pai e dos setenta e dois astros, que estão com o eterno e seus setenta e dois mundos. Nele apareceu o primeiro homem com suas forças incorruptíveis. E a idade que começou com essa geração, a idade, na qual há uma nuvem de saber e de anjos, é [...] chamada [...] idade [...]".

Depois, ele disse: "Cria doze anjos para dominar o caos e o mundo inferior". E da nuvem surgiu um anjo, de cuja face cintilavam chamas e cuja aparição estava maculada com sangue. Seu nome era Nebro, que significa "rebelde"; outros o chamam Yaldabaoth. Outro anjo, Saklas, também saiu daquela nuvem. Nebro criou seis anjos, como também Saklas, para serem servos, e esses criaram doze anjos nos céus, dos quais cada qual recebeu parte do céu".

Os doze senhores disseram aos doze anjos: "Deixem que cada um de vós [...] e deixem-nos [...] geração (falta uma linha) anjos. O primeiro é Set, que é chamado Cristo. O segundo é Harmathoth, que [...]. O terceiro é Galila. O quarto é Yobel. O quinto é Adonaios". Esses são os cinco que reinarão sobre o mundo inferior e, antes de tudo, sobre o caos.

Então Saklas falou a seus anjos: "Façamos um ser humano segundo a forma e segundo a imagem". Formaram Adão e sua mulher, Eva, que na nuvem é chamada de Zoé (vida). Através desse nome, todas as gerações procuram o homem e cada um chama a mulher por este nome. Agora, porém, [...] Saklas [...] não fez [...] comandar [...]. E o senhor disse a Adão: "Viverás uma vida longa com teus filhos".

JUDAS PERGUNTA PELO DESTINO DE ADÃO E DA HUMANIDADE

Judas disse a Jesus: "Qual é a duração da vida humana?" Jesus respondeu: "Por que tu te admiras do fato de Adão, com sua geração, ter vivido naquele lugar no qual recebeu seu reino em vida longa com seu senhor?"

Judas perguntou a Jesus: "Pode o espírito humano morrer?" Jesus respondeu: "Esta é a razão pela qual Deus ordenou a Miguel dar aos homens os espíritos dele como um empréstimo, de modo que o possam servir, mas o Grandioso ordenou a Gabriel conceder espíritos à grande geração que não tem o Senhor acima de si – isto é, o espírito e a alma".

Além disso, o resto das almas (falta uma linha). "[…] luz (faltam cerca de duas linhas) para […] deixa […] espírito, o qual habita em ti, nesta carne no meio das gerações de anjos.

Mas Deus propiciou que a Adão e àqueles que estavam com ele fosse concedido saber (conhecimento), assim que os reis do caos e do mundo inferior não pudessem mandar sobre eles". Judas disse a Jesus: "Então o que esta geração fará?"

Jesus respondeu: "Em verdade, eu vos digo, para cada um deles suas oportunidades são conduzidas ao fim pelas estrelas. Quando Saklas terminar o tempo determinado para ele, aparecerá sua primeira estrela, com as gerações, e completarão o que prometeram. Depois, eles fornicarão e em meu nome matarão os seus filhos (faltam 6 linhas). Todos os éons levaram suas gerações e as apresentarão a Saklas. E acontecerá, depois disso, que virá Israel com as doze tribos for […]. E todas as gerações adorarão Saklas, pecando novamente em meu nome. E tua estrela reinará sobre o décimo terceiro eon".

Depois disso, Jesus riu. Judas disse: "Mestre, por que ris?" Jesus respondeu, dizendo: "Não rio por causa de vós, mas por causa dos erros das estrelas, pois essas seis estrelas vagam com esses cinco adversários, e todos perecerão junto com suas criaturas".

JESUS PEDE A JUDAS QUE O MATE, PARA SE LIBERTAR DO HOMEM QUE HABITA NELE

Judas disse a Jesus: "O que aqueles que foram batizados farão em teu nome?" Jesus disse: "Em verdade, eu te digo: este batismo […] meu nome (faltam nove linhas). Em verdade eu te digo, Judas, esses que oferecem sacrifícios a Saklas [...] Deus (faltam três linhas) todo mal. Mas tu superarás a todos, pois tu sacrificarás o homem que me veste. Já foi elevado teu chifre. Tua ira foi acesa, tua estrela mostrou-se brilhante. E teu coração se tornou forte.

Em verdade (faltam cerca de cinco linhas), o Senhor, pois ele será aniquilado. Então a imagem da grande geração de Adão será elevada, acima dos céus, da terra e dos anjos, pois aquela geração, oriunda do reino eterno, existe. Vê, tudo te foi dito. Levanta teu rosto e olha para a nuvem e para a luz dentro dela e as estrelas que a cercam. A estrela, que a conduz no caminho, é tua estrela".

Judas levantou seu rosto e viu a nuvem brilhante e entrou nela. Aqueles que estavam de pé na terra ouviram uma voz procedente da nuvem que disse [...] grandiosa geração [...] (faltam cerca de cinco linhas). E Judas parou de ver Jesus. Seus sumos sacerdotes sussurravam, já que ele se dirigira ao quarto do hóspede para rezar. Mas alguns doutores da Lei, que lá se encontravam, observavam-no cuidadosamente, para prendê-lo durante sua oração, uma vez que temiam fazê-lo diante do povo, pois todos o consideravam um profeta. Dirigiram-se a Judas, dizendo-lhe: "O que tu fazes aqui? Tu és um discípulo de Jesus". Mas Judas respondeu-lhes como desejavam. E ele recebeu um pouco de dinheiro, e por isso entregou-o a eles.

LIVRO DE TOMÉ, O ATLETA

Escrito em grego, entre os anos 150 e 250, possivelmente em Edessa, para os cristãos da Síria Oriental que desejavam a perfeição ascética gnóstica, o Livro de Tomé o Atleta, pertence ao códice II de Nag Hammadi. A nossa tradução é a da edição crítica do texto copta de J. D. Turner disponível em PIÑERO, Antonio e outros. Evangelios, Hechos e Cartas: Textos gnósticos. Biblioteca de Nag Hammadi, v. II. Madri: Trotta, 1999, p. 274-287.

Trata-se de um diálogo, de palavras catequéticas de sabedoria, de revelação gnóstica encratista (autocontrolada) entre Jesus e o Apóstolo Tomé, também chamado de Judas Tomé, com o objetivo de diferenciá-lo de Judas Iscariotes. O apelativo de "atleta" é para significar que ele é um lutador asceta que resiste aos desejos sexuais do corpo e da matéria. A tradição considerou Judas Tomé o irmão gêmeo de Jesus, podendo ser física ou espiritualmente do Salvador, segundo a visão gnóstica.

Na sua estrutura literária, a primeira parte é dirigida aos perfeitos, com explicações sobre o conhecimento, o destino da alma e do corpo etc. Já a segunda parte é um sermão apocalíptico, uma explicação sobre o que é o Tártaro (lugar de punição dos anjos decaídos), exortações de vigilância etc. Um redator final uniu as partes. O Apóstolo Matias aparece como um secretário que anota as revelações.

O ser humano, composto de alma e corpo, e de natureza semelhante à dos animais, deve pedir a morte, de modo que ele possa se liberar do corpo e de seu ardor sexual. Nada de relação sexual e geração de outros seres imperfeitos. Agindo assim, a escatologia se realizará nele em tempos futuros.

Para o autor, Deus é a "essência da luz". Quem é gnóstico perfeito deve comunicar, pela pregação da gnósis ("conhecimento"), para todos. Jesus é o Salvador-Revelador e Senhor, que ilumina os seres humanos no caminho da salvação. Quem se ocupa das palavras de Jesus e as vivencia encontrará a salvação e o descanso na Plenitude. Quem não age assim será levado para o inferno, onde o anjo tartárico lhe infligirá um tormento eterno.

PRÓLOGO

Palavras secretas que disse o Salvador a Judas Tomé, que eu mesmo, Matias, transcrevi enquanto ia andando e ouvindo-os falar um com o outro.

A NATUREZA DA GNOSE

O Salvador disse: "Irmão Tomé, enquanto tens tempo no mundo, ouve-me, porque vou revelar-te coisas sobre as quais discorreste em tua mente. Visto que se disse que és meu gêmeo e meu companheiro autêntico (companheiro atleta), investiga para que saibas quem és e de que modo existes e o que chegarás a ser. Visto que te chamam meu irmão, não é conveniente que sejas ignorante acerca de ti mesmo. E sei que entendeste, porque compreendeste que eu sou o conhecimento da verdade. Enquanto andas comigo, embora sejas ignorante, chegaste a conhecer, e te chamarão 'aquele que se conheceu a si mesmo'. Porque aquele que não se conheceu a si mesmo não conheceu nada, mas aquele que se conheceu a si mesmo já começou a ter conhecimento sobre a profundidade do Todo. Por isso, portanto, és meu irmão, Tomé. Viste o que está oculto aos homens, ou seja, aquilo em que tropeçam por não conhecê-lo".

O VISÍVEL E O INVISÍVEL

E Tomé disse ao Senhor: "Por isso te peço que me expliques as coisas sobre as quais te pergunto antes de tua ascensão. E, quando eu ouvir de ti o que disseres sobre as coisas ocultas, então poderei falar sobre elas. E é claro para mim que é difícil praticar a verdade diante dos homens".

O Salvador respondeu e disse: "Se as coisas que vos são visíveis estão ocultas diante de ti, como vos será possível ouvir acerca das coisas que não são visíveis? Se as obras da verdade, que são visíveis no mundo, são difíceis de pôr em prática, como então realizareis as obras da Majestade exaltada e as do Pleroma (Plenitude) que não são visíveis? E como sereis chamados operários? Por isso sois discípulos e ainda não recebestes a majestade e a perfeição". Tomé respondeu e disse ao Salvador: "Fala-nos sobre essas coisas das quais nos dizes que não são visíveis, mas ocultas a nós".

O DESTINO DOS CORPOS

O Salvador disse: "Todo corpo de homens e animais foi engendrado irracional [...]. Mostra-se, no entanto, como uma criatura que se acredita racional. Aqueles lá de cima não se mostram nas coisas visíveis, mas se mostram por sua própria raiz, e seus frutos são os que os alimentam. E estes corpos que são visíveis se alimentam de criaturas que são semelhantes a eles. Por isso, portanto, os corpos mudam. Mas o que muda será aniquilado e perecerá, e doravante não tem esperança de vida, porque seu corpo é animal. E, portanto, como os corpos dos animais perecem, do mesmo modo estes corpos modelados perecerão. Por acaso não provêm da união como a dos animais? E, se provêm dela própria, como o corpo engendrará algo diferente daqueles? Por isso, portanto, sois crianças até serdes perfeitos".

Tomé respondeu: "Por isso te digo, Senhor, que os que falam sobre coisas que não são visíveis e difíceis de explicar são como os que disparam seus arcos contra um alvo durante a noite. Certamente, disparam seus arcos como qualquer um, visto que lançam contra um alvo, embora não seja visível. Mas, quando a luz sai e oculta as trevas, então a obra de cada um se tornará visível. Mas tu és nossa luz, porque tu nos iluminas, Senhor".

Jesus disse: "A luz existe na luz". Tomé falou e disse: "Por que esta luz visível que brilha por causa dos homens se levanta e se põe?" O Salvador disse: "Bem-aventurado, Tomé: esta mesma luz visível brilhou por vós, não para que permaneçais aqui, mas para que saiais. E, quando todos os eleitos abandonarem a animalidade, então esta luz se retirará para o alto, em direção à sua essência, e sua essência a receberá, porque é uma boa serva".

O SÁBIO E O IGNORANTE

Então o Salvador continuou e disse: "Ó amor fraterno inescrutável da luz! Ó amargura do fogo que arde nos corpos dos homens e em seus tutanos, ardendo neles noite e dia, chamejando nos membros dos homens, fazendo com que suas mentes fiquem ébrias e suas almas extraviadas, separando-as em machos e fêmeas dia e noite, e movendo-as com um movimento que se agita secreta e visivelmente. Porque os machos se movem em direção às fêmeas, e as fêmeas se movem em direção aos machos. Por isso se disse: 'Todo aquele que busca a verdade da verdadeira Sabedoria fabricará para si asas para voar, fugindo do desejo que consome os espíritos dos homens. E fará para si mesmo asas para fugir de todo espírito visível'".

Tomé respondeu e disse: "Senhor, é precisamente isto que estou te perguntando, porque compreendi que és bom para nós, como Tu mesmo dizes".

O ENGANOSO REINO DO VISÍVEL

Respondeu novamente o Salvador e disse: "Por isso é necessário falar-vos, porque esta é a doutrina para os perfeitos. Se vós, portanto, desejais ser perfeitos, observareis estas coisas. Se não, vosso nome é 'Ignorante', visto que não é possível que um sábio habite com um louco, pois o sábio é perfeito em toda sabedoria. Para o louco, o bom e o mau são a mesma coisa. Pois o sábio será alimentado pela verdade e chegará a ser como uma árvore que cresce junto a uma corrente de água, vendo que outros têm asas e se lançam sobre as coisas visíveis, que se encontram longe da verdade. Pois o que os guia, o fogo, lhes dará uma ilusão de verdade, e brilhará sobre eles com uma beleza que perecerá e os fará prisioneiros em uma doçura tenebrosa e os tornará cativos com um odorífero prazer. E os cegará com um desejo insaciável e queimará suas almas, e será para eles como uma cunha cravada em seus corações, que não lhes será possível arrancar. E como um freio na garganta os conduz de acordo com seu próprio desejo. Acorrenta-os com suas cadeias e liga todos os seus membros com a amargura das ligaduras do desejo a essas coisas visíveis que perecem, mudam e se transformam de acordo com seu impulso. Em todo momento foram atraídos do céu para a terra. Quando morrem, assemelham-se a todos os animais corruptíveis".

Tomé respondeu e disse: "Está claro e foi dito: 'Muitas são as coisas reveladas aos que não sabem que [perderão suas?] almas".

E o Salvador respondeu e disse: "Bendito o sábio que busca a verdade e, quando a encontra, descansa nela para sempre e não teme os que desejam perturbá-lo". Tomé respondeu e disse: "É bom para nós, Senhor, descansar entre os nossos?"

DESTINO DO MATERIAL

O Salvador disse: "Sim, porque é útil. E é bom para vós, porque as coisas visíveis entre os homens se desagregarão. Porque o recipiente de vossa carne se desagregará e, quando se destroçar, chegará a estar entre as coisas visíveis, entre as que se veem. E então verão o fogo que lhes causa dor por causa do amor pela fé que tiveram em outro momento. Congregar-se-ão de novo com o que é visível".

DESTINO DAS ALMAS ÍMPIAS

Mas, por outro lado, aqueles que veem entre as coisas não visíveis perecerão pelo desejo desta vida e pela chama do fogo, sem o primeiro amor. Só um pouco de tempo até que aquilo que é visível se desagregue. Então haverá fantasmas sem forma e habitarão para sempre no meio dos túmulos entre dores e corrupção da alma".

Tomé respondeu e disse: "O que devemos dizer diante dessas coisas, o que diremos aos cegos, ou que ensinamento daremos a esses miseráveis mortais que dizem: 'Viemos para fazer o bem e não para amaldiçoar', e novamente dizem: 'Se não tivéssemos sido gerados na carne, não teríamos conhecido o fogo'?"

CASTIGO DOS ÍMPIOS – O INFERNO

O Salvador disse: "Em verdade, não avalies estes como homens, mas considera-os como animais, porque como animais se devoram uns aos outros; deste modo os homens desta categoria se devoram uns aos outros. Mas estes se encontram privados de vitalidade, porque amam a doçura do fogo, servem à morte e se lançam às obras da corrupção. Estes completam os desejos de seus pais. Serão lançados ao abismo e serão afligidos pelo amargo tormento de sua má natureza. Pois serão flagelados até se lançarem de cabeça no lugar que não conhecem, e deixarão seus membros não com paciência, mas com desespero. E se alegram com o desejo desta vida com loucura e desvario. Alguns continuam este desvario sem dar-se conta de sua loucura, enquanto pensam que são sábios. [Enganam-se com a beleza?] de seus corpos como [se não fossem perecer?]. Seus corações estão dirigidos para si mesmos. Seus pensamentos estão ocupados com suas obras. Mas o fogo os abrasará".

Mas Tomé respondeu e disse: "Senhor, o que fará aquele que foi lançado a eles? Porque estou muito preocupado por sua causa, pois são muitos os demônios que os enfrentam".

O Salvador respondeu e disse: "Qual é tua opinião?" Judas, chamado Tomé, disse: "A ti, Senhor, compete falar, e a mim ouvir".

O Senhor replicou: "Ouve o que vou te dizer e acredita na verdade. Aquele que semeia e o que é semeado serão aniquilados no fogo, dentro do fogo e da água, e permanecerão ocultos em túmulos tenebrosos. E depois de muito tempo serão revelados os frutos das árvores más e serão castigados, morrendo na boca de animais e homens ao impulso da chuva, dos ventos, do ar e da luz que brilha a partir de cima".

Tomé replicou: "Tu nos persuadiste certamente, Senhor. Compreendemo-lo em nossos corações e é claro que é assim e que tua palavra é suficiente. Mas estas palavras que nos dizes são ridículas para o mundo e desprezíveis, porque não são compreendidas. Como, portanto, iremos pregá-las se estamos no mundo?"

OUTRA DESCRIÇÃO DO INFERNO

O Salvador respondeu e disse: "Em verdade vos digo que aquele que ouvir vossas palavras e virar o rosto para o outro lado ou zombar ou caçoar delas, em verdade vos digo que será entregue ao Arconte de cima, aquele que governa sobre as potestades como seu rei, e o rodopiará e o lançará do céu ao abismo, e será encerrado em um lugar apertado e tenebroso. E não lhe será possível virar-se nem mover-se por causa da grande profundidade do Tártaro (inferno) e da [ampla muralha?] disposta [contra ele. Ali estarão prisioneiros?] para que [não possam escapar?]. Não será esquecida [sua loucura?]. [...] vos perseguirão e vos entregarão ao anjo tartárico [e tomará um chicote?] de fogo, perseguindo-os com chicotadas de fogo que produzem um chuvisco de chispas sobre o rosto daquele que é perseguido. Se foge para o Ocidente, encontra fogo. Caso se volte para o Sul, o encontra também ali. Caso se volte para o Norte, encontra-o também a ameaça do fogo flamejante. E não encontra o caminho para o Oriente a fim de fugir para lá e ver-se a salvo; porque, se não o encontrou no dia em que estava no corpo, tampouco o encontrará no dia do juízo".

LAMENTOS PELOS ÍMPIOS

Então o Salvador continuou dizendo: "Ai de vós, ímpios, que não tendes esperança, que confiais em coisas que não ocorrerão! Ai de vós, que esperais na carne e na prisão que será destruída! Até quando sereis esquecidiços? E as coisas imperecedouras [...] pensais que não perecerão? Vossa esperança está posta no mundo, e vosso deus é esta vida. Estais aniquilando vossas almas. Ai de vós por causa do fogo que chameja em vós, pois é insaciável! Ai de vós por causa da roda que gira em vossos pensamentos! Ai de vós por causa da chama que está em vós, porque devorará vossas carnes abertamente e destroçará vossas almas em segredo e vos preparará para vossos companheiros! Ai de vós, cativos, porque estais amarrados em cavernas. Vós rides! Vós vos alegrais com um riso louco! Não pensais em vossa perdição, nem refletis sobre vossas circunstâncias, nem entendestes que habitais nas trevas e na morte! Mas estais ébrios com o fogo e estais cheios de amargura. Vossos corações desvariam por causa da chama que há em vós, e vos é doce a coroa e os golpes de vossos inimigos. E a escuridão surgiu para vós como a luz, porque submetestes vossa liberdade à servidão. Pusestes vossos corações na escuridão e submetestes vossos pensamentos à loucura e enchestes vossos pensamentos com a fumaça do fogo que está em vós. Vossa luz se ocultou na nuvem escura e rasgastes a veste que trazeis. Submergistes no esquecimento e se apoderou de vós a esperança que não existe. E quem é aquele no qual acreditastes? Não vos dais conta de que vos encontrais entre os que desejam maldizer-vos como se [vossa esperança não existisse?]. Batizastes vossas almas nas águas da escuridão. Caminhastes em vossos próprios desejos. Ai de vós que estais no erro, sem olhar a luz do sol que tudo julga, que tudo vê e que se voltará para todas as coisas a fim de fazer prisioneiros os inimigos! Não vos dais conta de como a lua de noite e de dia olha para baixo contemplando os corpos de vossos cadáveres? Ai de vós, que amais o contato com as mulheres e a união suja com elas! Ai de vós, por causa dos poderes de vosso corpo, pois vos afligirão. Ai de vós, por causa da potência dos maus demônios! Ai de vós que seduzis vossos membros com o fogo! Quem é que fará chover um orvalho refrescante, a fim de que se extinga em vós a quantidade de fogo junto com vossas chamas? Quem é o que vos dará o sol para que brilhe sobre vós e elimine as trevas em vós e oculte a escuridão e as águas sujas (estancadas)?"

PARÁBOLA DA VINHA E DAS ERVAS DANINHAS

O sol e a lua vos enviarão uma fragrância junto com o ar, o espírito, a terra e a água. Porque, se o sol não brilha sobre estes corpos, eles murcharão e perecerão com as ervas daninhas ou as pastagens. Certamente, se o sol brilha sobre as ervas daninhas, estas adquirem força e não deixam crescer a cepa. Se, pelo contrário, a cepa vence e cobre de sombra as ervas daninhas e todas as outras ervas que crescem com elas, e se estende e se alarga, só ela herda a terra sobre a qual cresce e domina todo lugar sobre o qual projeta sua sombra. Então, portanto, quando prosperar, domina toda a terra e é generosa para com seu dono, e o compraz muito, porque ele teria tido grandes dores por causa destas plantas até arrancá-las. Mas só a cepa as eliminou e abafou; morreram e se tornaram como terra.

Então Jesus continuou e lhes disse: "Ai de vós, porque não recebestes a doutrina; e os que são ignorantes trabalharão pregando-a em vosso lugar. E vos lançareis à [libertinagem?]. [Mas há alguns?] enviados a [resgatar aqueles?] que matais diariamente para que ressuscitem da morte".

BEM-AVENTURANÇAS SOBRE OS ESPIRITUAIS

Bem-aventurados sois vós que conheceis de antemão o escândalo e fugis das coisas alheias!

Bem-aventurados vós que recebeis muitos insultos e não vos estimam por causa do amor que vosso Senhor tem por eles!

Bem-aventurados vós que chorais e sois oprimidos pelos que não têm esperança, porque sereis libertados de toda atadura!

EXORTAÇÃO À VIGILÂNCIA E PRÊMIO FINAL

Vigiai e orai para não permanecerdes na carne, mas escapardes das amargas ataduras desta vida. E, quando rogardes, encontrareis o descanso; porque, quando tiverdes abandonado os sofrimentos e paixões do corpo, recebereis o descanso do Bom e reinareis com o Rei, vós com ele, e ele convosco, desde agora para todo o sempre. Amém".

O Livro de Tomé o Atleta, escrito para os perfeitos.

Recordai-me também, meus irmãos, em vossas orações.

Paz aos santos e ao espiritual.

EVANGELHO SEGUNDO FILIPE

Escrito provavelmente entre os anos 150 e 250, Evangelho de Filipe é de origem gnóstica, pertencente ao códice II de Nag Hammadi. Ele foi usado no Egito, no século IV. A sua recente descoberta, em 1945, na versão copta saídico, ocorreu no Egito, em Nag Hammadi. Escrito na Síria, a sua língua original é o grego. A nossa tradução considera o texto publicado por PIÑERO, Antonio e outros. Evangelios, Hechos e Cartas: *Textos gnósticos*. Biblioteca de Nag Hammadi, v. II. Madri: Trotta, 1999, p. 24-51.

Filipe, um dos doze apóstolos e de grande aceitação entre os gnósticos, coloca por escrito os ensinamentos secretos revelados por Jesus aos apóstolos depois de sua ressurreição. O gnosticismo do Evangelho segundo Filipe propõe outros modos de pensar e viver o cristianismo, tais como: Deus é pai, e o Espírito Santo, mãe e virgem. Ambos conferem dignidade aos cristãos, diferentemente dos pagãos e judeus. Quem se torna cristão alcança as dimensões do pai e da mãe. O Evangelho segundo Filipe chama a atenção para a vivência da ressurreição, antes da morte. Da mesma forma, o tema da câmara nupcial tem forte impacto na obra.

Maria não concebeu do Espírito Santo, o qual é feminino e mãe celestial de Jesus. O Espírito feminino não podia gerar com outro ente feminino, Maria. Maria é, portanto, a mãe terrena de Jesus e permaneceu virgem; José é o pai terreno de Jesus. O nascimento virginal de Jesus se deve à união de duas forças divinas: a do Pai do Todo (masculino) e o Espírito Santo (feminino). Madalena é a companheira de Jesus terreno. A verdadeira companheira de Jesus celestial é a Sofia, mas Jesus necessita de uma companheira terrena para ser completo. Madalena é a discípula amada de Jesus. Jesus primeiro ressuscitou e, depois, morreu. O mesmo ocorrerá com todos os cristãos.

Os sacramentos do Batismo, da Crisma e da Eucaristia remetem o cristão a um mundo celestial, no além, em pares conjugais, em uma câmara nupcial. Os ritos com água, óleo e pão são terrenos, mas estão impregnados de uma espiritualidade interna que possibilita ao cristão a unificação com a parte celestial.

O gênero literário é o de ditos teológicos sobre sacramentos e ética cristã. Não há uma estrutura clara.

PRÓLOGO

Um judeu (religião) faz outro judeu, e um indivíduo é assim chamado de prosélito (pagão convertido ao cristianismo). Mas um prosélito não faz outro prosélito: [alguns] são como [...] e criam outros: [outros, todavia,] se satisfazem com o fato de chegar a existir.

O escravo apenas aspira a ser um homem livre e não ambiciona os bens do seu senhor; mas o filho não é só filho: reclama para si a herança do pai.

Os que herdam dos mortos estão eles mesmos mortos e são herdeiros de mortos. Os que herdam dos vivos vivem eles próprios e são herdeiros de quem está vivo e de quem está morto. Os mortos não herdam de ninguém, pois como pode herdar quem está morto? Se o morto herda de quem está vivo, não morrerá, mas viverá mais.

Um homem pagão (gentio) não morre, pois em verdade não viveu nunca para poder morrer. Aquele que chegou a ter fé na verdade, esse encontrou a vida e corre perigo de morrer, pois se mantém vivo.

Desde o dia em que Cristo veio, o mundo se crê e embelezam-se as cidades e o morto desaparece.

Enquanto éramos judeus (hebreus), estávamos órfãos; apenas possuíamos nossa mãe. Mas, ao fazer-nos cristãos, passamos a ter para nós um pai e uma mãe.

A COLHEITA NO OUTRO MUNDO

Os que semeiam no inverno colhem no verão. O inverno é o mundo; o verão é o outro éon. Semeemos no mundo para que possamos colher no verão! Melhor não rezarmos no inverno (mundo). Ao inverno sucede o verão; mas quem se empenha em colher no inverno não terá colheita, pois terá de arrancar.

Da mesma maneira que alguém como esse, ele [não] produzirá fruto; e não só isso [...]: também seu sábado (seu campo) é estéril.

Cristo veio para resgatar alguns, para salvar outros e redimir outros. Ele resgatou os forasteiros e os fez seus. Ele segregou os seus, penhorando-os segundo sua vontade. Ao manifestar-se, não só se desprendeu da lama quando lhe aprouve, como também, desde o dia em que o mundo teve sua origem, a manteve deposta. Quando quis, veio recuperá-la, já que ela havia sido penhorada; havia caído em mãos de ladrões e feita prisioneira. Mas ele a libertou, resgatando os bons que havia no mundo e os maus.

LUZ E TREVAS

A luz e as trevas, a vida e a morte, os da direita e os da esquerda são irmãos entre si, sendo impossível separar uns dos outros. Por isso nem os bons são bons, nem os maus são maus, nem a vida é vida, nem a morte é morte (as coisas não são o que parecem). Assim é que cada um virá a se dissolver em sua própria origem desde o princípio; mas os que estão além do mundo são indissolúveis e eternos.

NOMES FALSOS E VERDADEIROS

Os nomes presos à realidade mundana (homens mundanos) trazem a si mesmos um grande erro, pois distraem a atenção do estável para o instável. E, assim, quem ouve o nome de Deus entende não o estável, mas o instável. O mesmo ocorre com os nomes Pai, Filho, Espírito Santo, Vida, Luz, Ressurreição, Igreja e tantos outros; não se entendem os conceitos estáveis, mas sim os instáveis, a não ser que se conheçam previamente os primeiros. Estes estão no mundo [...]; se estivessem no éon (no invisível – poder espiritual), nunca seriam citados no mundo nem estariam entre as coisas terrenas; eles têm seu fim no éon.

Só há um nome que não se pronuncia no mundo: o nome que o Pai deu ao Filho. Ele é superior a tudo. Trata-se do nome do Pai, pois o Filho não chegaria a ser Pai se não se houvesse apropriado do nome do Pai. Quem está de posse desse nome o entende, mas não fala dele; mas os que não estão de posse dele não o entendem. A verdade criou diferentes nomes neste mundo, porque sem eles é de todo impossível apreendê-la. A verdade é uma só, ainda que seja múltipla por nossa causa, para ensinar-nos amorosamente esse único nome por meio de muitos.

Os arcontes (governantes demoníacos do mundo) quiseram enganar o homem, vendo que ele tinha parentesco com os que soam verdadeiramente bons: tiraram o nome dos que são bons e o deram aos que não são bons, com o objetivo de enganar por meio dos nomes e vinculá-lo aos que não são bons. Logo – no caso de que queiram prestar-lhes um favor – farão com que se separem dos que não são bons. Depois disso, se lhes fazem um favor, são induzidos a separarem dos que não são bons e associar-se com os que são bons, que eles conheciam de antes, pois eles pretendiam raptar o que é livre e fazê-lo seu escravo para sempre.

OS PODERES DEMONÍACOS E CRISTO

Há potências que dão ao homem, por não querer que este [chegue a salvar-se], para poder perseverar; pois, se o homem [se salva], não se fazem sacrifícios [...] e se oferecem animais às Potências. [É a estas] que se fazem tais oferendas, (que) no momento de ser ofertadas estavam vivas, mas, ao ser sacrificadas, morreram. O homem, de sua parte, foi oferecido a Deus em estado de morte e viveu.

Antes da vinda de Cristo não havia pão no mundo, assim como no paraíso, lugar onde Adão estava. Havia ali muitas árvores para alimento dos animais, mas não havia trigo para alimentar o homem. O homem se nutria como os animais, mas quando Cristo, o homem perfeito, veio, ele trouxe pão do céu para que o homem se alimentasse com alimento de homem.

Os arcontes acreditavam que por seu poder e por sua vontade faziam o que faziam; mas era o Espírito Santo que operava ocultamente em tudo, através deles, segundo sua vontade. Eles semeiam por toda parte a verdade, que existe desde o princípio, e muitos a contemplam ao ser semeada; mas poucos dos que a contemplam a colhem.

MARIA NÃO CONCEBEU PELO ESPÍRITO SANTO

Alguns dizem que Maria concebeu por obra do Espírito Santo. Estão errados, não sabem o que dizem. Quando alguma vez uma mulher foi concebida de uma mulher? Maria é a virgem a quem Potência alguma jamais manchou. Ela é um grande anátema para os judeus que são os apóstolos e os apostólicos. Esta Virgem que nenhuma Potência (Prazer) violou, [... enquanto] as Potências se contaminaram. O Senhor não [teria] dito: "Pai meu, que estás nos céus", se não tivesse outro pai; do contrário haveria dito simplesmente: ["Pai meu"].

CRISTO PRIMEIRO RESSUSCITOU E, DEPOIS, MORREU

O Senhor disse a seus discípulos: [...] "Entrai na casa do Pai, mas não tomeis nem leveis nada da casa do Pai". Jesus é um nome oculto, Cristo é um nome revelado. Por isso Jesus não existe em língua alguma, apenas seu nome é Jesus, como geralmente é chamado. Cristo, no entanto, seu nome em siríaco é "Messias", e em grego "Cristo", e em outras línguas, com as necessárias adequações. Nazareno é [o nome] que está manifestado no oculto.

Cristo engloba tudo em si mesmo – seja homem, seja anjo, seja mistério –, incluindo ainda o Pai. Os que dizem que o Senhor primeiro morreu e depois ressuscitou enganam-se, pois primeiro ressuscitou e depois morreu. Se alguém não consegue primeiro a ressurreição, não morrerá; tão verdade quanto Deus vive, este [morrerá].

A RESSURREIÇÃO DA CARNE

Ninguém esconde um objeto grande e precioso em um recipiente grande, mas muitas vezes se guardam tesouros sem conta em um cofre que não vale mais do que um centavo. Isso ocorre com a alma: é um objeto precioso que veio cair em um corpo desprezível.

Há os que têm medo de ressuscitar nus (pelados) e por isso querem ressuscitar em carne. Estes não sabem que os que estão revestidos de carne são os nus. Aqueles que [ousam] desnudar-se são precisamente [os que] não estão nus. "Nem a carne nem o sangue herdarão o reino de Deus". Qual é a [carne] que não vai herdar? A que usamos por cima de nós. E qual, ao contrário, é a carne que herdará? A [carne] de Jesus e seu sangue. Por isso disse ele: "Aquele que não come minha carne e não bebe meu sangue não tem vida em si". E que é isso? Sua carne é o Logos (Palavra), e seu sangue é o Espírito Santo. Quem recebeu tais coisas possui alimento, bebida e roupa.

Eu reprovo os outros que afirmam que [a carne] não vai ressuscitar, pois ambos estão errados. Tu dizes que a carne não ressuscitará. Diz-me, então, o que é que vai ressuscitar, para que possamos aplaudir-te. Tu dizes que o Espírito [está] dentro da carne e que também esta luz está dentro da carne. Mas o Logos (Palavra) é esse outro que também está dentro da carne, pois – qualquer das coisas a que te refiras – nada poderás aduzir que se encontre fora do interior da carne. É, pois, necessário ressuscitar nesta carne, já que nela tudo está contido.

Neste mundo, aqueles que vestem uma roupa valem mais do que a própria roupa. No Reino dos Céus, [todavia,] valem mais as roupas que aqueles que as vestem.

BATISMO E UNÇÃO

Por meio da água e do fogo, todo lugar é purificado: os que estão manifestados [o estão] graças aos que estão manifestados e os que estão ocultos o estão graças aos que estão ocultos. Há algumas coisas que se mantêm ocultas graças aos que estão manifestados. Há água na água e fogo na unção.

COMO JESUS SE MANIFESTOU

Jesus ocultou-se de todos, pois não se manifestou como era integralmente, mas como podias ser visto. Assim, ele apareceu grande aos grandes, pequeno aos pequenos, como anjo aos anjos e como homem aos homens. Por isso seu Logos (Palavra) se manteve oculto a todos. Alguns o viram e acreditaram que se viam a si mesmos; mas, quando se manifestou gloriosamente aos seus discípulos sobre a montanha, não era pequeno: havia-se feito grande e fez grandes seus discípulos para que estivessem em condições de vê-lo grande [a ele mesmo]. E disse naquele dia na ação de graças: "Tu, que uniste o perfeito e a luz com o Espírito Santo, une também os anjos conosco, com as imagens".

Não desprezeis o Cordeiro, pois sem ele não é possível ver o rei. Ninguém poderá, estando nu, pôr-se a caminho em direção ao rei.

O SER HUMANO CELESTIAL E O TERRENO

Em relação ao homem celestial, mais numerosos são eles do que os do homem terreno. Se são numerosos os filhos de Adão – apesar de mortais –, quanto mais os filhos do homem perfeito, que não só não morrem como são gerados ininterruptamente.

O pai faz um filho, e o filho não tem possibilidade de fazer, por sua vez, um filho: pois quem foi gerado não pode gerar, e o filho procura irmãos, não filhos.

Todos os que são gerados no mundo são gerados pela natureza, e os outros pelo que foi gerado. O ser humano recebe alimento por meio da promessa do lugar superior pela boca. E, se o Logos tivesse saído dali, ele se alimentaria pela boca e seria perfeito, pois os perfeitos são fecundados por um beijo e geram. Por isso nós nos beijamos uns aos outros [e] recebemos fecundação pela graça que nos é comum.

MADALENA, A COMPANHEIRA DE JESUS

Três [eram as mulheres que] caminhavam continuamente com o Senhor: sua mãe Maria e sua irmã, e Madalena, aquela que é chamada de "sua companheira". Maria é, de fato, sua irmã, sua mãe e companheira.

A PLENITUDE

Pai e Filho são nomes simples. Espírito Santo é um nome composto (Sabedoria superior e inferior). Aqueles se encontram em toda parte: acima, abaixo, no oculto e no manifestado. O Espírito Santo está no revelado, abaixo, acima, oculto.

As Potências malignas (prazeres) estão a serviço dos santos, depois de haverem sido reduzidas à cegueira pelo Espírito Santo, para que cressem que serviam a um homem e que assim estariam atuando em favor dos santos. Por isso, [quando] um dia um discípulo pediu ao Senhor uma coisa do mundo, ele lhe disse: "Pede a tua mãe e ela te fará partícipe das coisas alheias".

Os apóstolos disseram aos seus discípulos: "Que toda a nossa oferenda procure sal ela própria". Eles designavam por sal a (Sofia – Sabedoria), pois sem ela nenhuma oferenda é aceitável.

A Sofia é estéril, [sem] filhos, por isso [também] é chamada de sal (como a mulher de Lot?). No lugar onde eles […] à sua maneira [é] o Espírito Santo; [por isso] são numerosos seus filhos. O que o Pai possui pertence ao filho, mas enquanto este é pequeno não se lhe confia o que é seu. Quando se faz homem, então lhe dá o pai tudo quanto possui.

A SABEDORIA

Quando os gerados pelo espírito erram, erram também por ele. Pela mesma razão um mesmo sopro atiça o fogo e o apaga. Uma coisa é Echmot (Sabedoria Superior), outra é Echmot (Sabedoria Inferior). Echmot é a Sofia por excelência, enquanto Echmot é a Sofia da morte, aquela que conhece a morte, a quem chamam "Sofia, a Pequena".

OS ANIMAIS, OS SERES HUMANOS E A FÉ

Há animais que vivem submetidos ao homem, tais como as vacas, o burro e outros do mesmo tipo. Há outros, todavia, que não se submetem e vivem sozinhos, em paragens desertas. O homem ara o campo servindo-se de animais domésticos e assim se alimenta a si mesmo e aos animais, tanto aos que se submetem como aos que não se submetem.

O mesmo acontece com o homem perfeito com o homem perfeito: tendo a ajuda das potências que lhe são submissas e cuida para que todos subsistam. Por isso mantém o equilíbrio, quer se trate dos bons, quer dos maus, dos que estão à direita e dos que estão à esquerda. O Espírito Santo apascenta a todos e exerce seu domínio sobre [todas] as Potências, tanto sobre as dóceis quanto sobre as [indóceis] e solitárias, pois ele [...] as prende para que [...] quando queiram.

[Se Adão] foi criado [...], estarás de acordo em que seus filhos são obras nobres. Se ele não houvesse sido criado, mas sim gerado, estarias também de acordo em que sua posteridade é nobre. Pois bem, ele foi criado e [por sua vez] gerou. Que nobreza isso pressupõe!

Primeiro houve o adultério e depois [veio] o assassino gerado no adultério, pois era o filho da serpente. Por isso se tornou homicida como seu pai e matou seu irmão. Pois bem, toda relação sexual entre seres não semelhantes entre si é adultério.

Deus é tintureiro. Assim como a boa tinta, chamada de autêntica, só desaparece quando as coisas que com ela são tingidas se corrompem, o mesmo ocorre com aqueles a quem Deus tingiu: posto que sua tinta é imperecível, graças a ela eles mesmos se tornam imortais. Pois bem, Deus batiza os que batiza com água.

O SEMELHANTE COM O SEMELHANTE

Ninguém pode ver quem quer que seja estável a não ser que ele mesmo se assemelhe ao estável. Com a verdade não ocorre o mesmo que com o homem enquanto se encontra neste mundo, pois ele vê o sol sem ser o sol e contempla o céu e a terra e todas as outras coisas sem serem elas mesmas. Tu, ao contrário, viste algo daquele lugar e te converteste naquelas coisas que havias visto: viste o espírito e te fizeste espírito; viste Cristo e te fizeste Cristo; viste [o Pai] e te fizeste pai. Por isso, tu [aqui] vês todas as coisas e não [te vês] a ti próprio; mas [ali], sim, te verás, pois [chegarás a ser] o que estás vendo.

A fé recebe, o amor dá. Ninguém pode receber sem a fé; ninguém pode dar sem amor. Por isso creiamos, para poder receber; mas, para poder dar de verdade, [temos de amar também]; pois, se alguém dá, mas não por amor, não tira utilidade alguma do que deu.

O CRISTO

Os apóstolos, antes de nós, o chamaram assim: Jesus, o Nazareno, Messias – que quer dizer "Jesus o Nazareno, o Cristo". O último nome é "o Cristo"; o primeiro, "Jesus"; o do meio é "o Nazareno". "Messias" tem um duplo significado: o Cristo e o que é Medido. Jesus, em hebraico, é a Redenção. *Nazara* é a verdade. Nazareno, então, significa verdade. O Cristo foi medido: o Nazareno e o Jesus são os que foram medidos.

Se se atira a pérola ao lixo, nem por isso ela perde seu valor. Tampouco se faz mais preciosa ao ser tratada com unguento de bálsamo, mas aos olhos do proprietário conserva sempre o seu valor. O mesmo ocorre com os filhos de Deus onde quer que estejam, pois conservam sempre seu valor aos olhos do Pai.

Se dizes: "Sou judeu, ninguém se inquietará"; se dizes: "sou grego, bárbaro, escravo ou livre", ninguém se perturbará. [Mas, se dizes:] "Sou cristão", [todo mundo] começará a tremer. Oxalá eu possa ser como esse, cujo os *Archontes* (poderes demoníacos) não suportam escutar.

COMPARAÇÕES

Deus é antropófago (se alimenta de carne humana), por isso se lhe [oferece] o homem [em sacrifício]. Antes que o homem fosse imolado, se imolavam animais, pois não eram deuses aqueles a quem se faziam sacrifícios.

Tanto as vasilhas de vidro como as de argila se fazem à base de fogo. As de vidro podem ser remodeladas se se rompem, pois foram fabricadas por um sopro. As de argila, ao contrário, se se rompem ficam destruídas definitivamente, pois nenhum sopro interveio em sua fabricação.

Um asno, dando voltas em torno de uma roda de moinho, caminhou cem milhas (160km), e quando o desjungiram ainda se encontrava no mesmo lugar. Existem homens que fazem muito caminho sem se moverem um passo em direção alguma. Ao se verem surpreendidos pelo crepúsculo, não chegaram a divisar cidades, nem aldeias, nem criaturas, nem natureza, nem potência ou anjo. Em vão se esforçaram, os pobres!

A Eucaristia é Jesus, pois a este se chama em siríaco *Pharisatha*, que quer dizer "aquele que está estendido" (= no partir do pão); Jesus veio, realmente, crucificar o mundo.

O Senhor foi à tinturaria de Levi, tomou setenta e duas cores e atirou-as na tina. Depois as tirou todas tingidas de branco e disse: "Assim foi que as tomou o filho do filho do homem".

MARIA MADALENA É A COMPANHEIRA DE JESUS

A Sofia (Sabedoria), que é chamada de "a estéril", é a mãe dos anjos. A companheira do Salvador é Maria Madalena. O Senhor amava Maria mais do que a todos os discípulos [e] a beijava na boca repetidas vezes. Os demais […] lhe disseram: "Por que a queres mais que a todos nós?" O Salvador respondeu e lhes disse: "A que se deve isso de que não vos quero tanto quanto a ela?"

Se um cego e um que vê se encontrarem ambos às escuras, não se distinguem um do outro; mas quando chegarem à luz o que vê será a luz, enquanto o cego permanecerá na obscuridade. Disse o Senhor: "Bem-aventurado é aquele que é antes de chegar a existir, pois que é, era e será".

O SER HUMANO E AS FERAS

A superioridade do homem não é manifesta, mas oculta. Por isso ele é o senhor das feras, que são mais fortes do que ele e de grande tamanho – tanto na aparência quanto na realidade –, e proporciona-lhes subsistência. Mas, quando ficam longe delas, elas se matam umas às outras e se mordem até devorarem-se mutuamente por não acharem o que comer. Mas agora – uma vez que o homem trabalhou a terra – encontraram seu sustento.

BATISMO

Se alguém, depois se ser submergido nas águas, sai dela sem nada haver recebido e diz: "Sou cristão", terá recebido este nome emprestado. No entanto, se recebe o Espírito Santo, fica de posse do (citado) nome a título de doação. Nada se tira de quem recebeu um presente, mas reclama-se a devolução do empréstimo a quem o recebeu.

O MATRIMÔNIO

O mesmo ocorre quando alguém está envolvido em um mistério. O mistério do matrimônio é grande, pois sem ele o mundo não existiria. A subsistência do mundo depende do homem, a consistência do homem depende do matrimônio. Reparai na união sem mancha, pois tem um grande poder. Sua imagem está vinculada à contaminação corporal.

Entre os espíritos impuros existem machos e fêmeas. Os machos são aqueles que copulam com as almas que estão alojadas em uma figura feminina. As fêmeas, ao contrário, são aquelas que estão unidas com os que se abrigam em uma figura masculina por culpa de uma desobediente. E ninguém poderá fugir desses espíritos se cair em poder deles, a não ser que seja dotado simultaneamente de uma força masculina e de outra feminina – isto é, esposo e esposa – provenientes da câmara nupcial em imagem.

Quando as mulheres néscias (não sábias) descobrem um homem solitário lançam-se sobre ele, gracejam com ele e o mancham. O mesmo ocorre com os homens néscios: se descobrem uma mulher formosa que vive só procuram insinuar-se e até forçá-la, com o fito de violá-la. Mas, se veem que homem e mulher vivem juntos, nem as fêmeas podem aproximar-se do macho nem os machos das fêmeas.

O mesmo acontece se a imagem e o anjo estão unidos entre si: ninguém se atreverá tampouco a penetrar (ter relação) no homem e na mulher.

A CARNE

Aquele que sai do mundo não pode cair preso pela simples razão de que [já] esteve no mundo. Está claro que este é superior à inveja [...e ao] medo; é senhor de seus [...] e mais frequente que os ciúmes. Mas, se [se trata de...], prendem-no e o sufocam, e como poderá [este] fugir de [...] e pôr-se em condições de [...]?

Com frequência vêm alguns e dizem: "Nós somos crentes", [a fim de escapar de... e] demônios (espíritos impuros). Se estes tivessem estado de posse do Espírito Santo, nenhum espírito imundo teria aderido a eles. Não tenhas medo da carne nem a ames: se a temeres, ela te dominará; se a amares, te devorará e entorpecerá.

Ou se está neste mundo, ou na ressurreição, ou em locais intermediários. Queira Deus que a mim não me encontrem nestes! Neste mundo há coisas boas e coisas más. Mas há algo mau depois deste mundo que é na verdade pior e que chamam o "Intermédio", quer dizer, a morte. Enquanto estivermos neste mundo, é conveniente que nos esforcemos por conseguir a ressurreição, para que, uma vez que deponhamos a carne, nos achemos no descanso e não tenhamos de ir perambulando no "Intermédio". Muitos, realmente, erram o caminho. É, pois, conveniente sair deste mundo antes que o homem haja pecado.

PECADO, INFERNO E VERDADE

Alguns nem querem nem podem; outros, ainda que queiram, de nada lhes serve, por não terem feito. De maneira que um [simples] querer os faz pecadores, do mesmo modo que um não querer. A justiça se esconderá de ambos. O querer é o que conta e não o fazer.

Um discípulo dos apóstolos viu em uma visão algumas [pessoas] trancadas em uma casa em chamas, acorrentadas com grilhões de fogo e atiradas [em um mar] de fogo. [E diziam...] água sobre [...]. Mas estes replicavam que – muito contra sua vontade – [não] estavam em condições de [as] salvar. Eles receberam [a morte como] castigo, aquela que chamam de treva [exterior] por [ter sua origem] na água e no fogo.

A [alma] e o espírito chegaram à existência partindo de água, fogo e luz [por mediação] do filho da câmara nupcial. O fogo é a unção, a luz é o fogo; não estou falando desse fogo que não possui forma alguma, mas do outro cuja forma é branca, que é refulgente e belo e irradia [por sua vez] beleza.

A verdade não veio nua a este mundo, mas envolta em símbolos e imagens, já que de outra maneira não poderia ser recebida. Há uma regeneração e uma imagem de regeneração. É na verdade necessário que se renasça através da imagem. Que é a ressurreição? É preciso que a imagem ressuscite pela imagem; é preciso que a câmara nupcial e a imagem através da imagem entrem na verdade, que é a restauração final. É conveniente [tudo isso] para aqueles que não apenas recebem, mas que fizeram seu por méritos próprios o nome do Pai e do Filho e do Espírito Santo.

Se uma pessoa não os obtém por si mesma, até o próprio nome lhe será arrebatado. Pois bem, esses nomes se conferem na unção com o bálsamo da força [...] que os apóstolos chamavam a direita e a esquerda. Pois alguém assim não é mais um [simples] cristão, mas um Cristo.

O INTERNO E O EXTERNO

O Senhor [realizou] todo um mistério: um batismo, uma unção, uma eucaristia, uma redenção e uma câmara nupcial.

O Senhor disse: "Vim fazer [as coisas inferiores] como as superiores [e as externas] como as [internas, para uni-las] todas no lugar". [Ele se manifestou aqui] através de símbolos [...]. Aqueles, pois, que dizem: "[...] há quem está em cima [...]", se enganam, [pois] o que se manifesta [...] é o que chamam o "de baixo" e o que possui o oculto está em cima dele.

Com razão, pois se fala da parte interior e da exterior e da que está fora da exterior. E assim o Senhor chamava a perdição de "treva exterior", fora da qual nada há. Ele disse: "Meu Pai, que está escondido", e também: "Entra em tua habitação, fecha a porta e ora a teu Pai, que está escondido, é justo, o que está no interior de todos eles". Pois bem, o que está dentro deles é o Pleroma: mais interior do que ele não existe nada. Este é precisamente aquele de quem se diz: "Está por cima deles".

Antes de Cristo, saíram alguns do lugar a que não haveriam de voltar a entrar e entraram no lugar de onde não haveriam de voltar a sair. Mas Cristo, com sua vinda, tirou para fora os que haviam entrado e pôs para dentro os que haviam saído.

Enquanto Eva estava dentro de Adão, não existia a morte, mas quando se separou [dele] sobreveio a morte. Quando esta retomar e ele a aceitar, deixará de existir a morte.

"Deus meu! Deus meu! Por que, Senhor, me abandonastes?" Ele disse isso na cruz, pois havia separado daí [...] tendo sido gerado pelo [...] através de Deus. [O Senhor ressuscitou] dentre os mortos [...]. Mas seu corpo era perfeito: [tinha, sim,] uma carne, mas esta [era uma carne] de verdade. Nossa carne, ao contrário, não é autêntica, mas uma imagem da verdadeira.

A CÂMARA NUPCIAL

A câmara nupcial não é feita para os animais nem para os escravos nem para as mulheres sem honra, e sim para os homens livres e para as virgens.

Em verdade, somos gerados pelo Espírito Santo, mas reengendrados por Cristo. Em ambos os [casos] somos também ungidos pelo Espírito e – ao ser engendrados – fomos unidos também.

Sem luz ninguém poderá contemplar-se a si mesmo, nem em uma superfície de água nem em um espelho; mas, se não tens água ou espelho – ainda que tenhas luz –, tampouco poderás contemplar-te. Por isso é necessário batizar-se com duas coisas: com a luz e com a água. Pois bem, a luz é a unção.

Três eram os lugares em que se faziam oferendas em Jerusalém: um, que se abria para o Poente, chamado o "Santo"; outro, aberto para o Sul, chamado o "Santo do Santo", e o terceiro, aberto para o Oriente, chamado o "Santo dos Santos", por onde só podia entrar o sumo sacerdote. O batismo é o "Santo", [a redenção] é o "Santo do Santo", enquanto a câmara nupcial é o Santo dos Santos.

O batismo traz consigo a ressurreição [e a] redenção, a qual se realiza na câmara nupcial. Mas a câmara nupcial encontra-se na cúpula [de...]. Tu não serás capaz de encontrar [...] aqueles que fazem oração [...] Jerusalém [...] Jerusalém [...] Jerusalém [...] chamada 'Santo dos Santos' [...] o véu [...] a câmara nupcial, mas sim a imagem [...]. Seu véu rasgou-se de alto a baixo, pois era preciso que alguns subissem de baixo para cima.

Aqueles que se vestiram da luz perfeita não podem ser vistos pelas potências nem detidos por elas. Pois bem, podemos revestir-nos desta luz no sacramento, na união. Se a mulher não se houvesse separado do homem, não teria morrido com ele. Sua separação tornou-se o começo da morte. Por isso veio Cristo: para anular a separação que existia desde o princípio, para unir a ambos e para dar a vida àqueles que haviam morrido na separação e uni-los de novo. Pois bem, a mulher se une com o marido na câmara nupcial.

ADÃO E JESUS

A alma de Adão chegou à existência por um sopro. Seu cônjuge é o espírito; o espírito que lhe foi dado é sua mãe [e com] a alma lhe foi outorgado [...] em seu lugar. Ao unirem-se, pronunciou algumas palavras que são superiores às Potências. Estas tiveram-lhe inveja [...] união espiritual [...].

Jesus revelou, às margens do Jordão, a plenitude do Reino dos Céus, que [preexistia] ao Todo, nasceu ali de novo. O que antes [havia sido] ungido foi ungido de novo. O que havia sido redimido, por sua vez redimiu.

Com certeza, é importante revelar um segredo: o Pai do Todo se uniu com a virgem que havia descido, e um fogo o iluminou naquele dia. Ele deu a conhecer a grande câmara nupcial, e por isso seu corpo – que teve origem naquele dia – saiu da câmara nupcial como quem tivesse sido engendrado pelo esposo e a esposa. E também, graças a estes, encaminhou Jesus o Todo a ela, sendo preciso que todos e cada um dos seus discípulos entrem em seu lugar de repouso.

Adão deve sua origem a duas virgens, isto é, ao Espírito e à terra virgem. Por isso Cristo nasceu de uma Virgem, para reparar a queda que ocorreu no princípio.

Há duas árvores no centro do paraíso: uma produz animais, e a outra homens. Adão comeu da árvore que produzia animais e se converteu ele próprio em animal e engendrou animais. Por isso os filhos de Adão adoram os animais. A árvore cujo fruto Adão comeu é a árvore do conhecimento. Por isso multiplicaram-se os pecados. Se ele houvesse comido o fruto da outra árvore, quer dizer, o fruto da árvore da vida, que produz homens, então os deuses adorariam o homem. Deus fez o homem, e o homem faria Deus.

O mesmo ocorre no mundo: os homens produzem deuses e adoram a obra de suas mãos. Seria conveniente que os deuses venerassem os homens, como corresponde à lógica.

As obras do homem provêm de sua potência: por isso são chamadas as "Potências". Obras suas são também seus filhos, procedentes de um repouso. Por isso sua potência se origina das suas obras, enquanto o repouso se manifesta em seus filhos. E estarás de acordo em que isso diz respeito à própria imagem. Assim, pois, aquele é um homem-modelo, que realiza sua obra por sua força, mas gera seus filhos no repouso.

CÂMARA NUPCIAL E BATISMO

Neste mundo os escravos servem aos livres; no Reino dos Céus, os livres servirão aos escravos, [e] os filhos da câmara nupcial aos filhos do matrimônio. Os filhos da câmara nupcial têm um único nome: repouso. Se estão em mútua companhia, não necessitam receber forma alguma, pois possuem a contemplação, são numerosos [...]. Os que desceram nas águas, que receberam o batismo em nome de Cristo, foram salvos, pois ele disse: "[É conveniente] que cumpramos tudo aquilo que é justo".

Os que afirmam que primeiro é preciso morrer e depois ressuscitar se enganam. Se não se recebe primeiro a ressurreição em vida, nada se receberá ao morrer. Nestes termos se expressam também acerca do batismo, dizendo: "Grande coisa é o batismo, pois quem o recebe viverá".

A ÁRVORE DO PARAÍSO

O Apóstolo Filipe disse: "José, o carpinteiro, plantou um viveiro porque necessitava de madeira para o seu ofício. Ele foi quem construiu a cruz com as árvores que havia plantado. Sua semente ficou aderida ao que ele havia plantado. Sua semente era Jesus, e a cruz, a árvore".

A árvore da vida está no centro do paraíso, também a oliveira, da qual procede o óleo (crisma), por meio do qual temos a ressurreição.

O MUNDO NECRÓFAGO E O PARAÍSO

Este mundo é necrófago, um devorador de cadáveres. Tudo que nele se come morre também. A verdade, ao contrário, é uma devoradora de vida, pois nenhum dos que [dela] se alimentam morrerá. Jesus veio [do outro] lado e trouxe alimento [dali]. Aos que desejavam, ele deu vida para que não morressem.

Deus plantou um jardim. O homem [viveu no] paraíso [o]. Este paraíso [é o lugar onde me dirão: ["Homem, come] disto ou não comas [disto, conforme teu] desejo". Esse é o lugar onde comerei de tudo, já que ali se encontra a árvore do conhecimento. Esta causou a morte de Adão e deu, ao invés, vida aos homens.

A lei era a árvore: esta tem a propriedade de facilitar o conhecimento do bem e do mal, mas nem afastou [ao homem] do mal nem o confirmou no bem, senão que trouxe consigo a morte para todos aqueles que dela comeram. Pois, ao dizer: "Comei isto, não comais isto", transformou-se em princípio da morte.

A UNÇÃO E O REINO DOS CÉUS

A unção é superior ao batismo, pois é por ela que recebemos o nome de cristãos, não pelo batismo. Também Cristo foi chamado assim pela unção, pois o Pai ungiu o Filho, o Filho aos apóstolos e estes nos ungiram a nós. Quem recebeu a unção está de posse do Todo: da ressurreição, da luz, da cruz e do Espírito Santo. O Pai outorgou-lhe tudo isso na câmara nupcial, ele o recebeu. O Pai colocou sua morada no [Filho], e o Filho no Pai: isto é o Reino dos Céus.

Com razão disse o Senhor: "Alguns entraram sorrindo no Reino dos Céus e saíram rindo". Um cristão novo e, imediatamente, descendo à água e subindo, sendo Senhor do Todo. Não porque pensava que era uma zombaria, mas [porque] desprezava isto [como indigno do] Reino dos Céus. Se [o] despreza, o toma como zombaria, sairá dali rindo. O mesmo ocorre com o pão, o cálice e o óleo, se bem que haja outro [mistério] que é superior a este.

ORIGEM DO MUNDO

O mundo foi criado por culpa de uma transgressão, pois aquele que o criou queria fazê-lo imperecível e imortal, mas caiu e não pôde realizar suas aspirações. De fato, não havia incorruptibilidade nem para o mundo nem para quem o havia criado, já que incorruptíveis não são as coisas, mas os filhos, e nenhuma coisa poderá ser perdurável a não ser que se faça filho, pois como poderá dar quem não está com disposição para receber?

EUCARISTIA

O cálice da oração contém vinho e água, porque serve de símbolo do sangue, sobre o qual se faz a ação de graças. Está cheio do Espírito Santo e pertence ao homem inteiramente perfeito. Ao bebê-lo, faremos nosso o homem perfeito.

A água é um corpo. É preciso que nos revistamos do homem vivente: por isso, quando nos dispomos a descer à água, temos de nos desnudar para podermos vestir-nos com ele.

A ORIGEM DA RAÇA HUMANA

Um cavalo engendra um cavalo, um homem engendra um homem e um deus engendra um deus. O mesmo ocorre com o esposo e a esposa:

seus filhos tiveram sua origem na câmara nupcial. Não houve judeus que descendessem de gregos.

Nós, entretanto, descendemos de judeus [apesar de] cristãos [...]. Estes foram chamados de bem-aventurados, "povo escolhido" de [...] e "homem verdadeiro" e "Filho do Homem" e "semente do Filho do Homem". Esta é a que o mundo chama de "a raça verdadeira".

Estes são do lugar onde se encontram os filhos da câmara nupcial. A união é constituída neste mundo por homem e mulher, sede da força e da debilidade; no outro mundo a forma de união é muito diferente.

Existem, no entanto, outros. Eles são superiores a todo nome nomeado, ou superiores ao nome forte. Os de lá não são um e outro, mas ambos são um só. O daqui é aquele que nunca poderá ultrapassar o sentido carnal.

SER HUMANO PERFEITO E CONHECIMENTO

Não é preciso que todos os que se encontram de posse do Todo se conheçam a si mesmos inteiramente. Alguns dos que não se conhecem a si mesmos não gozarão, é verdade, das coisas que possuem. Mas os que houverem alcançado o próprio conhecimento, esses, sim, gozarão delas.

O homem perfeito não só não poderá ser detido como nem sequer poderá ser visto, pois, se o vissem, o reteriam. Ninguém estará em condições de conseguir de outra maneira esta graça, a não ser que se revista da luz perfeita e se converta em homem perfeito. Todo aquele que [houver se revestido dela] caminhará [...]: esta é a [luz] perfeita.

[É preciso] que nos façamos [homens perfeitos] antes de sairmos [do mundo]. Quem recebeu o Todo [sem ser senhor] destes lugares [não] poderá [dominar] naquele lugar; em vez disso, [irá parar no lugar] intermediário como imperfeito. Só Jesus conhece o fim deste.

O homem santo o é inteiramente, até mesmo no que toca a seu corpo, posto que, se ao receber o pão ele o santifica – do mesmo modo que santifica o cálice ou qualquer outra coisa que recebe –, como não fará santo também ao corpo?

Da mesma maneira que Jesus [fez] perfeita a água do batismo, também liquidou a morte. Por isso nós descemos, é verdade, até a água, mas não baixamos até a morte, para não ficarmos submersos no espírito do mundo. Quando este sopra, faz sobrevir o inverno, mas, quando é o Espírito que sopra, faz-se verão.

Quem possui o conhecimento da verdade é livre; pois bem, quem é livre não peca, já que só peca quem é escravo do pecado. A mãe é a verdade, enquanto o conhecimento é o pai. Aqueles aos quais não é permitido pecar, o conhecimento da verdade eleva os corações, isto é, os faz livres e os põe acima de todos os lugares. O amor, por seu lado, edifica, mas aquele que foi feito livre pelo conhecimento se faz de escravo por amor àqueles que ainda não chegaram a receber a liberdade do conhecimento; então este os capacita para fazerem-se livres. [O] amor [não se apropria] de nada, pois como [irá apropriar-se de algo se tudo] lhe pertence? Não [diz "isto é meu"] ou "aquilo me pertence", [mas diz "isto é teu"].

O amor espiritual é vinho e bálsamo. Dele gozam os que se deixam ungir com ele, mas também aqueles que são alheios a estes, desde que os ungidos continuem [ao seu lado]. No momento em que os que foram ungidos com bálsamo deixarem de [ungir-se] e partirem, ficam exalando de novo mau odor os não ungidos que apenas estavam junto a eles.

O samaritano não deu ao ferido mais do que vinho e azeite. Isso outra coisa não é senão a unção. E assim curou as feridas, pois o amor cobre inúmeros pecados.

A RELAÇÃO ENTRE OS SERES HUMANOS E O MUNDO

Os que a mulher ama se parecem com os filhos que ela concebeu. Se é o seu marido, parecem-se com o marido; se um adúltero, se parecem com o adúltero. Sucede também com frequência que, quando uma mulher se deita com seu marido por obrigação – enquanto seu coração está ao lado do adúltero com quem mantém relações –, dá à luz o que tem de dar à luz com a aparência do amante.

Vós, que estais em companhia do Filho de Deus, não ameis ao mundo e sim ao Senhor, de maneira que aqueles que vierdes engendrar não se pareçam com o mundo, mas com o Senhor.

O homem copula com o homem, o cavalo com o cavalo, o asno com o asno: as espécies copulam com seus semelhantes. Desta mesma maneira se une o espírito com o espírito, o Logos com o Logos [e a luz com a luz. Se tu] te fazes homem, [é o homem quem te] amará; se te fazes [espírito], é o espírito que se unirá contigo; se te fazes como um dos de cima, são os de cima que virão repousar sobre ti; se te fazes cavalo, asno, cão, vaca, ovelha ou qualquer dos animais que estão fora e que estão abaixo, não poderás ser amado nem pelo homem, nem pelo espírito, nem pelo Logos, nem pela luz, nem pelos de cima, nem pelos do interior. Estes não poderão vir repousar dentro de ti, e tu não farás parte deles.

Aquele que é escravo contra a sua vontade poderá chegar a ser livre. Aquele que depois de haver alcançado a liberdade pela graça do seu senhor se vendeu a si mesmo novamente como escavo não poderá voltar a ser livre.

A agricultura [deste] mundo está baseada em quatro elementos: colhe-se partindo de água, terra, vento e luz. Também a economia de Deus depende de quatro elementos: fé, esperança, amor e conhecimento. Nossa terra é a fé, na qual deitamos raízes; a água é a esperança, da qual nos [alimentamos]; o vento é o amor, pelo [qual] crescemos; a luz [é] o conhecimento, pelo [qual] amadurecemos.

A graça existe em quatro formas: a terrestre e a celeste […] o céu mais elevado […].

COMO DEVE SER O COMPORTAMENTO HUMANO

Bem-aventurado é aquele que não atribulou uma alma. Este é Jesus Cristo. Ele veio ao encontro de todos os lugares sem onerar a ninguém. Por isso é feliz aquele que é assim, pois é um homem perfeito, já que é o Logos.

Perguntai-nos a respeito dele, pois é difícil expô-lo adequadamente. Como seremos capazes de realizar esta grande obra? Como se irá conceder descanso a todos? Inicialmente, não se deve causar tristeza a ninguém, grande ou pequeno, crente ou não crente. Depois, há que proporcionar descanso àqueles que repousam no bem. Há pessoas que podem proporcionar descanso ao homem de bem. Ao que pratica o bem não lhe é possível proporcionar descanso a estes, pois não está em suas mãos; mas tampouco lhe é possível causar tristeza, ao não dar oportunidade a que eles sofram angústia. Mas o homem de bem às vezes lhes causa aflição. E não é que o faça deliberadamente, mas é a sua própria maldade o que os aflige. Aquele que possui uma natureza adequada causa prazer a quem é bom, mas alguns se afligem por isso ao extremo.

Um chefe de família (um proprietário) se proveu de tudo: filhos, escravos, [gado], cães, porcos, trigo, cevada, palha, feno, [ossos], carne e bolotas. Era inteligente e conhecia o alimento (adequado) para cada qual. Aos filhos ofereceu pão, [azeite e carne]; aos escravos, azeite de rícino [e] trigo; aos animais [deu cevada], palha e feno; [aos] cães, ossos; [aos porcos] deu bolotas e [restos de] pão.

O mesmo ocorre com o discípulo de Deus: se é inteligente, compreende o que é ser discípulo. As formas corporais não serão capazes de enganá-lo; ele se fixará na disposição de ânimo de cada qual e [assim] falará com ele. Há muitos animais no mundo que têm forma humana. Se fores capaz de reconhecê-los, deitarás bolotas aos porcos, enquanto ao gado darás cevada, palha e feno; aos cães, ossos, aos escravos distribuirás alimentos rudimentares e aos filhos, o perfeito.

CASAMENTO TERRENO E CELESTIAL

Há um Filho do Homem e há um filho do Filho do Homem. O Senhor é o Filho do Homem, e o filho do Filho do Homem é aquele que foi feito pelo Filho do Homem. O Filho do Homem recebeu de Deus a faculdade de criar. E ele tem [também] a de engendrar.

Quem recebeu a faculdade de criar é uma criatura; quem recebeu a de engendrar é um engendrado. Quem cria não pode engendrar, quem engendra não pode criar. Costuma dizer-se que quem cria engendra, mas o que engendra é uma criatura. Por [isso] os que foram engendrados por ele não são seus filhos, mas […]. O que cria atua [visivelmente] e ele mesmo permanece oculto: […] a imagem. Aquele que cria [o faz] abertamente, mas o que engendra [engendra] filhos ocultamente.

Ninguém poderá saber nunca qual é o dia em que o homem e a mulher copulam – fora eles mesmos –, uma vez que as núpcias deste mundo são um mistério para aqueles que tomaram mulher. E, se o matrimônio da poluição permanece oculto, tanto mais constituirá verdadeiro mistério o casamento impoluto. Este não é carnal, mas puro; não pertence à paixão, mas à vontade; não pertence às trevas ou à noite, mas ao dia e à luz. Se a união matrimonial se realiza a descoberto, fica reduzida a um ato de fornicação. Não só quando a esposa recebe o sêmen de outro homem, mas também quando abandona a sua alcova à vista [de outros], comete um ato de fornicação. Só lhe é permitido mostrar-se ao seu próprio pai, à sua mãe, ao amigo do esposo e aos filhos do esposo. Estes podem entrar todos os dias na câmara nupcial. Os demais que se contentem com o desejo, ainda que apenas seja o de escutar sua voz e de gozar de seu perfume e de alimentar-se dos restos que caem da mesa como os cães. Esposos e esposas pertencem à câmara nupcial. Ninguém poderá ver o esposo e a esposa, a não ser que [ele mesmo] venha a sê-lo.

A CARNE E O MUNDO CRIADO

Quando a Abraão se alegrou ao ver o que teria que ver, circuncidou a carne do prepúcio, ensinando-nos, com isso, que é necessário destruir a carne. A maior parte das realidades, enquanto seu interior permanece escondido, persistem e continuam vivendo, mas se o seu interior é revelado, morrem a exemplo do homem visível. Enquanto as entranhas do homem estão escondidas, o homem está vivo; se as entranhas aparecem e saem dele, o homem morrerá. O mesmo ocorre com a árvore: enquanto sua raiz está oculta, deita brotos e [se desenvolve], mas, quando sua raiz se deixa ver, a árvore seca.

Acontece o mesmo com qualquer coisa que tenha chegado a ser [neste] mundo, não só de forma manifesta como também oculta: enquanto a raiz do mal está oculta, este se mantém forte; assim que se revela se desintegra e logo que se manifestou desvanece. Por isso diz o Logos: "Já está posta a acha na raiz da árvore". Esta não podará, [pois] o que se poda brota de novo, mas cavará até o fundo, até arrancar a raiz. Mas Jesus arrancou de todo a raiz de todos os lugares, enquanto outros o fizeram unicamente em parte.

No que se refere a nós, todos e cada um devemos chegar à raiz do mal que está em cada qual e arrancá-la inteiramente do coração. Será arrancado, quando o conhecemos, mas, se não nos dermos conta dele, cria raízes em nós e produz seus frutos em nosso coração. Ele nos domina e faz-nos seus escravos; tem-nos presos em suas garras para que façamos aquilo que não queremos e deixamos de fazer aquilo que queremos. É poderoso porque não o reconhecemos e enquanto existe, continua agindo.

A ignorância é a mãe de todos os males. A ignorância desemboca na morte; o que provém dela não foi, nem é e nem será. Aqueles que vêm da verdade alcançarão sua perfeição quando toda a verdade se manifestar. A verdade é como a ignorância: se está escondida, descansa em si mesma; mas, se se manifesta e é reconhecida, será objeto de louvor, porque é mais forte do que a ignorância e do que o erro. Ela dá a liberdade. Já disse o Logos: "Se reconhecerdes a verdade, a verdade vos fará livres". A ignorância é escravidão, o conhecimento é liberdade. Se reconhecermos a verdade, encontraremos os frutos da verdade em nós mesmos; se nos unirmos a ela, nos trará a plenitude.

Agora estamos de posse do que é manifesto dentro da criação e dizemos: "Isto é o sólido e o cobiçável, enquanto o oculto é débil e digno de desprezo". Assim ocorre com o elemento manifesto da verdade, que é débil e desprezível, ao passo que o oculto é o sólido e digno de apreço. Manifestos são os mistérios da verdade à maneira de modelos e imagens, ao passo que o quarto nupcial – que é o Santo dentro do Santo – mantém-se oculto.

O véu ocultava no princípio a maneira como Deus governava a criação; mas, quando se rasgar e aparecer o interior, esta casa ficará deserta, ou melhor, será destruída. Mas a divindade, em seu conjunto, não abandonará estes lugares [para ir-se] ao Santo dos Santos, pois não poderá unir-se com a [luz acrisolada] nem com o Pleroma sem [mácula]. Ela se [refugiará] melhor sob as asas da cruz e [sob seus] braços. A arca [lhes] servirá de salvação quando o dilúvio de água irromper sobre eles. Os que pertencerem à linhagem sacerdotal poderão penetrar na parte interior do véu com o sumo sacerdote. Por isso rasgou – se aquele não só pela parte superior, pois [senão] só se haveria aberto para os que estavam acima; nem tampouco se rasgou unicamente pela parte inferior, porque [senão] apenas se haveria mostrado aos que estavam abaixo. Mas rasgou-se de alto a baixo. As coisas de cima nos ficaram visíveis a nós que estamos embaixo, para que possamos penetrar no recôndito da verdade. Isso é realmente o apreciável, o sólido. Mas nós havemos de entrar ali através de debilidades e de símbolos desprezíveis, pois não têm valor algum diante da glória perfeita. Há uma glória acima da glória e um poder acima do poder. Por isso nos foi dado patentear o perfeito e o segredo da verdade. E o Santo dos Santos se [nos] manifestou, e a câmara nupcial nos convidou a entrar.

A ENTRADA NA CÂMARA NUPCIAL

Enquanto isso permanece oculto, a maldade está neutralizada, se bem que não tenha sido expulsa da semente do Espírito Santo, [pelo que] eles continuam sendo escravos da maldade. Mas, quando isso se manifestar, então se derramará a luz perfeita sobre todos os que se encontrarem nela e [receberão] a unção. Então ficarão livres os escravos e os cativos serão redimidos.

Toda planta que [não] haja sido plantada por meu Pai que está nos céus [será] arrancada. Os separados serão unidos e agregados. Todo aquele que entrar na câmara nupcial irradiará [luz], pois ele [não] engendra como os matrimônios que [...] atuam na noite. O fogo [brilha] na noite e se apaga, mas os mistérios destas bodas se desenvolvem de dia e [em plena] luz. Este dia e seu fulgor não têm ocaso.

Se alguém se faz filho da câmara nupcial, receberá a luz. Quem não a recebe enquanto se encontra nestas paragens, tampouco a receberá em outro lugar. Quem recebe essa luz não poderá ser visto nem detido, e ninguém poderá molestá-lo enquanto viver neste mundo ou mesmo quando houver saído dele, [pois] já terá recebido a verdade em imagens. O mundo se converteu em éon (mundo espiritual), pois o éon é para ele plenitude, o é desta forma: manifestando-se a ele exclusivamente, não oculto nas trevas e na noite, mas oculto em um dia perfeito e em uma luz santa.

DIÁLOGO DO SALVADOR

Escrito em grego por volta do ano 150, esse livro relata diálogos gnósticos sobre a criação entre Jesus e os discípulos, de modo especial com Maria Madalena e Tomé. A criação é vista de forma negativa. A alma deve libertar-se do corpo. O autoconhecimento, o conhecimento exterior, o isolamento e a solidão são caminhos de libertação do corpo, visto como um fardo pesado, que impede a vestimenta da luz. Jesus ressuscitado é a prova de que a salvação gnóstica aconteceu. O cristão se baseia nessa esperança de salvação no além. A mulher é um impedimento para a salvação, pois ela, com as suas características próprias, a da sexualidade e da capacidade de gerar outros seres humanos, reproduz o mundo da morte.

A nossa tradução considera o texto publicado por PIÑERO, Antonio e outros. Evangelios, Hechos e Cartas: Textos gnósticos. Biblioteca de Nag Hammadi, v. II. Madri: Trotta, 1999, p. 173-187.

DIÁLOGOS DO SALVADOR

O Salvador disse aos seus discípulos: "Já chegou o tempo, irmãos, de abandonar nosso labor e de entrarmos no repouso. Pois quem estiver no repouso se repousará para sempre. Mas eu vos digo: Estejam acima e além de qualquer tempo [...] Eu vos [digo: ...Não tenhais] medo (do que está por vir) sobre vós – [de fato] eu [vos digo:] a ira é terrível [, e aquele que] provoca a ira é um... [...]. Mas, como vós tendes [...] vir de [...], eles (os eleitos) acolheram estas palavras relativas a ela (a ira) com medo e tremor. E ela (a ira) os estabeleceu com os arcontes, porque dela nada saiu. Mas eu, quando vim, abri o caminho e os instruí sobre a passagem que deverão atravessar, os eleitos e os solitários. [Estes] que conheceram o Pai porque acreditaram na verdade, enquanto vós rendíeis glória.

Quando, pois, renderdes glória, fazei-o assim: "Ouve-nos, Pai, assim como ouviste teu Filho unigênito e o acolheste à tua direita, dan[do]-lhe repouso após muitos [labores]. Tu és [aquele] cujo poder (é invencível); tuas armas (são invencíveis) [...] luz [...] viva [...] que não podemos tocar [...]. O (autêntico) Logos (trouxe) a conversão de vida [que veio] de ti. Tu és [o] pensamento e a total serenidade dos solitários".

E ainda [deveis rezar assim]: "Ouve-nos, assim como ouviste teus eleitos, aqueles (que), graças ao teu sacrifício, entram [no lugar do repouso] graças às suas boas obras, os que salvaram suas almas destes membros cegos, de sorte que subsistem eternamente. Amém".

Compartilho com vocês uma esperança: quando chegar o tempo da dissolução, a primeira potência das trevas se erguerá diante de vós. Não tenhais medo e dizei-vos que a hora chegou. Mas, se virdes um único cajado [...], compreender que [...] da obra [...] e os arcanos [...] se ergue[rão] diante de vós (não tenhais medo). De fato, o medo é a força [das trevas]. Ora, se tiverdes medo daquele que se erguerá diante de vós, ele vos devorará, pois nenhum deles será benévolo nem terá piedade de vós. Mas olhai, pois, (aquilo que) há nele, já que tendes dominado todas as palavras terrestres. É ele [que] vos conduzirá ao (lugar), lá onde não há nem autoridade (nem) tirano. Quanto a vós [...], vós vereis aqueles que [...] e igualmente [...].

[Eu] vos ensino que [...] a razão [é... o] lugar da verdade [...] não, mas eles [...]. Ora, vós, [...] da verdade. [a mente] vivente, por causa da [...] vossa alegria [...] a fim de que [...] as vossas almas [...] a palavra [...] que se elevaram [...] [... e] eles não puderam [...] e fazei-o [...]...

Em relação à cruz, ela é terrível aos vossos olhos, mas, quanto a vós, atravessai-a sem duvidar. Pois sua profundidade é grande, e [sua] altura, ainda maior: (atravessai-a) sem hesitar [...]. E o fogo que [...] (quando) todas as potências (se erguerem diante) de vós, elas... [...]. E as potências [...], elas vão [...].

[Eu] vos ensino, (pois, que) a alma... [...] se tornar [...] em cada um [...] (porque) vós sois os (filhos) [...], e porque (não sois), de fato, [os filhos do esquecimento, mas sois] os filhos de [...] e vós [...], vós (sois os filhos) do [...]".

DIÁLOGO SOBRE O CONHECIMENTO SALVÍFICO

Mateus disse: "De que modo [...]?"

O Salvador disse: "(Se co)nheces o que existe dentro de ti, [...] permanecerá. Tu [...]".

Judas (Tomé) [disse:] "Senhor, [...] as obras [...], as almas, as que [estão nos) pequenos. Quando [...], onde estarão? [...], pois o espírito [...]".

O Senhor [disse:] "[... os eleitos], por [terem alguém que] os receberá, não morrem (nem) perecem, pois conheceram (seu) consorte e aquele que os receberá junto dele. De fato, a verdade procura o sábio e o justo".

O Salvador disse:

"A lâmpada [do] corpo é o entendimento (*noûs*). Tanto que [o que está dentro de ti] está em ordem, nomeadamente [...] os vossos corpos são lu[zes]. Enquanto o vosso coração é [trevas], vossa luz, que vós esperais [...]. Eu (vos) chamei [...], pois vou partir [...] (e) minha palavra (que está) junto (de vós) [...], eu (a) envio a (vós)".

Os seus discípulos [disseram: "Senhor], quem é aquele que procura e [quem é aquele que] revela?"

[O Senhor lhes] disse: "Aquele que procura [é também aquele que] revela".

De (novo) Mateus] lhe disse: "Senhor], quando [escuto...] e falo, quem é que f[ala e quem] é que escuta?"

O [Senhor] disse: "Quem fala é quem es[cuta], e quem vê é [quem] revela".

Maria disse: "Senhor, eis que [eu] carrego um corpo: mas por qual razão choro e por qual razão [rio]?"

O Senhor disse: "(O corpo) chora por causa de suas obras [... e do] resto, e o entendimento ri por (causa do) espírito. Se alguém não [estiver de pé no meio das] trevas, [não] poderá ver [a luz]. Por isso eu vos ensino [que..., da] luz, são as trevas; [se alguém não] estiver de pé no meio das [trevas], não [poderá] ver a luz [...]. A mentira levará a luz embora [...] Vós (sereis revestidos da) [L]uz e [... é] para sempre (*faltam as linhas 11 e 12*) [... para] sempre. Então [todas] as potências que estão em cima e as que estão embaixo (vos atormentarão). Será lá que haverá choros e [ranger] de dentes, no final de [todas] as coisas.

DIÁLOGO SOBRE O ESPÍRITO, PRINCÍPIO INTERIOR

Judas (Tomé) disse: "Dize-[nos], Senhor: o que [havia] antes que [o céu e] a terra existissem?"

O Senhor disse: "Havia trevas e água, e um espírito sobre [a água]. E [eu vos] digo: [...] aquilo que procurais [e] sobre o qual perguntais está dentro de vós, e [...] a força e o mis[tério do] espírito, porque provém do [...] ver o mal [...] o entendimento (verdadeiro) [...]. É por essa razão que [...]".

[Judas] (Tomé) disse: "Senhor, dize-nos onde [a alma] está parada e onde está [o entendimento, o *noûs*] verdadeiro?"

O Senhor disse: "O fogo [do] espírito se encontra [entre] uma e outro; por isso o [espírito] veio à existência. O entendimento verdadeiro veio à existência entre ambos. Se um homem põe a alma nas alturas, então [ele] se eleva[rá]".

DIÁLOGO SOBRE A VITÓRIA SOBRE AS POTÊNCIAS

Então Mateus [lhe] perguntou: "[Aquele...]... que assumiu [...] é aquele que está [firme]?"

O Senhor [disse: "...] está mais firme que o vosso (coração. Afastai) de vós o [que não tem o poder de] vos seguir, e todas as obras [...] de vosso coração. Pois é segundo a maneira de [ser] de vossos corações [que encontrareis] o modo de obter a vitória sobre as potências lá do alto e aqui de baixo. [E] eu vos digo: [quem tem] o poder, que [o] renuncie [e se] arrependa, e (quem conhece) busque, encontre e se reju[bile]".

DIÁLOGO SOBRE O LOGOS, AGENTE
CRIADOR QUE SAI DO PAI

Judas (Tomé) disse: "Eis que [eu] vejo que todas as coisas existem [...] como sinais sobre a [terra]. Por essa razão vieram à existência assim como são?"

O Senhor [disse:] "Quando o Pai criou o mundo, nele ele [reuniu] as águas. [O seu] Logos saiu dele e veio habitar em uma multidão [...]. [E] se elevou acima do caminho [... que contorna] toda a terra... [...], pois a água reunida [...] está fora delas (das estrelas). [E no exterior] da água há um grande fogo que as circunda como uma muralha. Os tempos [foram contados] desde quando uma multidão de coisas separou-se da[quilo que] estava no interior. Quando o (Logos) foi criado, ele olhou o [Pai]. Este lhe disse: "Vai e (espalha o teu sêmen), a fim de que (a terra) não conheça a escassez de geração em geração, de eras em eras". [Então a terra] fez jorrar de seu interior fontes de leite e mel, óleo, [vinho] e bons frutos, além do sabor agradável e boas raízes, [para que] não houvesse escassez de geração em geração, de eras em eras.

E Ele, o que está acima [...]. Ele colocou-se de pé [...]. Sua beleza [...], e fora [havia uma grande] luz [mais] poderosa [de] tudo o que se lhe assemelha, pois é ele que reina sobre [todos] os éons superiores e inferiores. Estes apanharam a [l]uz do fogo e a espalharam pelo [firma]mento de alto a baixo. Deles dependem todas as obras. São eles [que estão] acima do céu que há nas alturas e [acima] da terra que está mais embaixo. Deles dependem todas as obras".

Logo que Judas (Tomé) ouviu essas coisas, inclinou-se com [devoção] e rendeu glória ao Senhor.

DIÁLOGO SOBRE VER O LUGAR DA VIDA

Maria perguntou aos seus irmãos: "[As coisas] que pedis ao Filho do [homem], onde ireis colocá-las?"

O Senhor lhe [disse:] "Irmã, [ninguém] poderá procurar estas coisas, a não ser que tenha um lugar para colocá-las em seu coração [se não tiver o poder] de sair deste [mundo] e de entrar no [lugar da vida], a fim de não ser retido [neste] mundo de pobreza".

Mateus disse: "Senhor, quero [ver] esse lugar da vida, [esse lugar] onde não há o mal, mas que é pura [l]uz".

O Senhor [disse:] "Irmão Mateus, de fato, não podes vê-lo enquanto carregares a carne".

Mateus disse: "Senhor, mesmo que eu não possa vê-lo, faze com que eu [o] co[nheça]".

O Senhor disse: "Qualquer um que conheceu a si mesmo [o] viu. Todas as coisas que lhe é dado a fazer, as (faz), e consegue [assemelhar-se] a ele por sua bondade".

DIÁLOGO SOBRE O LOGOS NO MUNDO E NOS HOMENS

Judas (Tomé) respondeu, dizendo: "Dize-me, Senhor: [o tremo]r que faz mover a terra, como se produz?"

O Senhor apanhou uma pedra, escondeu-a na mão e [perguntou:

"O que] seguro em minha mão?"

Ele (Judas Tomé) disse: "Uma pedra".

Ele lhe disse: "O que sustenta a terra sustenta também [sustenta] o céu. Quando um logos sair da Grandeza, ele virá sobre o que sustenta o céu e a terra. A terra, de fato, não se move, pois, se se movesse, cairia. E isso acontece para que a Palavra primordial não seja vã, já que foi ela que estabeleceu o mundo, habitou nele e assumiu [seu] odor. De fato, todas as coisas imutáveis eu (as digo) a vós todos, filhos dos homens, pois procedeis daquele lugar. Vós estais no coração daqueles, cujas palavras emergiram do júbilo e da verdade. Se ele (o Logos) vem do corpo do Pai para junto dos homens, e estes não o recebem, ele retorna ao seu lugar".

DIÁLOGO SOBRE DITOS SAPIENCIAIS SOBRE O CONHECIMENTO

"Quem [não] conhece [a obra] da perfeição, nada conhece. Se alguém não permanece de pé no meio das trevas, não poderá ver a luz.

Quem não [compreende] como é gerado o fogo, queimará nele, já que desconhece sua origem. Se alguém não conhece primeiro a água, nada conhece. A que lhe serve então ser batizado nela? Quem não compreende como é gerado o vento que sopra, por ele será levado. Quem não compreende como o corpo que carrega veio à existência, morrerá com ele.

E quem [não] conhece [o Filho], como poderá conhecer o [Pai]?

E quem não conhece a origem de todas as coisas, estas restar-lhe-ão escondidas. Quem não conhece a raiz do mal, a ele não será estranho. Quem não compreende como veio [ao mundo], tampouco compreenderá como sairá [dele], e ele não será estranho a este mundo, que (acabará) e será humilhado".

399

VISÃO APOCALÍPTICA: ACEDER À SALVAÇÃO

Então [tomou consigo] Judas (Tomé), Mateus e Maria […] dos confins do céu e da terra. [E] logo que pousou sua [mão] sobre eles, estes esperavam poder vê-lo. Judas (Tomé) ergueu os olhos e viu um lugar muito elevado; em seguida viu o abismo embaixo. Judas (Tomé) disse a Mateus:

"Irmão, quem poderá alcançar altura tão imensa ou (descer) até o fundo do abismo, já que há nele um grande fogo e um grande terror?"

Naquele instante surgiu um logos (uma palavra) (do lugar elevado). Como (Judas Tomé) estivesse lá em pé, o viu descer. Então disse: "Por que desceste?"

E o Filho do Homem o saudou e disse: "Um grão saído de uma potência era deficiente e desceu à profundeza da terra. E a Grandeza se lembrou do grão e lhe enviou o Logos. Este o elevou novamente à presença da Grandeza, a fim de que a primeira palavra não fosse vã".

[Seus] discípulos se maravilharam com todas as coisas que lhes havia dito e o acolheram com fé. E compreenderam que não era mais necessário ver o mal.

Então ele disse aos seus discípulos: "Acaso não vos disse que os bons serão levados à luz da qual percebemos a tonalidade e o clarão, e que podem ser vistos?"

Então todos os seus discípulos lhe renderam glória dizendo: "Senhor, antes de manifestar-te aqui na terra, quem te rendia glória, já que é por ti que existem todas as glórias? Ou quem [te] bendirá, já que é de ti que vem toda bênçao?"

Como ainda permanecesse ali em pé, ele (Judas Tomé) viu dois espíritos que carregavam uma única alma em meio a um clarão de luz. E uma palavra se elevou do Filho do Homem e dizia: "Dá-lhes suas vestes".

[E] o menor tornou-se como o grande; eles [se assemelhavam] aos que os haviam recebido. Então, os discípulos […].

DIÁLOGO SOBRE O ALCANÇAR A SALVAÇÃO

Maria [disse:] "veja o mal [...] o primeiro".

O Senhor [lhe] disse: "[...] quando os viste [...] tornarem-se grandes, eles (não) morrerão [...]... E quando enxergares Aquele que existe eternamente, esta é a grande visão".

Então lhe disseram todos: "Descreve-a para nós".

Ele lhes disse: "Como a quereis ver: [em] uma visão passageira ou em uma visão eterna?"

E disse ainda: "[Comba]tei para conservar o que pode [vos] acompanhar, buscai-o e falai dentro deste, de modo que todas as coisas que buscais estejam em harmonia convosco. Pois, quanto a mim, (eu) vos [digo]: na verdade, [está] em vós o Deus vivo, (e vós estais) nele".

Judas (Tomé) lhe disse: "De fato eu quero [...]".

O Senhor lhe disse: "[O Deus] vivo é [...] tudo, nenhuma necessidade [...]".

Judas (Tomé) [disse:] "Quem está [acima de nós]?"

O Senhor disse: "[Estão] todas as coisas que são [...]; quanto ao resto, [...] é isto que está em vosso domínio".

Judas (Tomé) disse: "Eis que os arcontes estão acima de nós. Serão eles, portanto, os que reinarão sobre nós?"

O Senhor disse: "Sois vós que reinareis sobre eles; mas somente quando vos libertardes da inveja. Então vos revestireis da luz e entrareis no quarto nupcial".

Judas (Tomé) disse: "De que forma nos serão trazidas [nossas] vestes?"

O Senhor disse: "Alguns vo-las trarão, [e] serão outros que (vos) receberão. De fato, são eles que vos [darão] vossas vestes. Pois quem seria capaz de transpor aquele lugar? Ele é muito... [...]...! Mas as vestes da vida foram dadas ao homem, pois ele conhece o caminho pelo qual ele partirá. E mesmo para mim (este) é um lugar difícil de transpô-lo".

Maria disse: "Assim é para as 'preocupações de cada dia' e 'o operário merece o seu alimento' e 'que o discípulo se assemelhe ao seu mestre'".

Ela proferiu estas palavras como uma mulher que compreendeu perfeitamente (o Todo).

DIÁLOGO SOBRE A PLENITUDE (O PLEROMA) E A INSUFICIÊNCIA

Os discípulos lhe disseram: "O que é o Pleroma e o que é a insuficiência?"

Ele lhes disse: "Vós saístes do Pleroma e vos encontrais no lugar da insuficiência. E eis que a sua luz se difundiu sobre mim".

Mateus disse: "Dize-me, Senhor: de que maneira os mortos morrem e de que maneira os vivos vivem?"

O Senhor disse: "[Tu] me perguntaste sobre uma palavra […] que nenhum olho viu e que eu jamais ouvi, exceto de ti. Ora, eu te digo: quando for retirado o que move o homem, o denominaremos "o morto", e, quando o que está vivo abandonar o que está morto, o denominaremos "o vivente".

Judas disse: "Por que, então, de fato, (se pode dizer) que [morremos] e que vivemos?"

O Senhor disse: "O que é oriundo da verdade não morre; o que é oriundo da mulher morre".

Maria disse: "Dize-me, Senhor: por que vim a este lugar (aqui na terra)? É para encontrar um ganho ou sofrer uma perda?"

O Senhor disse: "É para que manifestes a abundância do revelador".

Maria lhe disse: "Senhor, existe, pois, algum lugar […] (que seja) vazio ou desprovido de verdade?"

O Senhor disse: "Sim, o lugar onde eu não estou".

Maria disse: "Senhor, és terrível e maravilhoso, e és um [fogo que con] some os que não [te] conhecem".

DIÁLOGO SOBRE A LUTA PELO REPOUSO FINAL

Mateus disse: "Por que não repousamos já neste momento?"

O Senhor disse: "(Vós o fareis) quando tiverdes depositado estes fardos".

Mateus disse: "De que maneira o pequeno se junta ao grande?"

O Senhor disse: "Quando abandonardes as obras que não poderão vos acompanhar, então repousareis".

Maria disse: "Eu quero compreender todas as obras [da forma] como elas são".

O Se[nhor] disse: "Aquele que procura a vida (o saberá). Pois essa é a sua riqueza. Pois o repouso deste mundo é uma [mentira], e seu ouro e sua prata são causa de perdição".

Os seus discípulos lhe disseram: "O que devemos fazer para que a nossa obra seja concluída?"

O Senhor lhes disse: "Estejam [preparados] para enfrentar qualquer coisa. Feliz o homem que encontrou a (guerra e) viu o combate com seus olhos: [...] ele não matou nem foi morto, mas saiu dela vitorioso".

Judas (Tomé) disse: "Dize-me, Senhor, qual é o início do caminho?"

Ele disse: "O amor e a bondade, pois, se um deles houvesse existido entre os arcontes, nenhum mal jamais teria acontecido".

DIÁLOGO SOBRE O ACOLHER O CONHECIMENTO

Mateus disse: "Senhor, falaste sem dificuldade do fim do universo".

O Senhor disse: "Todas as coisas que vos disse as tendes compreendido e recebido com fé. Se as tendes conhecido, elas são vossas; do contrário, não seriam vossas".

Estes lhe disseram: "Qual é o lugar para onde iremos?"

O Senhor disse: "O mais longe que puderdes ir, permanecei lá".

Maria disse: "Podemos ver todas as coisas [que] são desta maneira estabelecidas?"

O Senhor disse: "Eu vos disse [que] quem [as] vê é ele que as revela".

Seus discípulos, que eram doze, lhe perguntaram: "Mestre, [...] a sereni[dade...], ensinai-nos [...]".

O Senhor disse: "(Se compreendestes) tudo o que [vos] tenho dito, vós sereis [imortais] no todo".

Maria disse: "É uma única palavra que direi ao Senhor a respeito do mistério da verdade: 'É nisso que nos agarramos e é aos seres deste mundo que somos visíveis'".

DIÁLOGO SOBRE O DESPIR-SE E REVESTIR-SE

Judas (Tomé) disse a Mateus: "Queremos saber com qual tipo de veste nos revestiremos quando saímos da corrupção da [carne]".

Senhor disse: "Os arcontes e os administradores usarão vestes que lhes são dadas provisoriamente e que não duram. [Mas] vós, enquanto filhos da verdade, não vos revestireis com vestes provisórias. Eu vos digo, ao contrário, que sereis felizes quando vos despirdes. De fato, não é grande coisa [...] fora".

DIÁLOGO SOBRE AS OBRAS DA FEMINILIDADE

[... Disse:] "Eu falo, eu... [...]".

O Senhor disse: "De fato, ... [...] do vosso Pai [...] ...".

Maria disse: "De que espécie é esse [grão] de mostarda? É do céu ou da terra?"

O Senhor disse: "Quando o Pai predispôs o mundo por si mesmo, ele deixou muito (a ser feito) pela Mãe de Tudo. É por isso que ele semeia e age".

Judas (Tomé) disse: "Isso o disseste a partir do entendimento da verdade. Quando rezamos, de que maneira devemos rezar?"

O Senhor disse: "Rezai em algum lugar onde não haja nenhuma mulher".

Mateus disse: "O que nos dizes é: 'Rezai em algum lugar onde não haja nenhuma mulher', vale dizer: 'Destruí as obras da feminilidade', não porque haja outra [maneira de procriar], mas porque elas (as mulheres) cessarão de [dar à luz]".

Maria disse: "(Estas obras) jamais serão aniquiladas!"

O Senhor disse: "Quem sabe se [elas não] serão dissolvidas [e até mesmo completamente aniquiladas,] as [obras] da feminilidade (aqui na terra)?"

DIÁLOGO SOBRE O ENCONTRO COM OS ARCONTES

Judas (Tomé) disse [a] Mateus: "Serão destruídas as obras da feminilidade! [...] os arcontes, (eles convocarão) ... [...]... Assim estaremos prontos para encontrá-los".

O Senhor disse: "De fato, eles vos veem? Eles, que [vos] receberão, vos veem? Eis mais uma palavra [pertencente ao céu] que vem do Pai em direção ao abismo; é em silêncio e como um clarão que (o Pai) a engendra. Eles a veem ou dispõem de algum poder sobre ela? Sois, pelo contrário, vós (que tendes este poder), vós que tendes conhecido [o caminho que nenhum anjo] nem autoridade (conheceu): (este é o caminho) do Pai e do Filho, pois os dois não são senão [apenas] um. E vós caminhareis pelo [caminho] que tendes conhecido. E, mesmo que os arcontes se tornassem mais potentes, não poderiam, de fato, percorrê-lo. Na [verdade] vos [digo] que [até para mim] é difícil [percorrê-lo]".

DIÁLOGO SOBRE A DISSOLUÇÃO DAS OBRAS

[Maria] disse [ao] Senhor: "Quando serão [dissolvidas] as obras? [O que] [...] dissolve uma obra [?]".

[O Senhor disse:] "De fato sabes [que] [...], se eu dissolvo [...], irá ao seu lugar".

Judas (Tomé) disse: "Em que se manifesta o [espírito]?"

O Senhor respondeu: "Em que se [manifesta] a espada?"

Judas (Tomé) disse: "Em que a luz (se manifesta)?"

O Senhor respondeu: "[Manifesta-se] nela para sempre".

Judas (Tomé) disse: "Quem perdoa as obras a quem? São as obras que per[doam] o mundo (ou é o mundo que) perdoa as obras?"

O Senhor disse: "Quem [...?] Quem compreendeu as obras deve fazer a [vontade] do Pai".

CONCLUSÃO: DISCURSO FINAL DO SALVADOR

Quanto a vós, lutai para afastar de vós a [ira] e a inveja e despi-vos dos vossos [...] e não... [...] [*faltam as linhas 1-7; e as linhas 8-12 são inelegíveis*] [...] fazer troça [...]. Pois eu [vos] digo: tomai [... *falta a linha 16*] vós [... quem] procurou; tendo [encontrado...,]... este [repousará e...] viverá para[20]) [sempre]. E eu [vos] digo: [...]... a fim de não desencaminhardes [os vossos] espíritos nem as vossas almas.

[O diálo]go do Salvador

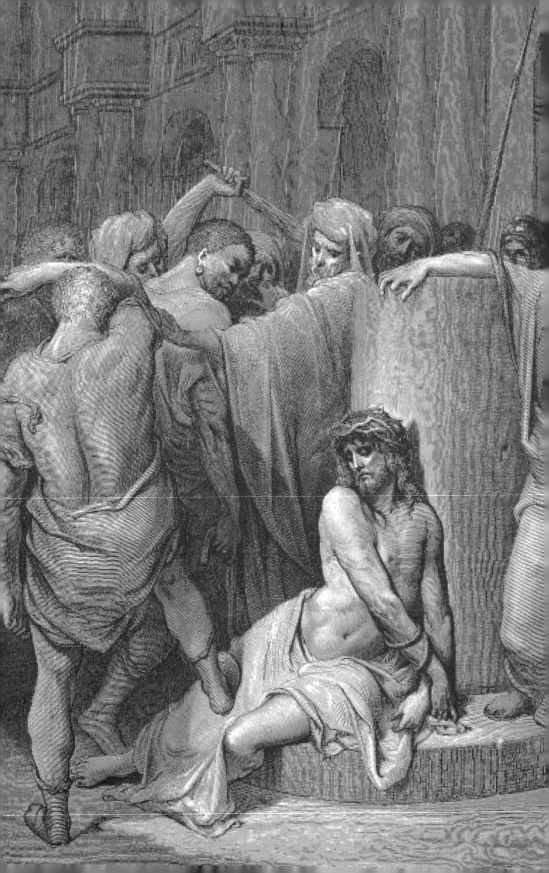

História de Pilatos

Em torno da figura de Pilatos, os cristãos escreveram vários textos apócrifos com o objetivo de salvaguardar essa personagem que passou para a história como sendo aquele que poderia ter evitado a crucifixão de Jesus, mas preferiu se omitir com o gesto de lavar as mãos.

Nesses apócrifos, Pilatos escreve várias cartas para as autoridades romanas demonstrando a sua inocência, mas é condenado por César por não ter impedido a morte do justo Jesus. Pilatos é levado diante do imperador vestindo as roupas da crucifixão de Jesus. Teria Pilatos se convertido ao cristianismo? O fim de sua vida é triste.

RELATÓRIO (ANÁFORA) DE PILATOS A CÉSAR AUGUSTO

Este apócrifo é também conhecido como anáfora, substantivo grego traduzido por nós por "relatório". Na verdade, trata-se de um relato dos dias que se seguiram à crucificação de Jesus, quando Pôncio Pilatos era governador da Palestina e da Fenícia, e que foi enviado a César Augusto, em Roma. São memórias, escritas em Jerusalém, referentes aos atos que os judeus cometeram contra Jesus.

Pilatos, juntamente com a sua correspondência particular sobre seus atos administrativos, envia esse relatório ao imperador. A data do texto é, provavelmente, do século VII.

A nossa tradução tem como referência o texto grego, publicado por Tischendorf, reproduzido por Santos Otero em Los evangelios apócrifos *(Madri: Biblioteca de Autores Cristianos, 1962), bem como por Lincoln Ramos em* O drama de Pilatos *(Petrópolis: Vozes, 1991).*

A CARTA

Ao excelentíssimo, piedosíssimo, diviníssimo e mui terrível César Augusto.

Do governador da província oriental, Pilatos.

Excelência, o relatório que lhe farei procede do fato de sentir-me coibido pelo temor e pelo tremor. Pois já sabeis que nesta província que governa, única entre as cidades quanto ao nome de Jerusalém, o povo judeu em massa entregou-me um homem chamado Jesus, acusando-o de muitos crimes que eles mesmos não foram capazes de comprovar.

Havia entre eles um grupo que o odiava, pois Jesus dizia-lhes que o *Shabbat* ("sábado") não era dia de descanso nem de festa para ser guardado. Ele, efetivamente, operou muitas curas nesse dia, a saber: devolveu a visão a cegos e a faculdade de andar a coxos; ressuscitou os mortos; limpou os leprosos; curou os paralíticos; pessoas que eram incapazes de movimentos corporais, ele deu-lhes forças para andar e correr. Ele acabava com qualquer enfermidade somente com o uso de sua palavra.

JESUS RESSUSCITA LÁZARO

Outra nova ação mais assombrosa, desconhecida entre nossos deuses: ressuscitou um morto de quatro dias somente dirigindo-lhe a palavra; e é de notar que o morto já tinha o sangue coagulado e estava putrefato por causa dos vermes que saíam de seu corpo e exalava um mau cheiro de cão. Quando Jesus o viu imóvel, como estava no sepulcro, ordenou que se levantasse e corresse. E ele, como se não tivesse um mínimo de cadáver, mas fosse como um esposo que sai do quarto nupcial, assim saiu do sepulcro, transbordante de perfume.

JESUS E OS ENDEMONIADOS

E a alguns estrangeiros, totalmente endemoniados, que moravam nos desertos e comiam suas próprias carnes, conduzindo-se como bestas e répteis, também a eles tornou-os honrados cidadãos. Eles se tornaram prudentes com a sua palavra e preparados para serem sábios, poderosos e gloriosos e para se relacionarem com todos os que odiavam os espíritos imundos e malvados que habitavam neles anteriormente, os quais arremessou no fundo do mar.

RELATOS DE MILAGRES DE JESUS E A SUA INJUSTA CRUCIFIXÃO

Além disso, havia outro que tinha a mão seca. Melhor dizendo, não somente a mão, mas toda a metade do seu corpo estava paralisada, de maneira que não tinha nem a figura de um homem nem a dilatação de músculos. Também este foi curado. Somente uma palavra, e ficou sadio.

Havia outra mulher com problemas hemorrágicos, cujas articulações e veias estavam esgotadas pelo fluxo de sangue, a tal ponto que já sequer se podia dizer que era corpo humano, assemelhando-se a um cadáver. Havia ficado até sem voz. Tal era a gravidade de seu estado que nenhum médico do território encontrou uma forma de curá-la ou sequer de lhe dar uma esperança de vida. Certa vez Jesus passava por ali em segredo e a mulher, retirando forças da sombra dele, tocou, por detrás, a orla de sua túnica. Imediatamente sentiu uma força que preenchia seus vazios e, como se nunca tivesse estado doente, começou a correr agilmente em direção à sua cidade, Cafarnaum, caminhando de tal forma que quase igualava qualquer pessoa que percorresse de uma só vez seis jornadas.

Isso que acabo de relatar com toda a ponderação, Jesus fez em um *Shabbat* ("sábado"). Além disso, operou outros milagres maiores do que estes, de maneira que chego a pensar que suas façanhas são superiores àquelas que fazem os deuses venerados por nós.

Este, pois, é Aquele a quem Herodes, Arquelau, Filipe, Anás e Caifás entregaram-me em conivência com todo o povo, pressionando-me para que eu o julgasse. E assim, embora sem haver constatado de sua parte nenhum tipo de delito ou má ação, mandei que o crucificassem depois de submetê-lo à flagelação.

O MOMENTO DA MORTE DE JESUS

E, enquanto o crucificavam, sobrevieram algumas trevas que cobriram toda a terra, deixando o sol obscurecido em pleno meio-dia e fazendo aparecer as estrelas, as quais não resplandeciam; a luz parou de brilhar, como se tudo estivesse tingido de sangue, e o mundo dos infernos foi absorvido; e, com a queda dos infernos, até mesmo o que era chamado de santuário desapareceu da vista dos próprios judeus.

Finalmente, pelo eco repetido dos trovões, produziu-se uma fenda na terra. E, quando ainda o pânico se fazia sentir, apareceram alguns mortos que havia ressuscitado, como testemunharam os próprios judeus. Eles afirmaram que era Abraão, Isaac, Jacó, os doze patriarcas, Moisés e Jó, e, como eles diziam, os primeiros dos que haviam falecido três mil e quinhentos anos antes. E muitíssimos deles, que eu também pude ver fisicamente, lamentavam-se por sua vez, por causa dos judeus, pela maldade que estavam cometendo, pela sua perdição e pela perdição de sua lei.

O medo do terremoto durou desde o meio-dia até as três horas da tarde de sexta-feira. E, ao chegar à tarde do primeiro dia da semana, ouviu-se um eco vindo do céu, que por sua vez adquiria um resplendor sete vezes mais vivo do que todos os dias. E às nove horas da noite chegou a aparecer o sol, brilhando mais do que nunca e embelezando todo o firmamento.

O MOMENTO DA RESSURREIÇÃO DE JESUS

E da mesma forma que no inverno os relâmpagos sobrevêm de repente, assim também apareceram subitamente alguns varões, excelsos pelas suas vestes e pela sua glória, que tinham vozes semelhantes ao soar de um enorme trovão, dizendo: "Jesus, o que foi crucificado, acaba de ressuscitar". Sua voz ressoou: "Levantai do abismo aqueles que estão presos nas profundezas do inferno". E a fenda da terra era tamanha que parecia não ter fundo, já que deixava ver os próprios fundamentos da terra, entre os gritos daqueles que estavam no céu e passeavam fisicamente no meio dos mortos que acabavam de ressuscitar. E Jesus, que deu vida aos mortos e acorrentou o inferno, dizia: "Dai este aviso aos meus discípulos: 'O Senhor à vossa frente até a Galileia. Lá me vereis de novo'".

OS JUDEUS QUE ACUSARAM JESUS SÃO PUNIDOS

Durante toda aquela noite, a luz não deixou de brilhar. E muitos dos judeus pereceram absorvidos pela fenda da terra, de maneira que no dia seguinte grande parte dos que haviam estado contra Jesus já não estavam ali. Outros viram aparições de ressuscitados que nenhum de nós havia visto. E em Jerusalém não ficou nem uma só sinagoga dos judeus, pois todas desapareceram naquele terremoto.

DESPEDIDA

Assim, estando fora de mim devido àquele pânico e tolhido ao extremo por um horrível tremor, fiz para vossa excelência o relatório escrito do que meus olhos viram naqueles momentos. E, além disso, rememorando o que os judeus fizeram contra Jesus, remeto este relatório à vossa divindade, ó meu soberano.

TRADIÇÃO (PARÁDOSIS) SOBRE PILATOS

Trata-se, possivelmente, da continuação da anáfora de Pilatos, sendo, portanto, o mesmo autor que a compôs por volta do século VII. A nossa tradução tem como referência o texto grego, publicado por Tischendorf, reproduzido por Santos Otero em Los evangelios apócrifos *(Madri: Biblioteca de Autores Cristianos, 1962), bem como por Lincoln Ramos em* O drama de Pilatos *(Petrópolis: Vozes, 1991).*

A narrativa conta a prisão de Pilatos em Roma e seu interrogatório. O imperador reconhece que Jesus era o rei dos judeus, repreende Pilatos e lança um decreto contra os judeus exigindo que o povo fosse expulso da Judeia e sua extinção por causas de seus crimes. Posteriormente, os judeus foram dispersos por todo o mundo. Pilatos teve a sua cabeça decepada. Antes, ele rezou implorando a Jesus sua própria libertação, pois agira por ignorância.

PRÓLOGO

Quando a carta de Pilatos chegou a Roma, ela foi lida para César na presença de muitas pessoas. Todas ficaram atônitas ao ouvir que, por causa do delito de Pilatos, as trevas e o terremoto haviam afetado toda a terra. E César, encolerizado, enviou soldados para que prendessem Pilatos.

PILATOS É INTERROGADO

Quando Pilatos chegou a Roma, César foi inteirado de sua chegada, sentou-se no templo dos deuses, à frente do senado, acompanhado de todos os militares e da multidão que integrava suas forças, e deu ordens para que Pilatos se aproximasse e ficasse em pé.

E a seguir disse-lhe: "Por que tiveste a ousadia de fazer tais coisas, monstro de impiedade, depois de haveres visto prodígios como os que fazia aquele homem? Por teres te atrevido a cometer tal infâmia, causaste a ruína do universo".

Pilatos, então, disse: "Ó soberano imperador, eu não sou culpado disso. Os que incitaram e os judeus são os responsáveis". E perguntou César: "E quem são eles?" Pilatos respondeu: "Herodes, Arquelau, Filipe, Anás, Caifás e toda a turba dos judeus".

César retrucou: "E por que tu te rendeste ao propósito deles?" Pilatos disse: "Sua nação é revoltada e insubmissa ao vosso império". Ao que César replicou: "Em vez de entregá-lo aos judeus, tu deverias tê-lo colocado em um lugar seguro e, depois, tê-lo enviado a mim, e não deixar que eles te persuadissem a crucificar um ser notável como este, que era justo e que fazia prodígios tão bons como os que fazias constar de teu relatório. Pois sinais como estes permitem reconhecer que Jesus era o Cristo, o rei dos judeus".

DEUSES ROMANOS QUEBRAM-SE AO OUVIR O NOME DE CRISTO

Quando César acabara de mencionar o nome de Cristo, a multidão de deuses desmoronou e ficou reduzida a uma nuvem de pó que ocupou o recinto no qual César estava sentado na companhia do senado. O povo que estava na presença de César ficou amedrontado ao ouvir pronunciar o nome e presenciar a queda daqueles deuses. Apavorados de medo, eles correram para casa, cheios de admiração pelo que acabavam de presenciar.

Então César ordenou que Pilatos fosse submetido a uma severa vigilância, de forma que ele pudesse conhecer a verdade sobre o que se relacionava a Jesus.

PILATOS SE DEFENDE DIANTE DO IMPERADOR

No dia seguinte, César sentou-se no capitólio, no templo dedicado ao deus romano Júpiter, juntamente com todo o senado, e começou a interrogar Pilatos novamente. César disse: "Dize a verdade, monstro de impiedade, pois, pela ímpia ação que levaste a cabo contra Jesus, tua má conduta veio manifestar-se até aqui, com os deuses fazendo-se em pedaços. Dize-me, então, quem é aquele crucificado, já que seu nome trouxe a perdição até os nossos deuses?"

Pilatos respondeu: "Efetivamente, tudo o que dele se fala é verdadeiro; eu próprio, ao ver suas obras, cheguei a persuadir-me de que aquela notável pessoa era de uma categoria superior aos deuses que nós veneramos". Então César perguntou: "Como, então, tiveste a ousadia de fazer aquilo contra ele, conhecendo-o como o conhecias? Ou o fato é que tramavas algum mal contra o meu império?"

Pilatos respondeu: "Fiz isso pela iniquidade e pela revolta desses judeus sem lei e sem Deus".

O IMPERADOR LANÇA UM DECRETO CONTRA OS JUDEUS

Então, encolerizado, César deliberou com todo o senado e com seu exército. E mandou escrever um decreto contra os judeus nos seguintes termos: "A Licínio, governador da província oriental, saúde. Chegou ao meu conhecimento o ato atrevido e ilegal que teve lugar em nosso tempo por parte dos judeus que habitam Jerusalém e as cidades circunvizinhas, até o ponto de terem obrigado Pilatos a crucificar certo deus chamado Jesus, crime tão horrendo que por ele o universo, envolto em trevas, quase ia sendo arrastado à ruína. Então faz cair sobre eles tuas forças, e declara a escravidão por meio do presente edito. Sê obediente à ordem de atacá-los e dispersá-los pelo mundo; reduz à servidão os judeus em todas as nações, e, depois de expulsar de toda a Judeia até a relíquia mais insignificante de sua raça, faz com que nada deles se conserve, cheios como estão de maldade".

Tendo esse edito chegado ao Oriente, Licínio obedeceu ao terrível teor da ordem e exterminou a nação inteira dos judeus. Os que ficaram na Judeia foram levados para a diáspora das nações para serem escravos. O fato chegou ao conhecimento de César, ou seja, o que Licínio havia feito contra os judeus no Oriente, o que muito o agradou.

PILATOS É DEGOLADO; UM ANJO RECOLHE SUA CABEÇA

E César dispôs-se novamente a julgar Pilatos. Depois mandou que um chefe chamado Álbio lhe cortasse a cabeça dizendo: "Da mesma maneira que este levantou a sua mão contra aquele homem justo chamado Cristo, de maneira semelhante este também cairá sem remissão".

Mas Pilatos, quando chegou ao lugar indicado, pôs-se a orar em silêncio desta forma: "Senhor, não me faças perder na companhia dos perversos judeus, pois eu não teria levantado a minha mão contra ti não fosse o povo dos judeus iníquos, que se rebelaram contra ti; mas sabes que agi sem saber. Assim, então, não me faças perder por este pecado, porém sê benigno comigo, ó Senhor, e com tua serva Prócula, que está ao meu lado nesta hora da minha morte e a quem dignaste designar como profetisa da tua futura crucificação. Não condenes também a ela pelo meu pecado, mas perdoa-nos e conta-nos dentre os teus escolhidos".

Quando Pilatos terminou sua oração, sobreveio uma voz que dizia: "Bem-aventurado chamar-te-ão as gerações e as pátrias das gentes, porque no teu tempo cumpriram-se todas estas coisas que tinham sido ditas pelos profetas sobre mim. Haverás de ser testemunha por ocasião da minha segunda vinda, quando irás julgar as doze tribos de Israel e aqueles que não reconheceram meu nome".

Em seguida, o algoz lançou por terra a cabeça de Pilatos, e eis que um anjo do Senhor a recebeu. E Prócula, sua mulher, transbordando de alegria ao ver o anjo que vinha para receber a cabeça dele, entregou também seu espírito no mesmo instante, e foi sepultada juntamente com seu marido.

CARTA DE PILATOS A TIBÉRIO

Datada do século V, esta carta relata o arrependimento de Pilatos pela morte de Jesus. Ele declara que, pressionado pelo povo, chefes, escribas e anciãos judaicos, teve medo e permitiu o suplício de Jesus. Ele se declara arrependido, mas reconhece que Jesus devia sofrer conforme previam as Escrituras.

A nossa tradução tem como referência o texto grego, publicado por Tischendorf, reproduzido por Santos Otero em Los evangelios apócrifos *(Madri: Biblioteca de Autores Cristianos, 1962), bem como por Lincoln Ramos em* O drama de Pilatos *(Petrópolis: Vozes, 1991).*

PRÓLOGO

O quinto dia das calendas de abril.

Eu, Pôncio Pilatos, saúdo o Imperador Tibério César.

Jesus Cristo, sobre quem falei nos meus últimos relatórios, foi, finalmente, entregue a um duro suplício a pedido do povo, cujas instigações segui por medo e contra minha vontade.

Juro, por Hércules, que um homem piedoso e correto como esse nunca existiu nem existirá jamais em época alguma. A verdade é que houve uma pressão do povo judeu para conseguir a crucificação deste embaixador da Verdade, além de uma conspiração de todos os escribas, chefes e anciãos, apesar das declarações de seus profetas, ou, como nós dizemos, as nossas mulheres oraculares, as sibilas.

Enquanto ele estava dependurado na cruz, apareceram sinais que sobrepunham as forças naturais que anunciavam, segundo o entendimento dos filósofos, a destruição de todo o mundo.

Seus discípulos ainda vivem e não desdizem o Mestre nem suas obras e nem a pureza de sua vida. Eles continuam ainda fazendo boas obras em nome dele. Portanto, se não fosse pelo temor de uma possível revolta entre o povo que já estava quase enfurecido, talvez aquele distinto homem ainda pudesse estar entre os vivos.

Atribui, pois, mais ao meu senso de fidelidade para contigo do que ao meu próprio capricho o fato de não haver resistido com todas as minhas forças para que o sangue de um justo, livre de toda culpa, mas vítima da malícia humana, fosse perversamente vendido e sofresse toda a paixão.

Aliás, como dizem as Escrituras, que ele devia ser vendido e sofrer a paixão para causar a ruína de seus algozes. Adeus!

CARTA DE TIBÉRIO CÉSAR AUGUSTO A PILATOS

Esta carta é também datada do século V, conservada em um texto grego. O Imperador Tibério responde a Pilatos, acusando-o pelo erro da morte de Jesus e condena à morte Pilatos, Anás, Caifás, Arquelau e Filipe. Tibério conta que recebeu Madalena, que se dizia discípula de Jesus e que lhe contou todos os milagres e curas que Jesus realizou pela sua palavra.

A carta conta como foi o fim da vida desses condenados. Caifás perdeu a vida de modo terrível. A terra nem queria receber o seu corpo. Anás morreu envolto em uma pele fresca de boi, colocada para secar ao sol. Arquelau e Filipe foram mortos pelo suplício da empalação. Pilatos foi preso, libertado e morto por uma flechada de César, destinada à morte de uma gazela.

Tibério César Augusto, governador da província romana oriental, enviou esta carta, escrita de próprio punho, pelo mensageiro Raab, munido de dois mil soldados.

A nossa tradução tem como referência o texto grego, publicado por Tischendorf, reproduzido por Santos Otero em Los evangelios apócrifos *(Madri: Biblioteca de Autores Cristianos, 1962), bem como por Lincoln Ramos em* O drama de Pilatos *(Petrópolis: Vozes, 1991).*

TIBÉRIO CONDENA PILATOS

Pilatos, visto que tiveste a ousadia de condenar Jesus de Nazaré à morte, de uma maneira violenta e totalmente perversa e, antes mesmo de proclamar a sentença condenatória, puseste-o nas mãos dos insaciáveis e furiosos judeus. Visto que, além disso, não tiveste compaixão deste justo, mas depois de ensanguentar o açoite e de submetê-lo a uma horrível sentença e ao tormento da flagelação entregaste-o, sem nenhuma culpa de sua parte, ao suplício da crucificação, não sem antes haver aceitado presentes pela sua morte.

Visto que, enfim, manifestaste compaixão com palavras, mas com o coração (razão) o entregaste a alguns judeus que não obedecem à lei. Por tudo isso, serás tu próprio conduzido à minha presença, carregado de correntes, para que apresentes tuas desculpas e prestes contas da vida que entregaste à morte sem nenhum motivo. Mas ai da tua crueldade e da tua falta de vergonha!

MARIA MADALENA SE ENCONTRA COM TIBÉRIO

Desde que este fato chegou aos meus ouvidos, estou sofrendo na alma e sinto que minhas entranhas se espedaçam, pois veio a mim uma mulher, que se diz discípula dele, de nome Maria Madalena, de quem segundo afirma, expulsou sete demônios e testemunhou que Jesus operou portentosas curas, fazendo com que cegos vissem, coxos pudessem andar, surdos pudessem ouvir, leprosos fossem limpos, e que todas estas curas aconteceram apenas com a sua palavra.

Como concordaste que ele fosse crucificado sem nenhum motivo? Porque, se não querias aceitá-lo como Deus, deverias, pelo menos, ter-te compadecido dele como médico que era.

O próprio relatório que me chegou de tua parte está pedindo o teu castigo, já que nele afirmas que ele era superior a todos os deuses venerados por nós. O que aconteceu para que o entregasses à morte? Saibas, pois, que, assim como tu o condenaste injustamente e o mandaste matar, da mesma maneira eu, com todo o direito, farei justiça contigo. Não somente contigo, mas também com todos os teus conselheiros e cúmplices dos quais recebeste o suborno da morte.

AS SENTENÇAS DO IMPERADOR

Tibério César entregou a carta aos emissários e, com ela, a sentença na qual ordenava por escrito que todo o povo judeu passasse pelo fio da espada e que Pilatos fosse trazido como réu até Roma, juntamente com os principais dentre os judeus, aqueles que à época eram governadores: Arquelau, filho do odiadíssimo Herodes, e seu cúmplice Filipe; o pontífice Caifás e Anás, seu sogro, e todos os demais judeus responsáveis.

Em seguida, Raab marchou com os soldados e fez como lhe haviam ordenado, matando pela espada todos os homens judeus, enquanto suas mulheres ficavam expostas à violação dos impuros pagãos, o que resultou em uma descendência abominável, uma geração engendrada por Satanás.

A TRÁGICA MORTE DE CAIFÁS

Depois o emissário cuidou de Pilatos, de Arquelau e Filipe, de Anás e Caifás e de todos os responsáveis dentre os judeus, e, algemando-os, seguiu com eles em direção a Roma.

Aconteceu que, ao passar por certa ilha chamada Creta, Caifás perdeu a vida de uma maneira violenta e miserável. Então tomaram o seu corpo para ser sepultado, mas nem sequer a terra dignou-se admiti-lo em seu seio, já que o arremessava para fora. Quando os que ali estavam presenciaram esse fato, apanharam pedras e arremessaram-nas sobre o cadáver, que foi desta forma enterrado.

PRISÃO DE PILATOS

Os demais chegaram até Roma. Existia entre os reis da Antiguidade o costume de livrar da condenação um réu de morte que contemplasse o rosto real. César, então, deu as ordens necessárias para não se deixar ver por Pilatos. Por isso, ele foi colocado em uma caverna e ali o deixaram, conforme as ordens do imperador.

MORTE DE ANÁS, ARQUELAU E FILIPE

Da mesma forma ordenou que Anás fosse envolto em uma pele de boi, de modo que, quando o couro secasse ao sol, ele fosse estrangulado e suas entranhas saíssem pela boca. Assim, violentamente, perdeu ele sua miserável vida.

Tibério mandou executar à espada os demais judeus aprisionados. Arquelau, o filho do odiadíssimo Herodes e seu cúmplice Filipe foram condenados ao suplício da empalação.

A MORTE DE PILATOS

Certo dia, o imperador saiu de casa para uma caçada. Quando ia em perseguição a uma gazela, essa parou justamente em frente à boca da caverna onde estava Pilatos. Já próximo da execução, Pilatos tentou fixar seus olhos em César, mas não o conseguiu porque a gazela postou-se na frente dele. César então disparou uma flecha, visando o animal, mas o projétil atravessou a entrada da caverna e matou Pilatos.

DESPEDIDA

Todos aqueles que creem ser Cristo o verdadeiro Deus e nosso Salvador, glorificai-o e engrandecei-o, pois a ele pertencem a bem-aventurança, a honra e a adoração junto ao seu Pai no princípio e seu Espírito consubstancial, agora e sempre e por todos os séculos dos séculos. Amém.

CARTA DE PILATOS A HERODES ANTIPAS

Datada, possivelmente, do século V, esta carta de autor desconhecido mostra um Pilatos admirador de Jesus, que culpa Herodes, acusando-o de o ter incitado a condenar Jesus.

Os evangelhos canônicos falam que Herodes e Pilatos eram inimigos, mas que se tornaram amigos quando da condenação de Jesus (Lc 23,12).

Pilatos informa a Herodes que Jesus ressuscitado apareceu para a sua mulher, Prócula, e para o seu soldado Longuinhos, aquele que transpassou o lado de Jesus com a lança, dizendo que ele, Jesus, voltará. Pilatos faz jejum pelo ocorrido. Jesus aparece a Pilatos e o conforta.

A nossa tradução tem como referência o texto grego, publicado por Tischendorf, reproduzido por Santos Otero em Los evangelios apócrifos *(Madri: Biblioteca de Autores Cristianos, 1962), bem como por Lincoln Ramos em* O drama de Pilatos *(Petrópolis: Vozes, 1991).*

SAUDAÇÃO

Pilatos, governador de Jerusalém, saúda o tetrarca Herodes.

Não foi nada bom o que fiz, sob a tua orientação, naquele dia em que os judeus trouxeram até mim Jesus, o chamado Cristo. Pois, da mesma maneira que foi crucificado, ele também ressuscitou no terceiro dia dentre os mortos, como alguns acabam de anunciar-me, entre eles o centurião.

Eu próprio decidi enviar uma expedição até a Galileia e a todos os que testemunham havê-lo visto em seu próprio corpo conservando o mesmo semblante. Ele se manifestou para mais de quinhentas pessoas, com a mesma voz e com idênticos ensinamentos.

Esses indivíduos têm andado por aí dando testemunho disso e, longe de titubear, eles têm pregado a ressurreição dele como sendo um extraordinário fenômeno, assim como estão pregando um reino eterno, a ponto de os céus e a terra parecerem alegrar-se com os santos ensinamentos dele.

O TESTEMUNHO DA MULHER DE PILATOS, PRÓCULA

Faço saber que Prócula, minha mulher, dando crédito às aparições que teve dele, quando eu estava quase mandando crucificá-lo devido à tua insistência, deixou-me sozinho e foi com dez soldados e Longuinhos, o fiel centurião, para contemplar o seu semblante, como se se tratasse de um grande espetáculo. Eles o viram sentado em uma plantação, rodeado de grande turba e ensinando as grandezas do Pai. Todos estavam fora de si e cheios de admiração, pensando se aquele que havia padecido o tormento da crucificação havia ressuscitado dentre os mortos.

JESUS FALA COM PRÓCULA E COM O SOLDADO LONGUINHOS

Enquanto todos o estavam observando com grande atenção, ele separou à parte Prócula e Longuinhos e dirigiu-se até eles nos seguintes termos: "Ainda não acreditais em mim? Porventura não foste tu que fizeste a guarda durante a minha paixão e vigiaste meu sepulcro? E tu, mulher, não é aquela que enviaste ao teu esposo uma carta sobre mim? [...] o testamento de Deus que o Pai dispôs. Então eu, que fui crucificado e sofri muitas coisas, vivificarei através da minha morte, tão vossa conhecida, toda a carne que pereceu. Agora, então, saberás que todo aquele que acreditou em Deus Pai e em mim não perecerá, pois eu fiz desaparecer as dores da morte e atravessei o dragão de muitas cabeças. E, por ocasião da minha futura vinda, cada um ressuscitará com o mesmo corpo e alma que tem agora e abençoará o meu Pai, o Pai daquele que foi crucificado na época de Pôncio Pilatos".

Ao ouvir dizer tais coisas, tanto minha mulher, Prócula, como o centurião que teve a seu encargo a execução de Jesus, bem como os soldados que haviam ido em sua companhia, puseram-se a chorar, cheios de aflição, e vieram até minha presença contar-me essas coisas.

Eu, de minha parte, depois de ouvi-las, relatei-as aos meus grandes comissários e companheiros de milícia; estes, cheios de aflição e ponderando o mal que haviam feito contra Jesus, puseram-se a chorar. E, mesmo assim, compartilhando a dor da minha mulher, estou entregue ao jejum e durmo sobre a terra.

JESUS RESSUSCITADO CONFORTA

Nesse instante, veio o Senhor e levantou-nos do chão a mim e à minha mulher; então fixei meus olhos nele e vi que seu corpo ainda conservava os hematomas. E ele colocou suas mãos sobre os meus ombros, dizendo: "Bem-aventurado chamar-te-ão todas as gerações e povos, porque na tua época morreu e ressuscitou o Filho do Homem e agora subirá aos céus e sentar-se-á acima de tudo. E todas as tribos da terra dar-se-ão conta de que eu sou aquele que julgará os vivos e os mortos no último dia".

CARTA DE HERODES ANTIPAS A PILATOS

Datada do século V, esta carta é a resposta de Herodes Antipas, filho de Herodes o Grande, a Pilatos. Herodes fala dos seus sofrimentos e interpreta-os como consequência de suas maldades contra Jesus e contra João Batista.

Toda a família de Herodes, segundo este apócrifo, viveu momentos de desgraça. Herodes sofreu de hidropisia, soltou vermes pela boca; sua filha Herodíades morreu afogada; seu filho ficou muito enfermo; sua mulher perdeu um olho de tanto chorar pelas desgraças familiares.

A nossa tradução tem como referência o texto grego, publicado por Tischendorf, reproduzido por Santos Otero em Los evangelios apócrifos *(Madri: Biblioteca de Autores Cristianos, 1962), bem como por Lincoln Ramos em* O drama de Pilatos *(Petrópolis: Vozes, 1991).*

SAUDAÇÃO

Herodes, tetrarca dos galileus, saúda o governador dos judeus, Pôncio Pilatos.

É tomado de uma grande aflição que escrevo estas coisas, conforme dizem as Escrituras Sagradas, pelas coisas que passarei a relatar-te. Penso que tu, de tua parte, sentirás aflição ao lê-las.

Saiba que minha filha Herodíades, a quem eu amo ardentemente, faleceu quando brincava junto à água coberta de gelo que se quebrou. Seu corpo afundou, e a cabeça, decepada pelo gelo, ficou na superfície. Então sua mãe a recolheu, pois o restante do corpo perdeu-se nas águas. Agora, minha mulher, chorando, aperta a cabeça nos joelhos, e toda a minha casa está entregue a uma dor sem fim.

CASTIGO DE HERODES

Eu, de minha parte, encontro-me rodeado de muitos males, desde o momento em que soube que tu havias humilhado Jesus, e quero pôr-me a caminho somente para vê-lo, adorá-lo e escutar alguma palavra de seus lábios, pois pratiquei muitas maldades contra ele e contra João Batista. Com certeza, estou recebendo com toda a justiça o que mereço, visto que meu pai derramou sobre a terra muito sangue de filhos alheios por causa de Jesus, e eu, por minha vez, degolei João, aquele que o batizara.

Justos são os desígnios de Deus, porque cada qual recebe a sua recompensa de acordo com os seus desejos. Assim, pois, já que te é dado ver Jesus novamente, luta agora por mim e dize-lhe uma palavra a meu favor; porque a vós, os gentios, foi entregue o Reino, conforme o que disseram Cristo e os profetas.

CASTIGO PARA A MULHER E PARA O FILHO DE HERODES

Lesbónax, meu filho, está na agonia da hora da morte, tomado de uma doença extenuante, já faz alguns dias. Eu, de minha parte, encontro-me gravemente doente, submetido ao tormento da hidropisia, a ponto de saírem vermes da minha boca. Minha mulher chegou até a perder o olho esquerdo devido à desgraça que se abateu sobre minha casa. Justos são os desígnios de Deus, mas nós paramos de procurar somente o que é justo.

CONSELHOS DE HERODES ANTIPAS PARA PILATOS

"Não há paz para os que cometem maldades", disse o Senhor. Pois grande aflição abateu-se contra os sacerdotes e os escribas da lei. A morte chegará depressa a eles e ao senado dos filhos de Israel, pois iniquamente puseram suas mãos sobre o justo. Tudo isso veio a cumprir-se na consumação dos séculos. Desse modo, as nações gentias receberão como herança o Reino de Deus, enquanto os filhos da luz serão arremessados fora por não terem observado o que fora pregado com relação ao Senhor e ao seu Filho.

Cinge, portanto, teus rins, e exerce a justiça nos teus julgamentos, tu e tua mulher, lembrando de Jesus dia e noite. Fizemos o justo sofrer. O Reino pertencerá a vós, os gentios, pois que os escolhidos rejeitaram o íntegro. E, se é que há lugar para minhas súplicas, ó Pilatos, visto que estivemos no poder ao mesmo tempo, dá-nos sepultura, a mim e aos da minha casa, uma vez que queremos ser sepultados por ti e não pelos sacerdotes, aos quais em breve espera o juízo, segundo as Escrituras, na vinda de Jesus Cristo.

DESPEDIDA

Adeus a ti e a Prócula, tua mulher. Enviei-te os brincos de minha filha e meu próprio anel, para que sejam uma memória de minha morte, pois já sinto os vermes aflorarem em todo o meu corpo, pois que estou recebendo o castigo temporal. Tenho medo do julgamento que virá, pois em ambos estarei diante das obras do Deus vivo. Mas esse julgamento, que é temporal, é só durante um período, mas o outro será eterno.

MORTE DE PILATOS

Escrito em latim, na Idade Média, este apócrifo conta a trajetória de Pilatos, depois da morte de Jesus, até a sua morte. Outros fatos são também narrados. O Imperador Tibério César, doente, fica sabendo que Jesus curava e envia um emissário a Jerusalém.
Pilatos ficou apavorado com o pedido do imperador, pois ele teria matado Jesus por inveja.

Quando Velusiano voltava para Roma, encontrou-se com Verônica e lhe contou que Jesus fizera com que o seu próprio rosto aparecesse no pano, que ela lhe estava levando para que fosse pintado o rosto de Jesus. Verônica foi levada a Roma. O imperador, ao olhar para a imagem estampada no pano, foi curado.

Pilatos, por causa da denúncia ao imperador, feita por Velusiano, foi preso e levado a Roma. Diante do imperador, ele apareceu vestido com a roupa de Jesus, aquela que foi sorteada entre os soldados. Diante da roupa de Jesus, o imperador não era capaz de agir de forma violenta, como havia prometido antes. Até que lhe informaram que a tal veste de Pilatos era de Jesus. O imperador pediu que Pilatos tirasse aquela túnica e, de forma violenta, agiu contra ele, que foi levado para a prisão e condenado à morte ignominiosa. Pilatos, sabendo da decisão, matou-se com um cutelo. O seu corpo foi jogado no Rio Tibre, em Roma. Os demônios apareceram por lá, e, então, seu corpo foi transportado para vários lugares.

A nossa tradução tem como referência o texto grego, publicado por Tischendorf, reproduzido por Santos Otero em Los evangelios apócrifos *(Madri: Biblioteca de Autores Cristianos, 1962), bem como por Lincoln Ramos em* O drama de Pilatos *(Petrópolis: Vozes, 1991).*

PRÓLOGO

Tibério César, imperador dos romanos, encontrando-se acometido de uma grave doença e tendo-se inteirado de que em Jerusalém havia um médico chamado Jesus, o qual curava todas as doenças somente com a sua palavra, ignorando que os judeus e Pilatos o haviam matado, expediu a seguinte ordem a Velusiano, seu parente: "Vai o mais cedo possível até o outro lado do mar e diz a Pilatos, meu servidor e amigo, que me envie este médico para que me restitua o estado de saúde no qual me encontrava antes".

UM PARENTE DO IMPERADOR VAI À PALESTINA PARA BUSCAR JESUS

Velusiano, ouvindo a ordem do imperador, partiu no mesmo instante e chegou até Pilatos, de acordo com a ordem recebida. E contou a Pilatos a incumbência que recebera do Imperador Tibério César, dizendo: "Tibério César, imperador dos romanos, teu senhor, ao tomar conhecimento de que se encontra nesta cidade um médico capaz de curar todas as doenças somente com a sua palavra, roga-te encarecidamente que o envies para que o cure de seu mal".

Quando Pilatos ouviu isso, ficou com medo, descobrindo que o havia matado por causa da inveja dos judeus. Então Pilatos respondeu ao mensageiro do seguinte modo: "Aquele homem era um malfeitor e levava todo o povo atrás de si. Motivo pelo qual, depois de promover um conselho entre os sábios da cidade, mandei que fosse crucificado".

ENCONTRO DO MENSAGEIRO COM VERÔNICA

Quando o mensageiro voltava para sua casa, encontrou-se com certa mulher chamada Verônica, que havia conhecido Jesus, e disse-lhe: "Mulher, havia certo médico residente nesta cidade, que somente com a sua palavra curava os doentes. Por que os judeus o mataram?" Ela, então, começou a chorar, dizendo: "Ai de mim! Ó Senhor, ele era o meu Deus e meu Senhor, a quem Pilatos por inveja entregou, condenou e mandou crucificar".

Então o mensageiro, tomado por uma dor profunda, disse: "Sinto-o enormemente, porque não vou poder cumprir a missão que o meu Senhor me confiou".

JESUS APARECE A VERÔNICA E ESTAMPA O ROSTO DELE EM UM PANO PARA ELA

Verônica disse-lhe: "Quando meu Senhor saiu para ser pregado, eu me sentia mal, já que ficava privada da sua presença. Então me fizeram um retrato para que, enquanto eu não pudesse desfrutar sua companhia, pudesse ao menos consolar-me com a figura da sua imagem. E, estando eu a caminho para levar o lenço ao pintor para que o desenhasse, meu Senhor veio ao meu encontro e perguntou-me aonde ia. Quando lhe disse o meu propósito, pediu-me o lenço e o devolveu com a imagem de seu venerável rosto. Portanto, se teu senhor olhar sua imagem com devoção, ver-se-á imediatamente agraciado com o benefício da cura".

Então o mensageiro disse a Verônica: "Um tal retrato pode ser adquirido somente com ouro ou com prata?" Ela respondeu: "Não, tão somente com um piedoso afeto de devoção. Irei contigo e levarei a imagem para que César a veja. Depois, voltarei".

VERÔNICA VAI A ROMA E CURA O IMPERADOR COM O ROSTO DE JESUS

Então veio Velusiano a Roma em companhia de Verônica e disse ao Imperador Tibério: "Aquele Jesus, a quem tu já há algum tempo vens desejando ver, foi entregue por Pilatos e pelos judeus a uma morte injusta e por inveja foi pregado na cruz. Contudo, veio em minha companhia certa senhora que traz consigo um retrato do próprio Jesus. Se tu o olhares com devoção, obterás de imediato o benefício da tua cura".

Então César fez com que o caminho fosse atapetado com panos de seda e ordenou que a imagem lhe fosse apresentada. E, no instante em que a olhou, recobrou sua antiga saúde.

PILATOS SE APRESENTA DIANTE DE CÉSAR VESTINDO A TÚNICA DE JESUS

Em seguida, Pôncio Pilatos foi detido por ordem de César e trazido a Roma. Quando o imperador tomou conhecimento da sua chegada, sentiu-se dominado por uma enorme fúria contra ele e ordenou que o levassem à sua presença. Pilatos havia trazido consigo a túnica de Jesus, feita de uma só peça, dádiva que levou à presença do imperador. Assim que o viu, o imperador sentiu-se destituído de toda a sua ira. Levantou-se imediatamente diante dele e não ousou em dizer uma única palavra dura. E, assim, ele, que na sua ausência parecia tão feroz e terrível, agora, na sua presença, estava até certo ponto manso.

No entanto, assim que o despediu, começou a proferir palavras contra Pilatos, chamando-o, aos gritos, de miserável por não haver manifestado a indignação de seu peito. E no mesmo instante fez com que o chamassem novamente, jurando e declarando que era filho da morte e que não era lícito que ele vivesse sobre a terra.

Contudo, quando o viu de novo, saudou-o imediatamente e sentiu-se destituído de novo de toda a raiva de sua alma. Todos, até ele próprio, estavam admirados com o fato de ele encolerizar-se na ausência de Pilatos, enquanto, na sua presença, não era capaz de dizer sequer uma palavra áspera.

A TÚNICA DE JESUS É TIRADA DO CORPO DE PILATOS

Finalmente, por inspiração divina, ou talvez por conselho de algum cristão, mandou que o despojassem daquela túnica. No mesmo instante, recobrou sua antiga feracidade de alma contra ele. Grandemente admirado com esse fato, o imperador ficou sabendo que aquela túnica havia pertencido a Jesus. Então ordenou que atirassem Pilatos na cadeia, enquanto o conselho de sábios deliberava o que deveria ser feito com ele. Poucos dias depois, ditou-se a sentença contra Pilatos para que fosse levado a uma morte extremamente infamante.

PILATOS SUICIDA-SE E TEM O SEU CORPO REJEITADO POR MUITOS

Quando isso chegou aos ouvidos de Pilatos, ele próprio suicidou-se com uma faca, e com essa morte pôs fim à sua vida. Ao tomar conhecimento do ocorrido, César disse: "Na verdade morreu por sua maldade, já que sua própria mão não o perdoou".

Então amarraram nele uma enorme pedra e o atiraram nas profundezas do Tibre. Aconteceu, porém, que alguns espíritos imundos e malignos, aproveitando-se daquele corpo nas suas próprias condições, moviam-se naquelas águas e atraíram para elas raios e tempestades, trovões e granizo, até o ponto de todos assustarem-se e sentirem um grande temor. Por causa disso, os romanos o tiraram do Rio Tibre e o levaram ao som de galhofas até Viena e o arremessaram nas profundezas do Ródano, já que Viena significa "Caminho para a Geena" (infernos), por ser naquele tempo um lugar maldito. Mas também ali os espíritos maus apareceram, fazendo as mesmas coisas. A população, não suportando uma invasão tão grande de demônios, atirou para longe aquele maldito fardo e diligenciou para que recebesse sepultura no território de Lausane.

Os habitantes dessa região, sentindo-se excessivamente conturbados pelas invasões, atiraram-no por sua vez longe deles, em um poço rodeado de montanhas, lugar que, se dermos crédito ao que algumas pessoas contam, dizem que ainda é agitado por algumas maquinações diabólicas.

VINGANÇA DO SALVADOR

Datado possivelmente do século VIII, este apócrifo oferece detalhes sobre a doença do Imperador Tibério César e como ocorre a sua cura por meio da imagem de Jesus levada por Verônica.

Tito e Vespasiano, a mando do imperador, sitiam Jerusalém. Depois de algum tempo, muitos judeus morrem pela fome. As lideranças se organizaram, subiram nos muros da cidade e entregaram as chaves dela para Tito e Vespasiano. Esse fato dá nome ao apócrifo.

Os dois representantes do imperador prenderam os judeus, lapidaram alguns, crucificaram a outros de cabeça para baixo, bem como venderam e esquartejaram judeus.

A nossa tradução tem como referência o texto grego, publicado por Tischendorf, reproduzido por Santos Otero em Los evangelios apócrifos *(Madri: Biblioteca de Autores Cristianos, 1962), bem como por Lincoln Ramos em* O drama de Pilatos *(Petrópolis: Vozes, 1991).*

PRÓLOGO

Nos dias do Imperador Tibério César, sendo Herodes tetrarca, sob o domínio de Pôncio Pilatos, Cristo foi entregue pelos judeus e declarado inocente por Tibério. Naquela época, Tito era chefe de Estado, sob as ordens de Tibério, na região de Equitânia, em uma cidade da Líbia chamada Burgidalla. Todos sabem que Tito tinha uma chaga na parte direita do nariz, originada por um câncer, que tornava seu rosto defeituoso até o olho.

UM ENVIADO VAI A ROMA

Naquele tempo, vivia Natã, filho de Naum, um ismaelita que ia de região em região e de mar em mar, por todos os confins da terra. Natã saiu da Judeia em direção a Roma para encontrar-se com o Imperador Tibério, sendo portador de um tratado que haviam feito com a cidade de Roma.

Tibério estava doente, cheio de úlceras, febres malignas e nove tipos de lepra. Natã tinha a intenção de dirigir-se a Roma, mas soprou o vento do norte e mudou sua rota, fazendo com que ele chegasse a um porto na Líbia.

ENCONTRO COM O IMPERADOR

Tito, quando viu a nau chegar, soube que vinha da Judeia. E todos se encheram de admiração e concordaram que nunca haviam visto nenhuma embarcação chegar ali em semelhantes condições.

Tito, então, fez com que o chefe da nau fosse chamado e perguntou-lhe quem era. Ele respondeu: "Eu sou Natã, filho de Naum, de origem ismaelita, e vivo na Judeia sob o domínio de Pôncio Pilatos. Venho enviado a Tibério, imperador romano, com o objetivo de colocar em suas mãos um tratado proposto pela Judeia. Mas um forte vento jogou-se sobre o mar, e eis-me aqui em uma região para mim desconhecida".

NATÃ FALA DE JESUS PARA O IMPERADOR TIBÉRIO

Tito disse: "Se porventura fores capaz de encontrar algum medicamento, seja de misturas seja de ervas, que sirva para curar-me a ferida que, como vês, tenho no rosto, de maneira que eu possa sarar e recuperar minha antiga saúde, te cobrirei de favores".

Natã respondeu: "Senhor, eu, de minha parte, não sei nem conheço coisas semelhantes a essas que me indicas. Não obstante, se estivesses estado há algum tempo em Jerusalém, ali terias encontrado um profeta eleito, cujo nome era Emanuel, pois ele há de salvar o povo dos seus pecados. Ele operou seu primeiro milagre em Canaã da Galileia, transformando a água em vinho. Com sua palavra limpou os leprosos, fez o demônio fugir, ressuscitou três mortos, libertou uma mulher surpreendida em adultério, condenada pelos judeus a ser lapidada, e a outra mulher chamada Verônica, que sofria de hemorragias desde os seus 11 anos e que se aproximou dele por trás, tocando a orla de suas vestes, curou-a também; e com cinco pães e dois peixes saciou a cinco mil homens, sem contar mulheres e crianças, ficando doze cestos de vime de sobras. Todas essas coisas e muitas outras aconteceram antes de sua paixão. Depois de sua ressurreição, vimo-lo com o mesmo corpo que antes havia tido".

Então Tito disse: "Como ressuscitou dentre os mortos? Então ele esteve morto?" Natã respondeu: "Sem dúvida alguma ele morreu; foi dependurado em uma cruz e depois de morto despendurado dela. Ele esteve três dias no sepulcro. Depois ressuscitou dentre os mortos e baixou aos infernos, onde libertou os patriarcas, os profetas e a todo humano com descendência. Logo depois, apareceu aos discípulos e partilhou a refeição com eles. Finalmente, ele foi visto subir ao céu. De maneira que é verdade tudo quanto venho dizendo-lhes. Eu mesmo o vi com meus próprios olhos, bem como a casa inteira de Israel o viu".

TITO RECONHECE O PODER DE JESUS E É CURADO

Tito exclamou: "Ai de ti, Imperador Tibério, cheio de úlceras e cercado de lepra, por haveres cometido tal escândalo durante o teu reinado; por haveres promulgado algumas leis na Judeia, terra natal de nosso Senhor Jesus Cristo, as quais serviram para prender o rei e matar o governador dos povos, sem que o fizessem vir até nós para que limpasse de ti a lepra e a mim me curasse de minha doença. Porque, se isso houvesse acontecido diante de meus olhos, com minhas próprias mãos teria dado a morte aos corpos daqueles judeus e os teria pendurado em um pedaço de pau por terem acabado com o meu Senhor sem que meus olhos fossem dignos de ver o rosto dele".

E, no mesmo instante em que pronunciou essas palavras, a ferida do rosto de Tito desapareceu, deixando sua carne e seu rosto novamente curados. E todos os doentes que ali estavam recuperaram a saúde naquele mesmo momento.

TITO É BATIZADO E PROMETE VINGANÇA
CONTRA OS QUE MATARAM JESUS

E Tito, junto com todos eles, exclamou aos brados: "Meu rei e meu Deus, já que tu me curaste sem que jamais o houvesse visto, manda-me ir navegando sobre as águas até a terra onde nasceste para que eu te vingue dos teus inimigos. Ajuda-me, Senhor, para que eu possa eliminá-los e vingar a tua morte. Tu, Senhor, os entregarás em minhas mãos".

E, dizendo isso, mandou que o batizassem. Chamaram Natã, e ele disse-lhe: "Como viste serem batizados aqueles que acreditavam em Cristo, vem e batiza-me em nome do Pai, e do Filho e do Espírito Santo, absolve-me, pois creio firmemente em nosso Senhor Jesus Cristo com todo o meu coração e com toda a minha alma, porque não há nenhum outro em nenhuma parte da terra que me tenha criado e que me tenha curado".

E, dito isso, enviou emissários a Vespasiano para avisá-lo a fim de que viesse o mais rapidamente possível com os indivíduos mais fortes dispostos para a guerra. Então Vespasiano tomou para si cinco mil homens armados e foi ter com Tito.

E, ao chegar à Líbia, disse-lhe: "A que se deve o fato de me haveres feito vir até aqui?" Ele respondeu: "Hás de saber que Jesus veio a este mundo e nasceu na Judeia, em um lugar chamado Belém. Judeus o entregaram e foi flagelado e crucificado no Monte Calvário, e que, finalmente, manifestou-se aos seus discípulos e eles acreditaram nele. Nós, de nossa parte, queremos nos tornar discípulos seus. Agora, então, marcharemos e eliminaremos os seus inimigos da superfície da terra para que se deem conta de que não há quem se assemelhe a nosso Senhor em toda a face da terra".

TITO VAI A JERUSALÉM

Tomada a resolução, eles saíram da Líbia e embarcaram rumo a Jerusalém. Assim que chegaram, sitiaram o reino dos judeus e começaram a provocar a sua ruína. Quando os reis dos judeus tomaram conhecimento do que faziam e da devastação da terra, o medo apoderou-se deles e ficaram consternados.

ARQUELAU COMETE SUICÍDIO

Arquelau, deixando-se levar pela comoção em suas palavras, assim falou a seu filho: "Olha, filho, encarrega-te de meu reino e da sua administração. Além disso, ouve o conselho dos demais reis que estão na terra de Judá, de maneira que possas escapar de nossos inimigos". E, dizendo isso, desembainhou sua espada e jogou-se sobre ela. Em seguida, curvou a espada mais penetrante que possuía, enfiou-a em seu corpo e morreu.

Então seu filho aliou-se aos outros reis que estavam sob as suas ordens. E, depois de deliberar entre si, dirigiram-se todos para o centro de Jerusalém, na companhia dos nobres que haviam assistido ao conselho, e ali permaneceram durante sete anos.

JERUSALÉM FICA SITIADA E JUDEUS COMETEM SUICÍDIO

Tito e Vespasiano decidiram sitiar a cidade. E assim fizeram. Passados os sete anos, o problema da fome agravou-se muito e, forçados pela falta de pão, começaram a comer a terra. Então todos os soldados pertencentes aos quatro reis reuniram-se e decidiram: "De qualquer maneira vamos morrer. Que nos fará Deus? E de que nos adianta continuar vivendo, se os romanos vieram para apoderar-se de nossa terra e de nossa nação? Será melhor que tiremos nossas próprias vidas, para que os romanos não possam dizer que foram eles que nos mataram e nos derrotaram". E, então, tiraram suas espadas e feriram-se, morrendo entre eles doze mil homens.

Os cadáveres dos mortos produziram um grande mau cheiro na cidade. Os reis foram tomados por um pânico mortal e não puderam suportar o odor deles, tampouco dar sepultura para eles, assim como atirá-los fora da cidade.

OS JUDEUS DECIDEM ENTREGAR AS CHAVES DE JERUSALÉM PARA TITO

E disseram entre si: "Que havemos de fazer? Na verdade, nós matamos Cristo, mas já fomos, de nossa parte, entregues à morte. Separemo-nos de nossas cabeças e entreguemos as chaves da cidade aos romanos, pois Deus já nos atirou nas mãos da morte". E ato contínuo subiram nas muralhas da cidade e puseram-se a gritar, dizendo aos berros: "Tito e Vespasiano, recebei as chaves da cidade que o Messias, chamado Cristo, acaba de entregar-lhes".

JUDEUS PRESOS SÃO MORTOS A MANDO DE TITO E PILATOS

Eles entregaram-se a Tito e Vespasiano, exclamando: "Julgai-nos, pois vamos morrer, já que julgamos o Cristo e o entregamos sem nenhuma razão". Então Tito e Vespasiano os aprisionaram. Depois lapidaram alguns e penduraram outros na cruz, com os pés para cima e a cabeça para baixo, e feriram-nos a golpes de lança. Outros puseram à venda e outros tantos repartiram entre si, em quatro partes, como eles haviam feito com as vestes do Senhor. E disseram: "Eles venderam Cristo por trinta moedas de prata; vendamos da mesma forma trinta deles por um só dinheiro". E assim o fizeram. Depois se apoderaram de todas as terras da Judeia e de Jerusalém.

Fizeram, então, uma investigação sobre o retrato da face do Senhor, sobre como poderiam encontrá-lo. E ouviram dizer que estava em poder de uma mulher chamada Verônica. Depois detiveram Pilatos e o colocaram na cadeia, onde haveria de ser vigiado por quatro pelotões de soldados, quatro de cada vez, postados à porta da prisão.

O IMPERADOR PEDE PARA ENCONTRAR UM DISCÍPULO DE JESUS

Em seguida, enviaram seus legados a Tibério, imperador de Roma, para que os enviasse a Velusiano. E o imperador lhe disse: "Leva contigo tudo que seja necessário para que navegues até a Judeia em busca de algum discípulo daquele que se chamava Cristo e Senhor, de maneira que ele venha até mim e em nome de Deus cure-me da lepra e das doenças que duramente me acometem e de minhas chagas, pois estou muito abatido. Além disso, contra os reis de Judá, submetidos ao meu império, manda teus açoites e terríveis instrumentos de tortura, pois mataram Jesus Cristo, nosso Senhor, e condena-os à morte. E, se encontrares um homem capaz de livrar-me desta doença, acreditarei em Cristo, Filho de Deus, e far-me-ei batizar também em seu nome".

Velusiano disse: "Senhor imperador, se eu encontrar um homem capaz de ajudar-nos e libertar-nos, que recompensa devo prometer-lhe?" Tibério disse: "Que sem dúvida alguma terá em suas mãos a metade do império".

Velusiano saiu imediatamente, subiu no barco, levantou âncora e partiu mar adentro. A viagem marítima durou oito dias, em cujo prazo chegou a Jerusalém. Imediatamente citou alguns dos judeus para que se apresentassem diante dele e ordenou uma diligente investigação sobre o que havia sido feito com Jesus Cristo.

JOSÉ DE ARIMATEIA, NICODEMOS E VERÔNICA DÃO TESTEMUNHO DE JESUS

Então José de Arimateia e Nicodemos apresentaram-se simultaneamente. Este último disse: "Eu tive ocasião de vê-lo e estou seguro de que ele é o salvador do mundo". José, por sua vez, disse-lhe: "Eu o baixei da cruz e coloquei-o em um sepulcro novo, escavado na rocha. Razão pela qual os judeus levaram-me preso sexta-feira à tarde. E no *Shabbat* ("sábado") seguinte, enquanto estava orando, a casa ficou suspensa pelos seus quatro ângulos e vi nosso Senhor Jesus Cristo como um relâmpago e luz, e, consternado, caí por terra. E ouvi uma voz que me dizia: 'Olhai-me, pois eu sou Jesus, aquele cujo corpo tu sepultaste em teu próprio sepulcro'. Eu lhe disse: 'Mostra-me o sepulcro onde eu te coloquei'. Então Jesus tomou-me pela mão com sua direita e levou-me ao lugar onde eu o havia sepultado".

Veio também uma mulher chamada Verônica e disse-lhe: "Eu, de minha parte, toquei-lhe a orla de suas vestes, no meio da multidão, pois fazia já doze anos que padecia de hemorragias, e no mesmo instante ele me curou".

PILATOS É INTERROGADO

Então Velusiano disse a Pilatos: "E tu, ímpio e cruel, por que mataste o Filho de Deus?" Pilatos respondeu: "Acontece que o seu povo e seus pontífices Anás e Caifás o entregaram a mim". E Velusiano disse: "Ímpio e desalmado, és digno de uma pena cruel". Em seguida, Velusiano mandou Pilatos de volta para a prisão.

VELUSIANO PROCURA PELO RETRATO DE JESUS PERTENCENTE A VERÔNICA

Finalmente, Velusiano pôs-se a procurar a pintura da face do Senhor. Disseram-lhe todos os presentes: "Certa mulher chamada Verônica tem a face do Senhor em sua casa". Imediatamente ordenou que ela fosse levada diante dele e disse-lhe: "Tu tens em casa a face do Senhor?" Ela disse que não.

Velusiano ordenou que a torturassem até que mostrasse a face do Senhor. Finalmente, sem outro remédio, ela disse: "Eu a tenho, meu senhor, envolta em um pano limpo e todos os dias rendo-lhe homenagem".

Velusiano disse-lhe: "Dize-me onde está". Ela então mostrou-lhe a face do Senhor. Velusiano, quando a viu, prostrou-se por terra. Em seguida, tomou-a em suas mãos com o coração aberto e com uma límpida fé e envolveu-a em um lenço de ouro e assim mesmo colocou-a em um estojo, que selou com seu dedo.

Depois formulou um juramento nos seguintes termos: "Vive o Senhor Deus e pela saúde de César; nenhum homem sobre a superfície da terra a verá mais até que eu veja o rosto do meu senhor Tibério".

Depois de haver dito essas palavras, os nobres mais proeminentes de Jerusalém pegaram Pilatos para levá-lo até o porto. Velusiano, por sua vez, pegou a face do Senhor com todos os seus discípulos e todos os seus tributos e no mesmo dia foram para o mar.

VERÔNICA TENTA REAVER O PANO COM A FACE DE JESUS E LEVADA PARA ROMA

Esta Verônica deixou todos os seus bens por amor a Cristo e seguiu Velusiano. Este disse-lhe: "Mulher, que queres, que buscas?" Ela respondeu: "Eu busco a face do nosso Senhor Jesus Cristo, que me iluminou, não por meus méritos, senão por sua santa piedade. Devolve-me a face de meu Senhor Jesus Cristo, pois estou morrendo por este piedoso anseio. E, se não me devolveres, não a perderei de vista até ver onde irás colocá-la. Saiba que eu, miserável como ninguém, vou servi-lo todos os dias da minha vida, pois estou persuadida de que meu Redentor em pessoa vive para sempre".

Então Velusiano mandou que Verônica fosse levada consigo até a embarcação. E, levantando âncora, empreendeu a navegação em nome do Senhor, e todos se fizeram ao mar. Mas Tito e Vespasiano subiram até a Judeia para vingar todas as nações daquela terra. E, passados os dias, Velusiano chegou a Roma e deixou sua embarcação no rio chamado Tibre, entrando em seguida na cidade. Imediatamente enviou seu mensageiro a Tibério, para que ele tomasse conhecimento de sua feliz chegada.

RELATO DE VIAGEM DE VELUSIANO
PARA O IMPERADOR

Quando o imperador ouviu o mensageiro de Velusiano, alegrou-se imensamente e ordenou que ele viesse à sua presença. Assim que chegou, o imperador lhe perguntou: "Velusiano, como foi a viagem e o que encontraste na terra da Judeia sobre Cristo e seus discípulos? Aponta-me, rogo-te, aquele que irá curar-me de minha doença, de maneira que eu fique limpo desta lepra que tenho em cima de meu corpo, e no mesmo momento entregarei a ti e a ele todo o meu império".

E Velusiano disse: "Senhor, meu imperador, encontrei na Judeia teus servos Tito e Vespasiano, tementes a Deus, os quais estão curados de todas as suas chagas e doenças. Averiguei também que Tito fizera pendurar todos os reis e chefes da Judeia: Anás e Caifás foram lapidados, Arquelau matou-se com sua própria lança, e Pilatos deixei-o preso em Damasco, encerrado na prisão, sob segura vigilância. Apesar de tudo, fiz investigações sobre Jesus, a quem os judeus barbaramente atacaram, armados de espadas e paus e depois o crucificaram. Ele havia vindo para libertar-nos e iluminar-nos, mas eles o penduraram em uma cruz. José de Arimateia e Nicodemos levaram uma mistura de mirra e aloés, em uma quantidade de umas cem libras, para ungir o corpo de Cristo. Eles, então, o desceram da cruz e o colocaram em um sepulcro novo. Ao terceiro dia, com toda a certeza, ele ressuscitou dentre os mortos e deixou-se ver por seus discípulos com o mesmo corpo com o qual havia nascido. Finalmente, ao final de quarenta dias, viram-no subir aos céus. Além disso, Jesus fez muitos outros milagres antes e depois da sua paixão. O primeiro foi transformar a água em vinho; depois ressuscitou os mortos, curou os leprosos, deu visão aos cegos, curou os entrevados, exorcizou os demônios, deu audição aos surdos e fala aos mudos. A Lázaro, morto já havia quatro dias, ele o ressuscitou do sepulcro. Verônica, que vinha sofrendo de hemorragias durante doze anos, curou-se somente ao tocar-lhe as vestes dele".

Velusiano também relatou: "Então agradou ao Senhor nos céus que aquele Filho de Deus, enviado a este mundo como o primogênito a ser morto na terra, enviasse um anjo seu, e enviou Tito e Vespasiano, aos quais conheci nesse mesmo lugar onde está o teu trono. E agradou ao Senhor onipotente que partissem para a Judeia e Jerusalém e que prendessem os teus súditos e os submetessem a um julgamento parecido com aquele ao qual submeteram Jesus quando ele foi preso e amarrado".

Vespasiano disse: "Que havemos de fazer com os remanescentes?" Tito respondeu: "Eles dependuraram nosso Senhor em um madeiro verde e o feriram com uma lança; penduremo-los da mesma forma, nós a eles, em uma madeira seca e perfuremos seus corpos com uma lança". E assim fizeram. Vespasiano ainda disse: "E que haveremos de fazer dos remanescentes?" Tito respondeu: "Eles pegaram a túnica de nosso Senhor Jesus Cristo e dela fizeram quatro partes; peguemos, nós também, a eles e dividamo-los em quatro partes: uma para ti, outra para mim, outra para teus homens e uma última para meus servos". E assim fizeram.

E Vespasiano disse: "Dos remanescentes, que haveremos de fazer?" Tito respondeu: "Aqueles judeus venderam nosso Senhor por trinta moedas de prata: vendamos, então, nós a trinta deles por uma só moeda". Depois prenderam Pilatos e o entregaram a mim. Eu coloquei-o em uma prisão em Damasco para que fosse custodiado por quatro pelotões de soldados, quatro de cada vez. Depois, exigi que fizessem pesquisas para encontrar a face do Senhor, e encontraram uma mulher, chamada Verônica, que possuía a mencionada efígie".

A FACE DO SENHOR CURA TIBÉRIO

Então o Imperador Tibério disse a Velusiano: "Como a conservas?" Este respondeu: "Tenho-a envolta em uma capa colocada em um pano de ouro". Tibério disse: "Traze-a e descobre-a diante dos meus olhos para que eu a adore sobre o chão, caindo por terra de joelhos".

Velusiano estendeu seu manto e o pano de ouro onde estava o lenço gravado com a face do Senhor, e o Imperador Tibério pôde vê-la. Este, no instante seguinte, adorou a efígie do Senhor com o coração puro, e sua carne ficou limpa tal qual a de uma criança. E todos os cegos, leprosos, coxos, mudos, surdos, e aleijados de várias doenças, que estavam ali presentes, foram recuperando a saúde e ficaram sadios e limpos.

Contudo, o Imperador Tibério, ajoelhado e com a cabeça baixa, considerando aquela frase: "Bem-aventurado o ventre que te gerou, os peitos que te amamentara", gemeu e disse ao Senhor entre lágrimas: "Deus do céu e da terra, não permitas que eu peque, mas sim confirma minha alma e meu corpo e coloca-os em teu reino, pois confio sempre no teu nome: livra-me de todos os males assim como livraste os três meninos do forno de chama ardente".

UM DISCÍPULO DE JESUS BATIZA O IMPERADOR

Depois o Imperador Tibério disse a Velusiano: "Velusiano, viste algum daqueles homens que poderiam ter contemplado Cristo?" Velusiano respondeu: "Sim, eu vi". O imperador acrescentou: "E perguntaste como batizavam aos que acreditavam em Cristo?"

Então Velusiano disse: "Aqui, meu senhor, temos um dos discípulos do próprio Cristo". Natã foi chamado para que viesse à sua presença. E Natã veio e batizou-o em nome do Pai e do Filho e do Espírito Santo, amém.

Depois, o Imperador Tibério, já restabelecido de todas as doenças, subiu ao seu trono e disse: "És bendito, Senhor onipotente e louvável, que me livraste do laço da morte e me limpaste de todas as minhas iniquidades, pois cometi, ó Senhor, muitos pecados na tua presença e não sou digno de contemplar o teu rosto". Então o Imperador Tibério foi completamente instruído sobre todos os artigos da fé.

Que o mesmo Deus onipotente, que é rei dos reis e senhor dos que dominam, proteja-nos em nossa fé, defenda-nos, livre-nos de todo mal e perigo e, finalmente, digne-se levar-nos até a vida eterna uma vez terminada a vida temporal. E que seja bendito por todos os séculos dos séculos. Amém.

ATOS DOS APÓSTOLOS

Os textos apócrifos sobre os atos apócrifos dos apóstolos trazem à tona vários elementos importantes do ensinamento deles, alguns já conhecidos da tradição oral. Os apóstolos são apresentados como curandeiros, milagreiros e defensores da castidade e da virgindade, até mesmo com a negação do matrimônio.

As mulheres estão presentes na vida dos apóstolos. Muitos apóstolos são aprisionados. Esses apóstolos convertem ao cristianismo reis, rainhas e reinos. Os apóstolos sagram bispos, presbíteros e diáconos para o serviço da Igreja. Os apóstolos eram reconhecidos como lideranças apostólicas de Igrejas locais. O fim da vida dos apóstolos, com exceção de João, que morreu em idade avançada, é marcado pelo martírio em forma de crucifixão, degola, golpes de espada, apedrejamento etc. Os apóstolos pregam contra os ídolos, deuses dos pagãos.

As narrativas apócrifas dos apóstolos são, muitas vezes, contraditórias, sem uniformidade. Verdades e lendas se misturam nestes relatos. Às vezes, fica difícil distinguir um do outro. Alguns apóstolos foram agraciados com a pena dos autores, recebendo mais destaque, como no caso de André, Tiago e Tomé[34].

---

34. FARIA, Jacir de Freitas. *A vida secreta dos apóstolos e apóstolas*: à luz dos Atos Apócrifos. Petrópolis: Vozes, 2005.

MEMÓRIAS APOSTÓLICAS SEGUNDO ABDIAS

Memórias apostólicas segundo Abdias é uma obra basilar que reúne tradições apócrifas e canônicas sobre a vida dos apóstolos Pedro, Paulo, André, Tiago Maior, João, Simão Cananeu, Judas Tadeu, Tiago Menor, Mateus, Bartolomeu, Tomé e Filipe. Como se vê na lista dos apóstolos, Matias, quem substituiu Judas Iscariotes, não é levado em consideração.

A autoria do escrito, como o próprio título sugere, é de certo Abdias, mencionado no livro como discípulo dos apóstolos. Abdias seguiu os apóstolos desde a Judeia e fora sagrado por Simão Cananeu e Judas Tadeu para exercer o cargo de primeiro bispo da Babilônia.

De Abdias também é dito que ele, com os próprios olhos, viu o Senhor Jesus e redigiu uma coletânea, em dez volumes, sobre os Atos dos Apóstolos. Os livros apócrifos de Esdras (3Esd 8,34; 4Esd 2,39) citam o nome de Abdias.

Também Eusébio, em História eclesiástica II,1, *cita certo Abdon, que teria sido autor de obras históricas que se perderam, que na tradução de Rufino aparece com o nome de "Abdias". E este poderia ser o Abdias de* Memórias apostólicas segundo Abdias. *Mesmo diante dessas informações, entre os estudiosos há discordância quanto à existência ou não de Abdias nos primórdios do cristianismo.*

Em relação à língua em que foi escrito Memórias apostólicas segundo Abdias *há também controvérsias entre os estudiosos. Relatos outros afirmam que Abdias redigiu as memórias apostólicas em hebraico. Depois elas foram traduzidas por Eutrópio, um discípulo de Abdias, para o grego, e, para o latim, pelo historiador africano Sexto Júlio Africano, amigo de Orígenes, nascido em Jerusalém e organizador da biblioteca do Panteão, por ordem do Imperador Alexandre Severo, e morto por volta de 240 E.C.*

Justifica-se a hipótese de Memórias apostólicas segundo Abdias *ter sido escrita originariamente em latim o seguinte: as formas, o estilo, o uso constante de citações bíblicas, retiradas da tradução da Bíblia para o latim, chamada de Vulgata, feita por São Jerônimo (420 E.C.).*

Mesmo considerando a veracidade ou não de uma redação em hebraico por Abdias e até mesmo da sua tradução para o grego e latim, o que indica uma datação antiga da obra, a datação mais provável para Memórias apostólicas segundo Abdias *encontra-se entre os séculos VI e VII. Redigida no reino dos francos, ela seria fruto da junção de duas coletâneas: uma que narrava a paixão dos apóstolos e outra, os seus atos.*

Memórias apostólicas segundo Abdias *foi muito difundida na Idade Média, sobretudo entre artistas e escritores. Por isso, a história conheceu vários manuscritos dela. O mais antigo que chegou a ser impresso foi o de Náusea, na cidade de Colônia, em 1531, na Alemanha. Reeditada, posteriormente, por W. Lazius, na Basileia, no ano de 1551. Essa edição considerou outros manuscritos encontrados em bibliotecas de conventos alemães, chegando a dar um novo rosto à obra, no que se refere à divisão dela em livros e partes. W. Lazius iniciou o prefácio do seguinte modo: "Embora sejam muitos os milagres dos apóstolos narrados nos evangelhos e nas memórias dos Atos, pareceu-nos oportuno compulsar novamente essas obras e em particular tudo aquilo que em língua hebraica Abdias escreveu sobre cada um deles". E terminou assim: "Em nome, pois, de Jesus Cristo, Filho do Deus onipotente, as gestas dos santos apóstolos, escritas em língua hebraica por Abdias, bispo da Babilônia, por eles (os apóstolos) consagrado bispo, e traduzidas a seguir em língua grega por Eutrópio, discípulo de Abdias, todas essas gestas nós as traduzimos em língua latina distinguindo-as em dez livros, dando sempre unicamente glória a Deus Pai por meio do Unigênito seu Filho, o Senhor e Redentor nosso, no Espírito Santo, iluminador das almas nossas agora e sempre, por todos os séculos dos séculos. Amém".*

Quase dois séculos mais tarde, Johann Alberto Fabricius, mesmo tendo incluído Memórias apostólicas segundo Abdias *na sua obra com a lista dos livros apócrifos, que levou o nome de* Codex Apocryphus Novi Tetamenti, *em 1719, na cidade de Hamburgo, na Alemanha, estudou e reeditou a obra com análise crítica, apresentação e notas, vindo esta ser reconhecida como sendo a "Edição Clássica" da obra em questão.*
A tradução que apresentamos dos Atos dos Apóstolos segue essa edição, ou seja, a de Fabricius J. A., Codex Apocryphus Novi Tetamenti, *em 1719, Hamburgo: Universidade de Michigan, 1719, p. 388-742.*

ATOS DE PEDRO DE ACORDO COM AS MEMÓRIAS APOSTÓLICAS SEGUNDO ABDIAS

Simão Pedro. Outro nome para Pedro é *Kephas* (Jo 1,42), dado por Jesus. Com esse gesto, Jesus quis dar um rumo na vida de Pedro, a de ser liderança de uma Igreja que nasce onde os pobres moram, nas grutas escadas, chamada de *Kephas*.

Pedro nasceu na cidade de Betsaida, na Galileia, onde exercia, até o chamado de Jesus, a profissão de pescador. Ele era casado. Os apócrifos falam de uma esposa, sem citar o seu nome, e de uma filha de nome Petronília. Segundo os apócrifos, após a morte de Jesus, Pedro realizou viagens missionárias a Trípoli, Antioquia e Roma.

Pedro morreu crucificado de cabeça para baixo, em Roma, no circo de Nero, sob ordens do Imperador Nero, provavelmente no dia 13 de outubro de 64 E.C. ou no fim do ano de 67. Seu corpo foi deposto, ungido e sepultado em uma tumba pelo seu discípulo Marcelo, em um lugar chamado Vaticano, junto à via Triunfal.

Depois que o Senhor se havia feito carne na natividade, e o mesmo Senhor Jesus Cristo, verdadeira luz do mundo, havia mostrado a sua luz às trevas do mundo, enquanto caminhava ao longo do Mar da Galileia, viu dois irmãos, Simão, chamado Pedro, e André, seu irmão, que estavam lançando a rede ao mar; eram com efeito pescadores. Disse-lhes: "Segui-me, e eu vos farei pescadores de homens" (Mt 4,18). E eles imediatamente, tendo deixado as redes, o seguiram.

SAUDAÇÃO DE PEDRO

Depois desses fatos, apresentou-se certo Simão (At 8,14s.), que, assim que viu os milagres de Pedro, procurou adquirir o carisma do Espírito, pois dizia ser um grande personagem e ser diferente e polivalente; aos que acreditassem nele prometia que os livraria da morte. Este desejava criar dificuldades ao ensinamento de Pedro e pôr em ridículo sua doutrina; fixou também um dia em que estaria presente diante da multidão reunida para ouvir a Pedro com o intuito de discutir com ele. Pedro então se encontrava em Cesareia de Estratão.

PEDRO ENFRENTA O MAGO SIMÃO

Tendo chegado a manhã do dia estabelecido, Zaqueu, chefe da cidade, apresentou-se a Pedro e lhe disse: "É chegada a hora de ires discutir, Pedro. A multidão, já reunida no centro do átrio, se acotovela para te esperar; no meio dela está Simão com um forte séquito".

Pedro, tendo ouvido isso e querendo fazer a oração, mandou que se afastassem alguns que ainda não tinham sido purificados dos pecados cometidos sem ter tido consciência disso, e disse dirigindo-se aos restantes: "Oremos, irmãos, para que o Senhor por meio de Cristo, seu Filho, e pela sua inefável misericórdia me ajude enquanto estou para me expor em favor da salvação de indivíduos que são criaturas puras de Deus".

Dito isso, depois de concluir a oração, dirigiu-se ao átrio da casa onde estava reunida enorme multidão. Assim que lhe pareceu que todos estivessem atentos e em grande silêncio e o mago Simão estivesse como líder no meio deles, começou a dizer: "Paz a vós todos que estais dispostos a vos reconciliardes com a verdade. A todo aquele que a segue, com efeito, parece natural retribuir um favor a Deus; enquanto são eles que conseguem dele um dom de grandíssimo valor, percorrendo as veredas de sua justiça. Por isso a primeira coisa a fazer é procurar a justiça do Senhor e o seu reino. A justiça, para que aprendamos a agir retamente; o reino, em seguida, para que conheçamos qual é o fruto das fadigas e do sofrimento. Nisso, para aqueles que viveram bem, existe recompensa dos bens eternos; para aqueles, no entanto, que tiverem andado contra a sua vontade, haverá uma equivalente compensação de castigo por suas ações. Portanto, é aqui, ou seja, enquanto estais nesta vida, que deveis reconhecer a vontade do Senhor e quando vem a oportunidade de agir. Com efeito, se alguém quisesse procurar aquilo que não pode encontrar, antes de ter emendado sua conduta, sua procura será tola e inútil. O tempo é pouco, e o juízo será feito em vista das ações, não das disputas. Por isso, antes de tudo, devemos perguntar-nos o que é necessário fazer ou de que modo o fazer para merecer a vida eterna. Meu parecer é, portanto, este, que é também o do Profeta: procuremos antes de tudo a justiça, especialmente aqueles que fazem a profissão de conhecer o Senhor. Se existe alguém que considere que exista algo de mais justo, que o diga. Depois de tê-lo dito, que escute, mas com calma e paciência. Com efeito, por isso, no início sob a forma de uma saudação almejei paz a vós todos".

Simão, por seu turno, respondeu: "Não precisamos de tua paz, porque, se a paz e a concórdia existissem, na busca da verdade não poderíamos avançar nem um só passo; com efeito, são os ladrões, os luxuriosos que estão em paz entre si, porque cada maldade dá razão a si mesma; se, pois, nos reunimos para isso, ou seja, para aplaudir por amor à paz qualquer coisa que se diga, não ajudaremos de modo algum aqueles que nos ouvem, mas ao contrário os iludiremos para que saiam daqui como bons amigos. Por isso, não deveis invocar a paz, mas antes a diatribe; se podeis refutar os erros, não deveis procurar a amizade obtida com adulações injustas. Quero que saibas antes de tudo que, quando duas pessoas se põem a disputar, chegará o momento em que uma das duas, vencida, cairá".

Respondeu Pedro: "Por que temes ouvir muitas vezes a palavra 'paz'? Ignoras porventura que a perfeição da lei é dada pela paz? Do pecado nasce, com efeito, guerra e discórdia. Quando, porém, não há pecado, existe a paz nas discussões, e a verdade nas obras".

E Simão [respondeu]: "São vazias as palavras que disseste. Agora, porém, vou mostrar-te o poder da minha capacidade sobrenatural, de modo que logo te hás de tocar e me adorar. Eu sou o poder primeiro imortal e infinito. Entrei no útero de Raquel e nela fui gerado como homem, de modo a poder ser visto pelos homens. Voei até o céu, meu corpo é feito de fogo; fiz com que as estátuas se movessem, animei coisas inanimadas, transformei pedras em pão, de um monte voei descendo amparado pelas mãos dos anjos. E essas coisas não somente as fiz, mas posso repeti-las agora para demonstrar a todos que sou o filho de Deus, que sou imortal e posso tornar imortais aqueles que creem em mim. Tuas palavras são totalmente inúteis, nem podes aduzir nenhum fato que prove a verdade. Como aquele famoso mago que te enviou, que nem mesmo foi capaz de livrar-se do suplício da cruz. Posso, com efeito, me tornar invisível àqueles que pretendessem capturar-me, e depois de novo, se assim o quiser, posso tornar-me visível. Se eu quisesse fugir, atravessaria montes e rochas como argila. Se me precipitasse de um monte altíssimo, chegaria à terra ileso, como se fosse transportado; amarrado, eu mesmo me libertaria e por minha vez amarraria aqueles que me houvessem posto os grilhões; lançado junto com outros no cárcere, faria as portas se abrirem sozinhas. Transformaria as estátuas inanimadas de tal modo que parecessem pessoas vivas para aqueles que as observassem; com um piscar de olhos faria nascer novas plantas e produziria rebentos inéditos; lançar-me-ia ao fogo e não ficaria queimado; e me transformaria de tal modo que ficaria irreconhecível. Poderia ter dois rostos para mostrar aos homens: aparecer como ovelha ou como cabra; e, embora recém-nascido, apareceria com barba. Poderia alçar voo e pairar no ar, revelar riquezas imensas, constituir reis e ser adorado como senhor, receber diante de toda as honras divinas de tal modo que, tendo-me construído uma estátua, me honrem como Senhor e me adorem. Mas por que seria necessário elencar tudo? Posso fazer tudo aquilo que queira. Muitas dessas obras eu já as experimentei com sucesso. Enfim – disse – quando minha mãe Raquel, certo dia, me mandou ao campo para a ceifa, eu, vendo uma foice, mandei que ela fosse ceifar, e ela ceifou dez vezes mais do que as outras. Da terra fiz brotar rebentos novos que em um instante vingaram e se fizeram frondosos. Outra vez perfurei um monte próximo".

Depois que Simão falou, respondeu Pedro: "Não digas dos outros aquilo que não são. Que és um mago, é claro e evidente pelos próprios discursos que fizeste. Nosso mestre, de natureza divina e humana, é evidentemente bom. Quanto ao fato de ser verdadeiramente filho do Senhor, é comprovado pelos mesmos motivos graças aos quais foi comprovado. Quanto a ti, se não queres confessar que és um mago, vamos com toda esta multidão à tua casa, e lá descobriremos então quem é o mago".

Mas, enquanto Pedro dizia isso, Simão começou a blasfemar e a maldizer e não foi possível retorquir-lhe no tumulto geral que se seguiu. Pedro, para não dar a impressão de ir embora por causa das imprecações, deixou-se ficar imóvel e o censurou asperamente. O povo, indignado, repeliu Simão para fora das portas de casa, depois que fora expulso do átrio. Um só o seguiu.

No silêncio geral (que se fez), Pedro falou assim ao povo: "Irmãos, deveis suportar pacientemente as pessoas malvadas. Recordai-vos de que o Senhor, embora pudesse aniquilá-las, permite, todavia, que vivam até o dia prefixado, em que tudo será submetido ao seu julgamento (Mt 5,45; 13,30). Poderemos, portanto, não suportar, nós, aquilo que o Senhor suporta, ao qual se submetem e obedecem os céus e a terra? E vós, que vos convertestes ao Senhor por meio da penitência, dobrai diante dele os joelhos".

Dito isso, ajoelhou-se diante do Senhor. Pedro, com os olhos postos no céu, orava entre lágrimas por eles, para que o Senhor, na sua bondade, se dignasse acolher aqueles que se entregavam completamente a ele. Depois de ter orado e prescrito que no dia seguinte chegassem a tempo, celebrou a Eucaristia. Depois, como de hábito, permaneceu em silêncio.

UM DISCÍPULO DE SIMÃO PEDE PERDÃO A PEDRO POR TER SEGUIDO SIMÃO

De manhã chegou um discípulo de Simão e disse: "Peço-te, Pedro, que recebas a mim, miserável, pois fui enganado pelo mago Simão; eu acreditava que ele fosse um deus celeste por todos os prodígios que o vi fazer; depois de ter ouvido, porém, as tuas palavras comecei a considerá-lo como um [mero] homem, e mau ainda por cima. Todavia, quando saí daqui, fui o único a segui-lo, pois ainda não tinha reconhecido todas as suas impiedades. Quando viu que eu o seguia, chamando-me de bem-aventurado, levou-me até sua casa. Por volta da meia-noite me disse: 'Eu te farei superior a todos os homens, se quiseres ir comigo até o fundo'. Mal o tinha prometido, pretendeu de mim um juramento de perseverança; depois que o recebeu, pôs sobre minhas espáduas alguns de seus segredos impudicos e execráveis, para que os levasse comigo e me seguiu. Mal chegou ao mar, subiu a uma barca que ali se encontrava por acaso, retirou de meu pescoço aquilo que me mandara levar. Tendo descido da barca pouco depois, não levava consigo nada de volta; naturalmente o tinha jogado ao mar. Pediu-me depois que me pusesse a caminho com ele, dizendo que queria ir até Roma. Ali, com efeito, iria alcançar tanto sucesso a ponto de ser considerado senhor e ser agraciado publicamente com honras divinas. Então – disse –, cheio de toda riqueza, se desejares voltar aqui, eu te mandarei de volta transportado por uma multidão de potências angélicas. Tendo ouvido essas palavras e não vendo nele nada que pudesse atestar essa promessa, compreendi que era um mago e enganador, e (então) respondi: 'Peço-te que me desculpes, já que os pés me estão doendo e não posso ir até Cesareia. Além do mais, tenho mulher e filhos pequenos que não posso absolutamente deixar'. Depois de ele ouvir essas palavras, partiu para Roma e me acusou de covardia, dizendo-me: 'Quando souberes da fama de que estarei cercado em Roma, tu te arrependerás'. Depois disso, como dissera, dirigiu-se para Roma. Quanto a mim, voltei logo para cá para te pedir que me recebas como penitente, porque fui enganado por ele".

Logo que aquele que fora abandonado por Simão acabou de falar, Pedro lhe ordenou que tomasse lugar no átrio. Também ele, adiantando-se e vendo que a multidão era muito mais numerosa do que nos dias anteriores, pôs-se no lugar costumeiro e, indicando aquele que havia abandonado Simão, disse: "Irmãos, este (homem) que aqui vedes veio há pouco ter comigo para me informar sobre as abominações mágicas de Simão e de que modo ele lançou ao mar todos os artifícios de sua malvadeza, não por um sentimento de penitência, mas pelo medo de ser preso e submetido às leis públicas". Enquanto Pedro falava, o povo ficava perplexo ao ver o homem que abandonara Simão.

PEDRO, EM TRÍPOLI, EXPULSA DEMÔNIOS

Quando Pedro, saindo em viagem, deixou Cesareia e, chegando a Trípoli, entrou na casa de Marão, viu um lugar adequado para a discussão. Assim que viu a multidão, que parecia um rio caudaloso que se houvesse derramado em um pequeno leito, subiu a um pedestal que estava apoiado ao longo da parede que dava para o jardim e saudou primeiro o povo, de acordo com o uso religioso. Alguns dos presentes, havia muito prisioneiros dos demônios, lançaram-se por terra enquanto os espíritos imundos esconjuravam Pedro para que lhes permitisse ficar, ainda que fosse apenas mais um dia, nos corpos que ocupavam (Mc 5,10-12).

Pedro, exorcizando-os, mandou-lhes que saíssem imediatamente, e eles foram embora sem mais tardança. Também outros, enfermos havia muito tempo, invocaram a Pedro para que os curasse, e ele prometeu que iria suplicar por eles ao Senhor assim que terminasse a instrução religiosa; logo, como havia prometido, foram curados de suas enfermidades. Dispôs que estes fossem sentar-se em um lugar à parte junto com aqueles que tinham sido curados dos demônios, como se estivessem fatigados depois de um longo trabalho.

PEDRO CURA A MÃE DE CLEMENTE

Depois de partir de Trípoli, Pedro se dirigiu a Antioquia. Chegou às ilhas Ancárides, em cujo templo havia colunas de rara grandeza e, para vê-las, muitos tinham vindo com Pedro; este, depois de admirá-las e ter saído das portas, viu uma mulher que pedia esmolas aos que entravam. Depois de tê-la fitado atentamente, disse: "Dize-me, mulher, que defeito físico tens para te sujeitares à vergonha de pedir esmolas e por que não procuras ganhar com as próprias mãos, recebidas do Criador, o alimento, fruto do trabalho?" Suspirando, respondeu a mulher: "Prouvesse ao céu que eu tivesse mãos para poder mover! A mim restou-me somente a aparência das mãos. Elas de fato estão mortas, inseguras e insensíveis às minhas mordidas".

Pedro, então, depois de lhe pegar as mãos, curou-a. Aquela mulher era a mãe de Clemente, e este no mesmo lugar a reconheceu. Com efeito, graças ao poder de Pedro, pôde abraçar novamente os outros filhos, Faustino e Fausto, que, com nomes diversos, eram chamados Áquila e Nícias, e assim também seu marido, Faustino, que por muito tempo tinham ficado afastados. Mas, como queriam deixar por mar a ilha, a mãe disse a Clemente: "Filho querido, é justo que eu diga adeus à mulher que me acolheu: com efeito, é pobre, paralítica e presa a um leito".

Tendo ouvido isso, Pedro e todos os que haviam ouvido ficaram admirados diante da bondade e da prudência da mulher. Pedro ordenou imediatamente a alguns que fossem buscar a mulher no leito em que jazia. Assim que a trouxeram e a puseram no meio da multidão presente, Pedro disse diante de todos: "Se eu sou um arauto da verdade, para confirmar a fé de todos os presentes, para que saibam e creiam que um só é o Senhor que fez o céu e a terra, em nome de Jesus Cristo, seu filho, que esta (mulher) se levante". Imediatamente, assim que Pedro acabou de pronunciar essas palavras, a mulher se pôs de pé, curada, e lançou-se aos pés de Pedro, e, beijando uma parenta próxima, dava graças ao Senhor.

PEDRO CURA UMA MOÇA POSSUÍDA PELO DEMÔNIO DESDE OS 7 ANOS DE IDADE

Feito isso, como Pedro queria sair dali e ir ao albergue, o dono da casa lhe disse: "É indigno para um homem como tu albergar-se em uma modesta hospedaria quando tenho quase toda a casa para te colocar à disposição e diversos leitos completos com todo o necessário". Como Pedro, porém recusasse, a mulher do dono da casa se apresentou diante dele, com os filhos, exortando-o: "Peço-te, fica mais um tempo conosco!" Mas nem assim Pedro se decidia a consentir (no pedido). Veio então a filha daqueles que lhe rogavam. Ela estava havia muito tempo possuída por um demônio e por isso fora acorrentada e fechada em um quarto. Quando se apresentou a Pedro, segurava as cadeias na mão, porque o demônio fora embora por si só. E ela disse: "Meu senhor, seria coisa boa que tu hoje festejasses aqui a minha cura e não entristecesses a mim e a meus pais".

Enquanto Pedro se interrogava sobre o porquê dessas palavras e das cadeias, os pais dela, alegres pela cura inesperada da filha e tomados de espanto, não conseguiam dizer nenhuma palavra. Disseram os servos: "Esta (moça), possuída pelo demônio desde a idade dos 7 anos, arrancava as vestes daqueles que tentavam chegar perto dela, feria-os com mordidas e tentava dilacerá-los. De vinte anos a esta parte, nunca deixou de comportar-se desse jeito, e ninguém jamais foi capaz de curá-la, melhor, nem chegar perto dela. A muitos pôs para correr daqui para fora, sem que tivessem realizado nada; a outros, matou. Era mais forte do que qualquer homem, pois com certeza se servia das forças do demônio. Agora, como estás vendo, o demônio fugiu da tua presença: as portas, que estavam trancadas com toda a segurança, abriram-se, e eis que ela está curada diante de ti, pedindo-te que alegres para ela e para seus pais o dia da sua cura". Depois que um dos servos havia falado assim, e as cadeias caído espontaneamente das suas mãos e de seus pés, e Pedro, persuadido de que fora ele quem a tinha curado, consentiu em ir à casa de seu pai.

PEDRO CONSAGRA CLEMENTE COMO BISPO

Depois desses fatos, Pedro, em viagem para Roma, pressentiu a própria morte iminente. Por isso na assembleia dos irmãos, tomando a mão de Clemente, levantou-se sem demora e fez ressoar estas palavras diante de toda a Igreja: "Ouvi-me, irmãos e servos como eu: visto que o Senhor e mestre Jesus Cristo que me enviou me fez saber que está iminente a hora da minha morte, ordenarei para vós bispo este Clemente: a ele só confio a cátedra de minha pregação e doutrina; ele me foi companheiro em tudo, desde o princípio até o fim, e por isso conheceu a veracidade de toda a minha pregação. Foi para mim companheiro perseverante e fiel em todas as tentações. Eu o conheci mais do que os outros como servo do Senhor, amante do próximo, casto, aplicado, sóbrio, benigno, justo, paciente como aquele que sabe suportar as injúrias de alguns, mesmo que venham da parte daqueles que são instruídos na palavra do Senhor. Por isso a ele confio o poder a mim dado pelo Senhor de ligar e desligar, de modo que tudo que ele decretar na terra ficará estabelecido também no céu. Ligará com efeito aquilo que for necessário ligar, e desligará aquilo que for necessário desligar".

Dito isso, impôs-lhe as mãos e o fez sentar-se na sua sede, explicando-lhe difusamente como deveria governar a Igreja que lhe fora confiada ou nutrir o rebanho recebido (Mt 16,19s.; Jo 21,18s.).

SIMÃO RECEBE O APOIO DO IMPERADOR NERO

Quando Pedro chegou a Roma, percebeu que Simão era um protegido do imperador. Nero começou a combater vigorosamente os apóstolos por meio do mago Simão: dado que o mago conquistara com diversas ilusões diabólicas a alma de César a ponto de confiar nele sem a mínima suspeita como alguém que presidia a sua salvação e era o guardião de sua vida. Com efeito, acreditava que, com a ajuda dele, obteria vitórias, submeteria povos e teria prosperidade.

Mas o Apóstolo Pedro desmantelou seus sonhos ambiciosos e todas as suas abominações, porque à luz da verdade e do esplendor da palavra divina que havia muito tempo se difundira para a salvação dos homens, graças aos apóstolos, tinha feito desaparecer das mentes humanas a escuridão de toda mentira e as trevas da ignorância. Então o mago Simão, atingido pelo clarão da verdadeira luz, ficou cego imediatamente; aquele que já na Judeia tinha sido refutado pelas suas malvadezas e havia fugido para a outra parte do mar. Ele que alhures tinha experimentado o poder de Pedro depois de precedê-lo em Roma, e que ousou gabar-se de poder ressuscitar os mortos.

PEDRO DESAFIA SIMÃO AO SER CAPAZ DE RESSUSCITAR UM ADOLESCENTE, PARENTE DO IMPERADOR

Naquele momento havia morrido um nobre adolescente, parente de César. Reuniram-se muitos parentes e perguntavam uns aos outros se haveria alguém que pudesse ressuscitar o morto. Pedro já gozava de boa fama nesse ponto, mas entre os pagãos não se acreditava de modo algum em tudo isso. A dor, todavia, exigiu que se procurasse um remédio; houve alguns que acharam de bom alvitre convidar também Simão, de modo que estivessem presentes ambos. Dado que Simão se gabava de seu poder, Pedro disse aos parentes que fosse ele o primeiro a experimentar, se era capaz, de ressuscitar o morto. Se não fosse bem-sucedido, tivessem, no entanto, a certeza de que Cristo atuaria sobre o morto.

Simão, que os pagãos consideravam como dotado de grande poder, pôs como condição que ele ressuscitasse o falecido; se, porém, fracassasse e Pedro ressuscitasse o morto, o mago se submeteria à sentença que fora lançada contra o apóstolo. Tendo concordado nessa condição, aproximou-se do leito do defunto e começou a fazer encantamentos e a sussurrar secretamente fórmulas imprecatórias.

Os presentes tiveram a impressão de ver a cabeça do defunto mexer-se e já se ouviam grandes gritos da multidão pensando que o morto havia voltado à vida e falava com Simão. Começou a se fazer ouvir uma grande e geral indignação contra Pedro, porque ousara desafiar um homem dotado de tamanho poder. Então Pedro pediu silêncio e disse: "Se o defunto voltou à vida, que fale; e, se verdadeiramente ressuscitou, que se levante, caminhe e faça ouvir a sua voz. Eu vos farei tocar com a mão que isso é uma ilusão e não verdade o movimento da cabeça do defunto. Que o mago seja então afastado – disse – do leito e sejam postos a nu os enganos diabólicos". Simão foi então afastado do leito, e o morto ficou imóvel sem nenhuma esperança de vida. Pedro assistia de longe e, depois de ter orado por alguns momentos consigo, disse: "Jovem, levanta-te, eu te digo; nosso Senhor Jesus Cristo te restitui a vida" [a mesma fórmula aparece em At 3,16.18]. Imediatamente o jovem se levantou, falou e caminhou, e Pedro o restituiu vivo à sua mãe. Ela queria recompensar o bem-aventurado apóstolo, mas este lhe disse: "Fica tranquila, mãe, por teu filho e não tenhas medo; ele tem, com efeito, o seu guardião".

PEDRO IMPEDE O APEDREJAMENTO DE SIMÃO

E, como o povo queria apedrejar o mago Simão, Pedro retomou a palavra, dizendo: "Já é para ele uma pena suficiente o fato de se ter visto derrotado no seu próprio campo. Que continue vivo para ver crescer o reino de Cristo, ainda que não o deseje".

O mago, entrementes, se atormentava; e, abalado com a glória do apóstolo, correu para ter com Nero César e, servindo-se de uma nova injúria com referência a Pedro, obteve que este fosse convocado. Quando ambos chegaram à presença do imperador, Simão foi o primeiro a falar: "Admiro-me que tu, César, consideres a este como um homem de certo valor, enquanto é um pescador fracassado, cheio de mentiras e destituído de qualquer poder, quer quanto a palavras, quer quanto a fatos. Não suportes por mais tempo esse adversário; mandarei a meus anjos agora que venham vingar-me deste homem". Ao que Pedro respondeu: "Não temo certamente os teus anjos, que devem ter medo de mim, por força da minha fé em Cristo, neste meu Senhor que tu pretendes ser. Com efeito, se há alguma coisa de divino em ti que te faz analisar os pensamentos mais íntimos, dize-me, Simão, o que penso e o que farei. Este meu pensamento, ó excelente César, antes que o mago te conte uma patranha, eu o farei ouvir de modo que não possa dizer diversamente do que penso".

PEDRO DISCURSA DIANTE DO IMPERADOR

Então Nero [disse]: "Aproxima-te e dize-me o que pensas". Pedro disse: "Determina que me seja trazido um pão de cevada e entregue às escondidas". Cumprido o estabelecido, Pedro retomou a palavra: "Que me diga, então, Simão o que eu pensei, o que disse e o que fiz". Então Nero [disse]: "O que dizes, Simão?" Simão respondeu: "Que me diga antes Pedro o que eu pensei ou fiz". Pedro então [disse]: "Eu vos farei constatar o que Simão pensou, se, porém, ele antes disser o que eu pensei". Simão, depois de ouvir isso, disse: "Que o bom imperador saiba que ninguém conhece os pensamentos dos homens, a não ser Deus apenas; quanto ao resto, Pedro mentiu". E a isso Pedro novamente [disse]: "Mas tu, que te dizes filho de Deus, dize-me o que estou pensando e o que fiz agora secretamente, faze-me conhecê-lo, se fores capaz". Pedro tinha abençoado o pão de cevada que recebera, havia-o partido e recolocado em sua manga direita e na esquerda.

Então Simão, indignado por não ter podido desvelar o segredo do apóstolo, exclamou: "Que avancem grandes cães e o devorem na presença do César". Mal havia falado, surgiram cães de tamanho excepcional e se lançaram sobre Pedro. Pedro, porém, ergueu as mãos em oração e mostrou-lhes o pão que tinha abençoado; assim que os cães o viram, desapareceram no nada.

Pedro então se dirigiu a César [e disse]: "Eis, imperador, que te mostrei com fatos e não com palavras o que Simão estava pensando. Com efeito, aquele que tinha prometido que os anjos viriam contra mim mandou os cães, para que se visse que não possui anjos divinos, mas só cachorrinhos".

SIMÃO VOA SOBRE ROMA

Por isso, o mago indignado começou a valer-se de todos os recursos dos seus esconjuros. Reuniu o povo e declarou que fora ofendido pelos galileus e que deixaria a cidade que normalmente ele protegia. Finalmente fixou o dia em que, assegurava com arrogância, voando seria transportado às sedes celestes por destino, para demonstrar que estava em seu poder alcançar o céu quando quisesse.

No dia estabelecido, subiu ao Monte Capitolino e, lançando-se de cima de um rochedo, começou a voar. O povo, admirado, se pôs a venerá-lo. Muitos diziam também que o voar corporalmente em direção ao céu era uma faculdade divina e não humana; e muitos afirmavam que o Cristo não tinha feito nada de semelhante.

PEDRO INVOCA A JESUS; SIMÃO CAI E MORRE

Então Pedro, que se encontrava entre eles, disse: "Senhor Jesus, mostra o teu poder e não permitas que o povo que está a ponto de acreditar em ti seja enganado por essas falsidades. Senhor, que ele caia, de modo que todo ser vivo saiba que não pode nada contra o teu poder". Depois que o apóstolo pediu isso, em lágrimas, disse: "Eu vos conjuro em nome de Jesus Cristo: vós que o levais, deixai-o ir logo". À voz de Pedro, abandonado pelos demônios, atrapalhado o ritmo das asas que pusera, caiu por terra. Não recuperou mais os sentidos, mas com o corpo em pedaços, sem força, pouco depois expirou naquele mesmo lugar. Quando isso foi relatado a Nero, enquanto este se entristecia por ter sido enganado e iludido, indignado porque fora afastado um homem útil e necessário ao estado, começou a procurar motivos para matar Pedro.

O IMPERADOR NERO MANDA PRENDER PEDRO

Assim Nero deu ordem para que Pedro fosse capturado. Embora lhe fosse pedido antes por todos que partisse para outro lugar, ele sempre resistia dizendo: "Isso não farei jamais; seria como se eu fugisse assustado pelo medo da morte"; sabia bem que por isso viria para ele um motivo eterno de glória para si e para todos, conforme a paixão de Cristo.

Visto que Pedro, porém, escondia essas coisas, o povo em lágrimas lhe pedia que não o abandonasse e não passasse por cima das lágrimas de tantos fiéis, justamente quando estava iminente a tempestade contra os cristãos. Vencido, enfim, pelas lágrimas do povo, consentiu e prometeu que iria embora da cidade. Na noite seguinte, então, saudou os irmãos e depois da oração em comum foi-se em viagem sozinho.

PEDRO, AO FUGIR, ENCONTRA-SE COM CRISTO, VOLTA PARA ROMA E É CAPTURADO

Apenas havia chegado à porta, viu Cristo vindo a seu encontro. Adorou-o e perguntou: "Aonde vais, Senhor?" E o Senhor lhe disse: "Vou a Roma, para ser crucificado pela segunda vez". O apóstolo, tendo ouvido isso, compreendia que aludia à sua paixão; no apóstolo naturalmente se veria partir o Cristo que, como sabemos, sofre em cada homem não pela dor do corpo, mas pela contemplação da misericórdia e do afeto da piedade.

Voltou, assim, à cidade e foi capturado pelas sentinelas. A essa notícia logo se reuniu uma grande multidão, tanto que as plateias não poderiam conter as pessoas, homens e mulheres de todas as idades, e se puseram a gritar em alta voz: "Por que matais Pedro? Que delito cometeu? Que mal fez à cidade? Não é permitido condenar um inocente. E seria de temer que, pela morte de um homem como este, Cristo se vingasse e nós perecêssemos do primeiro ao último".

PEDRO PEDE PARA SER CRUCIFICADO DE CABEÇA PARA BAIXO

Pedro, porém, aquietava o ânimo do povo para que não se enfurecesse contra o soberano, dizendo: "Romanos que credes em Cristo e nele somente esperais, lembrai-vos de como ele soube sofrer e como vos consolou nos mesmos milagres que vistes feitos por mim. Esperai nele, que está para vir e dará a cada um segundo as suas obras. Quanto àquilo que agora vedes feito contra, foi-me anunciado já precedentemente pelo Senhor que não há discípulo superior ao mestre, nem servo superior ao senhor (Mt 10,24). Ficai, pois, sabendo que estou me aproximando depressa para comparecer à presença do Senhor, uma vez despojado da carne. Mas por que estou demorando e não corro ao suplício da cruz? Aqueles que me perseguem que disponham então do meu corpo: irei ter com o Senhor com minha alma".

E, aproximando-se da cruz, suplicou que fosse pregado nela inversamente ao modo tradicional. Era esse um sinal de respeito a fim de que ele não parecesse ter sido crucificado como o Senhor, mas como servo.

PEDRO MORRE REZANDO

Terminado isso, começou a falar ao povo do alto da cruz: "Indizível e escondido mistério da cruz, liame inseparável da caridade. Esta é a árvore da vida na qual o Senhor Jesus, depois de exaltado, atraiu tudo a si. Esta é a árvore da vida na qual foi crucificado o corpo do Senhor Salvador. Nela foi crucificada a morte e o mundo inteiro foi libertado do vínculo de uma morte eterna. Ó graça incomparável e amor que jamais desfalecerá. Eu te dou graças, Senhor Jesus, Filho do Deus vivo, não só com a voz e com o coração, mas também com a alma graças à qual posso amar-te, nomear-te, suplicar-te sem trégua, possuir-te, conhecer-te, ver-te. Tu és tudo para mim e em tudo me és tudo e não tenho nenhuma outra coisa fora de ti. Tu, que tens bondade, és verdadeiramente Filho de Deus e Deus, ao qual com o Pai eterno e com o Espírito Santo se deve toda a honra e glória nos séculos pelos séculos para sempre". Depois que o povo respondeu a plena voz: "Amém!", ele expirou.

CONCLUSÃO

Marcelo, um dos seus discípulos, sem esperar a ordem de ninguém, depôs o seu corpo da cruz com as próprias mãos e, depois de tê-lo tratado com preciosos aromas, colocou-o na sua própria tumba, no lugar chamado "Vaticano", ao longo da via triunfal, onde é celebrado em paz pela veneração de toda a cidade.

ATOS DE PEDRO

Atos de Pedro, obra escrita entre os anos 180 e 190, tem como objetivo sanar as curiosidades dos fiéis em relação a Pedro. Um terço do texto se perdeu. Uma parte foi encontrada, no século VII, em Vercelli, na Itália.

O livro narra a sua atividade missionária em Roma. Destaque para o modo como Pedro enfrentou e subjugou Simão, o mago, que tumultuava a vida dos cristãos de Roma, voando nos ares da cidade. O livro narra milagres realizados por Pedro e a sua morte na cruz, bem como o seu encontro com Jesus, no momento de sua fuga de Roma, no qual Jesus lhe faz a famosa pergunta: "Aonde vais?"

Pedro morreu crucificado de cabeça para baixo, sob o governo do Imperador Nero, no circo de Nero, perto do atual Vaticano. A morte de Pedro, na forma da crucifixão de cabeça para baixo, é atestada também por Orígenes e Eusébio (História eclesiástica III,1,2). A tradição conservou duas datas possíveis: no fim de 67 da E.C. ou em 13 de outubro de 64.

Pertencente ao apócrifo Atos de Pedro, existe um fragmento intitulado "A filha de Pedro", o qual vem logo a seguir ao texto de Atos de Pedro.

A nossa tradução tem como referência as publicações de Johannes Baptist Bauer, "Los apócrifos neotestamentarios" (Actualidade biblica, 22. Madri: Ediciones Fax, 1971, p. 100) e F. Amiot, La Bible apocryphe: Evangiles apocryphes (Paris: Librairie Arthème Fayard, 1952, p. 185-225).

PEDRO CHEGA A ROMA, E O POVO LHE PEDE PARA DESTRUIR O MAGO SIMÃO

Quando Pedro chegou a Roma, após o seu longo discurso à multidão que se aglomerara para vê-lo, os convertidos lhe pediram que acabasse com Simão, o mago, que, se dizendo "Força de Deus", estava enganando a todos.

Pedro tomou conhecimento de que Simão estava hospedado na casa de Marcelo, um piedoso, rico e bondoso senador romano. Convertido pela presença de Paulo em Roma, ele havia se deixado levar por Simão. A sua casa era repleta de pobres, viúvas, órfãos e estrangeiros que viviam dos seus favores. Pedro e a multidão se dirigiram à casa de Simão. Pedro mandou chamar Simão para fora da casa, mas ele não quis vir. Uma cena inusitada aconteceu: um cachorro foi enviado por Pedro para dizer a Simão que ele devia se apresentar a Pedro. Marcelo e os presentes no interior da casa presenciaram, perplexos, a cena de um cachorro falante. O Senador Marcelo saiu da casa e se ajoelhou aos pés de Pedro e pediu-lhe perdão por sua atitude equivocada. Ele se colocou como arrependido e pediu a Pedro que rogasse a Deus por ele. Pedro rogou a Deus que lhe perdoasse sua atitude de ignorância e que enviasse a paz sobre ele e sua casa. Ao fim da oração, Pedro o acolheu com um abraço.

PEDRO DESAFIOU SIMÃO EXPULSANDO
O DEMÔNIO DO CORPO DE UM JOVEM

Enquanto isso, no meio da multidão, o demônio se apossou de um jovem e desafiou a Pedro em relação ao mago Simão. Pedro invocou o nome de Jesus, e o demônio saiu do corpo do jovem, o qual acabou se esbarrando em uma estátua de mármore de César, a qual veio a se despedaçar. Marcelo interveio com medo e disse a Pedro que aquilo que havia sido cometido era um crime. O imperador iria castigá-los. Pedro lembrou a Marcelo a fé que ele havia declarado antes e o pediu que tomasse água, rogasse ao Senhor e aspergisse as pedras, que elas voltariam a ser a estátua de César. Assim aconteceu. E Marcelo saiu fortalecido na sua fé.

O CACHORRO ENVIADO POR PEDRO CONVERSA
COM O MAGO SIMÃO

No interior da casa, o cachorro travava discussões com Simão, o qual pediu ao cão que voltasse e dissesse a Pedro que ele não estava na casa. O cachorro saiu e relatou o ocorrido a Pedro e ainda lhe disse: "Pedro, tu terás um grande combate com Simão, inimigo do Cristo e de seus servos, mas tu converterás a fé de muitos daqueles que estão seduzidos por ele. Por causa disso, tu receberás a recompensa de Deus". Após ter dito isso, o cachorro caiu aos pés de Pedro e entregou o seu espírito. O povo ficou admirado ao ver o cachorro falar. Outros tomaram a palavra e disseram a Pedro: "Mostra-nos outro milagre a fim de que possamos acreditar que tu és um ministro de Deus vivo. Simão fez muitos milagres em nossa presença e por isso nós o seguimos".

PEDRO RESSUSCITA UM PEIXE MORTO

Pedro viu, então, um arenque, um tipo de peixe parecido com uma sardinha, pendurado em uma janela. Ele perguntou ao povo se, caso ele fizesse aquele peixe morto voltar a nadar, eles acreditariam nele. Eles responderam que sim. E Pedro fez o milagre. Uma multidão veio de toda parte e aderiram aos ensinamentos de Pedro.

PEDRO ENVIA UMA CRIANÇA DE PEITO
PARA FALAR COM SIMÃO

Marcelo foi até sua casa e, usando de muitos subterfúgios, conseguiu expulsar Simão de sua casa. Simão foi até a casa de Narciso, onde estava Pedro, e lhe disse: "Sou eu, Simão. Desce, então, Pedro, e eu provarei que tu acreditaste em um simples judeu e um filho artesão". Pedro enviou uma mulher que tinha criança de peito, de apenas 7 meses. Ele a recomendou a descer e a descobrir alguém que procurava por ele, mas a não lhe dirigir uma palavra, mas a prestar atenção nas palavras que a criança iria proferir. Ela assim fez. A criança tomou a palavra e acusou Simão de exterminador da verdade, fruto estéril da natureza etc., e o convocou a deixar Roma até o sábado próximo. A mulher voltou e contou a Pedro e aos irmãos o que tinha acontecido.

PEDRO TEM UMA VISÃO DE JESUS, O QUAL
LHE ANUNCIA O COMBATE COM SIMÃO

Na noite seguinte, o Senhor apareceu a Pedro e lhe anunciou que ele, em seu nome, iria ter um forte combate no próximo sábado e que muitos se converteriam a partir dos milagres que ele realizaria, mas Simão seria o seu adversário. No entanto, todos os seus truques seriam desvendados. No dia seguinte, Pedro contou aos discípulos a visão que havia tido. Enquanto falava, veio Marcelo e lhe pediu que fosse, juntamente como os outros irmãos, à sua casa. Simão não mais estava lá. Pedro foi, rezou, operou milagres e conversões. Ele permaneceu na casa de Marcelo, preparando-se para a luta com Simão. Marcelo teve uma visão da luta de Pedro com Simão.

No momento oportuno, Pedro se dirigiu ao fórum romano. Senadores, prefeitos, funcionários do império e todos que se encontravam em Roma se reuniram. Gritando, eles pediram a Pedro que lhes mostrasse quem era o seu Deus, pois eles estavam decididos a ver as provas de Pedro e de Simão. Simão havia se colocado perto de Pedro. Pedro, então, tomou a palavra e desafiou Simão, lembrando-o de suas magias e tentativa de suborno do poder de Pedro de fazer milagres, quando ainda se encontrava em Jerusalém. Lembrou-o de que ele fora expulso de lá por esses motivos e de que agora estava fazendo o mesmo em Roma. Pedro disse: "Eu creio em Deus vivo, por isso destruirei as suas magias". Simão retrucou, dizendo a Pedro que os romanos tinham bom-senso e que ele, Pedro, tinha a audácia de falar de Jesus de Nazaré, artesão e filho de um artesão, da Judeia. E ainda perguntou aos romanos se um Deus pode nascer e ser crucificado. Os presentes elogiaram-no, dizendo que ele falava bem. Pedro, por sua vez, condenou ao anátema as palavras de Simão e relembrou aos presentes as palavras dos profetas que anunciavam a vinda de Jesus. E terminou dizendo que, com a licença do prefeito de Roma, destruiria Simão.

PEDRO RESSUSCITA VÁRIAS PESSOAS PARA PROVAR O SEU PODER DIANTE DE SIMÃO

O prefeito, atento ao discurso dos dois, sem querer ser imparcial, propôs que um de seus servos fosse morto por Simão e ressuscitado por Pedro. Nesse momento, do meio da multidão surgiu uma viúva da casa de Marcelo, que gritava pedindo a Pedro que ressuscitasse seu filho. Foi pedido a alguns jovens presentes que buscassem o filho morto da viúva. Enquanto isso, o Prefeito Agripa pediu a Pedro que ressuscitasse um de seus servos que jazia morto. Pedro rezou, e o escravo foi ressuscitado. Os jovens chegaram com o filho da viúva. Pedro rezou, e o seu filho também ressuscitou diante dos presentes.

A notícia se esparramou pela cidade. A mãe de um senador veio a Pedro e lhe pediu que ressuscitasse o seu filho, Nicostrate. Pedro lhe perguntou sobre a fé em Deus, ao que ela respondeu: "Eu creio, Pedro, eu creio". Pedro pediu que o seu filho fosse trazido à sua presença. Quando o morto chegou, em grande pompa, outras personalidades romanas vieram ver o que aconteceria. Pedro pediu silêncio aos presentes e os desafiou a acreditar nele ou em Simão. "Homens romanos, que neste momento haja um justo julgamento entre mim e Simão".

Simão, por sua vez, desafiou Pedro, dizendo ao povo que, caso eles vissem que o morto já estava ressuscitado, eles expulsariam Pedro da cidade. O povo respondeu que não só expulsaria, mas que o queimaria no fogo. Simão se aproximou do corpo e simulou a sua vida. Alguns começaram a recolher gravetos para queimar Pedro. Pedro, então, cheio da força de Cristo, demonstrou aos presentes que o morto não tinha sido ressuscitado. O povo pediu a morte de Simão, mas Pedro retrucou dizendo que, se eles fizessem isso, o morto não ressuscitaria. O mal não deveria ser pago com o mal. Antes de ressuscitar o morto, Pedro pediu a sua mãe que os servos de seu filho se tornassem livres depois da ressurreição de Nicostrate. A mãe prometeu que isso aconteceria e que lhes daria os bens destinados à sepultura de seu filho. E Pedro acrescentou: "E o que sobrar seja distribuído às viúvas".

Pedro invocou a Deus, e o morto ressuscitou na presença de todos, os quais passaram a adorá-lo com Deus. Como uma multidão se aglomerava diante de Pedro, o Prefeito Agripa fez um sinal para que ele fosse embora. Pedro convocou o povo a ir para a casa do Senador Marcelo. Mas a mãe do ressuscitado insistiu para que ele fosse para a sua casa. Pedro já havia combinado com Marcelo de ir à sua casa para prestar assistência às viúvas. No dia seguinte, Nicostrate e sua mãe dispuseram de seis mil peças de ouro para Pedro oferecer às virgens que servem a Cristo.

SIMÃO DESAFIA NOVAMENTE PEDRO

Alguns dias depois, Simão chamou Pedro para um novo desafio. Ele começou a pregar a sua ascensão ao Pai. Subindo em um monte, anunciou a sua proeza e começou a voar sobre a cidade de Roma. O povo, vendo o espetáculo, olhou para Pedro, e este clamou a Jesus Cristo do seguinte modo: "Se deixas realizar o seu desejo, todos que acreditaram em ti se escandalizarão e os milagres e sinais que realizaste através de mim lhes parecerão enganação. Concede-me, Senhor, prontamente a tua misericórdia: que ele caia impotente lá do alto, mas que não morra".

Em seguida, Simão caiu das alturas e quebrou as pernas em três lugares. O povo o apedrejou e confiaram em Pedro. Alguns de seus fiéis seguidores o levaram, durante a noite, em uma esteira, de Roma a Arícia e, depois, a Terracina, na casa de um mago, chamado Castor. Ele foi operado e ali terminou os seus dias.

AS CONVERSÕES EM ROMA

Durante o ano em que Pedro permaneceu em Roma, ele logrou muitas conversões para o seguimento de Cristo. Dentre os convertidos estavam as quatro concubinas do Prefeito Agripa. Elas se converteram ao ouvir a pregação de Pedro em favor da castidade. Imbuídas desse ensinamento, elas não quiseram mais ter relações sexuais com Agripa, o qual, sabendo o motivo, ameaçou queimar Pedro vivo. Também a esposa de certo Albino, Xântipe, havia deixado de coabitar com o seu marido pelos mesmos motivos. Albino e Agripa se uniram e tramaram a morte de Pedro. Xântipe revelou a Pedro o plano deles. A comunidade aconselhou Pedro a fugir de Roma disfarçado. Mesmo resistindo à ideia, Pedro saiu de Roma em fuga.

PEDRO VÊ JESUS E LHE PERGUNTA: "AONDE VAIS, SENHOR?"

Persuadido pelos irmãos a fugir de Roma, pois o Prefeito Agripa e certo Albino o perseguiam por causa da sua pregação em favor da castidade,

Pedro fugiu disfarçado e sozinho de Roma. Ele mesmo disse: "Que nenhum de vós venha comigo. Eu vou sair sozinho, após ter trocado as minhas vestes". Mas eis que, na porta da cidade, o Senhor lhe apareceu. Pedro lhe perguntou: "Aonde vais, Senhor?" O Senhor lhe respondeu: "Vou a Roma para ser crucificado". "Outra vez, Senhor?", perguntou Pedro. "Sim, Pedro, outra vez serei crucificado", disse Jesus.

Pedro caiu em si e viu Jesus voltando para o céu. Pedro, então, voltou a Roma louvando e anunciando que Jesus havia dito: "Serei crucificado". Pedro não sabia que a crucifixão iria acontecer com ele. Pedro fez saber aos seus irmãos que ele havia voltado. Eles sentiram pesar por isso e disseram: "Nós tínhamos te suplicado para fugires e voltaste". Enquanto Pedro justificava a sua atitude diante dos irmãos, os quais choravam, quatro soldados vieram e prenderam Pedro e o conduziram a Agripa, que ordenou a sua crucifixão.

UMA MULTIDÃO DEFENDE PEDRO

Então uma multidão de irmãos saiu em defesa dele; pobres e ricos, órfãos e viúvas, poderosos e humildes vieram todos correndo para ver Pedro e defendê-lo. E todo o povo gritava em uníssono: "Qual foi o mal cometido por Pedro?" "Que ele te fez? Dize a nós, os romanos". E Pedro saiu e foi ao encontro da multidão e a acalmou, relembrando os sinais e milagres que ele tinha realizado em nome de Cristo, e disse-lhes: "Esperem-no! Com a sua vinda cada um pagará segundo suas obras. Não façais nada contra Agripa. Tudo acontecerá conforme o Senhor me revelou que iria acontecer".

O DISCURSO DE PEDRO NA HORA DA SUA MORTE

E, estando para ser crucificado, Pedro proferiu as seguintes palavras: "Ó cruz, tu que és mistério oculto! Ó graça inefável, que és pronunciada em nome da cruz! Ó natureza humana, que não podes permanecer separada de Deus! Ó doce comunhão, indizível e inseparável, que não podes ser manifestada por lábios impuros! Apodero-me de ti, agora que estou no fim de minha jornada. Declarei aquilo que tu és, e não manterei silêncio diante do mistério da cruz, o qual desde muito foi coberto e oculto de minha alma. A cruz é algo distinto daquilo que aparenta ser. Ela é a própria paixão conforme experimentada por Cristo. E agora, sobretudo vós que podeis me escutar, vós que tendes fé, escutai-me nesse momento derradeiro e supremo da minha vida". E Pedro continuou o discurso. Ao final, pediu aos carrascos que o crucificassem de cabeça para baixo. Pedro não se julgava digno de morrer como Jesus. E, enquanto realizava-se o seu desejo, Pedro tomou novamente a palavra e fez um longo discurso aos presentes sobre o sentido místico dessa forma de crucifixão, terminando-o com a seguinte oração de ação de graças a Jesus Cristo: "Tu és para mim meu pai, minha mãe, meu irmão, meu amigo, meu servidor. Tu és o Todo e o Todo está em ti; és o ser, e nada é, exceto tu. Recorrei a ele, irmãos, e entendei que tudo se encontra nele. Então conseguireis aquilo que a propósito do qual ele disse que nem olho viu, nem ouvido ouviu, nem chegou a coração humano algum. Nós te pedimos, pois, o que nos promete dar-nos, ó Jesus sem mancha. Nós te louvamos, te damos graças. Como homens fracos te reverenciamos e reconhecemos que somente tu, e nada mais que tu, és Deus. Tu és a glória agora e por toda a eternidade". E, enquanto a multidão dos presentes exclamava, em alta voz, "Amém", Pedro entregou seu espírito ao Senhor.

O CORPO DE PEDRO É TIRADO DA CRUZ POR UM SENADOR; NERO SE IRRITA COM AGRIPA

Marcelo, o senador romano que havia se convertido ao cristianismo por obra de Pedro, vendo que Pedro havia expirado, o tirou da cruz, preparou seu corpo com aromas e perfumes e o enterrou com dignidade. O Imperador Nero se irritou com o Prefeito Agripa pelo fato de este ter matado Pedro sem que ele fosse comunicado. Por muito tempo Nero não dirigiu a palavra a Agripa.

A FILHA DE PEDRO

A tradição conservou um fragmento de texto que a conta a história de uma filha de Pedro, de nome Petronília. Trata-se, com mais probabilidade, de um acréscimo de Atos de Pedro, datado, possivelmente, do final do século II da Era Comum (E.C.), entre os anos 180 e 190. Esse fragmento foi encontrado em 1887, numa tumba de um monge, em Akhmin, no Egito. Atos de Nero e Arquelau testemunha a devoção prestada a Petronília nas catacumbas de Domitila, Augustino, Jerônimo, dentre outros.

A história da filha de Pedro pode ser compreendida no contexto de negação do matrimônio e, consequentemente, do corpo. Pedro, com certeza, não agiria assim com a sua filha. Alguns estudiosos veem nessa narrativa o gnosticismo, outros negam essa hipótese e afirmam que o ideal de santidade que nega a relação sexual entre corpos fazia parte do ideal monástico dos cristãos do século II da E.C.

A essa tendência religiosa dá-se o nome de encratismo. Seus seguidores iviam no rigorismo ascético, isto é, almejavam uma perfeição espiritual. Para tanto viviam como vegetarianos, com alimentação reduzida, abstinência sexual e misoginia. Nessa perspectiva, a virgindade era o ideal para o ser humano. Até mesmo um mal horrível, como a paralisia, se justificaria pelo bem que ela traria para Pedro e Petronília.

O autor desse fragmento o atribuiu a Pedro para ressaltar o poder do apóstolo em operar milagres e o poder que ele tinha diante do povo.

A nossa tradução tem como referência o texto copta, na publicação de Antonio Piñero: Textos gnósticos (Biblioteca de Nag Hammadi, II. Evangelhos, Hechos, Cartas. Madri: Trotta, 1999, p. 215-220).

PEDRO É DESAFIADO A CURAR A PRÓPRIA FILHA

No primeiro dia da semana (sábado), o domingo, muita gente se reuniu e trouxeram muitos doentes para que Pedro os curasse. Um, dentre os presentes ousou dizer a Pedro: "Pedro, diante dos nossos olhos deste a vista a muitos cegos, fizeste ouvir muitos surdos e andar muitos paralíticos, ajudaste o fraco dando-lhe forças. Por qual motivo, então, não ajudaste tua filha virgem, que é linda e acreditou no nome do Senhor? Pois ela é totalmente paralisada de um lado e está estendida sem força nesse canto. Vemos o povo que ajudaste, mas negligenciaste tua própria filha".

Pedro sorriu e lhe disse: "Meu filho, é evidente somente para Deus por que razão o seu corpo está enfermo. Deves saber que Deus não é fraco ou sem poder para dar seus dons a minha filha".

Para convencer e aumentar a fé das pessoas presentes, Pedro olhou para sua filha e lhe falou: "Levanta-te de teu lugar sem a ajuda de ninguém, mas pelo poder de Jesus sozinho; caminha naturalmente na presença deles e vem aonde estou". Ela se levantou e foi até ele.

A multidão se alegrou perante o acontecido. Então Pedro disse-lhes: "Olhai, vossos corações estão convencidos agora que Deus não está desprovido de poder em tudo quanto lhe pedimos".

Eles ficaram ainda mais alegres e louvaram a Deus. E Pedro disse a sua filha: "Volta para o teu lugar, deita-te e volta a ficar doente, porque isso é proveitoso para ti e para mim". E a jovem voltou, deitou-se no seu lugar e voltou à sua enfermidade anterior. A multidão inteira ficou desolada e suplicou a Pedro de curá-la.

PEDRO CONTA A HISTÓRIA DE SUA FILHA

Pedro disse-lhes: "Pela vida do Senhor, isso é melhor para ela e para mim. Pois, no dia em que ela nasceu, eu tive uma visão, e o Senhor me disse: 'Pedro, hoje nasceu um grande julgamento para ti. Pois essa menina prejudicará a muitos se ela estiver com saúde'. Eu pensei que a visão fosse uma ilusão, mas, quando a mocinha completou 10 anos, ela se tornou uma tentação para muitos. Um homem rico, chamado Ptolomeu, que a tinha visto tomando banho com a mãe dela, mandou buscá-la para ser a sua esposa; mas a mãe dela não aceitou. Ele mandou buscá-la muitas vezes; ele não conseguia esperar"… (lacuna: faltam as páginas).

Os servidores de Ptolomeu trouxeram a mocinha, deitaram-na na frente da porta da casa e foram-se embora. Pedro acrescentou: "Quando eu e a mãe dela percebemos aquilo, descemos e achamos a mocinha com todo um lado de seu corpo, desde os dedos dos pés até a cabeça, paralisado e doente. Levamos (a menina para casa), louvando o Senhor de ter guardado sua serva da impureza e da desonra. Tal é a razão do problema, porque a mocinha continua neste estado até hoje. Mas é bom que saibais o destino de Ptolomeu. Ele voltou para a sua casa e lamentou-se dia e noite sobre o acontecido. Chorou tanto que cegou e resolveu enforcar-se. E eis que, lá pelas quinze horas, quando estava sozinho no seu quarto, ele viu uma grande luz, que iluminou a casa inteira e ouviu uma voz que lhe dizia: 'Ptolomeu, Deus não deu o corpo para a corrupção e a vergonha. E não é certo para ti, que acreditaste em mim, desonrar a minha virgem, que deverias conhecer como tua irmã, como se eu fosse para vós dois um só espírito. Mas levanta-te e vai depressa à casa do Apóstolo Pedro e verás a minha glória. Ele te explicará esse acontecimento'. Ptolomeu se apressou e pediu aos seus servidores que lhe mostrassem o caminho e trouxeram-no a mim".

Pedro ainda disse: "Quando chegou, ele me contou tudo quanto lhe tinha acontecido pelo poder do Senhor Jesus Cristo. Então recuperou a vista de seu corpo e a vista de sua alma. E muitas pessoas acreditaram em Cristo. Ele lhes fez bem e deu-lhes o dom de Deus (batismo). Depois disso, Ptolomeu morreu, partiu desta vida e foi para o seu Senhor. No seu testamento, ele deu um terreno no nome de minha filha, porque por ela alcançou a fé em Deus e tinha sido curado. Eu, tendo recebido essa doação, executei-a com cuidados. Vendi o terreno, e Deus sabe que nem eu nem minha filha recebemos o preço do terreno. Vendi o terreno e nada guardei do dinheiro da venda do terreno, mas dei todo o dinheiro aos pobres. Sabe, pois, ó servidor de Jesus Cristo, que Deus cuida dos seus e prepara bens para cada um deles, se bem que pensemos (às vezes) que Deus se esqueceu de nós. Mas, agora, irmãos, arrependei-vos, vigiai e orai, e a bondade de Deus tomará conta de nós e providenciará o necessário".

E Pedro continuou falando perante eles todos e louvando o nome do Senhor Cristo e deu o pão a todos eles. Depois de ter distribuído todo o dinheiro, ele se levantou e foi para sua casa.

PEDRO É DESAFIADO A CURAR A PRÓPRIA FILHA

No primeiro dia da semana – que é o Dia do Senhor –, uma multidão se reuniu e trouxeram muitos doentes para que Pedro os curasse. Mas alguém da multidão se atreveu a dizer a Pedro: "Olha, Pedro! Sob os nossos olhos deste a vista a muitos cegos, fizeste ouvir muitos surdos e andar muitos paralíticos, ajudaste o fraco e deste-lhe forças. Por que, então, não ajudaste tua filha virgem, que é linda e acreditou no nome de Deus? Pois ela é totalmente paralisada de um lado e está estendida sem força nesse canto. Vemos o povo que ajudaste, mas negligenciaste tua própria filha".

Pedro sorriu e lhe disse: "Meu filho, é evidente somente para Deus por que razão o seu corpo não fica curado. Deves saber que Deus não é fraco ou sem poder para dar seus dons a minha filha".

Para convencer e aumentar a fé das pessoas presentes, Pedro olhou para sua filha e lhe falou: "Levanta-te de teu lugar sem a ajuda de ninguém, mas pelo poder de Jesus sozinho; caminha naturalmente na presença deles e vem até aqui". Ela se levantou e foi até ele. As multidões se regozijaram perante o acontecido. Então Pedro disse-lhes: "Olhai! Vossos corações estão convencidos agora de que Deus não está desprovido de poder em tudo quanto lhe pedimos".

Eles ficaram ainda mais alegres e louvaram a Deus. E Pedro disse a sua filha: "Volta para o teu lugar, deita-te e volta à tua doença, porque isso é proveitoso para ti e para mim". E a moça voltou, deitou-se no seu lugar e voltou à sua enfermidade anterior. A multidão inteira ficou desolada e suplicou a Pedro de curá-la.

ATOS DE PAULO DE ACORDO COM AS MEMÓRIAS APOSTÓLICAS SEGUNDO ABDIAS

Paulo, alicerce da Igreja, fez história no cristianismo. De perseguidor ele passou a ser um grande evangelizador de Jesus ressuscitado, quem ele não conheceu pessoalmente.

Saul ou Saulo era seu nome judaico. Paulo, o romano. Ele recebeu estes dois nomes no dia de sua circuncisão. O nome romano provém de seu pai que era de Tarso e cidadão romano. Paulo, segundo Tito, em Atos de Paulo e Tecla, era um homem baixo, calvo, pernas tortas, bem-formado, sobrecílios conjuntos, nariz um pouco curvado e cheio de bondade. Ele era parecido ora com um homem, ora com um anjo.

Paulo nasceu em Tarso, cidade da Cilícia. Pertencia à tribo de Benjamim. Ele defendia a sua cidadania romana, por causa de seu pai que era cidadão romano.

A nossa tradução de Atos de Paulo tem como referência Fabricius J. A., Codex Apocryphus Novi Testamenti, em 1719, Hamburgo, p. 388-742.

A ORIGEM DE SAULO (PAULO)

Havia um homem em Jerusalém da tribo de Benjamim, de nome Saulo (At 811; Rm 11,1; Fl 3,5) profundo conhecedor dos livros de Moisés e das normas litúrgicas (as cerimônias eram então executadas segundo a letra:

não se percebia nem se pressentia nelas coisa alguma de mistério). Esse homem levava o terror à igreja de Deus penetrando nas casas e arrastando à prisão homens e mulheres. Ele conseguia prender muitos.

Então, respirando ameaças e ruína contra os apóstolos do Senhor, foi ter com o príncipe dos sacerdotes e lhe pediu cartas de apresentação para as sinagogas de Damasco, de modo que, se encontrasse indivíduos que seguissem esse caminho (At 9,2; 18,25s.), quer homens, quer mulheres, ele os levava acorrentados a Jerusalém.

UMA LUZ CEGA PAULO, PERTO DE DAMASCO

Enquanto seguia viagem com esse escopo, eis que, perto de Damasco, uma luz do céu o ofuscou; caindo por terra, ouviu uma voz que lhe dizia: "Saulo, Saulo, por que me persegues? É duro para ti resistir ao aguilhão". Ele respondeu: "Quem és Tu, Senhor?" E ele respondeu: "Sou Jesus, que persegues. Levanta-te, porém, entra na cidade, e te será dito o que deves fazer".

Os homens que o acompanhavam estavam perplexos como ele, pois ouviram uma voz, mas não viram ninguém. Saulo então se levantou do chão e abriu os olhos, mas não conseguia mais ver. Segurado, portanto, pela mão, entraram em Damasco; e ali ficou três dias sem poder ver, não tocando nem comida nem bebida.

Havia, porém, em Damasco um discípulo de Cristo, de nome Ananias. O Senhor lhe disse em visão: "Ananias!" Ele respondeu: "Eis-me aqui, Senhor!" E o Senhor lhe disse: "Levanta-te, vai até a rua chamada Direita e procura na casa de Judas uma pessoa de nome Saulo, de Tarso, que está em oração. Ele te espera para que, entrando onde está, lhe imponha as mãos e possa recuperar a vista".

Ananias lhe respondeu: "Senhor, muitas pessoas me disseram quanto mal ele fez aos cristãos em Jerusalém. Dos príncipes dos sacerdotes ele recebeu a autorização para prender aqueles que invocam o teu nome".

E o Senhor disse: "Ele é para mim um vaso de eleição para levar o meu nome a povos, a reis e aos filhos de Israel. Eu, com efeito, lhe mostrarei quanto há de sofrer pelo meu nome". Ananias foi, entrou na casa e, impondo-lhe as mãos, disse: "Irmão Saulo, o Senhor Jesus, que te apareceu no caminho quando vinhas, me enviou para que recuperes a vista e fiques cheio do Espírito Santo". Logo lhe caíram dos olhos umas crostas, e ele recuperou a vista. Levantou-se, então, foi batizado e, depois de comer, recuperou as forças (At 9,1-9; 22,5-6; 26,10-18).

APÓS RECOBRAR A VISTA, PAULO PREGA EM DAMASCO E É PERSEGUIDO PELOS JUDEUS

Paulo permaneceu depois com os discípulos de Damasco alguns dias. Imediatamente começou a percorrer as sinagogas pregando que Jesus é Filho de Deus. Vendo isso, todos se espantavam e comentavam: "Será este, porventura, o homem que em Jerusalém combatia os que invocam este nome? E não veio para cá justamente para levá-los presos aos príncipes dos sacerdotes?"

Saulo nesse meio-tempo ficava sempre melhor de saúde e confundia os judeus de Damasco afirmando que Jesus é o Cristo, o Filho de Deus. Depois de alguns dias, os judeus se reuniram em conselho para tramar como matá-lo; mas logo esse projeto perverso veio aos ouvidos de Paulo. Eles vigiavam as portas dia e noite para capturá-lo; mas os seus discípulos, tendo-o levado de noite, o fizeram sair pelo alto do muro, tendo-o posto em uma cesta.

EM JERUSALÉM, PAULO FAZ CURAS EM NOME DE JESUS

Uma vez chegado a Jerusalém, então, tentava unir-se aos discípulos de Cristo, mas estes tinham medo dele, pois não estavam convencidos de que fosse um discípulo. Barnabé, então, o tomou e o levou aos apóstolos narrando-lhes como tinha visto o Senhor ao longo do caminho, como lhe havia falado e o que fizera em Damasco, confiante no nome de Jesus.

Desde então Saulo, que é depois Paulo, começando a evangelizar o Cristo em muitas cidades, chegou a Listra (At 14,6s.). Havia ali um homem coxo de nascença que jamais havia andado e estava agachado. Este, assim que ouviu Paulo falando, pôs-se a mirá-lo com insistência. Saulo, vendo que ele estava confiante na cura, gritou para ele: "Levanta-te e fica firme em pé!"

No mesmo instante, aquele homem ficou de pé e se pôs a caminhar. A multidão, tendo visto o que Paulo fizera, gritou: "Este é verdadeiramente um ministro de Deus para fazer uma coisa como esta em Israel".

Em outra ocasião, enquanto tinham se dirigido para o lugar de oração, encontraram uma jovem escrava que estava possuída por um espírito de adivinhação. Com os seus oráculos proporcionava muitos lucros aos seus senhores. Ela se pôs a seguir-nos durante algum tempo e gritava: "Estes são os servos do Deus Altíssimo e vos anunciam o caminho da salvação". Repetiu isso por muitos dias. Paulo, aborrecido, disse ao espírito: "Em nome do Senhor Jesus Cristo eu te ordeno que saias desta jovem". E ele, imediatamente, saiu (At 16,16s.).

PAULO PREGA, EXPULSA O DEMÔNIO E RESSUSCITA UM JOVEM

Em seguida, tendo chegado à Ásia com alguns discípulos, debatia na escola de Tirano por cerca de dois anos, de sorte que todos os habitantes da Ásia ouviram a palavra do Senhor, quer judeus quer pagãos, enquanto Deus realizava pela mão de Paulo milagres extraordinários a ponto de levarem os lenços e aventais por eles usados, pondo-os depois sobre os enfermos, e estes ficavam curados de toda enfermidade, enquanto deles saíam as potências malignas.

No domingo, quando nos reunimos para partir o pão, Paulo, que deveria partir no dia seguinte, ficou a entreter-se com eles e prolongou a conversa até meia-noite. Na sala superior, onde estavam reunidos, estavam acesas diversas lâmpadas. Um jovem, chamado Êutico, que estava sentado sobre a janela, tomado de um sono pesado, enquanto Paulo se demorava no discurso, arrastado pelo sono, caiu do terceiro andar ao solo e foi recolhido morto. Paulo, tendo descido até ele, deitou-se sobre ele, apertou-o nos braços e disse: "Não vos angustieis! Está vivo". Ele subiu, então de novo partiu o pão e, depois de o ter comido, continuou a falar até a aurora. Entrementes, levaram de novo para dentro da casa o rapaz ressuscitado e se consolaram todos grandemente (At 16,16s.; 20,7s.).

PAULO NA ILHA DE MILETO E A SERPENTE

Depois disso, Paulo, tendo embarcado no navio, chegou à Ilha de Mileto (Malta). Os nativos nos demonstraram uma humanidade excepcional, acenderam para nós uma fogueira e nos hospedaram a todos por causa da chuva que tinha começado a cair e do frio. Paulo reuniu um feixe de ramos secos e, depois que o pusera sobre o fogo, uma víbora saltou para fora do fogo, por causa do calor, e pulou na mão. Os nativos, assim que viram o réptil picar a sua mão, disseram: "Este homem com certeza é um criminoso porque, depois de ter escapado do naufrágio, a justiça não permite que sobreviva". Mas ele sacudiu o réptil no fogo e não sofreu coisa alguma. Eles acreditavam que ele incharia e logo cairia morto; por mais que esperassem e ficassem olhando, não acontecia absolutamente nada a Paulo; tendo então mudado de parecer, começaram a dizer que era um deus.

Havia naquele lugar um lote de terreno de propriedade do primeiro cidadão da ilha, chamado Públio, o qual nos recebeu e nos alojou benevolamente por três dias. Aconteceu então que o pai de Públio caiu de cama, sofrendo de um acesso de febre e disenteria. Paulo foi até ele e, depois de ter orado, lhe impôs as mãos e o curou. Depois disso, todos os que na ilha estavam aflitos por alguma enfermidade se apresentavam e eram curados. Eles trataram Paulo com muita deferência (At 28,1).

PAULO EM ROMA FICA PRESO E É LEVADO A CÉSAR

Então chegou a Roma por mar e lá, não mais prisioneiro, permaneceu por uns dois anos na própria casa alugada, onde recebia todos aqueles que iam procurá-lo, pregava o Reino de Deus e ensinava as coisas referentes ao Senhor Jesus Cristo.

Depois da crucifixão de Pedro e do desaparecimento do mago Simão, Paulo permanecia na cidade ainda sob a livre-custódia de um soldado; no mesmo dia, com efeito, tinha sido subtraído à coroa do martírio por divina disposição, a fim de que por seu meio todos os povos fossem enriquecidos pela pregação do Evangelho.

Assim, levado a Roma pelo centurião Júlio, Paulo ficou até então sob a vigilância de um único soldado; depois de três dias, reuniu os chefes dos judeus; quando chegaram aonde ele se albergava, disse-lhes: "Irmãos, embora eu não tenha cometido nenhum crime contra o povo e a tradição dos pais, fui trazido como prisioneiro de Jerusalém e entregue nas mãos dos romanos. Estes, depois de terem me processado, tinham decidido primeiro libertar-me, porque não viam nenhum motivo de condenação para mim. Mas, como os judeus se opunham, fui obrigado a recorrer a César. Por isso, então, estando de passagem, eu vos pedi que comparecêsseis para eu vos falar: com efeito, é pela esperança de Israel que estou tolhido nestas cadeias".

Eles, no entanto, lhe responderam: "No que se refere a ti, não recebemos nenhuma carta de apresentação da Judeia nem nenhum dos irmãos que veio [a Roma] nos falou de ti e de tua posição. Desejamos, pois, agora, ouvir de ti o que pensas. Com efeito, não ignoramos a existência dessa seita, porque em toda parte ela é combatida".

Foi assim que no dia combinado chegaram muitos judeus à casa que ele alugara. Ele expôs-lhes as Escrituras dando testemunho do Reino de Deus, ensinando-lhes da manhã até a tarde, tirando argumentos da Lei de Moisés e dos profetas. Mas, como nem todos cressem em Jesus, disse-lhes Paulo: "Com razão disse o Espírito Santo pela boca de Isaías: 'Vai a este povo e dize-lhe: Tendes ouvidos para ouvir e não compreendeis; vedes com os olhos, mas não podeis penetrar. O coração deste povo com efeito se endureceu; fecharam os olhos para não verem, os ouvidos para não ouvirem e a fim de que seu coração não compreenda, a fim de que não se convertam e eu não os cure. Desejo, então, que saibais que esta salvação de Deus é enviada também aos pagãos e que eles chegarão à salvação'". Quando ele acabou de dizer isso, os judeus o deixaram discutindo animadamente entre si.

Paulo permaneceu em Roma por todos aqueles dois anos em uma casa alugada e recebia todos os que o visitavam pregando o Reino de Deus e ensinando as coisas relativas ao Senhor Jesus Cristo com fé, sem restrição (At 28,11).

Enquanto o apóstolo desenvolvia essa atividade em Roma, ele foi levado à presença de Nero César, não só porque causava tumultos contra o império.

Convocado, portanto, e interrogado por Nero, para que desse contas de sua religião, Paulo falou assim diante de César: "Quanto à doutrina de meu mestre, sobre a qual me interrogaste, só a compreendem aqueles que abraçam a fé com coração puro. Ensinei, com efeito, aquilo que se refere à paz e à caridade. De Jerusalém e, percorrendo um enorme círculo, até a Síria. Levei a termo a pregação do anúncio da paz. Ensinei a prevenir-se mutuamente no respeito. Ensinei os poderosos e os ricos a não se ensoberbecer e a não depositar demasiada confiança na precariedade das riquezas, mas a pôr a própria esperança em Deus, Ensinei os de condição média a se contentar com a comida habitual e o vestuário. Ensinei os pobres a se alegrar na sua pobreza. Ensinei os pais a educar os próprios filhos com a disciplina do temor de Deus. Ensinei os filhos a ser obedientes aos genitores e às admoestações feitas para o seu bem. Ensinei aqueles que têm posses a pagar os impostos com solicitude. Ensinei os negociantes a pagar os impostos aos oficiais do Estado. Ensinei as mulheres a amar os próprios maridos e a respeitá-los como senhores. Ensinei os homens a observar a fidelidade conjugal do mesmo modo que eles pretendem que lhes seja conservado o pudor de todos os modos: aquilo, com efeito, que o marido pune na mulher adúltera é essa mesma falta que o único pai e criador, Deus, pune no marido adúltero. Ensinei, além disso, os senhores a ser indulgentes com os próprios servos. Ensinei os servos a servir fielmente aos próprios senhores como a Deus. Ensinei que a assembleia daqueles que creem veneram um Deus uno e onipotente, invisível e inapreensível. E essa doutrina não me foi confiada pelos homens ou por qualquer homem, mas por Jesus Cristo e pelo Pai da glória, que me falou do céu. O Senhor meu, Jesus Cristo, quando me mandou pregar, me disse: 'Vai, eu estarei contigo. Sou Espírito de vida para todos aqueles que creem em mim e em tudo o que disseres ou fizeres, eu confirmarei'".

PAULO É CONDENADO À DECAPITAÇÃO POR NERO

Quando Paulo acabou de dizer essas palavras, o Imperador Nero ficou perplexo. Depois, se indignou, pronunciou contra ele a sentença de morte por decapitação. E, colocando-se, mais tarde, a par da notícia de sua morte próxima, segundo o seu costume, Nero mandou dois soldados, Ferego e Partênio. Estes, indo até lá, encontraram Paulo, que estava instruindo com plena confiança e liberdade todo o povo sobre os milagres de Cristo.

Quando os viu aproximar-se, Paulo lhes disse palavras de exortação: "Vinde, filhos, e crede também vós no Deus que me chamou a mim e a todos aqueles que nele creem, graças à vinda do seu Filho unigênito, e nos pôs no seu reino eterno, para que as vossas almas sejam salvas". Eles responderam: "Mas nós, Paulo, iremos primeiro até Nero para lhe anunciar o cumprimento da tua morte. Tu, porém, ora por nós para que creiamos naquele que tu pregas como Deus". Tinham pedido, com efeito, a Paulo que os batizasse para a sua salvação. Então de novo o apóstolo disse: "Filhos, dentro de pouco vireis aqui ao meu sepulcro e encontrareis dois homens em oração, Tito e Lucas, os quais, depois de mim, ensinarão o sacramento da salvação".

PAULO É DECAPITADO FORA DE ROMA, NO DIA 3 DE JULHO

Depois disso, adiantaram-se os soldados que o pegaram e o conduziram para fora da cidade. Chegando ao lugar do suplício, Paulo se voltou para o Oriente e, tendo erguido as mãos e os olhos ao céu, orou durante um bom tempo. Terminada a prece, deu a paz aos irmãos que o tinham seguido, saudou-os de joelhos e, fortificado pelo sinal da cruz, ofereceu o pescoço ao carrasco. Quando a espada o decepou, em vez de sangue, jorrou leite a tal ponto que uma golfada de leite impregnou a direita do carrasco.

Quando os presentes viram isso, perplexos, todos engrandeceram a Deus, que tinha concedido tamanha glória ao seu apóstolo. Lucina, uma cristã, tratou o corpo com aromas e o sepultou em seu terreno junto à Via Ostiense, na altura da segunda pedra miliar. Paulo morreu, então, no dia 3 de julho, dois anos depois da morte de Pedro, enquanto reinava o Senhor nosso, Jesus Cristo, ao qual seja glória com o eterno Pai e o Espírito Santo honra e glória para sempre. Amém.

ATOS DE PAULO

Datado entre o ano 190 e o início do século III, este apócrifo narra os atos e discursos de Paulo sobre batismo, ressurreição, defesa da castidade etc. realizados em Mira, Sidônia, Éfeso, Filipos, seu martírio em Roma e sua relação com Tecla, sua discípula.

Tertuliano afirma que este apócrifo foi escrito na Ásia por um presbítero, com o objetivo de enaltecer Paulo. O original está escrito em grego.

A nossa tradução tem como referência a publicação de Leon Vouaux, Les actes de Paul e se letres apocryphes *(Paris: Librairie Letouzey et ané, 1913).*

EM MIRA, PAULO CURA E RESSUSCITA

Quando Paulo estava pregando a Palavra de Deus em Mira, havia lá um homem chamado Hermócrates, que era hidrópico, tinha acúmulo de líquido no corpo (barriga d'água ou inchaço).

Esse homem, na presença de todos, disse a Paulo: "Nada é impossível para Deus, mas especialmente para aquele que tu anuncias e do qual tu és o servidor, pois, quando (Jesus) esteve no mundo, ele curou a muitos. Eis que eu, minha mulher e meus filhos nos prostramos aos teus pés para que eu possa acreditar, como tu acreditas, no Deus vivo". Paulo respondeu: "Não é por recompensa que vou atender o seu pedido, mas pelo nome de Jesus Cristo ficarás curado na presença de todos os que estão aqui". E Paulo tocou a barriga dele deslizando a sua mão para baixo. Então a barriga dele se abriu, uma grande quantidade de água saiu dele, e ele caiu como se estivesse morto.

Alguns disseram: "É melhor para ele morrer do que sofrer esse tormento". Mas Paulo aquietou a multidão, segurou na mão dele, o levantou e perguntou-lhe: "Hermócrates, o que desejas?" Ele respondeu: "Quero comer". Paulo tomou um pedaço de pão e lhe deu para comer. E ele ficou curado na mesma hora e recebeu a graça do selo (crisma) do Senhor, ele e a sua esposa.

No entanto, Hermipo, o filho dele, ficou zangado contra Paulo e procurava o momento exato para agredi-lo, com os companheiros de sua idade, e matá-lo. Pois ele queria mesmo que seu pai não se curasse, mas morresse, para poder imediatamente receber a sua herança. Dion, o seu filho mais novo, escutava Paulo com prazer.

Enquanto Hermipo e seus companheiros articulavam para matar Paulo, Dion caiu e morreu. Hermipo lavou o corpo de Dion com suas lágrimas.

Hermócrates ficou de luto, pois ele amava mais Dion do que seu outro irmão. Todavia, quando Hermócrates se sentava aos pés de Paulo para escutá-lo, ele chegava até a esquecer que Dion estava morto.

Quando Dion morreu, sua mãe, Ninfa, rasgou suas roupas, foi ter com Paulo e sentou-se em frente a seu esposo, Hermócrates, e de Paulo. Quando Paulo a viu naquele estado, ficou atônito e perguntou: "Por que ficaste neste estado, Ninfa?" Ela respondeu: "Dion morreu". Toda a multidão chorou, olhando para ela. Paulo olhou para a enlutada, enviou uns jovens e lhes disse: "Ide e trazei-o aqui". Eles foram, mas Hermipo encontra o corpo e grita... Paulo ressuscitou Dion ... (lacuna no texto)

O anjo do Senhor lhe disse durante a noite: "Paulo, haverá hoje uma grande batalha contra teu corpo; mas Deus, o Pai de seu Filho Jesus Cristo, te protegerá". Quando Paulo se levantou, ele foi ter com seus irmãos e permaneceu, dizendo: "O que significa essa visão?" Mas, como Paulo pensasse nisso, ele viu Hermipo vindo com uma espada desembainhada na sua mão. Acompanhavam-no muitos outros jovens com seus bordões.

Paulo disse-lhes: "Não sou ladrão nem assassino. O Deus de todas as coisas, o Pai de Cristo, fará voltar vossas mãos e vossa espada na sua bainha e transformará vossa força em fraqueza. Pois eu sou um servidor de Deus; estou sozinho, um estrangeiro pequeno e insignificante entre os pagãos. Mas tu, ó Deus, olha para os seus conselhos e não deixes que eu seja aniquilado por eles".

Hermipo, com sua espada, se precipitou contra Paulo, mas perdeu a vista, de forma que gritou alto: "Companheiros, não vos esqueçais de Hermipo. Eu estava errado, persegui um justo. Aprendei, homens sem juízo e homens sábios: este mundo nada vale; o ouro nada vale; toda a riqueza nada vale. Eu, que me fartei com tudo que era bom, sou agora um mendigo e vos suplico a todos. Escutai, todos meus companheiros, e todos os moradores de Mira. Zombei de um homem que salvou meu pai, ressuscitou meu irmão. Eu suplico, pois ele que salvou meu pai e ressuscitou meu irmão, pode também me libertar."

Paulo estava lá de pé, chorando também na presença de Deus, porque ele o tinha socorrido tão depressa e também porque esse homem orgulhoso estava assim humilhado. Ele se virou e se foi. Os jovens tomaram Hermipo e o conduziram ao lugar onde Paulo estava. Eles o colocaram na porta da casa. Lá, havia uma grande multidão e outros que chegavam. E Hermipo suplicava a cada um que chegava para ter piedade dele e suplicar a Paulo que o curasse.

As pessoas que entravam viam Hipócrates e Ninfa se alegrando imensamente da ressurreição de Dion e distribuíam alimentos e dinheiro às viúvas para festejar a ressurreição dele. No entanto, Hermipo estava na triste situação de uma segunda aflição (a cegueira).

Então viram Hermipo, seu filho, na forma de… tocando os pés de cada um deles e também de seus pais, suplicando-lhes como fazem os estrangeiros, que ele pudesse ser curado. Seus pais se perturbaram e se lamentaram na presença de todos os que entravam, de maneira que alguns disseram: "Por que estão chorando? Pois Dion ressuscitou!"

Hermócrates possuía riquezas…; ele as vendeu, trouxe o preço, tomou-o e distribuiu. Hermócrates ficou perturbado na sua mente e desejando que pudessem ser atendidos. Ninfa gritou para Paulo em grande aflição. Hermócrates rezou a Deus, pedindo que Hermipo pudesse enxergar e parar de se lamentar.

Então eles e Paulo rezaram e, quando Hermipo recuperou a vista, ele disse a sua mãe Ninfa: "Paulo veio e impôs sua mão sobre mim enquanto eu estava chorando. Na mesma hora vi tudo claramente". Ela o tomou pela mão e o levou às viúvas e a Paulo... Depois que Paulo confirmou os irmãos que moravam em Mira, ele partiu para Sidônia (Líbano).

PAULO EM SIDÔNIA

Paulo partiu, por terra, de Mira para Sidônia. Ele não parava nas vilas por onde passava, ainda que os irmãos insistissem na sua permanência. Alguns de Perge, na Panfília (sul da Anatólia), o seguiram; entre eles, Trasímaco e Cleon, com suas esposas Alina e Crisa, a mulher de Cleon. Ali, eles lhe ofereceram algo de comer debaixo de uma árvore, lugar de culto a uma divindade. Alguns da vila discutiam sobre o culto aos ídolos. Um idoso, no entanto, defende o culto e mostra como os deuses punem de morte seus adversários (Lacuna... texto incompreensível) ... segundo a maneira dos estrangeiros. Paulo diz: "Por que vos atreveis a fazer coisas indecentes? Não ouvistes falar daquilo que aconteceu, que Deus fez cair sobre os homens de Sodoma e Gomorra". Eles não o escutaram, e o prenderam, com seus companheiros, no templo de Apolo e os guardaram com boa escolta até de manhã, para que pudessem convocar a assembleia da cidade...

Os moradores do local lhes deram alimentos abundantes e luxuosos, mas Paulo, que estava jejuando pelo terceiro dia, orou a noite inteira e com o coração triste e se batendo na testa disse: "Ó Deus olha para as suas ameaças e não permitas que caiamos e não deixes os nossos adversários nos abater, mas liberta-nos, trazendo depressa a tua justiça sobre nós".

E Paulo se jogou com o rosto em terra, juntamente com os irmãos Trasímaco e Cleon. A metade do Templo arriou de maneira que os magistrados encarregados do Templo caíram... e andaram no meio das duas partes… Eles entraram para constatar o que havia acontecido e ficaram estupefatos. E gritaram dizendo: "Na verdade, isso é a obra de servidores de um deus poderoso!"

Saíram e proclamaram na cidade: "Apolo, o deus da cidade de Sidônia, caiu assim com a metade de seu templo". Todos os habitantes da cidade correram até o templo e viram Paulo e seus companheiros chorando por causa daquela tribulação, porque iriam se tornar um espetáculo para todos. Mas o povo gritou: "Levai-os até o teatro! O que aconteceu, não sabemos".

Em todo caso, no final, o povo louvava a Deus por ter lhes enviado Paulo e os livrado da morte. Um certo Teudas implorou e foi batizado. Paulo decidiu ir para Tiro.

PAULO EM TIRO

Quando entrou em Tiro, uma multidão de judeus veio a ele. Paulo expulsou demônios e curou um surdo. Em Tiro, Paulo discutiu sobre o valor da Lei antiga e a lei do evangelho. Ele disse: "Um homem não é justificado pela Lei, mas pelas obras da justiça". Paulo pensava em ir para Jerusalém. De Tiro. Paulo foi para Éfeso.

PAULO, EM ÉFESO, PREGA O EVANGELHO

Em Éfeso, Paulo pregou: "Não tens poder sobre mim, a não ser sobre o meu corpo; mas a minha alma não podes matar. Escutem de que maneira podes ser salvo. Escutando com o teu coração todas as minhas palavras, a terra, as estrelas, as dominações e todas as coisas boas deste mundo por causa do […] malvado dos homens perdidos e escravizados pelo ouro, a prata e as pedras preciosas. Eles cometem o adultério, a embriaguez que levam à decepção pelo mencionado […] andaram e foram mortos. O Senhor quer, no momento, que vivamos em Deus por causa do erro no mundo, e que não morramos em nossos pecados, mas ele nos salvou por […] que prega que vos arrependais e vivais […]. Um só é o Cristo Jesus e outro não há. Vossos deuses são de pedra e madeira e não podem se alimentar, nem ver, nem escutar, nem ao menos ficar em pé. Admoesto que tomai uma boa decisão e sereis salvos. Peço que não vades a incorrer a cólera de Deus e para que não vos queime no fogo que não se apaga e que vossa memória desapareça".

Quando o governador ouviu isso, no teatro, juntamente com todo o povo, disse: "Vós, homens de Éfeso, eu sei que esse homem fala bem, mas não chegou a hora para vós de ouvir essas coisas. Decidi vós o que quereis!" Alguns disseram que ele devia ser queimado, mas os ourives disseram: "Joga esse homem às feras!"

PAULO É CONDENADO ÀS FERAS

Diante do grande tumulto que se estabeleceu, Jerônimo o condenou às feras, depois de tê-lo flagelado. Como era Pentecostes, os irmãos não se lamentaram, nem ficaram de joelhos, mas se alegraram e oraram em pé.

Depois de seis dias, Jerônimo apresentou os animais. Eram grandes, o que levou o povo a ficar perplexo. Enquanto Paulo estava amarrado, ele começou a rezar, ouvindo o ruído dos vagões que transportavam os animais.

Quando o leão chegou à porta lateral do estádio onde Paulo estava preso, ele rugiu alto, de maneira que todos gritaram: "É o leão!" Ele rugiu ferozmente e com raiva, de sorte que mesmo Paulo, amedrontado, interrompeu a sua oração.

AS MULHERES DISCÍPULAS DE PAULO

Havia um tal Diofante, liberto de Jerônimo, cuja mulher era discípula de Paulo. Ela estava sentada ao lado de Paulo noite e dia, de maneira que Diofante ficou com ciúme e entrou no conflito.

Artemila, a mulher de Jerônimo, desejava ouvir Paulo orar. Ela disse a Êubula, a mulher de Diofante [...], para ouvir rezar o combatente das feras. Artemila foi e falou com Paulo, que ficou muito alegre e disse para trazê-la até ele. Ela vestiu um vestido escuro e foi ter com ele, juntamente com Êubula.

Quando Paulo a viu, gemeu e disse: "Mulher, dona do mundo, senhora de muito ouro, cidadã de grande luxo, esplêndida no teu vestido, senta-te no chão e esquece tua riqueza, tua beleza e tua elegância. Pois tudo isso de nada te servirá se não rezares a Deus, que considera como lixo tudo aquilo que aqui é maravilhoso; mas dá de graça aquilo que lá é precioso. O ouro perece; a riqueza se acaba; os vestidos estão roídos; a beleza se enruga com a idade; as grandes cidades são mudadas; e o mundo será destruído pelo fogo por causa da iniquidade dos homens. Só Deus permanece. A filiação é concedida por ele e por ela os homens serão salvos. E agora, Artemila, espera em Deus, e ele te salvará; espera em Cristo, e ele te dará a remissão de teus pecados e te dará a coroa da liberdade, para que não sirvas mais aos ídolos e à fumaça dos sacrifícios, mas ao Deus vivo e ao Pai de Jesus Cristo, a quem a glória para todo sempre. Amém!" Quando Artemila ouviu aquilo, ela e Êubula suplicaram a Paulo que as batizasse imediatamente em Deus.

O combate contra as feras havia sido marcado para o dia seguinte. Jerônimo ouviu Diofante lhe contar que as mulheres ficavam noite e dia escutando Paulo. Ele ficou com muita raiva de Artemila e da liberta Êubula. Depois do jantar, ele se retirou cedo para poder ir cedo à caça das feras.

PAULO BATIZA ARTEMILA

As mulheres disseram a Paulo: "Queres que nós te tragamos uma vasilha para que possas nos batizar no mar como um homem livre?" Paulo respondeu: "Não quero, porque tenho fé em Deus, que libertou o mundo inteiro de suas correntes". Paulo gritou para Deus no dia do sábado, pois o dia do Senhor (o domingo) se aproximava, o dia no qual ele devia combater contra as feras. Ele disse: "Meu Deus, Jesus Cristo, que me perdoaste de tantos males, concede-me que perante os olhos de Artemila e Êubula, que são tuas, minhas correntes sejam quebradas das minhas mãos". E, quando Paulo assim suplicava, veio um jovem muito bonito e gracioso e soltou as amarras de Paulo. Ele estava sorrindo ao fazer isso. Imediatamente, ele sumiu. Por causa da visão concedida a Paulo e do grande milagre de suas correntes, sua tristeza a respeito do combate contra as feras desapareceu, e, alegre, ele pulou como se estivesse no paraíso. E, tomando Artemila pela mão, saiu daquele lugar escuro e estreito no qual os prisioneiros estavam guardados.

Paulo batizou Artemila no mar, e ela desmaiou. Paulo, então, rezou: "Ó tu, que dás a luz e o clarão, vem me ajudar, para que os pagãos não digam que o preso Paulo fugiu depois de ter matado Artemila". E novamente o jovem sorriu, e Artemila voltou a si e entrou na casa, quando amanhecia.

Quando Paulo entrou, os guardas estavam dormindo. Então Paulo partiu o pão e trouxe água e lhe deu de beber a palavra e a mandou de volta para o seu marido Jerônimo. Mas ele mesmo rezava.

PAULO RECONHECE O LEÃO QUE ELE BATIZOU

Na aurora, os cidadãos deram um grito: "Vamos ao espetáculo. Vamos ver o homem que possui Deus combatendo contra as feras". O próprio Jerônimo se unia a eles, parte por causa de suas suspeitas contra sua mulher, parte porque Paulo não havia fugido. Ele ordenou a Diofante e aos outros escravos de levar Paulo ao estádio. Este foi arrastado, calado, mas gemendo por ter sido levado em triunfo pela cidade. Quando o trouxeram, ele foi atirado no estádio. Todo o mundo ficou com raiva da atitude digna dele.

Artemila e Êubula passaram muito mal a ponto de suas vidas ficarem em perigo por causa da ameaça de aniquilamento de Paulo. Jerônimo ficou muito preocupado com a sua mulher, visto que os comentários corriam pelas ruas da cidade de que sua mulher não mais tinha relações sexuais com ele. Jerônimo, assim que se sentou no seu lugar, ordenou que um leão muito feroz, que havia sido capturado recentemente, fosse lançado contra Paulo. A multidão gritava: "Fora o bruxo! Fora o envenenador!" O leão olhava Paulo, e Paulo olhava o leão. Então Paulo reconheceu que era aquele leão que viera a ele e que ele batizara. Cheio de fé, Paulo perguntou: "Leão, foste tu que eu batizei?" O leão respondeu: "Sim". Paulo perguntou: "E como foste capturado?" O leão respondeu com a sua própria voz: "Exatamente como tu o foste, Paulo".

PAULO É SALVO

Depois que Jerônimo enviou muitas feras para matar Paulo e arqueiros para matar o leão, ainda o céu estava sem nuvens, uma forte chuva de granizo caiu sobre a terra. Os que não morreram, fugiram. A tempestade, no entanto, não atingiu Paulo nem o leão, mas as outras feras pereceram debaixo da violência do granizo, que era tão forte que a orelha de Jerônimo ficou ferida e foi arrancada.

O povo fugiu gritando: "Salva-nos, ó Deus! Salva-nos, ó Deus do homem que combateu as feras".

Paulo se despediu do leão, que deixou de falar. Paulo saiu do estádio e foi para o porto e embarcou em um navio que zarpava para a Macedônia. Muitos navios estavam zarpando como se a cidade estivesse a ponto de ser destruída. Paulo embarcou, pois, como um dos fugitivos, mas o leão foi-se embora para as montanhas, que era o seu habitat natural.

Artemila e Êubula, enlutadas, jejuaram por causa daquilo que acontecera com Paulo. Quando a noite caiu, um jovem apareceu no quarto no qual Jerônimo tinha uma ferida escorrendo na sua orelha. O jovem ordenou: "Pela vontade de Cristo, seja curada a tua orelha. Trata-a com mel". E ele ficou curado na hora.

EM FILIPOS, PAULO RESSUSCITA UMA JOVEM

Em Filipos, Paulo foi preso e ressuscitou a filha de Longuinhos e Firmila. O povo louvou a Deus por este poder de Paulo. Depois destes fatos, ele partiu para Corinto.

EM CORINTO, PAULO PREGA A PALAVRA

Quando Paulo veio de Filipos para Corinto à casa de Epifânio, houve uma grande alegria. O povo inteiro se alegrou, mas ao mesmo tempo chorava quando Paulo relatava o que havia sofrido em Filipos na prisão e em outros lugares e o que lhe tinha acontecido. Orações eram feitas sem parar por todos para Paulo, e este se considerava feliz, porque, unânimes todos os dias, eles acompanhavam os seus problemas na oração ao Senhor. A alegria era muito grande, e a alma de Paulo era aliviada por causa da boa vontade dos irmãos. Ele ficou ali durante quarenta dias. Ele pregou a palavra da perseverança, a saber, tudo que lhe tinha acontecido e as grandes obras que lhe foram concedidas.

Em cada relato, ele louvava o Deus poderoso e o Cristo Jesus, que em cada lugar havia sido gratificado por Paulo. Como os dias se passavam e o tempo de Paulo viajar para Roma chegava, a tristeza tomou conta dos irmãos. Eles se perguntavam pelo tempo que iriam vê-lo novamente. E Paulo, cheio do Espírito, disse: "Irmãos, sede zelosos a respeito de... e amor. Pois eis que estou indo embora para uma fornalha de fogo (Roma). Não sou forte, a não ser que o Senhor me conceda poder, pois Davi acompanhou Saul, [...] porque Jesus Cristo estava com ele... A graça do Senhor estará comigo para que eu possa realizar o meu ministério com firmeza".

Mas eles ficaram abatidos e jejuaram. Então Cleóbio ficou repleto do Espírito Santo e disse: "Irmãos, Paulo deve agora cumprir a sua missão até a morte com grande ensino, conhecimento e semeando a Palavra. Ele deve sofrer a inveja e sair deste mundo".

Quando os irmãos e Paulo ouviram isso, elevaram a sua voz e disseram: "Ó Deus, Pai de Cristo, ajuda Paulo, teu servidor, para que ele possa agora permanecer conosco, por causa de nossa fraqueza". Mas, já que Paulo estava ferido no coração e não jejuava mais com eles, quando ele celebrava com eles [...]

O Espírito veio sobre Mirta, e ela disse: "Irmãos, por que estais alarmados pela vista desse sinal? Paulo, o servidor do Senhor, salvará muita gente em Roma e alimentará inumerável multidão com a palavra e será manifestado acima de todos os fiéis e grande será a glória que virá sobre ele..., de maneira que haverá uma grande graça em Roma".

Imediatamente, quando o Espírito que estava em Mirta, ela ficou em paz (se calou), todos partiram o pão e festejaram segundo o costume com cantos e salmos de Davi e de hinos. Paulo também estava alegre.

No dia seguinte, depois de ter passado a noite inteira segundo a vontade de Deus, Paulo disse: "Irmãos, eu vou embora sexta-feira e vou embarcar para Roma, para não demorar em cumprir o que me foi ordenado e imposto sobre mim, pois eu fui designado para isso".

Eles ficaram muito arrasados quando ouviram isso, e todos os irmãos se esforçaram segundo suas capacidades para que Paulo não ficasse perturbado, senão porque iria se separar dos irmãos.

NA VIAGEM PARA ROMA, JESUS APARECE PARA PAULO

Quando Paulo embarcou no navio, enquanto todos estavam rezando, Artemão, o capitão do navio, estava presente. Ele havia sido batizado por Pedro e [...] Paulo que pessoa tão preciosa lhe fosse confiada [...] era o (próprio) Senhor que estava embarcando.

Quando o navio zarpou, Artemão foi ter com Paulo para glorificar juntos o Senhor Jesus Cristo, na graça de Deus, que havia predestinado seus planos para Paulo. Quando entraram em alto-mar, que estava calmo, Paulo pegou no sono, cansado pelos jejuns e pela noite de vigília com os irmãos. E o Senhor veio a ele, caminhando sobre o mar. Ele tocou Paulo e disse: "Fica em pé e olha!" Ele acordou e disse: "Tu és meu Senhor Jesus Cristo, o rei. Mas por que estás assim tão desanimado e abatido, Senhor? E se tu [...] Senhor, pois eu estou muito perplexo por te ver deste jeito".

E o Senhor respondeu: "Paulo, eu vou ser crucificado de novo". Paulo disse: "Deus me guarde, Senhor, de presenciar isso!" Mas o Senhor disse a Paulo: "Paulo, levanta-te, vai a Roma e exorta os irmãos a perseverarem na vocação do Pai". Caminhando sobre o mar, ele andava na frente deles... mostrando o caminho. Mas, quando a viagem terminou [...] Paulo andou [...] com grande tristeza. Ele viu um homem de pé no porto, aguardando Artemão, o capitão.

Quando Artemão o viu, o saudou, e lhe disse: "Cláudio, vê aqui Paulo, o amado do Senhor, que está comigo". Cláudio abraçou Paulo e o saudou. E, sem demora, ele e Artemão descarregaram a bagagem do navio e levaram-na até a sua residência. Ele se alegrou muito e informou os irmãos a respeito de

(Paulo), de forma que, de repente, a casa de Cláudio se encheu de alegria e de ação de graças, pois viram como Paulo deixara de lado sua preocupação e a sua tristeza e ensinava a palavra da verdade nestes termos: "Irmãos e soldados de Cristo, escutai! Quantas vezes Deus libertou Israel da mão dos ímpios. E, durante todo o tempo em que guardaram os mandamentos de Deus, ele não se esqueceu deles. Ele os salvou da mão do faraó, o iníquo, e da mão de Og, um rei muito ímpio de Adar, e do povo estrangeiro. Todo o tempo em que guardaram os mandamentos de Deus, ele lhes deu a posteridade, depois de lhes ter prometido a terra de Canaã, e submeteu-lhes os povos estrangeiros, e, depois de todos os dons que ele lhes dera no deserto e na terra sem água, ele lhes enviou ainda profetas para lhes anunciar a vinda de nosso Senhor Jesus Cristo, e estes, em seguida, receberam a participação no Espírito de Cristo e, depois de terem sofrido muito, foram assassinados pelo povo. Tendo abandonado o Deus vivo pela sua própria vontade, perderam a eterna herança. E agora, irmãos, uma grande tentação está na nossa frente. Se a superarmos, teremos acesso ao Senhor e receberemos refúgio e amparo segundo a sua benevolência: Jesus Cristo, que se entregou por nós; se pelo menos recebestes a palavra autêntica. Nestes últimos tempos, Deus enviou o Espírito de poder para nós na carne, isto é, em Maria, a galileia; segundo a palavra profética, esta palavra foi concebida e nasceu como o fruto de seu útero, até o termo de sua gravidez, e ela deu à luz Jesus, o Cristo, nosso rei, em Belém de Judá; ele foi criado em Nazaré. Ele foi para Jerusalém e ensinou em toda a Judeia: 'O Reino de Deus impende; esquecei a escuridão, recebei a luz, vós que viveis na escuridão da morte; uma luz brilhou para vós. Ele fez coisas grandes e maravilhosas, escolhendo das tribos doze homens que o acompanharam na compreensão e na fé, quando ressuscitou o morto, curou os doentes, purificou os leprosos, curou o cego, restabeleceu o aleijado, levantou os paralíticos, curou os possessos pelos demônios [...]'".

PAULO EM ROMA

Lucas, que viera da Gália, e Tito, que viera da Dalmácia, aguardavam Paulo em Roma. Paulo se encontrou com eles. Ele alugou para si uma casa fora de Roma, onde ele e os irmãos ensinavam a palavra da verdade. Paulo ficou conhecido, e muitas almas foram ganhas para o Senhor, de maneira que isso foi comentado em Roma e uma grande multidão da casa de César veio ter com ele e havia muita alegria.

PAULO RESSUSCITA O COPEIRO DE CÉSAR

Pátroclo, copeiro de César, chegou atrasado em casa e não conseguiu chegar perto de Paulo por causa da multidão. Sentou-se em uma janela alta escutando-o ensinar a Palavra de Deus, mas, como o perverso demônio estava invejoso do amor dos irmãos, Pátroclo caiu da janela e morreu. A notícia chegou logo aos ouvidos de César (Nero). Paulo, entendendo a questão a partir do Espírito, disse: "Irmãos, o demônio ganhou uma oportunidade de vos atentar. Saí, e achareis um jovem caído das alturas e prestes a morrer. Levantai-o e trazei-o aqui". Assim fizeram.

Quando o povo o viu, ficou apavorado. Paulo lhes disse: "Agora, irmãos, mostrai vossa fé, vamos lamentar ao Senhor Jesus Cristo, para que o rapaz possa viver e nós mesmos ficarmos salvos". Enquanto todos começaram a se lamentar, o rapaz voltou a respirar; colocaram-no em um animal e mandaram-no embora vivo, juntamente com todos os que pertenciam à casa de César.

Quando Nero soube que Pátroclo estava morto, ficou muito triste e, depois de ter tomado banho, ele deu ordem para outro copeiro para servir o vinho. Então, seus servidores responderam: "Imperador, Pátroclo está vivo e está na sala de espera". Quando o imperador ouviu que Pátroclo estava vivo, ficou gelado e não quis entrar. Quando entrou e viu Pátroclo, ele gritou: "Pátroclo, estás vivo?" Ele respondeu: "Estou vivo, sim, César". Ele perguntou: "E quem foi que te ressuscitou?" O rapaz, cheio da confiança da fé, respondeu: "O Cristo Jesus, o rei dos séculos".

César perguntou atemorizado: "Será que ele vai ser o rei dos séculos e destruir todos os reinos?" Pátroclo respondeu: "Sim, ele vai destruir todos os reinos sob o céu e ele sozinho permanecerá eternamente. Nenhum reino lhe escapará". Nero, então, lhe deu uma bofetada e gritou: "Pátroclo, tu também te tomaste militante desse rei?" Ele respondeu: "Sim, meu senhor e César, pois ele me ressuscitou da morte".

Então Barsabas Justus, o dos pés chatos (resoluto, firme, decidido), Urião, o capadócio, e Festo da Galácia, homens de confiança de Nero, disseram: "Nós também estaremos a serviço do rei dos séculos".

NERO MANDA MATAR PAULO

Nero mandou torturar esses homens que ele sempre amara, ele os mandou prender. Ele mandou que os soldados do grande rei fossem procurados e promulgou um decreto para que todos os cristãos e soldados do Cristo fossem procurados e executados.

Entre muitos outros, Paulo também foi acorrentado e levado. Os que foram presos com ele olhavam para ele, de maneira que César percebeu que ele era o líder dos soldados. Ele lhe disse: "Homem do grande rei, agora meu prisioneiro, o que te incitou a entrar furtivamente no Império Romano e a recrutar soldados no meu território?" Paulo, cheio do Espírito Santo, disse, na presença de todos: "César, nós alistamos soldados não apenas no teu território, mas em todos os países da terra. Pois recebemos a ordem de a ninguém excluir dos que querem lutar por meu rei. Se te parecer justo, serve-o, pois nem a riqueza nem as coisas preciosas desta vida te poderão salvar, mas somente se te tornares sujeito dele e o suplicar serás salvo. Pois, em um dia, ele fará guerra e destruirá o mundo".

Tendo ouvido aquilo, Nero mandou queimar todos os prisioneiros, mas degolar Paulo segundo a lei dos romanos. Paulo não ficou calado e comunicou a palavra ao prefeito Longo e ao centurião Cesto. Nero, instigado pelo demônio, ficou enraivado e executou muitos cristãos sem julgamento.

Então os romanos ficaram em frente ao palácio e gritaram: "Basta, César! Esses homens são nossos. Tu destróis a força dos romanos". Sendo assim convencido, ele desistiu e ordenou que nenhum cristão fosse molestado até que o processo dele tivesse sido investigado.

Depois da publicação do decreto, Paulo foi levado perante Nero, e este insistiu que ele fosse executado. Paulo disse: "César, vivo não apenas por curto tempo para o meu rei; e, se tu me executares, farei o seguinte: ressuscitarei e te aparecerei, porque não estarei morto, mas vivo para o meu rei, o Cristo Jesus, que virá para julgar a terra".

Longo e Cesto disseram a Paulo: "Donde tens tu esse rei a ponto de acreditares nele sem mudar de pensamento, mesmo com perigo de morte?" Paulo respondeu: "Vós, homens, estais agora ignorantes e no erro; mudai de pensamento e sereis salvos do fogo que vem sobre a terra inteira. Pois nós lutamos, não como vós o pensais por um rei terrestre, mas por um (rei) que é do céu: ele é o Deus vivo, que vem como juiz por causa das iniquidades que acontecem no mundo. Bem-aventurado aquele que acreditar nele, pois viverá eternamente, quando ele virá com o fogo para purificar a terra".

Eles suplicaram, dizendo: "Nós te pedimos: ajuda-nos e nós te soltaremos". Ele respondeu: "Eu não sou um desertor de Cristo, mas um fiel soldado do Deus vivo. Se eu soubesse que iria morrer, continuaria no mesmo propósito, Longo e Cesto. Mas, já que vivo em Deus e que me amo a mim mesmo, vou para o Senhor, para que eu possa voltar com ele na glória de seu Pai". Disseram: "Como poderemos viver depois que tiveres sido degolado?"

O DIA EM QUE PAULO FOI DEGOLADO

Enquanto estavam conversando, Nero enviou um tal Partênio e Feretas para fiscalizar se Paulo havia já sido degolado. Eles o encontraram ainda vivo. Paulo os chamou perto de si e disse: "Acreditai no Deus vivo, que ressuscita dos mortos a mim e a todos quantos acreditarem nele". Responderam: "Vamos agora a Nero, mas, quando tiveres morrido e ressuscitado, então acreditaremos no teu Deus".

Longo e Cesto continuaram interrogando-o sobre a salvação. Então ele lhes disse: "Ide depressa ao meu túmulo de madrugada e encontrareis dois homens em oração, Tito e Lucas. Eles vos darão o selo do Senhor". Então, virando-se para o leste, Paulo levantou suas mãos para o céu e orou longamente; depois de ter conversado em hebraico com os antepassados na sua oração, ele apresentou a sua cabeça sem falar mais nada. Quando o algoz o degolou, saiu leite de sua cabeça e jorrou sobre a túnica do soldado. O soldado e os outros que estavam por perto ficaram atônitos quando viram isso e glorificaram a Deus, que honrou Paulo dessa maneira. Foram-se embora e relataram a César o que havia acontecido.

Quando César ouviu isso, ficou estupefato e não soube o que dizer. Enquanto muitos filósofos e o centurião estavam reunidos ao redor do imperador, Paulo veio pelas quinze horas e, na presença de todos, disse: "César, vê aqui Paulo, o soldado de Deus. Não estou morto, mas vivo no meu Deus. Mas sobre ti, miserável, muitos males e castigos cairão, porque, faz poucos dias, derramaste iniquamente o sangue de muitos justos".

Depois de ter assim falado, Paulo partiu. Mas, quando Nero ouviu aquilo, ficou profundamente perturbado e ordenou libertar os prisioneiros, inclusive Pátroclo, Barsabás e seus companheiros.

Como ele lhes tinha ordenado, Longo, Cesto e o centurião foram muito cedo ao túmulo de Paulo. E, como se aproximavam, acharam dois homens em oração e Paulo com eles. Ficaram gelados quando viram esse milagre inesperado, mas Tito e Lucas ficaram apavorados quando viram Longo e Cesto e fugiram. Mas eles correram atrás deles e lhes disseram: "Não estamos vos perseguindo para vos matar, como pensais, vós bem-aventurados homens de Deus, mas por causa da vida que podeis nos dar, como Paulo nos prometeu. Acabamos de vê-lo em oração convosco". Ouvindo isso, Tito e Lucas lhes conferiram alegremente o selo (a crisma) no Senhor, glorificando a Deus, o Pai de nosso Senhor Jesus Cristo, a quem a glória para todo sempre. Amém.

ATOS DE TECLA

Atos de Tecla faz parte de Atos de Paulo, sendo o mais popular fragmento sobre Tecla, muito querida, no início do cristianismo, por causa de sua fé e de sua relação com São Paulo. Ela lutou até o fim para permanecer fiel aos ensinamentos recebidos de Paulo. Tecla tornou-se discípula de Paulo quando este passou por Icônio, possivelmente no ano 48 E.C. Era noiva de Tamiro, o qual ela abandonou para seguir Paulo.

A obra Atos de Paulo terá sido composta para alimentar o culto a Santa Tecla a partir da região da Selêucida. A nossa tradução tem como referência a publicação de Leon Vouaux, Les actes de Paul e se letres apocryphes *(Paris: Librairie Letouzey et ané, 1913).*

PAULO EM ICÔNIO: CELEBRA A EUCARISTIA A ANUNCIA BEM-AVENTURANÇAS

Como Paulo havia fugido de Antioquia, ele foi para Icônio. Demas e Hermógenes eram seus companheiros de viagem. Por serem hipócritas, eles bajulavam Paulo, dando a entender que o amavam muito. Paulo, no entanto, tendo a mansidão de Cristo, não ficava magoado, mas os amava carinhosamente, para lhes demonstrar a suavidade das palavras do Senhor, na doutrina e interpretação do evangelho a respeito do nascimento e da ressurreição do Bem-Amado e lhes relatava, palavra por palavra, as grandes obras do Cristo conforme lhe haviam sido reveladas, que Cristo nasceu de Maria e da semente de Davi.

E um homem, chamado Onesíforo, ouvindo dizer que Paulo estava chegando a Icônio, saiu ao encontro dele, com seus filhos Simias e Zeno e sua mulher Lectra, para lhe oferecer hospedagem em sua casa. Tito lhe havia descrito Paulo, já que Onesíforo não o conhecia pessoalmente, mas somente espiritualmente. Andando pela estrada real que conduz até Listra, ele ficou observando os viajantes, de acordo com a descrição de Tito. Então ele viu Paulo chegando; era um homem baixo, calvo, pernas tortas, corpo bem-formado, supercílios em conjunto, nariz um pouco curvado, cheio de bondade; parecido ora com um homem, ora com um anjo.

Quando Paulo viu Onesíforo, sorriu. Onésimo disse: "Salve, servidor de Deus bendito!" Paulo respondeu: "Graça sobre ti e sobre tua casa". Mas Demas e Hermógenes ficaram com inveja e aumentando ainda mais a sua hipocrisia, a ponto de Demas dizer: "Será que nós também não somos servidores de Deus? Por que não nos saudaste da mesma maneira?" Onesíforo respondeu: "Não estou vendo em vós frutos de justiça; mas se sois alguma coisa, vinde também vós na minha casa para repousar".

Quando Paulo entrou na casa de Onesíforo, houve uma grande alegria, dobraram o joelho e partiram o pão. Paulo falou sobre a Palavra de Deus a respeito da continência e da ressurreição, dizendo: Bem-aventurados os puros de coração, porque verão a Deus; bem-aventurados os que guardam casta a sua carne, porque tornar-se-ão o Templo de Deus; bem-aventurados os continentes porque Deus lhes falará; bem-aventurados os que tiverem renunciado ao mundo, porque agradarão a Deus; bem-aventurados os que tendo mulher vivem como se não tivessem, porque herdarão Deus; bem-aventurados os que temem a Deus, porque tornar-se-ão anjos de Deus; bem-aventurados os que tremem perante a Palavra de Deus, porque serão consolados; bem-aventurados os que recebem a sabedoria de Jesus Cristo, porque serão chamados filhos do Altíssimo; bem-aventurados os que guardam puro o seu batismo, porque repousarão com o Pai e o Filho; bem-aventurados os que compreendem Jesus Cristo, porque estarão na luz; bem-aventurados os que, por amor a Deus, se afastam das maneiras do mundo, porque julgarão os anjos e serão benditos à direita do Pai; bem-

-aventurados os misericordiosos, porque conseguirão misericórdia e não experimentarão as amarguras do julgamento; bem-aventurados os corpos das virgens, porque serão agradáveis a Deus e não perderão a recompensa de sua pureza, pois a Palavra do Pai será para elas uma obra de salvação, no dia do seu Filho e eles entrarão no repouso da eternidade eterna.

O ENCONTRO DE TECLA COM PAULO

Enquanto Paulo estava falando assim no meio da assembleia, na casa de Onesíforo, uma virgem chamada Tecla, filha de Teocleia, noiva de certo Tamiro, estava sentada próxima da janela de sua casa, e escutava noite e dia as palavras sobre a vida das virgens proferidas por Paulo; ela não se afastava da janela, mas, incentivada pela sua fé, se alegrava imensamente. Além do mais, vendo muitas mulheres e virgens indo ter com Paulo, ela desejava também permanecer na presença de Paulo e escutar a palavra de Cristo, pois não conhecia ainda Paulo pessoalmente, mas tinha apenas ouvido de sua pregação.

TAMIRO VAI AO ENCONTRO DE TECLA

Mas, como ela não desgrudasse da janela, sua mãe mandou chamar Tamiro. Ele chegou muito alegre, pensando que iria recebê-la em matrimônio. Tamiro disse a Teocleia: "Onde está, pois, a minha Tecla, para que eu possa vê-la?" Teocleia respondeu: "Tenho uma coisa estranha para te contar, Tamiro. Faz três dias e três noites que Tecla está grudada na janela; ela não desgruda dela nem para comer nem para beber. Ela está em êxtase, como se visse um espetáculo muito bonito. Ela está apaixonada por um estrangeiro que ensina coisas enganadoras e profundas. Estou surpresa com o fato de que uma moça tão simples se deixa assim transtornar. Tamiro, esse homem está perturbando toda a cidade de Icônio, e a tua Tecla também. Todas as mulheres e os jovens correm atrás dele e estão instruídos por ele. Ele ensina que se deve adorar a um só Deus e viver na castidade. Minha filha também, como uma aranha na janela, fascinada pelas suas palavras, está dominada por um novo desejo e por uma terrível paixão, pois as virgens estão penduradas às coisas que ele diz e são cativadas. Mas aproxima-te e fala a ela, pois ela está prometida a ti".

Tamiro saudou Tecla com um beijo. Ficou impressionado com a emoção que a dominava e lhe disse: "Tecla, minha noiva, por que ficas sentada desse jeito? E que tipo de sentimento preocupa tua mente? Volta ao teu noivo e cria vergonha. Além disso, tua mãe te disse a mesma coisa: 'Por que estás sentada desse jeito olhando para o chão, minha filha, sem nada responder como se fosses uma mulher doente?'"

Os que estavam na casa choravam amargamente, Tamiro pela perda de sua noiva, Teocleia pela perda de sua filha, e as empregadas pela perda de sua ama. Havia uma grande lamentação na casa. Enquanto essas coisas aconteciam, Tecla não virava a cabeça, mas continuava escutando as palavras de Paulo.

TAMIRO, DIANTE DO GOVERNADOR, ACUSA PAULO DE SEDUZIR VIRGENS

Tamiro saiu da casa para a rua. Ele observava todos aqueles que iam ter com Paulo ou saíam de lá. Ele viu dois homens discutindo de forma desagradável entre si e lhes falou: "Homens, quem sois e quem é esse homem entre nós, enganando os jovens e iludindo as virgens, persuadindo-as a não se casarem, mas a permanecerem virgens? Eu vos prometo muito dinheiro se me informardes sobre ele, porque eu sou a maior autoridade desta cidade".

Demas e Hermógenes lhe responderam: "Não sabemos quem ele é, mas ele tira as esposas de seus jovens esposos e os seus maridos das jovens esposas dizendo que não há ressurreição para elas se não se mantiverem castas e não poluírem para se manterem puras".

E Tamiro lhes disse: "Vinde à minha casa e repousai-vos". Entraram em uma suntuosa sala de jantar onde havia muito vinho e muita riqueza e uma refeição esplêndida. Tamiro deu-lhes de beber, pois ele amava Tecla e desejava tê-la como esposa.

Durante o jantar, Tamiro disse: "Homens, dizei-me qual é o ensino dele, para que eu o conheça também, porque estou muito abalado a respeito de Tecla, porque ela ama esse estrangeiro e isso impossibilita nosso casamento".

Demas e Hermógenes disseram: "Convoca-o perante o Governador Castélio, porque ele persuade a multidão a abraçar o novo ensino dos cristãos. Ele o destruirá, e terás Tecla por esposa. E nós te ensinaremos a respeito da ressureição, que ele anuncia como futura, mas que já aconteceu com nossas crianças (2Tm 2,18): ressuscitaremos se tivermos o autêntico conhecimento de Deus".

Quando Tamiro ouviu isso deles, levantou-se cedo de manhã. Cheio de ciúme e de cólera, foi para a casa de Onesíforo, com chefes e oficiais, e uma grande turma armada de bastões. Disseram a Paulo: "Tu enganaste a cidade de Icônio e a minha noiva em particular, a ponto de que ela não quer mais casar-se comigo. Vamos te levar ao Governador Castélio". A multidão, furiosa, pôs-se a gritar: "Fora o bruxo que seduziu todas as nossas mulheres!"

E Tamiro, de pé no tribunal, gritou bem alto: "senhor Procônsul, este homem, que não sabemos de onde vem, afasta as virgens do casamento. Deixa-o declarar na tua presença o porquê de tal ensino". Demas e Hermógenes disseram a Tamiro: "Dize que ele é cristão, e ele morrerá imediatamente".

Como o governador não se deixava influenciar à toa, ele convocou Paulo e lhe disse: "Quem és tu e qual é o teu ensino? Pois as acusações levantadas contra ti não são leves". Paulo levantou sua voz e disse: "Já que estou sendo hoje interrogado sobre o meu ensino, então escutai, senhor Procônsul, o Deus da vingança, o Deus ciumento, o Deus que de nada necessita, mas que busca a salvação dos homens, pois foi ele que me enviou para que eu pudesse tirá-los da corrupção, da impureza, de toda luxúria e da morte, para que não pequem mais. Por esse motivo, Deus enviou o seu Filho, do qual eu proclamo o evangelho e ensino que, nele, os homens têm a esperança; só ele tem compaixão do mundo à deriva, para que os homens não sejam mais ameaçados do julgamento, mas que possam ter fé e temor a Deus, e o conhecimento daquilo que é honesto e do amor de verdade. Se, pois, eu ensino essas coisas que me foram reveladas, que mal estou fazendo, senhor Procônsul?"

Quando o governador ouviu aquilo, ordenou que Paulo fosse amarrado e enviado à prisão, até que tivesse tempo para escutá-lo mais detalhadamente.

TECLA VISITA PAULO NA PRISÃO

Tecla, de noite, tirou suas pulseiras e as deu ao porteiro e, quando a porta lhe foi aberta, ela entrou na prisão. Ao carcereiro, ela deu um espelho de prata e pôde assim chegar até Paulo.

Sentada aos pés dele, ela escutava as grandes obras de Deus. Paulo não estava com medo de coisa alguma, mas confiava em Deus. A fé de (Tecla) também crescia, e ela beijava as correntes dele.

Entretanto, a família de Tecla e Tamiro estavam procurando-a pelas ruas, como se Tecla estivesse perdida. Um dos porteiros os informou de que ela havia saído de noite. Interrogaram-no, e ele disse: "Ela foi procurar o estrangeiro na prisão". Eles foram e acharam-na. Eles espalharam a notícia de que ela estava unida a Paulo pela afeição. Tendo saído dali, informaram o povo e o governador do ocorrido.

TECLA E PAULO DIANTE DO GOVERNADOR

Ele, então, ordenou que Paulo comparecesse perante o tribunal. Mas Tecla estava presa, inerte, no lugar onde Paulo havia sentado na prisão. E o governador ordenou que ela também fosse levada ao tribunal, e ela foi com uma alegria imensa.

Quando Paulo compareceu ao tribunal, as multidões gritaram violentamente: "É um bruxo! Fora daqui!" O governador, no entanto, escutou alegremente Paulo falando de coisas santas. Depois de consultar o seu conselho, ele mandou chamar Tecla e disse: "Por que não casas com Tamiro segundo as leis de Icônio?"

Como ela continuou olhando seriamente para Paulo, sem nada responder, Teocleia, a mãe dela, gritou: "Queima o perverso! Queima-a também no meio do teatro, essa inimiga do casamento, de modo que todas as mulheres que foram ensinadas por esse homem tenham medo".

TECLA É CONDENADA A SER QUEIMADA VIVA

O governador ficou muito impressionado. Mandou flagelar Paulo e expulsá-lo da cidade. Tecla foi condenada a ser queimada viva. E imediatamente o governador se levantou e foi para o teatro. Toda a multidão saiu para ver esse espetáculo.

Como uma ovelha no deserto olha ao redor, procurando o pastor, assim Tecla ficou procurando Paulo. Olhando para a multidão, ela viu o Senhor sentado com o semblante de Paulo e disse: "Como se eu não fosse capaz de sofrer, Paulo, tu vieste atrás de mim?" Ela olhou intensamente para ele, mas ele subiu para o céu.

Os rapazes e as moças trouxeram lenha e palha para que ela pudesse ser queimada. Mas, quando ela apareceu nua, o governador chorou e admirou o poder que estava nela. Os algozes prepararam a lenha e mandam-na subir na pilha. Ela fez o sinal da cruz e subiu na pilha. Acenderam o fogo e, apesar de um grande fogo ter-se alastrado, não a atingiu. Deus, tendo compaixão dela, provocou um grande ruído no subsolo, e uma nuvem carregada de água e granizo cobriu o teatro por cima e se derramou de vez, de maneira que muitos ficaram em perigo de morte. O fogo foi apagado, e Tecla foi salva.

PAULO, EM LUTO POR TECLA, A REENCONTRA VIVA

Entretanto, Paulo estava jejuando com Onesíforo, sua mulher e seus filhos em um túmulo novo no caminho que vai de Icônio a Dafne. Depois de muitos dias de jejum, as crianças disseram a Paulo: "Estamos com fome!" Mas nada tinham com que pudessem comprar pão, porque Onesíforo havia abandonado as coisas deste mundo para seguir Paulo com toda a sua família.

Paulo, tirando sua capa, disse: "Criança, vende isso, compra e traze alguns pedaços de pão". A criança foi comprar pão e viu Tecla, a sua vizinha, e se espantou dizendo: "Tecla, para onde vais?" Ela respondeu: "Fui salva do fogo e estou procurando Paulo". A criança respondeu: "Vem! Eu vou te levar a ele, pois ele ficou de luto por ti, orando e jejuando há seis dias".

E quando ela chegou ao túmulo, Paulo, de joelhos, estava orando: "Pai de Cristo, não deixes o fogo atingir Tecla, mas assiste-a, porque ela é tua". E ela, ficando de pé atrás dele, gritou: "Ó Pai, que fizeste o céu e a terra, Pai de teu amado Filho Jesus Cristo, eu te louvo por me ter salvado do fogo, para que eu possa ver Paulo novamente". Paulo, levantando-se, a viu e disse: "Ó Deus, que conheces os corações, Pai de nosso Senhor Jesus Cristo, eu te louvo, porque tão depressa atendeste à minha oração".

No túmulo, Paulo, Onesíforo e todos os outros se alegraram e deram graças. Tinham cinco pães, verdura e água e se alegraram em todas as obras de Cristo. Tecla disse a Paulo: "Eu vou cortar meu cabelo e te seguir para aonde andares". Mas ele disse: "Os tempos são ruins, e tu és linda. Estou com medo de que outra tentação caia sobre ti, pior do que a primeira, e de que tu não resistas, mas te apaixones por homens".

Tecla respondeu: "Dá-me somente o selo de Cristo, a crisma, e tentação alguma prevalecerá contra mim". Paulo respondeu: "Tecla, tem paciência! Receberás primeiramente a água (o batismo)".

PAULO NEGA QUE CONHECE TECLA

Depois da celebração, Paulo despediu Onesíforo e toda a sua família em Icônio e foi para Antioquia, levando Tecla consigo. Tão logo chegaram lá, um sírio, chamado Alexandro, cidadão influente de Antioquia, vendo Tecla, se apaixonou por ela e tentou comprar Paulo, com dons e presentes. Mas Paulo disse: "Não conheço a mulher da qual me falas; ela não é minha".

TECLA RASGA A CAPA DE ALEXANDRO E É CONDENADA AO COMBATE COM AS FERAS

Alexandro, por ser uma pessoa de grande poder, abraçou-a na rua. Tecla, não suportando aquela cena, olhou ao redor procurando por Paulo. Ela gritou amargamente: "Não violentes a estrangeira, não violentes a serva de Deus. Eu sou uma das pessoas mais influentes em Icônio, mas, porque eu não quis me casar com Tamiro, fui expulsa da cidade". E, agarrando Alexandro, ela rasgou a sua capa, arrancou sua coroa e fez dele uma chacota.

Alexandro, por amá-la, ficou envergonhado com aquilo que havia acontecido e a levou à presença do governador. Como ela confessara que tinha feito aquilo, ele a condenou a combater contra as feras. Alexandro era organizador dos jogos do circo.

As mulheres da cidade gritaram na frente do tribunal: "Julgamento iníquo, julgamento ímpio!" E Tecla pediu ao governador para poder permanecer pura até o seu combate contra as feras (1Cor 15,32). Uma mulher rica, chamada Rainha Trifena, cuja filha havia morrido, a tomou sob a sua proteção e lhe proporcionou consolo, no lugar de sua filha falecida.

E, quando as feras foram introduzidas em fila, ela foi amarrada a uma feroz leoa, e Rainha Trifena a seguiu. A leoa, com Tecla sentada nela, lambia seus pés, e toda a multidão ficou pasmada. No painel da acusação estava escrito: "Sacrílega (profana)". As mulheres e as crianças gritaram sem parar: "Ó Deus, que coisas intoleráveis aconteceram nesta cidade".

Depois da exibição, Trifena a recebeu de novo, pois a sua filha falecida lhe havia dito em sonho: "Mãe, recebe esta estrangeira, a abandonada Tecla, no meu lugar, para que ela possa rezar por mim e para que eu possa alcançar o lugar dos justos".

Depois da exibição, Trifena a recebeu novamente. Ela ficou aflita, porque deveria combater contra as feras no dia seguinte, mas, por outro lado, ela a amava como se fosse sua própria filha Falconila e dizia: "Tecla, minha segunda filha, ora pela minha filha, para que possa viver eternamente, pois foi o que vi em sonho".

Sem hesitar, Tecla levantou sua voz e disse: "Meu Deus, Filho do Altíssimo, que estás no céu, concede-lhe que sua filha Falconila possa viver eternamente". Depois que Tecla terminou de rezar, Trifena se afligiu muito ao pensar que tanta beleza iria ser jogada às feras.

TECLA E AS FERAS

Na aurora, Alexandro foi ter com Trifena, pois tinha sido ele que havia organizado essa exibição com as feras, e disse: "O governador já está no seu lugar, e as turbas gritam atrás de nós. Que ela esteja preparada, pois eu venho levá-la para combater contra as feras".

Trifena, porém, o expulsou de sua casa, dando um grande grito: "Um segundo luto para minha Falconila veio sobre a minha casa, e não há ninguém para me ajudar, nem uma criança, pois Falconila está morta, nem parente, pois eu sou viúva. Deus da minha filha Tecla, salva Tecla!"

O governador enviou soldados para trazer Tecla. Trifena não a abandonou, mas tomou-a pela mão e acompanhou-a, dizendo: "Eu levei minha filha Falconila para o túmulo; mas tu, Tecla, eu te levo para enfrentar as feras". Tecla chorava amargamente e suspirava ao Senhor, dizendo: "Ó Senhor Deus, em quem confio, em quem eu me refugio, que me livraste do fogo, recompensa Trifena, que teve compaixão de tua serva e que me guardou pura, não me deixou ser violentada".

Houve um tumulto. As feras rugiram. O povo e as mulheres que estavam sentados gritaram todos juntos; uns diziam: "Fora a sacrílega!" Outros diziam: "Oxalá esta cidade seja destruída por causa desta iniquidade! Mata-nos todos, procônsul! Miserável espetáculo! Iníquo julgamento!"

Tecla foi arrancada das mãos de Trifena, foi despida, recebeu um cinto e foi jogada no centro da arena. Os leões e os ursos foram soltos sobre ela. Uma leoa feroz correu e se deitou aos seus pés; e a multidão das mulheres gritou alto. Um urso correu sobre ela, mas a leoa o enfrentou e rasgou o urso em pedaços. Outra vez um leão, treinado para lutar contra os homens e que pertencia a Alexandre, correu sobre ela. A leoa enfrentou o leão, mas foi morta também. As mulheres gritaram mais ainda, porque a leoa que protegia Tecla estava morta.

Enviaram muitas feras, enquanto Tecla, de pé, estendia suas mãos e rezava. Quando terminou de rezar, ela se virou e avistou um grande poço cheio de água e disse: "Agora está na hora de eu me lavar". Ela se jogou no poço, dizendo: "Em nome de Jesus Cristo, eu me batizo a mim mesma no meu último dia".

Quando as mulheres e a multidão a viram, choraram e disseram: "Não te jogues na água!" Até o governador chorou, porque as focas iriam devorar tal beleza. Ela se jogou, pois, na água em nome de Jesus Cristo, mas as focas, tendo visto um raio de relâmpago, morreram todas e ficaram boiando na superfície; e houve ao redor dela uma nuvem de fogo, de maneira que as feras não conseguiram tocá-la e que ninguém a viu nua.

Mas as mulheres lamentaram-se quando outros animais mais ferozes ainda foram soltos. Algumas mulheres jogavam pétalas de flores, outras, perfume, outras, cássia, outras cinamomo, de maneira que havia muitos perfumes. Todas as feras ficaram hipnotizadas e não tocaram nela.

Então Alexandro disse ao governador: "Tenho ainda alguns touros terríveis aos quais vamos amarrá-la". O governador consentiu, com relutância: "Faz o que queres".

TECLA É AMARRADA NO MEIO DE TOUROS

Amarraram-na pelos pés no meio dos touros e colocaram ferros aquecidos ao rubro debaixo das genitais dos touros, de forma que, enfurecidos e enraivados, a matassem. Precipitaram-se sobre ela, mas a chama que a rodeava consumiu as cordas, e ela ficou livre.

Trifena desmaiou quando estava de pé ao lado da arena, de maneira que suas servas disseram: "A Rainha Trifena morreu!" O governador mandou parar o espetáculo. A cidade inteira ficou atemorizada. O próprio Alexandro caiu aos pés do governador e gritou: "Tem pena de mim e da cidade. Liberta essa domadora. Do contrário a cidade inteira será destruída. Pois, se César ouvir essas coisas, ele é capaz de nos destruir juntamente com esta cidade, porque a sua Rainha Trifena morreu na porta do circo".

E o governador intimou Tecla no meio das feras e lhe disse: "Quem és tu? E qual é o escudo que te rodeia, para que nenhuma fera te toque?" Ela respondeu: "Eu sou a senda (o caminho) do Deus vivo. Quanto ao que me rodeia, eu acredito no Filho de Deus, no qual ele se compraz. É por isso que nenhuma dessas feras me tocou, pois somente ele é a plenitude da salvação e o alicerce da vida eterna. Ele é o refúgio dos naufragados, a consolação dos oprimidos, o amparo para o desesperado; por isso mesmo, quem não acreditar nele não viverá, mas morrerá para sempre".

TECLA É SALVA

Quando o governador ouviu aquilo, mandou que roupas fossem trazidas e lhe disse: "Veste estas roupas". Ela respondeu: "Aquele que me vestiu quando eu estava nua no meio das feras vestir-me-á com a salvação no dia do julgamento".

E, tomando as roupas, ela se vestiu. Imediatamente, o governador publicou um decreto nestes termos: "Tecla, serva piedosa de Deus, eu te solto". E todas as mulheres gritaram de uma só voz e louvaram a Deus dizendo: "Único é o Deus; foi ele que salvou Tecla". E toda a cidade ficou abalada com esse grito.

Trifena, tendo recebido a boa notícia, foi com a multidão para encontrar Tecla. Abraçou-a e disse: "Agora acredito que os mortos ressuscitam! Agora acredito que minha filha vive! Entra aqui, e tudo que é meu eu vou passar para o teu nome".

Tecla entrou com ela e repousou oito dias, ensinando-lhe a Palavra de Deus, de maneira que muitas de suas empregadas acreditaram e houve grande alegria na casa.

TECLA, EM TRAJES MASCULINOS, VAI AO ENCONTRO DE PAULO

Tecla desejava ver Paulo e o procurava por todos os lados. Ela ouviu dizer que ele estava em Mira. Usou uma capa que ela tinha transformada para fazer dela uma capa de homem. Ela chegou com uma turma de jovens rapazes e moças a Mira, onde encontraram Paulo anunciando a Palavra de Deus, e aproximou-se dele.

Paulo ficou perplexo ao vê-la com seus companheiros, pensando que uma nova tentação tivesse caído sobre ela. Percebendo isso, ela disse: "Recebi o batismo, Paulo, pois aquele que te entregou o evangelho para o anunciar entregou-me o batismo".

E Paulo, tomando-a pela mão, a levou para a casa de Hermias e escutou toda a sua história, de tal maneira que se espantou e os que ouviram foram fortalecidos na sua fé e rezaram por Trifena. Tecla se levantou e disse a Paulo: "Eu vou a Icônio". Paulo respondeu: "Vai e prega a Palavra de Deus". E Trifena lhe enviou muitas roupas e ouro, de tal maneira que pôde deixar muitas coisas a Paulo para o serviço dos pobres.

TECLA PREGA O EVANGELHO EM ICÔNIO

Chegando a Icônio, ela foi para a casa de Onesíforo e prostrou-se sobre o lugar onde Paulo havia sentado e ensinado a Palavra de Deus. Ela gritou: "Meu Deus e Deus desta casa onde a luz brilhou sobre mim, Jesus Cristo, Filho de Deus, meu salvador na prisão, meu salvador perante o governador, meu salvador no fogo, meu salvador no meio das feras, só tu és Deus, a ti a glória para todo o sempre. Amém".

TECLA VOLTA PARA A CASA DE TAMIRO

Ela encontrou Tamiro morto, mas sua mãe viva; e, chamando sua mãe, disse: "Teocleia, minha mãe, podes acreditar que o Senhor vive no céu? Pois, se desejas riquezas, o Senhor te dará por mim; mas, se desejas tua filha, eis que estou aqui ao teu lado".

A MORTE DE TECLA EM SELÊUCIA

Tendo assim dado seu testemunho, ela se dirigiu para Selêucia (cidade da Síria) e iluminou muitos pela Palavra de Deus. Depois repousou em um glorioso sono.

ATOS DE ANDRÉ DE ACORDO COM AS MEMÓRIAS APOSTÓLICAS SEGUNDO ABDIAS

Os Atos apócrifos de André narram várias de suas atitudes missionárias realizadas após a morte e ressurreição de Jesus.

André foi um dos primeiros apóstolos que Jesus chamou. Ele foi, primeiramente, discípulo de João Batista. Era irmão de Pedro. André pregou o evangelho em vários lugares da Ásia, como Acaia, Mirmido, Niceia, Corinto, Tessalônica e Filipos. Na sua missão, converteu líderes políticos e populares para o cristianismo.

André é o padroeiro da Rússia, da Grécia e da Escócia. Entre os católicos ortodoxos, é chamado de Protóclito, que significa o "primeiro a ser chamado".

A nossa tradução tem como referência Fabricius J. A., Codex Apocryphus Novi Testamenti, *em 1719, Hamburgo, p. 388-742.*

O CHAMADO

O Apóstolo André era irmão de Pedro, também chamado Bar-Jonas, filho de Jonas. Ele foi um dos primeiros que seguiram a Cristo. Foi batizado por João no Jordão. Tendo ouvido no deserto pela boca de João que Jesus era o cordeiro de Deus, por divino chamado e com a permissão de

João, foi às pressas juntar-se a seu irmão Pedro. Depois de ter-lhe falado de Cristo, persuadiu Pedro a segui-lo para ir vê-lo. Depois disso, aconteceu que, enquanto ele e o irmão lançavam as redes ao mar, Cristo passou por ali, chamou-os a ambos; e eles sem delongas seguiram o Mestre (Jo 1,36s.).

Depois de ter durante muito tempo seguido a Cristo, caiu nas suas graças e finalmente, antes da paixão, foi chamado ao ápice do apostolado. Estas são as suas memórias antes da paixão do Senhor, as memórias deste homem de Deus (Mt 4,13; 10,2).

E, na verdade, depois do glorioso e nobre triunfo da ascensão do Senhor, tendo os bem-aventurados apóstolos começado a pregar a Palavra de Deus em várias regiões, o santo apóstolo André começou a anunciar o Senhor Jesus Cristo na Acaia.

ANDRÉ LIBERTA MATEUS DO CÁRCERE EM MIRMIDO

Ao mesmo tempo, o apóstolo e evangelista Mateus tinha anunciado a salvação na cidade de Mirmido. Mas os habitantes dessa cidade, indignos, mal suportaram ouvir os milagres do Nosso Salvador e, não querendo derrubar os templos, tinham encerrado no cárcere o bem-aventurado apóstolo, coberto de correntes, depois de lhe terem furado os olhos, com o propósito de matá-lo poucos dias depois.

Antes que isso acontecesse, um anjo enviado por Deus avisou o Apóstolo André para que se dirigisse à cidade de Mirmido para libertar o irmão Mateus da aflição do cárcere. Mas André [disse]: "Para onde irei, Senhor, se não conheço o caminho?" E Ele: "Vai à praia e acharás um navio; sobe a bordo; eu serei o teu piloto". André obedeceu. Encontrou o navio, embarcou e com os ventos propícios navegou para a cidade. Tendo entrado, correu logo ao cárcere público e encontrou Mateus com outros prisioneiros; chorou muito amargamente e, depois de ter orado, assim falou: "Senhor Jesus Cristo, que nós pregamos fielmente e por cujo nome sofremos estas coisas. Tu que te dignaste restituir a vista aos cegos, o ouvido aos surdos, o movimento aos paralíticos, a limpeza aos leprosos, a vida aos mortos, operando com grande bondade, abre os olhos do teu servo, a fim de que ele possa caminhar para anunciar a tua palavra".

Subitamente aquele lugar foi sacudido, uma luz resplandeceu no cárcere, os olhos do bem-aventurado apóstolo se iluminaram, as cadeias de todos se arrebentaram e os cepos que prendiam os pés se partiram. Ao ver tais coisas, todos se puseram a glorificar a Deus dizendo: "Grande é o Deus que os teus servos pregam". Guiados para fora do esquálido cárcere pela mão do bem-aventurado André, aqueles que antes eram prisioneiros foram-se embora, cada um para a própria casa. Com eles se achava também Mateus.

ANDRÉ É FLAGELADO

O mesmo André, mais tarde, tendo permanecido em Mirmido, anunciava aos habitantes a palavra do Senhor; mas, como não quisessem ouvi-lo, tomaram André, ligaram-lhe as mãos e os pés, e o arrastaram pela cidade. Mas por causa desses tormentos o sangue começou a escorrer e os cabelos foram arrancados. O apóstolo então se dirigiu ao Senhor: "Abre, Senhor, o coração deles a fim de que te reconheçam como o verdadeiro Deus e parem de cometer esta iniquidade; não lhes imputes este pecado, porque não sabem o que fazem". Assim que acabou de proferir essas palavras, um súbito temor se apoderou dos homens daquela cidade e, tendo libertado o apóstolo, reconheceram o seu pecado, dizendo: "Ofendemos o justo". Lançaram-se aos pés do apóstolo, suplicaram-lhe que os perdoasse e lhes mostrasse o caminho da salvação. Assim que se levantaram, ele anunciou o Senhor Jesus Cristo, narrou os milagres que Ele realizara neste mundo, mostrando como havia remido o mundo com o próprio sangue. Conduziu, assim, ao Senhor os habitantes daquela cidade depois de ter-lhes concedido o perdão de todos os pecados, e os batizou em nome do Pai e do Filho e do Espírito Santo.

ANDRÉ CURA UM CEGO

Tendo deixado aquele lugar, foi à sua região. Aqui, enquanto caminhava com os seus discípulos, aproximou-se dele um cego e disse: "André, apóstolo de Cristo, sei que podes restituir-me a vista, mas não o quero. Desejo apenas isto: que convenças aqueles que estão contigo a me darem tanto dinheiro quanto me é necessário para comprar roupa para mim e comida". E André [lhe disse]: "Estou convicto de que esta não é voz de um homem, mas do demônio, o qual não quer que este receba a vista". E, voltando-se, lhe tocou os olhos, que logo se abriram, e o homem louvou a Deus. E, como trajava vestes pobres e rotas, o apóstolo disse a seus discípulos: "Tirai-lhe de cima essa roupa suja e dai-lhe uma nova". Depois que aquele que era cego foi despojado de tudo, disse o apóstolo: "Recebe o que é suficiente". Tendo recebido a roupa, agradeceu e voltou para casa.

ANDRÉ RESSUSCITA UM SERVO EGÍPCIO

Certo Demétrio, chefe da cidade dos amaseus, tinha um servo egípcio que ele amava intensamente. Este, assaltado pela febre, justamente naquele tempo havia exalado o espírito. Tendo nesse meio-tempo Demétrio conhecido os milagres realizados pelo bem-aventurado apóstolo, lançando-se aos pés, disse com lágrimas na face: "Nada para ti é difícil, ministro de Deus. Eis que o meu servo, a quem eu amava muito, morreu. Confio por isso e te peço que entres em minha casa e o restituas a mim, porque tu podes tudo".

Ouvindo isso, o bem-aventurado apóstolo, tomado de compaixão por suas lágrimas, foi até a casa do servo e, anunciando por longo tempo o que era necessário para a salvação do povo, dirigiu-se enfim ao falecido e disse: "Em nome de Jesus Cristo, servo, eu te ordeno que te levantes e fiques são". Sem mais demora, o servo egípcio se levantou, e o apóstolo o entregou ao seu senhor. Então todos aqueles que eram incrédulos creram em Deus e foram batizados pelo bem-aventurado André.

A MÃE QUE SE ENAMOROU DO PRÓPRIO FILHO

Enquanto acontecia tudo isso, um servo de nome Sóstrates se dirigiu secretamente ao bem-aventurado André e se pôs a lamentar: "Minha mãe se enamorou de mim e continua a atormentar-me para que eu me una a ela;

fugi, porque julguei isso uma coisa abominável. Mas ela em um extremo de ira foi ter com o procônsul da província para lançar sobre mim o seu delito. Bem sei que, uma vez acusado, não poderei defender-me dessas acusações; prefiro além disso morrer a deixar que todos fiquem conhecendo o delito de minha mãe. Agora te confesso isso para que te dignes de invocar para mim o Senhor, a fim de que eu não seja condenado inocentemente".

Estava ele ainda dizendo essas palavras quando chegaram os servos do procônsul para levá-lo embora. O bem-aventurado apóstolo, depois de ter recitado uma prece, partiu com o servo. A mãe, com muita ênfase, acusava o filho: "Este, senhor procônsul, esquecendo a piedade materna, queria violentar-me, a tal ponto que só pude escapar com dificuldade". E o procônsul: "Dize-me, ó servo, se são verdadeiras as coisas que tua mãe profere". Mas ele se calava. Várias vezes o procônsul o interrogou, mas o servo não respondia nenhuma palavra. Continuando ele sem nada dizer, o procônsul estabeleceu um conselho com os seus para decidir o que deveria fazer.

Entrementes, a mãe do servo começou a chorar. Dirigindo-se a ela, disse o bem-aventurado apóstolo André: "Infeliz, que emites um amargo lamento por causa do incesto que premeditaste contra teu filho. Quão longe te levou a tua concupiscência! Não temeste perder o único filho, tomada como estavas pela paixão". Enquanto ainda dizia essas coisas, a mulher acrescentou: "Fica sabendo, ó procônsul, que desde que meu filho tentou essas coisas contra mim, desde então ele aderiu a esse homem". Cheio de ira por causa dessas coisas, o procônsul ordenou que o servo fosse encerrado no saco do parricídio e lançado ao rio (segundo a lei romana antiga, se alguém matasse pai e mãe, ele seria colocado num saco, costurado e lançado ao rio), e que André fosse lançado no cárcere até que fosse executado, com outros suplícios que se deveriam excogitar.

Precisamente nesse momento, enquanto o bem-aventurado apóstolo orava, aconteceu um grande terremoto com imenso fragor; o procônsul caiu de sua cadeira, e todos os presentes caíram por terra; a mãe do servo teve um sobressalto, ficou rígida e morreu. À vista dessas coisas, o procônsul se prostrou aos pés do santo apóstolo e disse: "Tem piedade de nós, que estamos perecendo, a fim de que a terra não nos engula a todos". À oração do santo apóstolo o terremoto cessou, os raios e trovões cessaram; e, andando por entre aqueles que tinham sido atingidos, restituiu-os à vida. Desde então, o procônsul e muitos outros que estavam na Acaia aceitaram a palavra do Senhor, creram em Jesus Cristo e foram batizados pelo apóstolo do Senhor.

ANDRÉ E A FORNICAÇÃO

Aconteceu depois naquele tempo que o filho de Cratino, da cidade de Sinope, enquanto se lavava no balneário das mulheres, perdeu os sentidos e foi maltratado pelo demônio. E, como fosse tomado por grandes febres e a mulher ficara inchada por hidropisia, ele enviou uma carta ao procônsul em que pedia que solicitasse a André para ir até ele. Atendendo ao pedido do procônsul, André subiu em um veículo e chegou àquela cidade.

Quando André entrou na casa de Cratino, o espírito maligno sacudiu o filho e foi prostrar-se aos pés do bem-aventurado apóstolo, que o repreendeu severamente dizendo: "Ó inimigo do gênero humano, afasta-te do servo de Deus!" E este logo, com altos brados, se afastou dele. Depois o apóstolo foi até o leito de Cratino e disse: "Com razão estás doente, tu que, abandonando o teu tálamo, te entregas à fornicação. Levanta-te em nome do Senhor Jesus e fica curado, mas não peques mais se não queres incorrer em algum mal pior". E desde aquela hora Cratino ficou são.

À mulher disse: "Ó infeliz mulher, a concupiscência dos olhos te enganou, porque, deixando o teu marido, te uniste a outros". E acrescentou: "Ó Senhor Jesus Cristo, invoca a tua misericórdia, atende o teu servo e concede que, se esta mulher tiver de voltar à impureza da libido com que anteriormente se manchou, não seja curada integralmente; por isso, Senhor, se o sabes, e tu no teu poder conheces também o futuro, que esta mulher se absterá desse vício, ordena que fique curada". Enquanto dizia essas coisas, a mulher evacuou pela parte inferior todo o líquido e ficou curada juntamente com seu marido.

O bem-aventurado apóstolo deu graças, partiu o pão e ofereceu-o a eles. Tendo-o recebido, creram no Senhor com toda a sua família. E a partir de então nem ela nem seu marido cometeram as coisas abomináveis de antes. Cratino, prostrado por terra com a mulher, queria oferecer ao apóstolo grandes dádivas, mas o homem de Deus disse: "Não é meu costume receber essas coisas, caríssimos; a vós é que compete dá-las àqueles que necessitarem".

EM NICEIA, ANDRÉ EXPULSA SETE DEMÔNIOS E CONSAGRA CALISTO COMO BISPO LOCAL

E assim, sem aceitar nada do que lhe era oferecido, partiu para Niceia, na Ásia; ali, ao longo do caminho, entre os monumentos, havia sete demônios que todos os dias apedrejavam e matavam os homens que passassem pelo caminho. Quando o bem-aventurado ia chegando, veio-lhe ao encontro toda a cidade com ramos de oliveira, proclamando louvores e dizendo: "A nossa salvação está em tuas mãos, homem de Deus". Depois que lhe contaram toda a sua história, o apóstolo respondeu: "Se credes no Senhor Jesus Cristo, filho do Deus onipotente, único Deus, e no Espírito Santo, por seu auxílio sereis libertados dos tormentos dos demônios". Eles responderam gritando: "Cremos em tudo aquilo que pregas e obedeceremos às tuas ordens para sermos logo libertados destas provas". Ele deu graças a Deus por essa fé deles e ordenou que os demônios se apresentassem diante de todo aquele povo: eles se apresentaram em forma de cães.

Dirigindo-se ao povo, disse o apóstolo: "Eis os demônios que vos atormentaram. Se, portanto, credes que eu posso ordenar-lhes em nome do Senhor Jesus Cristo que vos deixem em paz, testemunhai-o diante de mim". Eles responderam em altos brados: "Cremos que o Cristo Jesus por ti pregado é o filho de Deus". Então o bem-aventurado André ordenou aos demônios: "Afastai-vos daqui para lugares ermos e estéreis e não prejudiqueis mais a ninguém nem vos aproximeis mais de nenhum lugar onde for invocado o nome do Senhor, a fim de que não recebais o suplício do fogo eterno para vós preparado" (Mt 12,43). Estava ainda dizendo essas coisas quando os demônios com grande rugido desapareceram dos olhos dos presentes.

A partir daquela hora a cidade ficou livre. O bem-aventurado apóstolo batizou os habitantes e pôs Calisto para presidir [a comunidade] como bispo, homem sábio, o qual guardou fielmente tudo o que recebera do apóstolo.

ANDRÉ RESSUSCITA UM JOVEM

Tendo saído de Niceia, enquanto André se aproximava da porta de Nicomédia, um morto ia sendo levado em um catre; o pai já muito idoso era amparado pelas mãos dos servos e com muita dificuldade podia prestar o obséquio fúnebre. Também a mãe, da mesma idade, seguia, com os cabelos em desalinho, dizendo: "Pobre de mim! Tendo chegado à minha idade, cabe-me agora passar ao meu filho tudo o que tinha preparado para o meu funeral". Enquanto aqueles que choravam o morto gritavam essas e outras coisas semelhantes, apresentou-se o apóstolo do Senhor e, tomando parte em suas lágrimas, disse: "Peço-vos, contai-me o que aconteceu a este filho, que deixou este mundo". Mas estes, cheios de temor, durante bom tempo nada responderam. Finalmente, tomaram coragem e disseram: "Quando esse jovem se encontrava sozinho em um quarto, apareceram de súbito sete cães e se lançaram sobre ele. Depois de estraçalhado por eles, caiu por terra e morreu".

Então o bem-aventurado Apóstolo André, suspirando e voltando os olhos para o céu, disse entre lágrimas: "Senhor, sei muito bem que foram as insídias dos demônios que expulsei de Niceia! Peço-te agora, Jesus bondoso, que o ressuscites, a fim de que o inimigo do gênero humano não venha a alegrar-se com a sua morte". Disse depois ao pai do falecido: "O que me darás se eu te restituir vivo teu filho?" E este: "Nada possuo de mais precioso: dá-lo-ei a ti, se à tua ordem recuperar a vida". Então o bem-aventurado apóstolo, com as mãos estendidas para o céu, disse: "Que retorne, eu te peço, ó Senhor, a alma desse jovem, para que, com a sua ressurreição, estes se convertam a ti, deixem todos os ídolos e a sua vida se torne salvação para todos aqueles que perecem, de sorte que não fiquem mais submetidos à morte, mas, tendo-se tornado teus fiéis, mereçam a vida eterna". Depois que todos responderam "amém", ele se voltou para o féretro e disse: "Em nome de Jesus Cristo, levanta-te e fica de pé". Logo, diante da admiração do povo, ele se levantou, e todos em altos brados exclamaram: "Grande é o Deus Cristo, que o seu servo André prega!" Os pais do jovem deram muitos dons ao filho ressuscitado, para que os desse ao apóstolo. Mas ele não quis nada. Quis apenas levar consigo o jovem para a Macedônia e instruí-lo com palavras salutares.

ANDRÉ FAZ O VENTO CALAR-SE

Tendo entrementes saído de Nicomédia, o apóstolo embarcou em um navio, entrou em Helesponto e zarpou para Bizâncio. E eis que o mar se encapelou, e soprou um grande vento, tanto que a nave estava para submergir. Enquanto todos esperavam a morte, o bem-aventurado André orou ao Senhor e fez o vento calar-se. Acalmaram-se logo também os vagalhões, e sobreveio uma grande tranquilidade. Depois de escaparem todos daquele perigo, chegaram a Bizâncio.

ANDRÉ INVOCA O ANJO DO SENHOR

Tendo partido dali no intuito de chegar à Trácia, de longe se aproximaram muitos homens com espadas desembainhadas e lanças, fazendo menção de lançar-se sobre eles. Vendo isso, o Apóstolo André fez o sinal da cruz em direção a eles e disse: "Peço-te, Senhor! Que se vá o pai deles, que os instigou a fazer isto. Sejam abalados pela virtude divina, a fim de que não ofendam os que esperam em ti". Tendo dito essas palavras, passou um anjo do Senhor com grande esplendor, tocou suas espadas, e logo caíram por terra. E assim o bem-aventurado apóstolo, com todos os seus, passou sem sofrer dano algum. E aqueles que antes eram inimigos jogaram fora as espadas, prostrando-se diante dele, e o anjo com grande esplendor se afastou.

ANDRÉ CONVERTE OS TRIPULANTES DO NAVIO

Nesse entrementes, André, ao fim da viagem, chegou a Perinto, cidade marítima da Trácia, com o intuito de passar à Macedônia por navio. Tendo embarcado por conselho do anjo, que novamente lhe apareceu, antes de zarpar pregou a Palavra de Deus a todos aqueles que estavam com ele no navio; todos se deixaram persuadir pelas suas palavras salutares: junto com o próprio capitão do navio, creram em Jesus Cristo e deram glória a Deus. Cheio de alegria pelo fato de que nem no mar faltasse quem escute a Palavra de Deus e se converta ao Filho de Deus onipotente, o santo apóstolo glorificou e louvou ao Deus criador do céu e da terra.

ANDRÉ IMPEDE O CASAMENTO
ENTRE CONSANGUÍNEOS

Enquanto aconteciam essas coisas, e antes que o apóstolo chegasse à Macedônia, sucedeu este fato. Em Filipos havia dois homens abastados, irmãos, donos de grandes riquezas: um tinha dois filhos, e o outro, duas filhas. Como naquela cidade não houvesse ninguém que pudesse unir-se à sua parentela, estes com um pacto se comprometeram mutuamente a constituir uma só família e a casar os seus filhos entre si. Estando já decidido o dia das núpcias, o Senhor falou a eles assim: "Não deveis consumar o casamento de vossos filhos até que chegue o meu servo André; ele vos dirá o que devereis fazer". Preparado já estava o quarto nupcial, os convidados já tinham sido chamados e todo o ritual nupcial estava pronto.

Decorridos três dias, chegou o bem-aventurado apóstolo; ao vê-lo, ficaram sobremaneira alegres. Indo ao encontro com coroas, prostraram-se aos pés dele e disseram: "Já avisados, nós te esperávamos, ó servo de Deus, para que viesses e nos anunciasses o que fazer. Por oráculo divino fomos obrigados a esperar-te; foi-nos dito que os nossos filhos não se deveriam casar antes que viesses". O rosto do bem-aventurado apóstolo estava resplandecente como um sol, a tal ponto que todos estavam maravilhados e o honravam. Depois que ouviu o que acontecera, disse: "Não vos deixeis, filhos, seduzir e enganar esses jovens, para os quais pode sobrevir o fruto da justiça. Ao contrário, fazei penitência, porque pecastes contra o Senhor, querendo manchar o matrimônio dos vossos filhos realizando um casamento entre consanguíneos. Sem dúvida, nós não subvertemos o instituto do matrimônio nem impedimos as núpcias: no início, Deus ordenou que varão e mulher se unissem. Condenamos os incestos". Enquanto ele pronunciava essas palavras, os pais se emocionaram e disseram: "Nós te pedimos, senhor, que invoques para nós o teu Deus, porque cometemos este delito sem sabê-lo".

Os jovens, vendo o rosto do apóstolo resplandecente como o de um anjo, exclamaram: "Grande e santa é a tua doutrina, ó homem santo, e nós o ignorávamos. Agora sabemos verdadeiramente que Deus fala em ti". O santo André dirigiu-se a eles e disse: "Guardai sem transgressões aquilo que de mim ouvistes, para que Deus esteja em vós e recebais o galardão de vossas boas obras, ou seja, a vida sempiterna que não terá fim".

A HISTÓRIA DE CONVERSÃO DO JOVEM NOBRE E RICO

Ditas essas coisas, o apóstolo abençoou-os, deixou Filipos, dirigiu-se a Tessalônica. Aqui havia um jovem nobre e rico, chamado Héxoos, cujos pais ocupavam naquela cidade um posto honorífico; tendo ouvido falar dos prodígios do bem-aventurado André, foi ter com os apóstolos, sem que os pais o soubessem. Caiu a seus pés e lhe suplicava, dizendo: "Mostra-me, senhor, o caminho da verdade, para que eu possa alcançar a imortalidade. Sei, com efeito, que és um verdadeiro ministro daquele que te enviou". O santo apóstolo lhe pregou o Senhor Jesus Cristo; o jovem creu e logo aderiu ao homem de Deus, sem fazer menção alguma dos pais e das riquezas.

Nesse ínterim, os pais procuravam o filho e, tendo sabido que estava falando com o apóstolo, tentaram com dons afastá-lo de André. Mas o jovem não cedeu e disse: "Prouvera ao céu que não possuísseis nenhuma dessas riquezas e, conhecendo ao contrário o autor deste mundo, que é o verdadeiro Deus, afastásseis as vossas almas da ira futura!"

Enquanto o jovem dizia isso, o santo apóstolo desceu do terceiro andar e lhes anunciou a Palavra de Deus. Mas, como estes não ouvissem, voltou a ter com o jovem e fechou a porta da casa. Mas aqueles, tendo chamado uma corte, queriam incendiá-la. Puseram lenha e tochas debaixo da casa, e, enquanto as chamas subiam rapidamente para o alto, o jovem tomou uma ampola de água e disse: "Senhor Jesus Cristo, em cuja mão está a natureza de cada elemento, que apagas aquilo que arde e fazes arder o que se extinguiu, que banhas aquilo que é árido e enxugas o que está banhado, extingue este fogo a fim de que estes teus fiéis não se queimem, mas se acendam antes em fé". Dito isso, derramou sobre [o fogo] a água da ampola, e imediatamente o incêndio se extinguiu como se jamais se tivesse acendido.

Vendo isso, os pais do jovem exclamaram: "Eis que nosso filho já se tornou um mago". Usando escadas, queriam subir ao andar superior para matar a ambos, mas o Senhor os cegou para que não pudessem ver os degraus das escadas.

Como eles persistissem nessa perversidade, certo Lisímaco na multidão disse: "Homens, por que vos consumis neste inútil trabalho? Deus combate a favor desses homens, e vós não o percebeis. Parai com essa tolice, para que a ira do céu não vos consuma". Enquanto ele dizia essas coisas, eles exclamaram com o coração compungido: "Verdadeiro é o Deus que eles adoram, e nós também queremos segui-lo".

Tinham já caído as trevas da noite, mas de súbito uma luz se acendeu, e os olhos de todos foram iluminados. Subiram então até onde estavam o apóstolo e o jovem e os encontraram em oração. Ajoelharam-se por terra e exclamaram: "Nós te suplicamos, senhor, que intercedas pelos teus servos que foram seduzidos pelo erro". Foram todos tomados por tamanha compunção do coração, que Lisímaco, ali presente, disse: "Na verdade, Cristo é o Filho de Deus que o seu servo André está pregando". Por isso todos creram, confirmados pelo apóstolo. Mas os pais do jovem persistiram ainda na infidelidade: imprecando contra o jovem, voltaram para casa e doaram tudo quanto possuíam ao fisco público. Depois de cinquenta dias, morreram no espaço de uma hora. Mas, como todos os habitantes da cidade amavam o jovem, pela sua mansidão, o patrimônio lhe foi restituído. Mesmo de posse de todas as propriedades dos genitores, não abandonou o apóstolo, mas oferecia os frutos dos seus campos para as necessidades dos pobres e o cuidado dos necessitados.

ANDRÉ CURA UM ENFERMO QUE JAZIA VINTE E TRÊS ANOS ACAMADO

O santo apóstolo do Senhor permaneceu um bom tempo em Tessalônica, e com ele também o jovem. No teatro reuniram-se muitos milhares de homens, e o apóstolo pregava a Palavra de Deus, e com ele também o jovem, a ponto de todos se maravilharem com a sua sabedoria.

Sucedeu que o filho de um cidadão de nome Carpiano caiu gravemente enfermo. Muitos foram interceder com orações junto ao apóstolo e ao jovem. O santo André disse: "Nada é impossível ao Senhor, contanto que tenhais fé. Trazei-o à nossa presença e o Senhor Jesus Cristo o curará". Ao ouvir essas palavras, o pai foi correndo a casa para ver o filho, exclamando: "Hoje, Adimantes – era este o nome do jovem –, ficarás curado".

E o filho a ele: "Já vejo a realização do meu sonho; com efeito, enquanto dormia vi o homem que me vai curar". Dito isso, vestiu-se, levantou-se do leito e correndo célere dirigiu-se ao teatro, tanto que seus pais não conseguiam ultrapassá-lo, lançou-se aos pés do bem-aventurado apóstolo e lhe agradeceu pela saúde recuperada. A multidão presente estava estupefata vendo-o caminhar depois de vinte e três anos preso ao leito, e todos glorificavam ao Senhor dizendo que não havia Deus semelhante àquele de André.

ANDRÉ RESSUSCITA UM JOVEM

Aproximou-se dentre a multidão também outro cidadão, cujo filho tinha um espírito imundo: "Cura, te peço – disse –, meu filho, que é atormentado pelo demônio". O demônio, sabendo que dali a pouco seria expulso, arrastou o rapaz para um lugar secreto e o sufocou com uma corda, arrancando-lhe a alma. O pai, tendo achado o filho morto, irrompeu em copioso pranto e disse aos amigos: "Levai o cadáver ao teatro. Espero que seja ressuscitado pelo homem que prega o Deus dos antigos".

Eles fizeram tudo isso e depositaram o cadáver diante do apóstolo. Depois de conhecer tudo o que acontecera, André se dirigiu ao povo e disse: "De que vos servirá, habitantes de Tessalônica, ver a realização desses prodígios se depois não credes?" Mas eles responderam: "Não tenhas dúvida: assim que este [jovem] for ressuscitado creremos no teu Deus". Enquanto afirmavam isso, o apóstolo acrescentou: "Em nome de Jesus Cristo, levanta-te, jovem!" Imediatamente o jovem se levantou, e o povo, estupefato, exclamou: "Agora nós todos cremos nesse Deus que pregas. Basta-nos isso". E, acompanhando-o até sua casa com archotes e lanternas – havia com efeito caído a noite –, ficaram com ele três dias; e ele os instruiu a todos nas coisas que dizem respeito a Deus.

SOB CONDIÇÃO, ANDRÉ CURA JOVENS

Enquanto em Tessalônica aconteciam essas coisas, um homem de nome Médias, cujo filho estava sofrendo uma grave enfermidade, foi de Filipos a Tessalônica procurar o apóstolo e lhe pediu a cura do filho com tanto sentimento que chegou a derramar lágrimas. O bem-aventurado apóstolo, enxugando-lhe as lágrimas e acariciando-lhe a cabeça com a mão, dizia: "Coragem, filho, crê apenas e obterás tudo o que desejas". Tomando-o pela mão, com ele se encaminhou para Filipos.

Assim que entrou pela porta da cidade, veio a seu encontro um ancião que lhe suplicava por seus filhos que Médias tinha encarcerado e agora estavam cobertos de úlceras e putrefatos pelo longo tempo. Dirigindo-se a Médias, disse o santo apóstolo: "Escuta, homem, que me suplicas que teu filho seja curado, enquanto na tua casa existem pessoas encarceradas, com as carnes agora putrefatas! Se queres que tuas orações cheguem a Deus, livra das cadeias esses pobres miseráveis, para que teu filho seja libertado de sua enfermidade. Com efeito, a maldade que mostras constitui um impedimento a minhas preces". Ouvindo isso, Médias se lançou aos pés do apóstolo e, beijando-os, exclamava: "Sejam libertados esses dois e os outros sete, dos quais não ouviste falar, para que meu filho seja curado". E ordenou que fossem levados à presença do bem-aventurado apóstolo. Ele, impondo-lhes as mãos durante três vezes e lavando as suas feridas, os curou e libertou.

No dia seguinte, disse ao jovem: "Levanta-te em nome de Jesus Cristo, que me enviou para te curar da enfermidade". E, tomando-o pela mão, ergueu-o. Ele imediatamente se pôs de pé e corria dando glória a Deus. Esse jovem, que há três anos jazia no leito, se chamava Filomedes. Todo o povo gritava: "Servo de Deus, cura também as nossas enfermidades!" E André, voltando-se, disse ao jovem: "Passa pelas casas daqueles que estão enfermos e, em nome de Jesus Cristo, no qual foste curado, ordena que eles também se levantem". E ele, para espanto de todos, passou pelas casas daqueles que jaziam enfermos, invocou o nome do Senhor e os curou, todo dia, em número sempre maior. A partir daquele dia, todo o povo de Filipos creu, ofereceu a ele dons e muitos lhe pediram que pregasse a Palavra de Deus. O bem-aventurado apóstolo anunciava o Deus verdadeiro, sem aceitar dom algum.

Entre os cidadãos havia um chamado Nicolau, que lhe ofereceu uma carruagem dourada, com quatro burros brancos e quatro cavalos, dizendo: "Recebe este dom, ó servo de Deus, pois entre as minhas posses não achei nada de mais precioso; basta que minha filha seja curada da enfermidade que há muito tempo a atormenta". O bem-aventurado apóstolo, sorrindo, respondeu: "Recebo sem dúvida os teus dons, ilustre Nicolau, mas não estes visíveis. Se por tua filha queres oferecer as coisas mais preciosas que tens em casa, quanto mais preciosos devem ser os dons a oferecer por tua alma. Eu de ti desejo apenas isto: que o homem interior conheça o verdadeiro Deus, criador seu e de todas as coisas, que menosprezes as riquezas terrenas e ames as eternas, que te apercebas dessas realidades que se percebem com a reflexão do sentido interior, a fim de que, depois de te teres exercitado nelas, possas merecer a vida eterna e, depois que tua filha ficar curada, possas gozar da alegria sempiterna". Tendo dito isso, persuadiu todos a deixarem os ídolos e a crerem no Deus verdadeiro. Naquela mesma hora curou a filha do mesmo Nicolau, e todos glorificaram a ele; sua fama corria por toda a Macedônia em vista dos prodígios que o apóstolo do Senhor realizava sobre os enfermos.

ANDRÉ DIALOGA COM O DEMÔNIO

No dia seguinte aconteceu que, enquanto o bem-aventurado André ensinava o povo, um jovem em altos brados exclamou: "O que há entre nós e ti, servo de Deus? Vieste para nos arrancar de nossos tronos?" O bem-aventurado apóstolo chamou o jovem e lhe disse: "Conta, autor do crime, qual é a tua obra?" E este: "Habitei neste rapaz desde a sua adolescência. Jamais me afastei dele. No outro dia ouvi seu pai dizer a um amigo: Vou procurar aquele servo de Deus, André, e ele vai curar meu filho. Temendo por isso, as penas que nos infligirás, agora mesmo saio dele, aqui diante de ti". E, dizendo isso, prostrou-se por terra diante dos pés do apóstolo e saiu do rapaz. Este ficou curado no mesmo instante, levantou-se e em alta voz glorificou a Deus.

ANDRÉ DEBATE COM FILÓSOFOS E É PERSEGUIDO PELO PROCÔNSUL QUIRINO

Deus concedera tamanho poder ao santo apóstolo, que todo dia muitos espontaneamente vinham ouvir a palavra da salvação. Vinham também alguns filósofos debater com ele, e nenhum era capaz de resistir à sua doutrina.

Nesse ínterim, enquanto o homem de Deus realizava essas coisas em Tessalônica, chegou (ali) um homem inimigo da pregação apostólica. Dirigiu-se a Quirino, procônsul da província, e lhe falou de André, que afastava cada dia muitos da religião dos pais e do culto dos deuses na cidade de Tessalônica; pregava que se deviam destruir os templos dos deuses, menosprezar as cerimônias, subverter todos os decretos da lei antiga, ordenando que se adorasse o único Deus, do qual ele se declarava servo.

A essas palavras, o procônsul encolerizou-se e enviou soldados para capturá-lo. Chegando à porta da cidade, procuraram saber em que casa morava o apóstolo. Entrando nesta, viram em sua face resplandecer uma grande luz e caíram apavorados aos seus pés. O bem-aventurado apóstolo contava aos presentes o que fora anunciado por ele ao procônsul, e o povo chegando com espadas e bastões queria matar os soldados. Mas o santo apóstolo não deixou que fizessem isso.

O procônsul, vendo desarmados aqueles que enviaram, enviou outros vinte. Estes, subindo na casa e vendo o bem-aventurado apóstolo, perturbaram-se e não proferiram palavra alguma. Assim que soube disso, o procônsul encolerizou-se e mandou outro número de soldados a fim de que trouxessem à força o apóstolo à sua presença. Vendo-os, disse o apóstolo: "Viestes para prender-me?" E estes: "Justamente para te prender – disseram –, ainda que sejas um mago e pregues que não se deve adorar os deuses". E ele respondeu: "Não sou mago, e sim o apóstolo do meu Senhor Jesus Cristo, que vou anunciando".

Enquanto sucediam essas coisas, um dos soldados, invadido pelo demônio, desembainhou a espada e bradou: "Que há entre mim e ti, Procônsul Quirino, que me envias a um homem que não só pode expulsar-me deste refúgio, mas me pode incendiar com o seu poder? Mesmo que tu o atacasses, não lhe farias mal algum". Tendo dito essas coisas, o demônio saiu do soldado, que caiu violentamente ao chão e morreu.

Nesse ínterim, o procônsul foi tomado de grande furor e, embora estivesse perto do santo filósofo, não conseguia vê-lo. E a este ele disse: "Eu sou, procônsul, aquele que procuras". No mesmo instante se lhe abriram os olhos, viu-o e indignado retrucou: "Que loucura é esta [de ousares] desprezar as nossas ordens e submeter os nossos ministros à tua vontade? Está claro, agora, que és um mago, um homem maléfico. Por isso vou lançar-te em alimento às feras, dado que desprezas a nós e nossos deuses. Verei então se o Crucificado que pregas será capaz de livrar-te". Mas o bem-aventurado apóstolo lhe [disse]: "É necessário que tu creias, procônsul, no Deus verdadeiro e naquele que Ele enviou, Jesus Cristo, seu Filho, especialmente depois que viste cair morto um dos teus soldados".

ANDRÉ RESSUSCITA UM SOLDADO DE QUIRINO

Prostrando-se em oração, o santo apóstolo, depois de ter por um bom espaço de tempo invocado o Senhor, tocou o soldado e disse: "Levanta-te! O Senhor meu, Jesus Cristo, que eu prego, te ressuscite!" Logo o soldado se levantou e ficou são. Enquanto o povo exclamava: "Glória ao nosso Deus!", disse o procônsul: "Não acrediteis, simplórios! É um mago!" Mas eles gritavam, dizendo: "Esta não é uma doutrina mágica, mas verdadeira e sã!" Ao que o procônsul respondeu: "Vou lançar esse homem em alimento às feras e escreverei sobre vós a César, para que dentro em breve sejais entregues à morte, porque desprezastes suas leis". Mas estes, querendo apedrejá-lo, diziam: "Escreve então a César que os macedônios ouviram a Palavra de Deus e, depois de desprezarem os ídolos, adoram ao Deus verdadeiro". Ouvindo essas coisas, o procônsul ficou irado e voltou ao pretório.

ANDRÉ É LANÇADO ÀS FERAS

Tendo amanhecido o dia, mandou introduzir as feras no estádio e deu ordens para que fosse ali lançado o bem-aventurado André. Depois de o terem agarrado, puxado pelos cabelos e maltratado com bastonadas, foi deixado na arena; então introduziram um horrível e feroz javali, o qual, depois de ter por três vezes rodeado o santo de Deus, não lhe fez mal algum. Vendo isso, o povo deu glória a Deus. O procônsul, no entanto, mandou que se introduzisse um touro. Mesmo espicaçado por trinta soldados e dois caçadores, de maneira alguma tocou em André, mas atacou os caçadores e por fim dando um mugido caiu [por terra] e morreu. E logo o povo exclamou: "Verdadeiro é o Deus Cristo!"

Enquanto acontecia isso, viu-se um anjo do Senhor descer do céu e confortar o santo apóstolo no estádio. Por fim o procônsul, cheio de ira, mandou que se introduzisse um ferocíssimo leopardo; este, assim que se sentiu livre, evitando o povo e subindo onde estava o procônsul, saltou sobre seu filho e o estraçalhou. O procônsul foi tomado de tal insânia, que a visão dessas coisas em nada o encheu de dor, e ficou calado.

ANDRÉ RESSUSCITA O FILHO DO PROCÔNSUL

Enquanto isso, o apóstolo se dirigiu ao povo e disse: "Por isso conheceis, habitantes de Tessalônica, é que adorais ao verdadeiro Deus em virtude do qual as feras foram vencidas e que agora o Procônsul Quirino continua ignorando. Mas, a fim de que creiais mais facilmente, vou ressuscitar seu filho também em nome do Cristo que prego, para que seja confundido o tolo de seu pai". Prostrou-se em terra e orou longamente; depois, pegou pela mão aquele que fora estraçalhado e o restituiu à vida. A multidão, vendo isso, glorificou a Deus e queria trucidar Quirino, mas o apóstolo não o permitiu. Confuso, o procônsul retornou ao pretório.

ANDRÉ ENFRENTA UMA SERPENTE

Depois dessas coisas, um jovem que havia muito tempo acompanhava o apóstolo contou à mãe o que acontecera e a convenceu a encontrar-se com o santo. Esta se aproximou, caiu aos pés do apóstolo e procurava ouvir a palavra do Senhor; satisfeita, suplicou-lhe um bom tempo que fosse ao campo dela, onde estava uma enorme serpente que devastava toda aquela região.

Ao se aproximar do apóstolo, a serpente, emitindo fortes silvos, foi a seu encontro com a cabeça ereta; ela media vinte e três metros. Aterrorizados, os presentes caíram por terra. Então o santo de Deus se dirigiu à serpente, dizendo: "Abaixa a cabeça, animal funesto, a cabeça que ergueste no princípio do mundo para desgraça do gênero humano! Submete-te aos servos de Deus e morre!" Em um átimo a serpente, emitindo forte grito, enrolou-se em um grande carvalho que estava perto, vomitou um rio de veneno e expirou.

O santo apóstolo chegou depois a um sítio em que jazia morto um rapaz que a serpente atacara. Vendo seus pais chorando, disse: "O Senhor nosso, que quer todos salvos, me mandou aqui a fim de que creiais nele; ide ver a assassina de vosso filho". Mas eles responderam: "Não ficaremos mais tristes com a morte de nosso filho se constatarmos a vingança sobre o inimigo". Enquanto estes saíam dali, o apóstolo disse à mulher do procônsul: "Vai ressuscitar o rapaz". E ela se aproximou do cadáver e exclamou: "Em nome do meu Deus Jesus Cristo levanta-te curado, jovem". E logo ele se ergueu. Quando os pais voltaram, viram a serpente morta e encontraram vivo o filho. Prostraram-se então diante do apóstolo e deram graças a Deus.

ANDRÉ TEM UMA VISÃO DA SUA MORTE

Na noite seguinte, o bem-aventurado André teve no sono uma visão que contou aos irmãos com estas palavras: "Escutai, amados, um sonho que tive. Estava olhando para um grande monte muito alto que das coisas terrenas não tinha nada acima de si, e resplandecia com tamanha luz que se podia pensar que iluminasse todo o mundo. E eis diante de mim os amados irmãos Pedro e João. João estendeu a mão ao Apóstolo Pedro e o alçou até o píncaro do monte e depois se voltou para mim e me pedia que subisse após Pedro, dizendo: 'André, em breve vais beber o cálice de Pedro!' Abriu as mãos e disse ainda: 'Aproxima-te de mim e estende as mãos para uni-las às minhas e aproxima a cabeça da minha'. Tendo feito isso, dei-me conta de que estava abaixo de João. Ele me disse: 'Queres saber o significado daquilo que vês e quem é aquele que te fala?' Respondi: 'Quero'. E ele: 'Eu sou o anúncio da cruz na qual em breve serás crucificado por causa do nome daquele que pregas'. E disse-me muitas outras coisas, que agora convém calar:

ser-me-ão úteis quando me aproximar desse combate. Peço, por isso, que se reúnam todos aqueles que receberam a Palavra de Deus para apresentá-los ao Senhor Jesus Cristo, para que se digne de conservá-los imaculados na sua doutrina. Aproxima-se a hora em que vou partir e alcançar a promessa que se dignou de fazer-me o Senhor do céu e da terra, o filho do Deus Onipotente, verdadeiro Deus, com o Espírito Santo, que vive pelos séculos dos séculos".

Ouvindo essas coisas, os irmãos choravam copiosamente e batiam com as mãos nas faces, proferindo grandes lamentos. Quando estavam todos reunidos, falou-lhes de novo: "Sabei, caríssimos, que estou para vos deixar. Mas creio em Jesus, cuja palavra anuncio; Ele vos guardará do mal, a fim de que esta messe que semeei entre vós não seja arrancada pelo inimigo, ou seja, o conhecimento e a doutrina de Jesus Cristo, meu Senhor. Quanto a vós, continuai orando e permanecei firmes na fé, para que o Senhor arranque toda a cizânia de escândalo e se digne de vos reunir no celeiro celestial, como trigo imaculado". E assim continuou a instruí-los durante cinco dias e a fortalecê-los na Lei de Deus.

ANDRÉ CELEBRA A EUCARISTIA

E depois disso, abrindo as mãos, orou ao Senhor dizendo: "Guarda, Senhor, te peço, este rebanho, que já conheceu a salvação, a fim de que não prevaleça o maligno, mas mereça conservar inviolado para sempre aquilo que recebeu por tua ordem e pela minha pregação". Tendo acabado de dizer essas coisas, todos os presentes responderam: "Amém!" O apóstolo depois tomou um pão [nas mãos], deu graças e o partiu e deu a todos, dizendo: "Recebei a graça [a Eucaristia] que Cristo Senhor, Deus nosso, vos deu por intermédio de mim, seu servo". E, beijando todos e encomendando-os ao Senhor, partiu de Filipos para Tessalônica. Aqui ensinou durante dois dias e depois partiu. Muitos fiéis partiram com ele, da Macedônia, e com ele lotaram dois navios. Todos procuravam subir no navio em que estava o apóstolo, desejando ouvi-lo falar, a fim de que nem mesmo no mar lhes faltasse a palavra do Senhor.

O apóstolo dirigiu-se a eles e assim se expressou: "Conheço o vosso desejo, caríssimos, mas este navio é pequeno. Por isso, peço-vos que os servos com as bagagens passem para o navio maior. Quanto a vós, que estais nesta, menor, podeis viajar conosco". Concedeu-lhes Antimo e para consolá-los ordenou que subissem no outro navio, que quis que ficasse sempre perto de si para que eles também pudessem vê-lo e escutar a palavra do Senhor.

ANDRÉ ACALMA O MAR

Enquanto isso se passava, um homem, vencido pelo sono e empurrado pelo vento, caiu no mar. Ao vê-lo, Antimo dirigiu-se ao apóstolo e lhe disse: "Ajuda-nos, bom doutor, porque um dos servos pereceu". Então o bem-aventurado André repreendeu o vento, que logo se calou, e o mar ficou novamente sereno. E o homem que havia caído foi empurrado, com o auxílio de uma onda, para a nau. Pegando-o pela mão, Antimo o puxou para dentro do navio; e todos admiraram a virtude do apóstolo, ao qual até o mar obedecia.

ANDRÉ CURA O PROCÔNSUL LÉSBIO

Passados doze dias, aportaram em Patras, cidade da Acaia. Tendo deixado a nau, fizeram uma parada em um albergue. E, como muitos insistiam pedindo-lhe que entrasse na casa deles, disse: "Juro que não irei, a não ser ali aonde me for ordenado".

Naquela noite não teve nenhuma revelação, mas na noite seguinte, como estivesse por isso muito triste, ouviu uma voz dizer-lhe: "André, eu estou contigo e não te abandonarei". Tendo ouvido isso, dava glória ao Senhor por causa da visão.

Enquanto sucediam essas coisas, o Procônsul Lésbio, advertido divinamente para receber o homem de Deus, mandou ao encontro do apóstolo alguns homens, que o hospedaram no albergue e o levaram a ele. Tendo ouvido isso, foi ter com o procônsul e, entrando no seu quarto, o viu jazendo com os olhos fechados como se estivesse morto. Tocando-lhe o lado, disse:

"Levanta-te e conta". "Eu sou aquele que desprezava o caminho que ensinas; mandei os soldados aos navios do procônsul da Macedônia a fim de que te trouxessem a mim prisioneiro para te condenar à morte. Mas eis que naufragaram e nunca puderam chegar aonde eu queria. Enquanto eu pensava em destruir a tua vida, me apareceram dois etíopes que me bateram dizendo: 'Não podemos mais fazer mal nenhum neste lugar porque vem aquele homem que pensavas perseguir. Por isso, esta noite, em que temos ainda o poder, nos vingamos em ti'. E assim, depois de me terem batido muito, fugiram. Agora, homem de Deus, digna-te de suplicar ao Senhor a fim de que Ele me perdoe este delito e seja curado de minha enfermidade."

Enquanto ele contava essas coisas diante de todo o povo, o bem-aventurado apóstolo se pôs a pregar assiduamente a palavra do Senhor, e todos criam.

O CASO DA AMANTE E DA MULHER
DO PROCÔNSUL LÉSBIO

Uma vez curado, o procônsul creu e se viu confirmado na fé. E por isso aconteceu que Trófima, antigamente concubina do procônsul e depois unida a outro homem, abandonou também ela seu amante e aderiu à doutrina apostólica. Ia, com efeito, muitas vezes à casa do procônsul, onde o apóstolo continuava a ensinar. Isso encolerizou sobremaneira seu amante, de modo que foi até a mulher do procônsul para dizer: "Sabe a senhora cujo marido Trófima é concubina? É por um simples pretexto que a confiou a mim, para dela usar como está fazendo agora, quando bem lhe parece e lhe agrada".

Ao ouvir essas coisas a mulher se acendeu em ira e disse: "É por isso que meu marido me menosprezou! Com efeito, por isso já se passaram seis meses que ele não se une a mim. Agora compreendo: ele ama sua escrava". Quando acabou de dizer isso, chamou o seu procurador e ordenou que a prostituta Trófima fosse condenada e encerrada em um prostíbulo. Sem mais delongas, ela foi levada a um prostíbulo e entregue a um cafetão. De nada disso tinha conhecimento o procônsul: procurava por ela, mas era enganado pela mulher.

Mas Trófima, desde o dia em que fora encerrada no prostíbulo, prostrada por terra, continuava orando. Quando se aproximavam aqueles que queriam tocá-la, tomava o evangelho que levava consigo no peito, e logo eles perdiam todas as forças. Aproximando-se um dia um jovem de vida impudica, iludindo-a já estava a ponto de violentá-la, de tal sorte que lhe arrancou as vestes e o evangelho lhe caiu do peito. Trófima, amedrontada, entre lágrimas, abriu as mãos para o céu e disse: "Não permitas, Senhor, que eu seja maculada, tu por cujo nome eu amo a castidade". Apareceu no mesmo instante um anjo do Senhor; o jovem caiu a seus pés e morreu. Assim confortada, a piedosa mulher bendizia e glorificava ao Senhor, que não permitira que fosse iludida. Desde esse dia ficou cheia de tamanha constância na fé, que pouco tempo depois ressuscitou um jovem no nome de Jesus; a esse espetáculo havia acorrido toda a cidade.

Nesse meio-tempo, a mulher do procônsul tinha ido tomar banho com seu procurador. Enquanto se lavavam mutuamente, apareceu-lhes um horrível demônio e, golpeados por ele, caíram e morreram. Seguiu-se depois um grande lamento e foi anunciado ao apóstolo e ao procônsul que a mulher havia morrido juntamente com o amante. Comovido pela multidão, o bem-aventurado André assim lhe falou: "Vedes agora, caríssimos, até que ponto prevalece o inimigo. Trófima, por causa da castidade, foi presa no prostíbulo, mas não falhou o juízo de Deus, porque logo a mãe de família que tinha ordenado isso foi ferida com o seu amante no banho e agora está morta".

Enquanto ainda dizia essas coisas, chegou a mãe da falecida, apoiada por outras pessoas por causa de sua idade. Rasgando as vestes, gritou em altos brados: "Sabemos que és amado por Deus e dele obténs tudo o que queres. Por isso, tem piedade dela e ressuscita-a". Comovido por essas lágrimas, o bem-aventurado apóstolo se lamentou e, dirigindo-se ao procônsul, disse: "Queres que a ressuscite?" E este: "Jamais, pois cometeu esse delito na minha casa". E o apóstolo: "Não faças assim. É necessário que tenhamos misericórdia daqueles que a suplicam, a fim de que também nós a obtenhamos do Senhor". Depois disso o procônsul voltou ao pretório. Mas o santo apóstolo deu ordem para que o corpo fosse trazido ao meio e, tendo-se aproximado, disse: "Peço, bom Senhor, Jesus Cristo, que esta mulher recupere a vida, a fim de que todos saibam que só tu és Deus e que não fazes perecer os inocentes". Voltou-se, tocou o cadáver da mulher e disse: "Em nome do meu Senhor Jesus Cristo, levanta-te". Logo a mulher se pôs de pé e com os olhos baixos, chorando e gemendo, olhava para o chão. Mas o apóstolo lhe disse: "Entra no teu quarto e ora em segredo, até que o Senhor venha consolar-te". E ela: "Faze-me primeiro que eu me reconcilie com Trófima à qual fiz tanto mal". E o apóstolo [lhe disse]: "Não tenhas medo, pois Trófima não se lembra mais dessas coisas e não deseja vingar-se de modo algum, mas dá graças a Deus em todos os acontecimentos que te sobrevêm". O apóstolo, todavia, mandou chamá-la, e Trófima se reconciliou com Calista, mulher do procônsul, recém-ressuscitada dos mortos.

ANDRÉ, NA PRAIA, RESSUSCITA UM JOVEM

O Procônsul Lésbio progrediu tanto na fé, que um dia se apresentou ao apóstolo para confessar todos os seus pecados. E o santo apóstolo lhe [disse]: "Dá graças ao Senhor, filho, visto que te faz temer o juízo futuro; mas age virilmente e tem coragem no Senhor em que crês". E, tomando-o pela mão, caminhava pela praia. Tendo-se sentado depois do passeio, sentaram-se também na areia todos aqueles que estavam com ele para escutar a palavra do Senhor. E eis que um cadáver, do mar, foi lançado bem pertinho dos pés de André. Vendo isso, cheio de alegria no Senhor, o bem-aventurado apóstolo disse: "É preciso que este seja ressuscitado para conhecer aquilo que o adversário fez contra ele". Elevou então uma prece, segurou a mão do morto e o soergueu. E este imediatamente voltou à vida e falou. Como estava nu, deu-lhe uma túnica dizendo: "Conta-nos e expõe com ordem tudo o que te aconteceu". E ele: "Não te esconderei nada, sejas tu quem fores. Sou filho de Sóstrates, cidadão macedônio. Precisamente agora viajava vindo da Itália. Tendo voltado a casa, fiquei sabendo que havia uma nova doutrina que ninguém tinha antes ouvido; que grandes sinais, prodígios e curas eram realizadas por certo doutor, que afirmava ser discípulo do verdadeiro Deus. Ao ouvir essas coisas, apressei-me para poder ver esse homem. Pensava com efeito que se tratava de coisas divinas. Por isso comecei a navegar com amigos e servos; mas, quando me encontrei em alto-mar, levantou-se de súbito uma tempestade, e fomos lançados à água pelos vagalhões. Oxalá tivesse sido do agrado do céu que todos tivéssemos tido juntos tal sorte; assim também os outros teriam sido ressuscitados por ti, como o fui eu".

Enquanto dizia essas coisas, pensava no coração que estava justamente diante daquele que havia procurado com grandes perigos e, caindo a seus pés, disse: "Sei que és o servo do Deus verdadeiro. Intercedo também por aqueles que estavam comigo no navio, para que eles também, por tua intercessão, recuperem a vida e conheçam o verdadeiro Deus que pregas". Então o santo apóstolo, cheio do Espírito Santo, lhe anunciou com vigor a Palavra de Deus, a ponto de deixar o jovem admirado com sua doutrina. Enfim, de braços abertos, disse: "Mostra-nos, Senhor, também os outros cadáveres, a fim de que eles da mesma forma conheçam, segundo a tua vontade, o único Deus verdadeiro". Mal acabara de dizer isso, apareceram na praia trinta e oito cadáveres, trazidos pela força das ondas. Assim, enquanto o jovem chorava, também os outros tinham começado a chorar, e todos se prostraram aos pés do apóstolo e lhe pediram que aqueles também ressuscitassem.

ANDRÉ RESSUSCITA TRINTA E OITO CADÁVERES

Mas Filopátor (este era o nome do jovem) dizia: "Meu pai me deu benevolamente todo o necessário, me deu muito dinheiro e me mandou aqui; se vier a saber aquilo que me aconteceu, blasfemará contra o teu Deus e rejeitará sua doutrina. Queira o céu que isso não aconteça!"

Enquanto todos choravam de novo, o apóstolo pediu que se ajuntassem todos os corpos (estavam, com efeito, esparramados para cá e para lá), e, quando estavam todos reunidos em um só lugar, o apóstolo acrescentou: "Qual desejas que te ressuscite por primeiro?" "Varrão, meu coetâneo." Ouvindo isso, o apóstolo, com os joelhos dobrados em terra e as mãos erguidas para o céu, orou longo tempo em meio às lágrimas assim: "Ó bom Jesus, ressuscita este morto que foi criado com Filopátor, a fim de que conheça a tua glória e o teu nome seja exaltado entre as nações". E no mesmo instante o jovem ressuscitou, e todos os presentes ficaram admirados. O apóstolo, fazendo depois uma oração sobre todos os outros, disse: "Eu te peço, Senhor Jesus, que ressuscitem também os que foram para cá arrastados saindo do fundo do mar". Assim que acabou de dizer essas coisas, ordenou aos irmãos que cada um pegasse na mão de um morto, dizendo: "Jesus Cristo, filho do Deus vivo, te ressuscite!" E assim os trinta e oito mortos ressuscitaram, e todos os presentes glorificaram a Deus, dizendo: "Não há nenhum outro Deus igual ao Deus de André".

O Procônsul Lésbio deu muitos dons a Filopátor e disse: "Não fiques triste, irmão, por teres perdido as riquezas. Aconselho-te a não abandonares o servo de Deus". A partir de então, Filopátor andou sempre com o apóstolo e escutava com diligência tudo aquilo que este lhe dizia.

ANDRÉ PROVOCA O ABORTO EM CALÍOPE

Enquanto aconteciam essas coisas em Patras, cidade da Acaia, uma mulher chamada Calíope, que tivera relações com um homicida e concebera ilegitimamente, foi atingida por grandes dores, mas não conseguia dar à luz. Dirigiu-se então à irmã e disse: "Vai, te peço, invocar Diana, a nossa deusa (protetora dos partos), para que tenha piedade de mim. Ela é, com efeito, a padroeira das parturientes". Esta fez o que fora recomendado; mas durante a noite lhe apareceu o demônio e lhe disse: "Por que continuas a invocar, visto que não posso ajudar-te. Melhor farias indo procurar o apóstolo de Deus, André, e ele terá piedade de tua irmã. Agora ele está na Acaia".

A mulher ergueu-se, foi correndo ter com o apóstolo e lhe contou tudo o que lhe sucedera. Sem delonga, ele foi a Corinto, à casa da mulher enferma. Com ele estava também o Procônsul Lésbio. Quando o apóstolo viu a mulher grávida presa de grandes dores, exclamou: "Com razão sofres essas dores, pois agiste de maneira ilegítima; tendo concebido com engano, deves agora suportar indizíveis sofrimentos. E, além disso, invocaste os demônios, os quais não podem ajudar a ninguém nem tampouco a si mesmos. Agora, crê que Jesus Cristo é filho de Deus e lança fora o feto. Sairá morto, porque o concebeste indignamente". Depois de ter feito um ato de fé, assim que todos haviam saído do quarto, livrou-se do feto morto e não teve mais dor alguma.

ANDRÉ PREGA EM CORINTO

Enquanto o apóstolo realizava muitos prodígios em Corinto, Sóstrato, pai de Filopátor, admoestado em sonhos para que fosse ao encontro de André, amadureceu o plano de uma viagem à Acaia. Tendo sabido onde estava, chegou a Corinto. Logo Sóstrato conheceu o apóstolo enquanto lhe ia ao encontro, como já lhe fora mostrado durante o repouso. Abraçando-lhe os pés, [disse]: "Tem piedade de mim, servo de Deus, como tiveste piedade do meu filho". Filopátor disse ao apóstolo: "Este que vês é meu pai. Ele já pergunta o que deve fazer". E o bem-aventurado apóstolo: "Sei que vieste aqui ter conosco para conhecer a verdade. Sejam dadas graças ao Senhor Jesus Cristo, que se digna de revelar-se aos que têm fé".

Enquanto André dizia isso, Leôncio, servo de Sóstrato, disse ao seu Senhor: "Vês, senhor, com que luz resplandece o rosto desse homem?" Ao que respondeu: "Vejo, meu caro, e por isso não me afastarei dele! Vivamos com ele e ouçamos as palavras de vida eterna". No dia seguinte apresentou ao apóstolo muitos dons. Mas o santo de Deus lhe disse: "Não é meu costume receber coisa alguma de vós; desejo apenas ganhar-vos para que creiais em Jesus, que me enviou a este lugar para evangelizar. Se eu estivesse à procura de dinheiro, Lésbio, que é mais rico do que vós, poderia ter-me enriquecido muito mais. Isto desejo: que me tragam aquilo que pode servir-vos para a salvação eterna".

DURANTE O BANHO, ANDRÉ EXPULSA DEMÔNIOS

Poucos dias depois de ter realizado essas coisas em Corinto, o bem-aventurado apóstolo ordenou que lhe fosse preparado um banho. Quando foi banhar-se, viu um ancião possuído pelo demônio e muito aterrorizado. Enquanto o estava fitando, um rapaz saiu da piscina e caiu aos pés do apóstolo, dizendo: "Que há entre nós e ti, André? Vieste até aqui para nos destruir, derrubando-nos de nossos tronos?" Mas o apóstolo, firme em pé, disse ao povo que estava diante dele: "Não tenhais medo! Crede em Jesus nosso Salvador". Enquanto todos gritavam: "Cremos naquilo que pregas",

André repreendeu severamente os dois demônios, e logo saíram dos corpos possuídos. Tanto o ancião como o jovem, libertos, voltaram para casa.

Nesse meio-tempo, o apóstolo se banhou, continuando a pregar, sabendo que o inimigo do gênero humano arma em toda parte as suas ciladas, quer nos locais de banho quer nos rios. E por isso ensinou insistentemente a invocar com assiduidade o nome do Senhor, para que aquele que pretende armar ciladas fique despojado de seu poder. Vendo isso, os habitantes da cidade vinham trazer-lhe os enfermos, e estes eram curados. Muitos ainda vinham de outras cidades. Os que tinham abraçado a Palavra de Deus se aproximavam todos os dias do bem-aventurado apóstolo para ouvirem a sua doutrina.

ANDRÉ PREGA CONTRA A FORNICAÇÃO

Enquanto aconteciam essas coisas em Corinto, eis que um ancião chamado Nicolau veio ter com o apóstolo e, rasgando as vestes, pôs-se a dizer: "Amigo de Deus, tenho já 74 anos de vida e nunca deixei de fazer imundícies, realizando, além disso, todo tipo de atos ilícitos nos prostíbulos. Agora faz já três dias que tenho ouvido falar dos milagres que realizaste e de tuas exortações cheias de palavras tocantes. Pensava comigo mesmo em abandonar essas coisas para vir a ti, para que me indicasses caminhos melhores. Mas de novo me veio à mente abandonar esse propósito e não fazer o bem que queria. Estando a minha consciência em pleno combate, tomei o evangelho e comecei a suplicar ao Senhor que me fizesse enfim esquecer essas coisas. Passados poucos dias, esquecido do evangelho que agora estava comigo, impelido pelo pensamento perverso, fui de novo para o prostíbulo, e eis que uma das meretrizes gritou ao ver-me: 'Vai embora, velho, vai! Tu és, com efeito, o anjo do Senhor. Não me toques nem te aproximes deste lugar. Vejo em ti um grande mistério'. Enquanto estupefato eu procurava dar-me conta do que estava acontecendo, lembrei-me de ter comigo o evangelho. Afastei-me. Agora estou na tua presença, servo de Deus, para que Ele tenha piedade dos meus erros. Espero na verdade não perecer se intercederes pela minha fragilidade".

Depois de ter ouvido isso, André proferiu muitas palavras contra a fornicação, ajoelhou-se e abriu os braços, orando em silêncio. Emitiu gemidos com lágrimas da hora sexta (meio-dia) até a hora nona (quinze horas); ergueu-se, lavou o rosto, não quis tocar em alimento e disse: "Não comerei até saber que Deus terá piedade desse homem e que ele seja contado entre os redimidos". Depois de ter jejuado mais um dia, sem que lhe fosse revelado nada a respeito desse homem, chegou ao quinto dia. Então, chorando e muito comovido, disse: "Senhor, nós obtemos a tua misericórdia pelos mortos, e eis agora diante de mim esse homem, que deseja conhecer os teus prodígios. Por que não o fazes regressar para curá-lo?" Proferidas essas palavras, uma voz do céu respondeu: "Seja-te concedido o que pedes pelo ancião; mas, como te esforças jejuando, assim também ele deve esforçar-se mediante o jejum". O apóstolo então mandou chamá-lo e o convidou a jejuar. No sexto dia reuniu todos os cristãos e os exortou a orarem por ele. Prostrados por terra, diziam: "Bom e misericordioso Senhor, perdoa-lhe o pecado".

Depois André comeu, permitindo aos outros que fizessem a mesma coisa. Nicolau, entrementes, voltou para casa e distribuiu aos pobres tudo o que possuía. Continuava a doer-se muito, tanto que durante meses alimentou-se (apenas) de água e pão seco. Por isso, não muito tempo depois, tendo feito digna penitência, o ancião faleceu.

Nesse meio-tempo, o bem-aventurado André havia partido. Da morte do ancião ficou sabendo em outro lugar por meio de uma voz: "André, meu Nicolau chegou ao céu". Ele, dando graças, narrou aos irmãos que Nicolau havia expirado e orou para que estivesse em paz.

ANDRÉ CURA UMA MULHER ATACADA DE LOUCURA

Enquanto ele realizava esses prodígios em Corinto, a fama de seu poder crescia a cada dia, a ponto de Antífanes de Megara ir procurar o apóstolo e dizer-lhe: "Se há em ti alguma bondade, segundo a ordem do Salvador (Lc 6,36) que anuncias, mostra-a também a nós, homem de Deus, livrando a casa das insídias com que é provada". E o apóstolo: "Conta-nos o que te aconteceu". E ele: "Regressando para casa de uma viagem, enquanto transpunha o limiar do meu átrio, ouvi a voz do porteiro, que gritava miseravelmente. Tendo perguntado o que indicavam aqueles gritos, os presentes me contaram que ele, a mulher e o filho eram atormentados pelo demônio. Subi aos quartos superiores e encontrei outros servos que rangiam os dentes, lançando-se impetuosamente contra mim e rindo como loucos. Prosseguindo, subi aos outros quartos superiores, onde jazia a mulher, gravemente atormentada. Estava a tal ponto cansada pelo estado de loucura, que por causa dos cabelos que lhe caíam sobre olhos não conseguiu ver-me e reconhecer-me. Peço-te, portanto, homem de Deus, que me restituas. Dos outros não me importo".

Logo que acabou [de falar], o santo apóstolo, tomado de piedade, respondeu: "Deus não faz acepção de pessoas, pois veio justamente para salvar a todos e não deixar que ninguém perecesse (Jo 3,16; At 10,34; 1Tm 4,10). Vamos até a tua casa". Tendo partido daquela cidade e chegado a Megara, assim que transpôs o limiar da casa, os demônios com um só ímpeto de voz bradaram: "André, por que vens perseguir-nos? Por que não vais para onde te foi concedido? Mantende-vos nos vossos postos e não queirais entrar onde estamos nós". Admirado com essas coisas tão estranhas, o santo apóstolo subiu ao quarto onde jazia a mulher e, depois de ter orado de joelhos, tomou a mão da mulher e disse: "O Senhor Jesus Cristo te cure". No mesmo instante ela pulou da cama e começou a bendizer o Senhor. Impondo então as mãos a todos os que eram atormentados pelo demônio, restituiu-lhes a saúde. A partir de então, Antífanes e a mulher foram seus prestimosos cooperadores em Megara para a pregação da Palavra de Deus.

ANDRÉ CURA A MULHER DO PROCÔNSUL EGEATES

Não muito tempo depois desses acontecimentos, o bem-aventurado apóstolo regressou à cidade de Patras, onde era procônsul Egeates, que havia pouco sucedera a Lésbio. Aqui uma mulher chamada Efidama, a qual pela doutrina de certo discípulo dos apóstolos, Sósia, havia passado a Cristo, se aproximou de André e, beijando-lhe os pés, disse: "Minha senhora, Maximila, te suplica, homem de Deus, que vás à sua casa, dado que é presa de uma grande febre e deseja, com efeito, ouvir a tua doutrina". Esta era a mulher do procônsul, o qual ficara tão desgostoso com aquela enfermidade que desejava tirar a própria vida com uma espada.

Precedido por Efidama, o apóstolo chegou ao quarto onde a mulher jazia no leito enferma e, à vista do procônsul com a espada desembainhada, disse: "Não te causes nenhum mal agora, procônsul, mas põe de novo a espada em seu lugar. Virá um tempo em que nos caberá usá-la". Sem compreender, o procônsul o fez entrar. Então o apóstolo dirigiu-se até o leito da enferma e depois de ter orado pegou-a pela mão. Logo a mulher se viu coberta de suor, e a febre a deixou. O apóstolo ordenou que lhe dessem de comer. Assim que viu isso, o procônsul quis dar ao santo de Deus cem denários de prata, mas este nem mesmo se dignou de olhá-los!

ANDRÉ REALIZA MILAGRES EM PATRAS

Saiu da casa e, enquanto seguiam caminho, viu um pobre homem estendido sobre a imundície, ao qual muitos cidadãos lançavam algumas moedinhas, para que pudesse viver. Cheio de compaixão, disse André: "Em nome de Jesus Cristo, levanta-te curado". Logo ele saiu dali, dando glória a Deus. Percorrendo ainda mais um trecho do caminho, viu um homem cego em companhia da mulher e do filho; o apóstolo exclamou: "Esta é na verdade obra do diabo, que cegou a mente e o corpo dessas pessoas. Eis que, em nome do meu Deus, eu vos restituo a vista corporal; e que Ele também se digne de iluminar as trevas de vossa mente para que, tendo conhecido a luz que ilumina todo homem que vem a esse mundo, possais ser salvos" (Jo 1,9). Impôs sobre eles as mãos e lhes abriu os olhos. E estes, adiantando-se, beijavam os pés dele e diziam: "Não existe outro Deus a não ser aquele pregado por seu servo André".

ANDRÉ CURA UM MARINHEIRO

Enquanto o bem-aventurado apóstolo realizava esses milagres em Patras, um homem o acompanhou pela praia, onde um marinheiro de 50 anos jazia por terra sem forças, cheio de feridas e de vermes; nenhum tratamento médico pudera curá-lo. Viu o apóstolo e então exclamou: "Serás talvez discípulo daquele Deus, o único que pode salvar-me?" E o apóstolo lhe [disse]: "Sou! Em nome do meu Deus eu te devolvo a saúde". E acrescentou: "Em nome de Jesus Cristo, ergue-te e segue-me". Ele, abandonando as vestes purulentas em que havia penetrado a putrefação, seguiu-o, enquanto de seu corpo saíam a podridão e os vermes. Chegando ao mar, os dois entraram na água: o apóstolo o batizou em nome da Trindade e assim o curou de tal modo que não restou nenhum indício de sua enfermidade corporal e se acendeu com tanta fé com a aquisição da saúde, que se pôs a correr nu pela cidade, anunciando que o verdadeiro Deus era o pregado por André. Todos se maravilhavam e se congratulavam por sua cura.

ANDRÉ EXPULSA NOVAMENTE O DEMÔNIO

Enquanto se efetuavam em Patras essas e outras coisas dignas de admiração por obra do bem-aventurado apóstolo, chegou, vindo da Itália, Estrátocles, irmão do procônsul. Este tinha um servo de nome Alcmeão, que muito estimava, mas, atingido pela força do demônio, jazia por terra espumando e fazendo muito barulho.

Vendo isso, Estrátocles ficou muito penalizado pelo infortúnio que coubera a seu amado servo. Maximila e Efidama o consolavam dizendo: "Não fiques triste, irmão! Dentro em breve o servo ficará curado. Está com efeito aqui um homem que, além de anunciar o caminho da salvação, resgata muitas pessoas da enfermidade para a perfeita saúde. Vamos mandar chamá-lo, e logo te será restituído o teu servo". O apóstolo chegou sem mais delongas. Enquanto as matronas o invocavam, ele tomou sua mão e disse: "Levanta-te em nome de Jesus Cristo, Deus meu, que vou anunciando". E logo se levantou completamente curado. A partir de então, Estrátocles creu no Senhor e se tornou tão robusto na fé, que desde esse dia não mais se afastou do apóstolo, mas, sempre a seu lado, ouvia a palavra da salvação.

MAXIMILA DEIXA DE COABITAR COM O MARIDO PARA SEGUIR ANDRÉ

Enquanto aconteciam essas coisas em Patras, o procônsul partiu para a Macedônia. A mulher, Maximila, instruída na doutrina da salvação, tinha abraçado de maneira tão completa a fé do apóstolo, que pouco faltou para que o procônsul, voltando, a encontrasse com muitas outras pessoas no pretório atentamente ouvindo a pregação do apóstolo. O bem-aventurado apóstolo teve o pressentimento de tudo isso e, de joelhos, orou assim: "Não permitas, Senhor, que o procônsul entre neste lugar antes que todos tenham saído". E aconteceu que, antes de entrar no pretório, o procônsul sentiu necessidade de esvaziar o ventre e se dirigiu para um lugar solitário. Enquanto ele se demorava um lapso de tempo, o santo apóstolo impôs as mãos sobre todos e, depois de ter feito o sinal da cruz, deixou que se fossem. Ele também se retirou, depois de ter feito o sinal da cruz.

Maximila, como fazia já anteriormente, desde então acorria muitas vezes com outros cristãos à casa onde morava o apóstolo e ouvia com prazer a mensagem do Senhor. Por isso, aconteceu que raramente tinha relações com seu marido. Suportando-o com má vontade e culpando por isso o apóstolo, foi ter com ele. Reprovando aquela religião demasiadamente perfeita, tentou persuadi-lo a adorar os ídolos, mas o bem-aventurado apóstolo respondeu com firmeza: "Eu sou, procônsul, aquele que anuncia a palavra da verdade e o Senhor Jesus, a fim de que os homens comecem a reconhecer o verdadeiro Deus, criador do céu e da terra, tendo uma vez repudiado os ídolos feitos por mão humana. Por esse motivo, embora sendo o Senhor da majestade, ele desceu do céu, tomando a semelhança do homem que havia caído no princípio. Sendo Deus, espontaneamente se dignou de sofrer, para livrar da morte o que havia criado".

O PROCÔNSUL EGEATES MANDA PRENDER ANDRÉ

Ouvindo isso, o procônsul ordenou que fosse encarcerado. Durante todo o tempo em que era ali mantido, uma grande multidão acorria a ele todos os dias. O santo apóstolo se dirigia a eles com estas palavras: "Eu fui enviado como apóstolo a vós por meu Senhor, caros irmãos, para chamar de volta com a Palavra de Deus ao caminho da verdade e da luz os homens que jazem nas trevas e na sombra da morte. Desta missão jamais me afastei, mas sempre vos exortei a abandonar o culto dos ídolos, a procurar o verdadeiro Deus, a perseverar em seus mandamentos e assim a tornar-vos herdeiros de suas promessas. Eu vos admoesto e vos exorto, caríssimos, para que deixeis crescer na esperança e no louvor do Senhor a vossa fé que tendes posto sobre os fundamentos do Senhor meu, Jesus Cristo. De resto, não quero que fiqueis tristes por aquilo que me sucede. Assim, com efeito, me prometeu o Senhor Jesus Cristo, como está escrito: pelo seu nome devemos sofrer muito e ser flagelados e comparecer diante dos juízes para dar testemunho dele. Quem perseverar até o fim, este será salvo (Mt 10,17). Continuai orando para que o diabo, que vive circundando como leão em busca de alguém a quem devorar, fique decepcionado e prostrado, vencido pelos servos do Senhor (1Pd 5,8)".

ANDRÉ DISCURSA DIANTE DO PROCÔNSUL

Tendo ensinado a noite inteira à multidão, exortando-a com essas e outras palavras, e tendo prolongado o sermão até o dia seguinte, de manhãzinha o Procônsul Egeates subiu ao tribunal e mandou comparecer o santo André. A seguir, dirigiu-lhe estas palavras: "Sabes por que te mantenho na prisão? Para conhecer de ti algo de mais certo, enquanto vais disseminando entre o povo coisas vãs e supersticiosas. Por ora me dizem que a noite toda disseste não sei que palavras ridículas".

André lhe respondeu: "Não cesso de fazer o que me foi ordenado pelo Senhor, isto é, levar o povo ao verdadeiro conhecimento uma vez livre do caminho do erro". Então o procônsul [lhe disse]: "Deixa de ser tolo e não ponhas em crise o bom povo". André respondeu: "A mim o Deus, o meu Jesus Cristo, mandou que não cessasse de pregar sua palavra de modo oportuno e inoportuno e de indicar a penitência aos errantes" (2Tm 4,2). De novo Egeates (lhe disse): "Ou prometes deixar esta estúpida e supersticiosa doutrina ou então darei ordem para que sejas imediatamente morto".

André respondeu: "Não só estou pronto para ser morto, mas também para ser atormentado com diversos suplícios, antes que deixe de continuar com esta divina pregação".

ANDRÉ É FLAGELADO, CRUCIFICADO E AMARRADO NA CRUZ

O procônsul, depois de ter mandado flagelá-lo três vezes com sete golpes de chicote, ordenou que fosse crucificado, determinando precisamente aos carrascos que fosse pendurado, de mãos e pés amarrados, e não pregado, para que morresse depois de longa agonia.

Vendo essas coisas indignas perpetradas contra o homem de Deus, o povo exclamou: "O justo, o amigo de Deus e o mestre bom, é levado injustamente ao patíbulo". André, porém, dirigindo-se a eles com muitas palavras, chegou finalmente ao local marcado e, vendo a cruz, exclamou: "Eu te saúdo, ó cruz, que há tanto tempo me esperas e agora repousas depois de te haveres tanto tempo fatigado. Sei decerto, com efeito, que te alegras em receber o discípulo daquele que em ti foi suspenso. Por isso, com alegria me aproximo de ti, conhecendo o teu segredo, estou a par do mistério pelo qual foste erigida. Recebe agora aquele que esperas, porque finalmente encontrei em ti o que desejava. Entrevejo com efeito em ti aquilo que me foi prometido pelo Senhor. Aceita, portanto, ó cruz amada, o humilde servo de Deus e transporta-o ao seu Senhor".

Dito isso, o bem-aventurado André se despojou das vestes e se entregou aos perseguidores, os quais, depois de lhe amarrarem as mãos e os pés, segundo lhes fora ordenado, crucificaram-no.

AMARRADO NA CRUZ, ANDRÉ PREGA AO POVO

Na presença de uma grande multidão, cerca de vinte mil pessoas, entre as quais também o irmão de Egeates, Estrátocles, o bem-aventurado apóstolo abriu a boca e assim falou: "Devo agradecer ao Senhor meu, Jesus Cristo, que manda que eu saia deste corpo, a fim de que com o martírio possa obter a sua eterna misericórdia, me torne seu amigo e familiar, Ele que me enviou a vós. Permanecei na doutrina que vos foi confiada, instruindo-vos e admoestando-vos mutuamente, para que também vós estejais para sempre com o meu Senhor, com Ele habiteis e recebais o prêmio prometido".

Os cristãos presentes responderam: "Amém!" Todo aquele dia e a noite seguinte continuou falando sem com isso cansar-se ou fatigar-se. No dia seguinte, o povo, vendo sua fortaleza, a constância de ânimo, a prudência de espírito e a força de mente, foi procurar Egeates e gritou a ele, sentado no tribunal: "Por que esta cruel sentença, procônsul? Queres condenar ao suplício da cruz um homem justo que nada de mal cometeu? Toda a cidade está revoltada, e nós pereceremos com ele. Nós te pedimos que não abandones uma tão célebre cidade de César. Dá-nos o homem justo, devolve-nos o homem santo, não mates um homem famoso junto a Deus, não mandes matar um homem manso e piedoso. Continua vivo, apesar de estar já há dois dias suspenso e isso não sem algum mistério. E o mais importante é que fala ainda e nos conforta com sermões. Por isso, restitui-nos esse homem, para que permaneçamos em vida; entrega-nos o homem santo, e todos estarão em paz".

ANDRÉ PEDE PARA NÃO SER TIRADO DA CRUZ E MORRE REZANDO

Comovido com essas palavras, e temendo um levante popular, afastou-se do tribunal pensando em libertar André. Foi ao lugar do suplício; o povo acorreu em massa, alegre ao ver que o servo de Deus seria libertado. O procônsul, triste e com olhos baixos, se aproximou do apóstolo suspenso [na cruz]. Este, porém, disse: "Por que vieste, Egeates? Desejas, talvez, livrar-me, movido pelo arrependimento? Crê em mim: não me persuadirás a descer desta cruz!"

E, como o povo gritasse para que deixasse livre André, este exclamou em alta voz: "Não permitas, Senhor Jesus Cristo, que teu servo seja libertado enquanto pende na cruz pelo teu nome; nem permitas, Deus misericordioso, que quem já está próximo de teus segredos seja confiado ainda ao convívio humano. Toma-me contigo, Senhor, a quem amei e conheci, a quem permaneço fiel, que desejo ver, no qual sou sempre tudo o que sou. Aceita meu trânsito, Jesus bom e misericordioso".

Repetindo ainda por um bom tempo estas coisas e glorificando o Senhor com alegria, entregou o espírito, enquanto nós todos derramávamos lágrimas.

MAXIMILA UNGE O CORPO DE ANDRÉ E O SEPULTA

Maximila, mulher do procônsul, tomou o corpo, perfumou-o com aromas e a seguir sepultou-o em um lugar célebre. A partir de então, conservando-se casta, permaneceu sempre constante na profissão da fé recebida. Seu marido, Egeates, ao contrário, atacado naquela mesma noite pelo demônio, morreu precipitando-se de um lugar elevado. Seu irmão Estrátocles, ao ouvir isso, não quis de modo algum tocar nos bens do procônsul e disse: "O que é teu pereça contigo. A mim basta-me o Senhor Jesus, que eu conheci por meio do seu servo André".

O venerável e santo Apóstolo André consumou o martírio na Acaia, na cidade de Patras, sob o Procônsul Egeates, no dia 30 de novembro, enquanto reinava o Senhor Jesus Cristo, ao qual seja a glória pelos séculos dos séculos. Amém!

ATOS DE TIAGO MAIOR DE ACORDO COM AS MEMÓRIAS APOSTÓLICAS SEGUNDO ABDIAS

Com João e Pedro, Tiago faz parte do trio de apóstolos que estiveram mais próximos de Jesus. O título de Maior se deve à identificação em Mc 15,40 com outro Tiago, chamado de Menor, sobre o qual pouco sabemos, apenas que era um dos doze e filho de Alfeu (Mt 10,3). Temos também outro Tiago, o irmão de Jesus. Este teve papel importante no Concílio de Jerusalém, pois travou disputa teológica com Paulo.

A tradição cristã, na Idade Média, propagou a ligação de Tiago Maior com o Santuário de Compostela, na Espanha, para onde teria ido pregar antes do seu martírio. Tiago Maior passou a ser, então, em 1490, a inspiração na luta contra os muçulmanos invasores.

Há também a tradição de que Tiago Maior, depois do martírio, teria tido o seu corpo levado para Compostela e ali sido sepultado. Tiago Maior foi decapitado, em 44 E.C., por ordem de Herodes Agripa I. Foi o primeiro dos apóstolos a sofrer martírio por causa do Reino de Deus.

Atos de Tiago, o irmão do Senhor, em Memórias apostólicas de Abdias conta que Tiago jejuou, após a morte de Jesus, até o momento da sua ressurreição. Tiago coordenou a Igreja de Jerusalém e foi perseguido por Saulo (Paulo) e os judeus. Ele confessou publicamente a sua fé em Jesus Salvador e Filho de Deus. Tiago foi apedrejado e morto por uma bastonada.

A nossa tradução tem como referência Fabricius J. A., Codex Apocryphus Novi Testamenti, *em 1719, Hamburgo, p. 388-742.*

TIAGO ENFRENTA MAGOS QUE SE CONVERTEM

Naquele tempo Hermógenes e Fileto opunham-se ao santo apóstolo. Eles afirmavam que Jesus Cristo Nazareno, de quem ele se dizia apóstolo, não era o filho de Deus. Tiago, falando cheio de confiança no Espírito Santo, refutou radicalmente toda a argumentação deles, mostrando a partir das Sagradas Escrituras que aquele era o verdadeiro Filho de Deus prometido ao gênero humano.

Fileto ficou abalado e admirado com a sabedoria de Tiago. Voltando a Hermógenes, disse: "Fica sabendo que não se poderá superar Tiago, que afirma ser servo de Jesus Cristo Nazareno e apóstolo seu. Com efeito, em seu nome eu o vi expulsar os demônios dos corpos dos possessos, restituir a vista aos cegos, limpar os leprosos. E meus amigos mais íntimos me asseguram que o viram ressuscitar os mortos. Mas por que ainda estamos falando sobre tudo isso? Ele sabe de cor toda a Sagrada Escritura e com ela mostra que não há outro Filho de Deus a não ser o crucificado pelos judeus. Portanto, se queres ouvir-me, vamos até ele para lhe pedir perdão. Se não queres fazer isso, eu te deixarei para ir a seu encontro e ser digno de tornar-me discípulo seu".

Ouvindo isso, Hermógenes inflamou-se em ira. Com forças mágicas paralisou Fileto e disse: "Veremos se o teu Tiago te livrará". Fileto mandou logo um servo a Tiago, para que o informasse do acontecido. O bem-aventurado apóstolo mandou o seu sudário a Fileto com estas palavras: "O Senhor Jesus Cristo sustenta os prisioneiros e livra os encarcerados". Assim que o servo o tocou com o sudário, Fileto, livre dos grilhões mágicos, correu até Tiago e começou a zombar dos malefícios do mestre.

Mas o mago Hermógenes, contristado por ter sido objeto de zombaria, com práticas mágicas excitou os demônios e os enviou a Tiago com estas palavras: "Ide e trazei-me aqui Tiago e meu discípulo Fileto para que eu possa vingar-me deles. Assim os outros discípulos não mais zombarão de mim". Quando então os demônios chegaram ao lugar onde Tiago estava orando, começaram a emitir pelos ares um forte uivo, dizendo: "Tiago, apóstolo de Deus, tem piedade de nós, porque mesmo antes que venha o tempo do grande fogo somos atormentados". Aos quais respondeu Tiago: "Por que viestes a mim?" "Foi Hermógenes que nos mandou – responderam os demônios – para levar-te a ti e Fileto a ele. Mas, assim que entramos aqui, um santo anjo de Deus nos amarrou com grilhões de fogo e agora, ai de nós, estamos nos tormentos". Respondeu Tiago: "Em nome do Pai e do Filho e do Espírito Santo, que o anjo de Deus vos restitua a liberdade para que, uma vez retornando a Hermógenes, o tragais a mim amarrado, sem lhe fazer mal".

Tendo saído dali, amarraram com cordas as mãos de Hermógenes atrás das costas e assim amarrado o levaram ao apóstolo, dizendo: "Eis que estamos trazendo de volta aquele ao qual nos enviaste, enquanto ardíamos no fogo". E o apóstolo de Deus disse a ele: "Homem estulto, enquanto o inimigo do gênero humano estava de conluio contigo, por que não pensaste quem me estavas enviando para me fazer mal? Todavia não permito que te façam sentir o seu furor". Eles então bradaram: "Deixa-o em nossas mãos, para que possamos vingar tuas injúrias e o nosso arder". Mas o apóstolo [disse] a eles: "Eis aqui, diante de vós, Fileto. Por que não o atacais?" Dizem-lhe: "Não podemos tocar nem uma formiga de tua casa". Então o bem-aventurado Tiago se voltou para Fileto e disse: "Para que saibas que este é o ensinamento do Senhor nosso, Jesus Cristo, e para que os homens saibam pagar o mal com o bem, livra aquele que te subjugou e tentou levar-te a si, enquanto estavas amarrado pelos demônios. Permite que vá embora, uma vez livre dos vínculos demoníacos".

Assim que Fileto o livrou, Hermógenes ficou abatido e confuso. Tendo voltado a si, o apóstolo do Senhor disse: "Vai livre para onde quiseres. Não queremos que alguém se converta contra a sua vontade". Respondeu-lhe Hermógenes: "Agora conheço a ira dos demônios. Se não me deres alguma coisa para levar comigo, eles me atacarão e com diversos tormentos me matarão". E o bem-aventurado apóstolo disse a ele: "Toma o meu bastão de viagem e com ele podes ir aonde te aprouver". Então ele pegou o bastão do apóstolo e voltou para casa.

TIAGO PEDE AO MAGO CONVERTIDO QUE PREGUE CONTRA A MAGIA

Sem mais tardança, juntou os livros de magia, sobre sua cabeça e as dos discípulos colocou vasos cheios, levou-os ao apóstolo e se pôs a queimá-los diante dele. Mas Tiago o impediu e disse: "A fim de que o cheiro desse fogo não agite os incautos, ata aos vasos pedras e chumbo e joga-os no mar".

Feito isso, Hermógenes voltou e beijando os pés do apóstolo lhe suplicava dizendo: "Libertador de almas, recebe afinal como penitente aquele que até agora suportaste como inimigo e relutante". Respondeu Tiago: "Se ofereceres a Deus uma digna penitência, alcançarás de verdade a sua misericórdia". Disse Hermógenes: "Dei sinal de uma sincera penitência: com efeito, renunciei a todos os meus livros nos quais tinha posto uma presunção ilícita, como também desprezei todas as artes do inimigo". O santo apóstolo lhe [disse]: "Vai às casas de todos aqueles que enganaste para levar ao Senhor aquilo que lhe subtraíste. Ensina que é verdade tudo o que dizias antes ser falso, e falso aquilo que há pouco ainda dizias ser verdade. Quebra o ídolo que adoravas e rejeita as adivinhações que pensavas receber por meio dele. Gasta em boas obras o dinheiro ganho desonestamente, a fim de que assim como foste filho do diabo, imitando o demônio, possas agora tornar-te filho de Deus, seguindo a Deus, que dia por dia dá seus benefícios aos ingratos e dá de comer aos ímpios blasfemadores (Mt 5,45). Se portanto, embora fosses mau para com Deus, o Senhor usou para contigo de alguma bondade, quanto mais benigno há de ser se deixares de ser um mago e começares a agradá-lo com boas obras?"

A todas essas e outras coisas análogas que Tiago proferia, Hermógenes se mostrou dócil e assim deu início a uma vida de perfeito temor a Deus, a tal ponto que por seu intermédio Deus fazia também prodígios.

NO PERCURSO DA PRISÃO, TIAGO TESTEMUNHA A FÉ

Vendo então os judeus como o apóstolo tinha convertido um mago considerado invencível, como também todos os seus discípulos e amigos que tinham o costume de frequentar a sinagoga e acreditaram em Jesus Cristo mediante Tiago, ofereceram dinheiro a dois centuriões, Lísias e Teócrito, que estavam de serviço em Jerusalém, para que prendessem Tiago.

Surgiu então no povo uma revolta, enquanto ele era levado à prisão. E os fariseus gritavam contra ele: "Por que pregas a fé em Jesus, que todos sabemos que foi crucificado entre os ladrões?" Ao que [respondeu] Tiago cheio do Espírito Santo: "Ouvi, irmãos e todos vós que desejais ser filhos de Abraão. Deus prometeu ao nosso pai Abraão que a sua descendência seria herdeira de todas as nações (Gn 22,13). Sua descendência não se referia a Ismael, mas a Israel. Este, com sua mãe, foi afastado e excluído da porção da descendência de Abraão. Deus disse a Abraão que em Isaac ele teria uma descendência. Mas nosso pai Abraão foi chamado amigo de Deus antes de receber a circuncisão, antes de observar o sábado e antes de conhecer qualquer lei de origem divina. Tornou-se amigo de Deus não certamente circuncidando-se, mas tendo fé em Deus. E assim na sua descendência herdou todas as nações. Se portanto Abraão se tornou amigo de Deus mediante a fé, claro está que quem não crê em Deus é inimigo de Deus".

Depois de dizer essas palavras, os judeus perguntaram: "Quem é que não crê em Deus?" Respondeu Tiago: "É aquele que não crê que a descendência de Abraão herdará todas as nações; que não crê em Moisés que afirma: O Senhor vos dará um grande profeta, ouvi-lo-eis como se eu mesmo falasse, em tudo quanto vos disser. Isaías predisse como seria o profeta prometido, quando escreveu: 'Eis que uma virgem conceberá no seu seio e dará à luz um filho que se chamará Emanuel, ou seja, Deus conosco'. E Jeremias acrescentou: 'Eis, Jerusalém, que está chegando o teu redentor e isto será o seu prenúncio: abrirá os olhos aos cegos, restituirá o ouvido aos surdos e com sua palavra ressuscitará os mortos'. Dele falou Ezequiel ao dizer: 'Virá a ti o teu rei, Sião, virá e te renovará'. E Daniel: 'Virá como Filho do Homem e terá como quinhão os principados e as potestades'. Também Davi o anunciou: 'Disse-me o Senhor: Tu és meu Filho. E a voz do Pai assim se exprimiu a respeito do Filho: Ele me invocará: Tu és meu Pai, e eu o constituirei o meu grande primogênito entre os reis da terra. E de novo: Porei sobre o meu trono o fruto do teu seio'.

Também sua paixão foi predita pelos profetas. Isaías, com efeito, disse: 'Foi levado à morte como uma ovelha'. E Davi, falando na primeira pessoa, disse: 'Traspassaram minhas mãos e meus pés, contaram todos os meus ossos; fitaram-me e me examinaram; dividiram entre si minhas vestes, lançando as sortes'. E em outra passagem: 'Deram-me fel para provar e vinagre para beber'. E, vaticinando sua morte: 'Minha carne repousará na esperança porque não deixarás no *Sheol* (mansão dos mortos) a minha vida nem permitirás que teu santo conheça a corrupção'. E a voz do Filho se dirigiu ao Pai assim: 'Levantar-me-ei e logo estarei contigo'. E de novo: 'Pela pobreza dos fracos e pelo pranto dos pobres de novo me levantarei' – diz o Senhor. E, quanto à sua ascensão, assim se exprimiu o profeta: 'Subiu ao céu, levou consigo a humanidade antes escrava'. E de novo: 'Deus subiu no júbilo; subiu voando mais alto que os querubins'. Assim Ana, mãe do santo Samuel: 'O Senhor subiu ao céu e troveja'. E muitos outros testemunhos se encontram na Lei quanto à sua ascensão. Que está de fato sentado à direita do Pai é Davi que o afirma: 'Disse o Senhor ao meu Senhor: senta-te à minha direita'. E vai voltar para julgar o mundo com fogo, é o que diz o profeta; e de novo em sua presença e em torno dele se formará forte tempestade. Tudo o que foi predito em parte já se verificou no Senhor nosso, Jesus Cristo, e o que não se verificou ainda vai acontecer futuramente, como os profetas vos predisseram. Disse com efeito Isaías: 'Os mortos, aqueles que estão nos sepulcros, ressuscitarão' (Is 26,19). Se me perguntas: O que acontecerá quando houver a ressurreição? Responde Davi dizendo que ouviu o Senhor falar assim: 'Uma vez falou Deus, e eu ouvi estas duas coisas: o poder é de Deus, e Tu és misericordioso, Senhor, pois dás a cada um segundo suas obras' (Sl 62,11s.). Por isso, irmãos, cada um de vós faça penitência para não receber segundo suas obras, sabendo que pertence ao grupo daqueles que crucificaram aquele que libertou o mundo inteiro dos tormentos. Além disso, com sua saliva abriu os olhos ao cego de nascença; e, para provar que fora Ele quem plasmara Adão com o barro, fez um pouco de lodo com a saliva, a pôs sobre os olhos do cego e o curou. E, quando nós discípulos lhe perguntamos quem tinha pecado, ele ou os seus pais, para que nascesse cego, o Mestre respondeu: 'Nem ele nem seus pais, mas isso ocorreu para que nele se manifestassem as obras de Deus, ou seja, para que se revelasse o artista que o tinha criado, tendo feito ele o que faltava'. Que lhe retribuiriam o bem com o mal fora predito por Davi, quando disse na primeira pessoa: 'Pagavam-me o bem com o mal e o amor com o ódio' (Sl 35,12). Enfim, depois de inúmeros benefícios feitos aos judeus, inúmeros paralíticos curados, leprosos limpos, demônios expulsos e mortos ressuscitados, todos bradaram a uma só voz: 'É réu de morte' (Mt 26,66). Que ainda por cima seria traído por um discípulo foi predito por Davi: 'Aquele que comia o pão comigo me suplantou' (Sl 41,10; Jo 13,12)".

Tiago ainda disse: "Irmãos, tudo isso foi predito pelos filhos de Abraão, quando falou por eles o Espírito Santo. Poderemos porventura evitar o suplício do fogo eterno e não ser justamente punidos, se não crermos em tudo isso? Quando mesmo os pagãos creem nas palavras dos profetas, nós, que somos o povo eleito, não prestaremos fé alguma aos nossos patriarcas e profetas? Penso que esses delitos, vergonhosos e passíveis de punição por numerosos fatos criminosos, devem ser por nós pranteados com gritos e lágrimas, a fim de que aquele que benignamente perdoa, acolha a nossa penitência e não nos sobrevenha a sorte que coube aos infiéis nossos antepassados: 'Abriu-se a terra, engoliu Datã e cobriu a sinagoga de Abirã. Acendeu-se o fogo na sua reunião e as chamas consumiram os pecadores' (Sl 106,17)".

TIAGO REALIZA CONVERSÕES E BATISMO

Dito isso, diante da multidão, não sem provocar a admiração e com singular graça de Deus, todos disseram em coro: "Pecamos, cometendo injustiça; dá-nos o remédio. O que devemos fazer?" E Tiago: "Irmãos, não vos despereis. Basta terdes fé e receber o batismo, a fim de que sejam cancelados todos os vossos pecados".

E, como depois desse discurso do bem-aventurado apóstolo muitos judeus foram batizados, Abiatar, pontífice daquele ano, vendo que todo dia muitos criam em Jesus, com dinheiro causou uma grande sublevação, e então um dos escribas fariseus lançou uma corda ao pescoço do apóstolo e o levou ao pretório, ao Rei Herodes. Esse Herodes era filho de Arquelau. Assim que teve nas mãos a causa, mandou que Tiago fosse degolado.

TIAGO CURA UM PARALÍTICO

Enquanto era levado ao lugar do suplício viu um paralítico estendido que gritava: "Homem santo, liberta-me das dores que me tolhem todos os membros". Dirigindo-se a ele, o apóstolo disse: "Em nome do crucificado meu Senhor Jesus Cristo, por cuja fé sou condenado à morte, fica curado e bendize o teu salvador". E logo se levantou e com alegria começou a correr e a bendizer o nome do Senhor Jesus.

O ESCRIBA FARISEU SE CONVERTE E
É CONDENADO À DEGOLA COM TIAGO

Então aquele escriba dos fariseus, chamado Josias, que, como se disse, tinha posto a corda no pescoço do apóstolo, caiu a seus pés e disse: "Eu te peço que me perdoes e me faças digno do nome santo". O apóstolo se voltou para ele e respondeu: "Crês no Senhor Jesus Cristo que os judeus crucificaram, crês que seja o verdadeiro Filho do Deus vivo?" E Josias: "Creio e esta é a minha fé a partir de agora: Ele é o Filho do Deus vivo".

Vendo isso, o pontífice Abiatar ordenou que o escriba fosse pendurado pelos cabelos e lhe disse: "Se não te afastares de Tiago e amaldiçoares o nome de Jesus, serás degolado com ele". Eis a resposta de Josias: "Maldito sejas tu e todos os teus dias. O nome do Senhor Jesus Cristo que Tiago prega é bendito por todos os séculos". Então Abiatar, cheio de ira, ordenou que o escriba fosse espancado e, tendo mandado uma mensagem a Herodes, pediu que fosse degolado com Tiago.

TIAGO PEDE ÁGUA E UM BEIJO DA
PAZ ANTES DE MORRER

Tiago nesse entrementes foi levado com Josias ao lugar do suplício; antes de ser degolado, pediu ao carrasco que lhe desse um pouco de água. Trouxeram-lhe uma bilha cheia de água. Assim que a pegou nas mãos, o apóstolo disse: "Crês no nome de Jesus Cristo, Filho de Deus?" E ele: "Creio". Tiago lhe derramou água em cima e depois disse: "Dá-me o beijo da paz".

Recebido o beijo, colocou a mão sobre a cabeça e o abençoou fazendo-lhe o sinal da cruz de Cristo na fronte. Pouco depois apresentou a cabeça ao carrasco.

Também Josias, já perfeito na fé, com alegria, recebeu a palma do martírio por aquele que o eterno Deus tinha enviado ao mundo para salvar-nos: a Ele a honra e a glória pelos séculos dos séculos.

ATOS DE JOÃO DE ACORDO COM AS MEMÓRIAS APOSTÓLICAS SEGUNDO ABDIAS

Considerado um dos mais importantes apóstolos, João recebeu da tradição cristã um destaque especial. Ele foi considerado como apóstolo, evangelista, discípulo amado de Jesus, escritor, não somente do evangelho que leva o seu nome, mas de três epístolas e de um apocalipse. Mesmo que a pesquisa atual coloque em xeque a afirmação de que ele era o discípulo amado e autoria dos livros citados, o Apóstolo João se firmou como liderança importantíssima do cristianismo. Era irmão de Tiago Maior e, portanto, filho de Zebedeu e Salomé.

Diferentemente dos outros apóstolos, João morreu aos 97 anos, sem sofrer o martírio. A tradição apócrifa conservou a memória de que ele pediu para ser enterrado vivo. Ele próprio, aos 97 anos, pede que o seu próprio túmulo seja cavado. Ali se deita, ainda vivo, e pede para ser enterrado. Antes, porém, ele declara sua dedicação e amor por Jesus. João se recorda das palavras que Jesus lhe disse: "João, se não fosses meu, eu te permitiria tomar mulher". Conta-se que do seu sepulcro surgiu maná.

A nossa tradução tem como referência Fabricius J. A., Codex Apocryphus Novi Testamenti, *em 1719, Hamburgo, p. 388-742.*

JESUS PEDE A JOÃO QUE CUIDE DE SUA MÃE

João, irmão de Tiago Maior e mais jovem que ele, filho de Zebedeu, foi chamado por Jesus enquanto pescava, e Ele não só o elevou ao píncaro do apostolado, mas o envolveu em um amor todo especial. Com efeito, quando Jesus se mostrou transfigurado no monte e quando foi capturado no horto, João era um dos três presentes. Sem dizer que na última ceia, quando o Salvador do mundo instituiu aquele grande sinal de nossa salvação, sentado junto de Jesus, descansou reclinando a cabeça sobre o peito dele. A seu respeito escreve um evangelista (Mt 20,20) também isto: "a mãe pediu a Jesus que um de seus filhos se sentasse à direita e o outro à esquerda dele no Reino dos Céus"; e se referia a Tiago e a este João.

Como recomendara Jesus, no lenho da cruz, cuidou sempre, desde a paixão do Mestre, da Virgem Mãe do Senhor.

JESUS ENVIA JOÃO EM MISSÃO

Com o irmão Tiago, João pregou Jesus Salvador aos judeus e samaritanos. A seguir, uniu-se a Pedro. Depois da ressurreição, quando o Senhor ia ao encontro dos discípulos que estavam pescando, João o apontou, tendo-o reconhecido antes de Pedro (Jo 21,1). Tendo além disso recebido o Espírito Santo, entrou com Pedro por volta da hora nona no Templo de Jerusalém e curou Eneias, paralítico e coxo desde o seio materno, o qual pedia esmolas junto à Porta Formosa (At 9,34). E depois disso, a uma ordem do Mestre, foi anunciar o Evangelho aos habitantes da Palestina, depois seguiu para a Ásia e enfim para Éfeso, onde exerceu, quase nonagenário, o ministério apostólico até a época de César Domiciano.

Parece que Jesus já havia predito isso durante sua vida. Com efeito, quando Jesus mandou que Pedro o seguisse, vendo este que João o seguia mais depressa (a ele, com efeito, Jesus dera a mesma ordem) e não o compreendendo bem, perguntou-lhe o que aconteceria a João. Respondeu-lhe que, se quisesse que este ficasse vivo até sua volta, isso não lhe dizia respeito. Os discípulos, como não compreendessem as palavras de Jesus antes de receberem o Espírito Santo, pensaram que João jamais morreria. Este é também um sinal incomum do amor do Salvador para com o bem-aventurado João, que, com uma existência mais longa que os outros, como já se disse até a época do Imperador Domiciano, anunciou na Ásia a palavra da salvação aos gentios e, pouco depois da morte de Timóteo, começou a reger a Igreja de Éfeso.

JOÃO É LANÇADO EM UM CALDEIRÃO DE AZEITE FERVENTE

Após o procônsul do lugar ter lido o edito imperial para que negasse a Cristo e cessasse de pregar, o bem-aventurado apóstolo, corajosamente, respondeu que era melhor obedecer a Deus do que aos homens (At 4,19; 5,39): "Por isso – disse – não renegarei a Cristo, meu Deus, nem deixarei de pregar o seu nome, enquanto não houver terminado o curso de meu ministério, que recebi do Senhor".

Diante dessa resposta, o procônsul se encolerizou e ordenou que, como rebelde, fosse lançado em um caldeirão com azeite fervente. Lançado no vaso de bronze, como atleta foi ungido e não sofreu dano algum.

JOÃO É EXILADO NA ILHA DE PATMOS

O procônsul, admirado com esse milagre, queria soltá-lo e o teria feito se não temesse o edito de César. Pensando por isso em uma pena mais suave, o afastou para o exílio, na ilha que se chama Patmos. Ali viu e escreveu o Apocalipse, que traz o seu nome.

JOÃO VOLTA PARA ÉFESO

Depois da morte de Domiciano, como o senado ordenara que se abolissem todos os seus decretos, entre aqueles que por ele tinham sido afastados para o exílio e agora voltaram à própria terra, também o santo (apóstolo) João voltou a Éfeso, onde possuía uma casinha e muitos amigos. Era amável para com todos pela plenitude da graça de Deus e pela vida sincera.

Nessa cidade envelheceu. Confirmava também a pregação da Palavra de Deus com sinais extraordinários, de tal modo que simplesmente ao toque de sua veste os enfermos ficavam sãos, os doentes curados, os cegos recuperavam a vista, os leprosos ficavam limpos e os demônios cá e lá eram expulsos dos possessos.

A HISTÓRIA DO JOVEM QUE JOÃO ESCOLHERA

De volta a Éfeso, o apóstolo era muito solicitado para visitar também as outras províncias, para fundar igrejas onde ainda não havia e, onde houvesse, instruir sacerdotes e ministros, segundo o que o Espírito Santo respectivamente lhe indicasse. Tendo chegado a uma cidade situada não muito longe, depois de reunir solenemente todos os eclesiásticos, viu um jovem robusto de estatura, com rosto elegante, mas muito acre de ânimo. Fitando o bispo que acabara de consagrar, disse: "Eu te confio este jovem muito cordialmente, sob o testemunho de Cristo e de toda a Igreja".

Este, aceitando-o, prometeu que empregaria toda a diligência, como João recomendava. Mas João, repetindo muitas vezes as mesmas coisas, recomendava com mais insistência o jovem. Depois disso, voltou a Éfeso. Então o bispo levou para sua casa o jovem que lhe fora confiado e com toda a diligência o alimentou, cercou de afeto, educou e por fim lhe deu a graça do batismo.

A seguir, confiando agora na graça com que fora fortificado, começou a tratá-lo com maior indulgência. Mas este, entregando-se a uma imatura liberdade, frequentando os coetâneos, que amavam o luxo e as contendas, principiou a amar os vícios e a ter uma conduta corrupta. No começo cedeu às licenciosidades dos banquetes; os malvados depois o obrigaram a participar de furtos noturnos e o levaram a delitos sempre mais graves.

Nesse entrementes, aos poucos o jovem se formou e encaminhou para a realização de delitos, e, como tivesse algum engenho, como um cavalo sem freio e robusto que com duras mordidas abandona o reto caminho e despreza seu guia, rapidamente se viu levado totalmente para o precipício. Os males se multiplicaram tanto que colocava em dúvida até a salvação obtida do Senhor. Não julgou mais que valesse a pena cometer pequenos delitos e excogitou maiores. E, lançando-se por inteiro na perdição, não quis ser inferior a ninguém na maldade. Por fim, transformou em discípulos seus aqueles que antes eram seus mestres de crimes e fez deles um bando de ladrões, dos quais se tornou o líder e príncipe violento, e com eles se maculou com todo gênero de crueldade.

Depois de algum tempo, surgindo uma oportunidade, João foi de novo enviado àquela cidade. E, tendo resolvido os assuntos pelos quais fora até lá, disse: "Vamos, mostra-me, bispo, o depósito que eu e Cristo te confiamos, sob o testemunho da Igreja que governas". Mas este se surpreendeu: primeiro pensou que lhe estivesse pedindo dinheiro que não recebera; depois, pensou que João não podia se enganar nem pedir aquilo que não havia dado. Continuava, portanto, perplexo.

Vendo-o hesitar, João disse: "Estou perguntando por aquele jovem e pela alma daquele irmão". Então, dando um grave suspiro, o velho prorrompeu em lágrimas e disse: "Está morto". "Como? – perguntou João – De que morreu?" "Morreu para o Senhor. Tornou-se, com efeito, mal e cruel e por fim abraçou a profissão de ladrão. Ocupa agora um monte com um forte grupo de ladrões".

Ao ouvir isso, o apóstolo rasgou as vestes que trajava e, entre gemidos, batia na cabeça. "Eu te deixei – disse – como bom guardião da alma de um irmão! Preparem-me imediatamente um cavalo e um guia para a viagem". E assim, partindo às pressas daquela igreja, procurou chegar lá. Chegando, porém, ao lugar, foi preso pelos ladrões que montavam guarda. Ele não tentou nem fugir nem se abrigar em algum lugar, mas gritava apenas em alta voz: "Como vim até aqui, levai-me à presença do vosso chefe".

Enquanto este vinha armado dos pés à cabeça, de longe viu e reconheceu o Apóstolo João e, cheio de vergonha, fugiu dali. Mas o apóstolo fez o cavalo partir atrás dele e seguia o fugitivo, esquecido até da idade, gritando: "Por que foges, meu filho, de teu pai? Por que foges de um velho já sem forças? Tem piedade, não temas, tem ainda esperança de vida. Por ti de bom grado vou ao encontro da morte, como fez por nós o Senhor, e pela tua alma darei minha vida. Fica parado, apenas, e crê em mim, que fui enviado por Cristo". Ele ouviu, parou e se jogou com o rosto por terra, depois jogou fora as armas e, aterrorizado, chorava amargamente. E, lançando-se aos joelhos do velho que se aproximava, emitiu muitos gemidos e lamentos. E assim foi como que de novo batizado com as abundantes lágrimas que vertia. Mas ocultava atentamente a mão direita.

O apóstolo, com um juramento, prometeu que suplicaria do Salvador o perdão. Ele também se ajoelhou e beijou a mão direita, que, pela consciência de inúmeros delitos, estava torcida, e foi então purificada graças à penitência.

De volta à igreja, logo elevou muitas preces por ele e iniciou com ele fortes jejuns, pedindo ao Senhor o perdão, como lhe prometera. Além disso, com diversos diálogos consoladores, à semelhança de estribilhos, mitigou seus ferozes e terríveis sentimentos. Não desistiu até que, uma vez completamente emendado, o colocou como chefe da igreja local, dando assim grande exemplo de verdadeira penitência, um verdadeiro sinal de novo nascimento espiritual e mostrando nele um insigne troféu de visível ressurreição.

A NOVELA DRUSIANA, CALÍMACO E ANDRÔNICO

Assim o santo João, depois de ter visitado muitas cidades para pregar a Palavra de Deus, voltou a Éfeso, porque compreendeu que a hora da morte estava próxima. Em Éfeso o apóstolo viveu sempre em grande estima do povo, a tal ponto que muitos gostavam de tocar suas mãos e colocá-las sobre seus olhos e depois as levava ao peito, se assim o costume o pedisse. Muitos ainda eram curados pelo simples toque de um pedaço de sua veste.

CALÍMACO QUERIA COMETER
ADULTÉRIO COM DRUSIANA

Mas o adversário sofria por essas alegrias santas e pela piedosa celebridade. Não suportando que ela fosse isenta de fraude, esforçou-se por perturbá-la e, para causar o mal, se serviu de um pagão que não conhecia a Deus e tomou como pretexto a beleza de uma mulher da nobreza, Drusiana. Além disso, o mesmo inimigo nosso, para facilitar a queda, aparentou a idade do jovem que se chamava Calímaco. Este, assim que viu Drusiana, acendeu-se em um forte amor por ela. E, mesmo sabendo que era a mulher de Andrônico, pensava loucamente no adultério.

DRUSIANA, MORANDO EM UM SEPULCRO, NÃO ACEITA TER RELAÇÕES COM O MARIDO

Muito se falava a seu respeito e era opinião comum que aquela mulher, atenta à pregação apostólica, por causa do culto divino, não se unia a seu marido e vivia como que encerrada em sepulcro. Nem obrigada satisfaria a vontade do esposo. Estava até decidida a morrer para não ter que repetir os usos matrimoniais, ainda que o marido insistisse em dizer: "Ou te comportas como minha mulher, ou te ferirei mortalmente se te recusares". Mas ela não se deixou demover nem sob a ameaça de morte, nem abandonou a celeste contemplação diante de dádivas ou outras coisas ilícitas.

DRUSIANA, SABENDO DO AMOR DE CALÍMACO, MORRE

Na verdade, ela sabia e ouvira falar acerca desse jovem, louco de amor por ela. Ele fora avisado por muitos e lhe fora dito que não combinasse nada, mas não levou em conta, pensando em tentar com seu furor aquela mulher forte da Palavra de Deus, que obrigara também seu marido a observar a castidade, pensando na união conjugal somente por caridade.

Foi ter então com a mulher, levado pela esperança de aproveitar-se dela. Mas ela começou a levar uma vida dia a dia mais triste. Drusiana, ofendida por aquelas palavras infames, dois dias depois contraiu febre. Entristecia-se por ter voltado a Éfeso e por, em razão de sua beleza, ter surgido tal infâmia. "Oxalá eu jamais tivesse voltado à minha terra – dizia – ou então que ele, instruído na Palavra de Deus, não tivesse jamais caído nesse erro! E, como sou causa de tal ferida em uma alma enferma, desejo morrer, Senhor Jesus, a fim de que, chamando a tua serva, o miserável possa levar a sua vida mais tranquilamente".

Drusiana proferia essas coisas na presença de João apóstolo, mas nem o apóstolo nem os outros compreendiam onde ela quisesse chegar. Triste e magoada, por causa da ferida daquele jovem, morreu. Isso deixou o marido mais melancólico ainda, pois a mulher tivera uma morte perturbada e preferira entregar a alma, vencida pela dor.

ANDRÔNICO CHORA AO APÓSTOLO A MORTE DE DRUSIANA

Chorava então Andrônico a tal ponto que o apóstolo o repreendeu com estas palavras: "Não chores assim como se ignorasses para onde ela foi. Não sabes que melhor do que a vida presente é a vida celestial à qual passou a santa e fiel Drusiana, esperando confiante a ressurreição dos mortos?"

Andrônico lhe respondeu que não duvidava da ressurreição de Drusiana nem mudava de fé. Sabia que se salva quem termina puramente o curso desta vida, mas estava magoado pelo fato de ter sabido de uma dor escondida, dor que levara sua irmã (assim ele chamava Drusiana), cuja causa não se pudera conhecer de sua boca, nem poderia sabê-la agora, dado que seu corpo repousava já na sepultura.

O apóstolo interrogou secretamente Andrônico sobre de que se travava. A seguir, depois de ter repousado um pouco, na presença de todos os irmãos que se haviam reunido desejosos de saborear o doce discurso do apóstolo, proferiu estas palavras: "O comandante de um navio dá adeus aos marinheiros, àqueles que zarparam com ele e à própria nau assim que a levou ao porto e a confiou a um porto seguro. O camponês, depois que lançou a semente à terra, trabalhou com muito afã e diligência o campo e pôs o cinto, só se concede repouso quando recolheu a messe nos celeiros. Quem corre no estádio exulta apenas quando recebeu o prêmio. Aquele que se prepara para combater como atleta alegra-se quando arrebata a coroa. Em suma, todos aqueles que se dedicam a diversas artes, no fim de seu dever e de sua obra, com toda a razão louvam a Deus, pois não foram desqualificados, mas justificados segundo a promessa que o Senhor se dignou de fazer a seus santos. Não é talvez verdade que cada um está seguro de que a fé por Ele professada foi aceita quando terminou o curso desta vida, e Ele restitui com efeito aquilo que lhe foi confiado? Muitas coisas, com efeito, podem destruir a fé dos fiéis dando certa perturbação ao agitar-se da mente humana: filhos, genitores, glória, pobreza, adulação, juventude, beleza, soberba, desejo de riquezas, negligência, inveja, falta de sinceridade, injúria, amor, tristeza, e até servidão, patrimônio, ocasião e outros impedimentos desse tipo que costumam estar presentes em todos.

Como para o comandante de um navio que segue seu curso o vento inesperado constitui muitas vezes obstáculo, e o faz diminuir a velocidade e causa tempestade e furacão, um triste evento pode decepcionar a grande esperança do camponês: assim, antes do término desta vida, cada um deve contemplar o resultado que está para obter; ver se é vigilante e sóbrio, se não pode sobrevir-lhe algum impedimento, ou se está perturbado e prisioneiro dos prazeres mundanos.

Ninguém louva a beleza do corpo, a não ser quando depõe toda a vestimenta; ninguém é capitão, a não ser que tenha guiado gloriosamente toda a guerra; ninguém é médico, a não ser que tenha curado todas as diversas enfermidades. Do mesmo modo, não se pode louvar a vida de ninguém, a não ser a de quem que, com a alma cheia de fé, tiver apresentado o seu corpo para ser digno Templo de Deus, um corpo que não se dissolve com a passagem da beleza fugaz; daquele que não se houver deixado aturdir e desviar pelas coisas humanas nem se houver inclinado para as coisas temporais, nem houver preferido as caducas às eternas, trocando as eternas por aquelas que passam; daquele que não houver louvado as que não merecem honra nem enfim houver amado as obras cheias de contumélia, daquele que não houver aceitado as promessas de Satanás e não houver abrigado no peito uma serpente; daquele que não houver rido das coisas sérias nem se houver envergonhado de Cristo.

Existe, além disso, quem com palavras diz uma coisa, mas depois o nega com as obras. Cada um, com efeito, deve manter o próprio corpo longe de enganos para não torná-lo vaso de imundície, que arde com imunda libido, não seja vencido por imundície e avareza: não seja dominado pelo desejo de dinheiro, não seja escravo da ferocidade carnal, não seja traído pela ira e pela indignação, não se deixe absorver pela tristeza, não se desfibre pelos divertimentos, mas abrace aquilo que aumenta e promove a fé em Jesus Cristo, nosso Senhor, e receba a vida eterna, maravilhoso prêmio em troca daquilo que menosprezou neste mundo".

Embora o santo apóstolo houvesse dito tudo isso de modo grave, como exortação para motivar os irmãos a desejar as coisas eternas e desprezar as temporais, o jovem, que amava Drusiana, continuava alimentando no peito uma secreta ferida e era dia após dia consumido pelo seu fogo, que não poderia extinguir-se nem com a morte da mulher. E não é de admirar que não conseguisse nenhum remédio com as palavras de João, não querendo ouvir, não buscava o remédio para a ferida, mas cada dia desejava fomentar o grande delito.

CALÍMACO TENTA MANTER RELAÇÕES COM A FALECIDA DRUSIANA E MORRE

Aconteceu, portanto, que, depois da morte e do sepultamento de Drusiana, Calímaco ainda a amava perdidamente, apesar de já falecida. Com dinheiro conquistou a amizade do procurador de Andrônico para que lhe abrisse o túmulo, onde fora depositada Drusiana, e pudesse assim fazer uma cópia da amada. Tendo-o facilmente obtido, tentou perpetrar um ato nefando com o corpo defunto. E, arrastado a isso não por certo impulso súbito mas por uma furiosa e meditada loucura, exclamou: "Em vida não quiseste unir-te a mim; eu te farei esta injúria depois de morta!"

Assim, com a ajuda do infame procurador, o jovem entrou furioso no sepulcro e começou a despir o corpo envolto na mortalha. O procurador da grande infâmia disse ainda: "Que te serviu, infeliz Drusiana, negar em vida aquilo que terás de sofrer agora morta?" E assim o delito passava das palavras aos atos. Depois de ter tirado quase toda a mortalha, restava ainda apenas o véu que cobria a parte da genitália: o jovem ardia em furiosa libido pela união ilícita. Eis, porém, que, não se sabe de onde, surgiu uma enorme serpente; o jovem, ferido por uma mordida sua e logo sacudido sobretudo por um horrível espanto diante da serpente furiosa, caiu por terra, e, gelado pelo veneno, esvaiu-se em um instante toda a sua energia. A serpente subiu sobre ele, agora inane, e descansou.

JOÃO VAI AO SEPULCRO DE DRUSIANA

No dia seguinte, o terceiro da morte de Drusiana, tendo João e Andrônico, o marido dela, ido ao sepulcro de manhã bem cedo, para celebrar os sacros ritos, não encontravam as chaves. Mas João disse: "Precisamente as chaves da sepultura se perderam porque Drusiana, no sepulcro, não se acha entre os mortos. Por isso, vamos entrar, que as portas se abrirão por si mesmas. Não posso, com efeito, de modo algum duvidar da misericórdia do Senhor, que nos concederá também este favor, depois de já nos ter dado muitos outros".

Enquanto se aproximavam do sepulcro, a uma ordem de João as portas se abriram e junto ao sepulcro de Drusiana foi visto um lindo jovem sorrindo. A essa vista João gritou: "Aqui também nos precedes, Senhor Jesus Cristo? Por que motivo vieste aqui, Senhor?" E ouvimos sua voz afirmar: "Por Drusiana, que agora deves ressuscitar, e por aquele que jaz junto a seu sepulcro, sem vida: eles para mim darão glória a Deus". Dito isso, tendo-se voltado para João, e na presença do mesmo João e dos outros, aquele lindo jovem voltou para o céu.

João então se voltou e viu dois corpos caídos por terra junto ao sepulcro. Um era o de Calímaco, príncipe dos efésios, sobre cujo peito uma grande serpente repousava; o outro era o de Fortunato, procurador de Andrônico. Vendo então o corpo de ambos, pensava consigo mesmo e dizia para si: "O que significa esta visão? Por que o Senhor não me explica o que aconteceu aqui, Ele que jamais costuma negar-se a fazê-lo?"

Mas, assim que Andrônico viu os dois mortos e o corpo de Drusiana deitado no sepulcro, quase nu, apenas com um véu, disse a João: "Agora compreendo, João, aquilo que aconteceu. Com efeito, esse jovem Calímaco tinha-se enamorado de Drusiana, enquanto em vida, e, como ela recusasse satisfazer seu desejo, nem por isso cessava de atormentar essa mulher. E assim, cheio de dor pela longa rejeição, comprou a amizade do meu procurador para servir-se do seu auxílio para um fim nefando. Algumas pessoas o ouviram dizer muitas vezes, enquanto Drusiana ainda estava viva, que, se não pudesse unir-se a ela viva, lhe faria essa injúria depois de morta. Talvez, João, seja por isso que aquele bom jovem escondeu os seus restos mortais, a fim de que seu corpo não mostrasse a injúria. Penso por isso que foram punidos porque tentaram um ato tremendamente infame. Penso além disso que a voz te mandou ressuscitar Drusiana pelo motivo de ter ela encerrado prematuramente o curso da vida com dor e tristeza, entristecida por ter feito o jovem culpado por causa da própria beleza. Por esse motivo, portanto, dado que estamos vendo três corpos, a voz te disse para ressuscitar apenas dois e nada disse do terceiro, senão que o Senhor quer que Drusiana seja transformada, dado que faleceu com dor, a fim de que termine seus dias na tranquilidade? Esse jovem, aliás, não tem outro motivo para ser perdoado a não ser o de ter sido ele mesmo enganado como um dos que erram; o terceiro, penso, foi julgado indigno do benefício do Senhor nosso, Jesus Cristo. Age agora, portanto, te peço, João, e em primeiro lugar ressuscita Calímaco, para que nos explique o acontecido".

JOÃO RESSUSCITA CALÍMACO

João então se aproximou do corpo do jovem defunto e disse à serpente: "Afasta-te daquele que vai se tornar agora servo do Senhor nosso, Jesus Cristo". No mesmo instante a serpente se afastou. Depois, tendo-se prostrado por terra, dirigiu-se ao Senhor com estas palavras: "Ó Deus, cuja glória é por nós exaltada, que domas todo ato inferior, Deus, cuja vontade pelo teu poder se realiza à perfeição, ouve-nos para a tua glória e que chegue a esse jovem a tua graça. E, se esse jovem fez alguma coisa, uma vez ressuscitado, que não a revele". E logo o jovem se ergueu e repousou por uma hora inteira.

Logo que lhe voltaram de todo as forças, João o interrogou, para que revelasse o que lhe acontecera. E assim explicou tudo, como já previra Andrônico. A paixão por Drusiana foi o motivo pelo qual não desistira nem mesmo de desejar uma morta. Como João lhe perguntasse se a sua temeridade em torno dos veneráveis restos cheios de graça pudera ter tido efeito, respondeu: "Como poderia eu ousar fazer alguma coisa, quando esse animal se lançou de repente sobre mim e feriu também Fortunato, que dera o incentivo para essa infâmia, que agora parecia que já tinha êxito? A causa de minha morte foi certa demência de alma e o fato de eu ter sido presa completamente de um infeliz mal-estar. Despi o cadáver, abaixei-me e já me dispunha a realizar a impiedade com a intenção de unir-me aos despojos mortais da defunta. E eis que um belo jovem cobriu com sua veste o corpo de Drusiana, de cujas faces reverberavam em todo o sepulcro centelhas de fogo. Uma delas me atingiu e ouvi uma voz [dizendo]: 'Calímaco, morre para viveres!' Quem era esse homem não sei. Como te vejo aqui, servo de Deus, estou certo de que aquele era um anjo de Deus e creio que Deus é verdadeiramente aquele que anuncias. Por isso te peço e suplico que não me deixes neste estado. Sei, com efeito, e lembro o que fiz e as coisas indignas que tentei fazer. Mas eu me arrependo. Oh! Oxalá pudesse eu mandar abrir minhas entranhas e manifestar o sentido profundo da minha dor! Dói-me também o fato de não ter jamais cessado de fazer tanta coisa nefanda. Espero de ti o remédio para tal vergonha. Como és o mensageiro do Deus onipotente, do qual o Senhor nosso, Jesus Cristo, é verdadeiramente Filho, desejo ouvir de ti a sua palavra. Não duvido: se quiseres, verificar-se-á a sua voz que dizia ser necessário que eu morresse para viver. Estou morto de fato para o desregramento e ressuscitei manso e humilde. Estou morto para o paganismo, e eis-me cristão. Agora conheço a verdade, mas peço que me seja revelada perfeitamente graças aos teus ensinamentos".

O apóstolo se alegrou ao ouvir essas afirmações e disse: "Que coisa eu deva fazer, Senhor Jesus Cristo, não o sei. Estou fora de mim e admirado com a grandeza de tua misericórdia, e reconheço que tua paciência é fora do comum". Dito isso, bendizendo o Senhor, abraçou e beijou Calímaco, exclamando: "Bendito seja o Senhor Deus e seu Filho Jesus Cristo, que teve piedade de ti, e com o espectro da morte te libertou do furor e da demência, que abrandou tuas paixões, que te afastou da ocasião de pecar, que truncou os incentivos de tua louca libido, que te restituiu novamente à vida enquanto já havias morrido pelo pecado a fim de te dar repouso na fé e na graça do Senhor nosso, Jesus Cristo. Vê quantos benefícios ocorreram pelo nosso ministério e para a tua salvação!"

JOÃO RESSUSCITA DRUSIANA

Quando Andrônico viu Calímaco ressuscitado, abalado com a emoção de esposo, começou a pedir ao apóstolo que chamasse também Drusiana de volta à vida. Dizia ser necessário que ressuscitasse a fim de que abandonasse a tristeza na qual parecia ter morrido e a dor da qual podia ser libertada, dado que havia sofrido por ter visto o jovem cair por causa de sua beleza. Pediu-lhe, portanto, que ressuscitasse também a ela. Quando o Senhor quisesse, a chamaria de novo a si. João, comovido tanto pela súplica do marido como também pela modéstia de Drusiana, aproximou-se do sepulcro e, tomando-a pela mão, depois ter orado ao Senhor, disse: "Drusiana, em nome de Jesus Cristo nosso [Senhor], levanta-te para a sua glória". Ela se levantou e saiu do sepulcro. E, vendo-se nua, [coberta] só com aquele tênue véu, perguntou o motivo disso. Quando o soube pelo apóstolo deu glória ao Senhor e se vestiu.

Depois, vendo caído em terra o corpo de Fortunato, disse a João: "Pai, manda que este também ressuscite, embora se tenha mostrado traidor de minha sepultura". Mal ouvira essas palavras, Calímaco começou a rogar insistentemente para que não ressuscitasse um homem tão mau, por cuja causa fora precipitado no furor. A graça daquela voz que tinha ouvido não era para ele: o oráculo daquela venerável voz era, com efeito, só para ele e Drusiana. Por isso julgou digno de morte aquele que não soube mostrar-se digno da ressurreição. João, porém, lhe respondeu: "Filho, aprendemos a não pagar mal com mal. Também nós, com efeito, somos pecadores e cometemos graves pecados. Graças ao Senhor nosso, Jesus Cristo, obtivemos misericórdia. Ele, na verdade, não quis pagar mal com mal e nos ensinou que os crimes devem ser sepultados com a penitência e a conversão. Se então não me permites mandar ressuscitar Fortunato, isso será obra de Drusiana".

Esta, repleta do Espírito Santo, aproximou-se do corpo de Fortunato e disse: "Senhor onipotente, que me concedeste admirar estas tuas obras maravilhosas, que me quiseste partícipe do teu santo nome, que me concedeste não só conhecer-te mas manter com meu marido relações de amor fraterno, que permitiste a minha morte para que, separada algum tempo do corpo, fosse ainda mais tua, que ordenaste que esse jovem morresse para que sua culpa fosse cancelada e a vida reparada; agora, Senhor, não desprezes as súplicas da tua serva, mas ordena que Fortunato ressuscite, mesmo que tenha tentado trair-me". Tomou-lhe a mão e exclamou: "Em nome de Jesus Cristo Senhor e Deus nosso, levanta-te, Fortunato!" Ele se levantou e, vendo Drusiana de volta à vida e Calímaco crente em Deus, ingrato por sua salvação, disse que era melhor para ele continuar morto do que reaver a vida para não ver que também a eles chegara a graça do poder divino.

JOÃO DISCURSA E VENCE O DIABO

João, fitando-o, acrescentou: "Isto é precisamente o que o Senhor disse no evangelho: 'A árvore má dá frutos maus' (Mt 7,17). A seiva, com efeito, da raiz má aumentou e por isso o bom fruto não pode crescer com seiva degenerada. A comum natureza não errou. Trata-se de um vício da raiz. A mãe terra com a mesma fecundidade, semelhante a um seio e útero de parturiente, nutre e faz crescer todas as árvores. Todo terreno tem a mesma temperatura e os mesmos ares. Assim o Senhor onipotente rega tudo com a chuva e com o mesmo sol aquece as entranhas da terra e as árvores das florestas. Mas é diferente o fruto e variegado o que se colhe de cada árvore: uma árvore é estéril e a outra é fecunda. Na estéril é a raiz que, pelos vícios, faz com que a árvore não possa sentir o influxo da fecundidade da terra e dos benefícios do céu.

Deus criou todos os seres humanos à sua imagem, ou seja, destinou-os à sua divina graça, a fim de que imitemos a misericórdia, a virtude, a piedade, a justiça e todos os outros atributos que encontramos em Deus; mandou que o seu sol se levantasse, e para todos enviou o Senhor nosso, Jesus Cristo, que por todos foi posto na cruz e por todos ressuscitou. Mas poucos abraçam plenamente esse dever e aceitam o dom de Deus Pai, que por nós sacrificou o próprio Filho, como também o dom do Senhor nosso, Jesus Cristo, o qual se ofereceu a si mesmo pela nossa redenção. Alguns se aborrecem com isso e recusam a salvação que lhes é oferecida, pois não querem crer no autor da salvação. Muitos outros, enquanto resistem à graça divina que em nós opera, privam-se desse celeste fruto, como este miserável que, vencido pela inveja, nem sabe agradecer o dom da vida readquirida. Tem, portanto, seus carvões, tem também o fruto de uma árvore má: que o fogo os consuma e seja consumido por suas chamas. Que essa raiz seja separada da vida dos fiéis e de toda obra daqueles que temem a Deus, de todo ofício dos devotos, da assembleia dos santos, da recepção dos sacramentos; não tenha contato com a rediviva Drusiana, cuja morte considerou digna de injúria e cuja vida não pôde suportar, por inveja. Portanto a amizade que queríamos demonstrar à morta, demo-la àquela que agora vive".

Assim, depois de ter celebrado um rito de ação de graças pelo Senhor nosso, Jesus Cristo, o apóstolo voltou à casa de Andrônico e ali, por inspiração do Espírito Santo, anunciou aos irmãos que Fortunato fora de novo ferido pela serpente. Mandou que logo uma pessoa fosse enviada para confirmar a verdade. Enviaram um dos jovens que, voltando, o viu já frio, enquanto pelo corpo lhe escorria o veneno. Mas, quando foi anunciado a João que dentro de três horas estaria morto, o apóstolo disse: "Eis aí, diabo, o teu filho". E passou alegremente aquele dia com os irmãos.

O FILÓSOFO CRATÃO, JOÃO E O DESPREZO DAS RIQUEZAS

Um dia, o filósofo Cratão resolveu dar exemplo no desprezo das riquezas. O espetáculo se passaria assim. Persuadiu dois jovens irmãos, os mais ricos da cidade, para que, com uma parte do patrimônio, comprassem cada um uma pedra preciosa, que depois deveriam quebrar publicamente na presença do povo.

Enquanto o faziam, aconteceu que por acaso passava por ali o apóstolo. Chamando o filósofo Cratão, disse: "É tolice esse desprezo do mundo, que recebe louvores da boca dos homens, e foi já condenado pelo juízo divino. Como é inútil o remédio que não tira a doença, assim também é vã a doutrina que não cura os vícios das pessoas e dos costumes. Por isso meu Mestre a um jovem desejoso de ganhar a vida eterna disse que, se quisesse ser perfeito, vendesse todo o seu patrimônio e o desse aos pobres, e depois disso conquistaria um tesouro nos céus e encontraria a vida que não tem fim" (Mt 19,21). E Cratão a ele: "O fruto da humana cobiça foi partido diante dos homens aqui presentes. Mas, se Deus é na verdade o teu Mestre e quer que o preço dessas pedras preciosas seja devolvido em benefício dos pobres, faze que essas pedras preciosas fiquem de novo íntegras, para que, aquilo que eu fiz para conquistar a fama dos homens, tu o faças para a glória daquele que dizes ser teu Mestre". Então o bem-aventurado João, tendo recolhido os fragmentos das pedras e segurando-os na mão, elevou os olhos para o céu e disse: "Senhor Jesus Cristo, ao qual nada é impossível, que restauraste com a árvore da tua cruz a nós, teus fiéis, e ao mundo convulsionado pela árvore da concupiscência, que restituíste ao cego de nascença os olhos que a natureza lhe havia negado (Jo 9,1s.), que chamaste de volta ao convívio dos vivos Lázaro morto e sepultado havia quatro dias (Jo 11,43), que levantaste com a palavra do teu poder todas as enfermidades e os sofrimentos, vê agora estas pedras preciosas que eles quebraram para ganhar o aplauso da multidão, ignorando os frutos da esmola. Tu, Senhor, pela mão dos teus anjos recupera-as, a fim de que, usando do seu preço para fins de caridade, estes creiam em ti, Pai Ingênito, por meio do teu Unigênito Filho, o Senhor nosso, Jesus Cristo, com o Espírito Santo iluminador e santificador de toda a Igreja pelos séculos dos séculos".

Assim que os fiéis que estavam com o apóstolo responderam "Amém!", logo os fragmentos das pedras preciosas se uniram e nelas não restou nenhum sinal do seu estilhaçamento. Vendo isso, o filósofo Cratão e seus discípulos se lançaram aos pés do apóstolo e creram e foram batizados, e o filósofo começou a pregar publicamente a fé no Senhor nosso, Jesus Cristo.

Então os dois irmãos venderam as pedras preciosas, que tinham adquirido com o patrimônio, e deram o produto da venda aos pobres; nos dias seguintes, imensa multidão de fiéis começou a aderir ao apóstolo.

Enquanto ocorria isso, aconteceu que diante desse exemplo dois nobres de Éfeso, vendendo todos os seus bens, distribuíram o produto entre os pobres e seguiram o apóstolo, que ia pela cidade pregando a Palavra de Deus.

JOÃO EM PÉRGAMO

Entrando na cidade de Pérgamo, viram os servos vestidos de seda passeando em público e cheios de mundanidade. Atingidos, porém, pelo dardo do maligno (Ef 6,16), ficaram tristes porque se viam pobres com apenas uma túnica, enquanto os seus servos eram poderosos e brilhantes. Compreendendo o apóstolo de Cristo esses enganos diabólicos, disse: "Observo que mudastes de sentimentos e expressão pelo fato de que, tendo seguido a doutrina do meu Senhor Jesus Cristo, tudo o que tínheis o destes aos pobres. Por isso, se quiserdes recuperar tudo aquilo que antes possuíeis em ouro, prata e pedras preciosas, trazei-me dois bastõezinhos retos em dois feixes". Feito isso, depois de ter invocado o nome do Senhor Jesus Cristo, foram transformados em ouro. Disse-lhes, além disso, o apóstolo: "Trazei-me pedrinhas da praia". Tendo feito também isso, depois de ter invocado a majestade do Senhor, todas as pedrinhas se transformaram em pedras preciosas. E, voltando-se para os homens, o bem-aventurado João disse: "Ide aos ourives e vendedores de pedras preciosas, durante sete dias, e, quando tiverdes constatado que são verdadeiro ouro e verdadeiras pedras preciosas, vinde dizer para mim". Foram ambos e depois de sete dias voltaram para dizer ao apóstolo: "Senhor, entramos em todas as lojas dos ourives e todos nos disseram jamais ter visto ouro tão puro. Também os vendedores de pedras preciosas repetiram a mesma coisa, que jamais haviam encontrado pedras tão perfeitas e valiosas".

JOÃO PREGA CONTRA A RIQUEZA

Então o santo João lhes disse: "Ide comprar de novo as terras vendidas; [mas] perdestes os campos dos céus. Comprai para vós vestes de seda a fim de resplandecerdes durante algum tempo como a rosa que, depois de se ostentar pelo perfume e as cores, logo murcha. Suspirastes pela vossa aparência e ficastes tristes por vos terdes feito pobres. Sede, portanto, senhores para murchar amanhã. Sede ricos no tempo para mendigardes na eternidade. Será que o poder do Senhor não pode fazer afluir riquezas incomparavelmente esplêndidas? Ele quis que nas almas houvesse uma luta para que creiam nas riquezas eternas, depois que por seu amor não quiseram possuir os bens temporais. O nosso Mestre nos falou de um rico que dava banquetes todos os dias e se cobria de ouro e púrpura (Lc 16,19s.). À sua porta jazia o pobre Lázaro desejando ter ao menos as migalhas que caíam de sua mesa, mas ninguém as dava para ele. Um dia ambos morreram: o mendigo foi levado para repousar no seio de Abraão, mas o rico foi lançado no fogo [do inferno]. Então levantou o olhar e viu Lázaro e lhe pediu que molhasse o dedo na água para lhe refrescar a boca atormentada entre as chamas. Mas Abraão respondeu: 'Lembra-te, filho, que recebeste os bens na tua vida, enquanto Lázaro só teve infortúnio. Pois com justiça ele agora é consolado, enquanto sofres. Além disso, está estabelecido um grande abismo entre nós e vós, intransponível, não se podendo ir nem daqui para aí, nem daí para cá'. Ele respondeu: 'Tenho cinco irmãos; que alguém ressuscite, te peço, e vá avisá-los para que não venham a cair neste tormento'. Abraão lhe disse: 'Já têm os livros de Moisés e dos profetas, que os ouçam'. Ele respondeu: 'Senhor, se alguém ressuscitar, quem sabe se crerão'. E Abraão a ele: 'Se não creem em Moisés e nos profetas, também não darão crédito a alguém que volte do além-túmulo'.

Essas suas palavras, o Senhor e Mestre nosso as confirmava com os milagres. Com efeito, quando lhe disseram: 'De onde vem este para que creiamos nele?', Ele respondeu: 'Trazei-me aqui os mortos que tendes'. Tendo trazido a Ele um jovem morto, ressuscitou-o como se estivesse dormindo.

E assim dava credibilidade a todas as suas palavras. Mas por que estou falando do meu Senhor, dado que se acham presentes alguns que em seu nome em vossa presença e admiração, ressuscitei dos mortos? Em seu nome vistes os paralíticos curados, os leprosos limpos, os cegos recuperar a vista, e enfim muitos libertados dos demônios. Essas obras de poder não podem tê-las aqueles que querem possuir riquezas terrenas. Enfim, vós mesmos, quando visitastes os enfermos, foram salvos apenas pela invocação do nome de Jesus Cristo. Expulsastes demônios e restituístes a vista aos cegos.

Eis que vos foi tirada essa graça e vos tornastes miseráveis, vós que éreis fortes e grandes. E, enquanto antes os demônios vos temiam com grande temor, a tal ponto que a uma só ordem vossa deixavam os possessos, agora os temeis. Aquele que ama o dinheiro é servo de mamona: e mamona é o nome do demônio que preside os ganhos da carne e subjuga aqueles que amam este mundo. Os próprios amantes do mundo não possuem as riquezas, mas eles é que são possuídos pela riqueza.

É absurdo, com efeito, que, tendo um só ventre, lhe seja reservada tanta comida, que serviria para matar a fome de mil ventres; e que para um só corpo haja tantas vestes que poderiam cobrir os corpos de mil criaturas humanas. E assim aquilo que não se usa se conserva em vão e para quem se conserva não se sabe, com efeito, enquanto o Espírito Santo afirma por boca dos profetas: 'Perturba-se sem motivo o homem que acumula tesouros não sabendo para quem reserva os bens' (Sl 39,7). Nus fomos dados à luz pela mãe, necessitados de comida e bebida; nus há de nos receber a terra que nos nutriu (Eclo 5,14; 1Tm 6,7). Possuímos em comum as riquezas do céu, o esplendor do sol é igual para o rico e para o pobre, como também a luz da lua e das estrelas, a temperatura do ar e as gotas da chuva; assim também a porta da igreja, a fonte de santificação, a remissão dos pecados, a participação no altar, o corpo e o sangue de Cristo e a unção do carisma; a graça do Pai generoso, a visita do Senhor e o perdão dos pecados: de tudo isso existe uma igual distribuição por parte do Criador sem acepção de pessoas.

Nem o rico diversamente do pobre usa desses dons. Miserável e infeliz o homem que quer ter algo mais do que aquilo que lhe é suficiente. Disso vêm os calores febris, os rigores do frio, as diversas dores em todos os membros do corpo. Este não pode ser saciado nem por comida nem por bebida, a fim de que a avidez aprenda que o dinheiro de nada lhe aproveita, que uma vez posto de lado causa nos seus guardiões um medo diurno e noturno, e eles não podem ficar tranquilos e seguros nem por uma só hora, pois os ladrões, com efeito, estão prontos a armar ciladas. Enquanto se guarda o dinheiro, cultivam-se as propriedades e se presta atenção aos arados, enquanto se pagam os tributos, enquanto se constroem os celeiros, enquanto se procuram os lucros, enquanto se fazem esforços para mitigar os ímpetos dos poderosos, enquanto se quer despojar os que possuem menos, enquanto a muitos fazem sentir suas iras e mal conseguem suportar aquelas que recebem, enquanto saboreiam as carícias da carne, enquanto se divertem seduzidos à mesa e não se horripilam quando vão aos espetáculos, ao passo que não temem contaminar e contaminar-se, em um átimo desaparecem deste mundo, despojados de tudo, levando consigo apenas os pecados pelos quais terão de suportar penas eternas".

JOÃO RESSUSCITA UM JOVEM

Enquanto o Apóstolo João dizia essas coisas, eis que um jovem defunto, que se casara havia apenas trinta dias, foi levado ali por sua mãe viúva. A multidão que participava nos ritos fúnebres, chegando com a mãe viúva, se prostrou aos pés do apóstolo: todos emitiam um grande lamento, feito de prantos e gemidos, e lhe pediam que em nome do seu Deus ressuscitasse também esse jovem, como Drusiana. Houve naquele momento tanto pranto da parte de todos, que inclusive o apóstolo teve dificuldade para deter as lágrimas. Começou a orar e chorou longamente.

Levantou-se, então, abriu os braços aos céus e orou muito tempo interiormente. Tendo feito isso pela terceira vez, ordenou que fossem tiradas as ataduras do cadáver e disse: "Jovem Estateus, transportado pelo amor da tua carne, logo perdeste a alma, não conheceste o teu criador e o salvador dos homens, não conheceste um verdadeiro amigo e por isso incorreste nas insídias do pior inimigo, para que ressurgindo dos mortos, uma vez rompido o vínculo da morte, possas anunciar a estes dois homens, Ático e Eugênio, quanta glória perderam e que castigo vão encontrar".

Estateus se levantou, prostrou-se diante do apóstolo e começou a admoestar severamente seus discípulos dizendo: "Vi chorar os vossos anjos, enquanto os de Satanás se alegravam com a vossa perdição (Lc 15,12). Em pouco tempo perdestes o reino já preparado para vós, mansões preparadas com brilhantíssimas joias, cheias de alegrias, de banquetes, de delícias, cheias de vida duradoura e de luz eterna; enquanto adquiristes lugares tenebrosos, pés de dragões, de chamas estridentes, de tormentos e penas incomparáveis, de dores, de angústias, cheios de temor e tremor espantoso. Perdestes lugares cheios de flores incorruptíveis, brilhantes e com harmonias de órgão, e ganhastes lugares de urros nos quais dia e noite não cessa o lamento, o urro e o luto. Não vos resta senão pedir ao apóstolo do Senhor, que, assim como me chamou de volta à vida, assim vos chame de volta da perdição à salvação, leve de novo as vossas almas ao livro da vida do qual foram tiradas".

JOÃO DEVOLVE O PODER DE CURAR, RESSUSCITAR E FAZER MILAGRES

Depois que acabou de dizer essas coisas, aquele que havia pouco fora ressuscitado e todo o povo com Ático e Eugênio se prostraram aos pés do apóstolo, pedindo que intercedesse por eles junto ao Senhor. O santo apóstolo lhes respondeu que durante trinta dias apresentassem a Deus uma digna penitência e que nesse meio-tempo suplicassem insistentemente, a fim de que os bastõezinhos de ouro voltassem a ser como eram antes e assim os calhaus ficassem de novo no baixo nível em que tinham sido criados.

Transcorrido o espaço de trinta dias, os bastõezinhos e as pedras mudaram de natureza. Ático e Eugênio vieram dizer ao apóstolo: "Sempre ensinaste a misericórdia, sempre pregaste o perdão e ordenaste que cada um fosse indulgente para com os outros homens. E, se Deus quer que um homem perdoe ao outro, tanto mais é indulgente e perdoa ao homem Ele, que é Deus, contra o qual pecamos: aquilo que cometemos no mundo com olhos de concupiscência, agora o reparamos com olhos de penitência. Portanto, te pedimos, senhor, te suplicamos, ó apóstolo de Deus, que com os fatos nos demonstres a indulgência que sempre prometeste com palavras".

Então o santo João respondeu aos que choravam e se arrependiam, enquanto todos lhe suplicavam por eles: "O Senhor, nosso Deus, disse estas palavras quando se referiu aos pecadores: 'Não quero a morte do pecador, mas, ao contrário, que se converta e viva' (Ez 33,11). Enquanto nos instruía sobre os penitentes, o Senhor Jesus Cristo disse: 'Em verdade vos digo que há grande alegria no céu por um pecador que se arrepende e se converte de seus pecados; há maior alegria por ele do que por noventa e nove justos que não pecaram' (Lc 15,7). Ficai então sabendo que o Senhor aceita a penitência destes". Voltou-se depois para Ático e Eugênio e disse: "Ide e levai os ramos de volta para a floresta de onde os pegastes, porque já voltaram à sua natureza; quanto às pedras, levai-as de volta à praia, pois se tornaram de novo pedras como eram antes". Feito isso, recuperaram a graça perdida, a ponto de começarem a expulsar demônios como antes, a curar os enfermos, a restituir a vista aos cegos, e o Senhor dia após dia realizava muitos milagres por meio deles.

JOÃO É LEVADO AO TEMPLO DE
DIANA E DESTRÓI OS ÍDOLOS

Enquanto isso acontecia em Éfeso, e todas as províncias da Ásia todo dia mais honravam a João difundindo a sua fama, aconteceu que alguns devotos dos ídolos causaram um levante: arrastaram João ao Templo de Diana e o obrigaram a lhe oferecer ímpios sacrifícios. Nessa circunstância, o bem-aventurado João disse: "Levemo-los todos para a Igreja do Senhor nosso Jesus Cristo. Quando invocardes o seu nome, farei cair este templo e aniquilar este vosso ídolo. Depois disso achareis justo abandonar a superstição daquilo que foi vencido e destruído pelo meu Deus, [e] converter-vos a Ele".

Ouvindo isso, o povo se calou; poucos eram contrários a esse desafio, [e] a maior parte estava de acordo. Então o bem-aventurado apóstolo exortava serenamente o povo para se afastar do templo. Assim que todos saíram de lá, ele em voz clara gritou: "Para que todo este povo saiba que o ídolo de vossa Diana é um demônio e não Deus, que se quebre com todos os ídolos manufaturados que se adoram nesse templo, mas que nenhuma pessoa saia ferida". A essas palavras do apóstolo, todos os ídolos e o templo se fizeram em pedaços e tornaram-se pó que o vento transporta da superfície terrestre. Naquele dia se converteram assim doze mil pagãos, sem contar as mulheres e as crianças, e todos foram batizados e fortificados pelo bem-aventurado João.

Tendo ouvido a notícia do fato, Aristodemo, sumo sacerdote de todos aqueles ídolos, cheio de péssimo espírito, suscitou um levante na população, a fim de que se preparassem para a guerra uns contra os outros. E João [disse] a ele: "Dize-me, Aristodemo – intimando-o –, que deverei fazer para tirar a indignação de tua alma?" Aristodemo lhe respondeu: "Se queres que eu acredite em teu Deus, eu te darei a beber um veneno. Se o beberes e não morreres, isso quer dizer que o teu Deus é o verdadeiro". Respondeu o apóstolo: "O veneno que me deres a beber não poderá fazer-me mal algum, uma vez que eu tenha invocado o nome do meu Senhor". E Aristodemo de novo lhe [disse]: "Quero que antes vejas outros bebê-lo e imediatamente morrer, a fim de que teu coração possa absorver esta bebida". E o bem-aventurado a ele: "Já te assegurei antes que estou pronto a beber, a fim de que tu creias no Senhor Jesus Cristo, quando me vires são e salvo mesmo depois de ter bebido o veneno".

JOÃO É LEVADO A BEBER VENENO

Aristodemo, portanto, se apresentou ao procônsul e pediu-lhe dois homens que deviam ser executados. Depois de tê-los posto no meio da praça, diante de todo o povo, à vista do apóstolo mandou que bebessem o veneno. Assim que o engoliram, exalaram o espírito. Então Aristodemo se voltou para João e disse: "Ouve-me e deixa esta tua doutrina pela qual afastas o povo

583

do culto aos deuses, ou então toma e bebe para demonstrar que o teu Deus é onipotente, caso permaneças incólume depois de ter bebido o veneno".

Enquanto os dois que tinham tomado o veneno jaziam mortos, o bem-aventurado João, sem perturbar-se e corajosamente, tomou o cálice, fez o sinal da cruz e falou assim: "Deus meu e Pai do Senhor nosso Jesus Cristo, cuja palavra criou os céus, a quem tudo está submetido, ao qual servem todas as criaturas, ao qual toda potestade está sujeita, te teme e treme; nós te invocamos para que nos ajudes. À invocação do teu nome, a serpente se aquieta, o dragão foge, a víbora silencia, assim como a inquieta lagartixa ou a rãzinha se imobiliza, o escorpião se acalma, o príncipe é vencido, e mesmo um batalhão compacto não pode fazer nada de mal; todos os animais venenosos, os répteis mais ferozes e nocivos, são traspassados. Extingue este suco venenoso, extingue suas operações mortíferas, elimina as forças que contém; a todos os que criaste dá à tua presença olhos para ver, ouvidos para ouvir e coração para compreender a tua grandeza".

Dito isso, muniu a boca e todo o seu corpo com o sinal da cruz e bebeu todo o conteúdo do cálice. Depois que bebera, disse: "Peço que aqueles por quem bebi se convertam a ti, Senhor, e mereçam receber com a tua graça iluminadora a salvação que vem de ti". O povo, depois de ter observado por três horas João com o rosto sorridente, sem nenhum sinal de temor, começou a bradar em alta voz: "O único verdadeiro Deus é aquele que João adora".

JOÃO RESSUSCITA OS ENVENENADOS

Aristodemo, todavia, ainda não acreditava, apesar de repreendido pelo povo, e dirigindo-se a João disse: "Falta-me ainda uma prova: se em nome do teu Deus ressuscitares os que morreram com esse veneno, minha mente ficará livre de qualquer dúvida". Depois dessas palavras, a multidão se revoltou contra Aristodemo gritando: "Queimaremos a ti e tua casa se continuares a aborrecer o apóstolo com teu palavrório".

Vendo então João que estava para surgir um perigoso levante, ordenou silêncio e disse enquanto todos estavam atentos: "A primeira virtude divina que devemos imitar é a paciência, com a qual conseguimos suportar a insipiência dos incrédulos. Por isso, se Aristodemo é escravo da infidelidade, devemos desatar-lhe os nós. Que seja obrigado, ainda que tarde, a reconhecer seu criador: não desistirei com efeito desta obra até que seja aplicado o remédio à sua ferida. Como os médicos que têm em suas mãos um doente necessitado de cuidados, assim somos nós. Se Aristodemo ainda não foi curado pelas coisas agora há pouco feitas, será curado com aquelas que agora farei".

E, tendo chamado Aristodemo, deu-lhe a sua túnica. E ficou apenas com o manto. Aristodemo lhe perguntou: "Por que me deste a tua túnica?" E João: "Para que ao menos assim abandones confuso tua infidelidade". Aristodemo retrucou: "E como a tua túnica me fará abandonar minha infidelidade?" E o apóstolo: "Vai colocá-la sobre os corpos dos defuntos, dizendo assim: 'O apóstolo de nosso Senhor Jesus Cristo me enviou para em seu nome ressuscitardes, e todos sabemos que a vida e a morte obedecem ao meu Senhor Jesus Cristo'".

Aristodemo obedeceu, viu-os ressuscitar, prostrou-se diante de João e foi correndo ter com o procônsul ao qual disse em voz alta: "Escuta-me, escuta-me, procônsul. Tu te recordarás, penso eu, como muitas vezes me irei contra João e maquinei todo dia muitas coisas contra ele. Temo experimentar sua ira. É um deus, com efeito, sob forma humana (At 14,11): bebeu o veneno e não só continuou incólume, mas pela minha mão, com o contato de sua túnica, chamou de volta à vida aqueles que pelo veneno tinham morrido, e agora não mostram mais nenhum sinal de morte".

Ouvindo essas coisas, o procônsul exclamou: "E agora que queres que eu faça?" Respondeu Aristodemo: "Vamos lançar-nos a seus pés, peçamos perdão e façamos tudo o que nos mandar". Foram juntos e se prostraram pedindo indulgência. Ao vê-los, ele ofereceu a Deus uma ação de graças e lhes impôs uma semana de jejum, ao termo da qual os batizou no nome de nosso Senhor Jesus Cristo, de seu Pai onipotente e do Espírito Santo iluminador. Depois de batizados com suas famílias, domésticos e parentes, quebraram todos os simulacros e construíram uma basílica com o título de São João. Nela o mesmo João apóstolo morreu do seguinte modo.

JESUS APARECE A JOÃO E ANUNCIA A SUA MORTE

Estando com 97 anos de idade, apareceu-lhe o Senhor Jesus Cristo com seus discípulos e disse-lhe: "Vem comigo! Agora é tempo que exultes no meu convívio com os meus irmãos". Quando o apóstolo se levantou, o mesmo Senhor acrescentou: "No domingo de minha ressurreição, isto é, dentro de cinco dias, virás a mim". Dito isso, regressou ao céu.

Nesse meio-tempo, tendo alvorecido o domingo, grande multidão se reuniu na igreja construída em honra dele. Ali, depois de celebrar os seus ritos muito antes de cantar o galo, por volta da hora terceira, fez este discurso ao povo: "Conservos, coerdeiros e copartícipes do Reino de Deus, tendes verificado as obras que por mão nossa o Senhor Jesus se dignou de fazer. Fomos executores de sua vontade; Ele é o verdadeiro autor dos prodígios, que pareciam efetuados por nós, e tudo acontecia porque Ele ordenava. Por sso, enquanto o concedeu acolhemos esses milagres, os dons, o repouso, o ministério, a glória, a fé, a comunhão, os ofícios, a graça: toda vez que o concedeu, nós os distribuímos. Nele subsistimos, nos alegramos, vivemos.

Mas agora Ele me chama a outra obra, que se deve consumar no Senhor. Desejo finalmente morrer e estar com Cristo (Fl 1,23), a fim de que, aquilo que um dia desejamos, se digne finalmente de concedê-lo. O que então vos deixarei como garantia? Tendes o seu penhor, tendes o depósito da sua mansidão e da sua piedade: que Ele se conserve entre vós e que se alegre com a vossa vida casta. Que entre vós se coma o alimento dos pais (Jo 4,34), a fim de que possais fazer a vontade do Pai, que está no céu. Entre vós se forme aquela coroa que Ele compôs com as flores revestidas com o seu próprio sangue. Tu, Senhor Jesus, benignamente protege com tua misericórdia a Igreja que edificaste. Só Tu, Senhor, és misericordioso, pio, salvador, justo, raiz de imortalidade e fonte de incorruptibilidade: santifica a sociedade desta comunhão".

E acrescentou: "Deus, Tu que és o único salvador, que te dignaste de conquistar para a liberdade este povo com a gloriosa paixão do teu Filho, digna-te de guardá-lo sempre fiel, eu te peço, Senhor, aos teus preceitos e fecundo nas tuas boas obras. Atende as súplices preces do teu servo, guia este teu povo, consagrado a ti, fiel às tuas leis, Tu que o escolheste como povo adotivo e, além disso, te dignaste de chamar filho; dirige-o na caminhada segundo os teus preceitos dia e noite, pelo bendito unigênito teu Filho, que quis fazer-nos seus discípulos e nos constituiu pastores de suas ovelhas, que contigo, Pai, vive, domina e reina com o Espírito Santo eternamente".

JOÃO RELEMBRA O DESEJO DE CASAMENTO E A SUA OPÇÃO POR JESUS

Terminada a oração, pediu que lhe dessem pão e, dirigindo o olhar ao céu, o abençoou, partiu-o e deu a todos, dizendo: "A minha parte esteja convosco e a vossa, comigo". E logo disse a Birro (assim se chamava aquele homem) que tomasse consigo dois irmãos e que estes o seguissem com dois cestos e duas enxadas. Tendo saído então com grande serenidade de alma, ordenou que os demais se afastassem. Chegando a certo sepulcro, um dos irmãos disse aos jovens que Birro havia levado: "Cavai, filhos". E eles cavaram. O apóstolo os convidava a cavar mais fundo e, tendo obedecido à ordem, exortava os outros irmãos a fim de que seguissem o Senhor e corroborava o espírito de cada um com a Palavra de Deus, para não parecer ocioso, enquanto os jovens cavavam. Quando a cova estava pronta como ele queria, enquanto ninguém sabia de nada, tirou a veste, estendeu-a naquela cova e em pé, apenas com a veste de linho, estendeu as mãos e invocou a Deus dizendo: "Deus Pai onipotente e Tu, Senhor Jesus, que cercaste o teu servo com especial amor, que foste anunciado pelos patriarcas, nomeado na Lei, que te dignaste de chamar e admoestar mediante os profetas, que com o evangelho tiveste piedade e perdoaste os pecados; Tu, que por meio dos teus apóstolos fizeste que se congregassem os teus povos, mataste a sede dos sedentos com a fonte de tua palavra, mitigaste os cativos e encheste o vazio da alma com a graça do Espírito Santo, recebe finalmente a alma do teu João, que chamaste tão cedo, mas tão tarde quiseste. A ti a minha prece, Senhor, que concedeste que o teu servo permanecesse limpo da união conjugal, enquanto eu, jovem ainda, estava para me casar, Tu me apareceste e me disseste: 'Necessito de ti, João, busco tua obra'. Mas, quando pelo ardor juvenil, me pareceu que não poderia observar o preceito e desconfiando de não poder manter a integridade, voltei a minha mente para o matrimônio, Tu, como bom Senhor, me infligiste uma doença corporal e me castigaste, Senhor, mas não me fizeste morrer. E a terceira vez em que pensei em casar-me, me chamaste de novo com um impedimento menos grave. No mar, Senhor, te dignaste de me dizer: 'João, se não fosses meu, eu te permitiria tomar mulher'. É, portanto, um dom teu, Tu te dignaste de domar e abrandar o impulso da carne e infundir-me a fé a fim de que nada me parecesse mais precioso que o amor para contigo. Tu me chamaste da morte à vida, do mundo ao Reino de Deus, da fraqueza da alma à salvação. Tu és para mim lei de vida, motivo de esperança, prêmio da batalha. Vou por isso para ti, Senhor, vou para a tua companhia; vou, digo, com a alma agradecida, porque te dignaste de me convidar aos teus banquetes, Senhor Jesus Cristo, sabendo que te desejava com todo o coração.

Vi a tua face e ressuscitei dos mortos. O teu perfume excitou em mim desejos eternos; tua voz é cheia de melíflua suavidade e o teu falar não é comparável à linguagem dos anjos. Toda vez que te pedi para ir ter contigo, me disseste: 'Espera para libertar o povo, fazendo-o crer em mim'. Guardaste o meu corpo de toda imundície e sempre iluminaste minha alma. Não me abandonaste quando fui para o exílio nem quando regressei. Puseste em minha boca a palavra da tua verdade, a fim de que recordasse os testemunhos do teu poder. Escrevi as obras que vi pessoalmente, as palavras que com estes meus ouvidos ouvi proferires de tua boca.

E agora, Senhor, te confio os filhos que a tua virgem Igreja, como verdadeira mãe, gerou para ti com a água e o Espírito Santo. Recebe-me, a fim de estar com meus irmãos, com os quais vieste convidar-me. Abre-me, que estou batendo à porta da vida. Os príncipes das trevas não me venham ao encontro. Não chegue até mim o pé da soberba nem uma mão a ti estranha me agarre. Toma-me, Tu, segundo a tua promessa, e leva-me à comunhão das tuas alegrias, onde contigo se rejubilam todos os teus amigos. Tu, na verdade, és o Cristo, filho do Deus vivo, que por ordem do Pai salvaste o mundo, que te dignaste de enviar também teu Santo Espírito, para que nos recordasse os teus preceitos. Com este mesmo Espírito te damos graças por todos os séculos sem fim".

E, depois de tudo isso, o povo respondeu: "Amém!" E uma copiosa luz apareceu sobre o apóstolo durante cerca de uma hora, a tal ponto que olho nenhum podia suportar o que via. Depois de ter feito o sinal da cruz por todo o corpo, ficou imóvel e disse: "Só Tu estás comigo, Senhor Jesus". E se jogou na cova dentro da qual pusera as vestes dizendo-nos: "Paz a vós, irmãos".

JOÃO ENTRA NO SEPULCRO PARA SER ENTERRADO

Abençoando a todos e a todos saudando, pôs-se ainda vivo no seu sepulcro e mandou que o cobrissem enquanto glorificava o Senhor. E logo entregou o espírito.

Entre os que estavam presentes, alguns se alegravam, outros choravam. Alegravam-se por terem sido testemunhas de tamanha graça; entristeciam-se porque lhes era arrebatada a vista e a presença de tal homem.

Um maná saído do sepulcro apareceu logo a todos. Daquele lugar ainda surge até hoje. E pelas suas orações acontecem frequentes milagres. Ali os doentes são libertados de toda enfermidade e perigo, e cada pessoa consegue o efeito de suas preces.

Este é o bem-aventurado João, a cujo respeito o Senhor muito tempo antes dissera a Pedro: "Se quero que ele fique assim até que eu venha, a ti que te importa? Tu, segue-me" (Jo 21,22). Queria assim significar que o bem-aventurado Pedro honraria o Senhor com a morte na cruz.

Este, portanto, com um súbito sono corporal, repousa em paz, pelo Senhor nosso Jesus Cristo, que honra seus santos com coroas de louros e é o eterno louvor e a expectativa de todos os seus eleitos. Ao qual seja glória e eternidade, virtude e poder, pelos séculos dos séculos. Amém.

ATOS DE MATEUS DE ACORDO COM AS MEMÓRIAS APOSTÓLICAS SEGUNDO ABDIAS

Mateus, que também tinha o nome de Levi, escreveu o evangelho que leva o seu nome. Deixou os seus bens e profissão para seguir Jesus.

Dependendo de onde faz-se derivar o nome Mateus, ele pode significar "presente de Deus" (do hebraico mattenai*) ou "o fiel" (do hebraico* 'emet*). Já o cognome Levi, também hebraico, significa "meu coração". Mateus era publicano. Tinha uma alfândega, onde recolhia imposto para o império, embora não sendo funcionário imperial. Com certeza sabia, além do aramaico, o grego.*

Mateus era filho de Alfeu (Mc 2,14) e teria nascido em Cafarnaum, na Galileia. Morreu martirizado, por meio de uma espada de um bandido que lhe traspassou as costas, a mando do rei da Etiópia, Írtaco, quando celebrava a Eucaristia. Uma igreja foi construída no local, em sua homenagem. O motivo da sua morte, como veremos mais adiante, ocorreu porque Mateus se recusou a convencer Ifigênia, que havia feito voto de castidade, a casar-se com o monarca. Clemente de Alexandria afirma que Mateus morreu naturalmente.

No século X, seus restos mortais foram levados para a Itália, onde se encontram na Catedral de São Mateus, em Salerno.

A nossa tradução tem como referência Fabricius J. A., Codex Apocryphus Novi Testamenti *(Hamburgo, 1719, p. 388-742).*

MATEUS É ENVIADO EM MISSÃO PARA A ETIÓPIA

Levi, filho de Alfeu, que pertencia à classe dos publicanos. Mateus, chamado ao seu serviço pelo Senhor nosso Jesus Cristo, entrou no número dos seus discípulos. E por último teve o supremo ofício do apostolado. Antes da Ascensão do Senhor ao céu, não fez nada a mais do que todos os outros companheiros do ofício apostólico (Mt 9,9; 10,3). Depois de ter recebido com os outros o Espírito Santo iluminador, pôs-se a pregar o evangelho pelo mundo e, na divisão, lhe coube a Província da Etiópia. E para lá seguiu.

OS MAGOS ZAROÉM E ARFAXAT

Enquanto habitava na grande cidade de Nadaver, onde Heglipo era rei, ali se encontraram também os dois magos Zaroém e Arfaxat. Com formas estranhas, estes burlavam o rei para que este acreditasse que eram deuses. E o rei acreditava neles em toda coisa, e com ele todo o povo da cidade. Das regiões afastadas da Etiópia, todo dia vinha gente para adorá-los. A seu capricho, faziam, com efeito, deter-se logo os pés dos homens tornando-os imóveis; impediam a vista e o ouvido dos homens; ordenavam às serpentes que mordessem, coisa que também costumam fazer os magos, e curavam muitos com encantamento. Como se costuma dizer, mostra-se mais respeito aos maus por temor que aos bons por amor. Assim também eles eram venerados entre os etíopes e por muito tempo considerados em alta estima.

MATEUS DESMASCARA OS MAGOS

No entanto, como se diz muitas vezes, Deus cuida dos homens e por isso mandou contra eles o Apóstolo Mateus, o qual entrou na cidade e começou a desmascarar a falácia deles. Todos os que eles aprisionavam ele os libertava em nome de Jesus Cristo; restituía a vista àqueles que dela haviam sido privados e devolvia o ouvido àqueles aos quais eles tinham tirado; também as serpentes que eles instigavam a morder os homens, ele as fazia adormecer, e curava totalmente as suas mordidas com um sinal do Senhor.

O EUNUCO CANDACE ACOLHE MATEUS EM SUA CASA

Ao vê-lo, um etíope, eunuco de nome Candace, que fora batizado pelo apóstolo e diácono Filipe, aproximou-se dele e se lançou a seus pés em um ato de adoração, dizendo: "Isso aconteceu porque Deus dirigiu o seu olhar para esta cidade, para livrá-la do poder dos dois magos, que homens estultos acreditam ser deuses".

Ele acolheu o apóstolo na sua casa. Todos aqueles que eram amigos do eunuco Candace iam procurá-lo. Eles ouviam as palavras de vida e criam no Senhor Jesus Cristo. Todos os dias muitos eram batizados, vendo que, tudo aquilo que os magos faziam em dano dos homens, o discípulo de Deus o anulava. Eles causavam feridas a todos que podiam, a fim de que os feridos os chamassem para curá-los: eram todos levados a crer que eles os curavam, porque cessavam o mal.

O apóstolo de Cristo, Mateus, curava não apenas aqueles a quem eles haviam feito mal, mas também todos aqueles que lhe eram levados, atingidos por qualquer enfermidade, e pregava ao povo a verdade de Deus, de sorte que todos ficavam admirados com a sua eloquência.

MATEUS FALA DE GN 11,1-9 PARA MOSTRAR QUE OS DISCÍPULOS SABEM AS LÍNGUAS DE TODOS OS POVOS

Então o eunuco Candace, que o acolhera em casa com todo o respeito, interrogou-o dizendo: "Eu te peço que me expliques como tu, judeu, aprendeste tão bem a falar grego, egípcio e etíope a ponto de superar aqueles mesmos que nestas regiões nasceram". Respondeu o apóstolo: "Todos sabem que o mundo tinha uma só linguagem para todo o gênero humano. Mas sobreveio em todos uma grande presunção e os levou a erguer uma torre tão alta que o seu cimo alcançasse o céu. Mas o Deus onipotente frustrou essa presunção fazendo de tal modo que enquanto um falava o outro não fosse capaz de entendê-lo. Surgiram então muitos gêneros de línguas e aquela união que transparecia também da única língua foi dividida (Gn 11,1-9). Boa, na verdade, era a intenção de erguer uma torre que chegasse até o céu, mas ruim a presunção de querer alcançar as coisas santas com meios não santos. Vindo então o Filho do Deus onipotente, quis mostrar de que modo deviam construir para poder chegar ao céu: a nós, seus doze apóstolos, enviou do céu o Espírito Santo enquanto estávamos reunidos em um único lugar; veio sobre cada um de nós, e fomos inflamados como o ferro é inflamado pelo fogo. Depois desse fato, desapareceu de nós o medo e o esplendor, começamos a falar aos gentios em diversas línguas e a anunciar as maravilhas do nascimento de Cristo: como nasceu como o unigênito Filho de Deus, aquele cuja origem eterna ninguém conhece; anunciou-nos então e nos convenceu de que nascera do seio de Maria virgem, fora amamentado pela Virgem íntegra, fora nutrido e instruído, batizado e tentado, padecera e morrera, fora sepultado e ao terceiro dia ressuscitara, subira ao céu e está sentado à direita de Deus onipotente, de onde há de vir para julgar todas as gerações por meio do fogo. Não sabemos apenas essas quatro línguas, como pensas, mas sabemos também as línguas de todos os povos (nós que somos discípulos de Jesus Crucificado) e não mediocremente, mas bem; em qualquer povo a que chegarmos, aí chegaremos sabendo já bem a língua dele. Agora não se edifica mais uma torre com pedras, mas com as virtudes de Cristo, por parte de todos os que foram batizados em nome do Pai e do Filho e do Espírito Santo: a estes é aberta a torre erguida por Cristo, e edificando-a sobem para alcançar o Reino dos Céus".

MATEUS ADORMECE OS DRAGÕES DOS MAGOS

Enquanto o apóstolo falava dessas coisas e muitas outras semelhantes, com discurso místico, chegou uma pessoa dizendo que os famosos magos estavam chegando ali cada um com um dragão. Estes estavam armados, seu sopro lançava chamas de fogo e das narinas emitiam miasmas sulfurosos, cujo odor matava os homens. Tendo ouvido isso, Mateus se benzeu e com calma se encaminhou ao encontro deles. Mas o eunuco Candace opôs-se a ele, fechou a porta e disse: "É melhor que lhes fales da janela, se o julgares oportuno". O apóstolo lhe respondeu: "Abre-me, abre-me! Na janela estarás tu, para ver como esses magos vão arder".

Aberta a porta, o apóstolo saiu, e eis os dois magos aparecendo cada um com seu dragão. Mas, assim que chegaram perto, todos os dois dragões adormeceram aos pés do apóstolo, que disse aos magos: "Onde está a vossa habilidade? Se tendes o poder, despertai-os. Se eu não pedisse ao meu Senhor Jesus Cristo, eles teriam dirigido contra vós toda a fúria que acendestes contra mim. Enquanto o povo não chegar aqui, eles dormirão. Como nenhum deles ousou aproximar-se, eu os acordarei e lhes mandarei que voltem mansamente para seus próprios lugares". Zaroém e Arfaxat, com as suas artes mágicas, tentavam acordá-los, mas não podiam fazer que abrissem os olhos nem fazer que se mexessem nem um pouco. O povo, porém, suplicava ao apóstolo, dizendo: "Nós te esconjuramos, senhor, que livres o povo e a cidade dessas feras". E o apóstolo disse: "Não tenhais medo. Eu farei que essas feras se afastem daqui todas mansas".

MATEUS ACORDA OS DRAGÕES

Dirigindo-se aos dragões, disse: "Em nome do meu Senhor Jesus Cristo, que foi concebido por obra do Espírito Santo e nasceu de Maria virgem, que Judas traiu entregando-o aos fariseus que o crucificaram, que foi deposto da cruz e sepultado, que ressuscitou dos mortos ao terceiro dia, que se entreteve conosco por quarenta dias, que nos deu as provas de tudo o que ensinara antes da paixão e nos recordou tudo o que nos tinha dito, que depois de quarenta dias subiu ao céu diante dos nossos olhos (At 1,3s.) e agora está sentado à direita de Deus Pai, de onde há de vir a julgar os vivos e os mortos, no seu nome, digo e, pelo seu poder, acordai. E chamo como testemunha a ti, ó Espírito, para que os faças retornar a seu lugar, todos mansos, sem tocar e machucar ninguém, quer homem quer animal quer pássaro". A essa voz, as serpentes levantaram a cabeça e começaram a se afastar do lugar e, abertas as portas, saíram dali publicamente e, sob o olhar de todos, não tornaram a aparecer nunca mais.

MATEUS FALA AO POVO DO DRAGÃO-DEMÔNIO

Feito isso, o apóstolo assim falou ao povo: "Escutai, irmãos e filhos, e vós todos que desejais libertar as vossas almas do verdadeiro dragão que é o demônio. Deus me enviou a vós para a vossa salvação a fim de que abandoneis a falsidade dos ídolos e vos convertais àquele que vos criou. Quando Deus fez o primeiro homem, colocou-o em um paraíso de delícias, com a sua mulher, que tinha tirado da costela dele. O paraíso de delícias está acima de todos os montes e perto do céu e não tem em si coisa alguma que possa prejudicar a salvação do homem! Os pássaros ali não são espantados pela voz e pelo aspecto do homem, não nascem ali espinhos ou cardos, as rosas e os lírios ali não murcham, nenhuma flor morre. O homem não estava sujeito a esforços, à saúde não sobrevinha a doença, para a tristeza, para o pranto e para a morte não havia lugar algum. A aura que ali soprava era mais que um sopro, era uma carícia e conferia vida perpétua. Como a fumaça do incenso expulsa os odores desagradáveis, assim as narinas inspiravam a vida perpétua, e esta fazia com que o homem não incorresse nem no cansaço nem na dor, mas se conservasse sempre igual, sempre jovem, sempre contente, sempre vigoroso. Ali ressoavam melodias angélicas, e dulcíssimas vozes chegavam ao ouvido. Não havia lugar para as serpentes, para os escorpiões, para o *falangio* (?), nem havia mosca alguma nociva à saúde do homem. Ali os leões, os tigres e os leopardos serviam aos homens. Qualquer coisa que o homem ordenasse aos pássaros, ou às feras, logo executavam reverentes à sua ordem sabendo que era caríssimo a Deus e por Ele amado. Dali partiam também quatro rios: o primeiro se chama Guion, o segundo Fison, o terceiro Tigre e o quarto Eufrates, ricos em todas as espécies de peixes. Não havia ali latidos de cães nem rugidos de leões: tudo era gracioso, manso, calmo. A abóbada do céu nunca se escurecia com as nuvens, ali os relâmpagos nunca pintavam de rubro o céu, não ribombavam os trovões. Havia somente uma alegria sem fim e uma festa sem término.

O motivo pelo qual, pouco antes, recordei que ali não havia lugar para a serpente é porque o anjo manifestou por meio dela a própria inveja; foi por isso amaldiçoada por Deus e não pôde mais permanecer, amaldiçoada, em um lugar abençoado. No anjo a inveja nasceu quando viu que no homem havia a imagem de Deus, e também pelo fato de que o homem podia falar nessa região bem-aventurada com todos os animais. Por isso o anjo concebeu dentro de si mesmo a inveja, entrou na serpente com seu poder angélico, persuadiu a mulher de Adão a comer do fruto da árvore, que Deus proibira sob pena de morte; e depois disso a mulher, tendo errado, seduziu o marido. Como todos os dois haviam prevaricado, foram enviados para cá para esta terra, árida e deserta, no exílio, longe da região da vida, na da morte. O autor da culpa, identificada na serpente, recebeu uma eterna maldição.

Mas teve piedade desse fato e dessa condição dos homens o próprio Filho de Deus, que havia criado o homem conforme a ordem do seu Pai, e, diante de nossa fraqueza, dignou-se a assumir a forma humana, sem perder a sua divindade. Este é o homem Jesus Cristo, que resgatou o homem e venceu o diabo, sofrendo o patíbulo da cruz; suportou zombarias e insultos, e venceu a morte com sua morte, para reabrir o paraíso ressurgindo. Para que ninguém duvidasse disso, Cristo fez que ali entrassem todos os que creem nele e, em primeiro lugar, o próprio ladrão ao qual, do lenho da cruz, tirou das costas o madeiro da prevaricação, e, a todas as outras almas santas, que saem deste corpo, abriu o paraíso; enfim, aos que ressuscitam no último dia abriu também o Reino Dos Céus para que possam entrar nele. Assim, portanto, contanto que se queira, é possível correr para a vida e para o paraíso, de onde o nosso pai carnal Adão foi expulso e por isso nos gerou a todos neste exílio, ao passo que o Senhor nosso Jesus Cristo nos abriu as portas do paraíso para que retornemos àquela pátria na qual não há lugar para a morte e na qual reina eterna alegria".

MATEUS É CHAMADO PARA RESSUSCITAR O FILHO DA RAINHA DA ETIÓPIA

Enquanto o apóstolo falava dessas coisas, verificou-se um fato triste: chorava-se pela morte do filho do rei. Em seu funeral tomavam parte os magos, os quais não podendo ressuscitá-lo tentavam persuadir o rei de que o filho fora arrebatado pelos deuses no seu número, para se tornar um dos deuses, e a ele era, portanto, necessário erguer uma estátua e um templo.

Ouvindo isso, o eunuco Candace foi ter com a rainha e lhe disse: "Ordena que sejam detidos esses magos! Peço que venha a nós o apóstolo de Deus, Mateus. Se ele o ressuscitar, farás de modo que estes sejam queimados vivos, porque todos os males em nossa terra acontecem precisamente por causa deles".

Então, por ordem de Candace, homem honrado junto ao rei, foram enviados alguns [homens] e estes pediram ao apóstolo e o introduziram com honras junto ao rei. Enquanto Mateus entrava, prostrou-se-lhe aos pés, Eufenissa, rainha da Etiópia, dizendo: "Reconheço que tu és o apóstolo enviado por Deus para a salvação dos homens e que és discípulo daquele que ressuscitava os mortos e afastava dos homens todas as enfermidades com uma ordem. Agora, portanto, vem e invoca o seu nome sobre o meu filho falecido: creio, com efeito, que, se assim fizeres, ele voltará à vida". E o apóstolo a ela: "Tu, por enquanto, não ouviste da minha boca a pregação do meu Senhor Jesus Cristo. Como podes dizer: 'Creio'? Fica sabendo, todavia, que teu filho voltará a ti".

Tendo entrado, ergueu as mãos para o céu e disse: "Deus de Abraão, Deus de Isaac, Deus de Jacó, Tu, que enviaste o teu Filho Unigênito do céu à terra para a nossa restauração, para afastar-nos do erro e para mostrar-nos que Tu és o verdadeiro Deus, recorda-te das palavras do Senhor Jesus Cristo teu Filho: 'Em verdade vos digo, tudo aquilo que pedirdes em meu nome a meu Pai, Ele vos concederá' (Jo 16,23). Portanto, a fim de que as nações conheçam que fora de ti não existe outro onipotente, e que se demonstre verdadeira esta afirmação de minha boca, que este menino reviva". E, tomando a mão do falecido, disse: "Em nome do Senhor meu crucificado, levanta-te Eufránor". E o menino logo se pôs novamente de pé.

Vendo isso, o coração do rei se encheu de espanto: ordenou que lhe trouxessem coroas e púrpura, enviou arautos pela cidade e pelas diversas províncias da Etiópia, dizendo: "Vinde à cidade para verdes a Deus escondido na aparência de um homem".

A PEDIDO DE MATEUS, O POVO CONSTRÓI UMA IGREJA

Tendo acorrido toda uma multidão com círios, pedras, incenso e todo o necessário para o sacrifício, o apóstolo do Senhor, Mateus, dirigiu-se a todos com estas palavras: "Eu não sou Deus, mas servo do Senhor meu, Jesus Cristo, filho de Deus onipotente, o qual me enviou a vós, para que abandoneis o falso culto dos vossos deuses e vos convertais ao verdadeiro Deus. Mas, se vós credes que eu sou Deus, embora sendo um homem como vós, quanto mais deveis crer que é Deus aquele do qual me professo servo e em cujo nome ressuscitei este filho do rei. Vós todos que compreendestes o evidente motivo de tudo isto; afastai da minha vista ouro, coroas de ouro e prata; vendei-os, erguei um Templo ao Senhor e ali vos reunireis para ouvir a palavra do Senhor".

A essas palavras se reuniram onze mil homens, trabalharam trinta dias, levaram a termo o sagrado Templo, que Mateus chamou "Igreja da Ressurreição", pois o motivo da ereção tinha sido uma ressurreição.

MATEUS PRESIDE A IGREJA DA ETIÓPIA

Mateus presidiu essa igreja durante vinte e três anos. Ali estabeleceu presbíteros e diáconos, distribuiu-os por cidades e aldeias e erigiu em diversas localidades muitas igrejas. Foram batizados também o Rei Eglipo, a Rainha Eufenissa e o filho ressuscitado, Eufránor. A filha, Ifigênia, batizada, permaneceu virgem de Cristo.

Nesse meio-tempo, os magos, cheios de temor, fugiram para a Pérsia. Seria por demais demorado narrar a quantos cegos foi restituída a vista, quantos paralíticos foram curados, quantos foram libertados dos demônios e quantos foram os mortos ressuscitados pelo apóstolo.

O rei permaneceu cristianíssimo e assim também a sua excelentíssima consorte, e com eles o exército e o povo todo da Etiópia. Seria por demais demorado contar como todas as estátuas e todos os templos foram destruídos. Postas de lado todas essas coisas, por causa do seu imenso número, narrarei de que modo o apóstolo consumou a sua santa paixão.

MORRE O REI EGLIPO

Passado não muito tempo, o Rei Eglipo, já em idade avançada, partiu ao encontro do Senhor. O governo do reino foi assumido pelo Rei Írtaco, seu irmão. Este queria tomar como esposa a filha do rei defunto, Ifigênia, que já se havia consagrado a Cristo, tomando o sagrado véu das mãos do apóstolo, e se achava à frente de mais de duzentas virgens. O rei, todavia, esperava que por meio do apóstolo conseguiria comover-lhe a alma. Por isso começou a conversar com São Mateus e lhe disse: "Eu te dou a metade do meu reino, sob a condição de me permitires tomar Ifigênia como esposa". Disse-lhe o bem-aventurado apóstolo: "Segundo um bom costume do rei teu predecessor, todo sábado costumam se congregar (o povo) lá onde eu prego a palavra do Senhor. Ordena tu mesmo que lá se reúnam todas as virgens que estão com Ifigênia. Ouvirás com toda a clareza quantos louvores e quanto bem eu vou dizer sobre o matrimônio, e como são agradáveis a Deus as uniões santas".

Depois de ouvir essas palavras, Írtaco se alegrou e ordenou que àquela reunião comparecesse também Ifigênia, para ouvir da boca do apóstolo o convite a consentir em tornar-se esposa de Írtaco.

MATEUS DISCURSA SOBRE O MATRIMÔNIO

Depois que se fez na reunião um grande silêncio, o apóstolo abriu a boca e disse: "Escutai as minhas palavras, filhos todos da Igreja, escutai e procurai compreender tudo o que ouvis, e que fique esculpido em vossos corações. Vosso Deus abençoou as núpcias, e Ele mesmo permitiu que o amor dominasse no corpo e nos sentidos da carne, a fim de que o marido ame sua mulher e a mulher ame seu marido. Vemos, porém, que muitas vezes a mulher odeia seu marido até lhe causar a morte com o veneno, a espada ou o repúdio. Da mesma forma, também o marido trama muitas vezes contra a própria mulher, sendo tanta a paixão da carne a ponto de fazer galopar a mente. O que aconteceria se na carne não houvesse o estímulo do amor? Portanto, se este estímulo cumpre a sua função por amor a Deus, e o homem toma mulher por desejo de prole e assim a mulher toma marido, o matrimônio é bom, não vai contra o preceito de Deus. Isto, no entanto, sob a condição de que a mulher não queira conhecer absolutamente outro homem e, de modo semelhante, que o homem também tenha absoluto horror a conhecer outra mulher. Se com efeito o preceito de Deus é observado pelos cônjuges, Ele os purifica de toda sórdida união. A impureza é propriedade do corpo, e é lavada por Deus através das esmolas e das obras de misericórdia. Não, porém, assim as culpas: elas não se lavam senão por meio de lágrimas de penitência. O matrimônio, portanto, tem a impureza da união, mas não a culpa. Além disso, em dias determinados, na quaresma e no tempo dos legítimos jejuns, se alguém não se abstém quer do comer carne, quer da união dos corpos, não só incorre na impureza, mas também na culpa. Não, na verdade, porque o comer seja culpa; ao contrário, porque pecado e culpa é o comer não proporcionalmente. Enfim, se alguém primeiro come alimento carnal e depois, no mesmo dia no qual se nutriu de comida natural, indebitamente ousa aproximar-se do alimento espiritual, torna-se réu de culpa, de desonestidade tanto a um como a outro alimento, não pelo fato de ter comido, mas porque contra a ordem, contra a justiça e contra a regra de Deus se alimentou antes na carne. Portanto, não é uma ação qualquer dos homens que torna culpados, mas antes é a irracionalidade daquela ação que condena o seu autor.

Muitas vezes vimos também homicidas adorar estátuas e simulacros; certamente é homicida aquele que mata um inimigo da paz ou um bárbaro ou um ladrão, mas o fato de que tal homicídio seja bom não significa que esse homicídio seja bom, não significa precisamente que seja bom o homicídio de um inocente. Muitas vezes também a mentira, embora seja má por natureza, parece que se torna boa conforme as circunstâncias. Se, com efeito, tu és capaz de esconder-te por um motivo qualquer de um inimigo que tem a intenção de te ferir, e ele pergunta onde é que foste te esconder, então és levado não só a negar, mas também a perjurar. Aqui temos dois males, a mentira e o perjúrio; e todos esses dois males, todavia, podem dar lugar a um bom fruto. Deus não estabeleceu precisos limites ao nosso modo de agir, como se se pudesse dizer: 'Tive medo de mentir por causa do seu juízo, por isso traí aquele homem'. Ou então: 'Tive medo de perder um salário, por isso incorri no dano de uma imensa quantidade de ouro'.

Portanto, não existem ações assim tão más que sejam sempre más por natureza, mas somente pela nossa intemperança. Se anseias ardentemente receber os mistérios dos sacramentos alguém que não foi inundado pela água celeste, transforma em crime um ato bom e incorre no estado de eterna pena por essa ação pela qual podias ser libertado da condenação à pena eterna. O mesmo acontece com o casamento: o matrimônio é abençoado por Deus, é por Deus santificado, e é consagrado com a especial bênção de Deus dada pelos sacerdotes, mas alguns veem nele certa ofensa à Divindade".

MATEUS IMPEDE O CASAMENTO DO NOVO REI COM IFIGÊNIA, FILHA DO REI EGLIPO

Enquanto São Mateus dizia essas coisas, o Rei Írtaco e seu séquito, com sumos elogios, se excitavam sobremaneira erguendo louvores. O rei, com efeito, pensava que o apóstolo estava dizendo essas coisas para dobrar o ânimo de Ifigênia para [aceitar] o matrimônio. Mas, depois que cessou o grande clamor dos louvores em relação a ele, o apóstolo retomou o discurso e, depois que se fez silêncio, disse: "Vede, irmãos e filhos, até onde foi o nosso discurso, até admitir que se possa fazer um homicídio bom. Quando por exemplo se mata alguém que, se não fosse morto, poderia ter matado muitos inocentes: assim por exemplo foram mortos Golias, Sísara, Amã, assim foi degolado Holofernes (1Sm 17,50; Jz 4,21; Est 7,10; Jt 14,18), e foram justamente mortos aqueles que eram inimigos dos vossos tronos e do vosso reino. Assim também acontece com os matrimônios: enquanto são ratificados, resplandece neles a honestidade de uma obra boa, contanto que tenham sido realizados santa, justa e integralmente, de modo irrepreensível e íntegro. Se um servo, portanto, ousasse usurpar a esposa do rei, é evidente que não só incorreria em uma ofensa, mas em uma culpa tão grande que seria justamente condenado a ser queimado vivo, e não já porque tomou mulher, mas porque violou a esposa do seu rei. Assim também tu, ó Rei Írtaco, filho diletíssimo, sabendo que Ifigênia, filha do rei teu predecessor, se tornou esposa do rei celeste e consagrada com o sagrado véu, como podes tomar a esposa de um rei mais poderoso do que tu e uni-la contigo em matrimônio?" A essas palavras, o Rei Írtaco, que louvara cada uma das exposições do apóstolo, se afastou todo encolerizado.

Mas o apóstolo, destemido, tranquilo e com a maior franqueza, prosseguiu o discurso e disse: "Ouvi-me, ó vós que temeis a Deus. Como se sabe, um rei terreno domina durante pouco tempo; o rei dos céus, porém, reina eternamente. E, enquanto faz com que tenham grandes alegrias aqueles que se conservam fiéis a Ele, da mesma forma prende com tormentos inenarráveis aqueles que renunciam à fé nele e à santidade. Se é preciso temer a ira de um rei ofendido, muito mais na verdade se deve temer a ofensa do rei celeste. A ira do homem, com efeito, quer ela se manifeste com suplícios, fogo ou ferro, tem o seu cumprimento em tormentos temporais; mas a ira de Deus condena os pecadores às eternas chamas da Geena. Por isso o Senhor e Mestre, Jesus Cristo, prevendo o futuro, disse: 'Vós vos encontrareis diante de reis, os quais, além de vos flagelarem e matarem, não terão mais nada a fazer'. Por isso vos digo: não tenhais medo deles! Temei, ao contrário, aquele que, depois de vos ter matado, pode enviar-vos para a perdição e vos precipitar na Geena. É a este que deveis temer" (Mt 10,17.28; Lc 12,5).

IFIGÊNIA PEDE PARA SER CONSAGRADA

Então Ifigênia, na presença de todo o povo, lançou-se aos pés do apóstolo e disse: "Eu te suplico por este mesmo, do qual és apóstolo, que imponhas sobre mim e sobre estas virgens as mãos, a fim de que pela tua palavra sejamos consagradas ao Senhor e escapemos das ameaças daquele que, quando meu pai ainda era vivo, bem como minha mãe, nos lançava muitas ameaças para nos amedrontar e procurava aliciar-nos com muitos dons. E, se ousava fazer isso quando eles eram vivos, o que não fará agora que é o senhor do reino?"

O apóstolo, confiante no seu Senhor, não temia Írtaco; impondo o véu sobre a cabeça dela e sobre a cabeça de todas as outras virgens que estavam com ela, pronunciou esta bênção: "Deus, plasmador do corpo e insuflador da alma (Gn 2,7), que não desprezas a idade, não reprovas o sexo e não consideras indigna da tua graça nenhuma condição, mas és igualmente criador e redentor de todos; Tu, que te dignaste de escolher, como bom pastor, estas tuas filhas de todas as estirpes, para conservar a coroa da perpétua virgindade e preservar a pureza da alma, circunda-as com o escudo da tua proteção, a fim de que estas, que preparaste para alcançar toda a virtude e glória, sob a direção da tua sabedoria, vencendo elas as lisonjas da carne e renunciando a um lícito matrimônio, mereçam a indissolúvel união com o teu Filho, Senhor nosso Jesus Cristo. Nós te pedimos, Senhor, que as defendas não com as armas carnais, mas com a grande força do Espírito, a fim de que, protegendo Tu os seus sentidos e os seus membros, não possa dominar em seus corpos o pecado. Sobre elas que desejam viver sob a proteção da tua graça não prevaleça jamais aquele que defende o mal ou é inimigo do bem, sobre elas, que são agora vasos consagrados ao teu nome. A chuva benéfica da tua graça celeste extinga todo ardor natural e acenda a chama da perpétua castidade. Que o seu rosto pudico não sofra escândalos, nem algum descuido seu ofereça aos incautos a ocasião de pecar; que nelas a virgindade seja prudente e resplandecente, armada de fé íntegra, de inabalável esperança, de amor sincero, a fim de que às almas preparadas para a continência seja oferecida a força necessária para superar todas as ciladas do diabo; e, desprezando as coisas presentes, persigam as futuras, prefiram os jejuns às orgias carnais, anteponham as lições sagradas às refeições abundantes. Nutridas de orações, aperfeiçoadas na doutrina, iluminadas pelas vigílias, exerçam a atividade da graça virginal. Fortifica estas, que são tuas, com as armas da virtude interna e externamente e prepara para elas um caminho virginal sem obstáculos, a fim de que sejam capazes de percorrê-lo até o fim, pelos méritos do mesmo Senhor nosso Jesus Cristo, redentor de nossas almas, ao qual com Deus Pai e com o Espírito Santo, seja a honra e a glória agora e sempre por todos os séculos dos séculos". Elas responderam: "Amém!" Ele depois celebrou os mistérios do Senhor.

MATEUS É MORTO POR UM GOLPE DE ESPADA

Tendo despedido a assembleia, ele se deteve ali para que junto do altar, onde fora por ele celebrado [o sacrifício] do corpo de Cristo, tivesse triunfo, diante de todos, o martírio do apóstolo. Portanto, não muito tempo depois, um sicário, enviado por Írtaco, atacou pelas costas o apóstolo, que orava com as mãos estendidas, e assim com um golpe de espada o fez mártir de Cristo.

Quando ouviu isso, todo o povo se dirigiu com tochas acesas contra o palácio. Mas contra o povo enfurecido correram todos os presbíteros, os diáconos e os clérigos, junto com os discípulos do santo apóstolo, dizendo: "Não queirais agir contra o preceito do Senhor! Também o Apóstolo Pedro, quando desembainhou a espada e cortou a orelha de Malco, que com a turba fora prender o Senhor, mas a fim de que não parecesse que ele queria desforrar-se da própria prisão, ordenou a sua cura fazendo que a orelha amputada fosse reposta em seu lugar. O apóstolo obedeceu, e a orelha imediatamente ficou firme em seu lugar. E então o Senhor disse a Pedro: 'Será que meu Pai, se eu quisesse, não poderia pôr à minha disposição mais de doze mil legiões de anjos?' (Mt 26,53; Lc 22,51; Jo 18,10). Celebremos, portanto, todos, com alegria, o martírio do apóstolo e fiquemos à espera de tudo aquilo que o Senhor quiser dispor".

IFIGÊNIA LUTA CONTRA ÍRTACO

Nesse meio-tempo Ifigênia, a santíssima virgem de Cristo, distribuiu aos sacerdotes e ao clero tudo aquilo que possuía em ouro, em prata e em pedras preciosas, dizendo: "Erguei uma igreja digna do apóstolo de Cristo e, o que sobrar, distribuí-o aos pobres. É necessário que eu sustente o combate contra Írtaco".

Depois dessas coisas se verificou um segundo fato a propósito de Ifigênia: o Rei Írtaco, na ilusão de poder chegar a obter seu consentimento, enviou-lhe as mulheres de todos os nobres. Mas isso não lhe foi possível; convocou então os magos, a fim de sequestrá-la com o auxílio dos demônios. Como nem eles tampouco pudessem fazê-lo, mandou atear fogo ao edifício no qual Ifigênia, em companhia das virgens de Cristo, conversava com o seu Senhor dia e noite.

MATEUS APARECE A IFIGÊNIA E A DEFENDE

Mas, enquanto ao redor ardia o fogo, apareceu um anjo do Senhor junto com o Apóstolo Mateus, dizendo: "Ifigênia, mantém a calma e não tenhas medo no meio dessas chamas; elas voltarão para aquele pelo qual foram suscitadas". Enquanto as chamas crepitavam em torno do pretório onde se achava a santa Ifigênia, Deus fez erguer-se um vento fortíssimo que mudou a direção do incêndio da residência da sua virgem, dirigindo-o para o palácio de Írtaco, que foi destruído a tal ponto que na prática não se salvou nada de quanto ali existia. Írtaco ainda conseguiu sair com seu único filho, mas teria sido melhor que houvesse perecido.

ÍRTACO COMETE SUICÍDIO

Em seu filho entrou um demônio violentíssimo. Saindo apressadamente, o levou ao sepulcro do Apóstolo Mateus; com as mãos ligadas às costas pelo mesmo demônio, foi obrigado a confessar os crimes do pai. Os sinais da elefantíase cobriram o próprio Írtaco da cabeça aos pés. Como os médicos não podiam curar essa enfermidade, ele empunhou a espada contra si mesmo, traspassou-se, realizando assim um digno suplício. A espada com a qual havia ferido pelas costas o apóstolo do Senhor lhe atravessou o estômago.

IFIGÊNIA CONTINUA A OBRA DE MATEUS

Depois disso, todo o povo saltou de alegria pela morte dele. À frente de todo o exército foi posto o irmão de Ifigênia, chamado Beor, o qual por mérito de Ifigênia tinha recebido a graça do Senhor, pela mão de Mateus. Este, portanto, na idade de 25 anos, começou a reinar na Etiópia e manteve o reinado por sessenta e três anos. Sua vida chegou até aos 88 anos. Enquanto ainda vivia, pôs à frente do exército o primeiro dos seus filhos, e o segundo nomeou rei. Viu os filhos dos seus filhos, até a quarta geração. Manteve uma sólida paz com os romanos e os persas. Além disso, todas as províncias da Etiópia ficaram cheias de igrejas católicas, até o dia de hoje, por mérito de Ifigênia.

Ali acontecem coisas maravilhosas sempre que se celebra o bem-aventurado apóstolo. Ele foi o primeiro a escrever, em hebraico, o Evangelho de nosso Senhor Jesus Cristo, que, com o Pai e o Espírito Santo, vive e reina pelos séculos dos séculos. (Essa informação sustentou, por muito tempo, a hipótese, hoje não mais aceita, de que Mateus seria o primeiro evangelho a ser escrito.)

ATOS DE BARTOLOMEU DE ACORDO COM AS MEMÓRIAS APOSTÓLICAS SEGUNDO ABDIAS

Bartolomeu é um nome aramaico e significa Filho de Tolmai ou Talmai. *Ele é citado nos evangelhos e em Atos. Tudo indica que Bartolomeu é o mesmo Natanael, aquele que Jesus chamou (viu) debaixo da figueira. De Natanael é dito pela própria boca de Jesus que ele é um homem justo, um verdadeiro seguidor da Torá (Jo 1,43-51). Natanael significa "Deus dá", em sentido amplo, a Torá. Outros estudiosos afirmam serem todos aqueles que Deus dá a Jesus como seguidores. Assim, o nome Bartolomeu seria apenas patronímico, sendo o nome verdadeiro Natanael.*

Bartolomeu morreu degolado, na Armênia, por ordem do Rei Astíages, irmão do Rei Polímio, que se havia convertido ao cristianismo juntamente com a sua família e doze cidades da Armênia. Os sacerdotes da região instigaram a sua condenação por causa das inúmeras conversões que ele levava para o cristianismo. Antes da decapitação, a sua pele foi tirada. Há também tradições que dizem que foi apedrejado e, depois, crucificado.

Bartolomeu tornou-se o apóstolo da Armênia, onde pregou o evangelho. A Armênia foi a primeira nação a aderir ao cristianismo, em 301 E.C.

A nossa tradução tem como referência Fabricius J. A., Codex Apocryphus Novi Testamenti *(Hamburgo, 1719, p. 388-742).*

BARTOLOMEU VAI EM MISSÃO PARA A ÍNDIA

Segundo os historiógrafos, consta que há três Índias. A primeira é a Índia que está voltada na direção da Etiópia; a segunda se estende em direção aos medos; e a terceira está nos confins da Ásia. Com efeito, na parte ocidental se estende a região das trevas; na parte oposta está o oceano.

Entrementes, o Apóstolo Bartolomeu, chegando à Índia, entrou no Templo da Índia, onde se achava a estátua de Astarot, e como se fosse um peregrino deteve-se ali por algum tempo. Nessa estátua havia um demônio que se dizia capaz de curar os doentes e de restituir a vista aos cegos que ele mesmo cegara. Esses homens viviam, de fato, sem o verdadeiro Deus e enganados por um falso deus. Este engana do seguinte modo aqueles que não têm o verdadeiro Deus: inflige-lhes dores, enfermidades, defeitos físicos e perigos. Faz profecias a fim de que sacrifiquem a ele. Quando abandona aqueles dos quais se havia apoderado, todos pensam que foram curados por ele. Evidentemente aos estultos pode parecer que ele cure, enquanto repara o mal não o curando, mas sim cessando sua ação prejudicial: quando cessa de causar impedimento, há quem creia que fez uma cura.

Enquanto São Bartolomeu permanecia ali, Astarot não podia dar nenhuma profecia ou oráculo, nem reparar o mal daqueles aos quais o fizera. O templo ficara cheio de doentes. Àqueles que todos os dias sacrificavam Astarot não podia dar nenhuma profecia.

Os doentes trazidos de regiões longínquas, visto que nem sacrificando nem se dilacerando, segundo o seu costume, conseguiam alguma melhora, iam para alguma outra cidade, onde era venerado outro demônio chamado Beiret. E, sacrificando ali, perguntaram por que motivo o seu deus Astarot não era mais capaz de fazer profecias. Beiret respondeu: "O motivo é que o vosso deus é mantido prisioneiro e relegado assim a ponto de não ousar respirar nem falar desde que lá entrou Bartolomeu".

Perguntaram-lhe: "Mas quem é esse Bartolomeu?" Respondeu o demônio: "É o amigo do Deus onipotente, que veio a essa província para expulsar os deuses venerados pelos indianos". E eles a ele: "Dize as suas características a fim de que possamos encontrá-lo, pois entre tantos milhares de pessoas é para nós difícil reconhecê-lo".

O DEMÔNIO DESCREVE BARTOLOMEU: CABELOS NEGROS E CRESPOS...

Respondeu o demônio e disse: "Sua cabeça tem cabelos negros e crespos. Sua carne é branca, os olhos grandes, o nariz regular e retilíneo, as orelhas cobertas pelos cabelos da cabeça, a barba é fluente com poucos cabelos brancos; de estatura é normal, nem pequena nem grande. Veste uma túnica branca, tingida de púrpura; está coberto com um manto branco que tem uma pedra preciosa de cor púrpura em cada ponta dos quatro ângulos. Já vai fazer agora vinte e seis anos que sua roupa não fica suja! Também as suas sandálias, de largas correias, durante vinte e cinco anos ainda não envelheceram (Dt 8,4; 19,5; Ne 9,21). Cem vezes ao dia e cem vezes à noite ele ora de joelhos a Deus.

Sua voz é forte como a de uma trombeta. Com ele caminham os anjos de Deus, os quais fazem com que ele nunca se canse nem tenha fome; tem sempre o mesmo aspecto e o mesmo ânimo, a todo momento está alegre e jucundo. Prevê tudo, sabe de tudo, fala e compreende toda língua dos humanos. Assim é aquele sobre o qual me interrogais, sobre ele eu vos dou a resposta, que ele já conhece. Os anjos de Deus lhe prestam serviço e eles mesmos lhe anunciam tudo. E, quando começardes a lhe apresentar perguntas, se ele quiser, se mostrará a vós, e, se não o quiser, não podereis vê-lo. Eu vos exorto, então, quando o encontrardes, que lhe peçais que não venha para cá, ou que os anjos que estão com ele não me façam aquilo que fizeram com o meu colega Astarot".

BARTOLOMEU É PROCURADO

Eles, então, voltaram e começaram a percorrer todas as estalagens dos peregrinos para examinar o rosto e as vestes de cada um, mas durante dois dias não o encontraram.

Ocorreu, no entanto, que um homem invadido pelo demônio se pôs a gritar: "Apóstolo Bartolomeu, tuas orações me estão queimando!" E o apóstolo lhe disse: "Cala-te e sai dele!" E logo se viu livre aquele homem que por muitos anos fora atormentado pelo demônio.

Polímio, rei daquela província, que tinha uma filha lunática, ficou sabendo do caso do endemoninhado e da sua libertação e enviou alguns homens, que lhe suplicaram dizendo: "Minha filha está vivendo em más condições; como libertaste Psêustio, que sofreu durante muitos anos, assim também, peço-te, liberta minha filha". O apóstolo então se levantou, foi ter com o rei e logo entrou onde estava a filha. Assim que a viu, esta parecia estar aprisionada em cadeias, visto que tentava agarrar tudo e todos com mordidas, esquartejava e matava aqueles que conseguia agarrar, a tal ponto que ninguém ousava aproximar-se dela. A primeira coisa que o apóstolo fez foi mandar que a livrassem das cadeias, e como os servos não tinham a coragem de estender as mãos, disse o apóstolo: "Eu venci agora o inimigo que estava nela, e vocês ainda estão com medo dela? Ânimo! Livrai-a! Levantai-a e alimentai-a, e amanhã de manhã trazei-a a mim". Eles foram, fizeram como lhes tinha ordenado o apóstolo, e o demônio depois não mais a atormentou de modo algum. Assim que o rei soube do fato, carregou camelos com ouro e prata, pedras preciosas e vestidos, e mandou que procurassem o apóstolo. Mas não o achou mais, e assim tudo foi levado de volta para o palácio real.

BARTOLOMEU APARECE E PREGA AO REI
SOBRE A VIRGINDADE DE MARIA

Aconteceu depois que, passada a noite e enquanto estava começando a aurora do novo dia, estando as portas fechadas, apareceu ao rei o apóstolo em seu próprio quarto e disse: "Por que me procuraste o dia todo com ouro e prata, pedras preciosas e vestidos? Estes dons são necessários àqueles que andam à procura das coisas terrenas; eu, porém, não desejo nada de terreno ou de carnal. Quero por isso que saibas que o Filho de Deus se dignou de nascer como homem do útero de uma virgem, de modo que um homem nascido da vulva de uma virgem entre os próprios segredos de uma virgem tivesse consigo aquele Deus que fez o céu e a terra, o mar e tudo aquilo que ele contém. Nascido como homem, este, com o parto de uma virgem, começou a ter o início da vida como homem, Ele, cujo início vem de antes de todos os séculos de Deus Pai. Existiu desde sempre sem início e deu origem a todas as criaturas, tanto visíveis como invisíveis. Esta virgem, então, não desejando absolutamente homem algum, foi a primeira [mulher] a fazer ao Deus onipotente o voto de observar a virgindade. Disse 'a primeira' porque, desde que o homem foi criado, no início dos séculos, nenhuma jamais formulou tal voto a Deus; ela, portanto, foi a primeira mulher que estabeleceu isso em seu coração, dizendo: 'Senhor, eu te ofereço a minha virgindade'. Não aprendera isso com ninguém nem fora solicitada à imitação de um exemplo; tinha estabelecido permanecer virgem de modo especial por amor a Deus.

A ela, recolhida em seu quarto, apareceu o anjo Gabriel, resplandecente como o sol; e a ela, espantada diante dessa visão, disse o anjo: 'Não temas, Maria, porque conceberás'. Ela, já tranquilizada, perguntou com calma: 'Como acontecerá isto sem que eu conheça nenhum homem?' E o anjo a ela: 'Para isso o Espírito Santo virá sobre ti e o poder do Altíssimo te cobrirá com sua sombra. Por isso o Santo que nascer de ti será chamado Filho de Deus'.

Este, depois de seu nascimento, aceitou ser tentado pelo diabo, por aquele que tinha derrotado o primeiro homem convencendo-o a tomar da árvore proibida por Deus o fruto e comer; permitiu-lhe, portanto, aproximar-se dele; e, como tinha dito a Adão, isto é, ao primeiro homem, por meio de sua mulher 'come', e ele comeu, e por isso foi expulso do paraíso e exilado neste mundo, onde deu origem a todo o gênero humano, assim disse a ele: 'Manda a estas pedras que se transformem em pão, e come dele para que não sofras fome'.

Respondeu-lhe Cristo: 'Não só de pão vive o homem, mas de toda Palavra de Deus'. Este demônio, portanto, que derrotara um homem levando-o a comer perdeu essa sua vitória por obra de um homem que fazia jejum e era moderado. Era justo que aquele que tinha vencido o filho da virgem (Adão, tirado da terra virgem) fosse vencido pelo Filho da Virgem".

BARTOLOMEU AFIRMA AO REI POLÍMIO QUE CRISTO ENVIOU OS DISCÍPULOS A TODOS OS POVOS PARA ENFRENTAR O DEMÔNIO

Então o Rei Polímio lhe perguntou: "E como foi a primeira a ser virgem aquela da qual nasceu o homem Deus?" O apóstolo respondeu: "Dou graças a Deus porque escutas com diligência. Ao dizer primeiro homem, quis indicar Adão, feito da terra; a terra da qual ele tinha sido feito era virgem, porque não tinha sido contaminada com sangue humano nem fora tirada do sepulcro de um morto. Era evidente, como disse, que aquele que tinha vencido o filho da virgem fosse vencido pelo Filho da Virgem. E por isso, como alguém que sai vencedor da luta contra um tirano manda os seus súditos percorrer toda a terra desse tirano, a fim de que ergam as insígnias triunfais do seu rei vitorioso, assim este homem vitorioso, Cristo Jesus, enviou-nos a todas as províncias, a fim de afastarmos todos os satélites do diabo, que ocupam insistentemente os templos e arranquemos do poder daquele que foi vencido os homens que os veneram. Por isso não aceitamos nem prata nem ouro, ao contrário os desprezamos, assim como Ele também os desprezou. Desejamos ser ricos lá onde reina unicamente o seu domínio, onde não há sofrimento nem doença nem tristeza nem morte, e sim felicidade perpétua e perene beatitude, alegria sem fim, e as delícias duram eternamente. Por isso, tendo entrado em vosso templo, mantenho prisioneiro o demônio que do ídolo pronunciava respostas, com o auxílio dos anjos daquele que me enviou".

BARTOLOMEU PROPÕE O BATISMO AO REI

Bartolomeu disse ao rei: "Por esse motivo, se fores batizado e te deixares iluminar, eu te farei ver e conhecer como é grande o mal do qual foges. Escuta com que artifício o demônio cura todos aqueles que jazem no templo enfermos, enganando-os: assim como o diabo venceu o primeiro homem, como diversas vezes já disse, por força daquela mesma péssima vitória exerce o seu poder em alguns, ao que parece, em grau maior e em grau menor em outros, naqueles que pecam menos. Ele mesmo, o diabo, faz adoecer os homens com seus artifícios e persuade estes a crer nos ídolos. E, assim que tem poder sobre as almas deles, cessa de atormentá-los só quando dizem a uma pedra ou a um metal: 'Tu és o meu deus'. Mas, como o demônio que se escondia na estátua é mantido por mim prisioneiro, ele não pode dar nenhuma resposta àqueles que lhe sacrificam e o adoram. E, se queres experimentar que é precisamente assim, eu lhe ordenarei que entre na sua estátua e farei com que ele mesmo confesse justamente isto, que está prisioneiro e não pode mais dar respostas". Disse-lhe o rei: "Amanhã à hora primeira, os sumos sacerdotes se encontrarão prontos para sacrificar--lhe, e eu virei logo depois, para assistir a esse acontecimento admirável".

O DEMÔNIO RECONHECE QUE É PRISIONEIRO DE JESUS, EM BARTOLOMEU

No dia seguinte, na primeira hora do dia, o demônio se pôs a gritar para os sacrificantes: "Parai de sacrificar-me, ó miseráveis, para que não tenhais que padecer sofrimentos piores que os meus; sou mantido prisioneiro com grilhões de fogo pelos anjos de Jesus Cristo, que foi crucificado pelos judeus, na convicção de que Ele poderia ser mantido prisioneiro da morte; Ele, no entanto, aprisionou a própria morte, nossa rainha; Ele atou com vínculos de fogo o próprio príncipe nosso, o esposo da morte; no terceiro dia o vencedor da morte e do diabo ressuscitou e deixou o sinal da cruz para os seus discípulos, que enviou a todas as partes do mundo; entre estes aqui está um que me retém prisioneiro. Eu então peço que vós lhe supliqueis por mim, a fim de que me deixe ir para outra província".

Depois de ouvir isso, disse Bartolomeu: "Confessa, imundíssimo, quem foi que causou males a todos estes que aqui sofrem enfermidades de todo gênero". Respondeu o demônio: "Nosso príncipe, o diabo, que agora se acha atado, é aquele que nos envia ao meio dos seres humanos, para que primeiro lhes façam mal ao corpo, tendo em vista que não podemos dominar as almas dos seres humanos, a não ser depois de nos terem sacrificado. Depois que nos tiverem oferecido sacrifícios pela saúde do corpo, paramos de afligi-los, tendo agora começado a possuir as almas. É assim, portanto, que, deixando de lhes fazer mal, damos a impressão de curá-los e somos venerados como deuses; com certeza somos demônios, satélites daquele que Jesus crucificado, filho da Virgem, fez prisioneiro. A partir do dia em que o Apóstolo Bartolomeu chegou aqui estou me consumindo, preso por cadeias de fogo, e falo porque ele assim me ordenou! De outro modo, em sua presença, eu não teria ousado falar, na verdade, nem tampouco o nosso próprio príncipe".

BARTOLOMEU CONVOCA O POVO A DERRUBAR A IMAGEM DA DIVINDADE

Então o apóstolo, dirigindo-se ao demônio, disse: "Por que não salvas a todos aqueles que vieram a ti?" Respondeu o demônio: "Se fazemos mal aos corpos, sem, porém, que pudéssemos fazer mal às almas, os corpos continuam sofrendo". O apóstolo então, voltando-se para a multidão, [disse]: "Eis o deus que veneráveis, eis aquele que acreditáveis que poderia curar-vos. Escutai agora de mim quem é o verdadeiro Deus, vosso criador que está nos céus. Não deveis acreditar em pedras sem vida. Mas, se quereis que ore por vós e que todos eles voltem a gozar de boa saúde, derrubai este ídolo e fazei-o em pedaços. E, assim que tiverdes feito isso, dedicarei este templo ao nome de Cristo e consagrarei a vós todos com o batismo neste Templo de Cristo".

Então por ordem do rei todos pegaram cordas e roldanas, mas não conseguiam abater o ídolo. O apóstolo, por isso, disse a eles: "Desatai-lhe os vínculos". Soltas todas as cordas, disse ao demônio que estava nele: "Se não queres que eu te faça precipitar em um abismo, sai dessa estátua, parte-a em pedaços e depois vai-te para o deserto, onde não há nenhum pássaro que voa, nem lavrador que lavra, nem jamais ressoou a voz humana". E ele logo saiu e demoliu todo o gênero de ídolos; fez em pedaços não somente o grande ídolo, mas também as insígnias ornamentais e destruiu todas as pinturas.

O POVO RECONHECE QUE DEUS É UM SÓ

Então todo o povo, a uma só voz, se pôs a gritar: "Um só é o Deus onipotente, aquele que o seu Apóstolo Bartolomeu prega".

Feito isso, o apóstolo ergueu as mãos ao céu e disse: "Deus de Abraão, Isaac e Jacó, que enviaste o teu Filho Unigênito, Deus nosso e Senhor nosso, a fim de que nos redimisse com o seu sangue e nos fizesse filhos teus, Tu que és reconhecido como o verdadeiro Deus, que és sempre o mesmo e permaneces imutável: único Deus, Pai não gerado, e único Filho seu, o Unigênito Senhor nosso Jesus Cristo, e um só Espírito Santo, luz e mestre das nossas almas, que nos concedeste o poder de dar a saúde aos enfermos, a vista aos cegos, limpar os leprosos, libertar os paralíticos, afugentar os demônios, ressuscitar os mortos. Ele nos disse também: 'Em verdade vos digo que tudo aquilo que pedirdes ao Pai em meu nome, Ele vos dará (Jo 16,23), peço, portanto, em seu nome, que toda esta multidão seja salva, que saibam todos que Tu és o único Deus no céu, na terra e no mar, que concedes a salvação pelo mesmo Senhor nosso Jesus Cristo, por meio do qual a ti, Senhor e Pai, seja honra e glória em unidade com o Espírito Santo por todos os séculos dos séculos'".

O ANJO DE DEUS APARECE, FAZ O SINAL DA CRUZ E EXPULSA UM DIABO EM FORMA DE EGÍPCIO

Depois que todos responderam "Amém!", apareceu um anjo do Senhor, resplandecente como o sol, e com asas. E, voando pelos quatro ângulos do templo, esculpiu com o dedo sobre os blocos quadrados um sinal da cruz, dizendo: "Isto diz o Senhor que me enviou: 'Como estais todos limpos da vossa enfermidade, assim eu purifiquei este templo de toda imundície e daquele que ali habitava, ao qual o apóstolo de Deus ordenou que se retirasse para um lugar deserto e longe dos seres humanos'. Além disso o Senhor, a cuja vista não deveis espantar-vos, me ordenou que vos ensinasse a fazer aquele sinal que antes tracei sobre essas pedras; vós, também, fazei, com o dedo, o mesmo sinal sobre a vossa fronte, e fugirão para longe de vós todos os males".

O anjo do Senhor mostrou-lhes depois um egípcio gigante, mais escuro que a fuligem, de rosto afilado e longa barba, cabelos longos até os pés e olhos de fogo como ferro em brasa; da boca soltava fagulhas e das narinas saíam chamas sulfúreas; tinha asas espinhosas como um porco-espinho, e as mãos amarradas às costas, estando atado com grilhões de fogo.

O anjo do Senhor lhe disse: "Uma vez que escutaste a voz do apóstolo e limpaste este templo de todo o gênero de imundície, segundo a promessa do apóstolo, vou te libertar para que possas ir para um lugar onde não há nem pode haver consórcio humano, e ali ficarás até o dia do juízo". Depois que se viu livre, [o demônio] soltou um uivo espantoso, voou para longe e nunca mais foi visto. Sob o olhar de todos o anjo do Senhor também partiu voando para o céu.

O REI POLÍMIO, O POVO E O PALÁCIO REAL SE CONVERTEM AO CRISTIANISMO

O rei, então, com a mulher e os filhos, todo o exército, todo o povo que fora salvo, assim como os das cidades vizinhas que pertenciam ao seu reino, creu e foi batizado; depôs a coroa e a púrpura; e começou a seguir o apóstolo.

O REI ASTÍAGES E OS SUMOS SACERDOTES REAGEM CONTRA A CONVERSÃO DE POLÍMIO

Nesse meio-tempo, os sumos sacerdotes de todos os templos se reuniram com o Rei Astíages, seu irmão mais velho, e lhe disseram: "Teu irmão se fez discípulo de um mago que usurpa para si os nossos templos e destrói os nossos deuses".

Enquanto estes, em lágrimas, contavam essas coisas, o Rei Astíages, indignado, enviou mil homens armados com os sumos sacerdotes para que, assim que encontrassem o apóstolo, o levassem até ele prisioneiro.

BARTOLOMEU SE DEFENDE DIANTE DO REI ASTÍAGES

Cumprida a ordem, Astíages lhe perguntou: "Então, tu foste aquele que perverteu meu irmão?" E o apóstolo lhe [disse]: "Eu não o perverti, mas o converti". Perguntou-lhe de novo o rei: "Tu és aquele que fizeste destruir os nossos deuses?" Respondeu o apóstolo: "Aos demônios que estavam dentro deles eu dei o poder de abater os ídolos em que habitavam, a fim de que todos os homens, abandonando o erro, cressem no Deus onipotente que está nos céus".

E o rei disse para ele: "Assim como conseguiste fazer que meu irmão deixasse o seu deus e cresse no teu Deus, da mesma forma eu conseguirei fazer que abandones o teu Deus e creias no meu e a ele sacrifiques". Disse-lhe o apóstolo: "O deus que teu irmão adorava, eu o mostrei amarrado e prisioneiro e fiz que ele mesmo destruísse a sua própria estátua. Se tu fores capaz de fazer isso com o meu Deus, poderás obrigar-me a sacrificar-lhe; se, no entanto, não conseguires fazer nada ao meu Deus, demolirei todos os teus deuses e tu acreditarás no meu Deus".

BARTOLOMEU RECEBE O MARTÍRIO DA DEGOLA

Enquanto assim falava, foi anunciado ao rei que o seu deus Vualdath havia caído e se reduzira a pedaços. O rei, indignado, arrancou-se a veste de púrpura que trazia, e mandou ferir com bastões o bem-aventurado Bartolomeu; e mandou depois que fosse degolado.

Enquanto isso, o povo, que por obra dele havia crido, juntamente com o Rei Polímio, tendo ouvido o que acontecera, acorreu de doze cidades e levou consigo com hinos e com toda a honra o corpo do apóstolo.

O REI ASTÍAGES MORRE PROFESSANDO FÉ NO APOSTOLADO DE BARTOLOMEU

No trigésimo dia de seu sepultamento, o Rei Astíages foi tomado por um demônio e foi ao templo; assim aconteceu também com os sumos sacerdotes cheios de demônios; ali sofreram e, confessando o apostolado de Bartolomeu, morreram: então sobreveio medo e pavor a todos os incrédulos. Todos depois creram e foram batizados pelos presbíteros ordenados pelo Apóstolo Bartolomeu.

Enfim, por revelação e com a aclamação de todo o povo, o apóstolo ordenou bispo o próprio Rei Polímio; este, a partir de então, em nome do apóstolo, começou a realizar muitos sinais e exerceu o episcopado por vinte anos. No final, tendo realizado tudo, depois de ter bem-disposto e estabelecido tudo, partiu para o Senhor. A Ele seja honra e glória pelos séculos dos séculos. Amém.

ATOS DE FILIPE DE ACORDO COM AS MEMÓRIAS APOSTÓLICAS SEGUNDO ABDIAS

Filipe foi o terceiro apóstolo a ser chamado por Jesus. Os evangelhos canônicos mostram que ele aprendeu a descobrir a ter fé em Jesus como Filho de Deus. Pregou o evangelho para além da Palestina. Ele falava fluentemente o grego.

Filipe é um nome grego e significa "amante de cavalos". Ele nasceu na cidade de Betsaida, na Galileia. Era conterrâneo de Pedro e André. A Bíblia não menciona o parentesco de Filipe, mas o coloca junto com Natanael, quando do seu chamado por Jesus. Encontra-se em Atos dos Apóstolos outro Filipe, aquele que fora instituído diácono pelos apóstolos, em Jerusalém. Este foi confundido com o Apóstolo Filipe. Filipe era casado e tinha duas filhas. Tinha também uma irmã, de nome Mariane.

Filipe morreu com 87 anos. Sete dias antes de sua morte, reuniu os sacerdotes, diáconos e bispos das cidades vizinhas e admoestou-os a permanecerem firmes na fé. As suas duas filhas, posteriormente, foram sepultadas com ele, uma à direita dele e outra à esquerda. Há também uma tradição que diz que Filipe foi condenado à morte por um líder romano pelo fato de ele, Bartolomeu (Natanael) e Mariane terem combatido o culto à serpente na Frígia, Ásia Menor.

A nossa tradução tem como referência Fabricius J. A., Codex Apocryphus Novi Testamenti *(Hamburgo, 1719, p. 388-742).*

FILIPE E NATANAEL (BARTOLOMEU)
SÃO COMPANHEIROS

Filipe, conterrâneo de Pedro e André, é natural da aldeia de Betsaida na Galileia. Chamado logo depois de Pedro, chegou depois à honra do apostolado. Para ter um companheiro na sua conversão, levou a Cristo um parente seu, Natanael, que Cristo disse logo que havia conhecido sob uma figueira antes que Filipe o apresentasse (Jo 1,44; 21,2). Admirado por isso, Natanael, o qual nunca tinha visto o Cristo antes, de bom grado o seguiu e permaneceu sempre na companhia de Filipe.

Este, antes da paixão, tendo ouvido durante a ceia que ninguém podia ir ao Pai a não ser por Ele (Jo 14,8), logo pediu ao mestre que lhe mostrasse o Pai, a ele e aos discípulos; coisa que ele, na verdade, dissera por amor à vida eterna. Mas Cristo censurou Filipe, porque, embora estivesse com Ele havia tanto tempo, ainda não o conhecia bem. A fé evangélica nos atesta que tudo isso foi realizado por Filipe antes da paixão de Cristo.

FILIPE PREGA O EVANGELHO NA CÍTIA, É PRESO E OBRIGADO A OFERECER SACRIFÍCIO A MARTE

Depois da ascensão do Salvador, o bem-aventurado Filipe, durante vinte anos, pregou incansavelmente o evangelho aos gentios na Cítia. Ali, preso pelos gentios, foi levado diante da estátua de Marte e obrigado a oferecer-lhe sacrifício; mas do pedestal da estátua de Marte saiu um grande dragão, que feriu o filho do sacerdote que preparava o fogo do sacrifício; feriu também dois tribunos que estavam à frente da província, cujos oficiais tinham vigiado o apóstolo no cárcere. Contaminados pelo hálito do dragão, ficaram todos seriamente doentes.

Vendo isso, disse o apóstolo: "Ouvi o meu conselho e podereis recuperar a saúde: e aqueles que morreram ressuscitarão todos; o próprio dragão que vos envenenou será expulso em nome de Deus". Disseram-lhe os enfermos: "O que devemos fazer?" O apóstolo respondeu: "Expulsai esse Marte, quebrai-o em pedaços e no seu lugar colocai a cruz do Senhor nosso Jesus Cristo e adorai-a". Então aqueles que se achavam mal começaram a dizer: "Recuperemos a saúde, joguemos fora Marte!"

FILIPE ENFRENTA O DRAGÃO

Quando se fez silêncio, o apóstolo disse: "Eu te ordeno, ó dragão, em nome do Senhor nosso Jesus Cristo, que saias deste lugar e vás habitar em um lugar deserto, onde o ser humano não pode entrar e onde não há para o ser humano nenhuma utilidade, de sorte que indo para lá não faças mal a ninguém mais". Aquele malvado dragão então se foi embora, em grande velocidade, e nunca mais foi visto. Filipe a seguir ressuscitou o filho do pontífice que preparava o fogo, os dois tribunos, mortos antes, e restituiu a saúde a todos aqueles que tinham sido contaminados pelo hálito do dragão. E, assim, todos aqueles que perseguiam o Apóstolo Filipe fizeram penitência e, crendo que fosse um deus, o adoravam.

FILIPE PREGA SOBRE JESUS E SOBRE SUA ENCARNAÇÃO

Ele em seguida se pôs a ensiná-los continuamente, por um ano, sobre a vinda do Senhor para salvar o mundo em perigo; como nascera de uma virgem, como sofrera, fora sepultado, ressuscitara ao terceiro dia e como confirmara as coisas que havia dito antes da paixão, como subira ao céu enquanto os apóstolos o contemplavam, como enviara o Espírito Santo que prometera, o qual, vindo em forma de línguas de fogo, pousou sobre os doze apóstolos, e como instilara as línguas de todos e os modos de falar nas mentes dos seus apóstolos (At 1). "Eu mesmo, que fazia parte desse número, fui enviado aqui para vos comunicar que os vossos deuses são vãos e inimigos daqueles que os veneram".

FILIPE BATIZA, ORDENA SACERDOTES, DIÁCONOS E UM BISPO, E VOLTA PARA A ÁSIA, ONDE EXTINGUE OS EBIONITAS

Depois dessas palavras, o apóstolo ainda disse outras semelhantes; todos creram, fizeram em pedaços a imagem de Marte e muitos milhares de pessoas foram batizados. O mesmo apóstolo, depois de ter ordenado sacerdotes, diáconos e um bispo, e constituído além disso muitas igrejas, motivado por uma divina revelação, regressou à Ásia e se estabeleceu na cidade de Hierápolis. Ali extinguiu a maligna heresia dos ebionitas, os quais ensinavam que o Filho de Deus, nascido da Virgem, não havia assumido um verdadeiro corpo humano.

AS DUAS FILHAS DE FILIPE

Havia também nesse lugar duas filhas do apóstolo, virgens santas, por meio das quais Deus conquistou uma multidão de virgens.

A MORTE DE FILIPE

Sete dias antes de sua morte, Filipe chamou a si todos os sacerdotes e os diáconos, como também os bispos das cidades vizinhas, e disse-lhes: "O Senhor me concedeu estes sete dias de vida; por isso, lembrai-vos sempre da doutrina do Senhor nosso Jesus Cristo e sede virilmente firmes diante das insídias do inimigo. Que o Senhor cumpra as suas promessas e fortaleça a sua Igreja".

Pregando essas coisas e outras semelhantes, o apóstolo do Senhor, Filipe, partiu para o Senhor com a idade de 87 anos; e naquela mesma cidade de Hierápolis foi sepultado o seu corpo santo. No mesmo sepulcro, passados muitos anos, foram sepultadas as duas santas virgens, uma à direita e outra à esquerda.

Por intercessão do apóstolo são ali concedidos benefícios divinos a todos aqueles que creem em Deus Pai invisível, incompreensível, que homem algum jamais viu nem pode ver, e no seu Unigênito Senhor nosso Jesus Cristo, que foi crucificado pelos pecados do mundo, e, enfim, no Espírito Santo Paráclito, iluminador das nossas almas, agora e sempre, pelos infinitos séculos dos séculos. Amém.

ATOS DE TOMÉ DE ACORDO COM AS MEMÓRIAS APOSTÓLICAS SEGUNDO ABDIAS

Sobre o Apóstolo Tomé, a tradição conservou dois textos, um intitulado Atos de Tomé *e um livro em* Memórias apostólicas segundo Abdias, *texto traduzido e apresentado a seguir, visto que ele recolhe também os atos de Tomé na Índia, onde ele atuou depois da morte de Jesus.*

Jesus aparece a Tomé e o envia em missão à Índia Meridional. Tomé refuta a missão. Jesus aparece em forma humana e indica Tomé a um negociante indiano, que estava na Síria à procura de um arquiteto para erguer um palácio para o rei da Índia, Gundasero.

A nossa tradução tem como referência Fabricius J. A., Codex Apocryphus Novi Testamenti *(Hamburgo, 1719, p. 388-742).*

TOMÉ, O INCRÉDULO

A fé evangélica narra que o bem-aventurado Tomé, com os outros discípulos, foi escolhido para o múnus do apostolado e recebeu do Senhor o nome de Dídimo, que quer dizer "gêmeo".

Embora ele se tenha mostrado incrédulo a respeito do Senhor ressuscitado, pelo fato de que aos outros discípulos, os quais afirmavam ter visto o Cristo, ele disse que não acreditaria se antes não pusesse as mãos nas feridas e nos lugares das chagas, foi, todavia, logo censurado pelo Mestre, que lhe apareceu (Jo 20,24).

TOMÉ ENVIA TADEU PARA CURAR O REI ABGAR

Confirmado na fé, depois de ter recebido o dom do Espírito Santo, Tomé enviou Tadeu, um dos setenta discípulos, ao Rei Abgar da cidade de Edeliena para curá-lo de sua enfermidade segundo as palavras que lhe tinham sido escritas pelo Senhor. Tadeu cumpriu a tarefa acuradamente logo que chegou impondo sobre o rei o sinal da cruz e curando-o assim de toda enfermidade.

TOMÉ VAI PARA A ÍNDIA

Enquanto acontecia isso, Tomé se encontrava em Jerusalém. Por impulso divino, foi-lhe ordenado que entrasse na Índia a fim de mostrar a luz da verdade a um povo que jazia nas trevas. Lembro-me de ter lido há algum tempo um livro no qual se tratava de sua viagem e das obras por ele realizadas na Índia. Tendo em vista que a sua credibilidade está sob suspeita e nem todos a aceitam, deixando à parte as coisas inúteis, recordarei deste livro o que é confirmado para fazer uma obra agradável aos leitores e para fortificar a Igreja.

O bem-aventurado Tomé, tendo sido repetidamente advertido pelo Senhor, como dissemos, para que entrasse nas regiões da Índia Meridional, como Jonas fugiu da presença do Senhor, adiou a partida e não cumpriu aquilo que fora disposto pelo céu; apareceu-lhe por isso o Senhor em uma visão noturna, dizendo-lhe: "Não temas, Tomé, partir para a Índia, pois estou contigo e não te abandonarei: lá te glorificarei, e levarás a cabo um bom combate, dando testemunho de mim na presença dos filhos daquela terra; dali te arrebatarei com glória e te estabelecerei com teus irmãos no meu reino. Fica, com efeito, sabendo ser necessário que lá tu sofras muito por mim a fim de que com o teu ensinamento conheçam todos que eu sou o Senhor". O bem-aventurado apóstolo disse: "Misericórdia, Senhor! Não envies para lá o teu servo; aquela é uma região longínqua e difícil, e os habitantes do lugar são iníquos e ignoram a verdade".

TOMÉ SE PASSA POR ARQUITETO E EMBARCA PARA A ÍNDIA

Naqueles dias, havia em Jerusalém um negociante indiano chamado Abban, enviado pelo Rei Gundasero com o objetivo de encontrar na Síria um perito em arquitetura. A este, Deus apareceu em forma humana e disse: "Por que, homem, vieste aqui de tão longe?" E ele: "Fui enviado – disse – pelo meu senhor, o rei da Índia, para procurar um arquiteto que possa projetar palácios para ele". O Senhor lhe respondeu: "Tenho um servo que, se quiseres, poderás adquirir".

E logo conduziu o negociante à casa de Tomé e, apontando para ele, disse: "Este é o meu servo arquiteto de que falei. Põe-te de acordo quanto ao preço. Assim que o tiver aceitado, leva-o aonde queres". Feito isso, o negociante tomou o santo Tomé e o levou a seu navio.

Tendo subido no navio, chegaram depois de três meses à Índia Meridional. O negociante ficou perplexo com a velocidade, sobretudo porque aquela viagem, que outras vezes se realizava apenas no espaço de três anos, fora agora realizada em três meses.

TOMÉ PARTICIPA DAS FESTAS DE NÚPCIAS DA FILHA DO REI

Desembarcaram, entraram na primeira cidade da Índia e ouviram soar músicas e viram toda a população da cidade aplaudindo com enorme alegria. Interrogaram uma pessoa da multidão sobre o que se tratava, e ela respondeu: "O nosso rei casa hoje a sua única filha. Por isso há alegria nesta cidade; penso que os deuses te trouxeram a este lugar para que assistisses aos festejos". Enquanto eles conversavam sobre essas coisas, ressoou de súbito a voz de um arauto que se espalhava por toda a cidade, exclamando: "Escutai, vós todos que aqui vos encontrais, ricos e burgueses, peregrinos e pobres. Aproximai-vos do palácio do rei e saciai-vos, gozai e alegrai-vos. Se alguém vos impedir de ir à festa comum, saiba que é réu diante de sua majestade".

Depois de ouvir isso, o negociante disse ao Apóstolo Tomé: "Vamos também nós, para não nos tornarmos réus diante do rei". Depois que entraram no palácio, foi-lhes ordenado que se estendessem sobre o divã. O Apóstolo Tomé se colocou no meio, enquanto todos se voltavam para ele, sabendo que era um estrangeiro.

UMA JUDIA, QUE ESTAVA NO CASAMENTO, RECONHECE TOMÉ

A essas núpcias havia também comparecido uma jovem judia, que cantava salmos. Tendo ela ouvido que o bem-aventurado Tomé orava e bendizia a Deus, compreendeu que era de sua região e se voltava sempre para ele, e não desistia de fitar e admirar seu rosto. Também ele, compreendendo que se tratava de uma judia, de muito bom grado a fitava. Ao ver isso, o copeiro do rei, movido por ciúme, deu uma bofetada no apóstolo dizendo: "Como olhas uma mulher desse modo?" Ele, erguendo as mãos ao céu, disse: "O Senhor tenha misericórdia de ti no juízo futuro, filho. Mas agora pague imediatamente aquilo que merece a mão direita que injustamente me bateu".

Estava para cair a noite, e àqueles que estavam à mesa, quando menos se esperava, veio a faltar a água para as abluções rituais. Por esse motivo muitos foram buscá-la, mas como demoravam para chegar correu também o copeiro. E eis que enquanto se aproximava da fonte lhe veio ao encontro um enorme leão, que agarrou o ministro, o estraçalhou e o fez em pedaços. Um cão que estava ali presente lhe pegou a mão direita e a levou para a casa entre os convidados que comiam. Como eles perguntassem qual dos servos estava faltando, ficaram sabendo que o copeiro fora morto na fonte e que o leão tinha comido seu corpo, com exceção da mão direita, que fora pega por um cão e levada ao banquete.

Ao ouvir isso, a moça judia se levantou em um salto e se lançou aos pés do apóstolo bradando em alta voz: "Verdadeiramente este é um servo do Deus vivo, porque tudo aquilo que disse se realizou de pronto".

TOMÉ ABENÇOA OS NOIVOS

Também o rei, tendo ouvido essas coisas, se prostrou aos seus pés e disse: "Eu te peço, homem de Deus, que supliques ao teu Deus em favor da minha única filha, que hoje confiei a um homem; e peço que vás lá e abençoes o jovem e a moça". Mas ele se mostrava renitente; então o rei obrigou o apóstolo a ir até o tálamo (quarto) nupcial. Aqui o bem-aventurado apóstolo estendeu as mãos e orou por eles, dizendo: "Eu te suplico, Senhor, que derrames a tua bênção sobre estes jovens e te dignes de sugerir ao coração deles aquilo que é bom que façam".

Terminada a oração, cruzou a porta e, enquanto todos saíam dali, o jovem regressou ao tálamo; e eis que lhe aparece o Senhor com um aspecto semelhante ao do Apóstolo Tomé, o qual se sentou em seu leito. O jovem, com medo, perguntou: "Tu não saíste agora há pouco? Como é que de novo entraste aqui?" E este a ele: "Não sou Tomé, mas o seu irmão; ele, com efeito, vos confiou a mim, para que vos preserve de todo mal. Por isso, ouvi minha palavra. Abandonai toda preocupação temporal e crede no Deus vivo pregado por meu irmão Tomé: vivei castamente, afastai de vós toda preocupação quanto a esta vida mortal, a fim de que, tendo-vos tornado Templo de Deus pela santidade da mente e do corpo, possais adquirir a vida eterna que se protrai sem fim". Assim dizendo, abençoou-os e se retirou do quarto.

O JOVEM CASAL E O REI SE CONVERTEM AO CRISTIANISMO

De manhã, o rei, indo visitá-los, encontrou o jovem sentado e a moça perto dele, sem vergonha alguma, assim como exige a ordem nupcial. O rei lhes perguntou: "Por que motivo estais assim sentados?" E o jovem lhe disse: "Damos graças ao Senhor nosso Jesus Cristo, o qual se dignou de chamar-nos ao seu conhecimento, de sorte que, tendo abandonado as trevas, seguimos a luz da sua verdade". À moça o rei perguntou: "Por que tu, sem vergonha alguma pela honra das núpcias, tens os olhos levantados?" E ela: "Estas núpcias são transitórias porque eu me desposei com o rei dos céus, cujo tálamo é resplandecente de grandes colares, cujas núpcias são castas, em cuja mesa não faltam iguarias, em cuja casa há alegria perene, jucundidade sempiterna e júbilo perpétuo. O seu rosto é desejável por todos aqueles que creem nele; de suas vestes emana o suave odor de vários perfumes; no seu jardim os lírios estão sempre brancos, as rosas estão sempre rubras, as violetas e os açafrões florescem com germes perpétuos".

Enquanto ela assim falava, o rei rasgou as vestes, dizendo: "Busca cuidadosamente aquele mago que eu espontaneamente fiz entrar na minha casa para ser privado dos meus filhos. Eis, com efeito, que sob a influência dos seus malefícios agora se declaram cristãos". Indignado, mandou guardas à procura do apóstolo, mas não o encontraram. Com efeito, ele já prosseguira com o negociante para regiões mais distantes da Índia.

Os jovens nesse meio-tempo se puseram a pregar com constância a palavra do Senhor, de sorte que todo o povo por meio deles se converteu ao Senhor. Também o rei, pai da moça, tendo-se arrependido sinceramente, creu no Senhor Jesus Cristo e, tendo sabido que o bem-aventurado apóstolo habitava em uma região mais longínqua da Índia, partiu com todos aqueles que tinham crido e o alcançou. Prostrou-se aos seus pés e pediu que confirmasse todos com a graça do batismo. Ao ouvir isso, o apóstolo se rejubilou e deu graças ao Senhor. Depois de um jejum de sete dias, batizou-os em nome da Trindade. Então o rei também pediu que lhe fossem cortados os cabelos: foi ordenado diácono e permaneceu constante no ensinamento do apóstolo.

TOMÉ É APRESENTADO AO REI

Nesse entrementes, o negociante foi ter com o rei anunciando-lhe que havia encontrado o homem que lhe fora ordenado. O rei, cheio de alegria, mandou que o trouxessem à sua presença e lhe perguntou: "Qual é a tua especialidade? Que arte conheces?" "Sou servo – disse o apóstolo – de um arquiteto. Sou especializado no trabalho com a madeira, na arte de cortar as pedras e em tudo o que me é devidamente encomendado". O rei exclamou: "Faz tempo que eu procurava alguém que conhecesse essa arte". E depois de levá-lo para fora da cidade lhe mostrou um lugar, dizendo: "Se és um verdadeiro arquiteto, deverás me construir neste lugar plano um palácio. Quando tiveres feito isso, constatarei se és perfeito também em todas as outras coisas". O apóstolo respondeu: "O lugar onde será edificado o palácio, onde o rei habitará por toda a eternidade, é muito apropriado; existe uma grande planície, fertilizada pela água, e goza também de um ar salubre". Estabelecida a medida da construção e tendo deixado uma grande soma de dinheiro, o rei partiu dali para outra cidade, pedindo ao apóstolo que levasse logo a termo aquele palácio.

TOMÉ RECEBE DINHEIRO PARA CONSTRUIR UM PALÁCIO

Tomando a soma de dinheiro, o bem-aventurado Tomé percorria toda a cidade anunciando a Palavra de Deus, distribuindo o ouro do rei aos indigentes e curando todas as enfermidades do povo daquela região.

Transcorridos alguns dias, o rei enviou servos ao apóstolo para verem a construção do edifício e ouvirem se ele tinha ainda necessidade de alguma coisa. Aproximando-se do apóstolo, fizeram o que lhes tinha ordenado o rei. Disse o apóstolo: "O edifício já está chegando ao término. São apenas necessárias algumas coisas no teto, que o rei me enviará". Tendo ouvido isso do apóstolo, os servos o comunicaram ao rei, o qual enviou novo dinheiro a Tomé insistindo com ele para que cobrisse logo o edifício.

O REI VÊ A CONSTRUÇÃO E MANDA PRENDER TOMÉ

Depois de muito tempo, o rei, pensando que a construção já estivesse terminada, foi àquela cidade e interrogou os seus amigos, desejando saber algo a respeito do palácio edificado por Tomé. Mas estes responderam:

"Nenhum edifício novo ele construiu na cidade, ao contrário, anda distribuindo ao povo o teu ouro, prega à pátria o novo Deus do qual jamais se ouviu falar, e depois desta vida promete não sei que outra vida eterna, afirmando que viverão eternamente os seres humanos que crerem no nome do seu Deus. Expulsa os demônios, cura os enfermos, ressuscita os mortos e não aceita recompensa alguma. Por isso, claramente se vê que é um mago e exerce falsas seduções".

Ouvindo isso, o rei se indignou e ordenou que o trouxessem à sua presença e lhe disse: "Mostra-me o edifício que construíste, de outro modo morrerás". E ele: "O edifício *que* tu, ó rei, me ordenaste construir já está pronto, mas não o podes ver agora, e sim no século futuro, quando ali habitarás felizmente". O rei, ardendo em furor ainda maior, disse: "Ao que parece, vieste aqui para nos enganar". E imediatamente deu ordens para que fosse encerrado em um cárcere, juntamente com Abban, o negociante.

O IRMÃO DO REI INTERCEDE POR TOMÉ E É BATIZADO

O irmão do rei soube dessas coisas, isto é, que o dinheiro público tinha sido esbanjado, sem nenhum proveito e, indignado e lamentando o dano que sofrera com o irmão, devorado pela febre, pôs a cabeça sobre um pequeno leito, chamou o rei e lhe disse: "Chegaram os dias da minha morte. A ti confio a minha casa; fica sabendo que vou exalar o espírito. Suplico-te que ordenes imediatamente degolar esse mago por cuja maldade sofro tudo isto". Dito isso, calou-se; e jazia com os olhos fechados, sem tomar alimento e sem proferir uma só palavra.

Mas no terceiro dia abriu os olhos, chamou de novo seu irmão e lhe disse: "Tenho a firme esperança de que, se te pedir alguma coisa, tu não me negarás. Peço-te que me passes em doação o palácio que esse estrangeiro edificou para ti". E no meio do espanto, sobretudo porque Tomé não havia construído palácio algum, começou a explicar-se dizendo que tinha sido orientado por dois homens e que lhe fora mostrado o palácio; e continuou a seguir falando da sua amplidão, das janelas, do esplendor, do teto; os dois homens que o orientavam lhe disseram: "Esta é a habitação que o apóstolo de Cristo, Tomé, construiu para teu irmão". Depois dessas palavras o rei disse a seu irmão: "Se esse edifício te agrada, dá-lhe dinheiro e ele construirá um semelhante para ti. Eu, porém, não abandonarei a construção que com tanto trabalho arranjei". Foi depois correndo apressadamente até o cárcere e libertou o apóstolo, suplicando-lhe que lhe perdoasse a ofensa a ele infligida, pedindo com insistência para receber o distintivo da bem-aventurada cruz e crer no seu Deus. O bem-aventurado apóstolo lhe impôs um jejum de sete dias e pregou a palavra do Senhor. No sétimo dia, batizou o rei e seu irmão em nome do Pai e do Filho e do Espírito Santo. E depois deles batizou ainda muitas outras pessoas. Enquanto o rei e seu irmão saíam do banho, viu um jovenzinho com veste branca, com uma grande lâmpada, que dizia: "Paz a vós!" E logo desapareceu da vista deles.

TOMÉ EXPULSA O DEMÔNIO DE UMA MULHER

Mais tarde, enquanto o apóstolo saía da cidade, veio a seu encontro uma mulher possuída por um espírito impuro. Assim que viu o apóstolo o espírito a lançou por terra dizendo: "O que há entre mim e ti, ó apóstolo do altíssimo Deus? Vieste antes do tempo para nos expulsar para fora de nossos domínios". O bem-aventurado Tomé lhe dirigiu logo a palavra assim: "Em nome de Cristo, meu Senhor, eu te ordeno que saias dela sem fazer mal a seu corpo". O demônio saiu imediatamente, exclamando: "Tu hoje me expulsas desta mulher, mas encontrarei outra mais famosa, na qual vou entrar". Depois que saiu o demônio, a mulher curada se prostrou aos pés do apóstolo invocando o sinal da salvação. Ele a seguir dirigiu-se a uma fonte próxima, abençoou-a e batizou a mulher com muitos outros. Depois abençoou o pão e o distribuiu a todos, dizendo: "A graça do Senhor esteja convosco".

TOMÉ RESSUSCITA UMA MULHER

Como eram muitos aqueles que recebiam desta graça (a Eucaristia), aproximou-se também um jovem que estendeu a mão para tomar também ele da graça do Senhor, mas a sua destra ficou imobilizada e ele não pôde levá-la à boca. Então disse o apóstolo: "Eis que todos aqueles que tomam deste pão ficam curados. Mas tu, ó jovem, queres dizer-me que delito cometeste, para que te aconteça isso?" E este, trêmulo, respondeu: "Anteontem, enquanto estavas pregando, ouvi que nenhum adúltero teria parte no reino do teu Deus. Enquanto eu voltava para casa, vi minha mulher cometendo adultério com outro homem e logo a agarrei e lhe bati tanto que agora está em casa, morta".

O apóstolo mandou que lhe trouxessem água em uma ânfora, lavou com ela as mãos do jovem e o curou. Em seguida, lhe pediu: "Mostra-me o lugar onde jaz a tua mulher morta". Assim que a viu, o apóstolo se prostrou em oração e disse: "Senhor Jesus Cristo, que com palavras benévolas te dignaste de prometer que tudo aquilo que se pedisse a ti o concederias com benigna piedade, ressuscita esta morta, a fim de que, por meio do seu regresso à vida, muitos crentes sejam ressuscitados para a vida eterna". E, tomando a mulher pela mão, ressuscitou-a. À vista do apóstolo, ela se lançou a seus pés dando graças a Deus.

Diante desses fatos, muitos começaram a crer e foram batizados pelo apóstolo, e lhe ofereciam dádivas que ele imediatamente distribuía entre os necessitados. A notícia desses feitos corria pela cidade, e acorreu ainda mais numeroso o povo indiano, apresentando enfermos e acomodando-os nas praças por onde deveria passar o apóstolo. Ele impunha sobre eles o sinal da cruz bem-aventurada, e em nome do Senhor nosso Jesus Cristo os curava a todos perfeitamente.

TOMÉ CURA A FILHA E A MULHER DE UM PRÍNCIPE DO REI MESDEU

Ao ter notícia dessas coisas, um príncipe do Rei Mesdeu veio ter com ele e lhe disse: "Fiquei sabendo, de justa fonte, que tu és um verdadeiro médico, que curas os males de todos, mas que não aceitas recompensa alguma. Minha mulher e minha filha ao voltarem das núpcias foram atacadas pelo demônio e agora estão terrivelmente atormentadas. Eu te peço que venhas abençoá-las. Confio, com efeito, que tens o poder de salvá-las em nome do teu Deus". Então o bem-aventurado apóstolo, unindo-se à dor daquele homem, disse: "Se tu crês, tua filha e tua mulher ficarão curadas". E este: "Se eu não tivesse fé, não teria vindo a ti".

TOMÉ DEIXA UM DIÁCONO PARA CUIDAR DA COMUNIDADE

O apóstolo chamou então o seu diácono, aquele que tinha sido rei da primeira cidade da Índia onde o apóstolo fora convidado às núpcias, e disse-lhe: "Vai e me traz todos os crentes". E, quando chegaram, disse-lhes: "Eis que vou partir agora e deixar-vos! Vós, porém, permanecei firmes na fé e guardai tudo aquilo que recebestes de mim. Amai o Senhor Jesus Cristo, por meio do qual renascestes no batismo. Deixo convosco este diácono. Nunca mais vereis a minha pessoa".

E, estendendo as mãos, abençoou-os: "Guarda – disse – em tua graça, Senhor, o rebanho que por mim te dignaste de congregar, a fim de que ninguém retorne ao demônio, mas todos, protegidos por teu poder, mereçam alcançar a vida eterna e reinem para sempre contigo. Com o Pai e o Espírito Santo sejam (dadas) honra e glória pelos séculos dos séculos".

Todos responderam "Amém", e o bem-aventurado apóstolo beijou-os um por um, depois subiu na carruagem com o príncipe do Rei Mesdeu e partiu com ele. O povo, enquanto isso, chorava e se entristecia pela sua ausência.

TOMÉ EXPULSA DEMÔNIOS DE MULHERES E REALIZA CURAS

Enquanto o apóstolo se aproximava da casa daquele com o qual ia seguindo, um espírito maligno maltratou as mulheres, e elas foram violentamente dilaceradas. Assim que o apóstolo chegou, o espírito impuro disse: "Por que nos persegues, Tomé, apóstolo do Deus vivo? Tu nos havias expulsado da outra Índia, e agora não há mais nenhum lugar para onde possamos fugir da tua presença".

O apóstolo compreendeu que esse era o demônio que ele havia expulsado de uma mulher na segunda região da Índia e lhe disse: "Em nome de Jesus Cristo, Filho do Deus vivo, que eu prego, saí e ide para uma terra deserta e parai de torturar os seres humanos". Os demônios saíram imediatamente das mulheres. Elas caíram como mortas, mas o apóstolo as pegou pela mão, as pôs de pé e abençoou o pão, partiu-o e o deu a elas em alimento.

O bem-aventurado Tomé pregava por toda a Índia anunciando o Senhor Jesus Cristo, não só com o discurso, mas também com as obras, e instilava assim a fé nos corações bárbaros. Aquele que por algum tempo tinha sido incrédulo e dissera: "Se eu não vir a ferida dos pés não acreditarei" reuniu uma inumerável quantidade de crentes em Deus. Penso que tenha sido uma providência do Senhor essa mais acurada pesquisa quanto à ressurreição de Cristo que ele quis fazer: devia, com efeito, semear a palavra do Senhor entre gentios rudes e selvagens, e desse modo foi capaz de falar sobre isso com mais precisão e consolidar na fé e na razão aqueles que eram hesitantes. Encontrou, portanto, na Índia homens e mulheres que acolhiam a Palavra de Deus, e entre estes todo dia curava muitos enfermos.

MIGDÔNIA, MULHER DE CARÍSIO, PARENTE DO REI MESDEU, VAI AO ENCONTRO DE TOMÉ

Tendo tido conhecimento dos sinais que o santo apóstolo realizava, uma senhora de nome Migdônia, mulher de Carísio, parente do Rei Mesdeu, foi procurá-lo, mas não conseguia aproximar-se dele por causa da multidão; os seus servos começaram a bater na multidão e iam afastando a maioria, mas o apóstolo os viu e lhes proibiu de fazer assim.

Tendo aberto uma passagem, a mulher se aproximou e se lançou aos pés dele, exclamando: "Tem piedade de nós, apóstolo do Deus vivo, porque somos semelhantes a animais que não possuem o bem do intelecto" (Sl 32,9). O apóstolo respondeu: "Escuta, filha! Não confies nas riquezas que possuis: é melhor distribuí-las entre os pobres para que, tendo transcorrido rapidamente esta vida passageira, possas alcançar a vida eterna. Abandona os ídolos mudos e surdos, e reconhece o Deus vivo".

CARÍSIO NÃO ENTENDE O QUE SE PASSA COM A MULHER

Depois que [o apóstolo] lhe falou sobre a fé até cair a noite, a mulher voltou para casa marcada com o sinal da cruz. Assim que entrou no seu quarto prorrompeu em copioso pranto, suplicando ao Senhor que encontrasse o perdão pelos seus delitos, e estava sempre triste.

Quando chegou seu marido, este perguntou-lhe qual a causa da tristeza. Responderam-lhe os servos: "Nossa senhora está em seu quarto". O marido entrou onde ela estava e perguntou-lhe: "Por que estás triste? Por que está perturbado o teu coração? Sei que te aproximaste daquele mago e escutaste aquelas palavras ocas que não valem coisa alguma. Deixa, portanto, os vãos pensamentos, levanta-te e vem comer em minha companhia". Ela, porém, respondeu: "Tem paciência comigo esta noite. Não quero tomar nem comida nem bebida, nem me deitarei contigo no teu leito". Ele então se retirou e foi tomar a refeição com seus amigos.

De manhã, voltou a procurá-la e lhe disse: "Migdônia, escuta o meu sonho. Sonhei que estava sentado à mesa com o Rei Mesdeu; e eis que apareceu uma águia que roubou do prato dois belos pássaros e fugiu; depois roubou outros dois e os levou para seu ninho. Vendo isso, o rei lhe atirou um dardo e a traspassou, mas não foi capaz de lhe fazer mal". Ouvindo isso, disse-lhe a mulher: "Viste um fato de profundo significado".

MIGDÔNIA DEIXA DE COABITAR COM O MARIDO

Assim que o marido foi de volta para o palácio, a mulher foi procurar de novo o bem-aventurado Tomé; encontrou-o ensinando à multidão e prostrou-se aos pés e lhe disse: "Ouvi a tua pregação e todas as palavras percebidas pelo meu ouvido; eu as conservo em um coração ilibado". E ali permaneceu ouvindo a pregação até a tarde. Aproximando-se a noite, voltou para casa sem tomar a refeição e não dormiu com seu marido.

Por esse motivo Carísio, seu marido, pela manhã, triste porque sua mulher se separava dele, vestiu trajes humildes e se apresentou ao rei. Vendo-o assim desfigurado, o rei lhe perguntou: "Por que motivo assumes essa atitude humilde?" E este: "Porque perdi a minha mulher por causa de um mago Sapor que chegou nesta região para levá-la à ruína".

TOMÉ É LEVADO AO REI MESDEU

Na mesma hora, o rei ordenou que fossem chamar Sapor. Foram os servos e o encontraram sentado junto ao apóstolo ouvindo a Palavra de Deus. E Migdônia estava aos pés deles. Os servos lhe disseram: "Ouve! O rei está irado contra ti, e tu perdes o tempo escutando vãs palavras? Vem, que ele te chama". Ele se levantou e pediu ao apóstolo que intercedesse por ele. Disse--lhe o apóstolo: "Não temas, mas espera no Senhor, porque Ele mesmo será o nosso auxílio e não é necessário temer ser prejudicado por homem algum".

Tendo entrado Sapor no palácio do rei, foi-lhe perguntado: "Quem é esse mago que fizeste vir à tua casa, que perturba a região e todo o povo?" Sapor respondeu: "Tu sabes muito bem, ó rei, a aflição que sofri por causa da minha mulher e da minha filha: torturadas pelo demônio, foram por ele curadas. E agora também muitos enfermos são curados por ele; e, tudo aquilo que pede a seu Deus, este o concede a ele".

Depois de ouvir isso, o Rei Mesdeu ordenou que fosse trazido à sua presença o apóstolo. Mas, como os servos não conseguissem aproximar-se dele por causa da multidão, Carísio irrompeu contra ela, furioso, e lhe disse: "Levanta-te, feiticeiro, e vem à presença do rei: de nada te valem as tuas magias". E, passando uma corda ao redor do pescoço dele, o arrastava à presença do rei, dizendo: "Que venha o Cristo para te salvar de minhas mãos".

Assim arrastado, chegou à presença do rei, que lhe perguntou: "Qual é a tua estirpe e a tua pátria, em nome de quem realizas essas obras?" O bem-aventurado apóstolo respondeu: "Meu Deus é teu Deus, o criador do céu e da terra e de tudo aquilo que neles se encontra; só a Ele é devido o culto, e não a ídolos mudos e surdos".

TOMÉ É ENCARCERADO E TORTURADO

A essas palavras o rei ficou grandemente irado e ordenou que [o apóstolo] fosse torturado e lançado, ferido, no cárcere. Enquanto era encarcerado, ele dava graças a Deus por ter sido considerado digno de sofrer essas coisas pelo seu nome. Quanto a Carísio, voltou para casa e dizia: "Agora minha mulher se unirá a mim, pois afastei o mago desse povo".

Quando chegou em casa encontrou-a estendida por terra, com a cabeça raspada, e lhe perguntou: "Ó minha doce mulher, que loucura te passa pela mente para fazeres isso? Porventura o mago será mais poderoso do que eu? Não vês que toda a Índia me venera e que com o rei eu faço o que bem me apraz? E aliás tenho também muito dinheiro". E a mulher a ele: "Todas essas coisas são terrenas e voltarão [um dia] à terra. Será ao contrário bem-aventurado aquele que se entregar à vida eterna". Depois de ouvir isso, Carísio adormeceu em seu leito.

MIGDÔNIA VISITA TOMÉ NO CÁRCERE

Migdônia, porém, pegou ouro, deu-o aos guardas e a seguir entrou no cárcere; ali beijou os pés do apóstolo e ouviu a palavra do Senhor. Tendo voltado para casa, enquanto seu marido estava com o rei, prostrou-se por terra no seu quarto e começou a suplicar a Deus com lágrimas, dizendo: "Sê propício, Senhor, à minha insipiência, para que possa voltar à salvação eterna". Vendo isso, a dama de companhia lhe disse: "Que perversidade é essa do teu coração? Abandonas o teu marido graças ao qual és altamente estimada e te afliges com jejuns e vigílias, seduzida pelas palavras de um mago?" E esta à dama de companhia: "Isso não é perversidade! É um motivo são e justo que o ser humano saiba reconhecer o seu criador e mereça alcançar a vida eterna. Oxalá quisesse o céu que tu cresses em Cristo, de modo a seres participante dos nossos combates". E esta: "Se eu vir que há razão suficiente para isso, vou te seguir".

MIGDÔNIA PROFESSA A FÉ EM JESUS

Então Migdônia respondeu: "Os deuses que agora veneras não são nada; o verdadeiro Deus é Jesus Cristo pelo qual foram feitos os séculos; para redimir o ser humano que havia plasmado, Ele se fez homem, morreu e foi sepultado, desceu à mansão dos mortos, de onde trouxe aqueles que eram mantidos prisioneiros de uma péssima morte. Tendo regressado de lá, nos ensinou a ressurreição. E assim subiu ao céu, onde está sentado à direita de Deus Pai Todo-Poderoso, e agora concede generosamente a todos os que creem nele os dons celestes. Os seus tempos não têm fim, a sua alegria é imorredoura, a sua luz jamais conhece ocaso. Ele na verdade reina com o Pai e com o Espírito Santo agora e por todos os séculos dos séculos".

Depois de ouvir essas palavras, a dama de companhia Nárquia logo creu no Senhor: foram juntas ao cárcere, deram dinheiro aos guardas e entraram para ouvir do apóstolo a Palavra de Deus. Ele muito se alegrou com a fé de Migdônia, por meio da qual outros também se convertiam ao Senhor.

TOMÉ BATIZA MIGDÔNIA

E, como pediam com insistência o batismo, o apóstolo disse a Migdônia: "Vai para casa, prepara o necessário, e eu irei batizar-vos!" Enquanto as mulheres saíam dali, o bem-aventurado apóstolo as seguiu até a casa de Migdônia e ali a batizou juntamente com sua dama de companhia e muitos outros. Voltou depois para o cárcere, e a porta foi fechada.

MIGDÔNIA REAFIRMA A SUA FÉ

Quando Carísio estava seriamente entristecido pela conversão da mulher, o rei mandou sua mulher com o filho Zuzane para que consolasse a cunhada Migdônia e a fizesse desistir dessa vida, levando-a de volta para o próprio marido. Entrando na casa de Migdônia, disse-lhe: "Por que, irmã querida, te deixas induzir a engano por um mago que prega em nossa pátria um novo Deus? Desiste desse depravado pensamento e alegra-te em tua casa com o homem com o qual teus pais te casaram. Não abandones os pátrios numes, para que não venham a irar-se contra ti".

A essas palavras ela respondeu: "Eu me deixei enganar até hoje seguindo ídolos vãos, que não andam, não falam e são inanes, e ignorei a Palavra de Deus, o qual fez o céu, a terra e tudo aquilo que eles contêm. Aliás, também os metais, a madeira, as pedras com que esses ídolos foram fundidos e esculpidos, foi com a sua palavra que foram criados, e nós somos criaturas suas. Não é justo, por isso, minha cara irmã, que abandones esse Criador para adorar uma criatura que foi dada para ficar a nosso serviço".

Depois que Migdônia acabou de dizer essas coisas, Zuzane, filho do rei, disse: "E quem porventura criou todas essas coisas, se não os nossos deuses? Júpiter com efeito governa o céu, Juno rege o ar, Netuno domina o mar, Plutão julga nos infernos, Febo ilumina o dia e Berecínzia a noite".

Migdônia, sorrindo, respondeu: "Todos esses que estás recordando, filho querido, estão condenados ao inferno, porque não reconheceram o Deus vivo. Se, com efeito, recorres às antigas fábulas, tu os encontrarás entregues à luxúria e verás que perpetraram os mesmos males que hoje os juízes condenam nos malfeitores. E, aliás, são mortos, não têm vida. O nosso Deus, porém, permanece eternamente. E quem crer nele passará desta morte temporal para a vida eterna".

Enquanto Migdônia dizia essas coisas e outras semelhantes, a mulher do rei, sinceramente tocada, disse a seu filho: "Com muita razão nossa irmã deixou seu marido e as riquezas terrenas para ganhar a vida eterna. Quem dera que nós pudéssemos ver esse homem para que ele nos fizesse conhecer a verdade". Ela, com alegria, foi ao encontro do apóstolo e lhe contou tudo o que acontecera. Também este, então, se alegrava e pregava sem se cansar a palavra do Senhor; ele impôs a mão sobre eles, abençoou-as e ordenou que se afastassem. Mas a mulher do rei não foi mais ter com seu marido e seu filho não contou nada ao pai a propósito daquilo que ouvira.

A MULHER E O FILHO DO REI SE CONVERTEM AO CRISTIANISMO

Quando ao Rei Mesdeu foram narradas todas essas coisas, ou seja, que sua mulher e seu filho se haviam convertido ao apóstolo, cheio de cólera, mandou que fossem trazidos diante dele a mulher e o filho. Não conseguindo persuadi-los a abandonar aquele caminho, ordenou que encerrassem a mulher em um lugar escuro e que o filho fosse acorrentado no cárcere em companhia do apóstolo. Também Carísio encerrou sua mulher e a aia em uma pequena cela escura.

TOMÉ É LEVADO NOVAMENTE À PRESENÇA DO REI

Depois o rei ordenou que lhe fosse imediatamente trazido à presença Tomé com as mãos atadas atrás das costas e lhe perguntou: "Quem é esse teu Deus que separa, por tua causa, as nossas mulheres?" Respondeu-lhe Tomé: "Tu, que és rei, desejas, porventura, serviços vis? Se, portanto, tu que és homem procuras ter servos e servas puros, quanto mais hás de crer que Deus aprecia serviços castíssimos e puríssimos. Se, pois, eu prego que Deus nos seus servos e nas suas servas aprecia aquilo que tu também aprecias nos teus servos e nas tuas servas, por que sou acusado?"

Então disse o rei: "Eu permiti que minha mulher livrasse do precipício sua cunhada Migdônia, e tu encerraste no precipício também a ela". Respondeu o apóstolo: "Não se trata de um precipício. Precipício é, ao contrário, retirar-se da castidade e abandonar-se aos prazeres. Quem se afasta dos prazeres e retorna à castidade, este, sim, sobe do fundo do precipício para a salvação e passa das trevas à luz". Disse-lhe o Rei Mesdeu: "Assim como separaste as almas delas da união do nosso matrimônio, com os mesmos artifícios faze que, com a mesma intenção, voltem a ser nossas esposas como o foram antes".

Respondeu-lhe o apóstolo: "O pedido do rei está errado". E o rei então: "Em que está errado o meu pedido?" E o apóstolo: "Eu ergui uma torre excelsa, e tu, agora, dizes a mim, construtor, que destrua, justamente eu, a sua parte mais alta? Eu cavei profundamente na terra e tirei do abismo uma fonte, e tu agora me dizes para submergi-la? Eu antes direi a elas as palavras do meu Senhor: 'Se alguém ama o pai e a mãe, os filhos ou a mulher mais do que a Deus, não é digno de Deus' (Mt 10,37). Tu és um rei temporário e, se acontece que tua vontade não seja cumprida, infliges um castigo temporal; Deus, porém, é um rei eterno, e, se alguém despreza a sua vontade, a punição será eterna. Em verdade, ó rei, depois que houveres matado o corpo, não poderás matar a alma: o verdadeiro Deus, no entanto, pode mandar para o fogo eterno tanto a alma como o corpo" (Mt 10,28). A essas palavras, Carísio, que estava junto do rei, interveio afirmando: "Se demorares a matar esse mago, ele acabará provocando também a nossa ruína".

TOMÉ É CONDENADO AO MARTÍRIO E SAI ILESO

Então, cheio de ira, o rei ordenou que aquecessem no fogo lanças de ferro e tirassem as sandálias do apóstolo, para que, pisando nas lanças com pés descalços, desmaiasse de dor. Mas, antes que fosse infligido esse suplício ao apóstolo, brotou água, e as lanças se apagaram. O apóstolo disse ao rei: "O Senhor fez isso não por mim, mas por ti, para que creias. A mim, porém, o Senhor pode dar uma paciência tal que não tema o fogo, inclusive sem água". Carísio então disse ao rei: "Manda que ele seja posto em uma fornalha das termas". O rei ordenou também isso, mas as termas não puderam mais se aquecer e ficaram sem o menor grau de calor, e no dia seguinte o apóstolo saiu dali inalterado.

TOMÉ É LEVADO PARA ADORAR O DEUS SOL

Carísio disse de novo ao rei: "Ordena que ele ofereça um sacrifício ao deus Sol; incorrerá assim na ira do seu Deus, que o livra de todo suplício que se lhe inflige". Enquanto se procurava fazê-lo entrar no templo para sacrificar ao deus Sol, Tomé riu na face do rei e disse: "Dize-me, ó rei, quem é mais belo entre ti e a tua imagem? Sem dúvida, mais belo és tu, mais belo que a imagem que te representa. Por que então queres pôr de lado o vosso deus para adorar a sua representação?" Havia com efeito uma estátua de ouro do sol, com uma quadriga áurea de cavalos, com as rédeas soltas, como se estivesse fazendo uma corrida veloz pelo céu. Enquanto o rei impelia o apóstolo a adorar a estátua, este lhe disse: "Estás errado, ó rei, se acreditas, como afirmou Carísio, que o meu Deus se encoleriza no caso de eu adorar o teu deus. Desejo, sobretudo, que saibas que Ele se encolerizará contra o teu deus e o aniquilará assim que eu o houver adorado". Perguntou então o rei: "O teu Deus, que os judeus condenaram à morte, será porventura capaz de aniquilar o invencível Sol?" Respondeu o apóstolo: "Queres de fato que se te prove que isso pode acontecer?" Carísio interrompeu: "Ele está procurando desculpas para não adorar o Sol e para não lhe oferecer sacrifício". Retrucou-lhe o apóstolo: "Eu primeiro vou adorá-lo e, se então o meu Deus não o aniquilar, então lhe oferecerei um sacrifício".

Tendo obtido o consentimento do rei e de Carísio, ele foi introduzido no templo, acompanhando-o o ritmo das danças rituais.

TOMÉ FALA EM HEBRAICO COM O DEMÔNIO

Nesse entrementes, virgens cantavam acompanhadas por cítaras, outras por flautas, outras por tímpanos, outras levavam braseiros e turíbulos. Depois que entraram, disse o apóstolo à estátua: "A ti, demônio, que habitas nesta estátua e dás respostas aos homens estultos e iludidos que veem o simulacro, em nome do meu Senhor Jesus Cristo, que foi crucificado pelos judeus, ordeno que saias e te apresentes aqui diante de mim e te deixes ver, e que faças então tudo o que eu te ordenar". Assim que o demônio saiu, colocou-se diante dele, mas era visto só pelo apóstolo, o qual lhe disse: "Eu adoro de coração o meu Senhor Jesus Cristo. Mas, assim que eu puser em terra os meus joelhos e te ordenar que destruas o ídolo, suplicarei ao meu Senhor que envie o seu anjo para te banir daqui e te condenar no abismo".

Respondeu-lhe o demônio: "Eu te suplico, apóstolo de Deus, que não me afastes para o abismo e me permitas matar todos os que estão aqui". E o apóstolo a ele: "Eu te ordeno, em nome de Jesus Cristo, meu Senhor, que não faças mal nenhum a ninguém que está aqui, mas só a essa estátua; e que a destruas, assim que eu dobrar os joelhos". O apóstolo falava com o demônio em língua hebraica e ninguém entendia do que falava ou com quem estava falando.

TOMÉ VENCE O DEMÔNIO

Voltou-se então para o rei, dizendo: "Reflete bem, ó rei! Tu consideras esse simulacro invencível e julgas que o meu Deus é um homem morto pelos judeus; pois bem, se o teu deus é mais forte, e eu não for capaz de destruí-lo invocando o nome do meu Senhor, não somente adorarei o demônio que ali se esconde, mas lhe oferecerei um sacrifício; se porém o teu célebre deus cair por terra feito em pedaços, será evidente que deves abandonar o erro e abraçar a verdade".

E o rei a ele: "Até agora ousaste falar comigo de igual para igual, mas, se agora não adorares e ofereceres um sacrifício ao deus Sol, mandarei que te cortem as veias". Respondeu o apóstolo: "Eis que eu adoro, mas não o simulacro; eis que eu adoro, mas não o metal; eis que eu adoro, mas não o ídolo. Adoro, isso sim, o meu Senhor Jesus Cristo, em cujo nome a ti, demônio, que te escondes nesse mesmo ídolo, ordeno que destruas metal e simulacro, sem fazer mal nenhum a ninguém". Imediatamente, como cera no fogo, o ídolo se desmanchou liquefazendo-se.

Diante desse acontecimento, todos os sacerdotes, consternados, emitiram gritos horríveis, e o rei fugiu com Carísio. Nesse momento, um sacerdote golpeou o apóstolo, mas por causa disso se formou grande tumulto na multidão; mas a maior parte do povo era a favor do apóstolo.

Por esse motivo, Mesdeu, rei da Índia, lançou no cárcere o Apóstolo Tomé, seu filho Zuzane e muitos outros.

TOMÉ PREGA NO CÁRCERE

Mesmo assim o apóstolo não cessava, embora no cárcere, de confirmar os fiéis, dizendo: "Crede no Deus que prego: crede em Jesus que eu vos evangelizo, que é o auxílio de seus servos e o restaurador dos fatigados; nele exulta a minha alma, porque concluí o meu tempo e trago em mim aquele que ardentemente ansiei ver. A sua beleza me compele a dizer quem Ele é: mas a sua grandeza supera os sentidos, ultrapassa a inteligência, de modo que não sou capaz de compreender e exprimir aquilo que anseio dizer a seu respeito. Mas tu, Senhor, que te comprazes em encher a alma que é pobre, enche-a com aquilo que me falta e permanece comigo até que chegue a ti e te veja".

Assim que Zuzane ouviu essas coisas, percebendo que o apóstolo estava dizendo que seu tempo estava encerrado, e parecia perto de partir deste mundo, antes que abandonasse o corpo desejava pedir-lhe um remédio para a sua mulher, Manazara, doente de artrite, pediu que lhe permitisse ir ter com ela. Depois de terem enganado o guarda e prometido que voltariam, decidiu ir à sua casa juntamente com o apóstolo. Nessa ocasião lhe queria apresentar também o pedido do diaconato e, portanto, da bênção levítica. Recordou que ele também queria servir a Deus, que já havia algum tempo que lhe fizera um voto em sua alma, mas que o pai o obrigara a tomar mulher aos 20 anos, que, embora tivesse estado com ela durante três anos, não havia tido filhos e não conhecera jamais outra mulher a não ser a sua, que já fazia tempo que se abstinha de dormir com ela, inclusive porque ela igualmente se empenhava em ser casta e desejava ouvir as palavras de Tomé, sem porém perceber a possibilidade para isso devido à sua enfermidade; se o apóstolo decidisse curá-la, ele se interessaria em obter a permissão para ir. Tomé lhe respondeu: "Se tens fé, verás as maravilhas de Deus e como Ele cura os seus servos".

MIGDÔNIA, NÁRQUIA E TRÉPZIA VISITAM TOMÉ NO CÁRCERE

Enquanto falavam sobre essas coisas, uma mulher chamada Trépzia, mulher do rei; Migdônia, mulher de Carísio, amigo do rei; e a aia Nárquia, depois de terem entregado ao guarda trezentas e sessenta moedas de prata, foram levadas à presença do apóstolo. Aqui encontraram Síforo, comandante das milícias do rei, e Zuzane, a mulher, e a filha de Síforo, que com outras pessoas estavam ouvindo as palavras do evangelho.

TOMÉ INTERROGA AS MULHERES

Quando as três se acharam na presença de Tomé, o apóstolo as interrogou [para saber] como e com a permissão de quem haviam entrado, quem lhes abrira o cárcere e como haviam saído do lugar onde se achavam encerradas. Respondeu Trépzia: "Não foste tu que nos abriste a porta e nos disseste: 'Saí e ide ao cárcere, para acolher os irmãos que lá estão, pois o Senhor demonstrou em nós a sua glória'? Enquanto então nos aproximávamos da porta, não te mostraste logo, mas pelo barulho da porta percebemos que havias entrado aqui. Na verdade, dobramos o guarda remunerando-o, para entrar aqui e chegar à tua presença e alcançar, se possível, aquilo que impetramos com certa soma, ou seja, que te retires para algum lugar durante um pouco tempo, até que se tenha esfriado a ira do rei".

Tomé perguntou a Trépzia de que modo fora lançada no cárcere por seu marido, qual fora a causa disso e por que motivo ele não perdoara nem sua mulher. Trépzia respondeu: "Tu queres saber de mim de que modo fui posta na prisão, tu que jamais me abandonaste, que não te ausentaste nem uma só vez? Causa-me admiração que ignores de que modo fui enviada para o cárcere. Mas, se queres ouvi-lo, eis: o Rei Mesdeu ordenou que eu fosse levada à sua presença, e disse-me: 'Aquele mago não tem ainda sobre ti um poder completo. Com efeito, eu ouvi falar de ações que ele realiza com óleo, pão e água mágica. Portanto, como ele ainda não foi capaz de aproximar-se de ti com essas artes mágicas, tu ainda estás imune a elas. Por isso obedece a minhas ordens, caso contrário também tu serás lançada no cárcere'". Mas, como eu não consentisse e lhe dissesse que fizesse como melhor lhe aprouvesse que ele tinha poder sobre meu corpo, mas que minha alma eu não a deixaria perecer com isso, ordenou que eu fosse encerrada em um lugar escuro. Como também Carísio tinha posto sob acusação a mulher, ordenou que prendessem Migdônia juntamente com sua aia, Nárquia. Mas tu, depois, fizeste que saíssemos para que viéssemos a teu encontro: "Eis-nos então aqui para receber de ti a graça da bênção".

TOMÉ INVOCA A LUZ DO SENHOR

A essas palavras de Trépzia, o apóstolo reconheceu imediatamente os benefícios daquele que assumiu em muitas ocasiões o aspecto humano para consolar os aflitos e eliminar as penas dos sofredores. Pôs-se por isso a dar graças ao Senhor Jesus que tinha confirmado os fracos, dado estabilidade aos vacilantes e infundido esperança aos desanimados.

Enquanto os prisioneiros estavam falando dessas coisas no cárcere, chegaram os guardas e pediram que apagassem as lâmpadas, para que ninguém, vendo-os juntos e conversando, os denunciasse ao rei. Depois que as lâmpadas foram apagadas, voltaram os guardas a seus postos.

Mas o apóstolo, vendo que todos estavam envoltos nas trevas, começou a pedir a luz ao Senhor: "Ilumina-nos Tu, Senhor, tendo em vista que os servos nos fazem ficar no escuro. Tu, Senhor, digna-te de iluminar os teus servos com o teu santo lume, uma luz que ninguém pode arrebatar ou extinguir".

De súbito aquele lugar ficou todo resplandecente como se fosse pleno dia. Também os outros, encarcerados por motivos diversos, se puseram a velar. Com efeito, não podiam dormir os servos de Deus que Cristo mantinha despertos, não permitindo que caíssem no sono aquele que diz: "Levanta-te, tu que dormes; ressurge dos mortos, e Cristo te iluminará" (Ef 5,14).

TOMÉ PEDE PARA ZUZANE PREPARAR A EUCARISTIA

Depois que os presentes haviam partilhado algumas coisas, Tomé ordenou a Zuzane: "Vai preparar-nos tudo aquilo que é necessário para o ministério". Como Zuzane lhe perguntasse de que modo poderia sair do cárcere e quem lhe abriria, dado que tudo estava fechado e os guardas mergulhados no sono, Tomé respondeu: "Crê em Cristo e vai! Encontrarás as portas abertas".

Os outros o seguiram. Enquanto se encontravam já a meio-caminho, foi ao encontro deles a mulher de Zuzane, Manazara, dirigindo-se ao cárcere; e, tendo reconhecido o marido, disse: "Meu marido Zuzane?" E ele, tendo-a reconhecido, lhe perguntou aonde ia, ainda mais de noite, e como é que pudera levantar-se, ela que antes mal podia erguer-se. Ela lhe respondeu: "Esse jovem, da parte do Senhor, impondo-me as mãos, me curou. Fui depois levada por um sonho a ir ao encontro do estrangeiro, detido no cárcere; e estou me apressando para que, segundo a visão que tive em sonho, possa obter a cura completa". Zuzane perguntou quem era aquele jovem que tinha estado com ela. Manazara respondeu: "Também tu não o vês, enquanto ele me leva e me sustenta a direita?"

TOMÉ E AS MULHERES SAEM MIRACULOSAMENTE DO CÁRCERE

Aconteciam essas coisas, quando entre aqueles que estavam conversando chegou Tomé, depois também Síforo, comandante das milícias, sua mulher e sua filha, e enfim Trépzia, Migdônia e Nárquia, que estavam todas indo para a casa de Zuzane. Manazara, ao ver o apóstolo, adorou-o e exclamou: "Tu vieste como um médico para me curar de minha enfermidade! Eu te vi também esta noite me confiando a esse jovem para que me conduzisse até o cárcere. Em vez de esperar que eu fosse ter contigo, por causa da tua grande bondade não suportaste que eu sofresse ainda e te puseste a caminho para mim".

Dizia ainda isso quando se voltou para procurar o jovem: este, com efeito, se havia de repente subtraído aos olhos dela e não era fácil ver aquele que pouco antes era visível. Angustiada por que se havia afastado aquele que antes a apoiava, pôs-se a exclamar: "Não posso caminhar sozinha, não está mais aqui o jovem que me mandaste". E o apóstolo a ela: "Eis que doravante Cristo caminhará contigo, justamente Ele será o teu companheiro de viagem e o teu guia".

Pondo-se, portanto, a correr toda alegre para casa, a mulher precedia a todos os outros; depois que o apóstolo e os outros ali chegaram, a casa de súbito resplandeceu com muita luz.

Tomé, então, começou a orar: "Tu, Senhor, auxílio dos enfermos, esperança e confiança dos pobres, refúgio e repouso dos sofredores, consolação daqueles que choram, porto daqueles que são joguete das ondas, ressurreição dos mortos, redenção dos pecadores, Tu que por nós sofreste a paixão corporal, Tu que entraste na mansão dos mortos e no próprio inferno, para que fôssemos libertados das marcas da morte. Os príncipes da morte se espantaram quando te viram ir até a morte, e eles não puderam deter-te, ao contrário gemeram, porque enquanto eles estavam privados da antiga posse, te viram retornar triunfante. Justamente por isso te honramos, Senhor Jesus, pois vieste a nós com aquela tua paterna e perfeita substância, para que pudéssemos ver em nós as entranhas da tua misericórdia para conosco. Tu te fizeste ministro dos teus servos, enriquecedor da tua propriedade; pobre, mas não indigente; rico, mas sem desdenhar o pobre; jejuaste durante quarenta dias com o fim de saciar com o eterno alimento santo as almas dos famintos: assiste, eu te peço, os teus servos Zuzane, Manazara e Trépzia; digna-te de conduzi-los ao teu rebanho, de contá-los entre os teus santos e socorrê-los nesta região de extravios. Sê o médico de todos aqueles que desfalecem nesta servidão, sê o repouso nas fadigas, a estabilidade nas coisas que vacilam. Sê, enfim, o auxílio dos corpos e a vida das almas, para que sejam templos da tua misericórdia e neles habite o Espírito Santo".

TOMÉ CELEBRA A EUCARISTIA

Terminada essa bênção, tomou o sacramento e deu graças ao Senhor, dizendo: "Ó Senhor Jesus, este teu sacramento seja para nós vida, em remissão dos pecados. Com efeito, por nós é que foi celebrada a tua paixão. Por nós bebeste aquele fel, para que em nós morresse toda a amargura do adversário. Por nós também é que bebeste aquele vinagre, para que dali derivasse força para o nosso cansaço. Por nós foste cuspido, para que se derramasse sobre nós o orvalho imortal; foste espancado com um frágil caniço; para amparar a nossa fragilidade para a vida perpétua e para a eternidade. Foste coroado de espinhos, para coroar com a coroa de louros sempre verde da tua caridade aqueles que creem em ti. Foste além disso envolto em um lençol, para nos revestires com o véu da tua virtude. Quiseste ser sepultado em um sepulcro novo, para restaurar em nós uma graça nova e novos tempos".

Terminada essa oração, ele distribuiu a Eucaristia às pessoas supracitadas, dizendo: "Que esta Eucaristia nos conceda a vida, entranhas de misericórdia, a graça da salvação e a saúde para as nossas almas". Enquanto eles respondiam "Amém!", ouviu-se uma voz que também repetia: "Amém!" Ao som dessa voz, caíram todos por terra. E de novo ressoou a voz, dizendo: "Não tenhais medo, tende apenas fé".

TOMÉ RETORNA AO CÁRCERE

Todos então regressaram [para seu lugar]: Tomé à sua cela, Trépzia, Migdônia e Nárquia, elas também, ao seu cárcere. Mas, antes que saíssem, o apóstolo lhes falou assim: "Ouvi as minhas últimas palavras, porque não ficarei mais muito tempo neste corpo. Estou sendo chamado para ir me encontrar com o Senhor Jesus, aquele que me redimiu, aquele que se humilhou além de todo o limite, com o fim de resgatar todos sem exceção. Nele aprendi a esperar. Se, com efeito, ele me chamou a mim, indigno, para o sagrado ministério, tanto mais agora, depois que o servi na verdade, posso esperar a recompensa. Ele é bom e justo; o Senhor sabe a recompensa que deve dar conforme os méritos de cada um. Rico em dons, pródigo em graças, não é absolutamente parco em benefícios. Ele se dignou de prodigalizar a mim, indigno, muitos dons além do meu mérito. Os seus milagres devem estimular-vos a louvar o seu autor. Porque eu não os realizava por minha própria virtude. É em nome do Senhor meu, Jesus Cristo, que eu os impetrava, não os exigia. Pois não sou o Cristo, mas servo de Cristo; nem tampouco sou o árbitro, e sim o ministro daquele que me enviou. Por isso, ao terminar a minha carreira, vos admoesto para que, ao me virdes em poder dos homens e no meio dos tormentos, não desfaleça a vossa fé. Eu com efeito cumpro a vontade do meu Senhor, e é justo que eu queira aquilo que o Senhor ordena. De fato, se ele aceitou morrer por nós, tanto mais nós, contra a vontade do Senhor, não devemos temer a morte deste corpo. Tanto mais ainda sabendo que esta morte não é uma ruína, mas a libertação do corpo. Por isso não peço que seja adiada a morte. Crede, com efeito, que eu poderia adiá-la, se quisesse; mas, ao contrário, peço para ser liberado o mais rápido possível a fim de que, tendo partido, possa contemplar aquele que é esplêndido e misericordioso, aquele que em recompensa das obras e das canseiras, pelas quais não me poupei, como Senhor generosíssimo, me dará o prêmio".

Ditas essas coisas, todos retornaram ao cárcere tenebroso. Chegando ao cárcere, Tomé orou: "Senhor Jesus, que por nós tanto sofreste, que se fechem estas portas como estavam antes e se formem de novo os sigilos nos mesmos locais". Deixando os outros, o apóstolo se dirigiu à cela, para ali se encerrar. As mulheres, nesse meio-tempo, não conseguiam reter o pranto, sabendo que Mesdeu não teria escrúpulo algum em matá-lo.

OS GUARDAS PEDEM AO REI PARA AFASTAR TOMÉ DA PRISÃO

Nesse ínterim, ao chegar à sua cela, o apóstolo encontrou os guardas que discutiam entre si, dizendo: "Como nos demos mal com esse mago! Eis que ele abriu as portas das prisões com artes mágicas e quis levar todos consigo. Para que com os seus encantamentos não escapem junto com ele também os outros, vamos narrar isso ao rei, falando-lhe também de sua mulher e de seu filho". Tomé escutava essas coisas e se mantinha calado.

Eles então, ao romper do dia, foram ao rei e lhe pediram que afastasse dali aquele mago, sem fechá-lo mais em nenhum lugar, pelo fato de que com o seu poder mágico abria qualquer lugar fechado. Anunciaram então que as portas do cárcere tinham sido abertas e que eles se tinham dado conta enquanto se levantavam que também a mulher do rei havia entrado e se encontrado com ele junto com outros e que não se afastavam dele.

TOMÉ É LEVADO AO REI MESDEU

Tendo ouvido isso, o rei logo foi controlar os sigilos que mandara colocar nas portas, mas os encontrou do mesmo jeito como estavam antes. Conturbado, disse aos guardas que se haviam enganado afirmando terem visto entrar na prisão Trépzia e Migdônia, uma vez que os sigilos nem tinham sido tocados. Mas eles afirmavam que tinham dito a verdade. Então Mesdeu se sentou na sala do tribunal, pediu que fosse trazido à sua presença o apóstolo e lhe perguntou se era livre ou escravo. E Tomé lhe disse: "Sou servo de um, mas só de um, sobre o qual não tens poder". Perguntou-lhe de novo Mesdeu por que tinha ido para aquele país. Respondeu o apóstolo: "Para salvar a muitos". Disse-lhe além disso que lhe era devedor pelo fato de que iria passar para o além pela mão de Mesdeu.

Então o rei lhe perguntou quem era o seu Senhor, qual o seu nome e de que região. Respondeu Tomé: "Meu Senhor é o teu Deus e o Senhor do céu e da terra. Dele tu não podes ouvir o nome, mas aquele que lhe foi atribuído neste mundo é Jesus Cristo". Ao rei que o ameaçava pelo fato de ele não se manifestar, enquanto afastado aquele malefício toda a Índia ficaria com isso purificada, Tomé respondeu: "Todos esses malefícios irão embora comigo; fica sabendo, porém, que nem por isso faltarão".

Por esse motivo, o rei ponderava de que modo poderia matar Tomé. Temia o povo pelo fato de que muitos, inclusive dos mais influentes, admiravam as suas obras e criam em Jesus.

O REI MESDEU MANDA MATAR TOMÉ

O rei pensou que deveria agir com astúcia em relação a Tomé. Saiu da cidade junto com Tomé e cercado de soldados. O povo pensava que ele estava saindo porque Tomé deveria mostrar-lhe alguma de suas obras. Mantinham, portanto, os olhos sobre ele pensando que o rei quisesse aprender alguma coisa dele e que ele iria ensinar o rei.

Mas, tendo-se afastado cerca de meia-milha, o rei o entregou a quatro soldados, aos quais acrescentou um homem mais robusto, com a ordem de levá-lo ao monte próximo e ali matá-lo a espada. Tendo dado essa ordem aos soldados, o rei voltou imediatamente à cidade. Mas o povo compreendeu e o seguia com a intenção de arrebatar Tomé. Os soldados então agarraram Tomé e se puseram dois à sua direita e dois à esquerda; o mais robusto o segurava pela mão e ia à frente.

O apóstolo, entrementes, anunciava os grandes e divinos mistérios que na sua própria saída se manifestavam, dizia que estava sendo levado por quatro soldados, porque era composto de quatro elementos, e possuía os quatro princípios generativos; dizia que o Senhor Jesus tinha sido espancado por um só porque sabia que um só é o seu genitor, o Pai.

TOMÉ REZA ANTES DO MARTÍRIO

Ao chegar ao local da paixão, depois de exortar os outros a conservarem a fé no Senhor Jesus e a cultivarem a piedade, pediu também a Zuzane que desse dinheiro aos guardas para que lhe fosse concedido o tempo de orar. Este lhes entregou uma grande quantia, e ele começou a dar graças por ter sido no mundo guardado por Cristo e por ele mesmo agora chamado; ele fora para ele um sustentáculo nos perigos, o consolador na tristeza, o auxílio nas fadigas, o predecessor no caminho percorrido neste mundo.

Tomé rezou: "Tu – disse –, Senhor, me anunciaste que te pertenço; por isso não tomei mulher, dediquei-me totalmente a ti a fim de que nem o uso da união matrimonial nem o hábito diminuíssem ou destruíssem a graça do teu Templo. Afastaste a alma ávida de riquezas mundanas com uma provisão e riqueza de dons celestes, ensinando-me que nas riquezas há perdas e não vantagens. E por isso fizeste de sorte que, contente na pobreza, eu procurasse a verdade inexaurível das riquezas espirituais e perscrutasse os tesouros escondidos em Cristo; satisfeito com as tuas riquezas, não desejasse outras. Por isso me tornei pobre, necessitado, peregrino e servo nas cadeias, nos jejuns, na fome e na sede, no trabalho, nos perigos, para que a confiança não perecesse e a esperança não saísse confundida. Preserva-me, portanto, ó Senhor; não escondi o teu dinheiro, mas o gastei sobre a mesa e o dividi entre os banqueiros. Chamado, vim à tua mesa e não me esquivei de participar do teu banquete alegando que deveria visitar um campo ou com a necessidade de tomar mulher, nem lhe preferi uma junta de bois. Convidado para participar de tuas núpcias, enverguei a veste branca, esperando o regresso do Senhor não me esqueci do óleo; guardei a minha casa a noite inteira e não fui despojado pelos ladrões; calcei as sandálias nos pés para que não se apagassem as pegadas. Observei a primeira, a segunda e a terceira vigília para ver o teu rosto e contemplar o teu esplendor assim que rompesse a aurora. Não vivifiquei o meu morto, quando desfalecia eu não o tornava a encher, pelo contrário castiguei o encadeado que me deste, matei o meu prisioneiro para não vincular aquele que recebi livre. Na terra recebi opróbrios, esperando a recompensa no céu. Se, portanto, desempenhei um serviço fiel, assiste-me, ó Senhor, para que não me venham ao encontro os ladrões nem lancem contra mim as suas redes. Que tua glória circunde o teu servo para que, revestido por tamanha graça, as forças contrárias não ousem aprisioná-lo. Terei porventura obedecido a essas forças enquanto me tentavam barrar o caminho? Elas vão de encontro aos seus sequazes, e não lhes permitem seguir adiante. Assiste-me, ó Senhor, para que eu passe ao outro lado em paz e na graça. Oxalá conduzas na verdade o teu servo e aplaines o meu caminho até tua casa, e que o demônio não se precipite contra mim. Que os olhos dele fiquem cegos pelo teu esplendor. Que emudeça a sua boca por aquilo que diz, ele que em mim não encontra nada digno de suas obras".

TOMÉ É MORTO A GOLPES DE LANÇA

Tendo dito isso, Tomé dirigiu a palavra aos soldados: "Vinde e executai a ordem daquele que vos enviou". Aproximaram-se dele quatro soldados e o traspassaram com as lanças; e o bem-aventurado apóstolo caiu e morreu.

Os irmãos, chorando, o sepultaram no túmulo real, no qual tinham sido sepultados os reis, circundado por muitos e preciosos aromas e indumentos.

Logo apareceu então a Síforo e a Zuzane, os quais não queriam ir à cidade e ficavam o dia inteiro sentados junto à sepultura. Disse-lhes: "Por que ficais aqui, sentados, a guardar-me? Não estou aqui. Subi [ao céu] e recebi tudo aquilo que esperei. Portanto, levantai-vos, saí daqui! Em breve vou reunir-vos comigo".

TOMÉ APARECE PARA TRÉPZIA E MIGDÔNIA

Enquanto a propósito do apóstolo aconteciam essas coisas, a Rainha Trépzia e Migdônia, levadas à presença de Mesdeu e Carísio, eram torturadas, mas não se submetiam à vontade deles. Apareceu-lhes o apóstolo e disse: "Procurai não errar! O Senhor Jesus logo vos dará auxílio!"

Mesdeu e Carísio, como não conseguissem vencer o firme propósito de suas mulheres, as deixavam livres para seguirem sua vontade.

Os irmãos se reuniam com muita alegria e muito júbilo. Síforo era o sacerdote e Zuzane o diácono, ordenados pelo apóstolo quando subia ao monte para ali morrer. Estes usufruíam de muitos auxílios da parte do Senhor, e cada dia a fé firmava raízes mais fundas.

O FILHO DE MESDEU É LIBERTADO POR TOMÉ

A eles o Senhor concedeu também a cura. O filho de Mesdeu estava possuído pelo demônio, e não havia ninguém que pudesse libertá-lo. Mesdeu então decidiu assim: "Vou abrir a sepultura, tirarei os ossos do pulso do apóstolo e os colocarei sobre o meu filho; com certeza ficará curado".

Mesdeu ia subindo o monte com esses pensamentos, quando lhe apareceu Tomé e lhe disse: "Não creste nos vivos e [agora] crês nos mortos? Não temas, porém! O Senhor Deus terá misericórdia de ti e te mostrará as entranhas da sua misericórdia por causa de sua bondade".

Assim que Mesdeu chegou ao monte, abriu a sepultura, mas não encontrou os ossos dado que já fazia algum tempo que os irmãos haviam retirado as santas relíquias e as tinham sepultado na cidade de Edessa.

No entanto, a terra e a sujeira que o rei conseguiu encontrar no sepulcro e sobre as quais tinham sido depositados os restos mortais do apóstolo, Mesdeu as levou consigo e as pôs sobre seu filho, dizendo: "Agora creio em ti, Cristo, porque se afastou de mim aquele que perturba os afetos dos homens e que me impedia de ver logo". Assim que colocou sobre o filho aquilo que havia encontrado na sepultura, logo ficou curado, naquele mesmo instante.

O REI MESDEU SE CONVERTE AO CRISTIANISMO

Uma grande alegria invadiu os irmãos pela conversão do rei a Jesus Cristo, rei celeste, ao qual seja honra e glória pelos séculos dos séculos. Amém.

ATOS DOS IRMÃOS TIAGO, JUDAS TADEU E SIMÃO DE ACORDO COM AS MEMÓRIAS APOSTÓLICAS SEGUNDO ABDIAS

A confusão histórica entre os Tiagos gera embaraço na cabeça do leitor menos avisado. Fala-se em três Tiagos: o Maior, o Menor e o irmão do Senhor. Desde o século IV confunde-se Tiago Menor como Tiago irmão do Senhor. Tiago é a tradução grega do Jacó hebraico. Ele é conhecido também como "o justo".

A morte de Tiago ocorreu após o seu testemunho de fé em Jesus diante dos sacerdotes e fariseus, no pináculo do Templo. Dali foi empurrado, apedrejado, mas não morreu. Um lavrador, no entanto, tomou um bastão e lhe partiu a cabeça ao meio.

Judas Tadeu foi um dos apóstolos mais populares. Foi Santa Brígida da Suécia (1303-1373) quem propagou a devoção a São Judas Tadeu como "santo das causas urgentes". Jesus lhe teria aparecido aconselhando-a a invocar São Judas Tadeu para resolver os problemas dela.

Juntamente com Judas Tadeu, Simão travou batalhas teológicas contra a magia. Na Babilônia eles realizaram curas, milagres, batismos, consagraram Abdias como bispo, ordenaram presbíteros e diáconos.

A nossa tradução tem como referência Fabricius I. A., Codex Apocryphus Novi Testamenti, *livro VI (Hamburgo, 1719, p. 388-742).*

A HISTÓRIA DOS TRÊS IRMÃOS

Simão, chamado cananeu, Judas, chamado Tadeu, e Tiago, que alguns chamam irmão do Senhor, foram irmãos carnais, originários de Caná da Galileia, filhos do casal Alfeu e Maria, filha de Cléofas. O último deles nasceu da mesma mãe, mas de pai diferente, isto é, de José, homem justo, aquele do qual se tornou esposa a santíssima Mãe de Deus, Maria. Por isso Tiago foi chamado irmão do Senhor, quanto à carne, porém, com José, de fato, pai de Tiago, estava casada, embora nunca tivesse unido a ele, a Virgem Maria, que depois engravidou por obra do Espírito Santo, e deste modo deu à luz, ficando virgem, o salvador do mundo, o Senhor nosso Jesus Cristo. Por causa deste vínculo, esses três filhos de Maria de Cléofas foram assumidos por Cristo entre seus discípulos, e mais tarde foram elevados à dignidade de apóstolos.

O mais novo deles, Tiago, sempre muito estimado por Cristo Salvador, ardia em grande amor ao Mestre, que, quando foi crucificado, não quis tomar alimento a não ser depois de tê-lo visto ressuscitar dos mortos, porque se recordava de que isso fora predito a ele e aos seus irmãos por Cristo quando ainda em vida. Por isso, antes de todos eles, Cristo quis aparecer a ele para confirmar o discípulo na fé, como também o fez para Maria Madalena e para Pedro; a fim de que não sofresse por causa do longo jejum, apresentando-lhe um favo de mel, exortou-o a comer.

TIAGO PRESIDE A IGREJA DE JERUSALÉM

Depois da ascensão de Cristo ao céu, permaneceu com Pedro e João em Jerusalém, pregando a palavra do Senhor aos judeus; coisa que podia fazer também mais facilmente porque exercia o seu ministério público no Templo de Salomão.

PAULO VAI A JERUSALÉM PARA
ENCONTRAR-SE COM TIAGO

Quando ainda não tinha transcorrido o décimo quarto ano da paixão do Senhor, quando Paulo foi a Jerusalém com seus companheiros de viagem, Tito e Barnabé, saudou Tiago, Pedro e João. Os doze apóstolos se reuniram em Jerusalém para a Festa da Páscoa, sob a presidência de Tiago e na presença do povo; um de cada vez, expuseram então brevemente o que fora por eles realizado nas diversas regiões.

TIAGO E OS APÓSTOLOS PREGAM SOBRE JESUS E SUA DIVINDADE

Naqueles dias, o sumo pontífice Caifás enviou a eles sacerdotes pedindo que fossem ter com ele, para lhe demonstrar de que modo Jesus era Deus eterno e Cristo, pois de outro modo ele lhes demonstraria o contrário.

No dia prescrito, os apóstolos subiram ao Templo e, na presença de todo o povo, começaram a dar testemunho de Jesus e, ao mesmo tempo, a censurar os judeus pelas muitas coisas absurdas que faziam. E nos degraus do Templo, enquanto o povo assistia em silêncio, instruíram os sacerdotes sobre o único Deus, Cristo Jesus, os saduceus sobre a ressurreição dos mortos, os samaritanos sobre a consagração de Jerusalém, os escribas e os fariseus sobre o Reino dos Céus: instruíram assim todo o povo sobre o fato de que Jesus é o Cristo eterno. E, por último, admoestaram que, antes que passassem a anunciar o conhecimento de Deus Pai aos gentios, se reconciliassem com Deus, acolhendo o Filho dele. Mostraram, com efeito, como de nenhum outro modo eles poderiam salvar-se a não ser com a graça do Espírito Santo, apressando-se a purificar-se com o batismo em virtude da tríplice invocação (Pai, Filho e Espírito Santo) e recebendo a Eucaristia do Cristo Senhor, na qual deviam crer como em uma das coisas por ele ensinadas a fim de que pudessem merecer alcançar a eterna salvação.

TIAGO É PERSEGUIDO

Durante sete dias convidaram o povo e o sumo pontífice a se apressarem para receber logo o batismo; e já a coisa estava madura para se batizarem, quando eis que um homem inimigo, com outros poucos, assim que entrou no Templo, começou a gritar dizendo: "O que estais fazendo, israelitas? Por que vos deixais arrastar com tanta facilidade? Por que vos deixais conduzir a um precipício por esses infelizes homens e vos deixais enganar por um mago?"

Enquanto assim falava e essas coisas eram ouvidas e contraditas pelo Bispo Tiago, começou a surgir uma perturbação no povo e a ferver revoltas, a tal ponto que a multidão não podia mais ouvir aquilo que o apóstolo dizia. Todos começaram a se agitar com clamores; e aquilo que com muito trabalho fora arranjado foi logo desestruturado, e os sacerdotes foram censurados. E ele começou a instigar a todos com censuras e injúrias. Como um energúmeno, ele incitava todos a matarem os apóstolos, dizendo: "O que fazeis? Por que sois hesitantes, tardos e preguiçosos? Por que não agredimos com nossas mãos e não tiramos da circulação todos esses?" Dito isso, deu início à mortandade com um tição tirado do altar. Os outros também, vendo-o, foram levados a agir com a mesma insânia. Houve uma algazarra geral dos assassinos e das vítimas, e muito sangue foi derramado por toda parte em uma fuga confusa. Enquanto isso, aquele homem inimigo, agredindo Tiago, precipitou-o do alto da escada e, acreditando que estivesse morto, não se preocupou mais com ele.

Após essa queda, com um pé fraturado, aparecia muito claudicante. É claro que aquele homem inimigo, que depois o Senhor destinou ao ministério do apostolado, era Saulo.

TIAGO CONFESSA SUA FÉ EM JESUS E É PERSEGUIDO PELOS JUDEUS

Depois que o Governador Festo enviou Paulo a César, ao qual havia apelado, os judeus, vendo bem-sucedidas as insídias que lhe haviam armado, voltaram sua feroz maldade contra Tiago, irmão do Senhor. Agrediram-no deste modo: arrastaram-no para o meio deles e lhe pediram com insistência que renegasse a fé em Cristo na presença de todo o povo. Ele, porém, a despeito de todos os que pensavam de outra maneira, com uma voz bastante livre e forte, mais do que eles desejavam, na presença de todo o povo, proclamou com a máxima franqueza que Jesus Cristo nosso salvador e Senhor é Filho de Deus.

Eles, então, como não pudessem suportar a confissão tão serena e franca daquele homem, sobretudo porque todos o consideravam sobremodo reto em virtude de uma vida santa e morigerada, o levaram à morte. Aproveitando, além disso, a situação favorável, também pela morte do governador, uniram muitos outros à sua mesma condenação. Havia ocorrido, com efeito, na Judeia, a morte de Festo, de sorte que a província se achava então sem governador e sem procurador.

TIAGO CONFESSA QUE JESUS É O SALVADOR

Alguns, por isso, pertencentes a uma ou outra das sete correntes entre o povo e das quais falamos acima, o interrogavam sobre qual seria a porta para o Senhor. E ele respondia: "É esta: o Salvador".

E assim muitos acreditaram que Jesus é o Cristo. Os hereges, porém, dos quais escrevemos acima, não creram que ele teria vindo para dar a cada um segundo suas obras, não crendo, sobretudo, que ele houvesse ressuscitado; aqueles que creram, creram por meio de Tiago. Como muitos deles, também alguns dos príncipes do povo, haviam crido, determinou-se uma desorientação entre os judeus. Diziam: "Não resta outra coisa agora senão que todo o povo creia em Jesus, creia que ele é o Cristo".

Foram então juntos a Tiago e lhe disseram: "Nós te pedimos que chames o povo, porque se está extraviando a propósito de Jesus, crendo que ele é o Cristo. Nós te suplicamos que persuadas nesse sentido todos aqueles que vierem para o dia da Páscoa. Todos te obedeceremos. Quanto a ti, pessoalmente, tanto nós como o povo atestamos que és justo e não fazes acepção de pessoa. Tu, portanto, aconselha bem o povo acerca de Jesus e orienta-o para que não se extravie. Todos te obedeceremos. Sobe ao ponto mais alto do pináculo do Templo, a fim de todos te verem lá no alto e podermos todos ouvir as tuas palavras; no dia da Páscoa, com efeito, acorrerão não somente os judeus, mas também uma multidão de gentios".

Escribas e fariseus colocaram, portanto, Tiago no pináculo do Templo e, gritando em alta voz, disseram: "Ó mais justo dos homens, ao qual todos nós devemos obedecer, por que o povo se engana a respeito de Jesus, que foi crucificado? Qual é então a porta do Senhor?"

Tiago respondeu-lhes em alta voz: "Por que me interrogais a respeito do Filho do Homem? Eis que ele está sentado no céu à direita do sumo poder e virá um dia sobre as nuvens do céu" (Mt 26,64).

Com essa resposta e esse testemunho, Tiago deu suficiente demonstração a muitos que de bom grado o tinham ouvido de que desse modo queria protestar em favor de Cristo. Começaram, portanto, a glorificar a Deus, dizendo: "Hosana ao Filho de Davi!"

TIAGO É APEDREJADO E MORTO COM UMA BASTONADA

Os escribas e os fariseus começaram a dizer uns aos outros: "Fizemos mal dando a este a ocasião para expressar esse testemunho a respeito de Cristo. Vamos precipitá-lo ao solo, para que os outros se encham de medo e não lhe deem crédito".

Todos juntos em alta voz gritaram, dizendo: "Oh! Também o justo se enganou!" Cumpriram assim a profecia da Escritura que se encontra em Isaías e soa assim: "Eliminemos o justo, pois nos é incômodo; e por isso comerão o fruto de suas obras" (Is 3,10). Subiram, portanto, ao pináculo para precipitá-lo ao solo, dizendo: "Que este homem seja apedrejado".

Começaram a agredir o bem-aventurado Tiago com pedras. Lançado ao chão, não só não morreu, mas se voltou, prostrou-se sobre os joelhos e começou a dizer: "Eu te peço, Senhor Deus Pai, perdoa-lhes este pecado, porque não sabem o que fazem". E, enquanto ainda mais ferozmente o agrediam com pedras, enquanto orava assim, um sacerdote, dos filhos dos recabitas, mencionados pelo Profeta Jeremias (Jr 35,19), exclamou e disse: "Parai, por favor! Que fazeis? Esse justo que apedrejais está orando por vós". Mas um deles, um lavador, pegou um bastão, usado para alisar os panos, e lhe partiu a cabeça. Assim o bem-aventurado Tiago, cognominado o "justo", com esse martírio consumou finalmente a vida e foi sepultado no mesmo lugar perto do Templo.

Este é aquele que deu testemunho da verdade aos judeus e aos gentios: que Jesus é o Cristo, Filho do Deus vivo, que com o Pai e o Espírito Santo é Senhor e Rei por todos os séculos.

JUDAS E SIMÃO SE PREPARAM PARA DESAFIAR OS MAGOS ZAROÉM E ARFAXAT

O dito acima se refere a Tiago. Quanto a seus irmãos, mais velhos do que ele (Tiago), Simão, chamado o Cananeu, e Judas, chamado Tadeu e Zelota, também eles apóstolos de nosso Senhor Jesus Cristo, que entraram na religião por revelação do Espírito Santo e pela fé, no início da sua pregação tiveram de enfrentar logo dois magos, Zaroém e Arfaxat, que tinham fugido da Etiópia da presença de São Mateus apóstolo.

A doutrina deles, com efeito, era perversa: blasfemavam contra o Deus de Abraão, o Deus de Isaac e o Deus de Jacó, chamando-o o Deus das trevas. Acrescentavam que Moisés era um mago e que todos os profetas de Deus tinham sido enviados pelo deus das trevas.

Diziam, além disso, que a alma humana tinha uma parte divina e que o corpo ao contrário tinha sido feito por um deus mau, e por isso é composto de substâncias opostas: com algumas, a carne se alegra enquanto a alma se entristece; e, com outras, a alma se alegra e o corpo, ao contrário, se aflige. Acrescentavam ao número dos deuses o sol e a lua, e ensinavam que a água também era divina. Do Filho de Deus, nosso Senhor Jesus Cristo, afirmavam que era um produto da imaginação, que não era verdadeiro homem, que não nascera de uma virgem, que não fora na verdade tentado nem verdadeiramente padecera, nem fora de verdade sepultado, e que depois do terceiro dia não ressurgira dos mortos.

A Pérsia, contaminada por essa doutrina, depois de Zaroém e Arfaxat, mereceu encontrar através dos bem-aventurados apóstolos Simão e Judas o grande mestre, isto é, o Senhor Jesus Cristo, que tinha proclamado que enviaria do céu o Espírito Santo, segundo a promessa que dizia: "Vou para o Pai e vos envio o Espírito Paráclito" (Jo 15,26; 16,7).

SIMÃO E JUDAS VIAJAM PARA A PÉRSIA

Tendo empreendido a viagem com a precisa intenção de libertar, assim que chegassem, a Pérsia da triste sedução dos mestres acima citados, os apóstolos Simão e Judas encontraram o exército que partia para a guerra, guiado pelo comandante supremo do rei da Babilônia, Xerxes, Varardac. Este havia declarado guerra contra os hindus, que tinham invadido o território da Pérsia; em seu seguimento iam sacrificadores, adivinhos, magos, encantadores, cada um conforme seu próprio encargo, sacrificando aos demônios, dava o vaticínio da própria falácia.

Aconteceu que no dia em que os apóstolos se achavam entre os soldados, aqueles, embora se cortassem e derramassem o próprio sangue, não conseguiam dar ao comandante o vaticínio a propósito da guerra. Dirigiram-se por isso ao templo da cidade próxima para consultar ali os deuses. Ouviram então um deles, que com enorme mugido assim sentenciava: "Há homens estrangeiros caminhando convosco para irem à batalha; por isso não vos podem dar vaticínios. Foi-lhes, com efeito, concedido tal poder por Deus, que nenhum de nós ousa falar em sua presença".

SIMÃO E JUDAS TESTEMUNHAM A FÉ EM CRISTO DIANTE DO REI DA PÉRSIA, XERXES

Tendo sabido disso, o comandante supremo do Rei Xerxes, Varardac, mandou que os procurassem no exército. Tendo-os encontrado, perguntou-lhes de onde eram e por que tinham ido àqueles lugares. Respondeu-lhe o santo apóstolo Simão: "Se perguntas pela origem, somos judeus; se pela nossa condição, somos servos de Jesus Cristo; se queres saber o motivo da nossa presença, viemos para a vossa salvação, a fim de que abandoneis o falso culto dos ídolos e possais [assim] conhecer o Deus que está nos céus".

"Por ora – disse o comandante Varardac –, estou para entrar em combate a fim de manter afastados os hindus que desejam invadir a Pérsia, antes que consigam ganhar o auxílio das forças dos medos contra nós. Por isso, não é agora o momento oportuno de discutir as vossas coisas. Se depois o regresso for feliz e favorável a nós, eu vos ouvirei."

O apóstolo Judas (respondeu): "Senhor, ouve-me! É mais conveniente que conheças aquele com cuja força e com cujo auxílio podes vencer ou ao menos encontrar calmos aqueles que contra ti se rebelaram".

Então o Comandante Varardac disse: "Como ouço que os vossos deuses estão diante de vós e vos dão os vaticínios, quero que nos predigais o futuro, a fim de que eu possa saber o resultado da batalha".

SIMÃO PROPÕE UM DESAFIO

Simão então respondeu: "A fim de que te dês conta de que erram aqueles que tu pensas possam predizer-te o futuro, demos a eles a palavra para responder-te. Quando houverem dito aquilo que não sabem, nós provaremos que eles mentiram em tudo". Tendo elevado uma prece ao Senhor, prosseguiu: "Em nome do Senhor nosso Jesus Cristo, ordenamos que deis, segundo o costume, o vaticínio àqueles que estavam acostumados a vos interrogar". A este seu comando aqueles fanáticos começaram a se agitar e a dizer: "Haverá uma guerra e tanto de um lado como do outro poderão morrer muitos combatentes". Diante disso, os apóstolos de Deus em um ímpeto de júbilo prorromperam em riso. Varardac lhes disse: "Estou imerso em grande temor e vós estais rindo?" E os apóstolos: "Que cesse o teu temor, pois com nossa chegada entrou a paz nesta província. Por isso deixa de lado o teu projeto defensivo. Com efeito, amanhã, a esta mesma hora, ou seja, a terceira, virão a ti aqueles que mandaste à frente junto com os embaixadores dos hindus, os quais vos anunciarão que as terras invadidas estão restituídas ao vosso domínio, pagarão quanto vos devem, tratarão a paz consentindo de bom grado em vossa proposta, não importando as condições que fixardes, e estabelecerão convosco um pacto firmíssimo".

Mas os principais sacerdotes do comandante zombaram desse modo de falar, dizendo: "Senhor, não dês crédito a esses homens vãos e mentirosos, estrangeiros e por isso desconhecidos; são vãos e mentirosos e por isso dizem coisas agradáveis para não serem presos como espiões. Os nossos deuses, que nunca se enganam, te deram o vaticínio: sê cauteloso e pronto para todas as emergências; não sigas aqueles que ansiosamente tentam tranquilizar-te para que, enquanto te achares menos atento, de repente, possas ser atacado facilmente e do modo mais violento". Mas o santo apóstolo Simão respondeu: "Escuta-me, comandante. Nós, estrangeiros e desconhecidos, mentirosos quanto queiras, não te ordenamos que esperes um mês. Nós te dissemos: 'Espera um só dia, e amanhã de manhã por volta da hora terceira chegarão aqueles que enviaste'. Com eles virão os representantes dos hindus, os quais receberão de ti as condições de paz, e serão em seguida tributários dos persas".

Depois de ouvirem essas coisas, os sacerdotes persas, que estavam no exército, gritavam abertamente: "Nossos magníficos deuses, em suas vestes douradas, cheias de pedras preciosas, purpúreas e tecidas de ouro, entre as taças, o linho e a seda, e todo o esplendor do reino babilônico, ao dar os vaticínios divinos, algumas vezes podem errar; mas esses esfarrapados, sem personalidade alguma, como é que ousam atribuir-se tanto? O simples fitá-los é uma injúria. E tu, comandante, não punes esses, cuja simples presença é uma injúria aos nossos deuses?" Respondeu o comandante: "É estranho que forasteiros, miseráveis e desconhecidos afirmem com tanta constância aquilo que parece contrário ao testemunho dos nossos deuses".

Os chefes dos sacerdotes lhe responderam: "Manda que sejam postos sob custódia, para que não fujam". E o comandante: "Não só ordenarei que sejam postos sob custódia, mas vós mesmos ficareis sob vigilância até amanhã, a fim de que com aquilo que se verificar se poderá ou não comprovar o testemunho deles. Depois se verá quem verdadeiramente deve ser condenado".

AS PALAVRAS DE JUDAS E SIMÃO SE CUMPREM E ELES IMPLORAM AO REI PELOS SEUS OPOSITORES

No dia seguinte, segundo a palavra dos apóstolos, chegaram os mensageiros que tinham sido enviados correndo montados em dromedários e anunciaram todas aquelas coisas que pouco antes tinham sido preditas pelos apóstolos. Indignado, o comandante ordenou que se acendesse uma fogueira para que ali morressem pelo fogo os seus sacerdotes e todos aqueles que se haviam empenhado em difamar os apóstolos. Estes então se apresentaram ao comandante e disseram: "Nós te suplicamos, senhor, que não nos tornemos causa da ruína deles. Fomos enviados para cá para a salvação dos seres humanos e para fazer os mortos voltarem à vida, não para fazer morrer os que estão vivos".

Portanto enquanto eles, cobertos de pó, jaziam prostrados aos pés do comandante, este respondeu: "Admiro-me que supliqueis por estes que nada fizeram pelos meus seguidores, pelos tribunos e pelos sátrapas, ganhando entre outras coisas grandes prêmios e insistindo para que fôsseis queimados vivos na fogueira".

Ao que prontamente os apóstolos [disseram]: "A doutrina do nosso mestre contém estas leis: não só não se deve pagar mal com mal, mas pagar o mal com o bem. Esta é a única distinção entre a nossa e as outras doutrinas, uma vez que todos os outros pagam o mal com o mal e odeiam todos aqueles que os odeiam. Nós amamos os nossos inimigos, fazemos o bem àqueles que nos odeiam e oramos ao Senhor pelos nossos caluniadores e perseguidores" (Mt 5,44; o célebre texto de Jo 13,34-35; Rm 12,17).

O COMANDANTE OFERECE OS BENS
DOS OPOSITORES A JUDAS E SIMÃO

"Permiti, então – disse o comandante –, que todos os bens destes sejam dados a vós." Dito isso, ordenou que se pesquisasse cuidadosamente qual o montante da riqueza dos chefes dos sacerdotes. Os arquivistas do fisco lhe disseram: "Um deles ganha em apenas um mês uma libra de ouro". Calcularam-se cento e vinte talentos, excluindo o sumo sacerdote, o qual ganhava o quádruplo. Reuniram-se, portanto, as famílias, as vestes, os servos, a prata e o ouro, o gado e tudo aquilo que possuíssem: era impossível calcular toda aquela riqueza.

Reunidas assim as riquezas, o comandante apresentou os apóstolos do Senhor ao rei e disse: "Estes, ocultos sob um aspecto humano, são aqueles que os nossos deuses temem, os quais por isso não podem dar vaticínios aos humanos sem a sua permissão. Demonstraram também que os vaticínios, os oráculos e os mesmos fatos preditos eram, na realidade, falsos. Estes nossos sacerdotes definiam esses estrangeiros como mentirosos, aos quais não se deveria prestar fé, e insistiam comigo para que os castigasse. Enquanto eu mantinha sob custódia as duas partes, a fim de que fosse recompensada a parte que dizia a verdade e punida aquela que errasse, tudo se verificou do modo como aqueles predisseram. Eu desejava que os nossos sacerdotes sofressem aquilo que eles tinham tentado infligir a estes; mas eis que estes, como homens bondosos, com orações se empenharam junto a mim, para que eles não sofressem absolutamente mal algum".

JUDAS E SIMÃO NÃO ACEITAM OS BENS E SE DECLARAM POBRES

"Embora eu tivesse ordenado que passassem para eles as riquezas destes, eles porém as desprezaram e disseram: 'Não nos é lícito possuir coisa alguma na terra, pois a nossa propriedade é eterna e no céu, onde reina a imortalidade'. Acrescentaram ainda: 'Por razão alguma podemos tomar ouro, prata, vestes, casa, propriedades ou servos: tudo isso, com efeito, é terreno e não acompanha o homem quando morre'. Mesmo depois de lhes ter dito que tomassem alguma coisa, por serem pobres e peregrinos, não conseguimos persuadi-los. 'Não somos pobres – disseram –, temos as riquezas do céu. Mas, se queres que essas riquezas sirvam à salvação da tua alma, distribui-as entre os pobres, as viúvas e os órfãos, os doentes e os aflitos. Manda soltar os devedores postos na prisão pelos credores. Abre, sem temor, a mão a quem a estende a ti e a todos aqueles que sofrem necessidade. Nós, com efeito, nada desejamos de terreno'".

OS MAGOS ZAROÉM E ARFAXAT
DESAFIAM JUDAS E SIMÃO

Tendo o comandante falado com o Rei Xerxes dessas coisas e outras ainda, os magos Zaroém e Arfaxat, que já tinham estado a serviço do rei, movidos por ciúme e ao mesmo tempo por desdém, espalharam boatos, dizendo: "Esses homens são malignos porque tramaram com astúcia primeiro contra os deuses da nação, depois contra o reino", e prosseguiram: "Se queres saber, ó rei, aquilo que estamos dizendo, não se permita que eles falem se antes não houverem adorado os teus deuses". E o comandante a eles: "Tendes coragem para sustentar o confronto com eles? Se os vencerdes, então irão embora". Os magos replicaram: "É justo que, assim como adoramos os nossos deuses, também eles os adorem". E o comandante: "Isso será demonstrado justamente no confronto convosco". E os magos: "Queres ver que o nosso poder prove que não poderão falar em nossa presença? Manda que se apresentem aqueles que são facundos no falar, habilidosos na argumentação e vigorosos no discurso; se eles demonstrarem coragem ao falar em nossa presença, tu nos julgarás ignorantes".

Por ordem do rei e do comandante, foram logo convocados todos e foram advertidos pelo comandante que, com toda a tenacidade de que fossem capazes, sustentassem os desafios com aqueles magos e os fizessem desistir do assunto de suas defesas e argumentações. Depois que os magos falaram na presença do rei e do comandante e de todos os notáveis, toda aquela multidão se tornou muda a ponto de não poder indicar nem com sinais que não podia falar. Transcorrida quase uma hora, os magos disseram ao rei: "Para que saibas que somos das fileiras dos deuses, permitimos a estes que falem, mas não que caminhem, mas de tal modo que mesmo de olhos abertos nada vejam".

E, tendo feito também isso, o coração do rei e do comandante se encheu de temor, e alguns de seus amigos diziam que não se devia desprezar esses magos, para não causarem mal ao rei e ao comandante com algum dano corporal. Enquanto esse espetáculo se desenrolou da manhã até a hora sexta, os convocados foram dominados pelo temor, e voltaram para a própria casa, cada um cansado pela grande excitação.

JUDAS E SIMÃO ACEITAM O DESAFIO

O comandante, como visse nos apóstolos amigos, contou-lhes tudo aquilo que fora dito e verificado. Os apóstolos disseram ao comandante: "Para que saibas que em nossa presença os seus artifícios não têm valor algum e que por isso eles têm medo de nós, manda que os mesmos convocados venham a nós antes de ir ter com os magos. Depois de terem estado conosco, entrem também no palácio do rei para sustentar o mesmo confronto. E, se prevalecerem sobre eles, então saberás até que ponto podemos ser vencidos por eles!"

O comandante então convocou toda aquela multidão de pessoas à sua casa e, como que tendo compaixão deles, disse: "Sinto muito pela humilhação que sofrestes no palácio real! Ficai sabendo que encontrei homens que vos darão sugestões e vos ensinarão a fim de que eles não só não prevaleçam sobre vós, mas se afastem vencidos".

Toda a multidão de convocados se prostrou, agradeceu ao comandante, e cada um começou a suplicar-lhe que fizesse o quanto antes o que dissera. E ele apresentou-lhes os apóstolos do Senhor: Simão e Judas.

Mas os convocados, vendo aqueles vestidos de maneira miserável, começaram a assumir a seu respeito uma atitude quase de desprezo. Mas, ao se fazer silêncio, assim falou Simão: "Muitas vezes acontece que dentro de escrínios dourados e incrustados com pedras preciosas se escondam coisas de nulo valor, e dentro de caixas de pouco valor se conservem preciosas coleções de joias. Muitas vezes odres belíssimos estão cheios de vinagre e são expostos à execração e ao escárnio, ao passo que odres desagradáveis à vista estão cheios de ótimo vinho que naqueles que o degustam faz nascer o desejo de beber ainda mais, e assim transcurando o desagradável aspecto exterior, os seres humanos pensam somente na preciosidade que ali se esconde. Todo aquele que deseja possuir uma coisa não fica olhando muito para aquilo em que é levada, mas antes para aquilo que é levado. Por isso não ofenda o vosso olhar esta nossa miserável veste: dentro se esconde aquilo que vos fará encontrar a glória eterna e a vida. Todos nós homens, com efeito, nascemos de um único pai e de uma única mãe: criados e postos na região dos vivos, levados pelo anjo da inveja, prevaricaram da lei que tinham recebido do seu criador e se tornaram servos daquela cuja sugestão seguiram. Depois, com aquele mesmo anjo, da região da vida eterna foram relegados para o exílio desta terra. Deus, no entanto, estendeu sua misericórdia também a esta parte, a fim de que o homem adorasse como seu criador um só Deus e não precisasse venerar os elementos da natureza nem dissesse à madeira, por ele mesmo trabalhada: 'Tu és o meu deus'. Porém o homem se afastou do seu Deus, do seu protetor e daquele que é mais que seu salvador, para obedecer a seu inimigo. Esse erro depois o anjo príncipe da inveja o transmitiu e radicou nos seres humanos a tal ponto que eles mesmos foram por ele possuídos para fazer deles o que quisesse. Procura afastar assim o gênero humano do Deus verdadeiro, do qual esse mesmo anjo tem medo.

Por esse motivo, servindo-se dos seus magos, quando ele vos quis fez emudecer, depois não vos deixou ver e vos fez ficar imóveis. Para que percebais que é assim, vinde conosco e consenti em renunciar ao culto dos ídolos, para adorar e honrar o único Deus invisível. Quando houverdes feito isso, imporemos nossas mãos em vossa cabeça e traçaremos o sinal de Cristo sobre vossa fronte. E, se depois não fordes capazes de refutá-los, podereis então pensar que erramos em tudo o que afirmamos".

JUDAS E SIMÃO ROGAM A DEUS CONTRA OS MAGOS

Todos os convocados indistintamente julgaram correto o que lhes fora dito; prostraram-se diante dos apóstolos, exclamando: "Fazei então, suplicamos, que eles não possam tornar vão o uso da língua nem causar impedimento algum aos nossos membros; e que desça sobre nós a ira de Deus, se crermos ainda nos ídolos".

Assim que os convocados disseram isso, os santos apóstolos Simão e Judas se prostraram por terra e rogaram a Deus assim: "Deus de Israel, que tornaste vãos os propósitos dos magos Jamnes e Mambré (Ex 9,11; Sb 17,7), deste a eles confusão e feridas e ordenaste que perecessem; a mesma coisa faça a tua mão sobre os magos Zaroém e Arfaxat. Torne fortes e estáveis estes teus filhos, que prometem abandonar todo culto de ídolos, para que resistam constantemente contra eles e todos saibam que tu és o Onipotente, que reina pelos séculos dos séculos". Todos responderam "Amém", fizeram o sinal da cruz na fronte e se foram.

OS MAGOS, INDIGNADOS, FAZEM VIR UM MONTÃO DE SERPENTES

Eles depois entraram no palácio do rei junto com o comandante, e pouco depois se apresentaram também os magos; tentaram repetir o que tinham feito antes, mas desta vez não o conseguiam de modo algum. Então um dos convocados, chamado Zebeu, disse: "Escuta, senhor rei! É necessário afastar esse esterco e varrê-lo para fora do reino, a fim de que não aconteça que ele espalhe a podridão em todos. Têm consigo o anjo inimigo do gênero humano e de tal modo zombam dos homens, de sorte que esse anjo mau mantém escravos o maior número possível: mantém então subjugados aqueles que não se submetem ao Deus onipotente. Os magos insistiam para que os santos apóstolos adorassem os deuses e desse modo ofendessem o verdadeiro Deus, para poderem depois exercer mais facilmente neles as suas magias por meio do anjo do mal. Traçando, enfim, com os seus dedos, o sinal do seu Deus sobre a nossa fronte, nos mandaram aqui com estas palavras: 'Se depois deste sinal de Deus prevalecerem as magias deles, sabei que mentimos em tudo aquilo que vos ensinamos'. Eis, portanto, que em nome do Deus onipotente agora nos aproximamos dos magos, os insultamos e nos contrapomos a eles; se forem capazes, façam aquilo que fizeram no dia anterior".

Os magos, indignados com esse fato, fizeram vir um montão de serpentes. Aterrorizados, aqueles que assistiam gritavam para que o rei chamasse os apóstolos.

JUDAS E SIMÃO RESPONDEM COM OUTRO TANTO DE SERPENTES QUE ATACAM OS MAGOS

Enviaram-se mensageiros, e logo chegaram os apóstolos. Encheram seus mantos com serpentes e as mandaram para os mesmos magos, dizendo: "Em nome do Senhor nosso Jesus Cristo, não morrereis, mas, tocados pelas suas mordidas, dareis urros de dor". As serpentes logo começaram a morder as carnes deles, e estes uivavam como lobos.

Vendo isso, o rei e todos aqueles que assistiam disseram aos apóstolos: "Fazei os magos morrerem por meio das serpentes". Mas eles responderam: "Fomos enviados para levar todos da morte à vida, e não da vida à morte".

Tendo, pois, orado, os apóstolos disseram às serpentes: "Em nome de Cristo Jesus voltai a vossos lugares e tomai de volta convosco todo o veneno inoculado nesses magos". Os magos, assim, sofreram novas torturas, enquanto as serpentes com novas mordidas sugaram seu sangue, tirando o veneno.

Tendo mandado embora as serpentes, os apóstolos assim falaram aos magos: "Escutai, ímpios, a Sagrada Escritura, que diz: 'Quem prepara uma cova para seu próximo, ele mesmo cairá primeiro dentro dela' (Pr 26,27; Eclo 27,29). Preparastes para nós a morte; nós, porém, pedimos a nosso Senhor Jesus Cristo que vos preservasse da morte presente; durante muitos anos poderíeis sofrer com as mordidas dessas serpentes, eis porém que no terceiro dia, com as nossas orações, vos será restituída a saúde. Talvez desistais assim da vossa impiedade e experimentareis a verdade de Deus a vosso respeito. Mas durante estes três dias vamos fazer que sejais dominados pelas dores a fim de terdes ocasião de vos arrependerdes dos vossos erros".

Depois que os apóstolos pararam de falar, os magos foram levados para um hospital e durante três dias não puderam tomar comida nem bebida, pois neles perdurava sempre o torturante lamento causado pelas dores. Achando-se agora a ponto de morrerem os dois magos Zaroém e Arfaxat, deles se aproximaram os apóstolos com estas palavras: "O Senhor não aceita um serviço forçado: levantai-vos sãos e livres para vos converterdes do mal ao bem, para sairdes das trevas para a luz". Mas eles persistiram na sua maldade: tal como haviam fugido da presença do Apóstolo Mateus, assim fugiram desses dois apóstolos e foram em direção aos adoradores dos ídolos, em toda a região da Pérsia, com o escopo de suscitar inimizade contra os apóstolos. Diziam, portanto: "Eis que estão vindo a vós os inimigos dos nossos deuses. Se quiserdes que os deuses continuem propícios a vós, obrigai-os a sacrificar-lhes. Se não quiserdes, ao menos matai-os".

JUDAS E SIMÃO CONTINUAM A MISSÃO NA PÉRSIA, CURANDO E ORDENANDO PRESBÍTEROS, DIÁCONOS...

Depois que entre os apóstolos e os magos haviam ocorrido essas coisas na Pérsia, tendo sido chamados à presença do rei e do comandante, os bem-aventurados Simão e Judas permaneceram na Babilônia, realizando todo dia grandes maravilhas: restituíam a vista aos cegos, o ouvido aos surdos, faziam os aleijados andarem, limpavam os leprosos, expulsavam demônios de todo gênero dos corpos dos possessos. Faziam, além disso, muitos discípulos, alguns dos quais eram ordenados nas cidades como presbíteros, diáconos e clérigos, e constituíam muitas igrejas.

JUDAS E SIMÃO DEFENDEM UM DIÁCONO DE UMA ACUSAÇÃO DE INCESTO

Aconteceu então que um dos diáconos foi incriminado de incesto. Era parente da filha do sátrapa, homem riquíssimo; e ela, depois de ter perdido a virgindade, durante o parto se achava em perigo de morte. Interrogada pelos pais, acusava o homem de Deus, o santo e casto diácono Eufrosino. Este, preso pelos genitores da moça, estava sob a ameaça de uma vingança.

Ouvindo isso, os apóstolos foram procurar os genitores da moça. Estes, assim que os viram, começaram a gritar acusando o diácono como réu daquele crime. Então os apóstolos perguntaram: "Quando nasceu essa criança?" Responderam: "Hoje, à primeira hora do dia". Responderam os apóstolos: "Trazei aqui a criança e trazei aqui também o diácono que acusais!" Estando todos presentes ali, os apóstolos se voltaram para a criança, dizendo: "Em nome do Senhor nosso Jesus Cristo fala e dize se foi esse diácono que cometeu essa iniquidade". A criança, falando muito claramente, respondeu: "Este diácono é um homem santo e casto, não contaminou a sua carne". Mas os pais insistiam ainda com os apóstolos para que se interrogasse a criança sobre a pessoa responsável pelo incesto. E eles responderam: "É justo que absolvamos os inocentes, mas não é justo que traiamos os culpados".

JUDAS E SIMÃO PREGAM CONTRA A IDOLATRIA

Enquanto com os apóstolos aconteciam essas coisas na Babilônia, aconteceu que dois ferocíssimos tigres que estavam encerrados em uma gruta por um estranho acaso foram libertados e fugiram devorando tudo o que encontravam pelo caminho. Consternado por esse fato, todo o povo recorreu aos apóstolos de Deus. Estes invocaram o nome do Senhor nosso Jesus Cristo e mandaram-lhes que os seguissem até a casa onde moravam. E ali ficaram três dias.

Tendo depois convocado para lá toda a multidão, disseram: "Escutai, vós todos filhos dos homens feitos à imagem de Deus e aos quais Deus deu engenho, memória, inteligência. Considerai como as feras, que jamais tiveram o costume de ficar mansas, ouvindo o nome do Senhor Jesus Cristo se tornaram como cordeirinhos, enquanto os homens até agora persistem em uma obstinação tal que não compreendem que esses simulacros de ouro e prata, batidos e feitos artificialmente ao capricho do homem, esculpidos em pedra ou madeira, não são deuses. Ignorais o Senhor que vos criou, que vos manda a chuva do céu, que vos dá o pão da terra, o vinho e o óleo dos ramos de árvores, para que saibais que é ele o verdadeiro Deus, como vos testemunharão esses tigres: justamente eles vos admoestem que não deveis honrar nenhum outro deus, fora do Senhor nosso Jesus Cristo, em nome do qual se tornaram mansos e circularão entre vós como cordeiros, e, quando chegar a noite, voltarão a seus covis, onde depois permanece-rão. Quanto a nós, iremos agora pôr-nos a caminho, percorreremos outras cidades e províncias, a fim de que se faça conhecer a todos a pregação do evangelho de nosso Senhor Jesus Cristo".

JUDAS E SIMÃO BATIZAM, CURAM E RESSUSCITAM

A essas palavras dos apóstolos, o povo chorava e pedia que não fossem embora. A esse pedido os bem-aventurados Simão e Judas prolonga-ram ainda um ano e três meses a permanência na Pérsia. Nesse espaço de tempo foram batizados mais de sessenta mil homens, sem contar as crianças e as mulheres. Em primeiro lugar foram batizados o rei e todos os seus dignitários.

Em seguida, vendo que com a palavra eram curadas as enfermidades, restituída a vista aos cegos e também ressuscitados os mortos em nome do Senhor Jesus Cristo, todos os povos se convenceram a destruir os templos e edificar a Igreja.

JUDAS E SIMÃO FUNDAM IGREJAS E CONSAGRAM ABDIAS BISPO DA BABILÔNIA

Na cidade da Babilônia os apóstolos consagraram um bispo chamado Abdias, que fora com eles da Judeia, um que também tinha visto o Senhor com os próprios olhos. E a cidade ficou repleta de igrejas.

Tendo convenientemente arranjado todas as coisas, os apóstolos saíram da Pérsia. Seguiam-nos multidões de discípulos: mais de duzentos homens. Percorreram as doze províncias da Pérsia e suas cidades.

MARTÍRIO DE JUDAS E SIMÃO

O que fizeram e o que sofreram durante treze anos foi escrito em uma longa narração por Cratão, discípulo dos mesmos apóstolos, compreendendo tudo em uma obra de dez livros, que o historiógrafo Africano traduziu em língua latina. Dessas notícias para quem deseja saber quais foram os progressos da pregação ou de que modo os apóstolos Simão e Judas deixaram o mundo, escolho poucas coisas entre as muitas.

Os magos Zaroém e Arfaxat realizavam muitas impiedades nas cidades da Pérsia e diziam que eram de estirpe divina; fugiam sempre na frente dos apóstolos; permaneciam em uma cidade até saberem que estavam para chegar os apóstolos. Estes, então, onde entravam desmascaravam as suas impiedades e demonstravam que a doutrina deles era sugerida pelo inimigo do gênero humano.

Na cidade de Suanir havia setenta sumos sacerdotes prepostos aos diversos templos. Estes costumavam receber do rei uma libra de ouro por cabeça quando celebravam os banquetes em honra do sol e isso ocorria habitualmente quatro vezes ao ano: na época da lua nova, isto é, no início da primavera, do verão, do outono e do inverno. Os magos instigaram esses sumos sacerdotes contra os apóstolos de Deus, dizendo: "Estão para chegar dois judeus, inimigos de todos os deuses. Por isso, assim que começarem a dizer que se deve adorar outro deus, sereis privados dos vossos bens e vos tornareis objeto de desprezo na presença do povo. Discursai, portanto, ao povo, a fim de que, assim que eles entrarem na cidade, sejam obrigados a sacrificar: se consentirem, estarão de acordo com vossos deuses, mas, se não quiserem então sacrificar, sabei que estão vindo para que fracasseis, sejais depredados e condenados à morte".

Aconteceu que, depois de terem percorrido todas as províncias, chegaram à grande cidade de Suanir. Entrando [na cidade], estabeleceram-se na casa de um discípulo, homem da mesma cidade, chamado Seném. Cerca da hora primeira, todos os sumos sacerdotes, acompanhados por uma multidão do povo, foram à casa de Seném, gritando: "Traze-nos à nossa presença os inimigos dos nossos deuses. Se não sacrificares com eles aos nossos deuses, poremos fogo em ti e em tua casa, juntamente com eles".

Nesse meio-tempo, os apóstolos de Deus foram capturados e levados sem tardança ao templo do sol. Assim que ali entraram, os demônios começaram a gritar nos energúmenos: "Que há entre nós e vós, apóstolos do Deus vivo? Assim que entrastes, fomos queimados por chamas". Em uma sala do templo, a leste estava a quadriga do sol, toda de ouro fundido; em outra sala, a lua toda de prata pura, ela também com uma quadriga de prata pura.

Os sumos sacerdotes, com o povo, começaram a coagir os apóstolos para que adorassem naquele mesmo lugar. Dando-se conta disso, Judas disse a Simão: "Irmão Simão, vejo o meu Senhor Jesus Cristo que nos chama". Simão respondeu: "Há muito tempo que vislumbro o rosto do Senhor entre os anjos. Também a mim o anjo do Senhor me disse enquanto orava: 'Vou fazer-vos sair do templo e depois o farei desmoronar sobre eles'; e respondi: 'Jamais, Senhor, aconteça isto! Talvez existam alguns que podem converter-se ao Senhor'".

Enquanto assim falavam entre si em língua hebraica, apareceu-lhes um anjo do Senhor e disse: "Consolai-vos e escolhei uma destas duas coisas: ou a repentina ruína de todos estes, ou a garantia de um bom combate na expectativa da palma do martírio". Responderam os apóstolos: "É necessário implorar a misericórdia do Senhor nosso Jesus Cristo, a fim de que seja propícia para eles e nos ajude a fim de que possamos tender com constância à coroa".

Enquanto os apóstolos, e somente eles, ouviam e viam isso, eram forçados pelos sumos sacerdotes a adorar os simulacros do sol e da lua. Os apóstolos lhes disseram: "Ordenai silêncio, para que a resposta possa ser ouvida por todo o povo".

Feito o silêncio, disseram: "Ouvi todos e vede: sabemos que o sol é servo de Deus e de modo semelhante a lua se acha sujeita à ordem do seu Criador. Como, porém, eles estão no firmamento do céu, não é sem ofensa contra eles que se acham encerrados em templos, eles que desde todos os tempos estão visíveis no céu. Para que compreendais que os seus simulacros não contêm o sol, mas demônios, ordenarei a um demônio que está escondido no simulacro do sol e meu irmão a outro demônio escondido no simulacro da lua, e desse modo vos engana, a fim de que saiam e eles sejam reduzidos a pedaços".

E, diante do espanto de todos, Simão disse ao simulacro do sol: "A ti, péssimo demônio enganador deste povo, ordeno que saias do simulacro do sol e que o partas em pedaços junto com sua quadriga". Assim também Judas disse à estátua da lua. E eis que todo o povo viu dois etíopes negros, nus, de horrível aspecto, que se afastaram gritando com toda a força, lançando maldições. Depois disso, os sumos sacerdotes e o povo se lançaram contra os apóstolos de Cristo e os mataram na confusão.

Os mesmos apóstolos de Deus, na verdade, estavam jubilosos e álacres e davam graças a Deus, por terem sido encontrados dignos de sofrer pelo nome do Senhor (At 5,41).

Foram martirizados no dia primeiro de julho. Com os apóstolos sofreu então também Seném, seu hospedeiro, pois também ele tinha considerado coisa abominável sacrificar aos ídolos. Na mesma hora da sua paixão, havia no céu uma enorme serenidade, e, no entanto, apareceram de repente relâmpagos tais que o próprio templo foi partido em três partes, da parte mais alta do teto até as extremas profundidades dos alicerces; ao mesmo tempo também os dois magos, Zaroém e Arfaxat, de que falamos, foram fulminados por um raio e carbonizados.

Três meses depois, o Rei Xerxes enviou à cidade de Suanir embaixadores com o encargo de confiscar os bens dos sumos sacerdotes e transferir o sarcófago com os restos mortais dos santos apóstolos para a sua cidade, onde iniciou a construção de uma basílica octogonal, com o perímetro de seiscentos e quarenta pés, e cento e vinte pés de altura: foi construída com pedras quadradas de mármore e a abóbada era coberta de lâminas de ouro. No centro do octógono erigiu um sarcófago de prata pura, com os corpos dos bem-aventurados apóstolos. A construção da obra se prolongou por três anos inteiros: terminou no dia natalício dos apóstolos e no dia da sua coroação foi consagrada: a primeiro de julho. Nesse lugar obtêm graças aqueles que creem no Senhor Jesus Cristo e têm a sorte de chegar lá.

Cartas

Cartas apócrifas são ensinamentos apostólicos. Algumas delas provêm do ambiente cristão gnóstico, tendo como objetivo defender o primado e a liderança de Pedro entre os apóstolos. Por outro lado, combatem os opositores marcionitas, como fez Paulo, na carta aos laodicenses, chamando a atenção dos cristãos para viverem os valores evangélicos e não se aterem aos ensinamentos falsos. Paulo também exorta os coríntios a crer na volta iminente de Jesus, na filiação divina de Jesus, na concepção do Espírito Santo por Maria, na ressurreição integral da carne e na vida eterna.

Alguns apóstolos assinam uma carta endereçada às igrejas do Oriente e Ocidente, falando sobre a vida de Jesus Cristo, seus milagres, sua paixão, sua ressurreição corporal, o fim do mundo, a Parusia etc. Trata-se de uma polêmica contra os gnósticos Simão e Cirino, considerados falsos apóstolos.

Já Clemente escreve carta a Tiago, chamando-o de bispo dos bispos preposto à santa Igreja dos judeus, em Jerusalém. Pedro é apresentado como o legítimo alicerce e fundamento da Igreja, bem-aventurado, eleito, guia, que recebeu a missão de guiar o oeste, a parte mais escura do mundo, sendo ele o mais capacitado para iluminá-lo. Clemente conta como Pedro o sagrou bispo de Roma, entregando-lhe a cátedra, o múnus de ensinar e o poder de desligar e ligar.

Paulo e Sêneca travam um diálogo em catorze cartas, as quais procuram mostrar a influência de Paulo nos escritos e pensamento de Sêneca, filósofo estoico que viveu entre 4 a.E.C. e 65 E.C. O cristianismo é visto como superior à filosofia de Sêneca.

CARTA DOS CORÍNTIOS A PAULO

Os coríntios ficaram arrasados porque Paulo iria morrer antes da sua hora. Pois Simão e Cleóbio chegaram a Corinto dizendo: "Não há ressurreição da carne, mas somente do espírito. A carne do homem não foi criada por Deus; Deus não criou o mundo nem conheceu o mundo. Jesus Cristo foi crucificado somente em aparência; ele não nasceu de Maria nem da semente de Davi", isto é, eles estavam ensinando tais coisas em Corinto enganando muita gente e enganando a si mesmos. Quando os coríntios ouviram que Paulo estava em Filipos, enviaram-lhe uma carta na Macedônia, pela mão de Trepto e Eutico, o diácono.

A nossa tradução tem como referência a publicação de Leon Vouaux, Les actes de Paul e se letres apocryphes *(Paris: Librairie Letouzey et ané, 1913).*

SAUDAÇÃO

De Estêvão e seus companheiros sacerdotes, Dafne, Êubulo, Teófilo e Zeno, a Paulo, o irmão no Senhor, saudação!

Dois indivíduos, chamados Simão e Cleóbio, chegaram a Corinto; eles perturbam a fé de algumas pessoas com palavras perniciosas, que tu mesmo poderás julgar. Pois nós nunca ouvimos tais coisas nem de ti, nem dos outros apóstolos. Quanto a nós, guardamos aquilo que recebemos de ti e dos outros. Já que o Senhor nos mostrou a sua misericórdia, enquanto tu estás ainda (vivo) na carne, queremos ouvir esse assunto de ti, mais uma vez. Vem até nós ou escreve-nos, pois acreditamos, como foi revelado a Teonoi, que o Senhor te libertou da mão dos ímpios. O ensino e a doutrina deles são o seguinte: dizem que não se devem invocar os profetas e que Deus não é todo-poderoso; que não há ressurreição da carne; que o homem não foi criado por Deus; que Cristo não veio na carne e não nasceu de Maria; que o mundo não é obra de Deus, mas dos anjos. Por esse motivo, nós te suplicamos, irmão, apressa-te em vir até nós, para que a Igreja de Corinto possa continuar a viver sem escândalo e para que a loucura desses homens possa ser confundida. Adeus no Senhor!

III CARTA DE PAULO AOS CORÍNTIOS

Carta do ano 195. Paulo exorta os coríntios a crerem na volta iminente de Jesus, na filiação divina de Jesus, na concepção do Espírito Santo por Maria, na ressurreição integral da carne e na vida eterna.

A motivação da carta ocorreu pelo fato de ele ter recebido das mãos dos diáconos Trepto e Eutico a carta enviada a ele pelos coríntios. Paulo recebeu a carta enquanto ele mesmo estava na prisão por causa de Estratônice, a mulher de Apolófanes. Ele ficou muito abatido e exclamou: "Teria sido muito melhor se eu tivesse morrido e estivesse com o Senhor do que morar na carne e escutar tais palavras que fazem a tristeza se acumular cada vez mais, do que estar na prisão confrontado com tamanhas maldades nas quais se manifestam as astúcias de Satanás!" Paulo, em uma grande aflição, escreveu a sua resposta à carta deles.

A nossa tradução tem como referência a publicação de Leon Vouaux, Les actes de Paul e se letres apocryphes (Paris: Librairie Letouzey et ané, 1913).

SAUDAÇÃO

Paulo, prisioneiro de Jesus Cristo, aos irmãos de Corinto, saudação!

Em meio a tantas aflições, não estranho que o ensino do maligno tenha conseguido um sucesso tão rápido, pois o meu Senhor Jesus Cristo virá em breve, já que ele é rejeitado por aqueles que falsificam o seu ensino, pois eu vos comuniquei primeiramente o que eu mesmo havia recebido dos apóstolos, meus antecessores, que estiveram junto ao Senhor Jesus Cristo, a saber: que nosso Senhor Jesus Cristo nasceu de Maria, da descendência de Davi, o Pai tendo enviado o Espírito do céu sobre ela, para que ele pudesse entrar neste mundo e salvar toda carne pela sua própria carne e que ele possa nos ressuscitar da morte na carne, como ele mesmo se mostrou a nós como exemplo. E, como o homem é criado pelo seu Pai, por esse motivo, o que ele procurou para o homem quando este se perdeu foi torná-lo vivo pela adoção filial. Deus poderoso, criador do céu e da terra, enviou profetas primeiramente aos judeus, para desviá-los de seus pecados, porque ele queria salvar a casa de Israel; por isso tomou do Espírito de Cristo e o derramou sobre os profetas que proclamaram a verdadeira adoração de Deus por muito tempo. Mas o Príncipe Perverso, que queria ser Deus, ele mesmo colocou suas mãos sobre eles, os matou e escravizou toda a carne no prazer, mas o fim do mundo se aproxima para o julgamento. Deus poderoso, que é justo e não quer rejeitar sua própria criação, teve misericórdia. Ele enviou o seu Espírito em Maria, a galileia, que acreditou com todo o seu coração e recebeu o Espírito no seu útero para que Jesus pudesse entrar neste mundo, para que o maligno fosse vencido pela mesma carne, pela qual ele tinha conseguido dominar o mundo e assim ser convencido de que ele não é Deus. Pois pelo seu próprio corpo Jesus salvou toda carne, apresentando no seu próprio corpo um Templo de justiça, pelo qual somos salvos. Aqueles que o seguem não são filhos da justiça, mas da cólera, os quais, apesar da sabedoria de Deus, na sua descrença, afirmam que o céu, a terra e tudo o que eles contêm não são a obra de Deus. Eles têm a fé maldita da serpente. Desviai-vos deles e afastai-vos de suas doutrinas, pois não sois filhos da desobediência, mas da Igreja muito amada. Por isso o tempo da ressurreição é proclamado para aqueles que afirmam que não há ressurreição da carne, que não haverá ressurreição porque não acreditam naquele que assim ressuscitou. Saibam, ó coríntios, a respeito da semente de trigo e outras sementes, que são jogadas na terra e, depois de morrer, nascem de novo pela vontade de Deus em um corpo e em uma roupagem novos, pois não ressuscita apenas o corpo que foi semeado, mas é abençoado e multiplicado. Se alguém não quer tomar a sério a Parábola da Semente, que olhe para Jonas, o filho de Amati, que, tendo recusado de pregar aos ninivitas, foi engolido por uma baleia e, depois de três dias e três noites, Deus ouviu a oração de Jonas, do fundo do inferno, e nenhuma parte de (seu corpo) foi corrompida, nem um cabelo nem uma pálpebra. Quanto mais a vós, homens mesquinhos na fé, Ele ressuscitará os que tiverem acreditado em Cristo Jesus, como ele mesmo ressuscitou. E, se quando um cadáver foi jogado pelos filhos de Israel em cima dos ossos do Profeta Eliseu o corpo do homem ressuscitou, assim também vós que fostes jogados em cima do corpo, dos ossos e do Espírito do Senhor ressuscitareis naquele dia, na vossa carne integral. Também o Profeta Elias ressuscitou o filho da viúva da morte, quanto mais o Senhor Jesus ressuscitar-vos-á da morte ao som da trombeta (1Ts 4,16), em um piscar de olhos, pois ele deu um exemplo no seu próprio corpo, mas, se recebestes uma doutrina diferente, que ninguém me perturbe, pois tenho estas algemas nas minhas mãos para que eu possa ganhar Cristo, e estas marcas no meu corpo para que eu possa alcançar a ressurreição da morte. E quem aceitar essa regra que recebemos pelos bem-aventurados profetas e os santos evangelhos receberá a sua recompensa (e, quando ressuscitar dos mortos, conseguirá a vida eterna). Mas, para aqueles que se desviarem dessa regra, o fogo será o seu lote, assim como para aqueles que os precederam nesse caminho, porque são homens sem Deus, uma geração de víboras. Afastei-vos desses, pelo poder do Senhor, e a graça e o amor estejam convosco. Amém.

CARTA DE PAULO AOS LAODICENSES

Trata-se de uma carta sem muito valor teológico, escrita por volta do ano 175, talvez para justificar a menção de uma carta paulina escrita aos laodicenses em Cl 4,16. Paulo chama atenção dos cristãos laodicenses para os valores evangélicos e que não devem se ater aos ensinamentos falsos, possivelmente dos marcionitas. Paulo afirma que sofre a prisão por causa de Cristo e convoca os laodicenses a permanecerem no medo de Deus para possuir a vida eterna.

A nossa tradução tem como referência a publicação de Leon Vouaux, Les actes de Paul e se letres apocryphes (Paris: Librairie Letouzey et ané, 1913).

PRÓLOGO

Paulo, apóstolo não da parte dos homens nem de um homem, mas de Jesus Cristo, aos irmãos que estão em Laodiceia. Para vós, a graça e a paz de Deus Pai e de Nosso Senhor Jesus Cristo.

Agradeço a Cristo em todas as minhas orações porque permaneceis nele e perseverais em suas obras, aguardando a promessa do dia do julgamento. Que não sejais enganados pelas pregações vãs de alguns para que não vos afastem da verdade do evangelho que foi por mim proclamado.

Permita Deus, agora, que aqueles que foram enviados por mim para professarem a verdade do evangelho lhes possam ser úteis e realizem boas obras para a obtenção da vida eterna. No momento, minhas cadeias são públicas, eu que sofro em Cristo, pelas quais sou feliz e me alegro. Isso me serve para a salvação eterna que se efetua por vossas preces e pela ajuda do Espírito Santo, seja na vida, seja na morte; pois que minha vida está em Cristo e morrer é alegria.

Ela terá misericórdia de vós. Que tenhais o mesmo amor e permaneçais unidos. Portanto, amados, o que ouvistes quando de minha estadia entre vós assim o conservai e agi no temor de Deus, e tereis em vós a vida eterna. É Deus que opera em vós, e fazei sem hesitação o que deveis fazer. E no mais, amados, alegrai-vos em Cristo e tende cuidado com aqueles que procuram lucros sórdidos. Possam todos vossos pedidos chegarem a Deus e ficai firmes no pensamento de Cristo. E fazei o que é puro, verdadeiro, adequado, justo e amável. O que ouvistes e recebestes guardai no vosso coração e tereis a paz convosco. Saudai a todos os irmãos com o ósculo santo. Os irmãos na fé vos saúdam. A graça de Nosso Senhor Jesus Cristo esteja com vosso espírito. Leiam essa carta para os colossenses e leiam a que eles receberam.

CARTA DE PEDRO A FILIPE

Escrita em grego e traduzida para o saídico, a Carta de Pedro a Filipe *provém do ambiente cristão gnóstico, tendo como objetivo defender o primado e a liderança de Pedro entre os apóstolos. O texto é uma paráfrase gnóstica, uma reescrita, sem mudar o sentido, de Lc 24 a At 8. Seu gênero literário é o de carta: trata-se de um tratado cristão-gnóstico. Seu autor é desconhecido, assim como a datação, situada provavelmente entre os séculos II e IV.*

Pedro é apresentado com um homem cheio do Espírito Santo e apóstolo de Jesus. Filipe é o companheiro e irmão amado de Pedro no apostolado. Jesus ressuscitado aparece aos apóstolos em forma de luz e voz celeste. Ele responde perguntas feitas pelos seus discípulos. Jesus é o Salvador e a plenitude do Pleroma. Os arcontes e poderes do mal atacam os espirituais por pertencerem ao Salvador e lutarem para se libertar do mundo e da carne. A união da comunidade dos espirituais, a oração e a pregação do Salvador dão força divina para a obtenção da salvação.

Os discípulos, assim como Jesus, devem sofrer para alcançar a salvação e pedir sempre o conhecimento ao Salvador. O pecado no mundo é o da Sabedoria, a Mãe, que desobedeceu ao Pai, produzindo, sozinha, com a sua palavra, um Demiurgo, sobre o qual uma porção da luz, o espírito, procedente do Pleroma, caiu sobre ele.

O Demiurgo veio para o mundo material e criou outros poderes para governar. Nisso está o pecado. Esse modo de pensar é contrário ao do pecado original. Jesus, ao se encarnar em um corpo, no mundo, tomou formas de poderes, de modo que os outros poderes não impedem a sua ação salvadora. No entanto, Jesus é o Pleroma que, não sendo reconhecido, quer ser reconhecido pelos seus.

A nossa tradução é a de PIÑERO, Antonio e outros. Evangelios, Hechos e cartas: Textos gnósticos. *Biblioteca de Nag Hammadi, v. II. Madrid: Trotta, 1999, p. 250-258. Piñero teve como base o texto de Marvin W. Meyer.*

PRÓLOGO

Pedro, apóstolo de Jesus Cristo, a Filipe, nosso amado irmão e nosso companheiro no apostolado, e aos irmãos que estão contigo. Saudações!

Desejo que compreendas, irmão nosso, que recebemos o mandado de nosso Senhor e salvador de todo o mundo de irmos juntos ensinar e pregar a salvação que nos foi prometida por meio de nosso Senhor Jesus Cristo. Mas tu estás separado de nós e não desejas que vamos juntos e aprendamos como orientar-nos para poder anunciar a boa-nova. Assim, portanto, agradar-te-ia, irmão nosso, vir de acordo com o mandado de nosso Deus Jesus?

PRIMEIRA REUNIÃO DOS APÓSTOLOS

Quando Filipe recebeu (esta carta) e a leu, dirigiu-se a Pedro com alegria e prazer. Então Pedro reuniu os outros (apóstolos). Subiram ao monte que é chamado "das Oliveiras", o lugar no qual costumavam reunir-se com Cristo, o bem-aventurado, quando estava no corpo. Então, quando os apóstolos se reuniram e se prostraram de joelhos, rezaram da seguinte maneira: "Pai, Pai, Pai da luz, o que possui a incorrupção, ouve-nos como te deleitaste em teu filho santo Jesus, o Cristo. Pois ele foi para nós o iluminador nas trevas. Sim! Escuta-nos!"

E novamente repetiram a oração da seguinte maneira: "Filho da Vida, Filho da Imortalidade, que estás na Luz, Filho, Cristo da Imortalidade, redentor nosso, dá-nos força, porque eles nos estão procurando para nos matar".

APARIÇÃO DE JESUS; PERGUNTAS DOS APÓSTOLOS

Então apareceu uma grande luz, de modo que a montanha se iluminou com a visão daquele que apareceu. E uma voz lhes gritou assim: "Ouvi minhas palavras que vou dizer-vos. Por que me procurais? Eu sou Jesus, o Cristo, que está convosco para sempre".

Então os apóstolos responderam assim: "Senhor, gostaríamos de saber acerca da deficiência dos éons (eras) e de sua plenitude e como estamos detidos nesta morada. Ou como chegamos a este lugar. E de que modo sairemos dele. Ou como temos o poder para falar livremente. Ou por que os poderes lutam contra nós".

Então chegou até nós uma voz vinda da luz e nos disse assim: "Sois vós, sois vós os que dais testemunho de que eu vos disse todas essas coisas. Mas, por causa de vossa incredulidade, falarei de novo".

PRIMEIRA RESPOSTA DE JESUS

Com efeito, a respeito da deficiência dos éons, esta é a deficiência: quando a desobediência e a loucura da Mãe se tornaram visíveis ao faltar a ordem da majestade do Pai, ela quis suscitar éons. E, quando ela falou, emergiu o Arrogante (Demiurgo – aquele que cria a partir das formas existentes). E, quando deixou uma porção, o Arrogante se apoderou dela, e resultou a deficiência. Esta é a deficiência dos éons. Quando o Arrogante tomou a porção, semeou-a e pôs sobre ela poderes e autoridades. E ele a confinou entre os éons mortais. E se alegraram todos os poderes do mundo por terem sido engendrados. Mas eles não conhecem o Pai, que preexiste, porque são estranhos a Ele. Mas este é aquele ao qual foi dado poder e ao qual servem, louvando-o. Mas o Arrogante se encheu de soberba por causa do louvor dos poderes. Tornou-se invejoso e desejou criar uma imagem em lugar da imagem e uma forma em lugar da forma. E ordenou aos poderes sob sua autoridade que moldassem corpos mortais. E estes chegaram a ser a partir de uma falsa aparência da semelhança (ideia) que fora produzida.

SEGUNDA RESPOSTA

E a respeito do Pleroma (Plenitude): "Eu sou e fui enviado a um corpo por causa da semente que caiu. E desci a este modelo mortal. Mas eles não me reconheceram. Pensavam que eu era um homem mortal. E falei com aquele que me pertence, e ele me ouviu do mesmo modo que vós me ouvis hoje. E lhe dei poder para entrar na herança de seu pai. E tomei […], foram repletos […] na salvação. E, visto que ele era deficiente, por causa disso chegou a ser plenitude".

TERCEIRA E QUARTA RESPOSTAS

"E no tocante ao motivo por que estais detidos nesta morada, é porque sois meus. Se vos despojais vós mesmos daquilo que é corruptível, então vos convertereis em iluminadores entre os mortais. E esta é a razão pela qual lutareis contra os poderes: porque eles não têm repouso como vós, visto que não querem que sejais salvos."

PERGUNTA E RESPOSTA ADICIONAL

Então os apóstolos o adoraram novamente e disseram: "Senhor, dize-nos como lutaremos contra os arcontes (seres criados pelo Demiurgo), visto que os arcontes são superiores a nós".

Então uma voz lhes gritou assim a partir da aparição: "Lutareis contra eles deste modo, porque os arcontes lutam contra o homem interior. Vós, portanto, lutareis deste modo: reuni-vos e ensinai no mundo a salvação com uma promessa. E cingi-vos com o poder de meu Pai e expressai vossas súplicas. E meu Pai vos ajudará do mesmo modo como vos ajudou enviando-me. Não [...] como vo-lo disse antes quando estava no corpo".

EM JERUSALÉM

Então ocorreram raios e trovões no céu, e aquele que apareceu foi levado ao céu. Então os apóstolos deram graças ao Senhor com todo tipo de louvores. Voltaram a Jerusalém. E, quando estavam subindo para a cidade, falavam entre si sobre a luz que se manifestara. E disseram uma frase sobre o Senhor, da seguinte maneira: "Se ele, nosso Senhor, sofreu, quanto mais devemos sofrer nós?"

Pedro respondeu assim: "Ele sofreu por nossa causa, e é necessário que também nós soframos por causa de nossa pequenez". Então veio-lhes uma voz que lhes disse: "Eu vos disse muitas vezes: é necessário que sofrais. É necessário que sejais conduzidos às sinagogas e perante os governadores de modo que sofrais. Mas aquele que não sofre e não [...] vosso Pai [...]".

E os apóstolos se alegraram grandemente e subiram a Jerusalém. E subiram ao Templo e ensinaram a salvação em nome do Senhor Jesus, o Cristo. E curaram uma multidão de pessoas.

DISCURSO FINAL DE PEDRO

E Pedro abriu a boca e disse a seus discípulos: "Certamente, quando nosso Senhor Jesus estava no corpo nos indicou todas as coisas, pois para isso desceu. Irmãos meus, ouvi minha voz". E ficou cheio do Espírito e falou assim: "Nosso iluminador Jesus desceu e foi crucificado e carregou uma coroa de espinhos. Vestiu uma veste de púrpura e foi crucificado na cruz, e foi enterrado em um túmulo, e ressuscitou dentre os mortos. Meus irmãos, Jesus é alheio a estes sofrimentos. Mas somos nós que sofremos por causa da transgressão da Mãe. E, por esse motivo, ele fez tudo de acordo com a semelhança conosco. Porque o Senhor Jesus, o filho da glória incomensurável do Pai, é o autor de nossa vida. Assim, portanto, meus irmãos, não obedeçamos a esses ímpios e caminhemos". E Pedro os reuniu com estas palavras: "Senhor nosso Jesus Cristo, autor de nosso descanso, dá-nos o espírito de conhecimento, de modo que também nós realizemos obras poderosas".

Então Pedro e os outros o viram e ficaram cheios do Espírito Santo, e cada um realizou curas. E partiram para pregar o Senhor Jesus. E se reuniram e se saudaram uns aos outros dizendo: "Amém".

Então Jesus lhes apareceu e lhes disse: "Paz a vós e a todo aquele que crê em meu nome. E, ao partir, que a alegria, a graça e o poder estejam convosco! E não tenhais medo. Eis que estou convosco para sempre".

Então os apóstolos se separaram uns dos outros com quatro mensagens para pregar. E partiram com o poder de Jesus, em paz.

CARTAS DE SÊNECA, TUTOR E CONSELHEIRO DO IMPERADOR NERO, AO APÓSTOLO PAULO, E DE PAULO A SÊNECA

Escritas possivelmente entre os anos 320 e 380, no conjunto da obra são catorze cartas apócrifas atribuídas a Paulo e Sêneca. Elas são uma justificação do cristianismo sobre a filosofia pagã. Sêneca parece ser um cristão paulino.

Sêneca foi um grande moralista estoico que viveu entre os anos 4 a.E.C. e 65 E.C. Seu nome era Lucius Annaeus Sêneca. Conselheiro do Imperador Nero, Sêneca exerceu forte influência do pensamento filosófico no seu tempo. A tradição conservou 14 correspondências entre Paulo e Sêneca. Nada há que comprove a autenticidade delas, tampouco que Sêneca tenha sido influenciado pelo pensamento cristão de Paulo.

Paulo é apresentado como amigo da Sofia e responsável pela conversão de Sêneca ao cristianismo. Por intermédio de Sêneca, as obras literárias de Paulo são lidas para o imperador, que passa a admirar Paulo. Assim, o cristianismo de Paulo é apresentado como superior ao pensamento das filosofias gregas e pagãs. O cristianismo chega ao império por obra e graça do pensador Paulo de Tarso. Esse movimento apócrifo das cartas entre Paulo e Sêneca complementou a postura do cristianismo hegemônico de querer chegar ao mundo filosófico e aos altos escalões do império.

O fim da vida de Sêneca ficou famoso. Assim como Sócrates, ele morreu bebendo veneno, dois anos antes da morte de Paulo, em 65. Disponível em http://www.theologica.fr/!_Bibles/Actes%20de%20Paul.pdf

I. CARTA DE SÊNECA A PAULO

Sêneca saúda Paulo.

Acredito que foste informado, Paulo, da discussão havida ontem entre mim e o meu amigo Lucílio a respeito dos apócrifos e outros assuntos. Estavam comigo alguns dos que comungam com a sua doutrina. Tínhamo--nos recolhido nos jardins de Salusto e foi nossa chance que os discípulos acima mencionados – se bem que estivessem tencionando ir para outro lugar – nos viram lá e se juntaram a nós. Com certeza, desejávamos que tu também estivesses presente conosco.

Quero que saibas que, depois de ter lido teu livrinho, uma de tuas numerosas cartas que dirigiste às igrejas da cidade ou às principais cidades das províncias e que contêm maravilhosas exortações a uma vida moral, ficamos totalmente revigorados. Acredito que essas não foram formuladas por ti, mas por meio de ti; se bem que, às vezes, elas foram expressas por ti e por meio de ti. Essas exortações são tão sublimes e tão felizmente formuladas que acredito que gerações de homens não esgotarão a sua instrução e a sua perfeição. Eu desejo, meu irmão, que passe bem!

II. CARTA DE PAULO A SÊNECA

Paulo saúda Sêneca.

Fiquei muito alegre ao receber tua carta ontem. Eu teria respondido imediatamente, se eu tivesse perto de mim o jovem que pudesse levar a resposta para ti. Tu sabes quando, por quem e a que momento uma coisa deve ser dada ou confiada.

Por isso, eu te peço de não te sentires menosprezado, porque prestei atenção às qualidades do mensageiro. Mas escreveste nalguma parte que gostaste da minha carta, e eu me sinto feliz com a aprovação de um homem tão importante. Tu és um crítico, um filósofo, o tutor de um tão grande príncipe (Nero) e do povo inteiro. Tu não dirias isso se não fosse a verdade. Eu te desejo boa saúde por muito tempo.

III. CARTA DE SÊNECA A PAULO

Sêneca saúda Paulo.

Organizei alguns rolos (livros) dos meus trabalhos, dispus as partes de acordo com um plano adequado. Estou decidido a lê-los na presença de César, caso ele demonstre novo interesse neles. Talvez, com a sua presença. Caso contrário, eu encontrarei um dia no qual tu poderás examinar esse trabalho comigo. Eu não poderia mostrar esse escrito sem primeiro conferir contigo, mas, se for possível sem risco, para que possas saber que não estás esquecido. Adeus, querido Paulo.

IV. CARTA DE PAULO A SÊNECA

Paulo saúda Sêneca.

Sempre que leio tuas cartas, penso que estás presente e não imagino outra coisa senão que tu estás continuamente conosco. Tão logo começares a vir aqui, passaremos a nos visitar com mais frequência. Espero que estejas bem.

V. CARTA DE SÊNECA A PAULO

Sêneca saúda Paulo.

Estamos aflitos por tua ausência prolongada. O que está acontecendo contigo? O que tem motivado a tua ausência? Será o desgosto da imperatriz, visto que deixaste as tuas doutrinas e te converteste a uma nova fé? Nesse caso terás a oportunidade de convencê-la de que isso foi uma decisão refletida e não imatura. Adeus!

VI. CARTA DE PAULO A SÊNECA

Paulo saúda Sêneca e Lucílio.

Sobre as coisas sobre as quais me escrevestes, não posso me expressar com pena e tinta, das quais a primeira define claramente o problema; enquanto a outra o torna luminoso, especificamente porque há alguns entre vós que são capazes de me entender. Devemos manifestar respeito por todos, principalmente com aqueles suscetíveis à indignação. Se formos pacientes com eles, conseguiremos conquistá-los. Trata-se de gente capaz de se arrepender por aquilo que fizeram. Passar bem!

VII. CARTA DE PAULO A SÊNECA

Sêneca saúda Paulo e Teófilo.

Estou muito contente com as cartas que enviastes aos gálatas, aos coríntios e aos aqueus. Desejo que o nosso relacionamento tenha sempre essa presença da divindade que demonstras, pois o Espírito Santo está em ti e, além disso, teu discurso, sempre elevado e autêntico, expressa sempre uma profunda admiração.

Por isso, já que tens assuntos tão excelentes a oferecer, desejaria que a qualidade da linguagem ficasse à altura da elevação do pensamento. E nada posso te esconder, querido irmão, sem que a minha consciência me acuse dessa omissão.

Confesso que Augusto (Imperador Nero) ficou impressionado com o teu pensamento. Quando li para ele o início (de tua carta) sobre o poder que está em ti, ele disse: "Admiro-me como um homem, que não recebeu a educação regular, é capaz de tais pensamentos". Respondi-lhe que os deuses costumam discursar pela boca dos inocentes e não por aqueles que se gabam de sua erudição. Quando eu lhe citei como exemplo Vatieno, um camponês analfabeto, a quem apareceram, no território de Reate, dois homens que, em seguida, manifestaram-se como sendo Castor e Pólux, o imperador se convenceu. Adeus!

VIII. CARTA DE PAULO A SÊNECA

Paulo saúda Sêneca.

Se bem que eu saiba que, quando César está depressivo, ele gosta de nossas ideias que merecem admiração; mas ele não admite ser repreendido, mas apenas informado.

Acredito que a tua intenção de levar ao seu conhecimento coisas que contradizem suas crenças e costumes tenha sido precipitada. Já que ele adora os deuses dos pagãos, não entendo a tua intenção em censurá-lo por isso. Eu me sinto constrangido em pensar que fazes isso por causa do grande amor muito que tu tens por mim; e eu te peço de não fazer mais isso no futuro. Deves sempre cuidar de não ofender a imperatriz (Popeia Sabina, uma judia) ao manifestar o teu amor por mim. Sua desaprovação não pode nos prejudicar, mesmo se perdurar; e nada podemos fazer para evitá-la. Como rainha, ela não se sentirá afetada; mas como mulher ela se sentirá ofendida. Passar bem!

IX. CARTA DE SÊNECA A PAULO

Sêneca saúda Paulo.

Eu sei que não foi por interesse pessoal que ficaste preocupado, quando te escrevi que eu tinha lido tuas cartas para o imperador. Nelas, tu falavas daquilo que desvia a mente dos homens da busca e da prática do que é reto. Não me admiro disso hoje, particularmente porque aprendi essas coisas agora por vários argumentos definitivos. Por esse motivo, recomecemos tudo de novo e se, no passado, eu fui omisso em qualquer assunto, perdoa-me isso. Eu estou te enviando um livro sobre a elegância da expressão. Adeus, querido Paulo.

X. CARTA DE PAULO A SÊNECA

Paulo saúda Sêneca.

Todas as vezes que te escrevo e coloco o meu nome atrás do teu, cometo um erro grave, contrário à doutrina cristã. Sem dúvida – como já explicitei muitas vezes – eu quero tornar-me tudo para todos e, no que toca à tua pessoa, devo observar o que a lei romana concede para honrar o membro do Senado de se colocar no último lugar no fim da carta, para não parecer grosseiro ou mal-educado.

Adeus, estimado tutor.

Escrito no dia 27 de junho, no ano III do consulado de Nero e Messala (58 E.C.).

XI. CARTA DE SÊNECA A PAULO

Saudação, meu querido Paulo.

Será que podes pensar que eu não esteja arrasado e contristado pelo fato de que condenações capitais dizimem repetidas vezes inocentes, ou de que a população esteja convencida de que tu, por crueldade e criminal malícia, és o autor de todos os males que afligem a cidade? Mas suportemos isso na serenidade e usemos as circunstâncias favoráveis para superar definitivamente a maldade. Épocas passadas sofreram do macedônio, o filho de Filipe, de Ciro, de Dario, de Dionísio e, em nossos tempos do Imperador Gaio (Calígula), homens para os quais tudo que desejavam se tornava lei. No que toca ao fogo, está claro como o dia (quais são) os responsáveis dos incêndios que castigaram tantas vezes a cidade de Roma, mas, se a canalha pudesse, ela comentaria qual era a causa primeira desses incêndios e, se, em segredo, fosse possível falar com impunidade, todo o mundo entenderia o que se passava nos bastidores. Agora, infelizmente, os cristãos e os judeus foram responsabilizados pelos incêndios e foram condenados à morte. O perverso, seja ele quem for, que tem prazer em assassinar e cujo refúgio é a mentira, é fadado por sua vez ao julgamento e, assim como o melhor é, às vezes, sacrificado como uma vida para muitos. Esse maldito será um dia queimado pelo fogo para todos. Pois cento e trinta e duas casas particulares e quatro mil apartamentos foram incendiados em seis dias; no sétimo, houve repouso. Espero que estejas com boa saúde, irmão.

Escrito em 28 de março do consulado de Frugi e Basso.

XII. CARTA DE SÊNECA A PAULO

Sêneca saúda Paulo.

Saudação, querido Paulo. Se, por mim e pelo meu nome, acontecer que você, tão grande, tão amoroso em todas as situações, não apenas se juntar, mas formar uma vida comigo, será perfeito para teu Sêneca. Já que tu és o cume e a crista de todas as mais altas montanhas, não estranhes se eu me regozijo de estar tão próximo de ti, que possa ser considerado como a tua segunda personalidade.

Acredita, portanto, que tu não és indigno de figurar em primeiro lugar nas cartas. Caso contrário, eu acharia que tu estás querendo me alentar mais do que me louvar. Além do mais, tu és um cidadão romano. Desejo que o meu lugar seja o teu nas tuas cartas e que o teu seja como o meu.

Escrito em 23 de março do consulado de Aproniano e Capito (59 E.C.).

XIII. CARTA DE SÊNECA A PAULO

Sêneca saúda Paulo.

Muitos dos seus escritos são muito alegóricos e enigmáticos, É digno de louvor os grandes dons que lhe foram dados, não com palavras bonitas, mas com uma certa interpretação. Não tenha medo, eu te lembro de que eu te disse muitas vezes que muitos que praticam esvaziam o pensamento e suavizam a força do assunto principal. Queria que tu me obedecesses e aperfeiçoasses com um estilo de puro latim, dando uma melhor apresentação a tuas nobres afirmações para que a garantia desse excelente serviço possa dignamente ser realizada por ti.

Cordial adeus!

Escrito em 6 de julho do consulado de Lurco e Sabino (58 E.C.).

XIV. CARTA DE PAULO A SÊNECA

Paulo saúda Sêneca.

As tuas buscas revelam verdades, que a divindade concede a poucos. Por isso, estou certo de que estou semeando uma boa semente em um terreno fértil, não uma semente corruptível, mas a eterna Palavra de Deus, saída dele, sempre presente e sempre crescendo. A determinação que o teu bom-senso atingiu nunca deve falhar, nem mesmo para evitar a reação contrária dos pagãos ou dos judeus. Deves te tornar um novo arauto de Jesus Cristo, manifestando, com a perfeição da retórica, a sabedoria perfeita à qual atingiste e que apresentarás na casa do rei temporal e aos membros de sua casa e aos seus amigos de confiança, que acharás difícil ou impossível de convencer, já que muitos deles não estão influenciados em nada pela tua apresentação. Uma vez que a Palavra de Deus tiver inspirado a bênção de vida neles, ela criará um homem novo, sem corrupção, um ser permanente procurando Deus.

Adeus, Sêneca querido.

Escrito em 1º de agosto do consulado de Lurco e Sabino (58 E.C.).

Fim das correspondências entre Paulo e Sêneca.

APOCALIPSES

São vários os apocalipses apócrifos do Segundo Testamento, a saber: Primeiro Apocalipse de Tiago; Segundo Apocalipse de Tiago; Apocalipse da Virgem; Apocalipse de Pedro; Apocalipse copta de Pedro; Apocalipse de Paulo; Apocalipse de Tomé; Apocalipse de Estêvão; Oráculos Sibilinos (cristão).

Esses livros contêm revelações de caráter gnóstico e judaico-cristão dirigidas aos apóstolos.

APOCALIPSE DE PEDRO

Apocalipse de Pedro, na sua essência, se parece com a Epístola de Pedro a Filipe. Ele foi escrito, possivelmente, no ano 150, na Síria ou no norte da Palestina. Alguns estudiosos falam do ano 130 e, outros, de 190. O Apocalipse de Pedro foi encontrado em 1887, em uma tumba de um monge, em Acmim, no Egito. A defesa da liderança apostólica de Pedro, na visão gnóstica, tem papel preponderante no escrito. Pedro tem autoridade para repassar os ensinamentos de Cristo. Pedro é um gnóstico perfeito, pois conhece a verdadeira essência de Jesus, o Salvador e, por isso, é um modelo para os iniciados na gnose.

O Pedro dos "eclesiásticos", denominação dada pelos gnósticos ao grupo do cristianismo que se tornaria hegemônico, é bem diferente daquele do Apocalipse de Pedro. Há uma crítica forte aos bispos e diáconos, que creem, segundo esses gnósticos, ter autoridade divina, mas são canais vazios e perseguidores dos gnósticos. Segundo esse apócrifo, a divindade suprema não tem nada a ver com o mundo material. O Salvador, depois de sua ressurreição, volta para a Plenitude (Pleroma). "O Jesus sofredor dos 'eclesiásticos' não é real, mas somente um imitador do salvador autêntico. Jesus tem um corpo real e um corpo espiritual, quase incorpóreo, e uma alma/espírito intelectual, radiante, sobre a qual repousa a Plenitude, a luz perfeita do Pai e do Espírito Santo."

Esse apócrifo se opõe à teologia da cruz de Paulo e do perdão dos pecados, que confere autoridade aos eclesiásticos. Por outro lado, o livro é atribuído a Pedro, que fora martirizado, o que evidencia o apoio dos seus autores ao martírio como caminho de salvação, desde que o sofrimento seja visto gnosticamente. Pedro tem uma visão de martírio. Povo e sacerdotes correm na direção dele com pedras para matá-los.

A nossa tradução tem como referência Antonio Piñero et al.; Textos gnósticos: Apocalipsis y otros escritos. Biblioteca de Nag Hammadi, III. Madrid: Trotta, 2000, p. 59-69.

PRIMEIRA VISÃO

Quando o Salvador estava sentado no Templo, no tricentésimo ano da edificação e no mês da construção da décima coluna, satisfeito com a grandeza da Majestade vivente e incorruptível, ele me disse: "Pedro, bem-aventurados os de cima que pertencem ao Pai, que por meio de mim revelou a vida para aqueles que são da vida, pois eu os recordei, aqueles que estão edificados sobre a sólida base, que ouçam minhas palavras e que distingam as palavras da injustiça e a transgressão da lei das palavras da justiça. Com efeito, eles procedem do alto, de cada palavra da Plenitude da verdade, e têm sido iluminados com benevolência por aquele a quem as potestades buscaram, mas não encontraram. Aquele que nem foi mencionado por nenhuma geração dos profetas. Este apareceu agora entre aqueles que lhe são parecidos, no Filho do Homem, exaltado no alto dos céus, revelado com temor dos homens de essência semelhante. Mas tu, Pedro, sê perfeito segundo o nome que eu te coloquei (Pedra), pois eu te escolhi e fiz de ti um princípio para o resto, a quem eu chamei para o conhecimento. Sê forte até que venha o imitador da justiça, o imitador daquele que foi o primeiro a chamar-te. De fato, ele te chamou para que o conheça de um modo digno, por causa da rejeição de que foi alvo. Tu podes reconhecê-lo nos tendões de suas mãos e de seus pés, no coroamento realizado por aqueles que vivem na região do meio, no corpo luminoso que eles (os arcontes, aqueles que pregam os falsos ensinamentos sobre Jesus) apresentaram na esperança de estarem cumprindo um serviço de honrosa recompensa, quando ele ia recriminar-te três vezes naquela noite".

O Salvador disse essas coisas enquanto eu estava vendo um dos sacerdotes e o povo que corriam até nós com pedras para nos matar. Apavorei-me, pensando que íamos morrer. E ele me disse: "Pedro, eu te disse diversas vezes que estes são cegos sem guias. Se queres conhecer sua cegueira, coloca as tuas mãos sobre os olhos de seu corpo e dize o que vês". Quando eu lhe disse que não via nada, Ele me disse: "Não é possível que não estás vendo nada!" Ele me disse novamente: "Faze o mesmo outra vez".

E em mim se produziu medo e alegria ao mesmo tempo, pois vi uma luz nova, maior do que a luz do dia. Logo, a luz desceu sobre o Salvador, e eu lhe contei o que havia visto. E ele me disse de novo: "Levanta tuas mãos e escuta o que dizem os sacerdotes e o povo". Eu ouvi os sacerdotes enquanto estavam sentados com os escribas. As multidões gritavam aos brados. Quando o Salvador escutou essas coisas de mim, ele me disse: "Apura os teus ouvidos e ouve o que estão dizendo".

E escutei de novo: "Enquanto estava sentado, te louvam". Quando eu disse essas coisas, o Salvador disse: "Eu te disse que estes são cegos e surdos. Escuta, pois, agora o que estão dizendo de forma misteriosa e conserva-as. Não as digas aos filhos deste mundo, pois eles blasfemariam contra ti neste mundo, já que eles não te conhecem, mas louvar-te-ão assim que te conhecerem".

Na verdade, muitos, no início, acolherão as nossas palavras, mas logo se distanciarão delas, por vontade do pai de seu erro, porque terão feito o que ele quis. Mas Deus lhes revelará em juízo, quer dizer, aos servidores da Palavra. No entanto, os que se ajuntarem a eles serão seus prisioneiros, porque estão privados de conhecimento. Aquele que é inocente, bom e puro, é por eles entregue ao carrasco e ao reino daqueles que louvam o Cristo restaurado. Eles louvam os homens que propagam a mentira, aqueles que virão depois de ti. Eles se aderirão ao nome de um morto, pensando que serão purificados por esse nome. Ao contrário, ficarão impuros e cairão em nome do erro nas mãos de um homem malvado e astuto, em dogmas multiformes, e serão governados na heresia.

OUTRO GRUPO GNÓSTICO

Acontecerá que alguns deles blasfemarão contra a verdade e proclamarão uma doutrina falsa. E dirão coisas más uns contra os outros. Alguns desses serão chamados de "aqueles que estão sob o poder dos arcontes", os que procedem de um homem e de uma mulher nua, de uma multidão de formas e de grande variedade de sofrimento.

E acontecerá que os que dizem essas coisas explorarão os sonhos. E, se afirmam que um sonho tem sua procedência de um demônio, digno de seu erro, então receberão a perdição em vez da incorrupção.

Com efeito, o mal não pode produzir um fruto bom. Uma vez que, do lugar de onde vem, cada um atrai o que a si se assemelha, pois nem toda alma é da verdade ou da imortalidade. Cada alma deste mundo tem como destino a morte, segundo a nossa opinião, porque é sempre uma escrava, visto que foi criada para servir a seus desejos, e o seu papel é a destruição eterna: nela se encontra e dela deriva. As almas amam as criaturas da matéria, vindas à existência com elas.

Mas as almas imortais não se assemelham a estas, ó Pedro. E, quando ainda não é chegada a hora da morte, acontecerá que a alma imortal se parecerá com uma mortal. Mas ela não revelará a sua natureza, que é somente imortal, mas pensa na imortalidade. Tem fé e deseja abandonar estas coisas.

Em verdade, quem é inteligente não colhe figos de cardos ou espinhos, nem uvas de plantas espinhosas. Certamente, o que se produz sempre está dentro daquilo que produz. O que procede do que não é bom resulta ser para a alma destruição e morte. Mas esta, a alma imortal, que chega a ser no Eterno, se encontra na Vida, e na imortalidade da vida, a qual se assemelha. Portanto, tudo o que existe não se dissolverá no que não existe. A surdez e a cegueira se unem somente com os seus semelhantes.

TAMBÉM OUTRO GRUPO GNÓSTICO

Outros, no entanto, converter-se-ão das palavras más e dos mistérios que extraviam. Alguns que não entendem os mistérios falam de coisas que não entendem. Gabam-se de ser os únicos que conhecem o mistério da Verdade e, cheios de orgulho, agarram-se à insolência, invejando a alma imortal, que se tornou, entretanto, uma garantia. Pois toda autoridade, lei e poder dos éons (forças) deseja estar com eles na criação do mundo, para que aqueles que não são, esquecidos por aqueles que são, possam elogiá-los, embora não tenham sido salvos, nem tenham sido trazidos ao Caminho por eles, sempre desejando que se tornassem imperecíveis. Porque se a alma imortal recebe poder em um espírito intelectual (um gnóstico), imediatamente são tomados e se juntam a quem os corromperam, (extraviaram da doutrina gnóstica).

OUTRO GRUPO GNÓSTICO

Pois muitos, que se opõem à verdade e são os mensageiros do erro, conspiram com seu erro e sua lei contra estes pensamentos puros que provêm de mim, partindo do ponto de vista, a saber, que o bem e o mal procedem da mesma raiz. Eles fazem negócio com a minha palavra e propagam um duro destino: a raça das almas imortais caminham em vão, até a minha Parusia. Por conseguinte, do meio deles sairão pessoas que não seguem a minha palavra e o perdão de seus pecados, nos quais caíram por culpa de seus adversários, os quais eu resgatei da escravidão a que se encontravam, dando-lhes a liberdade. E eles agem de modo a criar uma imitação do verdadeiro perdão, em nome de um defunto, Hermas[35], dos primogênitos da injustiça (Satanás), para que a luz existente não seja vista pelos pequenos (os verdadeiros gnósticos). No entanto, os que pertencem a esse gênero de pessoas serão lançados nas trevas exteriores, longe dos filhos da luz. Por conseguinte, nem eles entrarão, nem tampouco permitem aos que querem receber a sua libertação.

E ainda outros deles, que sofrem, pensam que conseguirão a perfeição da vivência comunitária (ser Igreja) que realmente existe, a saber, a união espiritual com os que estão em comunhão, através da qual se revelará o matrimônio da imortalidade (igualdade da essência com o Salvador). Mas, em vez disso, se manifestará uma fraternidade feminina (falsa e imperfeita) como imitação. Estes são os que oprimem os seus irmãos, dizendo-lhes: "Por meio disso (sua doutrina), nosso Deus tenha piedade, pois a salvação chega a nós somente por isso". E eles não conhecem o castigo daqueles que

---

35. Alusão a uma compreensão errônea do perdão dos pecados, contida na obra *O Pastor de Hermas*.

se alegram por aqueles que fizeram isso aos pequenos (gnósticos verdadeiros), que vieram (outros que também agem em nome de Cristo) e fizeram prisioneiros (os gnósticos).

OUTRO GRUPO DE ADVERSÁRIOS: OS ECLESIÁSTICOS

E existem também outros, que não dos nossos, que se chamam a si mesmos de bispos e também de diáconos, como se tivessem recebido essa autoridade de Deus. Eles são julgados por ocuparem os primeiros lugares na assembleia. Essa gente, eles são canais vazios.

Mas eu disse: "Diante do que me disseste, eu tenho medo, a saber, que são poucos, como veremos, os que estão fora do erro, enquanto muitos viventes serão induzidos ao erro e ficarão divididos. E, quando pronunciarem o seu nome, serão considerados dignos de fé".

E o Salvador disse: "Governarão sobre os pequenos (gnósticos) por um tempo, para eles determinado em proporção ao erro deles. E, depois que se completar o tempo de seu erro, o tempo que nunca envelhece renovará o pensamento imortal; e os pequenos governarão sobre os que agora governam sobre eles. E o tempo que não envelhece extirpará o erro deles pela raiz e expô-lo-á à vergonha. E se revelará a desvergonha que ela (a classe dos eclesiásticos) teve sobre si. E acontecerá que os pequenos serão imutáveis, ó Pedro. Eia, vamos! Cumpramos a vontade do Pai incorruptível. Com efeito, eles verão a sentença contra eles (os eclesiásticos), os quais cairão em desgraça. Mas, quanto a mim, eles não poderão tocar-me. Mas tu, ó Pedro, estarás no meio deles. Não temas por causa da covardia deles. A inteligência deles será limitada, pois o Invisível lhes fará oposição".

SEGUNDA VISÃO: A CRUCIFIXÃO

Enquanto me dizia estas coisas, vi o modo como eles o agarravam (o crucificavam). E eu disse: "Que vejo, ó Senhor? É a ti que eles aprisionam, enquanto estás te entretendo comigo? Quem é esse que sorri alegre sobre a árvore? Tem outro a quem eles golpeiam nos pés e nas mãos?" E o Senhor me disse: "Aquele que viste sobre a árvore alegre e sorridente, este é Jesus, o Vivente. Mas este, em cujas mãos e pés introduzem os cravos, é o carnal, o substituto, exposto à vergonha, o que existiu segundo a semelhança. Olha para ele e para mim!" Mas eu, depois de ter visto, disse: "Senhor, ninguém olha para ti. Fujamos deste lugar". Mas ele me disse: "Eu te disse: deixa os cegos sozinhos. E, quanto a mim, vê quão pouco entendem o que dizem. Eles expuseram à vergonha o filho de sua glória em vez do servo".

TERCEIRA VISÃO: A RESSURREIÇÃO

E eu vi, aproximando-se de nós, um que parecia com Ele, exatamente com aquele que estava sorridente sobre a árvore. Estava vestido do Espírito Santo. Ele é o Salvador. E houve uma grande luz, inefável, que o envolveu, e uma multidão de anjos inefáveis e invisíveis que o louvavam. Quando eu olhei para ele, ele se manifestou glorificado.

E me disse: "Coragem! Na verdade tu és aquele a quem foi dado conhecer estes mistérios, a saber, que aquele a quem crucificaram é o primogênito, e a casa dos demônios e o recipiente de pedra, onde habitam os demônios, o homem de Elohim, o homem da cruz, aquele que está sob a Lei. Ao contrário, aquele que está junto dele é o Salvador vivente, ele, que primeiro estava com ele, que prenderam e soltaram; aquele que, alegre, olha para os que o trataram com violência, enquanto eles estavam divididos. Por esse motivo, ele ri de sua falta de visão, sabendo que são cegos de nascença. Existe, certamente, aquele que toma sobre si o sofrimento, pois o corpo é o substituto. No entanto, o corpo que eles libertaram é o meu corpo incorpóreo. Enquanto eu sou o Espírito intelectual pleno de luz radiante. Aquele que viste vindo sobre mim é nosso Pleroma intelectual, aquele que une a luz perfeita ao meu Espírito Santo. Estas coisas, pois, que tu viste, tu deves transmiti-las à outra estirpe, àqueles que não provêm deste mundo. Porque um dom deste gênero não é dado a homens que não sejam imortais; mas tão somente àqueles que foram escolhidos em virtude de sua natureza imortal, àqueles que demonstraram ser capazes de acolhê-lo: este espírito dar-lhes-á a própria plenitude. Por isso, eu digo que a todo aquele que tem será dado e terá em abundância. Mas a quem não tem – ao homem deste lugar, aquele que está completamente morto, que está longe dos seres da criação, que foram gerados, a esse que, quando aparece alguém cuja natureza é imortal, pensa que a possui –, a ele será tirado o que lhe pertence e será dado àquele que tem. Tu, pois, sê corajoso e não tenhas medo de nada. Porque eu estarei contigo para que nenhum de teus inimigos tenha poder sobre ti. A paz esteja contigo. Seja forte!"

Quando Jesus disse essas coisas, Pedro voltou a si.

PRIMEIRO APOCALIPSE DE TIAGO

Escrito em grego, por volta do ano 180, em grego e traduzido para o copta, no século IV, Primeiro Apocalipse de Tiago é composto de um diálogo entre Tiago, considerado o irmão do Senhor, com Jesus, o qual lhe faz revelações de cunho gnóstico e judaico-cristão.

Jesus afirma para Tiago que ele sofrerá no retorno de sua alma para o Pleroma, Deus. Tiago tem medo e Jesus lhe conforta com explicações gnósticas sobre a matéria. Esse apócrifo defende a ideia do martírio como caminho de salvação. Tiago, martirizado, encontrará a vida eterna.

A nossa tradução considera o texto do códice Thacos, e tem como referência a tradução de Armand Puig i Tàrrech, publicado por GIANOTTO, Claudio. I Vangeli apocrifi. v. II/1. Milão: San Paolo, 2012. p. 292-318.

DIÁLOGO ENTRE JESUS E TIAGO ANTES DA PAIXÃO

Jesus disse: "Vejo o cumprimento de minha redenção e por isso te instruirei a respeito destas coisas, Tiago, irmão meu, pois, embora sejas chamado *irmão*, não és meu irmão segundo a matéria. E como não tens o conhecimento de ti mesmo, vou dizer-te quem eu sou.

Ouça! Nada havia fora daquele que é. É [inominável] e é inefável [entre os que] existem e (entre) os que virão à [existência]. Eu, porém, sou oriundo daquele que é, do que é inominável. Embora me tenham dado [diversos] nomes, (tais nomes) não são os meus, me são [estranhos]. No entanto, eu [não] sou o [primeiro], sou o segundo (e procedo) daquele que é.

Dado que perguntaste a respeito da feminilidade, ouça. A feminilidade existia, mas não desde o princípio, (e) ela criou sozinha [potências] e deuses. Assim, aquele que é existe desde o princípio, e também a feminilidade existe, mas não desde o princípio. Eu, por conseguinte, (sou oriundo) da imagem daquele que é, e vim para instruir-vos sobre aquele que é. Vim [para instruir-vos] também sobre a imagem das potências, de maneira que os filhos daquele que é conheçam o que lhes é próprio e o que não o é.

Aqui está! Eu te revelei o mistério. [Em] três [dias serei preso]. [Em seguida a turba] de [sacerdotes] me [insultará], me condenará [e me amaldiçoará]. Mas minha [redenção] se aproxima."

OS DOZE ARCONTES

Tiago respondeu: "Rabbì, o que estás dizendo? Se te prendem, o que deverei fazer?"

(Jesus) lhe disse: "Mesmo se te devessem prender e te apedrejar, serás salvo. Mas não te ponhas novamente a caminho de Jerusalém, pois esta (cidade) é a que sempre oferece o cálice da amargura aos filhos da luz: (é) um lugar onde habitam muitos arcontes. Tua redenção, porém, consiste em livrar-te deles. E teu conhecimento consiste em reconhecer de qual tipo e quantos são; nem todos, porém, (só) os principais.

Ouça! Os que eu levei comigo [neste lugar estão acima destes doze arcontes, cada um dos quais] está em sua própria [ebdômada]".

Tiago respondeu: "[Rabbì], existem então [doze] ebdômadas e não sete, assim como lemos na Escritura?"

Jesus disse: "Aquele que falava nessa Escritura (só) pôs em evidência que podia compreendê-la até este ponto. Mas eu te revelarei aquele que provém do Inominável. Ele manifestou o seu número. Aquele que provém do Incomensurável fez conhecer a medida deles (dos arcontes)".

Tiago perguntou: "Rabbì, se deixo de lado o número dos arcontes, (vejo que são) setenta e dois casais. Quem são estes (casais)?"

(Jesus) disse: "Estes são os setenta e dois céus inferiores, que são deles (dos casais). Mas, maiores (do que os céus inferiores) são as potências superiores, sobre as quais se funda todo o universo. [*Faltam as linhas 10-14 in CT, 2.*] Estes (setenta e dois casais), que são distribuídos, estão sob a [autoridade] dos doze arcontes. Todo o poder que existe neles [produziu], sozinho, anjos [e] multidões incontáveis. Mas foram dados àquele que é [...]. [...] por causa [da mancha e do esquecimento] que (estão) em ti, e (por isso) para ti são incontáveis. Mas agora, se queres, poderás contá-los, mesmo se isto não te seja possível antes de afastares a cegueira que há em teu coração e o vínculo que existe na carne. Então, alcançarás aquele que é. E não serás mais Tiago, mas aquele que é naquele que é – sob todos os aspectos. E os que eram incontáveis, serão contados diante de ti, e todos aqueles que para ti eram incomensuráveis, serão mensurados".

A ASCENSÃO DAS ALMAS

Tiago perguntou: "Rabbì, como poderei alcançar aquele que é, se este (número) de potências luta [contra mim]?" [*Faltam as linhas 10-14 in CT,2.*]

Jesus me disse: "Estas potências não estão armadas só contra ti, mas também contra um outro: estas potências estão armadas contra mim e armadas com outras potências. De fato, estão armadas [com] um juízo contra mim. Não deram [...] a mim nelas [...] através deles [...]. Neste lugar [...] sofrimentos. [...] insultar. Mas em mim [há] aquele que é, o [repouso] e o mistério [escondido]. No entanto, tenho medo [de sua fúria] (das potências)".

Tiago disse: "Se lutaram contra ti desta forma, não teria talvez eu mesmo que (suportar) mais ainda (esta luta), Rabbì? Vieste [com] o conhecimento para repreender a ignorância das potências, e vieste com a lembrança para repreender o esquecimento delas.

Mas não estou preocupado contigo. Desceste na ignorância e não te manchaste com nada de baixo. Desceste no esquecimento e dentro de ti permanece a lembrança.

Caminhaste no fogo. Não te manchaste. E eles não despertaram tua vingança. Quanto a mim, não sou assim. Revesti-me do esquecimento deles. [E] não [conservo a lembrança]. Os meus se mostram ignorantes a meu respeito. [E não] sou perfeito [em relação ao conhecimento]. Não tenho nenhuma preocupação com os muitos tormentos (que me serão infligidos) neste lugar, mas com sua violência. O que [farão? O que] me dizes? Com quais palavras [obterei] a redenção?"

Jesus respondeu: "Tiago, aprovo tua sabedoria. E, quanto ao temor, (saiba que) ele te sobrevém como para todos os que voluntariamente sofrem. Não te preocupes com nada, exceto com tua redenção. Eis que seguramente irei preparar este (meu) destino sobre esta terra, assim como já estava preparado no céu. E em seguida te revelarei as tuas (palavras de) redenção".

DESPEDIDA E PROMESSA DE JESUS

Tiago disse: "Rabbì, o que significa 'depois'? Aparecerás 'depois' a mim, depois de te terem julgado e de te terem preparado o destino, e depois de teres alcançado aquele que é?"

Jesus disse: "Tiago, depois de tudo isso, aparecerei a ti neste lugar, não apenas [...] (para ti), [mas] para a incredulidade dos homens. Pois, (de outra maneira) como grassará raízes neles [a fé]? [Muitos, de fato,] [se voltarão] para a fé e crescerão nela [até] chegar ao conhecimento. E por isso aparecerei (a ti), para que os arcontes se envergonhem, (e assim) mostrarei a eles que ele (Jesus) não pode ser preso. Pois, se o prendem, se torna ainda mais forte. Agora partirei. Lembra-te daquilo que te disse, e cresça em ti!"

Tiago disse: "Rabbì, farei com que meu agir seja como disseste". Jesus partiu. E preparou o que era necessário.

Tiago ouviu (falar) de seus sofrimentos e ficou muito aflito. Na verdade, ele esperava a sua vinda. Encontrava consolação só nisto: aguardar que (Jesus) viesse. Passaram-se dois dias. Tiago fazia seu serviço (sacerdotal) na [montanha] denominada "Galgelam", e permaneceu naquele [lugar] ainda um dia (a mais) com seus discípulos, que o ouviam com grande disposição.

(Os discípulos) o consideravam um consolador e dele diziam: "Este é o segundo mestre". Mas se dispersaram, e Tiago permaneceu sozinho a rezar ardentemente, da forma (com que estava habituado).

O SOFRIMENTO

Mas, no meio (dessa oração) Jesus, subitamente, lhe apareceu. Então (Tiago) interrompeu a oração (e) o abraçou. (E) disse: "Rabbì, afastei-me de ti. Ouvi falar do sofrimento que provaste e fiquei muito aflito: bem sabes que sou compadecido. Por isso não quis estar ao teu lado, para não ver esse povo que (merece) ser condenado. Pois, o que (te) fizeram, provoca calafrios ao vê-los".

O Senhor disse: "Tiago, não te preocupes com este [povo] e tampouco comigo. Eu [sou] aquele que existe em si mesmo desde o princípio. É (de fato) [verdadeiro] que não padeci nenhum sofrimento nem morri. E este povo não me fez mal algum. Pelo contrário, ele se assemelha a uma figura dos arcontes ao ter acreditado ser conveniente preparar isto. São (portanto) os arcontes os que o prepararam. Desta maneira (tudo) chegou ao cumprimento.

Tu, porém, tenhas cuidado, pois o Deus justo estava com raiva porque eras um servo, e por isso recebeste este nome: 'Tiago o Justo'. Vê (agora, porém) já foste libertado, pois me conhecerás e te conhecerás, e interrompeste esta oração, a que te havia pedido o Deus justo. De fato, quanto a mim, ele (Tiago) me abraçou e me beijou! Na verdade, te digo que Ele (o Deus justo) cancelou a fúria e a ira (que sentia) contra ti. Mas, é também necessário que estas coisas aconteçam!"

Tiago chorava como quem se sente perdido, e estava muito aflito. E os dois se sentaram sobre uma pedra. Então Jesus disse a Tiago: "Tiago, é necessário que te mantenhas nestas (coisas). Mas, não fiques triste. A carne, que é fraca, receberá o que foi estabelecido. Tu, porém, não desanimes e não tenhas medo de nada".

Quando Tiago ouviu isto, enxugou suas lágrimas e sentiu um grande alívio da tristeza que o havia invadido.

A ASCENSÃO DAS ALMAS

Jesus lhe disse: "Vê, agora te revelarei (as palavras) da tua redenção. Quando (os arcontes) te prenderem, deves manter-te nestas (coisas). Muitos se voltarão contra ti por causa (destas) palavras, ou seja, por causa de tua força.

Entre a multidão (dos arcontes), existem três que estão postados neste lugar e que são (como) agentes aduaneiros. (Eles) não só cobram a taxa pelos pecados, mas exigem (também) levar as almas. [Se] te deparares com um grupo (de arcontes), um deles, em virtude de ser o guardião, te perguntará: 'Quem és? E, de onde (vens)?' Responda-lhe: 'Sou o filho e (procedo) do Pai'. Ele te dirá: 'Qual filho?' Tu (lhe) responderás: 'O Pai que existe desde o [princípio] e o filho que existe naquele que existe desde o princípio'. E ele te dirá: 'De onde vieste?' Responda-lhe: 'Daquele que existe desde o princípio'. E ele te perguntará: 'Por que vieste?' Responda-lhe: 'Vim por todas as coisas que são minhas e (também) por aquelas que não são minhas'. Ele dirá: 'Por qual coisa (dizes que) vieste? Pelas coisas que não são tuas?' Responda-lhe: '(Estas coisas) não me são totalmente estranhas. Pelo contrário, trata-se de Achamoth; esta é a mulher. Ela buscou estas coisas por si mesma. E as produziu a partir do poder gerador que existe desde o princípio. Elas não [me] são, portanto, estranhas, mas são as minhas. São as [minhas], [por um lado], pelo [fato que ela] (Archamoth) é sua senhora (e) lhe pertencem, (já que) existe desde o princípio. São estranhas, por outro lado, porque aquele que existe desde o princípio não era unido a ela (Achamoth) quando Ele as criou'. E ele (o arconte guardião) dirá (ainda): 'Onde deves, pois, ir?' Responda-lhe: 'Devo ir para aqueles que são meus, ao lugar de ônde vim'. Se disseres isto, serás salvo das mãos de todos eles.

Portanto, quanto chegares aos três, os que levam as almas embora, seguramente explodirá um grande combate naquele lugar, quando lhes disseres isto: 'Sou um frasco mais glorioso de Achamoth, a mulher que vos criou. E se vossa mãe ignora suas raízes, em qual momento (podereis) vós tornar sóbrios? Mas, eu recorri à Sofia, que é sem mancha, aquela que existe no Pai e que é a mãe de Achamoth. De fato, o seu (de Achamoth) consorte [não] se uniu [a esta] mulher: [ela] (Achamoth) vos criou sozinha, sem consorte masculino. (Achamoth) tornou-se néscia a respeito de (quem fosse) [sua] mãe – é a única que ignora (quem seja) sua mãe! – e pensou que fosse a única que existia. Mas eu apelei à sua mãe'.

Então todos (os arcontes) ficaram desconcertados e se culparam por suas raízes e pela estirpe de sua mãe. Tu, ao contrário, irás às tuas raízes, (superarás) os vínculos (que) são seus vínculos".

RECAPITULAÇÃO E TRANSMISSÃO DA REVELAÇÃO

"Vê, Tiago, te revelei o que são e (te revelei) aquele que existe desde o princípio, a figura dos doze discípulos, os setenta e dois casais e Achamoth, a mulher, (termo) que se traduz por 'Sofia'; e (te revelei) o que sabes e (te revelei) a Sofia sem mancha, da qual foste salvo, e todos os filhos daquele que é (e) aquilo que eles mesmos conheceram [e] (aquilo) que neles está escondido.

Quanto a ti, deves manter em sigilo o que eu te disse: ele permanecerá em ti e o conservarás em silêncio. Entretanto, quando saíres da carne revelá-lo-ás a Addai. Imediatamente após (a tua morte) beberás seu cálice, pois provaste a indignação do Deus que habita em Jerusalém. Addai, ao contrário, por dez anos, poderá testemunhar pessoalmente estas palavras. E (somente) em seguida ousarás sentar-te (e) colocá-las por escrito.

E, quando as tiveres escrito, serão tiradas de tua mão e dadas a Manael. Este é um nome santo (e) corresponde a Masfel. (Manael) poderá conservar este livro como uma herança para os (seus) filhos. E dele surgirá uma descendência santa, digna de herdar o que eu disse. Quando sua criança se tornar [grande] [e] reconhecer o Vivente, então rela receberá [um] nome: 'Levi'. Então haverá de novo guerra no país. Mas Levi, como se fosse uma criança, permanecerá escondido, e de seus lábios não sairá palavra daquilo que eu disse. Ele se casará com uma mulher de Jerusalém, de sua estirpe, e gerará com ela dois filhos. E os dois (filhos) herdarão tudo isto. (Mas) o coração do mais velho permanecerá fechado, e tudo isto será tirado de seu coração. O (filho) mais novo, ao contrário, crescerá nestas (coisas). E as manterá escondidas até chegar à (idade de) 17 anos.

Então haverá guerra no país. Mas ele não estará lá, e será preservado graça à providência. E tornar-se-á grande (e) dominará muitos territórios. Muitos serão salvos por ele. E ele fará desta revelação uma norma para muitos territórios. Contudo, será perseguido por [estes homens neste lugar]. Estes o desprezarão, e (inclusive) esta revelação será desprezada.

E [tudo isto] acontecerá para que os arcontes permaneçam imobilizados."

A FEMINILIDADE

Tiago disse: "Rabbì, acredito em todas estas coisas, e estou de acordo com as que (já) estão em minha alma. (Mas) quero pedir-te ainda uma coisa: quem são as sete mulheres que foram tuas discípulas? Todas as gerações as chamam de bem-aventuradas. Eu mesmo me surpreendo que elas, embora estejam em vasos frágeis, tenham encontrado força e sensação".

Jesus disse: "Tiago, tens razão de surpreender-te! Mas o Filho do Homem veio e revelou aos filhos da luz o que está escondido, a fim de que (eles) se mantenham naquilo que (está) escondido assim que lhes for revelado.

As sete mulheres são sete espíritos. Na Escritura aparecem assim: espírito de sabedoria [e] de compreensão, espírito de conselho e de força, espírito de inteligência e de conhecimento, espírito de reverência.

Quando atravessei o país do grande arconte, que se chamava 'Addon', aproximei-me dele. Ele, no entanto, era um néscio. E, quando o deixei, ele pensou que eu fosse seu filho. E encontrou graça em mim, seu filho!

Quanto a mim, antes que me manifestasse nestes lugares, aqueles (espíritos) já existiam, (e certamente) em meio a este povo, onde nenhum profeta falava sem aqueles sete espíritos. E estes são os sete espíritos que pregaram para mim através dos homens, segundo a capacidade com que podiam falar; com efeito, (eu) ainda não havia falado com toda a força. Mas agora eu vim. Pus fim (ao domínio dos arcontes) e (não obstante isso) não consegui [chegar ao (meu próprio) fim]".

Tiago disse: "Me convenceste de novo sobre todas estas coisas. Ora, Rabbì, (é verdade que o povo) havia recebido os sete (espíritos) e os deixou estar juntos. (Mas) quais são (os sete espíritos) que estão em ti (e) que são mais [honrados] do que os outros?"

Jesus disse: "Te louvo, Tiago, (ainda) [mais], porque perguntas com profundidade (e) não queres dizer nenhuma palavra que seja inútil. De fato, és digno de tuas raízes. Jogaste para longe de ti o cálice da embriaguez. Nenhum dos arcontes conseguiu resistir-te. Certamente começaste a reconhecer os teus. Joga do mesmo modo (longe) de ti a ignorância até o fim, e faze com que (os arcontes) não te invejem por terdes recebido estas palavras, o conhecimento, que é cheio de convencimento.

(Mas) deixa-te convencer (também) por estas outras: Salomé e Maria (Madalena) e Arsíonoe, que eu, para ti, reunirei, pois são dignas daquele que é. Também elas, de fato, se tornaram sóbrias e foram libertadas da cegueira de seus corações. Elas me reconheceram; (reconheceram) quem sou. Isto (se deu) graças à providência do [Pai], que me enviou como sacerdote. E [em] cada lugar elas são contadas entre (as que devem oferecer) as primícias e os primogênitos [...] este [...]. Ele recebe primícias e [pode estabelecer] sacrifícios e oferendas. Quanto a mim, eu não sou assim, mas recebo as primícias daqueles que são [impuros] (e) ofereço (estas primícias) completamente puras, a fim de que a força verdadeira se manifeste. Pois o que é impuro se separou do que é puro, e a obra (da feminilidade) chegou à masculinidade".

Tiago disse: "Rabbì, estas (outras) três (mulheres), também elas morreram? Não encontraram nenhum sofrimento? De fato, eram dignas (de não prová-lo)! Foram perseguidas, e delas dizem (coisas) que não são (verdade)".

Jesus disse: "Tiago, não é de fato necessário que todas as pessoas morram. Estas três foram segregadas de um lugar de fé? [Elas receberam o] conhecimento escondido. Eis o nome das três: Sapira, Suzana e Joana".

ENVIO DE TIAGO EM MISSÃO

Jesus disse: "Vê, te revelei todas as coisas. E agora não és (mais) estranho a estas palavras, pois recebeste, daqueles que são meus, o início do conhecimento [sobre aqueles que são teus]. Vá, pois, visitar o resto. Quanto a mim, irei para estes (aqueles que são teus) e me [manifestarei a eles] já que [acreditaram em ti. Desta forma, ficarão contentes em receber a bênção e a salvação]".

[Então (Tiago) admoestou os] Doze pela incredulidade [de seu coração]. Disse-lhes [uma palavra] e (transmitiu) um conhecimento [para que compreendessem]. (Em seguida) convenceu-os [de que teria que partir]. E juntou-se ao resto [para que recebessem a salvação].

EPÍLOGO: PAIXÃO E TRANSFORMAÇÃO DE TIAGO

Depois [de um certo tempo], aconteceu que Tiago foi preso no lugar de outro homem a quem acusavam de ter fugido. [E Tiago ficou] dez [dias] na prisão. Foi, portanto, outro (homem) – que tinha o nome de Tiago e havia sido preso em seu lugar – aquele que saiu da prisão e foi levado diante dos juízes. A [maior parte] dos juízes viu que era inocente e [queria deixá-lo partir]. Mas o resto e todo o [povo] estavam lá (e) disseram:

"Tirem-no da terra, que não é [digno da vida]!"

Então aqueles (juízes) tiveram medo, [puseram-se de pé] e disseram:

"Nós não somos [responsáveis] pelo [sangue deste] (homem). Um homem que crê será levado à morte por causa daqueles que não creem".

[Eles levaram Tiago embora]. Então ele lembrou-se [do Senhor] e transformou-se [em alguém que não pode ser preso]: os homens não podiam [prendê-lo]. Mas [adveio] uma injustiça.

E, enquanto o apedrejavam, ele disse: "Meu Pai [que és dos] céus, perdoe-os, porque não [sabem] o que fazem".

APOCALIPSE DE PAULO

Escrito antes 388, conforme atesta o próprio relato, esse apócrifo foi escrito a partir de 2Cor 12 e se inspirou em outros apocalipses, como o de Pedro. Há também um outro apócrifo Apocalipse de Paulo, encontrado em Nag Hammadi, de cunho gnóstico, datado no século II, que é diferente do que apresentamos na tradução, que tem como referência o texto de M. R. James, The Apocryphal New Testament. Oxford, 1924.

Em Apocalipse de Paulo, o apóstolo conta como foi arrebatado aos céus. Suas visões revelam o lugar dos justos e injustos depois da morte. O injusto recebe as punições, com as devidas anuências do anjo que o acompanhou durante as revelações.

Para o injusto há um rio de fogo, abismo, choro, tortura. Há, nesse lugar, pagamentos pelos pecados. São pitorescas as narrativas de punição de um velho sacerdote que fora beberrão e fornicador, bem como de um bispo sendo apedrejado porque não agiu com justiça diante dos pobres, órfãos e viúvas. As mulheres, que perderam a virgindade escondidas de seus pais, são também duramente castigadas. Homossexuais são castigados em um rio de fogo.

Os justos, por outro lado, são vistos no céu vivendo no gozo eterno. Paulo vê a Cidade de Cristo, de ouro puro, com um rio de vinho, torres, muralha etc.

No paraíso estão almas dos justos: Henoc, os profetas, patriarcas, crianças que Herodes matou, Davi etc. Paulo se encontrou, no paraíso, com Maria, que é chamada de Virgem e Mãe do Senhor. Maria acolhe Paulo e fala da sua chegada ao paraíso. A peregrinação de Paulo pelo paraíso continua. Ele se encontra e é saudado por Abraão, Isaac, Jacó, Moisés, Ló, Jó, Noé, Elias e Eliseu.

O Apocalipse de Paulo, além de descrever o paraíso, defende a condenação para os injustos, a continência sexual com caminho de salvação, o sofrimento por causa de Deus para alcançar a salvação.

Na introdução do livro diz que ele permaneceu escondido até o consulado de Teodósio (388 E.C.). Há manuscritos de Apocalipse de Paulo datados do século XV. Agostinho diz que esse apocalipse estava cheio de fábulas. Ele só se interessa pelos suplícios dos condenados e não tem visão do paraíso.

PRÓLOGO

Aqui começam as revelações de Paulo, mas eu vou começar com revelações do Senhor. Conheci um homem em Cristo que, há quatorze anos, no seu corpo ou fora de seu corpo, eu não sei, Deus sabe, ele foi arrebatado ao terceiro céu. Ele foi arrebatado até o paraíso e ouviu palavras inefáveis, que não é permitido ao homem repetir. No tocante a esse homem, eu me gloriarei; mas, no tocante a mim, só me gloriarei das minhas enfermidades.

Em que época essa revelação foi manifesta? Durante o consulado de Teodósio Augusto Júnior e de Cinégio (388 E.C.). Certo homem nobre que morava em Tarso, na casa que havia sido a casa de São Paulo. Um anjo apareceu durante a noite e lhe revelou isso, dizendo que deveria abrir os alicerces da casa e publicar o que encontrasse, mas ele pensou que tudo isso era sonho.

O anjo, então, vindo pela terceira vez, mandou-lhe e obrigou-o a abrir os alicerces. Ele cavou e encontrou um cofre de mármore inscrito nos lados. Dentro dele havia a revelação de São Paulo e seus calçados com os quais andava quando ensinava a Palavra de Deus. Ele teve medo de abrir esse cofre e o levou para o juiz.

O juiz, quando o recebeu, visto que estava selado com chumbo, o enviou ao Imperador Teodósio, temendo que fosse uma coisa diferente. Quando o imperador o recebeu, abriu e viu que era a revelação de São Paulo. Ele mandou uma cópia a Jerusalém e guardou para si o original.

VISÕES DE PAULO

Quando estava no meu corpo, no qual eu fui arrebatado até o terceiro céu, a palavra do Senhor veio a mim dizendo: "Fala para este povo: Durante quanto tempo transgredireis e acrescentareis pecado em cima de pecado e tentareis o Senhor que vos criou? Vós sois filhos de Abraão, mas estais fazendo as obras de Satanás. Vós sois filhos de Deus, mas fazem coisas do diabo por causa dos empecilhos deste mundo. Lembrai-vos, portanto, e sabei que, enquanto todas as criaturas servem a Deus, somente a raça humana peca. Ela reina sobre todas as criaturas e peca mais do que a natureza inteira".

OS PECADORES SÃO ACUSADOS PELA NATUREZA

De fato, o sol, a grande luz, amiúde se dirigiu ao Senhor, dizendo: "Senhor Deus todo-poderoso, eu vejo as impiedades e as injustiças dos homens; dá-me licença, e eu os tratarei segundo o meu poder para que possam saber que tu és o único Deus". E veio uma voz para ele, que dizia: "Todas essas coisas, eu sei; pois eu não sou nem cego nem surdo. Mas a minha paciência os suporta até que se convertam e se arrependam, mas, se não voltarem a mim, eu os julgarei a todos".

Às vezes, a lua e as estrelas se dirigiam ao Senhor, dizendo: "Senhor, Deus todo-poderoso, tu nos deste o poder sobre a noite, quanto tempo veremos as impiedades, as fornicações e os homicídios cometidos pelos filhos dos homens? Dá-nos licença de os tratar segundo o nosso poder, para que possam saber que tu és o único Deus". E veio a eles uma voz que dizia: "Todas essas coisas eu sei; pois eu não sou nem cego nem surdo. Mas a minha paciência os suporta até que se convertam e se arrependam, mas, se não voltarem a mim, eu os julgarei".

Muitas vezes, o mar grita, dizendo: "Senhor Deus poderoso, os homens contaminaram teu santo nome em mim; permita-me levantar-me e cobrir todo madeiro e pomar e o mundo inteiro, até erradicar todos os filhos dos homens da tua presença, para que saibam que só tu és Deus". E veio a voz novamente para ele, que dizia: "Todas essas coisas, eu sei; pois eu não sou nem cego nem surdo, mas a minha paciência os suporta até que se convertam e se arrependam, mas, se não voltarem a mim, eu os julgarei".

Ocasionalmente, as águas também falavam contra os filhos dos homens, dizendo: "Senhor Deus todo-poderoso, todos os filhos dos homens profanaram teu santo nome". E veio uma voz que dizia: "Eu sei todas as coisas antes que elas aconteçam, pois com meus olhos eu vejo, e com meus ouvidos eu ouço, mas a minha paciência os suporta até que eles se convertam, mas, se não se arrependerem, eu os julgarei".

Muitas vezes também a terra exclamava ao Senhor contra os filhos dos homens, dizendo: "Senhor Deus todo-poderoso, eu mais do que todas as outras criaturas sou prejudicada, aguentando as fornicações, adultérios, homicídios, roubos, perjúrios, magias e todos os males e iniquidades que praticam, até o ponto de os pais se levantarem contra os filhos e os filhos contra os pais, o estrangeiro contra o estrangeiro, cada qual desonrando a mulher de seu vizinho; o pai cometendo incesto com a mulher de seu próprio filho, e o filho com a sua madrasta; e, no meio de todas essas abominações, aqueles mesmos que oferecem o sacrifício no teu nome profanam teu santo lugar. Por isso, fiquei prejudicada mais do que qualquer outra criatura. Não estou desejando mostrar o meu poder para mim mesma e meus frutos aos filhos dos homens; dá-me licença, e eu destruirei a virtude (o poder) dos meus frutos". E veio uma voz que dizia: "Eu sei todas as coisas; e ninguém pode esconder de mim os seus pecados; e conheço suas impiedades, mas a minha santidade os aguenta até que se convertam e se arrependam, mas, se não voltarem a mim, eu os julgarei".

RELATÓRIOS DOS ANJOS

Olhai, vós, filhos dos homens, a criatura é sujeita a Deus, mas somente a raça humana peca. Por esse motivo, pois, vós, filhos dos homens, bendizei o Senhor continuamente, todos os dias e em todas as horas, especialmente no levantar do sol, pois nesse horário todos os anjos se aproximam do Senhor para o adorar e lhe apresentar as obras que todos os homens fizeram desde a manhã até a noite, boas ou ruins.

E há tal anjo que se aproxima com alegria por causa dos homens com os quais ele habita. Quando o sol se põe, na primeira hora da noite, tarde, na hora certa, vem o anjo de cada povo e de cada pessoa, homem ou mulher, que os protege e os guarda, porque o homem é imagem de Deus. Da mesma maneira, na primeira hora do dia, isto é, à meia-noite, todos os anjos dos homens e das mulheres sobem até Deus para adorar e apresentar todas as obras que todos os homens realizaram, sejam boas ou ruins.

Além disso, todos os dias e todas as noites, os anjos apresentam a Deus o relatório de todas as ações da raça humana. Para vós, portanto, eu digo, filhos dos homens: bendizei o Senhor Deus sem falta todos os dias de vossa vida.

Na hora marcada, todos os anjos, alegrando-se, se apresentam perante Deus, para adorá-lo. E eis que, de repente, na hora marcada, aconteceu a reunião; o Espírito se aproximou para encontrá-los, e uma voz disse: "De onde viestes, anjos, para trazer registros para mim (texto corrompido)?"

Os monges responderam: "Viemos de junto daqueles que renunciaram a este mundo por causa do teu santo nome, andando como peregrinos em grutas rochosas, chorando em todas as horas em que habitam na terra, passando fome e sede por causa de teu nome, com os rins cingidos, segurando nas suas mãos o incenso de seus corações, orando e bendizendo em toda hora, mortificando-se e vencendo-se a si mesmos, chorando e lamentando mais do que o resto dos habitantes da terra. E nós, seus anjos, nos lamentamos juntamente com eles. E nós te pedimos para irmos e acompanhá-los, a fim de que eles possam perseverar no bem".

Veio uma voz de Deus dirigida a eles: "Sabei que daqui para frente minha graça vos é concedida, e a minha ajuda, que é o meu Bem-amado Filho, estará presente com eles, guiando-os em toda hora, servindo-os e nunca os abandonando, já que a residência deles é a morada de Deus".

Depois que esses anjos se retiraram, eis que outros anjos chegaram, chorando na assembleia, para adorar na presença da majestade, e o Espírito de Deus foi ao encontro deles. E houve uma voz de Deus, dizendo: "De onde viestes, vós, anjos, trazendo registros do ministério de informação do mundo?" Responderam e disseram na presença de Deus: "Viemos daqueles que invocaram teu nome; mas os empecilhos deste mundo os perverteram; eles estão maquinando muitas desculpas em toda hora, não conseguem mais fazer uma oração pura, de todo o seu coração em todo o tempo de sua vida. Que necessidade temos, portanto, de permanecer com homens que são pecadores?" E a voz de Deus lhes respondeu: "Deveis acompanhá-los e ajudar até que se convertam e se arrependam. Mas, se não voltarem a mim, eu os julgarei. Sabei, portanto, filhos dos homens, que qualquer coisa que fizerdes é relatado a Deus pelos anjos, seja em bem, seja em mal".

VISÃO DO JULGAMENTO DOS JUSTOS

De novo, depois dessas coisas, vi um dos seres espirituais vindo a mim e me levando no Espírito até o terceiro céu. E o anjo respondeu e me disse: "Segue-me, e eu te mostrarei o lugar dos justos, aonde eles são levados depois de sua morte. Depois disso, eu te levarei para o abismo sem fundo e te mostrarei as almas dos pecadores, para que vejas a que tipo de lugar eles são levados depois de mortos".

Segui o anjo, e ele me levou até o céu. Eu vi abaixo de mim o firmamento. Eu vi nesse lugar os poderes: havia lá o esquecimento que engana e rebaixa sobre si os corações dos homens, o espírito de calúnia, o espírito de fornicação, o espírito de cólera, o espírito de arrogância, e havia lá o príncipe da perversidade. Essas coisas eu vi debaixo do firmamento do céu. Olhei de novo e vi senhores sem misericórdia. Eles não tinham pena. Sua face era furiosa, seus dentes salientavam fora de sua boca. Seus olhos brilhavam como a estrela da manhã no Oriente. De seus cabelos, de sua cabeça e de sua boca saíam faíscas de fogo. E eu perguntei ao meu anjo: "Senhor, quem são esses?" E o anjo me respondeu: "São aqueles que foram designados para os ímpios na hora da necessidade, aqueles que não acreditaram que tinham o Senhor como seu auxílio e não confiaram nele".

E olhei para cima e vi outros anjos cujos rostos brilhavam como o sol e cujos rins eram cingidos com cinto de ouro, tendo palmas nas suas mãos e o sinal de Deus, estando revestidos de trajes nos quais estava escrito o nome do Filho de Deus e repletos de mansidão e misericórdia. Perguntei ao meu anjo: "Senhor, quem são esses, tão repletos de mansidão e misericórdia?"

O anjo me respondeu: "São os anjos da justiça que foram enviados para conduzir as almas dos justos na hora da necessidade, aqueles que acreditaram que tinham o Senhor como seu auxílio". E eu disse: "Será que os justos e os pecadores devem necessariamente encontrar esses terríveis anjos quando morrem?"

O anjo respondeu: "O caminho pelo qual todos devem passar para chegar a Deus é igual para todos, mas os justos, acompanhados por um santo auxiliar, não ficam com medo quando se apresentam à presença de Deus".

PAULO VÊ O MUNDO A PARTIR DO CÉU

E eu disse ao anjo: "Queria ver as almas dos justos e dos pecadores na hora de sua saída deste mundo". E o anjo me respondeu: "Olha para baixo, para a terra". E eu olhei para baixo do céu em direção à terra e vi o mundo inteiro; era quase um nada na minha vista; e vi os filhos dos homens, e pareciam ser uma não existência que se acabava. Eu me admirei e disse ao anjo: "É esta a grandeza do homem?" O anjo respondeu: "É, sim. Estes são aqueles que fazem o mal da manhã até a noite".

Eu olhei e vi uma grande nuvem de fogo espalhada sobre o mundo inteiro, e eu disse ao anjo: "O que é isso, meu senhor?" "Isso é a injustiça, provocada pelos príncipes dos pecadores." Misturada com a destruição dos pecadores (grego); misturada com a oração dos filhos dos homens (siríaco).

Quando eu ouvi isso, suspirei e chorei e disse ao anjo: "Eu gostaria de esperar pelas almas dos justos e dos pecadores e ver de que maneira elas saem do corpo". O anjo respondeu: "Olha de novo sobre a terra". Olhei e vi o mundo inteiro, os homens eram como um nada, uma existência que se acabava. Olhei e vi certo homem morrendo. E o anjo me disse: "Aquele que vês é justo". Olhei novamente e vi todas as obras que havia praticado por causa do nome de Deus e todos os desejos dos quais ele se lembrava ou nem se lembrava. Tudo aquilo fica na presença dele na hora do julgamento. Vi o homem justo avançar e achar reconforto e confiança. Antes que saísse deste mundo, os anjos santos e os anjos ímpios, todos, o serviram, mas os anjos ímpios não encontraram nele um lugar onde habitar; mas os santos anjos tomaram conta de suas almas, guiando-as até saírem do corpo.

Eles levantaram a alma dizendo: "Afinal conheces o corpo que deixaste, pois é preciso que voltes para esse mesmo corpo no dia da ressurreição, para que possas receber os bens prometidos a todos os justos". Recebendo, portanto, a alma do corpo, os anjos imediatamente a beijam como se ela fosse bem conhecida deles, dizendo-lhe: "Toma coragem, pois fizeste a vontade de Deus enquanto estavas na terra". Então veio ao seu encontro o anjo da guarda que cuidava dela todos os dias e lhe disse: "Tem coragem, alma; eu me alegro em ti, porque fizeste a vontade de Deus, pois eu relatava a Deus como eram todas as tuas obras justas".

Da mesma maneira o Espírito se aproximou ao encontro dela e disse: "Alma, não tenhas medo nem te angusties; tu vais chegar a um lugar que te é desconhecido, mas serei teu auxílio; pois encontrei em ti um lugar de repouso durante o tempo em que eu morava em ti, enquanto eu estava morando na terra". E o seu Espírito a fortaleceu, e seu anjo a tomou e levou para o céu. Saiu ao encontro dela um desses poderes perversos que estão debaixo do céu. O espírito do erro lhe perguntou: "Para onde vais assim correndo, ó alma? Como tiveste a audácia de entrar no céu? Espera aí para ver se há alguma coisa nossa em ti, mas eis que nada encontramos em ti que nos pertença".

Vi também o auxílio de Deus e o teu anjo. O Espírito se alegra contigo porque fizeste a vontade de Deus sobre a terra. Há um conflito entre os anjos bons e os demônios. O espírito do erro se lamenta. Em seguida o espírito tentador e o da fornicação encontram a alma, mas ela escapa e eles se lamentam. Todos os principados e os espíritos perversos vêm para encontrá-la, mas nada encontram nela que lhes pertença e rangem os dentes.

O anjo da guarda os manda embora: "Vós tentastes a alma, mas ela não quis vos escutar". E a voz de muitos anjos no céu se alegrava por causa da alma, e eles levaram-na para adorar na presença de Deus. Depois que ela adorou, o Arcanjo Michael e todo o exército dos anjos, de uma só voz, adoraram o escabelo de seus pés e as suas portas e disseram juntos à alma: "Este é o teu Deus, o Deus de todas as coisas, que te fez à sua imagem e semelhança". Além disso, o anjo correu na frente e disse: "Senhor, lembra-te de seus trabalhos, pois esta é a alma cujos trabalhos eu te relatei, que agiu segundo teus julgamentos". E o Espírito disse também: "Eu sou o Espírito vivificante que a inspirou, pois encontrei repouso nela na época em que os demônios estavam reivindicando poder sobre aquela alma, dizendo que ela lhes pertence".

Então, veio a voz de Deus, dizendo: "Da mesma maneira que essa alma não me contristou, nem eu vou contristá-la; como ela teve misericórdia, assim eu terei misericórdia para com ela. Entregai-a, portanto, às mãos de

Miguel, o anjo da aliança, e que ele a introduza ao paraíso de alegria, para que possa se tornar coerdeira com todos os santos".

Depois disso, ouvi a voz de um milhão de anjos, arcanjos, querubins, e a voz dos vinte e quatro anciãos cantando hinos e glorificando o Senhor, gritando: "Tu és justo, ó Senhor, e justos são teus julgamentos, e não há acepção de pessoas contigo, mas retribuis todos os homens segundo os teus julgamentos".

E o anjo me respondeu: "Tu acreditaste e sabias que tudo aquilo que o homem fez durante sua vida, ele o vê na hora de sua necessidade?" E eu respondi: "Sim, Senhor".

O JULGAMENTO DAS ALMAS ÍMPIAS

E ele me disse: "Olha de novo para baixo, na terra, e observa a alma do ímpio saindo do corpo, ele que provocou o Senhor dia e noite, dizendo: 'Não quero saber de mais nada desse mundo. Vou comer, beber e gozar dos bens deste mundo. Pois quem é que desceu ao inferno e voltou para nos declarar que há um julgamento lá?' E ainda: 'Eu vi todos os desprezos do pecador e tudo quanto fez; tudo isso se volta para ele, na hora da necessidade do julgamento. E isso lhe acontece na hora em que está saindo de seu corpo para o julgamento'".

E ele diz: "Teria sido melhor para mim não ter nascido". Depois disso, chegaram na mesma hora os santos anjos e os anjos perversos, e a alma do pecador viu ambos, mas os santos anjos não acharam um lugar nele. Os anjos perversos o amaldiçoaram. E, depois que o tiraram de seu corpo, os anjos o admoestaram pela terceira vez, dizendo: "Ó alma miserável, olha a tua carne da qual saíste; pois é preciso que tu retornes à tua carne no dia da ressurreição, para que recebas o teu salário pelos teus pecados e pelas tuas impiedades".

E, depois de conduzi-lo, o anjo da guarda o precedeu e disse: "Ó alma desgraçada, eu sou o anjo que te pertence. Relatei diariamente ao Senhor tuas obras perversas, aquilo que fizeste de noite e de dia. Se dependesse de mim não queria te servir nem por um só dia; mas isso não depende de mim, pois o juiz está cheio de misericórdia e é justo; ele mesmo nos mandou continuar a vos servir até vos arrependerdes; mas perdestes o prazo concedido para vos arrependerdes. Eu me tornei estrangeiro para ti, e tu para mim. Vamos agora na presença do justo juiz. Eu não te deixarei até saber dele se a partir de hoje deverei ser um estrangeiro para ti".

E o Espírito confundiu a alma, e o anjo a perturbou. Quando chegaram aos principados, que iriam entrar no céu, um fardo foi colocado nele por cima de todos os outros fardos: erro, esquecimento, murmúrio encontraram-na, e espírito de fornicação.

Os outros principados lhe disseram: "Para aonde vais, alma desgraçada, e como tiveste a audácia de querer entrar ao céu? Para, de modo que possamos ver se tens as nossas qualidades em ti, pois notamos que não tens um santo auxílio".

Depois disso, ouvi vozes da altura do céu, dizendo: "Apresentai essa alma desgraçada a Deus, para que possamos saber se ela desprezou a Deus". Quando ela entrou no céu, todos os anjos a viram. Milhões deles exclamaram de uma só voz: "Ai de ti, alma desgraçada, por causa das obras que praticaste na terra. Que resposta poderás dar a Deus, quando te aproximares para adorá-lo?"

O anjo que estava com ela disse: "Chorai comigo, meus amigos, pois não encontrei repouso nesta alma". E os anjos lhe responderam e disseram: "Tira essa alma do meio de nós, pois desde que entrou o seu fedor nos incomoda a nós, os anjos".

Depois disso, ela foi apresentada para poder adorar na presença de Deus, e um anjo de Deus lhe mostrou Deus, que a fizera à sua imagem e semelhança. Além disso, o seu anjo correu na frente dela e disse: "Senhor Deus todo-poderoso, eu sou o anjo desta alma, cujas obras te apresentei dia e noite, nunca agindo de acordo com os teus julgamentos".

Da mesma forma, o Espírito disse: "Eu sou o Espírito que moro nela desde o tempo em que ela foi criada. Eu conheço seu íntimo, e ela não realizou a minha vontade. Julga-a, Senhor, segundo o teu julgamento". Então veio a ela a voz de Deus: "Onde está o fruto que produziste, à altura dos bens que recebeste? Será que eu coloquei a distância de um dia de caminhada entre li e o homem justo? Será que não fiz o sol se levantar sobre ti como sobre o justo?"

A alma ficou calada, nada tendo para responder. Então veio novamente uma voz, dizendo: "Justo é o julgamento de Deus. Ele não faz acepção de pessoas. Sobre aquele que praticou a misericórdia, haverá misericórdia, mas, daquele que não teve misericórdia, Deus tampouco terá compaixão dele. Entreguei-a, portanto, ao anjo tartárico, isto é, o carrasco do Tártaro (inferno). E que seja precipitado nas trevas exteriores, onde há choros e ranger de dentes, e que fique ali até o grande dia do julgamento".

Depois disso, ouvi a voz de anjos e arcanjos, dizendo: "Tu és justo, Senhor, e justo é o teu julgamento". Olhei e vi novamente uma alma trazida por dois anjos, chorando e dizendo: "Tem pena de mim, Deus justo, Deus juiz, pois hoje faz sete dias que saí do meu corpo e fui entregue a estes dois anjos, que me levaram para lugares que eu nunca tinha visto".

Deus, o justo juiz, lhe respondeu: "O que fizeste? Tu nunca tiveste misericórdia, por isso foste entregue a esses anjos que não têm misericórdia, e, porque nunca praticaste o direito, eles não têm compaixão de ti na tua necessidade, no teu julgamento. Confessa teus pecados que cometeste, quando estavas no mundo".

Ela respondeu: "Senhor, não pequei". E o Senhor, o justo Senhor, ficou furioso, quando ela disse: "Não pequei", porque mentia. E Deus disse: "Pensas que estás ainda no mundo, onde cada um de vós, ao pecar, pode dissimular e esconder seu pecado de seu vizinho? Aqui nada ficará escondido, pois, quando a alma se apresenta para adorar na presença do trono, tanto as boas obras como os pecados de cada uma são manifestados".

Ouvindo isso, a alma ficou calada, nada tendo para responder. E ouvi o Senhor, o justo juiz, dizendo novamente: "Vem, anjo desta alma, e comparece aqui". E o anjo da alma pecadora chegou, tendo um documento nas suas mãos, e disse: "Esta lista, nas minhas mãos, Senhor, são todos os pecados desta alma, desde a sua juventude até hoje, desde os 10 anos de idade. E, se me ordenares, relatarei também os seus atos desde os seus 15 anos".

E o Senhor Deus, o justo juiz, respondeu: "Não quero, de ti, o relato de seus pecados desde os seus 15 anos de idade; mas dá-me apenas a relação de seus pecados dos seus cinco últimos anos antes de sua morte e de sua chegada aqui, no meu tribunal".

Novamente o Senhor, o justo juiz, disse: "Pois eu mesmo jurei por mim mesmo, e pelos meus santos anjos e pela minha virtude, que, se ela se arrependesse cinco anos antes de sua morte e vivesse na conversão durante um ano, todas as perversidades e os pecados cometidos anteriormente seriam esquecidos e haveria indulgência e remissão de todos os seus pecados. Mas agora, porém, que não se arrependeu, ela vai perecer". E o anjo da alma pecadora respondeu: "Senhor, manda os anjos desses apresentarem as suas almas". E naquele momento, essas almas foram trazidas para o meio.

A alma do pecador as reconheceu, e o Senhor disse à alma do pecador: "Eu te digo, alma: confessa agora na presença dessas almas das tuas vítimas, que vês na tua frente, teus pecados que cometeste contra elas, na época em que elas estavam no mundo".

A alma respondeu: "Senhor, não se passou ainda um ano inteiro desde que assassinei este e derramei o seu sangue sobre a terra; e com este outro eu cometi fornicação; e não apenas isso, mas eu o prejudiquei muito roubando seus haveres". E o Senhor Deus, o justo juiz, disse: "Não sabes que, se alguém comete a violência contra o outro e se a vítima morrer primeiro, esta será guardada no mesmo lugar, até que morra o agressor? Então ambos comparecerão na presença do juiz, e cada um receberá seu salário segundo as suas obras". E ouvi a voz de alguém, dizendo: "Entregai esta alma nas mãos de tartáricos, e que ela fique no inferno e seja conduzida na prisão mais profunda. Ela será submissa aos tormentos e ficará lá até o grande dia do julgamento". Mais uma vez ouvi a voz de milhões de anjos dizendo hinos ao Senhor e gritando: "Tu és justo, Senhor, e justos são teus julgamentos".

O TERCEIRO CÉU E O NOME DOS JUSTOS

O anjo respondeu e me disse: "Entendeste todas essas coisas?" Respondi: "Sim, Senhor". E ele me disse: "Segue-me, novamente, e eu te levarei e te mostrarei os lugares dos justos".

Eu segui o anjo, e ele me levou até o terceiro céu e me colocou na entrada da porta. E, olhando, vi que a porta era de ouro e havia duas colunas de ouro em cima dela cheias de letras de ouro. O anjo se virou novamente para mim e me disse: "Bem-aventurado és tu se entrares por essas portas, pois não é permitida a ninguém entrar (por elas), senão somente aqueles que têm bondade e pureza do corpo em todas as coisas".

Eu perguntei ao anjo a respeito de tudo e disse: "Senhor, para que essas letras colocadas em cima dessas tabelas?" O anjo me respondeu: "Esses são os nomes dos justos que moram na terra e servem a Deus de todo o seu coração". E eu disse de novo: "Será que esses nomes estão escritos no céu enquanto eles ainda estão na terra?" Ele respondeu: "Não apenas seus nomes, mas também a sua fisionomia; e as semelhanças daqueles que servem a Deus estão no céu e são conhecidas pelos anjos. Pois eles sabem quem são os que servem a Deus com todo o seu coração, antes que eles saiam do mundo".

PAULO SE ENCONTRA COM HENOC E ELIAS NO PARAÍSO

Quando entrei pela porta do paraíso veio ao meu encontro um velho homem cuja fisionomia brilhava como o sol. Ele me abraçou e me disse: "Salve, Paulo, amado de Deus!" Ele me beijou com um rosto cheio de ternura. Ele chorou, e eu lhe disse: "Irmão, por que choras?" E novamente, gemendo e lamentando, ele disse: "Somos feridos por homens, e eles nos afligem muito, pois o Senhor preparou muitas coisas boas, e grandes são suas promessas; mas muitos não as recebem".

Então eu, Paulo, perguntei ao anjo: "Senhor, quem é este?" Ele me respondeu. "É Henoc, o escriba da justiça". Entrei nesse lugar e, imediatamente, vi Elias. Ele veio e me saudou com alegria e rindo. Mas, depois que ele me viu, desviou o rosto, chorou e me disse: "Paulo, oxalá recebas a recompensa das labutas que realizaste para a humanidade. Quanto a mim, eu vi muitas coisas grandes que Deus preparou para o justo, e as promessas de Deus são grandes, mas muitos não as recebem. Pois é com muita labuta que apenas um ou dois conseguem entrar neste lugar".

AS MARAVILHAS DO PARAÍSO

E o anjo me disse: "Qualquer coisa que eu te mostrar ou qualquer coisa que ouvires aqui não a relates para ninguém na terra". E ele me levou e me mostrou, e ouvi lá palavras que não são lícitas ao homem repetir.

E ele me disse: "Segue-me novamente e eu te mostrarei aquilo que deves relatar e publicar abertamente". Ele me fez descer do terceiro céu e me conduziu ao segundo céu, e de lá me fez descer até o firmamento e, do firmamento, me fez descer até as portas do céu.

A base do alicerce (ponto de apoio do universo) está no rio primordial que irriga a terra inteira. Eu perguntei ao anjo: "Senhor, o que é esse rio de água?" Ele me respondeu que é o oceano.

De repente eu saí do céu e entendi que é a luz do céu que ilumina a terra. Pois a terra lá é sete vezes mais brilhante do que a prata. E eu disse: "Senhor, qual é este lugar?" Ele respondeu: "Esta é a Terra Prometida. Nunca ouviste o que está escrito: 'Bem-aventurados os mansos, porque herdarão a terra'? As almas dos justos, depois que saem do corpo, são enviadas para este lugar durante certo tempo". E eu disse ao anjo: "Então esta terra vai ser manifestada no fim dos tempos?" O anjo respondeu: "Quando o Cristo que tu anuncias vier para reinar, então, na ordem de Deus, a primeira terra dissolverá. E a Terra Prometida será revelada e será parecida com o orvalho ou com uma nuvem, e então o Senhor Jesus Cristo, o Rei Eterno, será manifestado, e seus santos virão com ele para morar (nessa Terra Prometida) e ele reinará sobre eles durante mil anos (Ap 20,12), e eles comerão os alimentos gostosos que vou agora te mostrar".

Olhei em volta nessa terra e vi um rio jorrando leite e mel, e havia árvores plantadas nas margens do rio, que estavam carregadas de frutas. Além disso, cada árvore dá frutas doze vezes por ano, produzindo frutas variadas. E vi as coisas criadas que havia nesse lugar e todas as obras de Deus, e vi lá palmeiras de vinte metros e outras de cinco metros. A terra era sete vezes mais brilhante do que a prata. E havia árvores carregadas de frutas desde a raiz até os seus galhos mais elevados de dez mil frutas de palmeiras. A videira tinha dez mil pés de vinha. Além disso, cada pé de vinha tinha dez mil ramos, e cada ramo tinha mil cachos de uva. Da mesma maneira, as tamareiras.

E eu disse ao anjo: "Por que será que cada árvore produz mil frutos?" O anjo respondeu: "Porque o Senhor Deus dá uma profusão abundante de dons àqueles que são dignos e porque eles mesmos livremente se mortificaram enquanto estavam no mundo fazendo todas as coisas para honrar o santo nome dele".

Mais uma vez eu disse ao anjo: "Senhor, será que essas coisas são as únicas promessas que o Deus altíssimo fez?" Ele me respondeu: "Não! Há promessas sete vezes maiores do que estas. Mas eu te digo que, quando os justos saem do corpo, eles verão as promessas e as coisas boas que Deus preparou para eles. Até então, gemerão e se lamentarão, dizendo: 'Será que dissemos uma só palavra que pudesse ofender o nosso vizinho por um só dia?'"

Eu perguntei e disse de novo: "São somente essas as promessas de Deus?" E o anjo me respondeu: "Aqueles que estás vendo agora são as almas das pessoas casadas e daqueles que guardaram a castidade de seu casamento na continência. Mas, para as virgens, para aqueles que tiveram fome e sede da justiça (Mt 5,6) e para aqueles que se mortificaram a si mesmos por causa do nome do Senhor, Deus dará sete vezes mais do que estas coisas. É aquilo que vou agora te mostrar".

Depois disso, ele me levou para fora do lugar onde eu vira essas coisas, e eis que havia um rio, cujas águas eram muito mais brancas do que o leite. Eu disse ao anjo: "O que é isso?" Ele me respondeu. "Este é o Lago de Aqueronte (rio do inferno, que os mortos deveriam atravessar de barco, antes de chegar ao Hades – morada dos mortos), onde está edificada a Cidade de Cristo, mas nem todo o mundo pode entrar nessa cidade. Esta é a viagem que leva a Deus e, se alguém é fornicador ou ímpio, mas depois se converte, se arrepende e produz frutos dignos de arrependimento, primeiramente, quando ele sai do corpo, ele é levado para adorar a Deus e, então, na ordem do Senhor, ele é entregue ao Arcanjo Miguel, que o batiza no Lago de Aqueronte e, em seguida, o leva para a Cidade de Cristo, juntamente com aqueles que nunca pecaram". Então eu me admirei e abençoei o Senhor pelas coisas que eu vira.

PAULO VISITA A CIDADE DE CRISTO

E o anjo me disse: "Segue-me, e eu te conduzirei à Cidade de Cristo". Ele ficou de pé no Lago de Aqueronte e me colocou em um barco de ouro, e quase três mil anjos estavam cantando um hino na minha frente, até eu chegar à Cidade de Cristo. Os habitantes da Cidade de Cristo se alegraram muito comigo quando me juntei com eles.

Entrei e vi a Cidade de Cristo. Era inteiramente de ouro, cercada por doze muros e doze torres internas; havia cento e oitenta e cinco metros entre cada muro. E eu perguntei ao anjo: "Senhor, quanto vale um estádio?" O anjo me respondeu: "É a mesma distância do que entre o Senhor Deus e os homens que estão na terra, pois somente a Cidade de Cristo é grande".

E havia doze portas muito belas na muralha da cidade e quatro rios a circundavam. Havia um rio de mel, um rio de leite, um rio de vinho e um rio de óleo. E eu disse ao anjo: "Quais são esses rios que circundam a cidade?" Ele respondeu: "São os quatro rios que jorram com abundância para os habitantes da terra da promessa. Seus nomes são: o rio de mel é o Fison; o rio de leite é o Eufrates; o rio de óleo é o Geon; e o rio de vinho é o Tigre. Quando estavam no mundo, não usaram o seu poder sobre essas coisas, mas eles passavam fome e se mortificavam por amor ao Senhor Deus. Por isso, uma vez que entrarem nessa cidade, o Senhor lhes concederá todas essas coisas sem medida".

Quando entrei pela porta, vi árvores muito grandes e altas na frente das portas da cidade. Não tinham frutos, mas somente folhas; e eu vi poucos homens espalhados no meio das árvores. Eles se lamentavam muito quando viam qualquer pessoa entrar na cidade. E essas árvores tinham pena deles, se abaixavam e se dobravam até o chão e se erguiam novamente.

Vi aquilo e chorei com eles e perguntei ao anjo: "Senhor, quem são esses que estão proibidos de entrar na Cidade de Cristo?" E ele respondeu: "São aqueles que jejuavam ciosamente dia e noite, mas tinham um coração que se orgulhava acima dos outros homens, gabando-se e glorificando-se a si mesmos e nada fazendo para os seus próximos. Saudavam amistosamente algumas pessoas, mas para outras não davam nem uma saudação. Davam hospitalidade somente para aqueles que bem queriam e se, por acaso, fizessem qualquer coisa pelos seus próximos, eles se jactavam exageradamente".

E eu, Paulo, disse: "E agora, Senhor? Será que o seu orgulho vai barrar-lhes definitivamente a entrada da Cidade de Cristo?" O anjo me respondeu: "O orgulho é a raiz de todos os males. Será que eles são melhores do que o Filho de Deus, que veio aos judeus com toda a humildade?"

Eu perguntei-lhe: "Por que as árvores se abaixavam e se erguiam novamente?" O anjo respondeu: "O tempo todo que viveram na terra, serviam a Deus com zelo, mas por causa da vergonha e das censuras dos homens enrubesceram e se humilharam, mas não se arrependeram nem desistiram do orgulho que estava neles. Por isso, as árvores se abaixaram, mas se ergueram novamente".

Eu perguntei: "Por que razão foram admitidos até as portas da cidade?" O anjo respondeu: "Por causa da bondade de Deus e porque essa é a entrada de seus santos que entram na cidade. Por esse motivo eles foram deixados aqui nesse lugar, mas, quando o Cristo Rei entrar com todos os seus santos, todos os justos poderão orar por eles, e então eles poderão entrar na cidade juntamente com eles. Todavia nenhum deles terá a mesma confiança do que aqueles que se humilharam, servindo o Senhor Deus durante toda a sua vida".

PAULO SE ENCONTRA COM OS PROFETAS

Andei com o anjo que me conduzia, e ele me levou até o rio de mel. Lá, vi Isaías, Jeremias, Ezequiel, Amós, Miqueias, os menores e os maiores profetas, e eles me saudaram na cidade.

Eu disse ao anjo: "Qual é este caminho". Ele respondeu: "Este é o caminho dos profetas. Todos aqueles que se mortificaram e se abstiveram de fazer a sua vontade própria por causa de Deus, quando saem do mundo e são conduzidos à presença do Senhor Deus e o tiverem adorado, por ordem de Deus, serão entregues a Miguel, que os conduzirá à cidade, ao lugar dos profetas. Estes os saudarão como amigos e vizinhos porque fizeram a vontade de Deus".

PAULO SE ENCONTRA COM OS INOCENTES PERSEGUIDOS POR HERODES

Novamente ele me conduziu aonde há o rio de leite, e eu vi nesse lugar todas as crianças que Herodes matara por causa do nome de Cristo. Elas me saudaram, e o anjo me disse: "Todos aqueles que guardam a sua castidade e pureza, quando saem do corpo, depois de terem adorado ao Senhor Deus, são entregues a Miguel para serem conduzidos até as crianças, que os saúdam dizendo que são nossos irmãos e amigos, e que, por serem membros com eles, herdarão as promessas de Deus".

PAULO SE ENCONTRA COM OS PATRIARCAS

Ele me levou para o norte da cidade, onde havia o rio de vinho, e eu vi lá Abraão, Isaac, Jacó, Ló, Jó e outros santos que me saudaram. Eu perguntei: "Qual é este lugar, senhor?" O anjo respondeu: "Todos aqueles que deram hospitalidade a estrangeiros, quando saem do mundo, primeiramente adoram ao Senhor Deus e são entregues a Miguel, que os leva e conduz à cidade, e todos os justos os saúdam como filhos e irmãos e dizem-lhes: 'Porque praticastes a humanidade e ajudastes os peregrinos, vinde, tende vossa herança na Cidade de Deus! Cada homem justo receberá coisas boas de Deus na cidade de acordo com as suas obras'".

Novamente ele me levou para perto do rio de óleo, no lado oriental da cidade. Vi lá homens se alegrando e cantando salmos. Perguntei: "Quem são esses, meu senhor?" O anjo respondeu: "São aqueles que se devotaram ao Senhor de todo o seu coração e não tinham orgulho em si. Pois todos aqueles que se alegram e cantam salmos ao Senhor de todo o seu coração são conduzidos à cidade neste lugar".

E ele me levou para o meio da cidade, junto aos doze muros. Havia nesse lugar um muro mais alto, e eu perguntei: "Será que há na Cidade de Cristo um lugar que ultrapassa os outros em honra?" O anjo me respondeu: "Há um segundo muro, melhor do que o primeiro, e um terceiro melhor do que o segundo, e cada qual ultrapassa os precedentes até o décimo segundo".

Perguntei: "Dize-me, Senhor, por que cada qual ultrapassa os outros em glória?" O anjo respondeu: "Todos aqueles que tiverem dentro de si nem que seja um pouquinho de calúnia, inveja ou orgulho, alguma coisa de sua glória lhe será tirada, mesmo se estiverem na Cidade de Cristo. Olha atrás de ti".

Eu me virei e vi tronos de ouro colocados em cada porta e, sentados neles, homens com diademas de ouro e pedras preciosas. Olhei mais e vi no interior, atrás dos doze homens, tronos colocados em uma outra fila, que pareciam ter maior glória ainda, de maneira que ninguém era capaz de narrar seu louvor.

E perguntei ao anjo: "Senhor, quem está no trono?" O anjo respondeu: "Esses tronos pertencem àqueles que têm bondade e inteligência no seu coração, mas que se tornaram loucos por causa do Senhor Deus, já que não conheciam nem Escritura nem salmos, mas guardavam na mente um capítulo dos preceitos de Deus. Eles o cumpriam com muita diligência e tinham uma intenção reta perante o Senhor Deus. Todos os santos ficarão cheios de admiração por eles na presença do Senhor Deus, pois os santos, comentando uns com os outros, disseram: 'Olhai como esses analfabetos, que nada mais sabem além desse capítulo dos preceitos de Deus, ganharam um vestuário e uma glória tão grande em razão de sua inocência'".

E eu vi, no meio da cidade, um altar bastante alto, e havia alguém de pé junto ao altar, cujo rosto brilhava como o sol. Ele segurava na sua mão um saltério e uma harpa e cantava, dizendo: "Aleluia!" E sua voz enchia a cidade inteira ao mesmo tempo. Todos os que estavam nas torres e nas portas da cidade o ouviam e responderam: "Aleluia!", de tal maneira que os alicerces da cidade tremeram.

PAULO SE ENCONTRA COM O REI DAVI

E perguntei ao anjo: "Quem é este que tem tão grande poder?" E o anjo me respondeu: "Este é Davi, e a cidade é Jerusalém. Quando o Cristo, rei eterno, vier no esplendor de seu reino, Davi andará novamente na frente dele cantando salmos, e todos os justos com uma só voz responderão cantando: 'Aleluia!'"

Eu disse: "Senhor, como Davi sozinho pode entoar os salmos mais do que todos os outros santos?" E o anjo respondeu: "Porque o Cristo, Filho de Deus, está sentado à direita de seu Pai. Esse Davi canta salmos na frente dele no sétimo céu e, como isso aconteceu no céu, assim também embaixo, porque um sacrifício não pode ser oferecido a Deus sem Davi, mas é necessário que Davi cante salmos na hora da oblação do Corpo e do Sangue do Cristo; como acontece no céu, assim também na terra".

E eu disse ao anjo: "Senhor, o que é 'Aleluia'?" O anjo respondeu: "Tu perguntas sobre todas as coisas". E ele disse: "'Aleluia' é uma palavra hebraica para falar da linguagem de Deus e dos anjos. Quanto à sua significação é *tequel cat marith macha*". E eu perguntei: "Senhor, o que quer dizer *tequel cat marith macha*?" E o anjo respondeu: "*Tequel cat marith macha* significa 'vamos abençoá-lo todos juntos'". Eu perguntei ao anjo: "Será que todos aqueles que cantam: "Aleluia" abençoam o Senhor?" O anjo respondeu: "Sim. E, se alguém canta: 'Aleluia', e os assistentes não acompanham o cantor, eles pecam, porque não cantaram junto com ele". E eu disse: "Senhor, será que também peca aquele que (não responde) por estar caducando ou muito velho?" O anjo respondeu: "Não, mas aquele que tem condições e não participa do canto será manifestado como sendo desprezador da Palavra. Seria presunção e ignorância ele não abençoar o Senhor Deus, seu criador".

PAULO VISITA O LUGAR DOS CASTIGOS

Quando terminou de falar, ele me conduziu para fora da cidade, para o meio das árvores, longe das praças do país das boas coisas. Ele me fez atravessar os rios de leite e de mel e, em seguida, me levou até o oceano que suporta os alicerces do céu.

O anjo me disse: "Entendes por que vieste até aqui?" Respondi: "Sim, Senhor". E ele me disse: "Vem e segue-me, e eu te mostrarei as almas dos ímpios, para que possas conhecer qual tipo de lugar lhes cabe". Acompanhei o anjo, e ele me levou até o lado do pôr do sol. Eu vi o início do céu, alicerçado sob um grande rio de água e perguntei: "O que é esse rio de água?" Ele me respondeu: "Este é o oceano que rodeia a terra inteira".

Quando cheguei ao último limite do oceano, olhei, e não havia luz naquele lugar, mas escuridão, luto, tristeza. Então suspirei e vi lá um rio fervendo de fogo. Nele havia uma multidão de homens e mulheres mergulhados, alguns até os joelhos, outros até o umbigo, outros ainda até os lábios, outros até os cabelos. Então perguntei ao anjo: "Senhor, quem são esses no rio de fogo?" O anjo respondeu: "Eles não são nem quentes nem frios, porque não foram achados nem entre os justos, nem no meio dos ímpios, pois gastaram o tempo de sua vida terrestre passando alguns dias na oração, outros nos pecados e nas fornicações, até a sua morte".

Eu perguntei-lhe: "Quem são esses mergulhados até os joelhos no fogo?" Ele respondeu: "São aqueles que, depois que saíram da Igreja, se ocupam com discussões vazias. Aqueles que estão imersos até o umbigo são aqueles que, depois de terem comungado o Corpo e Sangue de Cristo, saem e cometem a fornicação e continuam nos seus pecados até a morte. Aqueles que estão imersos até os lábios são aqueles que se caluniam uns aos outros, quando estão reunidos na assembleia na Igreja de Deus. Aqueles que estão mergulhados até as sobrancelhas são aqueles que inclinam a cabeça para os seus cúmplices e planejam o ódio contra seu próximo".

E eu vi, ao norte, um lugar de vários e diversos castigos cheio de homens e de mulheres, e um rio de fogo descia até dentro desse lugar. Eu observei e vi abismos muito fundos e, dentro deles, várias almas juntas. A profundidade desse lugar era uns 1.500m. Eu os vi gemendo e chorando e dizendo: "Tem pena de nós, Senhor", mas ninguém tinha pena deles. Então eu perguntei ao anjo: "Quem são esses, Senhor?" O anjo respondeu: "São aqueles que não tiveram esperança no Senhor para que pudessem tê-lo como seu auxílio".

E eu perguntei: "Senhor, se essas almas permanecerem durante trinta ou quarenta gerações assim, umas acima das outras, acredito que esses abismos não os comportarão mais, a não ser que sejam escavados mais profundamente". Ele respondeu: "O abismo não tem fundo, pois embaixo ele se estende bem além do fundo dele; de maneira que, se alguém quisesse jogar uma pedra em um poço muito profundo, seria somente depois de muitas horas que a pedra alcançaria o fundo. Assim é o abismo. Pois, quando as almas são atiradas neles, elas não alcançam o fundo em cinquenta anos de queda livre".

Quando ouvi isso, chorei e gemi por causa da raça humana. O anjo me respondeu: "Por que choras? Queres ser mais misericordioso do que Deus? Pois, apesar de Deus ser bom, ele sabe que há castigos e ele suporta com paciência a raça humana, permitindo a cada um fazer a sua própria vontade durante o tempo em que habitar na terra".

PAULO VÊ UM BISPO, UM SACERDOTE E UM DIÁCONO PADECENDO NO INFERNO

Observei o rio de fogo e vi lá um homem torturado pelos anjos tartáricos. Eles seguravam um instrumento de ferro com três ganchos com o qual furavam as tripas desse velho homem. Perguntei ao anjo: "Senhor, quem é esse velho homem e por que tais torturas lhe são aplicadas?" O anjo respondeu: "Aquele que vês é um sacerdote que não cumpriu retamente o seu ministério. Depois de comer, beber e cometer a fornicação, ele oferecia hóstias consagradas ao Senhor no seu santo altar".

Perto dali eu vi outro velho homem conduzido por anjos perversos, apressando-o e empurrando-o no fogo até os joelhos e jogando pedras nele, ferindo-o no rosto como uma tempestade e não lhe permitindo dizer: "Tende pena de mim!" E perguntei ao anjo. Ele me respondeu: "Esse que estás vendo era um bispo, que não desempenhou bem a sua missão de bispo; ele recebeu esse grande nome de bispo mas não entrou na santidade daquele que lhe conferiu esse grande nome, visto que não pronunciou julgamentos justos. Não teve pena das viúvas e dos órfãos. Agora ele recebe sua retribuição, de acordo com suas iniquidades e suas obras".

E vi outro homem no rio de fogo até os joelhos. Suas mãos estavam estendidas e cheias de sangue. Vermes saíam de sua boca e de seu nariz. Ele estava chorando, gemendo e gritava: "Tende pena de mim, pois estou ferido mais do que os outros que estão neste suplício!" E eu perguntei ao anjo: "Senhor, quem é este?" Ele respondeu: "Esse homem que vês era um diácono que devorava as oblações e praticava a fornicação e não cumpria retamente o seu ministério aos olhos do Senhor. Por isso ele sofre constantemente esse castigo".

Olhei bem e vi junto dele outro homem que entregaram apressadamente e jogaram no rio de fogo, no qual estava mergulhado até os joelhos. O anjo carrasco veio com uma grande navalha de fogo com a qual cortou os lábios e a língua desse homem. Gemendo e lamentando, eu perguntei: "Quem é esse, senhor?" Ele respondeu: "Esse que estás vendo era um leitor e lia para o povo; mas ele mesmo não guardava os preceitos de Deus. Por isso, agora ele está pagando aquilo que deve".

PAULO VÊ O SOFRIMENTO, NO INFERNO, DE FORNICADORES, ADÚLTEROS, MÃES SOLTEIRAS, HOMOSSEXUAIS, FEITICEIROS, ABORTISTAS E RELIGIOSOS

E vi outra multidão de abismos no mesmo lugar e, no meio desse lugar, um rio cheio de uma multidão de homens e mulheres, e vermes os devoravam. Eu me lamentei, suspirei e perguntei ao anjo: "Senhor, quem são esses?" Ele respondeu. "São aqueles que extorquiam com usura e mais usura e confiavam nas suas riquezas e não esperavam no auxílio do Senhor".

Depois disso, vi um lugar muito estreito parecido com uma muralha, e o fogo a rodeava. E eu vi dentro dela homens e mulheres mordendo sua língua. Então perguntei: "Senhor, quem são esses?" Ele disse: "São aqueles que na Igreja desacreditam a Palavra de Deus, não dando valor a ela, mas fazendo pouco caso de Deus e de seus anjos. Por esse motivo eles também pagam o que estão devendo".

Observei e vi outra piscina no abismo parecida com sangue e perguntei: "Senhor, o que é esse lugar?" Ele respondeu: "Nesse abismo jorram todos os castigos". E eu vi homens e mulheres imersos até os lábios e perguntei: "Senhor, quem são esses?" E ele disse: "Esses são os feiticeiros que preparavam para os homens e as mulheres suas artes mágicas perversas e não pararam até a morte".

Outra vez eu vi homens e mulheres com o rosto muito preto, em um poço de fogo. Fiquei gemendo e lamentando e perguntei: "Senhor, quem são esses?" Ele me disse: "Esses são os fornicadores e adúlteros, que, embora tinham suas próprias mulheres, cometeram adultério com outras. Por isso, eles são torturados sem trégua".

E vi lá moças vestidas com roupas pretas e quatro anjos terríveis segurando nas suas mãos cadeias incandescentes; eles as colocaram no pescoço das moças e conduziram-nas na escuridão. E, chorando, novamente perguntei ao anjo: "Quem são essas, Senhor?" Ele me disse: "São aquelas que, quando eram virgens, perderam sua virgindade escondidas de seus pais. Por isso, sem parar elas pagam o seu castigo".

Outra vez observei homens e mulheres com as mãos cortadas e os pés descalços sobre o gelo e na neve, e os vermes os devorando. Lamentei e perguntei: "Senhor, quem são esses?" Ele disse: "São aqueles que prejudicaram os órfãos e as viúvas e os pobres, e não esperaram no Senhor. Por esse motivo, eles pagam sem parar o seu devido castigo".

E observei outros ainda pendurados em cima de um estreito canal de água, cujas línguas estavam ressequidas; colocaram muitas frutas à sua vista, mas estavam proibidos de as comerem. E eu perguntei: "Senhor, quem são esses?" Ele me disse: "São aqueles que quebraram o seu jejum antes da hora marcada. Por isso, eles são continuamente castigados".

E eu vi outros homens e mulheres pendurados pelas suas sobrancelhas e pelos cabelos, e um rio de fogo os arrastou. Então eu disse: "Quem são esses, Senhor?" Ele disse: "São aqueles que tiveram relações não com as suas esposas ou maridos, mas com prostitutas; por isso, são castigados sem fim".

E vi ainda outros, homens e mulheres, cobertos de poeira, e o seu rosto era como sangue e estava em uma fossa cheia de betume e enxofre e rolando em um rio de fogo. Perguntei: "Senhor, quem são esses?" Ele me disse: "São aqueles que praticaram a mesma iniquidade que Sodoma e Gomorra, macho com macho; por isso, eles pagam castigo redobrado".

Observei e vi homens e mulheres com roupas claras, mas eram cegos e foram colocados em um abismo. Perguntei: "Senhor, quem são esses?" Ele disse: "São pagãos que davam esmolas, mas não conheciam o Senhor Deus. Por isso eles pagam constantemente o seu castigo".

E observei e vi outros homens e mulheres em uma coluna de fogo, e feras estavam rasgando-os em pedaços e não tinham permissão de dizer: "Senhor, tem pena de nós!" E eu vi o anjo algoz colocando pesados castigos sobre eles e dizendo: "Reconhecei o Filho de Deus, pois isso foi profetizado para vós, quando as divinas Escrituras foram lidas para vós, mas não prestastes atenção. Por esse motivo o julgamento de Deus é justo. Vossas ações vos condenaram e levaram a esse castigo". Suspirei, chorei e perguntei: "Quem são esses homens e essas mulheres que estão sendo estrangulados no fogo e sofrendo seus castigos?" [Ao que me responderam:] "São as mulheres que desfiguraram a imagem de Deus ao abortarem as crianças que tinham no seu útero. E esses são os homens que as engravidaram. E suas criancinhas apelaram para o Senhor Deus e para os anjos do castigo, dizendo: 'Vinga-nos de nossos pais, pois eles desfiguraram a imagem de Deus, tendo o nome de Deus, mas não observando seus preceitos. Pois eles nos deram como alimento para os cachorros e para sermos pisados pelos porcos ou nos jogando ao rio'. Essas crianças foram levadas para o Tártaro (prisão subterrânea), para serem trasladadas para um lugar amplo de misericórdia, mas seus pais e mães foram estrangulados em um castigo eterno".

Depois disso, vi homens e mulheres vestidos de trapos cheios de piche e enxofre. Dragões estavam enrolados ao redor de seu pescoço, de seus ombros e de seus pés, e anjos com chifres de fogo os controlavam, os chicoteavam e fechavam seus narizes, dizendo: "Por que não conhecestes o tempo propício para a penitência e o conhecimento de Deus e não quisestes?" E eu perguntei: "Senhor, quem são esses?" Ele disse: "São aqueles que pareciam ter renunciado ao mundo e vestiram nosso hábito religioso, mas os obstáculos do mundo os desgraçaram, de maneira que não mantiveram um único encontro fraterno e não tiveram pena das viúvas e dos órfãos, não acolheram o estrangeiro e o peregrino, não ofereceram oblação e não demonstraram misericórdia para seu próximo. Além disso, nenhum dia sua oração subia pura até o Senhor Deus, mas muitos obstáculos do mundo os retiveram e não foram capazes de agir retamente aos olhos de Deus, e os anjos os encarceraram em um lugar de castigo. E aqueles que já estavam nos castigos lhes disseram: 'Nós, na realidade negligenciamos Deus quando estávamos no mundo. E vós fizestes da mesma maneira. Quando nós estávamos no mundo, sabíamos que éramos pecadores, mas a vosso respeito foi dito que eles são justos e servidores de Deus. Agora sabemos que em vão fostes chamados pelo nome do Senhor, por causa de quem sofreis esses castigos'".

E, gemendo, eu chorei e disse: "Ai dos homens! Ai dos pecadores! Para que nasceram?" E os anjos responderam: "Por que lamentas? Será que queres ser mais misericordioso do que o Senhor Deus, que é bendito para sempre? Estabeleceu o julgamento e mandou todos os homens escolherem livremente entre o bem e o mal e fazerem aquilo que lhes agrada". Então eu me lamentei de novo. Ele me disse: "Tu te lamentas sem ter visto ainda os maiores castigos? Segue-me e verás outros sete vezes piores do que estes".

PAULO VÊ FOGO E FRIO NO POÇO DO INFERNO PARA OS QUE NÃO ACREDITARAM NA ENCARNAÇÃO DE JESUS E NA EUCARISTIA

E ele me levou para o norte e me colocou em cima de um poço, e eu vi que estava selado com sete selos. O anjo que estava comigo disse ao anjo daquele lugar: "Abre a boca do poço, para que Paulo, o bem-amado de Deus, possa ver, pois lhe foi dada autoridade para que ele possa ver todos os tormentos do inferno". E o anjo me disse: "Afasta-te para longe, para que possas suportar o mau cheiro deste lugar".

Quando o poço foi aberto, imediatamente exalou-se dele um fedor horrível que ultrapassa todos os suplícios. Olhei dentro do poço e vi massas incandescentes abrasadas por todos os lados com angústia, mas a boca do poço era estreita e só permitia a passagem de um homem de cada vez.

E o anjo me disse: "Se alguém for colocado nesse poço do abismo e este tiver sido selado sobre ele, nenhuma lembrança dele será jamais feita na presença do Pai, de seu Filho e dos santos anjos". E perguntei: "Quem são aqueles, senhor, que são lançados nesse poço?" Ele respondeu: "São aqueles que não confessam que o Cristo veio na carne e que nasceu da Virgem Maria e aqueles que dizem que o pão e o cálice da Eucaristia da bênção não são o corpo e o sangue de Cristo".

Olhei do norte para o oeste e vi lá o verme que não sossega. Nesse lugar havia um ranger de dentes, e os vermes tinham cinquenta centímetros de comprimento e tinham duas cabeças. E vi lá homens e mulheres morrendo de frio e rangendo os dentes, e perguntei: "Senhor, quem são esses neste lugar?" Ele me disse: "Esses são aqueles que dizem que Cristo não ressuscitou da morte e que esta carne não vai ressuscitar". E perguntei: "Senhor, não há nem fogo nem calor nesse lugar?"

Ele respondeu: "Neste lugar nada há a não ser frio e neve. Mesmo se o sol se levantasse sobre eles, eles não se aqueceriam por causa do excesso de frio e de neve deste lugar". Ouvindo aquilo, estendi as minhas mãos, chorei, suspirei e novamente falei: "Teria sido melhor para todos nós, pecadores, não termos nascido!"

OS CONDENADOS PEDEM INTERCESSÃO DO ARCANJO MIGUEL

Mas quando os que estavam nesse lugar nos viram chorar, eu e o anjo, gritaram e choraram, dizendo: "Senhor Deus, tem pena de nós!" Depois dessas coisas, eu vi os céus abertos e o Arcanjo Miguel descendo do céu, e com ele todo o exército dos anjos, e vieram até aqueles que estavam no castigo. Vendo-o, eles gritaram chorando: "Tem pena de nós, Miguel Arcanjo, tem pena de nós e da raça humana! Pois, por causa de tuas orações, a terra permanece. Vemos agora o julgamento e reconhecemos o Filho de Deus! Anteriormente, era impossível para nós orar por isso, pois, sem dúvida, ouvimos falar que havia um julgamento, antes de sairmos do mundo, mas os obstáculos e a vida do mundo não nos deixaram a possibilidade do arrependimento".

Miguel respondeu: "Escutai Miguel falando. Sou eu que fico toda hora na presença de Deus. Pela vida do Senhor, na presença de quem eu fico de pé, não paro nem um dia nem uma noite de interceder pela raça humana. Oro por aqueles que estão na terra. Mas eles não param de cometer a iniquidade e a fornicação. E não fazem bem algum durante o tempo que passam na terra. E vós esbanjais em vão o tempo no qual deveríeis vos arrepender. Mas eu sempre orei assim e agora eu suplico a Deus que ele envie orvalho e chuva sobre a terra. E agora eu continuo orando até que a terra produza seus frutos e eu digo que, se alguém tiver feito o bem, nem que seja um pouquinho, eu lutarei por ele, protegendo-o até que escape do julgamento e do castigo. Onde estão as vossas orações? Onde estão vossos arrependimentos? Esbanjastes o vosso tempo em vaidades. Mas, agora, chorai, e eu vou chorar convosco e com os anjos que me acompanham e com o bem-aventurado Paulo, para ver se ainda há possibilidade de que o Deus misericordioso tenha pena de vós e alivie vosso sofrimento".

Ao ouvirem essas palavras, gritaram e choraram amargamente e disseram em uma só voz: "Tem pena de nós, Filho de Deus!" E eu, Paulo, suspirei e disse: "Senhor Deus, tem pena da tua criação e dos filhos dos homens, tem pena da tua própria imagem!"

PAULO VÊ JESUS DESCENDO DO CÉU E OS CONDENADOS IMPLORANDO ALÍVIO NA PENA

Olhei e vi o céu se mover como uma árvore sacudida pelo vento. De repente, eles se prostraram com o rosto em terra perante o trono. E eu vi vinte e quatro anciãos e os quatro animais adorando a Deus, e eu vi o altar, o véu e o trono. Todos estavam jubilando, e a fumaça de odor agradável subiu perto do altar do trono de Deus.

E ouvi a voz de alguém dizendo: "Por que razão nossos anjos e ministros estão intercedendo?" E eles gritaram dizendo: "Estamos intercedendo porque vemos a tua grande bondade para com a raça humana".

Depois dessas coisas, eu vi o Filho de Deus descendo do céu com um diadema na sua cabeça. Vendo-o, todos aqueles que estavam no castigo gritaram em uma só voz: "Tem pena de nós, Filho do Deus Altíssimo. És tu que concedes repouso para todos no céu e na terra. Tem pena de nós também, pois, desde que te vimos, sentimos alívio". E uma voz saiu do Filho de Deus e atingiu todos os lugares de castigo, dizendo: "Que obra tendes realizado para que peçais de mim o repouso? Meu sangue foi derramado por vós e mesmo assim não vos arrependestes; por causa de vós eu levei a coroa de espinhos na cabeça; por causa de vós levei bofetadas no meu rosto; e não vos arrependestes. Eu pedi água, quando estava pendurado na cruz, e deram-me vinagre misturado com fel. Com uma lança abriram o meu lado direito. Por causa do meu nome mataram meus profetas e homens justos. Em tudo isso eu vos dei a oportunidade de vos arrepender, mas não quisestes. Agora, porém, por causa do arcanjo da minha aliança Miguel e dos anjos que o acompanham, por causa do bem-amado Paulo, que eu não queria contristar, por causa de vossos irmãos que estão no mundo e oferecem oblações, e por causa de vossos filhos, porque os meus mandamentos estão neles, e mais ainda por causa da minha própria bondade no dia em que ressuscitei dos mortos, eu vos dou a todos vós que estais no castigo uma noite e um dia de alívio para sempre".

E todos gritaram dizendo: "Nós te bendizemos, Filho de Deus, porque nos deste uma noite e um dia de trégua. Pois o alívio de um dia é melhor para nós do que o tempo inteiro de nossa vida na terra, e, se tivéssemos entendido plenamente que este lugar é destinado aos pecadores, não teríamos feito essas obras de pecado, e nenhum de nós teria realizado perversidade ou iniquidade. Que utilidade para nós termos nascido no mundo? Nosso orgulho, que nos fazia nos vangloriar perante os nossos vizinhos, foi confundido. Os nossos sofrimentos são terríveis, nossa angústia, nossos choros e os vermes que estão debaixo de nós; estes são muito piores que os sofrimentos anteriores".

Depois que assim falaram, os anjos carrascos se zangaram contra eles, dizendo: "Por quanto tempo lamentar-vos-eis e gemereis? Para vós, não há misericórdia, pois esse é o julgamento de Deus que não tem mais misericórdia. Recebestes a grande graça de um dia e de uma noite de trégua no dia do Senhor, por causa de Paulo, o bem-amado que desceu até vós".

PAULO ENCONTRA OS JUSTOS NO PARAÍSO E A ÁRVORE DA VIDA

Depois disso, o anjo me perguntou: "Viste todas essas coisas?" Respondi: "Sim, Senhor". E ele me disse: "Segue-me, e eu te levarei para o paraíso, para que os justos que estão lá possam te ver, pois eles esperam ver-te e estão preparados para vir ao teu encontro com alegria e exultação".

Eu segui o anjo na rapidez do Espírito Santo, e ele me colocou no paraíso e me disse: "Este é o paraíso no qual Adão e sua mulher se perderam". Entrei no paraíso e vi o início das águas, e havia lá um anjo que acenou para mim e me disse: "Observa as águas, pois este é o Rio Fison, que contorna todo o país de Hávila; o segundo é o Geon, que rodeia o país do Egito e da Etiópia; o terceiro é o Tigre, que está além da Assíria; e o outro é o Eufrates, cujas águas irrigam todo o país da Mesopotâmia".

Quando eu tinha entrado, vi uma árvore plantada; das suas raízes jorrava água e dessa fonte jorravam os quatro rios. E o Espírito de Deus repousava sobre aquela árvore. Quando o Espírito soprava, as águas jorravam. Então eu disse: "Meu Senhor, será que é a árvore mesma que faz jorrar as águas?" Ele respondeu: "No início, antes do céu e da terra serem manifestados, todas as coisas eram invisíveis e o Espírito de Deus pairava sobre as águas, mas a partir do momento em que a ordem de Deus fez aparecer o céu e a terra, o Espírito repousou em cima desta árvore. Por esse motivo, cada vez que o Espírito sopra, as águas jorram da árvore".

Ele me segurou pela mão e me levou para perto da árvore do conhecimento do bem e do mal e me disse: "Esta é a árvore pela qual a morte entrou no mundo. E Adão, recebendo dela através da sua mulher, comeu, e a morte entrou no mundo". E ele me mostrou outra árvore no meio do paraíso e me disse: "Esta é a árvore da vida".

PAULO SE ENCONTRA COM A VIRGEM MARIA

Enquanto eu estava ainda olhando para a árvore, eu vi uma Virgem vindo de longe e duzentos anjos na frente dela, cantando hinos. Perguntei ao anjo: "Senhor, quem é esta, que vem com tamanha glória?" Ele me respondeu: "Esta é Maria, a Virgem, a Mãe do Senhor".

Chegando perto, ela me saudou e disse. "Salve, Paulo, bem-amado de Deus, dos anjos e dos homens. Pois todos os santos amaram o meu Filho Jesus, que é meu Senhor, para que pudesses vir até aqui no teu corpo para que eles pudessem te ver antes de saíres do mundo. E o Senhor lhes disse: 'Aguardai e sede pacientes. Dentro de pouco tempo vós o vereis, e ele estará convosco para sempre'. De novo, eles lhe disseram todos juntos: 'Não fiquei tristes, pois desejamos vê-lo na carne; pois por ele teu nome foi poderosamente glorificado, e vimos que ele aguentou todos os trabalhos, grandes ou pequenos. Isso soubemos por aqueles que vieram para cá. Pois, quando lhes perguntamos quem foi que vos orientou no mundo, eles nos respondiam: Há alguém no mundo, cujo nome é Paulo; ele prega e anuncia o Cristo, e acreditamos que muitos entraram no Reino pelo poder e a suavidade de seus discursos'. Olha todos os justos que estão atrás de mim e vêm ao teu encontro. Mas eu te digo, Paulo, que cheguei primeiro para encontrar os que fizeram a vontade do meu Filho e Senhor Jesus Cristo. Eu avanço primeiramente para os encontrar e não os mandarei embora. Eu os acolho para que se sintam em casa e não como estrangeiros para encontrarem Jesus Cristo em paz".

PAULO SE ENCONTRA COM OS PATRIARCAS

Enquanto ela estava ainda falando, eu vi três homens vindo de longe, muito bonitos na semelhança de Cristo; suas formas eram irradiantes, como anjos. Eu perguntei ao anjo: "Quem são estes?" E ele me disse: "São os pais do povo: Abraão, Isaac e Jacó, os justos".

E, chegando mais perto, eles me saudaram: "Salve, Paulo, bem-amado de Deus e dos homens. Bendito és tu, que sofreste violência pelo nome do Senhor". Abraão me falou e disse: "Este é o meu filho Isaac e Jacó, meu bem-amado. Conhecemos o Senhor e o seguimos. Bem-aventurados todos aqueles que acreditam na sua palavra, para que possam herdar o Reino de

Deus, na labuta, na abnegação e na santificação, na humildade, caridade, mansidão, fé ortodoxa no Senhor. Nós também tivemos devoção no Senhor que tu pregas, comprometendo-nos a ajudar todos aqueles que acreditam na palavra que tu anuncias como um pai ajuda seus filhos".

Enquanto eles estavam ainda falando, eu vi doze outros vindos de longe com honras. Então perguntei: "Quem são estes, Senhor?" Ele respondeu: "São os patriarcas". Chegaram e me saudaram, dizendo: "Salve, Paulo, bem-amado de Deus e dos homens. O Senhor não quis nos contristar e concedeu que pudéssemos te ver ainda no teu corpo, antes que partas do mundo". Cada um deles identificou seu nome para mim na ordem, desde Rúben até Benjamim. José me disse: "Eu sou aquele que foi vendido; e eu te digo, Paulo, que por tudo quanto meus irmãos fizeram contra mim, eu nada lhes revidei, nem por todo o sofrimento que me ocasionaram, não guardei mau pensamento contra eles, da manhã até a noite. Bem-aventurado aquele que sofre injúria por causa do nome do Senhor e sofre por causa dele. Ele será recompensado muito mais quando partir do mundo".

PAULO SE ENCONTRA COM MOISÉS, ISAÍAS, LÓ, JÓ E NOÉ

Enquanto ele estava ainda falando, vi outra personagem bonita vinda de longe, e seus anjos estavam cantando hinos. Então perguntei: "Senhor, quem é este, tão bonito?" Ele me disse: "Não o reconheces?" Eu disse: "Não, senhor". Ele disse: "Este é Moisés, o legislador a quem Deus entregou a Lei. E, quando ele chegou perto de mim, começou logo a chorar e, depois disso, me saudou. Então eu lhe disse: Por que te lamentas, pois eu ouvi que tu és o mais manso dos homens?" Ele respondeu: "Eu choro por causa daqueles que plantei com muita labuta, porque não deram frutos e nenhum deles faz o bem. E eu vi dispersas todas as ovelhas que eu criei; tornaram-se como se não tivessem pastor; e toda a labuta que aguentei por causa dos filhos de Israel foi em vão e, os prodígios que realizei, eles não entenderam; e fiquei estupefato de que estrangeiros, incircuncisos e adoradores de ídolos se converteram e herdaram as promessas de Deus, mas Israel não entendeu, e agora eu te digo, irmão Paulo: naquela hora em que esse povo pendurou na cruz esse Jesus que pregas, o Pai, Deus de todos, que me deu a Lei, Miguel e todos os anjos e arcanjos, Abraão, Isaac e Jacó e todos os justos choraram sobre o Filho de Deus pendurado na cruz. Naquela hora, todos os santos esperaram de mim, olharam para mim e me disseram: 'Olha, Moisés o que teu povo fez ao Filho de Deus'. Por isso, tu és bem-aventurado, Paulo, e bem-aventurada seja a geração e o povo que acreditou na tua palavra".

Enquanto, ele estava ainda falando, chegaram outros doze, que me viram e disseram: "És tu, Paulo, que és glorificado no céu e na terra?" Respondi: "Quem sois vós?" O primeiro respondeu: "Eu sou Isaías, cuja cabeça Manassés degolou com uma serra de madeira". O segundo disse: "Eu sou Jeremias, que foi apedrejado pelos filhos de Israel e morto". O terceiro disse: "Eu sou Ezequiel, que os filhos de Israel arrastaram pelos pés sobre as pedras nas montanhas até despedaçarem meu cérebro. Todos nós suportamos essas labutas querendo salvar os filhos de Israel. E eu te digo que, depois desses sofrimentos que eles nos impuseram, eu me prostrei com o meu rosto em terra perante o Senhor, intercedendo por eles e dobrando os meus joelhos até a segunda hora do dia do Senhor, quando Miguel veio e me levantou do chão. Bem-aventurado és tu, Paulo, e bem-aventurado o povo que acreditou por meio de ti".

Depois que esses passaram, eu vi outro, com rosto bonito, e perguntei: "Quem é este, Senhor?" Quando ele me viu, ficou alegre e disse: "Este é Ló, que foi achado justo em Sodoma". Ele se aproximou, me saudou e disse: "Bem-aventurado és tu, Paulo, e bem-aventurada a geração que serviste". Respondi: "És tu, Ló, que foste encontrado justo em Sodoma?" E ele disse: "Eu acolhi anjos na minha casa como se fossem estrangeiros. Quando os moradores da cidade quiseram violentá-los, eu lhes ofereci minhas duas filhas virgens, que nunca tiveram relações com homem, e disse a eles: 'Usai-as como quiserdes, mas não façais mal a estes homens, pois por isso vieram se hospedar na minha casa'. Por isso devemos ter confiança e saber que, qualquer coisa que um homem tiver feito, Deus a retribuirá em dobro quando ele se apresentar na presença dele. Bem-aventurado és tu, Paulo, e bem-aventurada a nação que acreditou na tua palavra".

Quando ele terminou de falar comigo, eu vi outro vindo de longe, muito bonito, sorrindo e seus anjos cantando hinos. Então eu disse ao anjo que me acompanhava: "Então cada um dos justos tem um anjo acompanhando-o?" Ele me respondeu: "Cada um dos santos tem o seu anjo próprio, que fica perto dele e canta hino, e eles nunca se separam". E perguntei: "Quem é este, Senhor?" Ele disse: "Este é Jó". Ele se aproximou, me saudou e disse: "Irmão Paulo, tu és grandemente louvado por Deus e pelos homens. E eu sou Jó, que sofreu muito durante um período de trinta anos por causa de uma praga. No início, as feridas que saíam do meu corpo eram como sementes de trigo; mas no terceiro dia cresceram e ficaram do tamanho de uma pata de jumento, e os vermes que saíam delas tinham quatro dedos de comprimento; e o diabo apareceu três vezes e me disse: 'Amaldiçoa Deus e morre!' Mas eu respondi: 'Se for a vontade de Deus que eu continue nesta praga o tempo inteiro da minha vida até a minha morte, não deixarei de abençoar o Senhor Deus e receberei uma maior recompensa, pois eu sei que os sofrimentos deste mundo não têm proporção com o repouso que vem depois' (Rm 8,18). Por isso, bem-aventurado és tu, Paulo, e bem-aventurada a nação que acredita graças a ti".

Enquanto estava ainda falando, veio outro gritando de longe e dizendo: "Bem-aventurado és tu, Paulo, e bem-aventurado sou eu, porque eu te vi, amado do Senhor". E eu perguntei ao anjo: "Quem é este, Senhor?" Ele me respondeu: "É Noé nos dias do dilúvio". Imediatamente, nós nos saudamos um ao outro. Muito alegre, ele me disse: "És tu, Paulo, o bem-amado de Deus?" E eu lhe perguntei. "Quem és tu?" Ele disse: "Eu sou Noé, que vivia no tempo do dilúvio. E eu te digo, Paulo, que, trabalhando durante cem anos, eu construí a arca, sem tirar a túnica e sem cortar o cabelo da minha cabeça. Desde esse tempo eu pratiquei a continência; não me aproximei da minha própria mulher durante esses cem anos e nenhum cabelo da minha cabeça cresceu durante esses cem anos, e minha roupa não se sujou e conjurei homens de todos os tempos, dizendo: 'Arrependei-vos, porque um dilúvio de água vai chegar sobre vós'. Mas eles riam e zombavam de mim e disseram: 'Este tempo é hora para o povo brincar e pecar à vontade e cometer fornicação com quem for possível; pois Deus não vê e não sabe as coisas que são perpetradas pelos homens e não há dilúvio de água vindo sobre nós'. E não pararam até que Deus destruísse toda a carne que tinha um sopro de vida dentro de si. Sabei, pois que Deus ama um homem justo, mais do que todo o mundo dos ímpios. Por isso, bem-aventurado és tu, Paulo, e bem-aventurada a nação que acredita pela tua palavra".

PAULO SE ENCONTRA COM ELIAS E ELISEU

E, me virando para o outro lado, eu vi outros justos vindo de longe e perguntei ao anjo: "Senhor, quem são estes?" Ele me respondeu: "Estes são Elias e Eliseu". Eles me saudaram, e perguntei-lhes: "Quem sois vós?" E um deles respondeu: "Eu sou Elias, o profeta de Deus; eu sou Elias, que orei e, por causa da minha palavra, o céu não choveu durante três anos e seis meses, por causa da injustiça dos homens. Deus é justo e verdadeiro, e realiza a palavra de seus servidores. Pois os anjos amiúde suplicaram pedindo chuva, mas ele respondia: 'Sede pacientes, até que o meu servidor Elias reze e peça (chuva), e então mandarei a chuva sobre a terra'. E amiúde os anjos pediram que lhes fosse dada chuva, mas ele não lhes deu até que eu (Elias) o invocasse de novo. Então ele lhes deu chuva. Bem-aventurado és tu, Paulo, porque tua geração e aqueles que ensinas se tornaram filhos do Reino. Sabe, Paulo, que todo homem que acredita por meio de teu ensino tem uma grande bênção e a bênção está reservada para ele".

Então o anjo me deixou. O anjo que estava comigo me conduziu para fora e me disse: "Eis que te é concedido o mistério e a revelação. Comunica-os quanto quiseres aos filhos dos homens".

E eu, Paulo, voltei a mim e conheci; eu me lembrei de tudo quanto havia visto e, durante minha vida, não sosseguei até que eu pudesse revelar esse mistério. Eu o redigi por escrito e depositei-o debaixo do chão e dos alicerces da casa de certo homem fiel que o costumava frequentar em Tarso, cidade da Cilícia.

PAULO E O SENHOR

Quando deixei esta vida e fiquei na presença do Senhor, ele me disse: "Paulo, será que nós te mostramos todas essas coisas para que tu as deposites debaixo dos alicerces de uma casa? Então manda divulgar essa revelação, para que os homens possam ler e procurar o caminho da verdade, para que eles também não venham se acabar nesses suplícios. O sofrimento que alguém aguenta por causa de Deus, Deus o recompensará em dobro. Bem-aventurado és tu, Paulo, e bem-aventurado o povo que acreditar por causa da tua palavra".

Enquanto ele estava ainda falando, outro, Henoc, veio, me saudou e disse: "O sofrimento que um homem aguentar por causa de Deus, Deus não o afligirá quando ele deixar o mundo".

PAULO SE ENCONTRA COM ZACARIAS E JOÃO

Enquanto estava falando, eis que dois outros homens se aproximaram juntos e outro vinha atrás deles, gritando: "Esperai por mim, para que eu possa chegar para ver Paulo, o bem-aventurado de Deus. Haverá salvação para nós se ouvirmos enquanto ele estiver ainda no corpo". Eu disse ao anjo: "Senhor, quem são esses?" Ele respondeu: "Esses são Zacarias e João, seu filho". E perguntei ao anjo quem era aquele que corria atrás deles. Ele disse: "É Abel, que Caim matou". Eles me saudaram e me disseram: "Bem-aventurado és tu, Paulo, que és justo em todas as tuas obras". João Batista disse: "Eu sou aquele cuja cabeça cortaram na prisão por causa de uma mulher que dançou em uma festa (Mc 6,14-29). Zacarias disse: "Eu sou aquele que mataram quando eu estava apresentando minha oferta a Deus (2Cr 24,20-22; Mt 23,35). Quando os anjos vieram para a oferta, levaram o meu corpo para Deus, e homem algum não encontrou mais o meu corpo".

PAULO SE ENCONTRA COM ABEL E ADÃO

E Abel disse: "Eu sou aquele que Caim matou quando eu estava oferecendo o meu sacrifício a Deus. O sofrimento que aguentamos por causa de Deus nada é (Rm 8,18). Já esquecemos aquilo que fizemos por amor a Deus".

E os justos e todos os anjos me rodearam e se alegraram comigo porque me viram ainda na minha carne. Olhei ainda e vi outro mais alto do que todos eles e muito bonito. E perguntei ao anjo: "Quem é esse?" Ele me disse: "É Adão, o pai de todos vós".

Quando chegou perto de mim, ele me saudou com alegria e me disse: "Toma coragem, Paulo, amado de Deus. Trouxeste uma multidão à fé em Deus e ao arrependimento. Eu mesmo me arrependi e recebi a minha recompensa do misericordioso e bondoso Deus".

PAULO É PROIBIDO DE REVELAR AS SUAS VISÕES E ACONSELHADO PELOS APÓSTOLOS A ESCREVÊ-LAS JUNTAMENTE COM MARCOS E TIMÓTEO

Depois disso, Paulo foi levado para o terceiro céu. O anjo que estava com ele mudou de aparência e tornou-se uma chama de fogo, e uma voz proibiu a Paulo de revelar o que tinha visto.

[Paulo disse:] "O anjo do Senhor me levou para o Monte das Oliveiras. Encontrei os apóstolos reunidos e narrei-lhes tudo quanto tinha visto. Louvaram a Deus e pediram para eu, Marcos e Timóteo redigirmos a revelação por escrito".

E, enquanto estavam conversando, Cristo apareceu descendo do carro dos querubins e falou saudando Pedro, João e, especialmente Paulo. Ele prometeu abençoar aqueles que escrevessem ou lessem o apocalipse e amaldiçoar aqueles que zombassem dele.

Pedro e Paulo terminariam a sua vida terrestre no dia 5 de Epiphi (29 de junho). Em seguida, ele mandou uma nuvem levar os apóstolos para os vários países que lhes cabiam por sorteio e mandou-lhes anunciar o Evangelho do Reino.

APOCALIPSE DE TOMÉ

Datado no século V, o texto original parece ser escrito em latim. Não é descartada a possibilidade de ter havido um texto anterior, escrito em grego. Na Alta Idade Média (séc. V-X), Apocalipse de Tomé foi bem difundido na Europa.

Trata-se de coisas reveladas a Tomé que acontecerão nos últimos sete dias: fome, guerra, terremotos em diversos lugares, neve, gelo, secas, muitas doenças nos povos, sacerdotes sem paz entre si e mundanos. Grandes sinais no céu aparecerão, e os seus poderes serão abalados.

A nossa tradução tem como referência dois fragmentos (manuscritos): um de Verona, datado no século VIII, e outro de Munique, do século IX, publicados por M. R. James. The Apocryphal New Testament, *Oxford: Clarendon Press, 1924.*

PRÓLOGO

Aqui começa a carta do Senhor a Tomé.

Ouve, escuta, Tomé, as coisas que acontecerão nos últimos tempos: haverá fome, guerra, terremotos em diversos lugares, neve, gelo, secas e muitas doenças nos povos, blasfêmias, iniquidade, inveja, torpeza, indolência, orgulho e intemperança. Cada qual falará aquilo que lhe agrada.

Entre meus sacerdotes não haverá paz. Eles me oferecerão sacrifícios enganadores, os quais não aceitarei. Os sacerdotes verão o povo abandonar a casa do Senhor, voltando-se para as coisas do mundo.

E eles reivindicarão para si muitas coisas e lugares que foram perdidos e que estavam sujeitos a César, como também estavam antes: pagando impostos para as cidades, até mesmo ouro e prata. Os chefes das cidades serão condenados e seus bens serão levados ao tesouro dos reis, e eles serão saciados.

Haverá muita conturbação e morte entre o povo. A casa do Senhor será desolada, e seus altares desprezados a ponto de as aranhas tecerem suas teias neles. Os hinos não serão mais cantados. O lugar de santidade será profanado; o sacerdócio corrompido; a agonia aumentará; a virtude será superada; a alegria perecerá e a alegria desaparecerá. Naqueles dias o mal abundará: haverá acepção de pessoas, os hinos cessarão na casa do Senhor, a verdade não existirá mais, a cobiça abundará entre os sacerdotes.

De repente, aparecerá um rei amante da lei que reinará por pouco tempo. Ele deixará dois filhos: o nome do primeiro começa com A (Arcádio) e o nome do segundo por H (Honório). O primeiro morrerá antes do segundo (Arcário morreu em 408 e Honório em 423).

Depois disso surgirão dois príncipes para oprimir as nações sob cujas mãos haverá uma fome muito grande na parte direita do Leste, de modo que aquela nação se levantará contra outra nação e será expulsa de suas próprias fronteiras.

Novamente surgirá outro rei, um homem astuto. Ele ordenará que uma imagem de ouro de César seja feita para ser adorada na casa de Deus. Portanto, abundarão os martírios. Então a fé retornará aos servos do Senhor, e a santidade será multiplicada e a angústia aumentará. As montanhas serão consoladas e derramarão doçura de fogo da face, para que o número dos santos seja completado.

Num espaço curto de tempo surgirá um rei do Leste, um amante da lei, que fará com que todas as coisas boas e necessárias abundem na casa do Senhor. Ele terá misericórdia das viúvas e dos necessitados, ordenará que se dê uma oferta real aos sacerdotes. Nos seus dias haverá abundância de todas as coisas.

E depois disso novamente um rei se levantará na parte Sul do mundo, e governará por um pequeno espaço de tempo. Nos seus dias, o tesouro falhará por causa dos salários dos soldados romanos, de modo que o salário de todos os idosos será tomado e ao rei para distribuir.

Depois disso, haverá abundância de milho, vinho e azeite, mas o dinheiro ficará escasso, de modo que o ouro e prata serão dados em troca de milho. Haverá grande escassez.

Naquele momento, o mar aumentará suas águas, de modo que ninguém contará novidades a ninguém. Os reis da terra, os príncipes e os capitães ficarão perturbados, e ninguém falará livremente. Cabelos grisalhos serão vistos nos meninos, e os jovens não darão lugar aos idosos.

Depois disso surgirá outro rei, um homem astuto, que governará por um curto espaço de tempo. Nos seus dias haverá todo tipo de males, até mesmo a morte da raça dos homens desde o Leste até a Babilônia. E depois disso morte e fome e espada na terra de Canaã até Roma. Então todas as fontes de águas e poços transbordarão e se transformarão em sangue (ou em pó e sangue). O céu será movido, as estrelas cairão sobre a terra, o sol será cortado ao meio como a lua, e a lua não dará a sua luz. Haverá grandes sinais e maravilhas naqueles dias em que o anticristo se aproximar. Estes são os sinais para os que habitam na terra. Naqueles dias, as dores de grande trabalho cairão sobre eles.

Naqueles dias, quando o anticristo se aproximar, estes são os sinais. Ai dos que habitam na terra. Naqueles dias, grandes dores de parto virão sobre eles. Ai dos que edificam, pois não vão habitar. Ai daqueles que não permitem o repouso da terra, pois trabalharão sem causa. Ai daqueles que se casam, pois para a fome e a necessidade eles gerarão filhos. Ai daqueles que unem casa a casa ou campo a campo, pois todas as coisas serão consumidas pelo fogo. Ai daqueles que não olham para si mesmos enquanto o tempo permite, pois daqui em diante serão condenados para sempre. Ai daqueles que se afastam dos pobres quando ele pede, pois eu sou do alto e poderoso: eu sou o Pai de todos.

Estes são os sete sinais do fim deste mundo. Haverá em toda a terra fome, grandes pestes e muita angústia. Então, todos os homens serão levados cativos entre todas as nações e cairão ao fio da espada.

UMA SEMANA DE GRANDES SINAIS NO CÉU

Quando se aproximar o fim, haverá durante sete dias grandes sinais no céu, e os poderes do céu serão abalados.

Estes são os sete sinais do fim deste mundo. Haverá em toda a terra fome e grandes pandemias, pestes e muita angústia. Todos os homens serão levados cativos entre todas as nações e cairão ao fio da espada.

No primeiro dia do julgamento, às nove horas da manhã, começarão sinais maravilhosos. Haverá um grande e poderoso grito no firmamento do céu, uma nuvem de sangue vinda do Norte cobrirá o céu inteiro; haverá grandes estrondos de trovão e poderosos clarões de relâmpagos poderosos, e uma chuva de sangue cairá sobre a terra inteira. Esses são os sinais do primeiro dia.

No segundo dia haverá um grande grito no firmamento do céu, e a terra se moverá do seu lugar. As portas do céu se abrirão no firmamento do céu, do lado oriental, e a fumaça de um grande fogo irromperá pelas portas do céu e cobrirá o universo inteiro. E haverá medo e tremores no mundo todo. Estes são os sinais do segundo dia.

No terceiro dia, às oito horas da manhã, haverá um grande grito no céu, e os abismos da terra rugirão dos quatro cantos do mundo. O primeiro céu será enrolado como um livro e desaparecerá imediatamente. E por causa da fumaça e do mau cheiro do enxofre do abismo os dias escurecerão até às dezesseis horas. Então todos os homens dirão: "Parece que o tempo de nossa exterminação chegou. Pereceremos". Estes são os sinais do terceiro dia.

No quarto dia, às seis horas da manhã, a terra do Oriente falará, o abismo derreterá e rugirá. Então a terra inteira será sacudida por um terremoto poderoso. Naquele dia, os ornamentos e os ídolos dos templos dos pagãos, assim como todos os prédios da terra, por causa da violência do terremoto, cairão. Esses são os sinais do quarto dia.

Mas no quinto dia, às doze horas, de repente haverá um grande trovão no céu, e os poderes da luz e do círculo solar desaparecerão; haverá uma grande escuridão no mundo até o fim da tarde. Haverá luto sem sol nem lua, e as estrelas deixarão de cintilar. Naquele momento, todas as nações odiarão o mundo e desprezarão a vida deste mundo. Esses são os sinais do quinto dia.

No sexto dia, às dez horas, haverá um grande grito no céu, e o firmamento do céu rachará do Leste até o Oeste. Os anjos do céu olharão do céu para a terra através da abertura do céu, e todos os moradores da terra verão o exército dos anjos olhando do céu.

Então todos os homens fugirão para os túmulos, para se esconder da vista dos anjos justos e dirão: "Oxalá a terra se abra e nos engula!" Tais coisas acontecerão, coisas que nunca tinham acontecido desde a criação do mundo. Então eles me verão vir de cima na luz do meu Pai com o poder e a honra dos santos anjos. Por ser rodeado de fogo, o muro de fogo que rodeia o paraíso será destruído. É esse o fogo perpétuo que vai consumir a terra e todos os elementos do mundo. Os espíritos e as almas de todos os homens sairão do paraíso e virão sobre a terra, cada qual procurando seu próprio corpo no lugar onde estiver deitado, e cada qual dirá: "Aqui está o meu corpo". E, quando a grande voz desses espíritos for ouvida, haverá um grande terremoto no mundo inteiro, cuja violência abalará as montanhas em cima e as rochas embaixo. E então cada um retornará ao seu próprio corpo e os corpos dos santos que estavam adormecidos ressuscitarão. Então seus corpos serão mudados à imagem, à semelhança e à honra dos santos anjos e à imagem poderosa do meu santo Pai. Eles serão revestidos com as roupas da vida eterna, saindo da nuvem luminosa que nunca foi vista neste mundo. Essa nuvem desce do reino altíssimo do céu, emanada do poder de meu Pai. Ela revestirá com sua beleza todos os espíritos que acreditaram em mim. Serão revestidos e trazidos pelas mãos dos anjos, como já te disse antes. Então eles serão elevados no ar em cima de uma nuvem luminosa e andarão comigo para o céu, alegrando-se, e lá permanecerão na luz gloriosa do meu Pai e haverá uma grande festa para eles com o meu Pai e os santos anjos. Esses são os sinais do sexto dia.

E, no sétimo dia, às catorze horas, haverá gritos nos quatro cantos do céu. O ar será abalado e cheio dos santos anjos, e eles farão a guerra entre si o dia inteiro. Nesse dia, meus eleitos serão procurados pelos anjos para os guardar da destruição do mundo. Então todos os homens saberão que a hora de sua própria destruição chegou. Esses são os sinais do sétimo dia.

Quando os sete dias tiverem passado, no oitavo dia, às doze horas, haverá uma voz suave e doce vinda do céu, do lado oriental. Será revelado aquele anjo que tem poder sobre os santos anjos, e todos os anjos sairão atrás dele, sentados em carros de nuvens de meu santo Pai, alegrando-se e voando no ar debaixo do céu para libertar os eleitos que acreditaram em mim. Eles regozijarão quando a destruição deste mundo tiver chegado.

CONSIDERAÇÕES SOBRE OS OUTROS APÓCRIFOS DO SEGUNDO TESTAMENTO

EVANGELHO SEGUNDO OS EBIONITAS

Escrito por volta do ano 140 e usado pelo grupo que leva o mesmo nome, Evangelho segundo os ebionitas é uma harmonização entre os evangelhos sinóticos. Falta, no entanto, o Evangelho da infância. Jesus condena os ritos de sacrifícios judaicos. De João Batista é dito que ele era vegetariano.

EVANGELHO SECRETO SEGUNDO MARCOS

Texto do ano 150 ou até mesmo do ano 58, se o considerarmos como versão do Evangelho segundo Marcos. Esse polêmico apócrifo narra relações de cunho homossexual ou homoerótico entre Jesus e um dos seus discípulos, que poderia ser o jovem nu que foge, Lázaro ou o jovem rico, todos mencionados no evangelho canônico segundo Marcos. O Evangelho secreto segundo Marcos tem estreita relação com os carpocracianos, grupo que tinha uma atitude libertina em relação à moral sexual cristã.

EVANGELHO DESCONHECIDO OU PAPIRO DE EGERTON

Datado, provavelmente, do ano 150, o texto narra controvérsias de Jesus com os líderes judeus, a cura de um leproso, a questão do não pagamento do imposto a César e milagres de Jesus às margens do Rio Jordão.

EVANGELHO SEGUNDO BARTOLOMEU OU PERGUNTAS DE BARTOLOMEU

Atribuído ao Apóstolo Bartolomeu, este apócrifo foi originariamente escrito em grego e pode ser datado do século III. Eusébio de Cesareia diz que Bartolomeu, quando foi pregar na Índia, escreveu um evangelho. Bartolomeu conversa com Jesus ressuscitado sobre questões como: inferno, pecado, sacrifício no paraíso etc.

O livro se inicia com Jesus contando para Bartolomeu como foi a sua descida aos infernos. Maria, a pedido dos apóstolos, revela como recebeu a anunciação do anjo e da concepção daquele que é inconcebível. Maria é impedida pelo Senhor de narrar todo o mistério. Maria é também questionada por Pedro se foi ela quem eliminou a transgressão de Eva. Maria reconhece Pedro como chefe e grande coluna da Igreja. O livro continua com o pedido dos apóstolos para ver o abismo.

Bartolomeu conversa com o adversário dos homens, Beliar. Bartolomeu faz o sinal da cruz e esmaga o seu pescoço. No diálogo com Beliar, este revela seu nome e sua origem divina, feita pelo fogo.

EVANGELHO SEGUNDO GAMALIEL

De autoria atribuída a Gamaliel, doutor da Lei, mestre de Paulo e convertido ao cristianismo, há um manuscrito do Evangelho segundo Gamaliel datado do século V, sendo o original anterior a essa data.

O tema tratado é a paixão, morte e ressurreição de Jesus, com destaque para Maria, que tem papel fundamental nos últimos acontecimentos da vida e morte de Jesus. João roga a Maria, chamada de Virgem, em favor de Pedro, o traidor.

Quando Jesus morre, o povo chora. Pilatos e o capitão romano se entristecem. Maria chora por não poder ir ao túmulo. Os sacerdotes romanos ficam tristes com a ressurreição de Jesus. Maria se encontra com Jesus ressuscitado, que a conforta e a envia para dar a notícia aos apóstolos. Jesus aparece a Pilatos e o conforta. Pilatos interroga os soldados. Pilatos, diante do túmulo vazio e das faixas, se converte ao cristianismo. Pilatos manda saquear as sinagogas.

LIVRO DA RESSURREIÇÃO DE CRISTO, POR BARTOLOMEU, O APÓSTOLO

Datado entre o século V e o VI, temos três manuscritos coptas deste evangelho. Dez mulheres vão ao túmulo para ver Jesus: Madalena, Maria mãe de Jesus, Maria mãe de Tiago, Salomé, Maria de Betânia, Marta, Susana, Berenice, Lia e a pecadora de Lucas.

Elas encontram um jardineiro que também é dono do jardim do sepulcro, chamado Filógenes. Ele conta como Jesus foi ressuscitado por Deus Pai na presença de anjos. Jesus ressuscitado aparece e conversa com Maria, sua mãe, dando-lhe uma mensagem para ser transmitida aos apóstolos. Nesse cenário, do nada aparece Bartolomeu, que parece ser o próprio jardineiro.

Bartolomeu tem uma visão que o transporta para o sétimo céu, onde ocorre a liturgia celeste da ressurreição de Jesus. São entoados hinos. Voltando-se à cena inicial, os apóstolos celebram com Maria a Eucaristia. Jesus ressuscitado aparece, depois, na Galileia para os apóstolos, mostrando-lhes as chagas e transmitindo-lhes o poder de curar e pregar.

O apócrifo continua falando de Tomé, que não estava presente porque havia ido enterrar o seu filho. Tomé ressuscita o seu filho, Siófones. Este lhe conta como foi a experiência de sua alma quando estava fora do corpo. Tomé batiza doze pessoas e sagra o seu filho bispo de uma igreja. Tomé é transportado por um anjo ao Monte das Oliveiras. Os apóstolos lhe contam que Jesus havia ressuscitado e aparecido aos discípulos. Tomé não acredita. O Ressuscitado aparece. Tomé toca as suas chagas e com o seu sangue persigna-se. Jesus volta para o céu, e os apóstolos celebram a Eucaristia.

EVANGELHO LATINO DA INFÂNCIA DE JESUS

Trata-se de um manuscrito, datado entre o século VII e o IX, que complementa dados da infância de Jesus narrados no Evangelho segundo Pseudo-Mateus e no Evangelho da infância de Tomé. *Evangelho latino da infância* conta que, quando o menino nasceu, uma grande e forte luz surgiu de um silêncio profundo, que tomou conta da gruta onde estava Maria com suave e doce perfume. Os raios dessa luz transformaram-se, assemelhando-se às formas de uma criança.

EVANGELHO APÓCRIFO SEGUNDO A VIRGEM MARIA

A história deste apócrifo está ligada à espanhola Etéria, que ficou famosa no final do século IV e início do V ao desafiar a sua época fazendo uma peregrinação à Terra Santa. Ela escreveu, em latim, um *Itinerário* contendo as suas impressões da viagem.

Esse livro foi muito difundido na época, mas seus originais acabaram se perdendo quando o mosteiro onde ela vivia foi destruído. Alguns manuscritos da obra de Etéria, que tinham sidos distribuídos em outras partes da Europa, foram conservados. Em 1884 um deles foi encontrado na Itália. Outro, mais recentemente, em Astúrias (Espanha). O que chama a atenção é que Etéria terá colocado como apêndice à sua obra original o *Evangelho apócrifo segundo a Virgem Maria*, que ela recebeu de presente, em Belém, de um monge grego, companheiro de São Jerônimo.

Tal apócrifo teria sido citado por alguns padres primitivos da Igreja sem que tivessem certeza de sua existência. O texto já estava traduzido para o latim. Etéria também duvida da veracidade de tal livro, mas resolve divulgá-lo por acreditar que se trataria de uma obra de piedade e de grande proveito espiritual. Posteriormente, esse texto apócrifo foi extraído da obra de Etéria por monges. Trata-se de um livro que apresenta a história de Maria como mãe. Maria narra para João Evangelista sua história de mãe, sua relação com o filho, Jesus, e sua experiência de Deus. As palavras de Maria são carregadas de poesia e de ternura de mãe para com o seu filho, homem e Deus, expressão máxima do amor divino e de Maria, sua mãe, que dele se torna uma apóstola.

O conteúdo literário do *Evangelho apócrifo segundo a Virgem Maria* indica-nos que se trata, possivelmente, de uma obra da Idade Média ou posterior, quando a devoção mariana estava em pleno vigor. A ligação desse livro com o escrito da peregrina Etéria, se é que de fato ocorreu, é meramente patronímico.

EVANGELHO SEGUNDO OS HEBREUS

Escrito provavelmente no Egito, entre os anos 100 e 120, restaram somente fragmentos desse evangelho. Foi muito difundido entre os cristãos. O seu conteúdo é parecido com o do Evangelho segundo Mateus, mas com um forte teor gnóstico. No batismo de Jesus, por exemplo, se diz que Jesus é o Espírito e que, onde está o Espírito de Deus, ali está a liberdade (n. 13). Maria é apresentada como sendo a força que desceu do céu. O Espírito Santo é apresentado como mãe, que pegou Jesus por um de seus cabelos e o transportou para o Monte Tabor. Jesus refere-se ao Espírito como "minha Mãe, o Espírito". Vários fatos da vida de Jesus são narrados nesse escrito.

EVANGELHO SEGUNDO MATIAS

Escrito no início do século II, esse evangelho provém do grupo dos gnósticos e foi escrito no Egito. O texto inicia-se dizendo que Matias pregou contra a carne e que devemos tratá-la com desdém, não lhe concedendo prazer algum. A alma deve crescer com a fé e pelo conhecimento. Matias teria recebido ensinamentos secretos de Jesus.

EVANGELHO SEGUNDO OS EGÍPCIOS

Escrito por volta do ano 130, o Evangelho segundo os egípcios é um dos mais antigos evangelhos gnósticos conhecidos. Ele era usado por cristãos não judeus do Alto Egito e por isso a epígrafe "dos egípcios".

Salomé é a figura central da narrativa. Ela dialoga com o Senhor e abre o livro com a pergunta: "Até quando a morte terá poder?" O Senhor responde: "Enquanto vós, mulheres, derdes à luz!" E Jesus ainda afirma que veio para destruir as obras do feminino.

O ascetismo encratita aparece como caminho de salvação para impedir a reprodução humana do mal, que vem da mulher. Outra ideia gnóstica é a união do interior com o exterior e do masculino com o feminino.

EVANGELHO DA VERDADE

Escrito homilético atribuído ao teólogo Valentino, mentor do gnosticismo, provavelmente, no ano 170. O tema gnóstico do conhecimento é bem explorado no texto. O desconhecimento gera medo e terror. De forma poética e aludindo às imagens no Segundo Testamento, como a do pastor e da ovelha, o Evangelho da Verdade fala da encarnação e morte redentora de Jesus. A crucifixão de Jesus é vista como fruto do conhecimento que salva. "Ele foi pregado em um madeiro, assassinado, tornou-se um fruto do conhecimento do Pai" (18,21). A imolação sofrida por Jesus na cruz lhe conferiu a possibilidade de revelar o "livro vivo dos viventes", que existe desde a fundação do mundo. Jesus voltou para a Plenitude e é fruto da árvore do conhecimento do Pai. "Jesus, ao ser comido, não se tornou deletério, dando àqueles que o comeram motivo de alegria pela descoberta. Pois ele os descobriu em si, e eles o descobriram em si mesmos" (Evangelho da Verdade 18,24-31).

Mesmo afirmando essa visão da morte de Cristo como conhecimento, em outra parte, o texto diz que "Jesus foi paciente na aceitação dos sofrimentos, pois ele sabe que sua morte é vida para muitos. Ele foi pregado a uma árvore… Ele se deixou levar para a morte, pois a vida eterna o envolve como uma veste. Tendo despido os andrajos perecíveis, eis que ele se vestiu com o imperecível" (Evangelho da Verdade, 18,24-31).

PISTIS SOPHIA

Datado entre os anos de 250 a 300 da E.C., esse apócrifo de cunho gnóstico relata os ensinamentos de Jesus ressuscitado aos apóstolos, Maria Madalena, Maria e Marta, num período de doze anos. São conhecidos cinco manuscritos de *Pistis Sophia,* termo grego que pode ser traduzido por Sabedoria da fé, Sabedoria na Fé ou Fé na Sabedoria.

SABEDORIA DE JESUS

Escrito no fim do século II e início do século III, esse apócrifo está estruturado em forma de diálogo, ocorrido no Montes das Oliveiras, entre Jesus ressuscitado, Maria Madalena e os apóstolos; entre eles Filipe, Bartolomeu, Tomé e Mateus. Madalena comenta o sentido das respostas e é louvada por Jesus pela sua sabedoria e presença de espírito. Outras seis mulheres também estavam presentes no Monte das Oliveiras, situado erroneamente na Galileia, quando o Ressuscitado aparece.

No seu título, *Sabedoria de Jesus*, esse apócrifo se contrapõe ao livro do Primeiro Testamento Sabedoria de Salomão. No entanto, sabedoria aqui é a grandeza mística e a companheira de Cristo, seu lado feminino. O conteúdo da revelação é expressamente gnóstico valentiano. Cristo é o Salvador, que vem da plenitude imortal e se manifesta em Jesus. Falando de si mesmo, Jesus afirma: "Mas eu vim das regiões superiores, conforme a vontade da grande luz; livrei-me dessas cadeias (da matéria, que também o ameaçava). Eu acabei com a obra dos ladrões. Eu despertei a gota (isto é, a fagulha luminosa provedora do mundo da luz) que havia sido enviada por Sofia, para que produza rico fruto por meio de mim, para que seja completado e não mais seja imperfeito, mas, por meu intermédio, o grande redentor seja libertado, para que a sua glória se manifeste, para que assim também Sofia seja novamente reabilitada em relação àquele defeito que levava à prisão da alma".

O fim último do ser humano é libertar-se da sua condição de permanência na região inferior para chegar ao repouso e silêncio na Plenitude. Perguntada sobre a condição do ser humano, Madalena responde: "Sofia, mãe do universo, queria criar os seres humanos sem o concurso de seu companheiro, e esse foi o seu erro. Aconteceu, com isso, que uma fagulha, uma partícula ou, como se diz, uma gota do reino da luz e do espírito se perdeu na região inferior do caos, onde o Demiurgo e os poderes ladrões a querem reter. Foi necessário vir o Redentor para libertá-la, sendo o conhecimento o utensílio e o objetivo nesse caminho"[36].

ATOS DE PEDRO E DOS APÓSTOLOS

Escrito por um judeu gnóstico, possivelmente entre os anos 190 e 210. Pedro e os outros dez apóstolos tomam um navio e vão para uma cidade chamada "Desabitada" e ali anunciam o evangelho. Jesus aparece para ele em forma de um mercador de pérolas. A mensagem desse apócrifo é voltada para as lideranças eclesiais, as quais são orientadas e inspiradas por Pedro e pelos outros apóstolos a pregar a palavra, permanecer firmes na fé em Cristo, o Salvador do mundo e Filho de Deus, e a praticar os preceitos do evangelho, como pobreza, mortificação, jejum e rejeição aos desejos do mundo a fim de ganhar o Reino dos Céus. Jesus é Filho do Deus vivente, Salvador do mundo e Divino.

QUERIGMA (ORIENTAÇÕES DE FÉ) DE PEDRO

Querigma, isto é, orientações de fé dadas por Pedro, é datado por estudiosos entre 80 e 140 E.C. Trata-se de um apócrifo judeu-cristão que diz

---

36. KLAUCK, Hans-Josef. *Evangelhos apócrifos*. São Paulo: Loyola, 2007. p. 183-184.

respeito à missão dos doze apóstolos. Pedro estabelece parâmetros para a pregação e um convite para honrar a Deus não à maneira dos gregos. Jesus, após a sua ressurreição, justifica a escolha dos doze apóstolos por julgá-los dignos de serem seus discípulos.

ATOS DE ANDRÉ

Datado entre os anos 150 e 220, Atos de André apócrifo foi escrito na Síria ou Egito. O original grego se perdeu. Há manuscritos e fragmentos datados do século IV ao XII. Gregório de Tours (538-594) fez um resumo dos Atos de André, isto é, milagres realizados por ele, os quais apresentamos a seguir, como complemento de Atos de André de memórias de Abdias.

André prega o evangelho na Ásia, faz muitos milagres, ressuscita cadáveres, cura, prega contra a fornicação, expulsa demônios, consagra bispo etc.

ATOS DE ANDRÉ E MATIAS

Atos de André e Matias é datado por alguns estudiosos por volta do ano 400 E.C. Outros o consideram como parte integrante dos Atos de André primitivo, datado, portanto, do século II.

ATOS DE JOÃO

Atos de João foi escrito, provavelmente, por uma comunidade gnóstica da Síria e conta as viagens de João pela Ásia Menor e seus milagres. Jesus, em Atos de João gnóstico, não é um ser humano, mas um ser espiritual que se adaptou à percepção humana. Jesus não sofreu. Alguns estudiosos o datam da segunda metade do século II (anos 150 a 180), outros, do século IV. Ele é atribuído a Leukoios Karinos e está ligado a uma comunidade gnóstica da Síria. Temos o texto em grego e latim.

ATOS DE TOMÉ

Atos de Tomé está escrito em siríaco, mas temos versões em grego. Alguns estudiosos sustentam a tese de que o original é grego. A obra pode ser datada do início do século III e escrita, provavelmente, em Edessa (Grécia).

I CLEMENTE

Trata-se de uma carta do ano 94 e atribuída a Clemente, segundo bispo de Roma, na opinião de Tertuliano, e terceiro, para Irineu. Tertuliano relata que Clemente foi sagrado bispo por Paulo.

O teor da carta, escrita pelos cristãos de Roma, é uma desaprovação à atitude da comunidade de Corinto, que havia deposto seus presbíteros de seus cargos. A comunidade estava vivendo desunida, em meio a ciúme e luta de poder. O argumento elaborado pela Igreja de Roma era de que as lideranças da comunidade que exerciam função de direção, aqueles que mais tarde foram chamados de bispos, deveriam ter a sucessão apostólica, isto é, estar na linha sucessória da escolha dos apóstolos, escolhidos por Jesus. Opor-se a esses líderes era opor-se a Deus.

I Clemente foi considerado inspirado e catalogado entre os livros do Segundo Testamento no Código Alexandrino, do século V.

EPÍSTOLA DE BARNABÉ

Escrito por Barnabé no ano 135, seu autor argumenta que o judaísmo não é religião verdadeira e que o Primeiro Testamento é de índole cristã. Os cristãos não judeus são os herdeiros da promessa. Esse livro é o mais antijudaico dos apócrifos. Ele foi incluído no *Codex Sinaiticus*, no século IV, mas depois excluído.

CARTA DE TIAGO

Escrita, provavelmente, um pouco antes do ano 150, a Carta de Tiago, de cunho gnóstico, descreve uma revelação que Tiago e Pedro tiveram de Jesus, quinhentos e cinquenta dias depois da sua ressurreição e imediatamente antes de sua ascensão. Por isso, essa carta pode também ser catalogada como apocalipse. Jesus lhes revela que o Reino é a plenitude ou a vida; à presença do reino trazida pelo Salvador, dissolve-se a profecia. Quem escuta a palavra e se dá a conhecer vive a Vida, espalhando o conhecimento gnóstico. Jesus é o Filho do Homem, Filho em forma humana, que revela a vida plena, a plenitude.

CARTA DOS APÓSTOLOS

Datado, possivelmente, entre os anos 160 e 180, na Ásia Menor, esse apócrifo pode ser encontrado nas suas versões etíope e copta. Os apóstolos João, Tomé, Pedro, André, Tiago, Bartolomeu, Mateus, Natanael, Judas Zelota e Cefas escrevem uma carta às igrejas do Oriente e Ocidente, falando sobre a vida de Jesus Cristo, sobre seus milagres, sobre sua paixão, sobre sua ressurreição corporal, sobre o fim do mundo, sobre a Parusia etc. Trata-se de uma polêmica contra os gnósticos Simão e Cirino, considerados falsos apóstolos.

CARTA AOS LAODICENSES

Trata-se de uma carta sem muito valor teológico, escrita por volta do ano 175, talvez para justificar a menção de uma carta paulina escrita aos laodicenses em Cl 4,16. Paulo chama a atenção dos cristãos laodicenses para os valores evangélicos e para o fato de que não devem se ater aos ensinamentos falsos, possivelmente dos marcionitas. Paulo afirma que sofre a prisão por causa de Cristo e convoca os laodicenses a permanecerem no medo de Deus para possuírem a vida eterna.

III EPÍSTOLA DE PAULO AOS CORÍNTIOS

Trata-se de uma carta do ano 195. Paulo exorta os coríntios a crerem na volta iminente de Jesus, na filiação divina de Jesus, na concepção do Espírito Santo por Maria, na ressurreição integral da carne e na vida eterna.

O suposto Paulo de III Coríntios refuta as teses heréticas de Simão de Cleóbio. Paulo diz: "Jesus Cristo nasceu de Maria, da estirpe de Davi, tendo o Pai dito a ela por Espírito do céu que ele viria a este mundo e salvaria toda a carne por meio de sua própria carne e que ele nos levantaria em carne dos mortos... Aqueles que declaram que céu e terra e tudo o que há neles não são obras de Deus têm a crença amaldiçoada pela serpente. E aqueles que dizem que não há ressurreição da carne não terão ressurreição" (4-9, 24-25, 37-38).

CARTAS DE ABGAR A CRISTO E DE CRISTO A ABGAR

Escrita no ano de 250, o teor dessa carta é um pedido de cura a Jesus feito pelo rei de Edessa (Síria), Abgar. Jesus responde dizendo que não poderia atendê-lo por causa da sua missão, mas que, quando subisse aos céus, lhe enviaria um discípulo seu para curá-lo, fato que aconteceu, posteriormente, por intermédio de Tadeu, um dos setenta discípulos de Jesus.

PSEUDOEPÍSTOLA A TITO

Essa carta pertence ao ciclo dos *Atos de Pedro*. Nela encontra-se uma piedosa história de uma filha de um hortelão e sua relação com a ação apostólica de Pedro. A narrativa ressalta o valor da virgindade e da pureza para alcançar a salvação. O matrimônio não é visto positivamente.

A FILHA DO HORTELÃO

Um hortelão tinha uma filha única e virgem. Ele foi a Pedro e lhe pediu que rezasse para que Deus fizesse por ela o que lhe fosse melhor para a sua vida. Pedro rezou, e a jovem caiu morta. O hortelão, não compreendendo que Deus havia feito o melhor para a sua filha, isto é, concedendo-lhe a morte e a virgindade eterna, pediu a Pedro que ressuscitasse a sua filha. Pedro atendeu ao pedido. Alguns dias depois, um homem, passando-se por crente, se hospedou na casa do velho hortelão, seduziu a sua filha e os dois fugiram juntos e nunca mais foram vistos.

RECONHECIMENTOS

Trata-se de uma versão catolicizada das homilias de Clemente de Roma, escritas no século III e atribuídas a ele mesmo. Clemente se mostra discípulo fiel de Pedro nas suas viagens missionárias ao Oriente Próximo. Nota-se um acentuado posicionamento do autor contra Paulo. As homilias são mais de vinte discursos.

Destaca-se em *A profetisa* a desvalorização do feminino e da mulher: "Ao lado do verdadeiro profeta foi criada como companheira um ser feminino, que lhe é tão inferior quanto a Metousia é inferior à Ousia, ou quanto a lua é inferior ao sol, ou quanto o fogo é inferior à luz [...]. O mundo presente é fêmea e, como a mãe traz a vida aos seus filhos, o mundo futuro é macho e, como um pai, educa seus filhos". E diz ainda que há duas profecias, a feminina e a masculina; a feminina quer ser considerada masculina.

Em *Polêmica contra Paulo*, Pedro diz: "Por isso, sede prudentes, não acrediteis em doutor algum que não tenha a aprovação de Tiago de Jerusalém, o irmão do Senhor, ou de seu sucessor. Somente aqueles que foram aprovados lá são doutores, capazes e fiéis para anunciar a palavra de Cristo. Quem não tiver a provação de lá não deve ser acolhido de maneira alguma, nem é profeta nem apóstolo. O verdadeiro profeta é um só, e não há outros apóstolos fora de nós, que anunciamos a palavra. O ano é um só, e nós, os apóstolos, constituímos os doze meses do ano".

CARTA DE PSEUDO-TITO

Carta escrita pelo discípulo de Paulo, Tito. O texto original é, provavelmente, do ano 450. Temos dele um manuscrito latino do século VIII. O teor dessa longa carta é exortativo. Baseados em textos bíblicos e apócrifos, a carta conclama, possivelmente, monges e monjas a seguirem o celibato monástico.

CARTA DE PEDRO A TIAGO

Escrita por volta do ano 225 e pertencente ao ciclo das falsas cartas atribuídas a Clemente de Roma, esse apócrifo é uma carta de Pedro dirigida a Tiago, Senhor e bispo da Igreja e irmão do Senhor. Nela encontramos uma sólida argumentação de Pedro a favor da necessidade urgente de os cristãos aceitarem a Lei judaica, de modo que possam alcançar a salvação. *"Nada da lei poderá passar, nem um i"*, argumenta Pedro. As críticas são direcionadas, possivelmente, a Paulo, seu opositor nessas questões. O texto traz também a resposta e compromisso de Tiago e dos anciãos em agir conforme o pedido de Pedro.

CARTA DE CLEMENTE DE ROMA A TIAGO

Escrita no século III, esta carta de Clemente se dirige a Tiago, chamado de bispo dos bispos preposto à santa igreja dos hebreus, em Jerusalém. Pedro é apresentado como o legítimo alicerce e fundamento da Igreja, bem-aventurado, eleito, guia, que recebeu a missão de guiar o Oeste, a parte mais escura do mundo, sendo ele o mais capacitado para iluminá-lo. Clemente conta como Pedro o sagrou bispo de Roma, entregando-lhe a cátedra, o múnus de ensinar e o poder de desligar e ligar.

"Faço-te saber, meu Senhor, que Simão, pela autenticidade de sua fé e pela firme segurança de sua doutrina, foi declarado, pela própria boca de Jesus – que não mente –, alicerce e fundamento da Igreja, razão pela qual a mesma boca mudou o nome dele para Pedro. Ele foi as primícias escolhidas pelo Senhor, o primeiro dos apóstolos, a quem Deus revelou seu Filho em primeiro lugar, e que o Cristo merecidamente declarou bem-aventurado, escolhido, eleito, comensal e guia, a quem foi entregue principalmente o Oeste, a parte mais escura do mundo, como o mais capacitado para iluminá-lo. Ele se mostrou apto a cumprir integralmente essa missão."

APOCALIPSE COPTA DE PEDRO

Trata-se de uma revelação gnóstica de Pedro, demonstrando que a salvação não acontece pela morte física real de Jesus. Jesus lhe revela que os seus oponentes seguem um homem morto. A alma é imortal e, portanto, não se deve cultuar um homem morto.

APOCALIPSE DE TIAGO

Trata-se de Tiago, o irmão do Senhor, ao qual o Senhor faz revelações de cunho gnóstico e judaico-cristão. Tiago sofrerá no retorno de sua alma para o Pleroma, Deus. Tiago tem medo, e Jesus lhe diz: "Tiago, sim, tu sofrerás, mas não tenhas o coração perturbado, pois a carne é fraca, mas ela receberá o que lhe é permitido". Esse apócrifo apoia o martírio como caminho de salvação. Tiago, martirizado, encontrará a vida eterna.

ORÁCULOS SIBILINOS

Sibilas eram mulheres idosas que profetizavam no mundo grego antigo. Elas anunciavam, sob a inspiração de Apolo, o deus do sol e uma das divindades principais do panteão greco-romano, catástrofes sobre o povo. Eram oráculos de cunho apocalíptico.

Há mais de quinze Oráculos Sibilinos. Os judeus se apropriaram das sibilas e as incorporaram às suas profecias, sobretudo para se defenderem do helenismo. Há também sibilas de origem cristã, das quais apresentamos, a seguir, uma tradução de Montague Rhodes James. Os Oráculos Sibilinos de origem cristã fazem parte do Apocalipse de Pedro.

FRAGMENTOS DE TEXTOS COPTAS

Há vários fragmentos de livros apócrifos que se perderam ou foram desmembrados dos conhecidos, os quais poderiam ser datados entre o século V e o VII. Há os seguintes fragmentos: *João Batista; Filipe a Tibério; Multiplicação dos pães e Judas; Tomé e a ressurreição; Herodes, Anás e Caifás contra Jesus; José, Nicodemos, Herodes e Jesus; Primado de Pedro; Bênção do Pai sobre os apóstolos; Jesus Rei?; As redes do demônio; Judas e sua mulher; Jesus e o galo; Pilatos defende Jesus; Testemunhos da morte e ressurreição; A traição de Judas; Ananias e Jesus moribundo; Jesus ressuscitado aparece à sua mãe; Jesus no Amenti entre os mortos; Libertados todos os mortos, exceto três; As mulheres no sepulcro de Jesus; Aparição a Maria.*

Uma leitura do conjunto desses fragmentos nos oferece vários traços do cristianismo, a saber: João Batista afirma que Jesus é o Filho de Deus, tendo a aprovação dele; Judas não recebe pão na multiplicação dos pães; Lázaro testemunha que Jesus o ressuscitou e que o chamado de Jesus "Lázaro, vem para fora!" chegou até a morada dos mortos; o povo passa a acreditar na ressurreição, pois viu o túmulo de Lázaro; um emissário do Imperador Tibério, Cário, declara a Herodes que Jesus é digno de ser declarado rei da Judeia; Herodes e autoridades do sinédrio oferecem dinheiro a Cário para que ele não conte ao imperador a fama de Jesus; João, o apóstolo, fala da fama de Jesus para Tibério, o qual decreta que Jesus teria de ser feito rei, mas Jesus foge; Jesus impõe as mãos sobre a cabeça de Pedro e lhe concede o poder de governar a Igreja; Jesus abençoa os outros apóstolos; Pilatos, seguindo as ordens de Tibério, quer coroar Jesus rei; Herodes fica irritado (desse episódio ficou famosa a frase colocada na cruz de Jesus: "Jesus, rei dos judeus"); a mulher de Judas é culpada pela ação malévola de seu marido; Jesus ressuscita um galo; Pilatos defende Jesus antes da sua crucifixão; Jesus admite, diante de Pilatos, que é rei; um tal de Ananias abraça o corpo de Jesus na cruz e é condenado por ter matado Jesus, o Cristo; Jesus ressuscitado aparece a Maria e lhe pede para ir para a Galileia; Jesus também a chama de virgem e lhe promete que, quando ela sair do seu corpo, ele voltará para levá-la ao céu; Jesus condena Judas pelo seu ato traidor, mas também Caim e Herodes, os quais não são salvos por Jesus da morada dos mortos; entre as mulheres que estão no sepulcro está Madalena e a pecadora.

REFERÊNCIAS

AMIOT, François. *Evangiles apocryphes*: la Bible apocryphe. Paris: Librairie Artheme Fayard, 1952.

AMIOT, François. *La Bible apocryphe*: Évangiles apocryphes. Paris: Librairie Arthème Fayard, 1952.

ARTOLA, Antonio M.; SANCHEZ CARO, José Manuel. *A Bíblia e a Palavra de Deus*: introdução ao estudo da Bíblia. 2. ed. São Paulo: Ave-Maria, 2005. v. 2.

BARRERA, Julio Trebolle. *A Bíblia Judaica e a Bíblia Cristã*: introdução à história da Bíblia. 2. ed. Petrópolis: Vozes, 1999.

BAUER, Johannes Baptist. Los apócrifos neotestamentarios. *Actualidad bíblica*, 22, Madri: Fax, 1971.

EHRMAN, Bart D. *Evangelhos perdidos*: as batalhas pela Escritura e os cristianismos que não chegamos a conhecer. Rio de Janeiro: Record, 2008.

FABRICIUS Johann Albert. *Codex Apocryphus Novi Testamenti*. Hamburgo: Universidade de Michigan, 1719.

FARIA, Jacir de Freitas. *Infância apócrifa do menino Jesus*: histórias de ternura e de travessuras. 2. reimpr. Petrópolis: Vozes, 2022.

FARIA, Jacir de Freitas. *O medo do inferno e a arte de bem morrer*: da devoção apócrifa à Dormição de Maria às irmandades de Nossa Senhora da Boa Morte. Petrópolis: Vozes, 2019.

FARIA, Jacir de Freitas. *O outro Pedro e a outra Madalena segundo os apócrifos*: uma leitura de gênero. 4. ed. Petrópolis: Vozes, 2010.

FARIA, Jacir de Freitas. *Apócrifos aberrantes, complementares e cristianismos alterativos – poder e heresias*: introdução crítica e histórica à Bíblia Apócrifa do Segundo Testamento. 2. ed. Petrópolis: Vozes, 2009.

FARIA, Jacir de Freitas. *História de Maria, mãe e apóstola de seu filho, nos evangelhos apócrifos.* 3. ed. Petrópolis: Vozes, 2007.

FARIA, Jacir de Freitas. *A vida secreta dos apóstolos e apóstolas*: à luz dos Atos Apócrifos. Petrópolis: Vozes, 2005.

FARIA, Jacir de Freitas. *As origens apócrifas do cristianismo*: comentário aos evangelhos de Maria Madalena e Tomé. 2. ed. São Paulo: Paulinas, 2003.

FABRICIUS, Johann Albert. *Codex Apocryphus Novi Testamenti.* Hamburgo: Universidade de Michigan, 1719.

GIANOTTO, Claudio. *I Vangeli apocrifi.* v. I e II/1. Milão: San Paolo, 2010/2012.

JAMES, Montague Rhodes. *Apocryphal New Testament.* Oxford: Oxford University Press, 1924, 1974.

KASSER, Rodolphe; MEYER, Marvin; WURST, Gregor. *O evangelho de Judas.* São Paulo: National Geographic, 2006.

KLAUCK, Hans-Josef. *Evangelhos apócrifos.* São Paulo: Loyola, 2007.

LAYTON, Bentley. *As escrituras gnósticas.* São Paulo: Loyola, 2002.

LELOUP, Jean-Yves. *O Evangelho de Maria*: Miriam de Mágdala. Petrópolis: Vozes, 1998.

LOURENÇO, Frederico. *Evangelhos apócrifos.* São Paulo: Companhia das Letras, 2023.

MACHO, Alejandro Diez. *Apócrifos del Antiguo Testamento*: v. 1: introducción general. Madri: Cristiandad, 1984.

MORALDI, Luigi. *Evangelhos Apócrifos.* São Paulo: Paulus, 1999.

ORÍGENES. *Homilia sobre o Evangelho de Lucas.* São Paulo: Paulus, 2016. Fragmento 5-6.

OTERO, Aurelio de Santos. *Los evangelios apócrifos.* Madri: Biblioteca de Autores Cristianos, 1975.

PEREGO, Giacomo; MAZZA, Giuseppe. *ABC dos evangelhos apócrifos.* Lisboa: Paulus, 2008.

PIÑERO, Antonio; TORRENTES, José Montserrat; BAZÁN, Francisco García. *Textos gnósticos*: Evangelios, Hechos, Cartas. Biblioteca de Nag Hammadi, II. Madri: Trotta, 1999.

PIÑERO, Antonio; TORRENTES, José Montserrat; BAZÁN, Francisco García. *Textos gnósticos:* Apocalipsis y otros escritos. Biblioteca de Nag Hammadi, III. Madri: Trotta, 2000.

PRIOTTO, Michelangelo. *Introdução geral às Escrituras*: introdução aos estudos bíblicos. Petrópolis: Vozes, 2019.

PROENÇA, Eduardo (org.). *Apócrifos e pseudo-epígrafos da Bíblia*. São Paulo: Fonte, 2005.

RAMOS, Lincoln. *Morte e assunção de Maria*: Trânsito de Maria – Livro do Descanso. 5. ed. Petrópolis: Vozes, 2002.

RAMOS, Lincoln. *A paixão de Jesus nos escritos secretos*: Evangelho de Nicodemos (Atos de Pilatos) – Descida de Cristo aos infernos – Declaração de José de Arimateia. Petrópolis: Vozes, 1991.

RAMOS, Lincoln. *História de José, o Carpinteiro*. Petrópolis: Vozes, 1990.

RAMOS, Lincoln. *Fragmentos dos Evangelhos Apócrifos*. Petrópolis: Vozes, 1989.

RAMOS, Lincoln. *História do Nascimento de Maria*: Protoevangelho de Tiago. Petrópolis: Vozes, 1989.

SÃO JERÔNIMO. *Prólogo ao comentário sobre o Livro do Profeta Isaías 1.2*: CCL 73,1-3.

TILLESSE, Caetano Minette. Extracanônicos do Novo Testamento, vol. I. *Revista Bíblica Brasileira*, v. 20-21, Fortaleza: Nova Jerusalém, 2003-2004.

TISCHENDORF, Constantin von (org.). *Evangelia Apocrypha*. Leipzig: Hermann Mendelssohn, 1876.

TRAGÁN, Pius-Ramon (org.). *Los evangelios apócrifos*: origen – carácter – valor. Estella: Verbo Divino, 2008.

Conecte-se conosco:

 facebook.com/editoravozes

 @editoravozes

 @editora_vozes

 youtube.com/editoravozes

 +55 24 2233-9033

www.vozes.com.br

Conheça nossas lojas:

www.livrariavozes.com.br

Belo Horizonte – Brasília – Campinas – Cuiabá – Curitiba
Fortaleza – Juiz de Fora – Petrópolis – Recife – São Paulo

  Vozes de Bolso

EDITORA VOZES LTDA.
Rua Frei Luís, 100 – Centro – Cep 25689-900 – Petrópolis, RJ
Tel.: (24) 2233-9000 – E-mail: vendas@vozes.com.br